HERBERT KÜPPER

Autonomie im Einheitsstaat

Schriftenreihe des Kommunalwissenschaftlichen Instituts
der Universität Potsdam

Herausgegeben von Prof. Dr. Werner Jann
Prof. Dr. Wolfgang Loschelder
Prof. Dr. Michael Nierhaus
Prof. Dr. Christoph Reichard
Prof. Dr. Martin Richter
Prof. Dr. Dieter C. Umbach
Prof. Dr. Dieter Wagner

Band 9

Autonomie
im Einheitsstaat

Geschichte und Gegenwart
der Selbstverwaltung in Ungarn

Von

Herbert Küpper

Duncker & Humblot · Berlin

Die Deutsche Bibliothek – CIP-Einheitsaufnahme

Küpper, Herbert:
Autonomie im Einheitsstaat : Geschichte und Gegenwart
der Selbstverwaltung in Ungarn / Herbert Küpper. –
Berlin : Duncker und Humblot, 2002
  (Schriftenreihe des Kommunalwissenschaftlichen Instituts
  der Universität Potsdam ; Bd. 9)
  ISBN 3-428-10635-0

Fremddatenübernahme: Klaus-Dieter Voigt, Berlin
Druck: Berliner Buchdruckerei Union GmbH, Berlin
Printed in Germany

ISSN 0949-7730
ISBN 3-428-10635-0

Gedruckt auf alterungsbeständigem (säurefreiem) Papier
entsprechend ISO 9706 ⊗

Vorwort

Kommunalrecht ist spannend und in seinen Fragestellungen immer wieder von neuem aktuell. Kaum ein Gebiet des öffentlichen Rechts steht derart stark im Spannungsfeld von individueller (Grund-) Rechtsverbürgung, zivilgesellschaftlichem Engagement und Ausübung von Hoheitsrechten, in kaum einem Gebiet treffen die Sphäre des Rechts und die Sphäre der Politik enger und unmittelbarer aufeinander.

Nichtsdestoweniger ist das Kommunalrecht ein Stiefkind der öffentlich-rechtlichen Rechtsvergleichung. Diese konzentriert sich häufig auf das Verfassungsrecht, auf die Verhältnisse zwischen den und in den obersten Verfassungsorganen oder auf die Grundrechte. Das viele dieser Probleme *in nucleo* widerspiegelnde und daher für die Rechts- und die politische Kultur überaus aussagekräftige Kommunalrecht bleibt hingegen weitgehend unbeachtet.

Die vorliegende Arbeit will diese Lücke im Hinblick auf das ungarische Kommunalrecht schließen. Das ungarische Selbstverwaltungsrecht besteht aus seit dem Mittelalter bestehenden Kontinuitäten, starken österreichisch-deutschen Einflüssen und vielen eigenständigen Lösungen. In den letzten Jahren war es geprägt von dem Bemühen, den Systemwandel auch im kleinen, vor Ort zu bewerkstelligen. Dieses Bemühen teilt Ungarn mit den meisten seiner Nachbarn und nicht zuletzt auch mit den neuen Bundesländern.

Eine rechtsvergleichende oder auslandsrechtliche Arbeit hat in der Regel viele Mütter und Väter. Bei dem vorliegenden Werk ist dies nicht anders. Zu nennen ist zunächst Prof. Dr. Dr. h.c. Georg Brunner, der die Arbeit wohlwollend begleitet und mir immer mit Ratschlägen und Zeit für lange und anregende Diskussionen und Gespräche zur Seite gestanden hat. Dank gebührt auch der Fritz und Helga Exner-Stiftung in Oberursel für die großzügige Förderung dieser Arbeit. Ganz besonders zu Dank verpflichtet bin ich schließlich meinem früheren Ausbilder im ungarischen Innenministerium, Oberabteilungsleiter Dr. Ferenc Dudás. Er und seine Kolleginnen und Kollegen im Ministerium, in Komitats- und Kommunalverwaltungen haben mit der Ausbildung eines deutschen Rechtsreferendars in ihren Behörden Neuland betreten und so den Grundstein meiner Kenntnisse in Recht und Praxis der ungarischen öffentlichen Verwaltung gelegt. Ich hoffe, mit diesem Werk den Einblick, den ich so gewinnen konnte, dem deutschsprachigen Publikum ein wenig zu vermitteln.

Herbert Küpper

Inhalt

Abkürzungen

ABH:	Az Alkotmánybíróság Határozatai [Entscheidungen des Verfassungsgerichts – amtliche Entscheidungssammlung]
ÁI:	Állam és Igazgatás [Staat und Verwaltung]
ÁJ:	Állam- és Jogtudomány [Staats- und Rechtswissenschaft]
AJIL:	American Journal of International Law [Amerikanische Zeitschrift für Völkerrecht]
AufgZustG:	Aufgaben- und Zuständigkeitsgesetz
BauG:	Baugesetz
Ba-Wü:	Baden-Württemberg
Bay:	Bayern
BayVBl.:	Bayerische Verwaltungsblätter
BeamtG:	Beamtengesetz
BGB:	Bürgerliches Gesetzbuch
BGBl.:	Bundesgesetzblatt
BH:	Bírósági Határozatok [Gerichtsentscheidungen]
BIOst:	Bundesinstitut für ostwissenschaftliche und internationale Studien
BIP:	Bruttoinlandsprodukt
Bln:	Berlin
BOE:	Boletín Oficial del Estado Español [Offizielles Bulletin des Spanischen Staates – Gesetzblatt von Spanien]
Brdb:	Brandenburg
Brem:	Bremen
BSz:	Belügyi Szemle [Innenministerium-Rundschau]
BürgermG:	Bürgermeistergesetz
BVerfG(E):	Bundesverfassungsgericht (Entscheidungssammlung)
BVerwG:	Bundesverwaltungsgericht
B-VG:	Bundes-Verfassungsgesetz (Österreich) vom 10.11.1920 in der Fassung vom 7.12.1929
DDR:	Deutsche Demokratische Republik
DÖV:	Die Öffentliche Verwaltung
DVBl.:	Deutsches Verwaltungsblatt
Dz.U.:	Dziennik Ustaw [Journal der Gesetze – Gesetzblatt von Polen]
EECR:	East European Constitutional Review [Osteuropäische Verfassungsrundschau]

EGV:	Vertrag zur Gründung der Europäischen Gemeinschaft (in der Fassung des Vertrags von Amsterdam)
EU:	Europäische Union
FIDESZ:	Fiatal Demokraták Szövetsége [Bund Junger Demokraten]
FKgP:	Független Kisgazda Párt [Unabhängige Kleinlandwirtepartei]
FOWI:	Forschungsinstitut für mittel- und osteuropäisches Wirtschaftsrecht
FZ:	Fletorja Zyrtare [Amtsblatt – Gesetzblatt der Republik Albanien]
GBl.:	Gesetzblatt
GebG:	Gebührengesetz
GG:	Grundgesetz
GO:	Gemeindeordnung
GVBl.:	Gesetzes- und Verordnungsblatt
GVG:	Gerichtsverfassungsgesetz
GZ:	Gazeta Zyrtare [Amtszeitung – Gesetzblatt der Sozialistischen Volksrepublik Albanien]
HauptstG:	Hauptstadtgesetz
Hbg:	Hamburg
HdkWP:	Handbuch der kommunalen Wissenschaft und Praxis
Hess:	Hessen
HS.:	Halbsatz
I.C.J.:	International Court of Justice [Internationaler Gerichtshof]
ISPA:	Instrument für Structural Policies for Pre-Accession [Instrument für Strukturpolitik vor dem Beitritt]
JGO:	Jahrbücher für die Geschichte Osteuropas
JK:	Jogtudományi Közlöny [Rechtswissenschaftlicher Anzeiger]
JOR:	Jahrbuch für Ostrecht
JÖR:	Jahrbuch des öffentlichen Rechts der Gegenwart
JR:	Juristische Rundschau
KAG:	Kommunalabgabengesetz
KAS-AI:	Konrad Adenauer Stiftung, Auslandsinformationen
KDNP:	Kereszténý Demokrata Néppárt [Christdemokratische Volkspartei]
KO:	Kommunalordnung
KommEntschVerfG:	Kommunalentschuldungsverfahrensgesetz
KommFinanzG:	Kommunalfinanzierungsgesetz
KommG:	Kommunalgesetz
KommStG:	Kommunalsteuergesetz
KommZusG:	Gesetz über die kommunale Zusammenarbeit
KPdSU:	Kommunistische Partei der Sowjetunion

KrO:	Kreisordnung
KRüG:	Kirchenrückerstattungsgesetz
KWahlG:	Kommunalwahlgesetz
LKV:	Landes- und Kommunalverwaltung
LO:	Landkreisordnung
LWahlG:	Landeswahlgesetz
MDF:	Magyar Demokrata Fórum [Ungarisches Demokratisches Forum]
MDP:	Magyar Dolgozók Pártja [Ungarische Partei der Werktätigen]
Me-Vp:	Mecklenburg-Vorpommern
MindhG:	Minderheitengesetz
MJ:	Magyar Jog [Ungarisches Recht]
MK:	Magyar Közigazgatás [Ungarische Verwaltung]
M. K.:	Magyar Közlöny [Ungarischer Anzeiger – Gesetzblatt von Ungarn]
M.Of.R.M.:	Monitorul Oficial al Republicii Moldova [Offizieller Anzeiger der Republik Moldau – Gesetzblatt der Republik Moldau]
MSV:	Minderheitenselbstverwaltung(en)
MSZMP:	Magyar Szocialista Munkáspárt [Ungarische Sozialistische Arbeiterpartei]
MSZP:	Magyar Szocialista Párt [Ungarische Sozialistische Partei]
Nds:	Niedersachsen
N.F.:	Neue Folge
NJ:	Neue Justiz
NJW:	Neue Juristische Wochenschrift
N.N.:	Narodne Novine [Volksnachrichten – Gesetzblatt von Kroatien]
NormsG:	Normsetzungsgesetz
NRW:	Nordrhein-Westfalen
NWVBl.:	Nordrhein-Westfälisches Verwaltungsblatt
ÖAngG:	Gesetz über die Öffentlichen Angestellten
OE:	Osteuropa
OEA:	Osteuropa-Archiv
OER:	Osteuropa-Recht
OEW:	Osteuropa-Wirtschaft
OGy:	Országgyűlés [Parlament]
OmbG:	Ombudsleutegesetz
PHARE:	Poland and Hungary Assistance to the Reconstruction of the Economy [Polen und Ungarn Hilfe für den Wiederaufbau der Wirtschaft]
PiP:	Państwo i Prawo [Staat und Recht]
PolG:	Polizeigesetz

Preuß. Gesslg.:	Preußische Gesetzessammlung
PrOVG(E):	Preußisches Oberverwaltungsgericht (Entscheidungssammlung)
PUG:	Przegląd Ustawodawstwa Gospodarczego [Rundschau Wirtschaftsgesetzgebung]
PVS:	Politische Vierteljahresschrift
RätG:	Rätegesetz
RaumEntwG:	Raumentwicklungsgesetz
RdDP:	Revue du Droit Public et de la Science Politique en France et à l'Étranger (Revue du Droit Public) [Zeitschrift für Öffentliches Recht und Politische Wissenschaft in Frankreich und im Ausland (Zeitschrift für Öffentliches Recht)]
RechnhG:	Rechnungshofgesetz
RG:	Rossijskaja Gazeta [Rußländische Zeitung]
RGBl.:	Reichsgesetzblatt
Rh-Pf:	Rheinland-Pfalz
ROW:	Recht in Ost und West
RundfG:	Rundfunkgesetz
RV:	Reichsverfassung
Saarl:	Saarland
Sa-Anh:	Sachsen-Anhalt
Sachs:	Sachsen
Sb.ČR:	Sbírka zákonů České Republiky [Gesetzessammlung der Tschechischen Republik – Gesetzblatt der Tschechischen Republik]
Sb.ČS:	Sbírka zákonů České a Slovenské Federativní Republiky [Gesetzessammlung der Tschechischen und Slowakischen Föderativen Republik – Gesetzblatt der Tschechoslowakei]
SGiP:	Sovetskoje Gosudarstvo i Pravo [Sowjetischer Staat und Recht]
SH:	Schleswig-Holstein
StaatshG:	Staatshaushaltsgesetz
StGH:	Staatsgerichtshof
StVerfG:	Steuerverfahrensgesetz
SZDSZ:	Szabad Demokraták Szövetsége [Bund Freier Demokraten]
TÁH:	Területi Államháztartási Hivatal [Regionales Staatshaushaltsamt]
TÁKISZ:	Területi Államháztartási és Közigazgatási Információs Szolgálat [Regionaler Informationsdienst Staatshaushalt und Öffentliche Verwaltung]
Thü:	Thüringen
ÜbleitG:	Überleitungsgesetz

UNESCO:	United Nations Educational, Scientific and Cultural Organisation [Organisation der Vereinten Nationen für Erziehung, Wissenschaft und Kultur]
UntG:	Unterrichtsgesetz
UWG:	Gesetz gegen den unlauteren Wettbewerb
Verf.:	Verfassung
VerfGG:	Verfassungsgerichtsgesetz
VerfGH:	Verfassungsgerichtshof
VuM:	Verwaltung und Management
VVDStRL:	Veröffentlichungen der Vereinigung der Deutschen Staatsrechtslehrer
VwVfG:	Verwaltungsverfahrensgesetz
WGO-MfOR:	Wichtigste Gesetzgebungsakte Osteuropas – Monatshefte für Osteuropäisches Recht
WiRO:	Wirtschaft und Recht in Osteuropa
WRV:	Weimarer Reichsverfassung
WVerfG:	Wahlverfahrensgesetz
ZaöRV:	Zeitschrift für ausländisches öffentliches Recht und Völkerrecht
ZfOER:	Zeitschrift für Osteuropäisches Recht
ZGB:	Zivilgesetzbuch
ZK:	Zentralkomitee
ZPO:	Zivilprozeßordnung
ZStA:	Zentrales Statistisches Amt

Fachbegriffe

Die Übersetzung der juristischen Fachtermini versucht, den ungarischen Sprachgebrauch so weit wie möglich im Deutschen widerzuspiegeln. Aus diesem Grund wurde beispielsweise *képviselőtestület* mit Abgeordnetenkörperschaft wiedergegeben, obwohl das Vertretungsorgan einer Selbstverwaltung selbst keine Körperschaft ist. Das ungarische Wort *testület* bedeutet jedoch eindeutig Körperschaft.

Wo die wörtliche deutsche Übersetzung zu Mißverständnissen führen würde, wurde ein anderer, weniger falsche Assoziationen weckender Begriff gewählt. Aus diesem Grund wird beispielsweise *szolgabíró* nicht mit Richter, sondern mit Assessor übersetzt, denn im Mittelpunkt dieses Amtes stand nicht die Rechtsprechung, sondern die Erfüllung von Verwaltungsaufgaben. Dabei wurde versucht, das gleiche ungarische Wort immer mit demselben deutschen Begriff wiederzugeben, obwohl manche Wörter im Laufe der Zeit mit unterschiedlicher Bedeutung benutzt worden sind (so z.B. *jobbágy*). Im Falle von *kormányzó* war dies jedoch nicht möglich, da sich im Deutschen für den Titel Admiral *Horthys* die Übersetzung Reichsverweser eingebürgert hat, für den Vertreter der ungarischen Regierung in Fiume aber Gouverneur.

Für die Zeit von 1867 bis zum Ende der Österreichisch-Ungarischen Doppelmonarchie folgt der Sprachgebrauch dem der Werke von Marczali und Márkus. Einzig *jegyző* (und das davon abgeleitete *körjegyző*) wird abweichend von diesen mit Notär übersetzt, da der von Marczali und Márkus verwendete Terminus Notar Mißverständnisse hervorrufen könnte. Ein Notar ist im Deutschen eben kein Gemeindebeamter, wie es der jegyző ist.

Im einzelnen haben die ungarischen Fachbegriffe die folgenden deutschen Entsprechungen:

alispán: Untergespan

Alkotmányelőkészítő Kodifikációs Titkárság: Sekretariat zur Vorbereitung der Verfassungskodifikation

alkotmányerejű törvény: Gesetz mit Verfassungskraft

Alkotmányjogi Tanács: Verfassungsrechtsrat

Államkincstár: Fiskus

államtitkár (politikai): Staatssekretär (parlamentarischer)

alpolgármester: Vizebürgermeister

alsótábla: Unterhaus

az állami irányítás egyéb jogi eszköze: sonstiges rechtliches Mittel der staatlichen Lenkung

Balatoni Regionális Bizottság: Balaton Regionalkomitee

Balatoni Regionális Tanács: Balaton Regionalrat

bán: Ban

Budapesti Városi Tanács: Budapester Städtischer Rat

Cégközlöny: Firmenanzeiger

céltamogatás: Zweckunterstützung

címzett támogatás: titulierte Unterstützung

csonka megye: Rumpfkomitat

elvi állásfoglalás: prinzipielle Stellungnahme

falubíró: Dorfrichter

falunagy: Dorfoberster

fejlesztési alap: Entwicklungsfonds

felsőtábla: Oberhaus

Fiatal Demokraták Szövetsége (FIDESZ): Bund Junger Demokraten

főispán: Obergespan

főispáni tennivalók ellátására jogosított kormánybiztos: zur Ausübung der Obliegenheiten eines Obergespans berechtigter Regierungskommissar

főjegyző: Obernotär

Forradalmi Kormányzótanács: Revolutionärer Regierender Rat

fővárosi közigazgatási hivatal: Hauptstädtisches Verwaltungsamt

fráng: Burgfriede

Független Kisgazdapárt (FKgP): Unabhängige Kleinlandwirtepartei (UKlP)

Függetlenségi Népfront: Volksfront der Unabhängigkeit

hadnagy: Leutnant

határőrvidék: Militärgrenze

Hazafias Népfront: Patriotische Volksfront

helytartótanács: Statthalterrat

időközi választás: Nachwahlen

iskolaszék: Schulbeirat

ispán: Gespan

ítélőtábla: Gerichtstafel

járási jogú város: Stadt mit Kreisrecht

járási tanács: Kreisrat

jegyző: Notär

jelölőgyűlés: Nominierungsversammlung

jobbágy: Höriger

jogszabály: Rechtsnorm

képviselőtestület: Abgeordnetenkörperschaft, Vertretungskörperschaft

Kereszténydemokrata Néppárt (KDNP): Christdemokratische Volkspartei (CDVP)

kiegészítő állami támogatás: staatliche Ergänzungszuwendung

királybíró: Königsrichter

királyi biztos főispán: Königlicher Beauftragter Obergespan

királyi közigazgatási bíróság: s. közigazgatási bíróság

kisgyűlés: Kleine Versammlung

költségvetési szerv: Haushaltsorgan

körjegyző: Kreisnotär

korlátolt felelőségű társaság: Gesellschaft mit beschränkter Haftung

kormányzó: [in Fiume:] Gouverneur; [Titel Admiral Horthys:] Reichsverweser

kormányzó tanács: Gubernialrat

kötelék: Verbund

közgyűlés: Generalversammlung

közigazgatási bíróság: Verwaltungsgericht

közigazgatási határozat: Verwaltungsentscheidung

közigazgatási hivatal: Verwaltungsamt

községi bíró: Gemeinderichter

községi elöljáróság: Gemeindevorstand

községi tanács: Gemeinderat

köztársasági megbízott: Republiksbeauftragter

köztulajdon: öffentliches Eigentum

magántulajdon: privates Eigentum

Magyar Demokrata Fórum (MDF): Ungarisches Demokratisches Forum (UDF)

Magyar Dolgozók Pártja (MDP): Ungarische Partei der Werktätigen

magyar királyi udvari kamara: Ungarische Königliche Hofkammer

Magyar Szocialista Munkáspárt (MSZMP): Ungarische Sozialistische Arbeiterpartei (USAP)

Magyar Szocialista Párt (MSZP): Ungarische Sozialistische Partei (USP)

megye: Komitat

megyefőnök: Komitatshauptmann

megyei jogú város: Stadt mit Komitatsrecht

megyei közigazgatási hivatal: Komitatsverwaltungsamt

megyei tanács: Komitatsrat

megyei város: Komitatsstadt

megyeispán: Komitatsgespan

mezőváros: Landstadt

Miniszterelnöki Hivatal: Ministerpräsidialamt

minősített többség: qualifizierte Mehrheit

nádor: Paladin

nemzeti bizottság: Nationalausschuß

népi ellenőrzés: Volkskontrolle

népi ellenőrzési bizottság: Volkskontrollausschuß

Népköztársaság Elnöki Tanácsa: Präsidialrat (der Volksrepublik)

normatív fejkvóta: normative Kopfquote

országgyűlés: Parlament, Landtag

Országos Igazságszolgáltatási Tanács: Landesjustizrat

Országos Településhálózat-fejlesztési keretterv: Landesweiter Rahmenplan zur Entwicklung des Siedlungsnetzes

óvás: Rüge

Óvodai nevelés országos alapprogramja: Landesgrundprogramm der Kindergartenerziehung

régió: Region (als örtlicher Zuständigkeitsbereich eines Republiksbeauftragten)

rendelet: Verordnung; Satzung

rendezett tanácsú város: Stadt mit ordentlichem Rat

részvénytársaság: Aktiengesellschaft

soltész: Schultheiß

Szabad Demokraták Szövetsége (SZDSZ): Bund Freier Demokraten (BFD)

szabályrendelet: Verordnung

szakmai irányelv: Fachrichtlinie

székesfőváros: Haupt- und Residenzstadt

személynök: Personalis

szervezeti és működési szabályzat: Grundsatzung

szolgabíró: Assessor

Szövetséges Tanácsok Országos Gyűlése: Landesversammlung der Verbündeten Räte

társulás: Vereinigung

tartománygyűlés: Provinzialversammlung

Településhálózat-fejlesztési Koncepció: Konzeption zur Entwicklung des Siedlungsnetzes

településrendezés: Siedlungsordnung

településrendezési terv: Flächennutzungsplan

termelőszövetkezet: Produktionsgenossenschaft

területfejlesztés: Raumentwicklung

területi főépítész: Gebietsoberarchitekt

törvényerejű rendelet: Verordnung mit Gesetzeskraft

törvényhatóság: Munizip(ium)

törvényhatósági bizottság: Munizipalausschuß

törvényhatósági jogú város: Munizipalstadt, Stadt mit Munizipalrecht

udvarispán: Hofgespan

ügyész: Fiskal

vagyonátadó bizottság: Ausschuß zur Vermögensübergabe

vajda: Wojewode

választási elnökség: Wahlpräsidium

várispán: Burggespan

vármegye: s. megye

városi tanács: Stadtischer Rat

városkörnyék: Stadt-Umland-Bezirk

városkörnyéki alap: Stadt-Umland-Fonds

végrehajtó bizottság: Vollzugsausschuß

A. Einleitung

Ungarn ist immer ein Einheitsstaat gewesen. In einem Einheitsstaat haben es Autonomien erfahrungsgemäß schwer, einen eigenen Handlungsspielraum gegenüber der Zentralmacht durchzusetzen und verantwortlich wahrnehmen zu können. Im folgenden soll unter Autonomie nur die gebietsgebundene Autonomie, d.h. die örtliche und territoriale Selbstverwaltung verstanden werden. Andere Formen der Autonomie, die nicht oder jedenfalls nicht primär an ein bestimmtes Gebiet anknüpfen wie etwa die Universitäten, die Religionsgemeinschaften, die Sozialversicherungen, die 1997 in Form des Landesjustizrates eingeführte richterliche Selbstverwaltung, die berufsständische Selbstverwaltung der Kammern oder die Rundfunkanstalten bleiben außer Betracht. Derartige Autonomien unterscheiden sich in vielen Punkten so grundlegend von den Mechanismen und Problemen einer gemeindlichen oder regionalen Selbstverwaltung, daß eine getrennte Betrachtung angebracht ist.

Obwohl Ungarn immer ein Einheitsstaat gewesen ist, hat es eine lange und vielfältige Geschichte an örtlicher und territorialer Selbstverwaltung aufzuweisen. Seit der Staatsgründung im Jahre 1000 sind immer wieder neue Formen von gebietsbezogener Autonomie geschaffen worden. Am Ende dieser Entwicklung steht das heutige ungarische Kommunalrecht, das den Gemeinden und Städten, d.h. den örtlichen Selbstverwaltungseinheiten, sowie den Komitaten, d.h. den regionalen Selbstverwaltungseinheiten, mehr Freiheiten und Kompetenzen einräumt als die meisten westeuropäischen Systeme. Das heißt allerdings nicht, daß Ungarn das Paradies der kommunalen Selbstverwaltung wäre. Zahlreiche Probleme auf der tatsächlichen Ebene lassen die überaus selbstverwaltungsfreundliche Rechtslage in einem etwas anderen Licht erscheinen. Darauf wird am Ende dieses Buches noch eingehender zurückzukommen sein.

Ungarn hat sich im Laufe seiner Geschichte immer wieder stark am deutschen Rechtsraum orientiert. Zwar hat die meiste Zeit in der ungarischen Geschichte für das Land eine grundsätzliche Option zwischen dem lateinisch-germanischen, katholischen und später katholisch-protestantischen Westen und dem orthodox-byzantinischen, überwiegend slawischen Osten Europas bestanden. Bereits die Staatsgründung, die mit der katholischen Christianisierung der Magyaren einen einheitlichen Vorgang bildet, hat eine Grundentscheidung getroffen und Tatsachen geschaffen, die später nicht mehr revidiert wurden.

In der Rechtsgeschichte übten das italienische und vor allem das deutsche Recht (d. h. das Recht des deutschen Sprachraums) immer einen großen Einfluß auf Ungarn aus. Dies trifft auch für die rechtliche Ausgestaltung der hier interessierenden Autonomien zu. Bereits bei der Einrichtung der Komitate standen fränkische Vorbilder Pate, die mittelalterliche Selbstverwaltung der Städte folgte der Idee nach süddeutschem Stadtrecht, und bei der Reform der kommunalen Selbstverwaltung im 19. Jahrhundert orientierte man sich in manchen Punkten an Österreich und in anderen an Preußen.

Trotz dieses starken äußeren Einflusses, dem die Rechtsentwicklung in Ungarn immer – wenn auch in unterschiedlicher Stärke – unterlag, ist das ungarische Recht in wesentlichen Teilen eine originär ungarische Schöpfung. Dabei sind, grob betrachtet, die fremden Einflüsse im Zivilrecht ausgeprägter als im öffentlichen Recht. Auch im Recht der Selbstverwaltungen finden sich neben fremden, rezipierten Elementen viele eigenständige Züge. Zudem bestimmte sich das Verhältnis zwischen dem Zentralstaat und den örtlichen und territorialen Autonomien in jeder Entwicklungsstufe nach den politischen Verhältnissen, die in Ungarn herrschten und die dann eine rechtliche Ausgestaltung fanden. Daher ist insbesondere die Abgrenzung zentralstaatlicher und autonomer Kompetenz- und Machtbereiche eine Frage, bei deren Beantwortung fremde Vorbilder nur begrenzt helfen können. Es kommt immer entscheidend auf die Machtverhältnisse und sozialen Anschauungen vor Ort an.

Aus all diesen Gründen lohnt sich gerade auch für den deutschen Rechtsraum eine Untersuchung des ungarischen Rechts der kommunalen und regionalen Autonomien gestern und heute. Die Lösungen, die man im Laufe der Geschichte immer wieder neu gefunden hat, orientieren sich an indigen ungarischen Bedürfnissen und folgen dabei häufig den Formen und Leitlinien, die in Deutschland und Österreich entwickelt wurden. Das Spannungsfeld von Zentrale und Autonomien vor Ort existiert auch in Deutschland, wenn auch gebrochen und angereichert durch den Föderalismus, den es in Ungarn nicht gibt. In Ungarn besteht der Konflikt in seiner „reinen" Form: Einheitsstaat gegen Kommune bzw. Komitat. Auch diese prototypische(re) Situation lädt zu einer Untersuchung ein, die dann auch für die deutschen Verhältnisse fruchtbar gemacht werden kann.

Schließlich ist die Frage der Selbstverwaltung sowohl auf der lokalen als auch auf der regionalen Ebene das Problem des öffentlichen Rechts, das in Ungarn am stärksten in der Diskussion steht. Sowohl die Wissenschaft als auch die Verwaltungspraxis und die Politik beteiligen sich seit dem Systemwechsel an dieser lebhaften Diskussion, um zur Lösung der großen Mißstände auf diesem Gebiet beizutragen. Alleine diese Suche nach Lösungen innerhalb und außerhalb des vorgegebenen Systems ist eine Untersuchung wert, da sich ähnliche Problemstellungen auch in Deutschland, und das nicht nur in den neuen Bundesländern, finden. Ungarische Autorinnen und Autoren liefern durchaus innovative Ansätze, deren Betrachtung auch für deutsche Juristen Anregungen liefern kann.

Bei der Entwicklung der Selbstverwaltung in Ungarn lassen sich im wesentlichen vier Epochen unterscheiden: die ständische Selbstverwaltung, die bürgerliche Selbstverwaltung, das kommunistische Rätesystem und das moderne postsozialistische Selbstverwaltungssystem. Dieses geschichtliche Schema liegt der folgenden Darstellung zugrunde. In manchen Kapiteln wird zwischen der lokalen und der regionalen Ebene getrennt, weil die systematischen Unterschiede größer sind als die Gemeinsamkeiten; wo dies nicht der Fall ist, findet eine gemeinsame Darstellung statt.

B. Entwicklungslinien

I. Die Vorgeschichte: Römerzeit und Völkerwanderung

1. Die römische Selbstverwaltung

Bereits in dem zu der römischen Provinz Pannonien gehörenden Westungarn (Transdanubien) hatte es bedeutende städtische Siedlungen vorwiegend römischer Gründung wie beispielsweise Aquincum (heute Buda bzw. Óbuda), Savaria (heute Szombathely), Arrabona (heute Győr) oder Sopianæ (heute Pécs) gegeben[1]. Deren römisch-rechtliche Traditionen kommunaler Selbstverwaltung[2] konnten jedoch im Karpatenbecken aus zwei Gründen nicht über den Zusammenbruch des weströmischen Reiches hinaus wirken.

Zum einen wurde seit dem ausgehenden dritten Jahrhundert der römische Staat immer stärker zentralisiert und die Macht des Kaisers ausgebaut. Im Zuge dieses Prozesses wurden sämtliche Träger autonomer öffentlicher Gewalt entmachtet und der kaiserlichen Herrschaft unterstellt. Diese Entwicklung machte auch vor den Städten und Gemeinden nicht halt: Die verschiedenen Formen örtlicher Selbstverwaltung und lokaler Privilegien wurden aufgehoben und die Städte und Gemeinden von kaiserlichen Beamten verwaltet[3].

Zum anderen wurden sämtliche städtischen Siedlungen mit dem Zusammenbruch der römischen Herrschaft in Pannonien aufgegeben. Nachdem gegen 430 die letzten römischen Legionen die Provinz verlassen hatten, brach die römische Stadtkultur hier so gründlich zusammen, daß selbst die Namen der römischen Siedlungen in Vergessenheit gerieten und erst von den neuzeitlichen Historikern wieder erschlossen wurden[4]. Die Römer hinterließen eine *tabula rasa,* die keinen Anknüpfungspunkt für spätere Traditions(fort)bildung bot.

---

[1] *Ajtay,* Világatlasz, S. 105; *Marquard,* S. 293 f.

[2] Eine Darstellung des Inhalts und Umfangs der gemeindlichen Selbstverwaltung im römischen Recht findet sich bei *Gern,* Dt. KommR, S. 27 f.; *Marquard,* S. 78 ff.

[3] *Bleicken,* S. 178 ff.; *Liebs,* S. 81 f.; *Marquard,* S. 85 f.; *Mumford,* S. 269; für die oströmische Reichshälfte: *Ducellier,* S. 231 ff.

[4] *Engel,* S. 51. Zur Bedeutung der römischen Ruinen als Kristallisationspunkt neuer Siedlungen im frühen und Hochmittelalter s. *Gönczi,* S. 9.

2. Völkerwanderung und Landnahme

In den darauffolgenden Jahrhunderten wanderten immer neue Barbarenvölker in das Karpatenbecken ein und gründeten Reiche, ohne ihre nomadische oder dörfliche Lebensweise aufzugeben. Den Hunnen folgten die germanischen Gepiden, die ihrerseits von den Langobarden verdrängt wurden. Nach den Langobarden siedelten sich die Awaren an. Nachdem die Franken im 8. Jahrhundert die Macht der Awaren gebrochen hatten, gehörten Teile der Region zu den Grenzgebieten des fränkischen, großmährischen und bulgarischen Reiches[5]. Für alle diese staatlichen Gebilde waren ihre Besitzungen an Donau und Theiß Peripherie, der keine besondere – schon gar keine zivilisatorische – Aufmerksamkeit geschenkt wurde. In dieser Zeit ließen sich vor allem Slawen in diesem Raum nieder, ohne jedoch größere politische Einheiten zu bilden oder über den Rahmen des Dorfes hinausgehende Siedlungen zu gründen.

Gegen Ende des 9. Jahrhunderts wanderten die magyarischen Stämme von Osten kommend in das Karpatenbecken ein. Als legendäres Datum dieser Landnahme gilt 896. Sie waren das letzte große Volk, das in das Land an der mittleren Donau und Theiß einwanderte. Damit war die Völkerwanderungszeit auch für das spätere Ungarn vorbei.

Die Magyaren behielten ähnlich wie ihre Vorgänger zunächst die halbnomadische Lebensform der osteuropäischen Steppen bei und suchten ihre Nachbarn, vor allem das ostfränkische Reich, in großen Raubzügen heim[6]. Diese Raubzüge fanden erst durch die verheerende Niederlage der Magyaren in der Schlacht auf dem Lechfeld 955 ein Ende.

Mit der Beibehaltung der Lebensform der Steppe war die Fortgeltung der für die Nomadenvölker typischen politischen, sozialen und rechtlichen Ordnung verbunden. Die – wenn man von der Existenz eines Adels absieht – vergleichsweise ungeschichtete, egalitäre Gemeinschaft gliederte sich in Sippen und ähnliche Verbände, denen nach der Landnahme bestimmte Territorien zur Nutzung zustanden. Der darüber hinausgehende politische Verband war recht locker, und eine staatliche Autorität im heutigen, aber auch im mittelalterlichen Sinne fehlte völlig[7].

---

[5] *Engel*, S. 97 f.; *Lázár*, S. 18, 36.

[6] *Einsle*, S. 46 f.; *Hellbling*, S. 185; *Lázár*, S. 37 ff.

[7] Zur Rechtsordnung von nomadischen Steppenvölkern allgemein s. *Herzog*, S. 130 ff.; *Wesel*, S. 17 ff. Zum Recht der magyarischen Stämme vor der Christianisierung s. *Csizmadia* in Csizmadia/Kovács/Asztalos, S. 45 ff.; *Jánosi*, S. 8 ff., 45 ff.; *Mezey*, Alkotmánytörténet, S. 15–31; *Zlinszky*, JK 1996/269 ff.

II. Die ständische Selbstverwaltung

1. Die Staatsgründung

Nach der Niederlage auf dem Lechfeld wurden die magyarischen Stämme allmählich seßhaft, und 972 bat ihr Fürst *Géza* den deutschen Kaiser *Otto I*, ihm Priester zur Bekehrung der Ungarn zu schicken. Sein Sohn *István* nahm *Gisela*, die Tochter *Heinrichs von Bayern*, zur Frau und ließ sich von Papst *Sylvester II* eine Krone überbringen, mit der er 1000/01 in Esztergom zum König von Ungarn gekrönt wurde[8]. Gleichzeitig errichtete er in Esztergom das erste Erzbistum des Landes; der dortige Erzbischof ist bis heute der Primas der ungarischen katholischen Kirche. Daneben gründete er zehn Bistümer im ganzen Land[9]. Damit war Ungarn Bestandteil des römisch-christlichen Abendlandes geworden.

Entsprechend der im Westeuropa der Zeit vorherrschenden Ideen[10] stand im Mittelpunkt des Staates die Person des Königs. Durch die starke Persönlichkeit *Istváns* hatte das Königtum in Ungarn von Beginn an eine große – auch emotionale – Bedeutung, und das Charisma des heiligen Staatsgründers ging auf seine Nachfolger über. Um diese herum entwickelte sich im Laufe der Zeit eine immer größer werdende Zentralverwaltung. Es gelang den ungarischen Königen, das Entstehen von Territorialfürstentümern wie in Deutschland zu verhindern. Alle Untertanen, auch die Magnaten, waren im Rechtssinne Vasallen des Königs, der den Staat verkörperte. In diesem Sinne war Ungarn bereits im Mittelalter ein – feudaler – Zentralstaat, und die heilige Krone wurde im Laufe der Zeit zum Inbegriff ungarischer Staatlichkeit auch im Rechtssinne[11].

Mit der Übernahme des abendländischen Christentums und seiner Ideen nahm die ungarische Gesellschaft die Formen einer in Stände gegliederten, sich in kollektiven Einheiten organisierenden Feudalgesellschaft an, behielt dabei aber noch lange Zeit Reminiszenzen der vorchristlichen, nomadischen Sozialordnung bei. Trotzdem war nicht nur der ungarische Staat, sondern auch die ungarische Gesellschaft zu einem Teil des katholischen Europa geworden.

---

[8] *Apponyi*, S. 9; *Brunner*, OER 2000/210; *Einsle*, S. 135; *Engel*, S. 113 f.; *Lázár*, S. 48, 50; *Schiller*, S. 380 f.

[9] *Bartlett*, S. 18 f.; *Rácz*, ÁJ 1991/185.

[10] Zu der ungarischen Perspektive *Nagyné Szegvári*, JK 1997/4 ff.

[11] *Kovács* in Csizmadia/Kovács/Asztalos, S. 107 f.; *Kardos*, Szentkorona-tan, S. 11 ff.; *Küpper*, OE 1996/694 f.; *Küpper*, OER 2000/278 ff.; *Mezey*, Alkotmánytörténet, S. 42 ff., 81 ff.

2. Die Selbstverwaltung auf örtlicher Ebene

Selbstverwaltung auf der örtlichen Ebene bedeutete im Mittelalter vor allem die Selbstverwaltung der Städte, während die Dörfer in der Regel keine ausgeprägte eigenständige Verwaltung hatten. Daher ist für die Betrachtung der lokalen Autonomie in Ungarn die Herausbildung von Städten der zentrale Vorgang.

Die Anfänge des ungarischen Städtewesens und damit der örtlichen Selbstverwaltung liegen im Hochmittelalter, genauer im späten 11. und frühen 12. Jahrhundert. Vorher gab es im Karpatenbecken nur einzelne Burgen, Siedlungen dörflichen Charakters sowie die mehr oder weniger festen Niederlassungen der noch teilweise dem Nomadismus verhafteten Magyaren.

a) Das Hochmittelalter

Die Seßhaftwerdung und Christianisierung der Ungarn ermöglichte in der Folgezeit die Übernahme westlicher Kulturgüter, darunter auch die Einrichtung von Städten und der damit verbundenen Selbstverwaltung. *Géza* und vor allem *István* bauten zahlreiche Burgen, die die Zentren der Verwaltung des neuen Staates waren und oft zu Keimzellen städtischer Siedlungen wurden[12]. Im Ungarischen ist der Zusammenhang zwischen Burg [vár] und Stadt [város] heute noch deutlich[13].

aa) Die Stadtpolitik der ungarischen Könige

Echte Städte und Stadtkultur wurden in Ungarn durch westeuropäische Siedler, genannt *hospes* (Gäste), bekannt, die im Rahmen der hochmittelalterlichen Ostkolonisation in das an vielen Stellen noch unbesiedelte Karpatenbecken einwanderten. Die ersten dieser Einwanderer, die in der zweiten Hälfte des 11. Jahrhunderts auftauchten, waren Franzosen und vor allem Wallonen [*latini*]. Sie bevorzugten bei ihrer Ansiedlung die Bischofssitze, insbesondere aber die beiden unter königlichem Schutz stehenden Plätze Esztergom und Fehérvár (das heutige Székesfehérvár), die zu den wenigen königlichen Burgen gehörten, die von Anfang an mit einer steinernen Mauer umgeben waren und nicht nur, wie sonst in Ostmitteleuropa zu der Zeit üblich, mit einem palisadenbewehrten Erdwall[14].

---

[12] *Engel,* S. 118 f.; *Gönczi,* S. 7 ff. Zur Entstehung und kulturgeschichtlichen Bedeutung der Institution Burg im Europa nördlich der Alpen s. *Bartlett,* S. 85–90.

[13] Zur altiranischen Etymologie des ungarischen Wortes vár s. *Gönczi,* S. 9. Vgl. im Deutschen den Zusammenhang zwischen Burg und Bürger.

Esztergom und Fehérvár entwickelten sich schnell zu den bedeutendsten Siedlungen des Landes und wurden gegen Ende des 12. Jahrhunderts mit umfangreichen Privilegien ausgestattet. Den magyarischen Siedlungen war diese Selbstverwaltung westeuropäischen Typs noch unbekannt[15].

Um 1150 begann die für Ungarn auf Dauer bedeutendere Einwanderung deutscher Siedler. Sie kamen zunächst aus den für mittelalterliche Verhältnisse besonders dicht besiedelten flämischen und rheinischen Gebieten, später auch aus anderen Gegenden, und wurden in Ungarn unterschiedslos als Sachsen bezeichnet. Obwohl sie sich auf dem gesamten Territorium Ungarns niederließen, lassen sich bestimmte Schwerpunkte ausmachen, so die mittlere Slowakei und hier besonders die Zips [ungar.: Szepes; slowak: Spiš], sowie das südliche Siebenbürgen [ungar.: Erdély; rumän.: Ardeal], wo sie 1224 besondere Privilegien einschließlich territorialer Autonomie bekamen[16].

Die deutschen Siedler brachten ihre städtische Kultur mit in die neue Heimat. Teil dieser Kultur war die Vorstellung eines besonderen Stadtrechts, welches sich in Deutschland ab dem 12. Jahrhundert herauszubilden begonnen hatte[17]. Kernpunkt dieser stadtrechtlichen Konzeption war die genossenschaftliche Erledigung aller sich aus der Nachbarschaft der gemeinsamen Siedlung ergebenden Gemeinschaftsaufgaben in einem umfassenden Verhältnis von Rechten und Pflichten[18].

Diese Ansiedlungen verliefen zunächst noch planlos. Erst unter König *Béla IV* (1235–1270) fand zum ersten Mal eine bewußte Stadtpolitik statt, die starke Parallelen zu der Stadtpolitik der baltischen, polnischen, ostdeutschen und tschechischen Fürsten aufwies. Kernpunkt dieser Politik in Ostmittteleuropa war das Bestreben der Lehnsherren, ihre oft nur spärlich besiedelten und noch rein ländlich strukturierten Territorien durch Gründung

---

[14] *Engel*, S. 118 f.; *Gönczi*, S. 15 ff.; *Hanák*, Geschichte, S. 29 f. S. auch zahlreiche Beiträge in *Brachmann*.
Auf die Bedeutung der Mauer für die Entstehung des Rechtsraums Stadt weist *Häußermann*, Hartmut in Sauberzweig/Laitenberger, S. 91 f., hin.

[15] *Engel*, S. 174 f.; *Lázár*, S. 67. Auf den Zusammenhang zwischen der Stadtgründung im Rahmen der mittelalterlichen Ostkolonisation und der Stadtfreiheit weist *Bartlett*, S. 205 ff., hin: Die Einräumung von Stadtfreiheit war ein Mittel der örtlichen Territorialherren, Siedler aus dem Westen ins Land zu ziehen.

[16] Dazu unten Kapitel B. II. 3. a) bb) sowie *Engel*, S. 175; *Marcu*, Liviu P. in Hanga, S. 162; *Hellbling*, S. 198; *Marczali*, S. 3; *Rácz*, ÁJ 1991/184, 205. Speziell zu den Stadtfreiheiten in der Zips *Gönczi*, S. 19 ff.

[17] *Bartlett*, S. 106 f.; *Eisenhardt*, S. 42 f.; *Gern*, Dt. KommR, S. 28; *Planitz*, S. 295 ff.; *Wesel*, S. 304 f.

[18] *Gönnewein*, S. 10 f.; *Planitz*, S. 98 ff., 295 ff.; *Häußermann*, Hartmut in Sauberzweig/Laitenberger, S. 91 f.; *Schmidt-Aßmann* in Schmidt-Aßmann, Bes. VwR, S. 10; *Scholz*, S. 36 f.

und Förderung von Städten zu entwickeln. Zu diesem Zweck warben sie Siedler aus den übervölkerten Gebieten West- und Süddeutschlands an und verliehen den von ihnen gegründeten Städten umfangreiche Privilegien und Selbstverwaltungsrechte. Die Ausgestaltung dieser Privilegien richtete sich in der Regel nach dem Vorbild des Rechts einer weiter westlich gelegenen, mit der städtischen Selbstverwaltung bereits vertrauten Mutterstadt; die wichtigsten dieser Rechtsvororte waren Lübeck, Magdeburg und Nürnberg[19].

bb) Die Privilegien des Fehérvárer Rechts

In Ungarn orientierte man sich bei der Ausgestaltung der städtischen Freiheiten und des Stadtrechts nicht so sehr an deutschen Rechtsvororten, sondern bediente sich des Fehérvárer Rechts [*libertates civium Albensium*], d.h. die jeweilige Stadt bekam die Selbstverwaltungsrechte verliehen, die die wallonische Bevölkerung Fehérvárs bereits seit längerem genoß. Dieses Fehérvárer Recht war eine Mischung aus den Vorstellungen von Stadtfreiheit, die die *hospes* aus Westeuropa mitgebracht hatten, und aus den Privilegien, die der Herrscher ihnen zu gewähren für opportun gehalten hatte[20].

Die Autonomie des Fehérvárer Rechts war sehr weitreichend: Sie beinhaltete die volle Selbstverwaltung einschließlich der Setzung städtischer Rechtsnormen (Statuten) in bestimmten Fragen, der Gerichtsbarkeit und der Wahl der Stadtpfarrer. Ausgeübt wurden alle diese Rechte durch den Rat. Dieser Rat [*senatus*] setzte sich zusammen aus dem Richter [*iudex*], der an der Spitze der privilegierten Stadt stand, und den Geschworenen [*iurati cives, maiores, seniores*], deren Zahl in größeren Städten zwölf, in kleineren sechs betrug. Die Stadt schuldete dem König jährlich eine bestimmte Steuersumme, und der Rat entschied über die Aufteilung dieses Betrags unter den Steuerzahlern der Stadt. Neben dem die Verwaltung und die Rechtsprechung leitenden Rat kannte die Stadtverfassung noch die Versammlung der Bürger (Generalversammlung), die den Richter und die Beamten wählte und wohl auch in wichtigen, die Stadt betreffenden Fragen entschied[21].

Dieses Modell der Verwaltungsorganisation hatte sich zu dieser Zeit bereits in ganz Westeuropa als erster, noch vergleichsweise undifferenzierter

---

[19] *Bartlett*, S. 212 ff.; *Eisenhardt*, S. 59 ff.; *Gönczi*, S. 13 ff., 31 ff.; *Hellmann*, JGO 1956/23 f.; *Leuschner/Boockmann*, S. 66.

[20] *Gönczi*, S. 16 ff.; *Mezey*, Alkotmánytörténet, S. 141 f.; *Mezey*, Jogtörténet, S. 35.

[21] *Csizmadia* in Csizmadia/Kovács/Asztalos, S. 67; *Gergely/Kardos/Rottler*, S. 7 ff.; *v. Timon*, S. 222 f.

Typ der städtischen Selbstverwaltung herausgebildet[22]. Insoweit entsprach das Fehérvárer Recht dem Rechtszustand, den die fortgeschritteneren Städte im deutschen Reich im 12./13. Jahrhundert erreicht hatten[23].

Noch vor dem Mongolensturm 1241/42 wurde das Stadtrecht beispielsweise Nagyszombat (1338) oder Zágráb (1241) verliehen; nach dem Mongolensturm bekamen viele Orte wie beispielsweise Pest 1244 dieses Privileg, um durch die Förderung der Städte den Wiederaufbau des verwüsteten Landes zu beschleunigen[24]. Dies hatte zur Folge, daß die Zahl der mit einer Steinmauer befestigten Siedlungen, deren Anzahl zur Zeit der Thronbesteigung König *Bélas IV* zwei oder drei betragen hatte, gegen Ende des Jahrhunderts auf etwa zwanzig angewachsen war[25].

Neben diesem Stadtrecht existierte noch eine zweite, eingeschränkte Form der Selbstverwaltung: das Hospesprivileg. Mit diesem Vorrecht wurden zahlreiche königliche Dörfer ausgestattet[26]. Die anderen Dörfer genossen unter der Führung des Dorfobersten so große Selbstverwaltung, wie ihnen der König oder der Grundherr im Einzelfall einräumte[27].

b) Spätmittelalter und Renaissance

aa) Die Blüte des mittelalterlichen Städtewesens

Auch im 14. Jahrhundert setzten die Könige aus dem Hause Anjou diese Art der Stadt- und Siedlungspolitik fort. Im Norden, auf dem Gebiet der heutigen Slowakei, schlossen aus Deutschland kommende Schultheißen mit den örtlichen Grundherren Verträge zur Gründung von Rodungsdörfern ab. Den Neusiedlern wurde in der ersten Zeit Steuerfreiheit gewährt, danach waren die Abgaben in der Regel in Geld oder Naturalien und nur noch selten in Form von Fronarbeit zu entrichten. Auch genossen diese nach polnischem und tschechischem Vorbild mit deutschem Recht ausgestatteten

---

[22] *Stipta,* István in Horváth, Jogtörténet, S. 87. Im Gegensatz dazu steht die Entwicklung in Byzanz, wo Kaiser *Leo III.* 896 die letzten Reste überkommener römischer Kommunalautonomie abgeschafft hatte und seitdem die Städte nur noch Verwaltungseinheiten des Zentralstaates waren: *Ducellier,* S. 231 ff. In Westeuropa baute sich örtliche Selbstverwaltung von unten auf, in Byzanz wurde sie von oben abgeschafft.

[23] Dazu *Eisenhardt,* S. 43 ff.; *Kantel,* S. 4.; *Planitz,* S. 85 ff., 295 ff.; *v. Timon,* Heilige Krone, S. 314; *Wesel,* S. 304 f.

[24] *Csizmadia* in Csizmadia/Kovács/Asztalos, S. 67; *Gönczi,* S. 23; *Lázár,* S. 74; *Macartney,* S. 30.

[25] *Engel,* S. 227 f.

[26] *Engel,* S. 228.

[27] *Csizmadia* in Csizmadia/Kovács/Asztalos, S. 68; *Kovács,* ebd., S. 128. Zur mittelalterlichen Dorfverfassung in Deutschland s. *Wesel,* S. 305 ff.

Dörfer unter Führung des Schultheißen eine gewisse Selbstverwaltung gegenüber dem Grundherren[28].

Im Mittelpunkt der Stadtpolitik des Königs stand das Bestreben, die Anzahl der königlichen Städte zu erhöhen, da ihre Abgaben nicht den örtlichen Grundherren, sondern dem König direkt zuflossen. Freie Städte und freie Dörfer (die begriffliche Unterscheidung beruhte im wesentlichen auf der Tatsache, ob die Siedlung von einer Mauer umgeben war oder nicht) standen in königlichem Besitz und waren von der Oberhoheit des Grundherren ausgenommen. Zur Förderung ihrer Wirtschaftskraft und somit ihres Steueraufkommens stattete der König sie mit teilweise sehr umfangreichen Privilegien aus, wozu auch die Befugnis zählte, ein eigenes, sich vom umgebenden feudal-agrarischen Recht unterscheidendes Stadtrecht entsprechend den Bedürfnissen des gewerblich-städtischen Lebens zu schaffen[29]. Unter König *Károly Róbert* (1308–1342) und seinem Sohn *Lajos I* (1342–1382) erhöhte sich die Zahl der freien Städte und freien Dörfer beträchtlich[30].

Als echte Stadt wurden zunehmend nur noch solche Ortschaften betrachtet, die nicht nur städtische Privilegien, sondern auch einen steinernen Mauerring besaßen. Für die nicht befestigten städtischen Siedlungen kam der Begriff Landstadt [*oppidum*] auf. Die Mauer hatte nicht nur eine begriffliche, sondern auch eine rechtliche Bedeutung: Seit *Lajos I* waren die Bewohner mauerbewehrter Städte von der Pflicht, ein Neuntel ihrer Einkommen als Abgabe an den Grundherrn zu entrichten, ausgenommen[31].

bb) Rechtliche Ausdifferenzierungen

Die freien königlichen Städte

Gegen Ende des 14. Jahrhunderts entstand innerhalb der Gruppe der freien Städte die besonders privilegierte, kleine Gruppe der königlichen Städte. Ihr besonderer Rechtsstatus kam unter anderem darin zum Ausdruck, daß die oberste Berufungsinstanz ihrer Rechtssachen im Unterschied zu allen anderen Bewohnern des Landes das Gericht des königlichen Schatzmeisters, der Schatzmeisterstuhl, war. Der Schatzmeisterstuhl wies die Besonderheit auf, daß in ihm auch Bürger saßen. Das Vorrecht, den Schatzmeisterstuhl anrufen zu können, bildete sich im Verlaufe des 14.

---

[28] *Engel*, S. 274.

[29] Vorbild für viele weitere Stadtrechte in Ungarn wurde das Ofener Stadtrecht; dazu *Mádl*, Ferenc in Csizmadia/Kovács, S. 88 f.; *Gönczi*, S. 81 ff.

[30] *Engel*, S. 275 f.; *Gönczi*, S. 22 ff.; *Silagi*, S. 18.

[31] *Csizmadia*, S. 13; *Gönczi*, S. 23 f., 29 ff.; *Hellbling*, S. 197 f.

Jahrhunderts heraus und wurde ab 1379 für die königlichen Städte allgemein gültig[32]. Da die so privilegierten Städte überwiegend vom Fernhandel lebten, bekamen ihre Kaufleute das Vorrecht, in dem jeweiligen Landesteil, ausnahmsweise auch im ganzen Land, zollfrei Handel zu treiben. Weiterhin hatten sie das Recht, ein- oder mehrmals im Jahr landesweite Messen abzuhalten. Einige Städte bekamen darüber hinaus das Stapelrecht, beispielsweise Buda und Kassa.

Die königlichen Städte besaßen umfassende Selbstverwaltung, sie waren von der Oberhoheit des sie umgebenden Komitates ausgenommen, und ihre Bürger waren persönlich frei. Das Recht der freien Städte, eigene Rechtsvorschriften in Form von Statuten zu erlassen, war jetzt voll entwickelt, und nicht wenige Städte begannen, ihr jeweiliges Stadtrecht zu kodifizieren[33]. Im Inneren entwickelten sich die vorwiegend deutschstämmigen Familien der Fernhandelskaufleute zur führenden Schicht. Im Zuge dieses Prozesses entstand seit dem 13. Jahrhundert in der Verfassung dieser Städte ein neues Organ: der Äußere Rat. Dieser zählte in der Regel 60 bis 100 Mitglieder. Seine Aufgabe war die Wahl der Mitglieder des Rates, der jetzt Innerer Rat oder Senat genannt wurde, sowie bisweilen die Wahl der städtischen Amtsträger. Ursprünglich wurde der Äußere Rat durch die Generalversammlung gewählt. Mit dem Erstarken der Macht der Patrizier und in einigen Städten auch der oberen Schicht der Zunftbürger ersetzte der Äußere Rat mehr und mehr die Generalversammlung, die allmählich abgeschafft wurde. Nach dieser Konsolidierung der Macht ergänzte sich der Äußere Rat durch Kooptation.

In den Zunftkämpfen des 15. Jahrhunderts gelang es der Mittelschicht der Handwerker in einigen Städten, die Einrichtung einer 24-Mitglieder-Körperschaft durchzusetzen, in der vorwiegend Angehörige dieser Schicht vertreten waren. Da diese Körperschaft bestenfalls eine bloße Kontrollfunktion ausübte, konnte sie an der Machtverteilung in den Städten nicht viel ändern[34].

Zur königlichen Stadt konnten nur Städte aufsteigen, die auf königlichem Besitz lagen. Zu Beginn des 15. Jahrhunderts gehörten zu dieser Gruppe neben dem bereits erwähnten Buda und Kassa sowie den schon immer privilegierten Plätzen Esztergom und Fehérvár Städte wie Nagyszombat, Pest, Győr, Zágráb, Sopron, Pozsony, Eperjes, Brassó oder Nagyszeben, später auch Szeged.

---

[32] *Bertényi*, S. 123 f.; *Csizmadia* in Csizmadia/Kovács/Asztalos, S. 57; *Gönczi*, S. 33 ff.; *Mezey*, Alkotmánytörténet, S. 162 f.; *Mezey*, Jogtörténet, S. 35.
[33] *Gönczi*, S. 155 ff.; *Mezey*, Jogtörténet, S. 34 f.
[34] *Kovács* in Csizmadia/Kovács/Asztalos, S. 130.

Daneben gab es auch größere Handelsstädte in grundherrlichem Besitz wie zum Beispiel Nagyvárad oder Pécs. Sie genossen gar keine oder nur beschränkte Selbstverwaltung, und ihre Bewohner waren persönlich nicht frei, sondern ihre Rechtsstellung glich eher der von Hörigen[35].

Diese Differenzierung im äußeren Rechtsstatus der Städte ist vergleichbar mit dem Prozeß in Deutschland, wo sich seit dem 13. Jahrhundert der Unterschied zwischen Reichsstädten, freien Städten und Landstädten herauszubilden begann[36]. Der Kategorie der deutschen Reichsstädte, die sich im Laufe der Zeit vollständige politische und rechtliche Selbständigkeit einschließlich der Hochgerichtsbarkeit in unmittelbarer Unterordnung unter dem Kaiser, das heißt letztendlich Landeshoheit wie die reichsunmittelbaren Fürsten[37] erkämpften, kamen in dem im Vergleich zum deutschen Reich zentralistischeren Ungarn, wo die Konzeption der Reichsunmittelbarkeit in dieser Form unbekannt war, die königlichen Städte, die der Krone direkt unterstanden, am nächsten. Im Einheitsstaat Ungarn bedeutete dieser Status nicht eine eigene Territorialherrschaft, die ja auch den adeligen Landesherren nicht zukam, sondern die direkte Unterstellung unter die Zentralgewalt des Königs, ohne von weiteren, in der Lehnspyramide zwischengeschalteten Grundherren abhängig zu sein.

Die königlichen Städte besaßen eine innere Verfassung, der dem Rechtsstatus der entwickelten spätmittelalterlichen städtischen Selbstverwaltung in Westeuropa entsprach. Diese bestand aus einer umfassenden körperschaftlichen Autonomie einschließlich des Rechts der Verwaltung, der Gesetzgebung, der Rechtsprechung, der Verteidigung und der Besteuerung, die von der Bürgerschaft eigenverantwortlich ausgeübt wurde, auch wenn diese Bürgerschaft in sich rechtlich nach Stand, Korporationszugehörigkeit oder ähnlichen Kriterien differenziert war[38].

Die „rechtsdogmatische" Grundlage dieser politischen Freiheit der Städte lag in dem kollektiven Adel ihrer Einwohnerschaft: So wie jeder einzelne Adelige als Teil der Nation und der sie verkörpernden Heiligen Krone betrachtet wurde, so vermittelte die Stadtfreiheit der Stadt als Korporation die Mitgliedschaft der Heiligen Krone[39]. Daraus leitete sich für die Körperschaft der königlichen Stadt ein kollektiver Adel und eine entsprechende Stellung im Staat ab[40]. Darüber hinaus gab der kollektive Adel der Stadt

---

[35] *Engel*, S. 276 f.; *Gönczi*, S. 29 ff.

[36] *Gönnewein*, S. 11; *Leuschner/Boockmann*, S. 66; *Wesel*, S. 304 f. Vergleichend für Ostmitteleuropa wird dieser Prozeß in mehreren Beiträgen in *Engel/Lambrecht/Nogossek* dargestellt.

[37] *Eisenhardt*, S. 167 f.

[38] *Eisenhardt*, S. 42 ff., S. 167 ff.; *Mezey*, Alkotmánytörténet, S. 142 ff.; *Leuschner/Boockmann*, S. 56; *Mumford*, S. 368; *Takács*, Imre in Kukorelli/Schmidt, S. 218.

[39] Zur Rolle der Heiligen Krone s. oben Kapitel B. II. 1. und Fn. 11.

das Recht, durch einen Vertreter an der – dem Adel vorbehaltenen – Generalversammlung des umgebenden Komitats teilzunehmen[41].

Der Prozeß der Verstädterung verlangsamte sich in Ungarn im 14. und 15. Jahrhundert und blieb auf dem dann erreichten, nach Zahl, Größe und Dichte der Städte relativ niedrigen Niveau stehen[42]. Daher konnte das zahlenmäßig kleine, überwiegend ethnisch fremde, d.h. vorwiegend deutsche, dazu in manchen Städten auch italienische Bürgertum keinen Einfluß auf die Entwicklung des Landes nehmen[43]. Im frühen 15. Jahrhundert versuchte König *Zsigmond* (1387–1437) noch einmal, zur Stützung seiner eigenen Macht dem Hochadel gegenüber die königlichen Städte zu fördern. Dazu verlieh er diesen besondere wirtschaftliche Privilegien wie die Ausweitung des Stapelrechts. Diese Maßnahmen konnten aber aufgrund des noch weitgehend agrarischen Charakters der ungarischen Wirtschaft nur begrenzte Wirkung entfalten.

Die spätmittelalterliche Hierarchie der Stadtfreiheiten

Gegen Ende von *Zsigmonds* Regierungszeit entstand in der einheitlichen Gruppe der königlichen Städte eine weitere Unterteilung. Die vornehmste Gruppe bildeten die zunächst sieben sogenannten Schatzmeisterstuhl-Städte (Buda, Pozsony, Sopron, Nagyszombat, Kassa, Bártfa, Eperjes; im weiteren Verlauf des 15. Jahrhunderts kam noch Pest hinzu). Sie unterstanden weiterhin dem Schatzmeisterstuhl als oberstem Berufungsgericht in ihren Sachen.

Im Rang darunter standen die anderen, etwa zehn königlichen Städte, die als höchste Berufungsinstanz das in der zweiten Hälfte des 15. Jahrhunderts eingerichtete Gericht des Personalis anriefen. Aus diesem Grund wurden sie Personalisstädte genannt[44].

Dazu kamen als weitere Gruppe noch die in verschiedenen Städtebünden zusammengeschlossenen ober- und niederungarischen Bergbaustädte, die sich in zwei statusverschiedene Gruppen unterteilten: die freien königlichen Bergbaustädte, deren Autonomie der der freien königlichen Städte glich, und die königlichen Bergbaustädte, die als Grundherrn den König hatten und so zwar freier als die anderen grundherrlichen Städte waren, aber nicht die Freiheit der freien Städte genossen[45].

---

[40] *Rosenmanns*, S. 254 ff.; *v. Timon*, Heilige Krone, S. 332 f.

[41] *Csizmadia*, ÁI 1978/11. Zu der inneren Selbstverwaltung der Komitate s. auch unter Punkt B. II. 3.

[42] Zu den möglichen Ursachen *Gönczi*, S. 28 f. Zum gleichen Prozeß in Böhmen und v.a. Mähren s. *Auerbach*, S. 237 f.; *Válka*, S. 112.

[43] *Engel*, S. 275, 277; *Kaltenbach*, JOR 1990/I, S. 81.

[44] *Gönczi*, S. 36 ff.; *Mezey*, Alkotmánytörténet, S. 162 f.

Unter diesen verschiedenen Typen freier Städte waren die Landstädte angesiedelt, die der Herrschaft eines Grundherren unterstanden. Sie unterschieden sich jedoch von den Dörfern, den sogenannten Hörigengemeinden, durch verschiedene Privilegien wie das Recht, Markt zu halten oder die Abgaben an den Grundherrn in einer Summe zu zahlen. Diese Gruppe war in sich allerdings bei weitem nicht einheitlich. Einige wenige dieser Landstädte besaßen so umfangreiche Privilegien, daß sich ihr Rechtsstatus dem der freien Städte annäherte, die meisten unterschieden sich aber kaum von den Hörigengemeinden[46]. An der Spitze der Landstädte stand der Richter, der auch im Rat den Vorsitz führte. Neben dem Rat gab es in einigen Landstädten auch noch den Äußeren Rat. Ebenso wie die freien Städte konnten die Landstädte Recht in Form von Statuten setzen, welche allerdings der Zustimmung des Grundherren bedurften.

Am unteren Ende der Hierarchie befanden sich, wie erwähnt, die Dörfer, die von Hörigen des Grundherrn bewohnt wurden. Das Amt des Dorfobersten wurde allmählich durch den Dorfrichter abgelöst, was eine gewisse Institutionalisierung der dörflichen Selbstverwaltung bedeutete. Trotzdem blieb die Abhängigkeit der Gemeinde und ihrer Angehörigen vom Grundherrn, und dieses Abhängigkeitsverhältnis wurde bis ins 19. Jahrhundert hinein als lehns- und später als privatrechtlich betrachtet, so daß man die Verwaltung der Hörigengemeinden nicht als öffentliche Verwaltung, sondern als Privatverwaltung des Grundherrn wahrnahm[47].

Die Zahl der Landstädte verdoppelte sich fast in der zweiten Hälfte des 15. Jahrhunderts[48]. Der Grund hierfür lag in der Agrarkonjunktur, die Ungarn in seiner Blütezeit unter König *Mátyás I* (1458–1490) erlebte. Bei den freien königlichen Städten fand kein entsprechender Zuwachs statt. *Mátyás I* betrieb keine Stadtpolitik, insbesondere strebte er nicht danach, die Zahl der königlichen Städte zu erhöhen. Von den wirtschaftlich aufstrebenden Landstädten schaffte es lediglich Szeged, volles Stadtrecht verliehen zu bekommen. *Mátyás I* beschränkte vielmehr sich darauf, die bestehenden königlichen Städte vor Übergriffen der Magnaten zu schützen und regelmäßig Abgaben von ihnen zu fordern[49].

Seit 1445 bekamen die Vertreter der freien Städte Sitz und Stimme im Parlament, dem Landtag[50]. Der Wahlmodus, mit dem die Städte ihre Vertreter bestimmten, war nicht identisch. In einigen Städten wählte der Innere

---

45 *Engel*, S. 327 f.; *Gönczi*, S. 26 f., 38 f.; *Mezey*, Alkotmánytörténet, S. 147.

46 *Csizmadia*, S. 4; *Gönczi*, S. 40 ff.; *Mezey*, Alkotmánytörténet, S. 148 ff.

47 *Hajdú*, Zoltán in Agg/Pálné Kovács, S. 7; *Mezey*, Alkotmánytörténet, S. 152 f.

48 *Csizmadia*, Fejlődés, S. 54; *Szakály*, S. 70.

49 *Szakály*, S. 71.

50 *Kovács* in Csizmadia/Kovács/Asztalos, S. 111; *Gönczi*, S. 27 f.; *Marczali*, S. 6.

Rat die Gesandten, in anderen traten beide Räte zur Wahl zusammen, wobei in einigen Fällen den Innere Rat vorher eine Nominierung traf[51]. Diese Unterschiede waren darauf zurückzuführen, daß es den einzelnen freien Städten überlassen war, das Verfahren der Wahl festzulegen, und daß in den verschiedenen Städten unterschiedliche politische Kräfteverhältnisse herrschten, was sich auf die Bestellung der Parlamentsvertreter auswirkte.

c) Die Zeit der türkischen Herrschaft

Die Türkenherrschaft brachte für die örtliche Selbstverwaltung keine großen Veränderungen. Während im türkisch besetzten Teil Ungarns die Komitate und die auf Grundherrschaft beruhenden feudalen Herrschafts- rechte des Landadels abgeschafft und durch türkische Institutionen ersetzt wurden, sorgten in den Landstädten und Dörfern die Räte und andere Ho- noratioren dafür, daß auf örtlicher Ebene die alten Rechts- und Verwal- tungsstrukturen im wesentlichen unversehrt blieben[52]. Einige Landstädte wuchsen unter der türkischen Herrschaft stark an und schafften es, die Selbstverwaltung auszudehnen: die sogenannten Kház-Städte. Diese hatten das Recht, die ihnen auferlegten Abgaben in einer Summe abzulösen[53]. Nach der Befreiung von den Türken gelang es dem Adel in den meisten Fällen jedoch, diese erweiterten Selbstverwaltungsrechte rückgängig zu machen und die Landstädte wieder auf den Stauts von Hörigengemeinden herabzudrücken[54].

Auch in den beiden anderen politischen Einheiten in Ungarn, dem mitt- lerweile zum Haus Habsburg gehörenden Königreich Ungarn und dem selb- ständigen Fürstentum Siebenbürgen änderte sich an den Strukturen und Pri- vilegien der örtlichen Verwaltungen zunächst nicht viel: Sie blieben auf dem im Spätmittelalter erreichten Niveau stehen[55]. Insbesondere gelang es den habsburgischen Königen, vor allem *Leopold I*, nicht, im ungarischen Reichsteil mit ihren absolutistischen Bestrebungen durchzudringen, da sie auf die Unterstützung der ungarischen Stände angewiesen waren[56]. Ziel dieser habsburgischen Vorstellungen war es, die gesamte Monarchie in einen zentralistisch verwalteten, absolutistischen Gesamtstaat nach französi- schem Vorbild umzugestalten. Auf dem Gebiet der kommunalen Selbstver-

---

[51] *Csizmadia* in Csizmadia/Kovács/Asztalos, S. 172.
[52] *Szakály*, S. 156.
[53] *Csizmadia* in Csizmadia/Kovács/Asztalos, S. 208.
[54] *Csizmadia*, S. 4.
[55] *Csizmadia* in Csizmadia/Kovács/Asztalos, S. 207; *Szakály*, S. 229, 239.
[56] *Auerbach*, S. 244; *Hellbling*, S. 256; *Szakály*, S. 209, 280, 284; *v. Timon*, Hei- lige Krone, S. 320 f.
Zum Kampf der Stände im österreichischen Reichsteil s. *Auerbach*, S. 89 ff.

waltung war es Ziel des Absolutismus, sämtliche Sonderrechte und Autonomien abzuschaffen[57]. Dies gelang jedenfalls teilweise in den österreichischen Kronländern und nach langen Konflikten in den böhmischen Gebieten. Im Königreich Ungarn dagegen verteidigten die Stände, darunter auch die Städte, erfolgreich ihre alten Vorrechte und Privilegien.

In Siebenbürgen fanden während der Reformation und der Gegenreformation zahlreiche Glaubensbekenntnisse Zuflucht. Aus dem multiethnischen Siebenbürgen mit seiner besonderen Verfassung, auf die weiter unten in Kapitel B. II. 3. a) bb) noch zurückzukommen sein wird, wurde zusätzlich ein multikonfessionelles Land. Seit 1568 waren in Siebenbürgen fünf christliche Konfessionen offiziell vertreten, nämlich die Lutheraner, die Calvinisten, die Antitrinitarier, die Katholiken und die Orthodoxen. Den Gemeinden war es seitdem gestattet, selbst über ihre Glaubensrichtung zu entscheiden, was den Grundherren das Recht, die Konfession ihrer Hintersassen zu bestimmen, nahm[58]. Durch die Einrichtung der Gemeindekirche gewannen die örtlichen Gemeinschaften ein Stück Unabhängigkeit vom Grundherren, der im habsburgischen Ungarn weiterhin über die Religion bestimmen konnte.

Das Siedlungsnetz, das sich im Mittelalter herausgebildet hatte, erlitt durch die ständigen Kriegshandlungen im 17. Jahrhundert schwere Einbußen, in weiten Teilen veröedeten die Dörfer, einst regional bedeutsame Marktorte sanken in die Belanglosigkeit ab, und vor allem in der Großen Tiefebene verstärkte sich die Tendenz zur Konzentration der Bevölkerung in den vergleichsweise sicheren Agrarstädten, neben denen es kaum noch Dörfer, sondern nur noch isolierte Einzelhöfe gab[59].

d) Das Zeitalter des Habsburger Absolutismus

aa) Der ständische Dualismus

Nach der Vertreibung der Türken gegen Ende des 17. Jahrhunderts gehörte ganz Ungarn zum Habsburgerreich. Kaiser *Karl VI* – als ungarischer König *Károly III* – änderte die bisherige Politik Wiens gegenüber dem Königreich Ungarn: Er verzichtete auf die zwangsweise Einführung des Absolutismus. Statt dessen einigte er sich mit den ungarischen Ständen, und es

---

[57] *Kovács* in Beér/Kovács/Szamel, S. 355; *Faber,* Heiko in Wassermann, Alternativkommentar, Art. 28 Abs. 1 II, Abs. 2 Rn. 3; *Gern,* Dt. KommR, S. 29; *Gern,* Sächs. KommR, S. 2 f.; *Gönnewein,* S. 11; *Huber,* Bd. I, S. 173; *Kantel,* S. 6; *Lehner,* S. 111 ff.; *Mumford,* S. 445; *Schmidt-Aßmann* in Schmidt-Aßmann, Bes. VwR, S. 10; *Scholz,* S. 37; *Wesel,* S. 353 f.

[58] *Auerbach,* S. 243 f.; *Majoros,* Ferenc in Hofmann/Küpper, S. 409 ff.

[59] *Lázár,* S. 103; *Szakály,* S. 227.

wurde das System des sogenannten ständischen Dualismus eingeführt. Demzufolge war Ungarn innerhalb der Gesamtmonarchie ein eigenständiger Staat, der nach seinen eigenen Gesetzen regiert wurde, und die alten ständischen Rechtsinstitute und Privilegien blieben im wesentlichen bestehen[60].

Die freien königlichen Städte und die Bergbaustädte wurden im Gesetzesartikel 1715:XVIII der Aufsicht der Ungarischen Königlichen Hofkammer unterstellt, die ansonsten vor allem im Finanzwesen und in der Verwaltung der königlichen Besitztümer Zuständigkeiten besaß und ihrerseits der Wiener Hofkammer untergeordnet war[61]. Von der Oberhoheit der Komitate, auf deren Gebiet sie sich befanden, waren die freien königlichen Städte auch weiterhin ausgenommen. Sie waren im Unterhaus des Parlaments ebenso wie die Komitate vertreten, allerdings mit weniger Einfluß als diese. Während jedes Komitat jeweils eine Stimme hatte, wurde den Städten zwar jeder ein Sitz zugebilligt, aber sämtlichen Städten zusammen nur eine Stimme, seitdem die Stimmen im Parlament nicht mehr gewogen, sondern gezählt wurden[62].

Bei der Reorganisation der Gerichtsbarkeit im Sinne der Trennung von Verwaltung und Rechtsprechung blieben auf unterster Stufe die Stadt- und Komitatsgerichte zwar bestehen, aber diese waren jetzt in den Instanzenzug der allgemeinen staatlichen Gerichte integriert[63]. Seit dem frühen 18. Jahrhundert konnten die Gerichte etlicher Städte bei Handlungen, die gegen die öffentliche Ordnung, den „Burgfrieden", verstießen, über die für derartige Handlungen fällige Kriminalstrafe hinaus eine Geldbuße oder sogar die Ausweisung aus der Stadt verhängen[64].

Die Landstädte blieben weiterhin der Oberhoheit weltlicher und geistlicher Grundherren unterstellt. Ihre Rechtsstellung und Freiheit war unterschiedlich; die größte Freiheit genossen die auf königlichem Land liegenden und die bereits erwähnten privilegierten Landstädte[65].

Der Umfang der Selbstverwaltung der Dörfer, das heißt der Hörigengemeinden, hing in noch stärkerem Maße von dem Grundherren ab, in dessen vollständigem Eigentum diese Gemeinden standen. Sie wurden von einem Richter und einem kollektiven Vorstand geleitet, deren Zuständigkeiten der Grundherr bestimmte und über die der Grundherr die Aufsicht

---

[60] *Fábiánné Kiss,* JK 1998/229 ff.; *Kosáry,* S. 32 f.

[61] Gesetzesartikel 1715:XVIII: Daß die Ungarische Kammer mit der des Hofes gleichberechtigt sein und nicht von ihr abhängen soll. Dazu *Csizmadia,* Fejlődes, S. 48; *Kosáry,* S. 43; *Rosenmanns,* S. 358 f.

[62] *Balogh,* S. 12; *Csizmadia,* Fejlődés, S. 49; *Némethy v. Ujfalu,* JÖR 1910/135.

[63] *Kosáry,* S. 44.

[64] *Kállay,* JK 1994/319.

[65] *Csizmadia* in Csizmadia/Kovács/Asztalos, S. 197.

führte[66]. Trotz der umfassenden Abhängigkeit vom Grundherren sind auch in dieser dörflichen Verwaltung Ansätze einer institutionalisierten Selbstverwaltung zu erkennen[67].

bb) Zentralisierungs- und Modernisierungsbestrebungen

Maria Theresia

Im Rahmen der Reformen, mit denen *Maria Theresia* nach der Niederlage gegen das zwar kleinere, aber effektivere Preußen in den Schlesischen Kriegen die wirtschaftlichen und administrativen Strukturen ihres Reiches modernisieren wollte, gehörte im ungarischen Reichsteil die Frage der freien königlichen Städte zu den umstrittensten. Die Pläne des Hofs, deren Anzahl zu erhöhen und ihren Vertretern im Unterhaus volles, dem der Komitate gleichwertiges Stimmrecht zu gewähren, scheiterten 1751 am Widerstand der Stände im Parlament. Sie befürchteten durch diese Maßnahmen eine Schwächung des Einflusses der vom mittleren Landadel dominierten Komitate und damit ihrer eigenen Macht[68].

Trotzdem wuchs die Zahl der freien Städte dadurch, daß von den Türken zurückeroberte ehemalige königliche Städte ihren Rang zurückerhielten, aber auch dadurch, daß – vereinzelt – größeren Städten dieser Rang erstmals verliehen wurde. Um dies zu erreichen, mußte die Bürgerschaft der betreffenden Stadt zunächst die Herrschaft des Grundherren mit einer bestimmten Summe ablösen, daraufhin das königliche Privileg erwirken und schließlich vom Parlament die durch Gesetz erfolgende Einstufung in die Kategorie der freien königlichen Städte erreichen. Dies gelang einer Reihe von Handelsstädten wie Győr, das damit seinen alten Status zurückgewann, Komárom oder Újvidék 1751 sowie Temesvár oder Szabadka 1790[69]. Die meisten der aufstrebenden Siedlungen, vor allem im ehemals türkischen Teil, schafften es jedoch nicht, den Rang einer Stadt zu erwerben, sondern mußten sich mit dem Status einer Landstadt zufriedengeben. Wichtigstes Privileg der Landstädte blieb auch weiterhin das Recht, die Abgaben an

---

[66] *Csizmadia*, Fejlődés, S. 57.

[67] *Csizmadia* in Csizmadia/Kovács/Asztalos, S. 198.

[68] *Kaltenbach*, JOR 1990/I, S. 81; *Kosáry*, S. 50 f.
Zur Verwaltungsreform *Maria Theresias* im österreichischen Reichsteil s. *d'Elvert*, S. 334 ff.

[69] Gesetzesartikel 1751:XXVII über die Einfügung der Städte Győr, Komárom, Újvidék und Zombor in den Gesetzesartikel; Gesetzesartikel 1790:XXX über die Einfügung der Städte Temesvár, Szabadka sowie Pozsega und Károlyváros in den Gesetzesartikel. Dazu s. *Csizmadia*, Fejlődés, S. 48; *Kosáry*, S. 93 f.

den Grundherrn in einer Summe zu entrichten, was die persönliche Abhängigkeit der Bewohner milderte, wenn sie auch nach wie vor rechtlich gesehen Hörige des Grundherren waren[70].

Im Gegensatz zu diesen aufstrebenden Städten verloren viele der alten freien königlichen Städte, vor allem im Nordwesten, in dieser Zeit an wirtschaftlicher Bedeutung, behielten aber ihre Privilegien. In ihnen erschwerte die Zunftverfassung die von Wien angestrebte Einführung von Manufakturen und damit die Anpassung an neue ökonomische Gegebenheiten[71].

Der Josephinismus

Nachdem die Reformbestrebungen *Maria Theresias* in Ungarn jedenfalls hinsichtlich der Kommunalverwaltung ohne Erfolg geblieben waren, versuchte ihr Sohn *Joseph II* sein Reich im Sinne eines aufgeklärten Absolutismus (Josephinismus) umzugestalten. Er vereinheitlichte die Verfassung der freien königlichen Städte und unterstellte sie der Oberhoheit des Komitats. Kurz vor seinem Tod 1790 widerrief er diese Reformen jedoch ebenso wie die meisten anderen, die er eingeführt hatte[72].

Durch diesen Widerruf wurden die alten Zustände wiederhergestellt; das Stadtregiment in seiner mittelalterlichen Form mit Innerem und Äußerem Rat[73] war erstarrt in den Händen einiger privilegierter Patrizierfamilien und/oder der Zünfte. Diese sich ständig verschärfenden Mißstände und der Antidemokratismus in der Verwaltung der Städte und Gemeinden beschäftigte in den frühen 1790er Jahren das Parlament, ohne daß es jedoch zu irgendwelchen gesetzgeberischen Maßnahmen gekommen wäre.

Zusammenfassend ist festzustellen, daß es den österreichischen Herrschern nicht gelang, ihre Vorstellungen in Ungarn durchzusetzen. Die gesamten staatlichen Strukturen einschließlich der Selbstverwaltungen stagnierten auf spätmittelalterlichem Niveau. Damit blieb zum einen die durch den Absolutismus bewirkte Zentralisierung der öffentlichen Gewalt aus. Dem König kam in Ungarn nach wie vor seine zentrale Funktion zu; daneben bestand die ererbte mittelalterliche Gewaltenvielfalt mit ihrer großen

---

[70] *Kosáry,* S. 90. Eine soziologische Analyse der neuzeitlichen ostmitteleuropäischen Leibeigenschaft und der Lage der Landstädte findet sich bei *Konrád/Szelényi,* S. 114 ff.

[71] *Kosáry,* S. 79, 86.

[72] *Apponyi,* S. 30; *Csizmadia,* Fejlődés, S. 49 f.; *Hajdu,* ÁI 1980/1014; *Huber,* Bd. II, S. 464; *Lázár,* S. 123 f.
Zu den josephinischen Verwaltungsreformen im österreichischen Teil s. *d'Elvert,* S. 436 ff.

[73] *Rosenmanns,* S. 354 f.

Anzahl autonomer Hoheitsträger fort. Das Scheitern des Absolutismus in Ungarn bewirkte aber nicht nur das Fortbestehen der alten autonomen Strukturen, sondern verhinderte gleichzeitig, daß sich dort das Modernisierungspotential des Absolutismus entfalten konnte[74]. Insbesondere die Städte, Dörfer und Komitate verharrten auf einer vormodernen, ständischen Entwicklungsstufe, während sich die Gesellschaft seit der Mitte des 18. Jahrhunderts in zunehmendem Maße, wenn auch weitaus bescheidener als in Westeuropa, verbürgerlichte. Damit gerieten die alten ständischen Freiheiten, die Adel und Patriziergeschlechter privilegierten, mit der Lebenswelt und den partizipatorischen Ansprüchen der neuen bürgerlichen Schichten immer mehr in Widerspruch. Es gelang in Ungarn nicht, die mittelalterlichen Privilegien zur Schaffung einer modernen bürgerlichen Selbstverwaltung zu nutzen und weiterzuentwickeln, sondern sie dienten zur Zementierung überkommener, unzeitgemäß gewordener Herrschaftsansprüche.

Franz I

Im Gegensatz zu Preußen, wo König *Friedrich Wilhelm III* nach der Niederlage gegen *Napoleon* weitreichende innere Reformen zur Konsolidierung des Staates durchführte, reagierte der Wiener Hof unter Kaiser *Franz I* auf die verlorene Schlacht bei Wagram und den Schönbrunner Frieden vom 14.10.1809 mit einem verstärkt konservativen Kurs, der vor jeder Neuerung zurückschreckte und zur Sicherung des feudalen Systems polizeistaatliche Methoden anwandte[75].

Diese Linie, die auch nach den Napoleonischen Kriegen von *Metternich* fortgesetzt wurde, hielt auch für Ungarn an den feudalen Privilegien der Stände fest. Daher fand sie im ungarischen Adel eine gewisse Unterstützung. Dieser setzte sich zwar gegen die österreichische Vorherrschaft zur Wehr, war aber noch stärker gegen jede Art der Neuerung, die seine Vorrechte gefährden mußte, eingestellt (ständischer Nationalismus). Damit gerieten der Staat, d.h. der Adel als die praktisch wichtigste staatstragende Schicht, und die Gesellschaft, die sich bürgerlich entwickelte, in einen immer stärkeren Gegensatz. Dieser Konflikt spielte sich vor allem in den Städten und den Komitaten, nicht so sehr dagegen auf zentralstaatlicher Ebene ab. Auf letzterer war die Vorherrschaft des Adels und seiner Institutionen noch unangefochten.

---

[74] *Brunner,* OER 2000/211 f.; *Kaltenbach,* JOR 1990/I, S. 80 ff.
[75] *Hellbling,* S. 324 ff.; *Kosáry,* S. 207; *Lázár,* S. 126; *Pleticha,* S. 341 ff.
Zur österreichischen Verfassungsentwicklung nach dem Tod von *Franz I* 1835 s. *Huber,* Bd. II, S. 12 ff.

e) Reformära und bürgerliche Revolution

aa) Die Reformära

Erstmals in der Reformära (1825/30–1848) wurden seit der unter Kaiser *Franz I* eingesetzten Erstarrung der Verhältnisse Fragen der politischen und gesellschaftlichen Neuerung wieder öffentlich diskutiert[76], so daß in dieser Epoche auch die Zu- und Mißstände der öffentlichen Verwaltungen erneut in den Mittelpunkt des Interesses rücken konnten.

Die Bestrebungen der Reformära hatten zum Ziel, Ungarn durch innere Reformen auf politischem, wirtschaftlichem und sozialem Gebiet so weit zu modernisieren, daß es Anschluß an das Niveau der entwickelten Länder Westeuropas, zumindest aber des österreichischen Reichsteils gewann. Insbesondere sollte die Kluft zwischen dem in vielen Punkten veralteten Staatswesen und der vor allem in den großen Städten weiter entwickelten Gesellschaft überbrückt werden. Von diesen Maßnahmen versprach man sich eine Stärkung Ungarns gerade auch gegenüber Österreich, was den Reformbewegungen eine antiösterreichische Tendenz verlieh. Diese geistig-politische Strömung wurde zum ersten Mal in der ungarischen Geschichte nicht alleine vom hohen und mittleren Adel getragen, sondern auch von dem langsam erstarkenden städtischen Bürgertum. Daher war die Reformära nicht mehr so sehr vom ständischen Nationalismus geprägt, sondern in zunehmendem Maße vom bürgerlichen Liberalismus[77].

Hinsichtlich der inneren Verfassung der Städte wurde die Ausweitung des bisher auf wenige Patrizierfamilien beschränkten Bürgerrechts und die Abschaffung des spätmittelalterlichen Zunftsystems, in dessen Rahmen immer noch die Mehrheit des städtischen Bürgertums lebte, gefordert[78]. Diese Bestrebungen stießen allerdings auf den entschiedenen Widerstand der Patrizier und der Zünfte, die fürchteten, durch die Ansiedlung von Industrie in den Städten das hohe Preisniveau für handwerkliche Produkte nicht mehr halten zu können. Auf allgemeine Zustimmung der führenden Schichten in den Städten stieß dagegen der Vorschlag, die Anzahl der Vertreter der Städte im Unterhaus zu erhöhen: die Gesamtzahl der Stimmen der – insgesamt 47 – im Parlament vertretenen Städte wurde auf 16 erhöht[79]. Aufgrund des Widerstandes der konservativen Kräfte und des Hofes konnte

---

[76] Eine Aufzählung der dringendsten Reformfelder findet sich bei *Huber*, Bd. II, S. 465 f. S. auch *Nagyné Szegvári*, JK 1998/224 ff. Die rechtswissenschaftliche Reformdiskussion und ihre westeuropäischen Vorbilder stellt *Gönczi*, OER 2000/ 218 ff., dar.

[77] *Kosáry*, S. 255 ff.; *Küpper*, OE 1996/688; *Szőcs*.

[78] *Hanák*, Donaumonarchie, S. 41; *Szőcs*, S. 154 ff.

[79] *Csizmadia*, Fejlődés, S. 51 ff.; *Huber*, Bd. II, S. 466; *Kosáry*, S. 257.

keine der genannten Maßnahmen verwirklicht werden, so daß die Mißstände ungelöst blieben.

Im Bereich der Gemeindeverwaltung konnten jedoch durch das Reform-
parlament 1832–1836 einige Reformen verwirklicht werden. So teilte der
Gesetzesartikel 1836:IX[80] die Gemeinden in drei Gruppen ein: in Gemeinden ohne ordentlichen Rat, in Gemeinden mit ordentlichem Rat und in
Adelsgemeinden. Die Gemeinden der ersten Gruppe wurden von Hörigen
bewohnt und unterstanden fast vollständig dem Grundherrn und in zweiter
Instanz dem Komitat. Die Gemeinden mit ordentlichem Rat waren ebenso
der Oberhoheit des Grundherrn unterstellt, hatten aber aufgrund königlichen Privilegs einen gewissen Umfang an Selbständigkeit, die der Rat
ausübte. Zu diesen eigenen Zuständigkeiten gehörte beispielsweise die
erstinstanzliche Rechtsprechung in kleineren zivilrechtlichen Sachen. Die
Adelsgemeinden, deren Angehörige ausschließlich Adelige waren, unterstanden keinem Grundherren, sondern dem Komitat direkt, sie konnten
über ihr Vermögen frei verfügen und ihre Amtsträger selbständig
wählen[81]. Diese Neuerung verließ somit den Rahmen der ständisch-feuda-
len Verwaltung nicht.

bb) Die Revolution von 1848

Anfang März 1848 brach auch in Ungarn die Revolution aus. Bereits in
diesem Monat gewährte das Parlament auf die Initiative *Lajos Kossuths* hin
den Städten volles Stimmrecht im Unterhaus[82]. Die Aprilgesetze wandelten
das Unterhaus nach dem Vorbild der belgischen Verfassung von 1831 von
einer ständischen Versammlung in eine Volksvertretung um[83]. Wahlrecht
bekamen neben dem Adel jetzt auch Bürger mit bestimmtem Einkommen,
Vermögen oder Bildungsstand. Frauen konnten dagegen nach wie vor nicht
wählen. Damit stieg der Anteil der Wahlberechtigten in der Bevölkerung
von bisher 1,6% auf 7–9%[84]. Das auf dieser Grundlage neugewählte Parlament konstituierte sich am 5.7.1848.

---

[80] Gesetzesartikel 1836:IX über die innere Verwaltung der Gemeinden.

[81] *Csizmadia*, Fejlődés, S. 60 f.; *Csizmadia* in Csizmadia/Kovács/Asztalos,
S. 199 f.

[82] *Kosáry*, S. 327.

[83] Gesetzesartikel 1848:V über die Wahl der Parlamentsgesandten auf der Grund-
lage der Volksvertretung. Zur Vorbildwirkung der belgischen Verfassung s. *Takács,
Imre* in Kukorelli, Alkotmánytan, S. 29; *Rácz*, ÁJ 1991/174; *Révész*, László in
Schroeder/Meissner, S. 199 f.
   Zu den Vorbereitungen entsprechender Regelungen vor 1848 in Ungarn s. *Gönczi*,
OER 2000/219 ff.; *Rácz*, ÁJ 1996–7/16.

Auch für die Städte und Gemeinden wurde das Prinzip der Volksvertretung postuliert[85], wenn auch mit höherem Wahlzensus als bei den Parlamentswahlen[86]. Das kommunale Wahlrecht wurde aufgrund dieser Forderungen im Gesetzesartikel 1848:XXIV in bezug auf die Gemeindewahlen
für die Gemeinden und Städte gleich geregelt. Der Gesetzesartikel
1848:XXIII über die freien königlichen Städte dagegen, der die Kommunalverfassung reformierte, galt nur für die freien königlichen Städte, die er in
drei Größenklassen (§ 4: bis 12.000 Einwohner, zwischen 12.000 und
30.000 Einwohner, über 30.000 Einwohner) einteilte. Nach diesem Gesetzesartikel hatte die Stadt zwei Organe: die Versammlung und den Rat
(§§ 25–30). Die Anzahl der Abgeordneten in der geheim gewählten Versammlung richtete sich ebenso wie Einzelheiten des Wahlzensus nach der
Größenordnung der Stadt[87].

Nicht nur die innere Zusammensetzung, sondern auch der Aufgabenbereich der freien königlichen Städte wurde durch den Gesetzesartikel
1848:XXIII neu geregelt. Gemäß § 1 verwaltete die Stadt „ihre öffentlichen
Angelegenheiten unter der gesetzmäßigen obrigkeitlichen Aufsicht unabhängig von allen anderen Munizipien[88] gemäß den allgemeinen Gesetzen". In
dieser Formulierung, vor allem in der Bezugnahme auf „ihre öffentlichen
Angelegenheiten", klingt die übliche Umschreibung der kommunalen Autonomie, die „selbständige Wahrnehmung der Angelegenheiten der örtlichen
Gemeinschaft"[89], bereits an. Auch die Beschränkung der kommunalen Autonomie durch die „allgemeinen Gesetze" ist der deutschen und westeuropäischen Rechtstradition nicht fremd[90]. Der Gewalt der freien Stadt unter-

---

[84] *Bónis*, S. 268 f.; *Gottas*, S. 46; *Kosáry*, S. 332 f.; *Némethy v. Ujfalu*, JÖR
1910/139 f.; *Rácz*, ÁJ 1991/180.

[85] *Csizmadia* in Csizmadia, Entwicklungsfragen, S. 33; *Gottas*, S. 24; *Takács*,
Imre in Kukorelli, Alkotmánytan, S. 260; *Takács*, Imre in Kukorelli/Schmidt,
S. 220; *Rácz*, ÁJ 1991/181.

[86] *Kosáry*, S. 334.

[87] Gesetzesartikel 1848:XXIII über die freien königlichen Städte; Gesetzesartikel
1848:XXIV in Ansehung der Gemeindewahlen.

[88] Mit Munizipien sind sowohl die Komitate wie auch die anderen freien Städte
gemeint: s. unten Kapitel B. III. 1. a) bb).

[89] Siehe etwa § 184 Paulskirchenverfassung, Art. 28 Abs. 2 Satz 1 GG, BVerfGE
22/180 ff., S. 204 f., Art. 117 Abs. 2 Verf. des Saarlandes, Art. 108 Nr. 2 belgische
Verf. von 1831, § 42 Satz 2 der ungarischen Verf.
Das österreichische Reichsgemeindegesetz von 1862 verwies in diesem Zusammenhang in Art. V „alles, was das Interesse der Gemeinde zunächst berührt und
innerhalb ihrer Grenzen durch ihre eigenen Kräfte versorgt ... werden kann", in die
Zuständigkeit der Selbstverwaltung (zitiert nach *Lehner*, S. 281 f.).

[90] Siehe etwa § 184 Buchst. b) Paulskirchenverfassung, Art. 127 WRV, Art. 28
Abs. 2 Satz 1 GG. Zu der Bedeutung des Gesetzesvorbehaltes in Art. 127 WRV s.
Anschütz, Art. 127; *Forsthoff*, S. 100 ff.; *Huber*, Bd. VI, S. 484 ff.; *Brandt*, Heinz/

lagen ohne Unterschied alle Personen und Güter, die sich auf ihrem Gebiet befanden[91], mit Ausnahme des Gebäudes der Komitatsverwaltung und der aktiven Soldaten (§ 2). Die Betonung der Gleichheit in der Gewaltunterworfenheit ist insofern von Bedeutung, als daß es keine ständischen Privilegien und Exemptionen mehr geben sollte. Dies stellte einen bedeutenden Bruch mit dem alten System dar.

Für die Zeit nach seinem Inkrafttreten schrieb das – ohnehin nur als Provisorium gedachte – Gesetz Neuwahlen der Abgeordnetengremien, der Räte und der Amtsträger vor[92], wozu es jedoch im weiteren Verlauf der Revolution nicht mehr gekommen ist. Eine Reform der inneren Verfassung der Gemeinden und Landstädte wurde vom Revolutionsgesetzgeber überhaupt nicht in Angriff genommen.

f) Die Zeit des Neoabsolutismus

Das Parlament wurde nach der Niederschlagung der Revolution Mitte 1849 aufgelöst und Ungarn bis zum Ausgleich 1867 im wesentlichen durch kaiserliche Verordnungen regiert. Innerhalb der Gesamtmonarchie mit ihrer zentralen Regierung und ihrem gemeinsamen Parlament verlor Ungarn seine alte Selbständigkeit und wurde eine Provinz wie alle anderen; etliche Provinzen wurden abgetrennt und verselbständigt (System des Neoabsolutismus)[93]. Grundlage des Systems war die für die gesamte Monarchie geltende oktroyierte März-Verfassung von 1849[94]. Diese regelte im „Von der Gemeinde" betitelten IV. Abschnitt auch die Grundzüge des Rechts der Kommunen; § 33 gewährte den Gemeinden das „Grundrecht" auf Erledigung der eigenen Angelegenheiten[95].

Die Selbstverwaltung der Städte und Gemeinden wurde ebenso wie die der Komitate in der Praxis abgeschafft[96], woran auch die soeben erwähnten Ver-

---

Schefold, Dian in Kröning/Pottschmidt/Preuß/Rinken, S. 550 ff.; *Meissner,* Staatsrecht, S. 272 f.; *Mulert,* S. 10 ff.; zur Rechtslage unter dem Grundgesetz s. BVerfGE 56/298, S. 309 f., 79/127, S. 143 ff.; *Püttner,* Günter in Isensee/Kirchhof, Bd. IV, S. 1178 ff.; *Schmidt-Aßmann* in Schmidt-Aßmann, Bes. VwR, S. 20 ff.; *Stern,* Staatsrecht, Bd. I, S. 415 ff.

[91] Auch dieser Grundsatz ist eine Essentiale des modernen Kommunalrechts; s. z.B. § 2 Abs. 1 GO Ba-Wü, § 2 Abs. 1 GO Hess, § 2 GO NRW, Art. 84 Abs. 1 Satz 1 Verf. Sachs, § 1 Abs. 3 KO Thü. Zur gemeindlichen Gebietshoheit s. auch *Gern,* Dt. KommR, S. 120 f.; *Schmidt-Aßmann* in Schmidt-Aßmann, Bes. VwR, S. 15 f.

[92] *Csizmadia* in Csizmadia/Kovács/Asztalos, S. 302; *Nagy,* S. 7 f.

[93] *Adamovich,* S. 5; *v. Csekey,* ZaöRV 1930/31, S. 269; *Huber,* Bd. III, S. 34 f.

[94] Zu der Märzverfassung s. *Huber,* Bd. III, S. 29 f.; *Lehner,* S. 180 ff.

[95] Zu den kommunalrechtlichen Vorschriften der Verfassung s. *Gallent,* S. 25, 30.

[96] *Macartney,* S. 95.

fassungsvorschriften nichts änderten: Sie sicherten nur die Wahrnehmung der örtlichen Angelegenheiten durch die Gemeinden, aber nicht die autonome Stellung der Gemeinden gegenüber dem Staat. Die Kommunalverwaltung erfuhr durch Patent vom 17.3.1849 eine provisorische und durch Patent von 1859 eine endgültige Regelung; 1862 erging das Reichsgemeindegesetz, das nach dem Ausgleich in Österreich fortgalt. Diese Rechtsvorschriften unterstellten die Gemeinden und Städte vollständig der Aufsicht der übergeordneten Behörden. Von der alten Selbstverwaltung blieb somit nichts mehr übrig. Zu den Neuerungen, die bereits durch das Patent von 1849 eingeführt und dann beibehalten wurde, zählte die Unterscheidung zwischen eigenen Angelegenheiten und übertragenen Aufgaben[97].

In dieser Zeit wurden allerdings auch einige der Postulate der Revolution wie die Aufhebung der Hörigkeit, die Beschneidung der Macht der Stände und eine liberale Wirtschaftspolitik verwirklicht[98]. Auch die im 18. Jahrhundert versäumte Bündelung der öffentlichen Gewalten in eine einheitliche Staatsgewalt, die der Neoabsolutismus bewirkte, stellt sich letztendlich als Fortschritt dar, weil sie den Schritt vom Ständestaat zum bürgerlichen Verfassungsstaat möglich machte. Eine der Auswirkungen dieser Politik war eine erste, wenn auch noch zögernde Industrialisierung, ein verstärktes Wachstum der Städte durch die einströmende Landbevölkerung sowie eine allmähliche Zunahme der politischen und gesellschaftlichen Bedeutung des städtischen Bürgertums.

3. Die Selbstverwaltung in den Komitaten

a) Mittelalter

Die traditionelle Einrichtung der territorialen Selbstverwaltung in Ungarn ist das Komitat. Die Einteilung des Staatsgebietes in Komitate geht auf den Staatsgründer König *István I* zurück.

aa) Die allgemeine Komitatsstruktur

Das Komitat als königlicher Verwaltungsbezirk

Nach der Landnahme war die Grundlage der Gesellschaftsordnung der magyarischen Stämme zunächst noch der Sippenverband, was sich auch in der Siedlungsstruktur ausdrückte: Die einzelnen Sippenverbände siedelten

---

[97] *Adamovich,* S. 292 f.; *Lehner,* S. 184 f., 223; *Nagy,* S. 8.
[98] *Gottas,* S. 26; *Ijjas,* József/*Stipta,* István in Horváth, Jogtörténet, S. 285; *Silagi,* S. 37.

in zusammenhängenden, von anderen Sippen abgegrenzten Gebieten. Bei der Schaffung des Königtums war *István I* bestrebt, diese Sippenorganisation durch eine Territorialverwaltung zu ersetzen, um so die Macht des Königs zu stärken[99]. Zu diesem Zweck zwang er die Sippenvorsteher, ihre Burgen und zwei Drittel des Bodens und der Sippenangehörigen abzugeben. Diese Burgen, die *István* übernahm oder neu erbauen ließ, wurden zum Mittelpunkt der territorialen Verwaltung, die auf dem dazugehörigen Land lebenden ehemaligen Sippenangehörigen zu Burghörigen. Das zu der Burg gehörende Land wurde als *megye* [Komitat] bezeichnet[100], was sich aus der slawischen Wurzel *mega* [Grenze] ableitet[101]. Die auf dem verbleibenden Sippenland Lebenden blieben zunächst frei, verschmolzen aber dann schnell mit den Burghörigen, und ihr Land wurde in die Gebiete des Komitats inkorporiert[102].

An die Spitze des Komitats stellte *István* den Gespan[103], auch Burggespan oder Komitatsgespan genannt. Dieser Gespan war der Vertreter des Königs im Komitat und hatte neben administrativen Aufgaben auch die Funktion eines Richters[104]. Seit dem frühen 12. Jahrhundert ist das Amt des Vertreters des Gespans, des sogenannten Hofgespans, nachweisbar. Seine Einrichtung wurde notwendig, weil sich der Gespan häufig am Hof des Königs und somit fern vom Komitat aufhielt[105].

---

[99] *Apponyi*, S. 11; *Bolla/Horváth*, S. 17; *v. Csekey*, JÖR 1931/220; *Küpper*, OE 1996/694; *Pintér, József* in der Debatte um das Gesetz über die örtlichen Selbstverwaltungen, OGy, 3.8.1990, Sp. 2239; *Steinbach*, JÖR 1908/325. Zu den möglichen fränkischen Vorbildern und ihrem Einfluß auf Ungarn s. *Nagyné Szegvári*, JK 1997/ 6 ff.

[100] *Hajdú*, Zoltán in Agg/Pálné Kovács, S. 9; *Hanák*, Geschichte, S. 25; *Lázár*, S. 53 f.; *Mezey*, Alkotmánytörténet, S. 125.

[101] *Csizmadia* in Csizmadia/Kovács/Asztalos, S. 65; *Engel*, S. 119; *Pintér*, József in OGy, 3.8.1990, Sp. 2239; dort auch Einzelheiten zu der Etymologie einzelner Komitatsnamen. In einigen slawischen Sprachen hat sich das Wort erhalten, wie etwa im Slowenischen: meja.
Auf den ursprünglich ebenfalls ortsbezogenen Ursprung des deutschen Wortes „Gemeinde" weist *Schmidt-Aßmann* in Schmidt-Aßmann, Bes. VwR, S. 10, hin.

[102] *Csizmadia* in *Csizmadia/Kovács/Asztalos*, S. 66.

[103] Ungar.: ispán. Außerhalb der sächsischen Gebiete war der Gespan das höchste Amt der Komitatsselbstverwaltung. Das Wort selbst leitet sich von dem slawischen „župan" ab, welches wiederum wahrscheinlich aus dem Awarischen stammt und dort das Oberhaupt einer Sippe oder eines Clans bezeichnete: *Engel*, S. 120.

[104] *Csizmadia* in Csizmadia/Kovács/Asztalos, S. 65 f.; *Hellbling*, S. 199; *Mezey*, Alkotmánytörténet, S. 126 ff.

[105] *Csizmadia* in Csizmadia/Kovács/Asztalos, S. 66.

Das Komitat als territoriale Selbstverwaltungsinstitution des Adels

Im Laufe der Zeit änderten das Komitat und seine Verwaltung ihren Charakter. Der örtliche höhere und mittlere Adel gewann immer größeren Einfluß auf die Komitatsverwaltung, wodurch diese sich von einer Instanz der königlichen Zentralverwaltung zu einer Selbstverwaltungsorganisation des (Land-) Adels wandelte[106]. Dieser recht lange Prozeß soll im folgenden in seinen wichtigsten Etappen dargestellt werden.

1267 erzwang eine landesweite Versammlung des Adels in Esztergom das Zugeständnis, daß die Adeligen in jedem Komitat vier Assessoren aus ihren Reihen wählten. Diese Assessoren hatten unter Vorsitz des Gespans zunächst die Aufgabe, die in dem vorhergegangenen Bürgerkrieg unklar gewordenen Besitzverhältnisse zu klären. Sie entwickelten sich aber schnell zur Interessenvertretung des mittleren Adels gegenüber dem Gespan und damit der Zentralmacht sowie gegenüber den Magnaten. Damit war der Grundstein zu der Entwicklung gelegt, in deren Verlauf die Komitate zur Selbstverwaltungsorganisation des Adels erwuchsen[107].

Diese Entwicklung setzte sich unter den Anjou-Königen *Károly Róbert* und *Lajos I* fort. Unter ihnen wurde die Kontrolle über die Verwaltung und die Gerichtsbarkeit in den Komitaten auf die *universitas* des örtlichen Adels übertragen. Dieser übte seine Rechte durch die von ihm gewählten Assessoren aus, während der aus den Reihen des Hochadels gewählte Gespan die Verbindung zwischen dem König und dem Komitat herstellte[108].

Seit dem 15. Jahrhundert wurde für den Gespan der Titel Obergespan üblich. Zu dieser Zeit entwickelte sich auch die Erblichkeit einiger Obergespanämter in bestimmten Magnatenfamilien. Der Obergespan beschränkte sich im Verlauf des 15. Jahrhunderts immer mehr darauf, das Komitat im königlichen Rat zu vertreten, während er die Aufgaben vor Ort von einem von ihm ernannten Untergespan wahrnehmen ließ[109]. Je einflußreicher das Amt des Untergespans wurde, um so stärker wurden auch die Bestrebungen des örtlichen Adels, den Amtsinhaber von der Generalversammlung (der Versammlung aller Adeligen eines Komitats) wählen zu lassen, wie es bei

---

[106] Zu vergleichbaren Prozessen der Entstehung territorial-ständischer Selbstverwaltung in anderen Ländern und ihrer Verwurzelung im mittelalterlichen Denken s. *Nagyné Szegvári*, JK 1997/7 f.

[107] *Hajdú*, Zoltán in Agg/Pálné Kovács, S. 10 f.; *Engel*, S. 235; *Hanák*, Geschichte, S. 34; *Kaltenbach*, Felügyelet, S. 39; *Kaltenbach*, JOR 1990/I S. 78 f.; *Macartney*, S. 27; *Mezey*, Alkotmánytörténet, S. 129 ff.

[108] *Engel*, S. 306; *Hanák*, Geschichte, S. 36; *Macartney*, S. 39.

[109] *Kovács* in Csizmadia/Kovács/Asztalos, S. 126; *Ieda* in Ieda, S. 88 f.

den Assessoren seit Schaffung dieses Amtes der Fall war. In einigen Komitaten hatten diese Bestrebungen zu Beginn des 16. Jahrhunderts Erfolg.

Zu den Aufgaben der Generalversammlung, auf der jeder Adelige des Komitats ohne Unterschied gleiches Stimmrecht hatte, gehörte die Wahl der Amtsträger des Komitats, später auch die Wahl, die Instruierung und die Abberufung der Komitatsvertreter im Parlament, sowie der Erlaß der Rechtssätze des Komitats, der Statuten[110].

Zu einer weiteren wichtigen Aufgabe der adeligen Selbstverwaltung, wahrgenommen durch das Komitat, hatte sich im 15. Jahrhundert die Rechtsprechung entwickelt. Diese wurde zum Teil von der Generalversammlung ausgeübt, in der Regel aber von dem Komitatsgericht, dessen Richter und Beisitzer gewählt wurden. Nachdem im 14. und 15. Jahrhundert immer mehr Angehörige des höheren Adels aufgrund königlichen Privilegs von der Gerichtsbarkeit des Komitats ausgenommen worden waren, beschränkte König *Mátyás I* diese Exemtionen auf die Erbgrafen. Auf diese Weise wollte er den mittleren Adel in den Komitaten gegen die Magnaten stärken[111].

Zu dieser Zeit hatte sich auch die Rolle der Komitate in der landesweiten Gesetzgebung gefestigt. Ursprünglich stand die Befugnis, Gesetze zu erlassen, dem König zu[112]. Dieser übte dieses Recht nach seinem politischen Ermessen alleine oder zusammen mit dem königlichen Rat aus. In der zweiten Hälfte des 13. Jahrhunderts fanden mehrere Versammlungen der weltlichen und kirchlichen Großen des Reiches statt, so zum Beispiel 1267 in Esztergom und 1277 auf der Rákosi-Wiese bei Pest. Diese Versammlungen hatten aber noch keine gesetzgebende Funktion[113].

König *András III* erließ bei seiner Thronbesteigung ein Patent, demzufolge die Landesversammlungen des Adels, das heißt letztendlich das Parlament, jährlich einzuberufen waren. Dieses Parlament spielte bereits eine gewisse Rolle in der Gesetzgebung und hatte das Recht, die Handlungen der Barone zu überprüfen. Dadurch konnte es dem Adel in den Komitaten Schutz vor den Übergriffen der Magnaten gewähren[114]. Zu dieser Zeit wurde mithin der königliche Rat erstmals durch Elemente des ständischen Parlamentarismus ersetzt[115].

---

[110] *Kovács* in Csizmadia/Kovács/Asztalos, S. 127 f.; *Mezey,* Alkotmánytörténet, S. 131 f.
Zu den Statuten als Rechtsquelle s. *Mezey,* Jogtörténet, S. 34 f.
[111] *Kovács* in Csizmadia/Kovács/Asztalos, S. 135.
[112] *Jánosi,* S. 45 ff.; *Küpper,* OE 1996/694; *v. Timon,* Heilige Krone, S. 312 f.
[113] *Kovács* in Csizmadia/Kovács/Asztalos, S. 111; *Engel,* S. 236 f.
[114] *Kovács* in Csizmadia/Kovács/Asztalos, S. 111; *Engel,* S. 238 f.
[115] *Hanák,* Geschichte, S. 36; *Marczali,* S. 5.

Unter den Anjou-Königen brach diese Tradition jedoch ab, und erst im Zusammenhang mit der Entstehung der spätmittelalterlichen Feudalgesellschaft unter den *Hunyadi*-Herrschern, Reichsverweser *János Hunyadi* (1446–1456) und seinem Sohn König *Mátyás I* (1458–1490), bildete sich das ständische Parlament voll aus. In dieser Zeit wurde das Parlament in der Regel jährlich einberufen[116]. Neben dem Hochadel wurden auch die Vertreter der Komitate und später der königlichen Städte geladen. Seitdem war die Gesetzgebung nur noch mit Zustimmung des Parlamentes möglich[117]. Dieser Grundsatz wurde in der Folgezeit immer wieder gesetzlich festgelegt. Auch das 1514 von *Werbőczi* verfaßte Tripartitum (Dreierbuch), eine den deutschen Rechtsbüchern vergleichbare Sammlung des Gewohnheitsrechts, die jahrhundertelang eine quasi offizielle Geltung genoß[118], ging von diesem Prinzip aus (Tripartitum Teil II Titel 3). 1608 wurde das Parlament in zwei Teile geteilt: in das Oberhaus, in das die weltlichen wie geistlichen Magnaten persönlich geladen wurden, und das Unterhaus, in dem im wesentlichen die Komitate und die freien Städte vertreten waren[119]. Die Vertreter der Komitate wurden auf der Generalversammlung, d.h. durch den Komitatsadel, gewählt. Damit besaß dieser Adel nicht nur die Selbstverwaltung über sein Territorium, sondern konnte über die Vertretung der Komitate im Unterhaus auch einen bedeutenden Einfluß auf die zentrale Gesetzgebung nehmen.

bb) Örtliche Besonderheiten

Das Nebenland Kroatien

Ende des 11. Jahrhunderts eroberte König *László I* (der Heilige) das bis dahin selbständige Königreich Kroatien. Das Land wurde Ungarn jedoch nicht eingegliedert, sondern blieb als ungarisches Nebenland ein eigenes Königreich, dessen Krone mit der Ungarns dergestalt verbunden war, daß sie zur Heiligen Krone Ungarns gehörte und der jeweilige ungarische

---

[116] Gesetzesartikel 1458:XIII Daß jährlich am Pfingstfesttag eine Landesversammlung in Pest abgehalten werden muß; Gesetzesartikel 1471:I Daß jährlich eine Landesversammlung abzuhalten ist.

[117] *Kovács* in Csizmadia/Kovács/Asztalos, S. 111; *Rácz,* Attila in *Harmathy,* S. 1 f.; *Takács,* Imre in Kukorelli, Alkotmánytan, S. 28; *Szakály,* S. 46; *v. Timon,* Heilige Krone, S. 320.

[118] *Bihari,* Alkotmányjog, S. 32 f.; *Brunner,* OER 2000/210 ff.; *Brunner* in Brunner, Politische Transformation, S. 123; *Brunner,* OER 1980/12; *Mádl,* Ferenc in Csizmadia/Kovács, S. 89 ff.; *Lázár,* S. 91 f.; *Mezey,* Jogtörténet, S. 25; *Rácz,* MJ 1992/155.

[119] *Csizmadia* in Csizmadia/Kovács/Asztalos, S. 172; *Némethy v. Ujfalu,* JÖR 1910/137; *Szakály,* S. 230.

König gleichzeitig den kroatischen Thron innehatte[120]. Im Laufe der Zeit entstanden auch in Kroatien und der im Mittelalter ebenfalls selbständigen, aber doch zur ungarischen Krone gehörenden Einheit Slawonien Komitate [kroat.: županije[121]] als Organe der territorialen (Selbst-)Verwaltung. Diese Komitate waren auch im kroatischen Parlament vertreten, dessen eine Kammer sich aus den Abgeordneten der Städte und Komitate sowie dem Hochadel mit erblichem Sitz zusammensetzte[122].

Die Dreinationenverfassung in Siebenbürgen

Eine etwas andere Entwicklung nahm die territoriale Selbstverwaltung in Siebenbürgen. Unter der Führung des Siebenbürger Wojewoden, der seit dem 12. Jahrhundert nachweisbar ist[123], genoß es eine gewisse Sonderstellung. Hier war nur die ungarische Bevölkerung in – insgesamt sieben – Komitaten organisiert; die beiden anderen politisch maßgeblichen ethnischen Gruppen, die Sachsen und die Szekler, hatten in ihren Gebieten eine besondere Form der Selbstverwaltung.

Die sieben ungarischen Komitate in Siebenbürgen arbeiteten eng zusammen und hielten, anders als im ungarischen Kernland üblich, ihre Generalversammlungen und Gerichtstage gemeinsam ab[124]. Sie waren, wie in Ungarn selbst, Selbstverwaltungskörperschaften des Adels. Zur ungarischen Nation gehörten somit lediglich die Adeligen, die bisweilen auch anderer Ethnizität sein konnten[125], nicht aber die gemeinen Ungarn.

Die ursprünglich voneinander unabhängigen Siedlungen der Sachsen wurden 1224 in dem von König *András II* gewährten *Diploma Andreanum* politisch geeinigt und erhielten zahlreiche Privilegien. Die sächsischen Gebiete waren von der Oberhoheit der Komitate ausgenommen und unterstanden ausschließlich dem Gespan von Szeben als königlichem Beamten und dem König selbst, nicht aber dem Siebenbürger Wojewoden. Die Sachsen konnten unter anderem ihre Richter und Geistlichen selbst wählen, die

---

[120] *Csihák,* S. 30; *Csizmadia,* ÁI 1978/1; *Dabinović,* S. 5 ff.; *Đorđević,* S. 161 f.; *Engel,* S. 157 ff.

[121] Man beachte den etymologischen Zusammenhang mit dem ungarischen Wort ispán (Gespan): s. oben Fn. 103.

[122] *Csizmadia* in Csizmadia/Kovács/Asztalos, S. 215 f.; *Čulinović* in Universität zu Belgrad, S. 149 f.; *Hrženjak,* S. 11 ff.

[123] *Küpper,* S. 56 Fn. 132 (dort auch zur Etymologie der Bezeichnung); *v. Timon,* S. 238.

[124] *Rácz,* ÁJ 1982/58.

[125] Es gab etwa eine kleine Anzahl rumänischer Adeliger sowie einige wenige deutsche Adelige, die kraft ihres Adels Teil der ungarischen Nation Siebenbürgens waren.

königlichen Regalien nutzen und als einzige in ihrem Gebiet Grundbesitz erwerben[126].

König *Károly Róbert* teilte die Szebener sächsische Provinz in acht Stühle auf, an deren Spitze jeweils ein vom König ernannter Königsrichter stand. Dessen Aufgaben waren mit denen eines Gespans in den ungarischen Komitaten vergleichbar. Der Königsrichter des Szebener Stuhls trug den Titel des Gespans der Sachsen. Diesen Amtsträger durften die Sachsen erstmals unter König *Mátyás I* selbst wählen, womit sie in der *universitas Saxonum* volle Selbstverwaltung erlangt hatten.

Bei der dritten Nation Siebenbürgens, den Szeklern [ungar.: székely], handelte es sich um ein Volk ungewissen Ursprungs; sicher ist lediglich, daß sie etwa zeitgleich mit den magyarischen Stämmen in das Karpatenbekken einwanderten[127], wo sie dann relativ schnell die ungarische Sprache annahmen. Ursprünglich siedelten sie vorwiegend in Bihar, im heutigen ungarisch-rumänischen Grenzgebiet, zogen aber dann im 13. Jahrhundert in den äußersten Südosten Siebenbürgens, um dort die Grenze zu sichern. Sie lebten in Dorfgemeinschaften, denen der Grundbesitz kollektiv gehörte und die den einzelnen Familienverbänden Nutzungsrechte an dem Boden gewährten[128]. In Siebenbürgen bildeten sie die sieben Szekler Stühle, die ebenso wie die sächsischen Stühle nicht den Komitaten unterstanden, sondern eigene territoriale Einheiten waren. An ihrer Spitze stand der Gespan der Szekler, den der König aus den Reihen des ungarischen Adels, niemals aber aus den Reihen der Szekler selbst ernannte. Die ersten Amtsträger der Selbstverwaltung der Szekler Stühle, die eine ähnliche Selbstverwaltung genossen wie die der Sachsen, waren die Leutnants, denen in jedem Stuhl ein Richter zur Seite stand[129]. Im 14. und 15. Jahrhundert feudalisierte sich zunehmend die bis dahin im wesentlichen aus Familienverbänden und Dorfgemeinschaften bestehende Gesellschaft der Szekler, und die drei Stände der Hauptmänner, Ritter und gemeinen Szekler gewannen an Bedeutung. Jeder Stand verfügte über unterschiedliche Privilegien[130]; daneben wuchs die Zahl der Hörigen. Seit dem 15. Jahrhundert wurden von dem Gespan der Szekler Königsrichter ernannt, die die gewählten Stuhlrichter kontrollieren sollten und im Laufe der Zeit die Amtsträger der Szekler Selbstverwaltung in den Hintergrund drängten[131]. 1562 wurden den Szeklern ihre Freiheiten

---

[126] *Csizmadia* in Csizmadia/Kovács/Asztalos, S. 69 f.; *Küpper,* S. 56 f.; *Mezey,* Alkotmánytörténet, S. 155.

[127] *Küpper,* S. 57; *Lázár,* S. 37, 100.

[128] *Engel,* S. 102 f.

[129] *Csizmadia* in Csizmadia/Kovács/Asztalos, S. 69 f.

[130] *Engel,* S. 103.

[131] *Kovács* in Csizmadia/Kovács/Asztalos, S. 131.

genommen, aber zu Beginn des 17. Jahrhunderts wiederhergestellt, um ein starkes freibäuerliches Militär zu schaffen[132].

Die drei siebenbürgischen Nationen, die Ungarn (wobei hierunter nur der ungarische Adel unabhängig von seiner ethnischen Zugehörigkeit[133] verstanden wurde), die Szekler und die Sachsen – die rumänische Bevölkerung galt nicht als Nation, ebensowenig wie die nichtadeligen Ungarn, die Sachsen außerhalb ihrer Gebiete und die sonstigen ethnischen Gruppen Siebenbürgens – schlossen 1437 eine Union gegen die Machtbestrebungen der königlichen Zentralmacht und die Forderungen der Hörigen[134]. Dieses Bündnis wurde immer wieder erneuert, und als Folge des Bauernaufstandes schufen die drei Nationen 1506 die Union von Segesvár[135]. Sie richtete unter anderem ein gemischtes Gericht für die Streitigkeiten der Nationen untereinander ein[136].

Im Landtag von Siebenbürgen bildeten die ungarischen Komitate, die sächsischen Stühle und die Stühle der Szekler jeweils voneinander getrennte Einheiten[137].

Sonstige Besonderheiten

Neben Siebenbürgen und Kroatien gab es in Ungarn noch weitere Territorien mit einem Sonderstatus, der sie in der Regel aus der Komitatsverfassung heraushob. Meist handelte es sich um Gebiete, die einwandernden Völkerschaften überlassen wurden, welche dann ihrerseits für das Land und die Selbstverwaltung die Grenze sichern sollten, d.h. letztendlich um eine territoriale Autonomie für ethnische Minderheiten. Ein derartiger Fall, nämlich der der Szekler, ist bereits im Zusammenhang mit der Siebenbürger Dreinationenverfassung beschrieben worden.

Ansonsten genossen im Norden die sogenannten Zipser Lanzen einen besonderen Status, der auf die den Kabaren gewährten Privilegien zurückging. Das Turkvolk der Kabaren hatte sich den Magyaren bereits vor der Landnahme angeschlossen und sich dann in der Zips niedergelassen.

Im 13. Jahrhundert wanderten zwei weitere Völker in das Karpatenbekken ein und erhielten die Erlaubnis des ungarischen Königs, sich dort nie-

---

[132] *Hanák,* Geschichte, S. 58, 63.

[133] Die meisten Adeligen waren auch ethnische Ungarn, aber es gab durchaus auch Angehörige anderer Ethnien in den Reihen des ungarischen Adels, insbesondere Rumänen.

[134] *v. Timon,* S. 727 f.

[135] *Macartney,* S. 44.

[136] *Kovács* in Csizmadia/Kovács/Asztalos, S. 132.

[137] *Bónis,* S. 267 f.

derzulassen. Es handelte sich um die turksprachigen Kumanen und die iranischen Jaszen. Beide Völker erhielten in ihren Wohngebieten eine ausgedehnte territoriale Autonomie; ihre Gebiete galten nicht als Komitate, sondern als Gebietskörperschaften eigener Art. Schließlich wurde den Heidukken im 16. Jahrhundert eine ähnliche territoriale Autonomie in den ihnen zugewiesenen Siedlungsgebieten, die aus der Komitatsstruktur ausgenommen wurden, eingeräumt.

Allen diesen autonomen Gebieten ist zum einen gemeinsam, daß sie zu keinem Komitat gehörten und auch selbst kein Komitat bildeten, sondern jeweils eigenständige und eigenartige territoriale Einheiten. Eine weitere Gemeinsamkeit ist die Tatsache, daß sich die territorialen Besonderheiten auch noch lange, nachdem sich die begünstigten Völker an die sie umgebenden Ungarn assimiliert hatten, in manchen Fällen bis weit in das 19. Jahrhundert hinein, hielten. Ein dritter gemeinsamer Zug war die Tatsache, daß die Sonderstellung der Zipser Lanzen, der Kumanen, der Jaszen und der Heiducken auf ihrem kollektiven Adel, auf dem Adel ihrer jeweiligen *universitas,* beruhte. Daher waren die Gebiete auch mit Stimmrecht im Parlament vertreten[138].

b) Die Zeit der türkischen Herrschaft

Die türkischen Eroberer schafften in den von ihnen besetzten Gebieten die Komitate ab und ersetzten sie durch die osmanischen Verwaltungseinheiten Sandschak und Vilajet[139]. Als Folge des am 10.8.1664 zwischen den Habsburgern und der Hohen Pforte geschlossenen Friedens von Vasvár erstarkte im türkisch besetzten Teil Ungarns das Komitatssystem wieder. Diese sogenannten ‚geflohenen Komitate' hatten ihren Sitz in grenznahen Festungen wie Veszprém, Komárom oder Nagyvárad, verfügten aber auch über Beauftragte in den besetzten Gebieten selbst. Zur Verwirklichung ihrer Ziele stützten sie sich häufig auf die spontanen bäuerlichen Selbstschutzorganisationen, die sogenannten ‚Bauernkomitate', sowie auf die Magistrate der Dörfer und Landstädte. So schafften sie es, ihre tatsächlichen Kompetenzen immer mehr auszuweiten und vor allem auf dem Gebiet der Grenzverwaltung, der Grundstücksgeschäfte und der Ehescheidungen den türkischen Behörden jede Bedeutung zu nehmen[140].

---

[138] Zu den territorialen und anderen Autonomien ethnischer Minderheiten im mittelalterlichen Ungarn s. *Küpper,* S. 55 ff. Zu der Erschütterung, die die zunächst egalitäre Heiduckengesellschaft für die sie umgebende ständische Gesellschaft bedeuteten, s. *Auerbach,* S. 141 f.

[139] *Csizmadia* in Csizmadia/Kovács/Asztalos, S. 156; *Mezey,* Alkotmánytörténet, S. 156; *Szakály,* S. 156 f.

[140] *Mezey,* Alkotmánytörténet, S. 153 f.; *Szakály,* S. 278.

Im habsburgischen Königreich Ungarn blieben die ungarischen Einrichtungen, darunter die Komitate, jedoch erhalten, ebenso wie im 1538 durch den Frieden von Várad selbständig gewordenen Siebenbürgen[141]. Hier blieben die drei privilegierten Nationen der Ungarn, Sachsen und Szekler bestehen; die rumänische Bevölkerung genoß in ihren Gebieten eine gewisse Gemeindeautonomie[142]. Während sich in den westlichen und nordwestlichen Teilen des habsburgischen Ungarns die Komitate wegen der dortigen Dominanz der Hochadels nur begrenzt zu Organen der Interessenvertretung des mittleren und unteren Adels entwickeln konnten, gelang ihnen dies besser in den nordöstlichen Landesteilen, wo die Magnaten kein so großes Gewicht besaßen[143]. Auch im Nebenland Kroatien-Slawonien dominierte in den Komitaten der niedere Adel.

Die innere Ordnung der Komitate war jedoch trotz dieser Unterschiede überall, auch in Kroatien-Slawonien[144], gleich: Das oberste Organ war die in der Regel halbjährlich einberufene Generalversammlung, in der jeder Adelige des Komitats gleichermaßen Sitz und Stimme hatte. Bauern oder nichtadelige Stadtbewohner konnten an ihr nicht teilnehmen[145]. Sie wählte neben den Parlamentsvertretern sämtliche Amtsträger des Komitats mit Ausnahme des Obergespans. Weiterhin wurden auf ihr die Verordnungen der Regierungsbehörden verlesen. Wenn die Generalversammlung sie für gesetzmäßig hielt, traf sie Maßnahmen zu deren Vollziehung; anderenfalls legte sie sie dem Herrscher zur Stellungnahme vor. Die Generalversammlung beschloß des weiteren die Statuten, d.h. die autonomen Rechtssetzungsakte – nach heutiger Terminologie Satzungen – des Komitats.

In der Generalversammlung sowie im gesamten Komitat dominierte mit den oben geschilderten regionalen Unterschieden der wohlhabende, landbesitzende mittlere Adel[146]. Lediglich das Amt des Obergespans war dem Hochadel vorbehalten. In einigen Komitaten war es sogar in bestimmten Familien erblich oder an bestimmte geistliche oder weltliche Ämter (Bischof, Paladin) gebunden[147]. Neben dem Obergespan hatte sich der Untergespan zum ersten Amtsträger des Komitats entwickelt, der die Geschäfte führte und den in der Regel abwesenden Obergespan in dessen Funktionen vertrat.

---

[141] *Szakály,* S. 130.

[142] *Csizmadia* in Csizmadia/Kovács/Asztalos, S. 155 f., 213 f.; *Kosáry,* S. 45.

[143] *Szakály,* S. 230 f.

[144] *Csizmadia,* Fejlődés, S. 45 f.; *Hrženjak,* S. 12; *Kosáry,* S. 45.

[145] *Silagi,* S. 28.

[146] *Auerbach,* S. 195; *Kaltenbach,* JOR 1990/I, S. 80 f.

[147] Wegen Einzelheiten s. *Csizmadia,* Fejlődés, S. 37 f., insbesondere S. 37 Fn. 19, und *Marczali,* S. 22.

Finanziert wurde das Komitat durch die Haussteuer, die jeder Nichtadelige zu entrichten hatte. Die Erstellung des jährlichen Haushaltes fiel in die
Kompetenz der Generalversammlung. Daneben trieb die Komitatsverwaltung die staatlichen Steuern ein und leitete sie weiter.

Die Gerichtsbarkeit des Komitats übte das Komitatsgericht, die sogenannte *sedria* (von *sedes iudicaria*) aus, in weniger bedeutenden Fällen
auch der Untergespan oder der Assessor[148].

c) Das Zeitalter des Habsburger Absolutismus

In den von den Türken zurückeroberten Gebieten wurde die Komitatsverwaltung wiederhergestellt. Auch die alte Selbständigkeit des Nebenlandes
Kroatien-Slawonien unter Leitung des Bans mit seiner eigenen Provinzialversammlung, in der der weltliche und geistliche Hochadel persönlich und
die Komitate und freien königlichen Städte durch Abgesandte vertreten
waren, wurde nach dem Ende der türkischen Herrschaft dort wieder eingerichtet[149]. Zur Durchsetzung des Habsburger Absolutismus auch im Königreich Ungarn gab es Pläne, die Komitate durch staatliche Verwaltungsbe-
zirke zu ersetzen. Diese Absichten konnten jedoch nicht verwirklicht
werden[150].

1723 wurde als zentrale Verwaltungsbehörde für das Königreich Ungarn
der Statthalterrat geschaffen, dem unter anderem vier Bischöfe, zehn Magnaten und drei Mitglieder des mittleren Adels angehörten. Zu seinen Aufgaben gehörte auch die Aufsicht über die Verwaltung der Komitate[151].

Joseph II versuchte, den ständischen Dualismus in Ungarn zu beseitigen
und statt dessen denselben aufgeklärten Absolutismus durchzusetzen wie
auch im österreichischen Reichsteil (Josephinische Reformen). Da die Komitate als Selbstverwaltungsorganisationen des Adels die Zentren des ungarischen Widerstandes sowohl gegen die Reformen als auch gegen die habs-
burgische Herrschaft waren[152], teilte *Joseph II* das Land 1785 in zehn Bezirke ein. Siebenbürgen, das die Habsburger nach der Befreiung von den
Türken nicht wieder mit Ungarn vereinigten, sondern als Fürstentum (später

---

[148] *Csizmadia* in Csizmadia/Kovács/Asztalos, S. 191 f.
[149] *Csizmadia* in Csizmadia/Kovács/Asztalos, S. 215 f.; *Hrženjak,* S. 12.
[150] *Kaltenbach,* Felügyelet, S. 41 ff.; *Szakály,* S. 297.
[151] Gesetzesartikel 1723:XCVII über die Einrichtung des ungarischen königlichen
Rates, Gesetzesartikel 1723:XCVIII über das Büro und die Rechnungsführung des
ungarischen königlichen Rates, Gesetzesartikel 1723:CI über die Hoheit des königlichen Rates, Gesetzesartikel 1723:CII über die Arbeit des königlichen Rates im allgemeinen. Dazu *Kosáry,* S. 42.
[152] *Takács,* Imre in Kukorelli, Alkotmánytan, S. 29. S. auch mehrere Beiträge in
Bahlcke/Bömelburg/Kersken.

Großfürstentum) getrennt regierten, wurde in drei Bezirke untergliedert[153]. Unterhalb dieser Ebene blieben die Komitate zwar bestehen, hatten aber nur noch die Funktion einer untergeordneten staatlichen Verwaltungseinheit mit einem vom Staat ernannten Untergespan an der Spitze[154]. Die Bezirke wurden von Königlichen Beauftragten Obergespanen geleitet, die mit einer fast absoluten Machtfülle ausgestattet waren und auch die Amtsträger der Komitate nach Belieben ernennen und entlassen konnten[155]. Um seine Reformen gegenüber den adeligen Selbstverwaltungen mit ihren gewählten Amtsträgern besser durchsetzen zu können, versuchte *Joseph II,* ein öffentliches Dienstrecht mit dem Herrscher ergebenen Berufsbeamten zu schaffen. Diesen staatlichen Beamten verbot er, gleichzeitig Ämter in der Verwaltung der Komitate oder Städte anzunehmen[156].

Kurz vor seinem Tode machte *Joseph II* seine Reformen rückgängig, und die adelige Selbstverwaltung der Komitate wurde wiederhergestellt[157]. Damit war auch in den Komitaten der Versuch einer Modernisierung – für die freilich der Preis einer absolutistischen Zentralisierung hätte bezahlt werden müssen – gescheitert, und die aus dem Hochmittelalter überkommene adelige Selbstverwaltung bestand fort.

d) Reformära und bürgerliche Revolution

In der Reformära war die Modernisierung der Komitate wegen ihrer Bedeutung für die Verwaltung im Land und gleichzeitig auch die Gesetzgebung eines der Hauptthemen. Es gab Bestrebungen, den sogenannen Honoratioren, d.h. den akademisch gebildeten Bürgerlichen, Sitz und Stimme in der Generalversammlung des Komitats zu gewähren, was aber letztendlich ohne Erfolg blieb[158]. In dieser Zeit baute die Regierung das Administratorensystem aus. Dessen Ursprünge liegen im 18. Jahrhundert: Wenn der erbliche Obergespan nicht im Komitat selbst wohnte, ernannte der Herrscher als seinen Stellvertreter einen Administrator. Ab 1840 wurden in immer mehr Komitaten Administratoren ernannt, und ihre Kompetenzen erweiterten sich ständig. Sie hatten insbesondere die Aufgabe, dafür zu sorgen, daß die Generalversammlung den Wünschen der Regierung entsprechend handelte und auch die Parlamentsabgeordneten des Komitats in diesem Sinne

---

[153] *Csizmadia,* ÁI 1978/3; *Hajdu,* ÁI 1980/1012, 1014.

[154] *Csizmadia,* Fejlődés, S. 42; *Kosáry,* S. 162.

[155] *Csizmadia* in Csizmadia/Kovács/Asztalos, S. 195.

[156] *Hajdu,* ÁI 1980/1007 f.

[157] *Csizmadia,* Fejlődés, S. 145; *Csizmadia* in Csizmadia/Kovács/Asztalos, S. 195; *Kaltenbach,* JOR 1990/I, S. 80 Fn. 12; *Kosáry,* S. 164.

[158] *Kosáry,* S. 262.

instruierte. Dies wurde von den Komitaten als Einschränkung ihrer Selbstverwaltung beanstandet[159].

Während der Revolution 1848/49 wurde anknüpfend an die Bestrebungen der Reformära auch die innere Verfassung der Komitate in Frage gestellt[160]. Der Gesetzesartikel 1848:XVI bezeichnete in seiner Präambel das Komitatssystem zwar als „Schutzbastionen der Verfassungsstaatlichkeit" [alkotmányosság védbástyái] und behielt auch die Institution Komitat bei. Aber er versuchte, die inneren Strukturen des Komitats zu reformieren, was allerdings nur im Ansatz gelang. Das Gesetz schaffte das Amt des Administrators ab und beauftragte die Regierung, dem nächsten Parlament einen Gesetzesvorschlag zur Reform der Komitate im Sinne des Prinzips der Volksvertretung zu unterbreiten. Neben diesem von *Széchenyi* erreichten Kompromiß enthielt der Gesetzesartikel noch einige Übergangsregeln, z.B. daß auf den nächsten Generalversammlungen auch nichtadelige Vertreter der Gemeinden zuzulassen seien und daß bis zur endgültigen Regelung ständige Ausschüsse die Geschäfte führen sollten. Die Dominanz des Adels in den Komitaten blieb durch diese Zwischenlösung zunächst gewahrt[161]. Zu der angestrebten endgültigen Regelung ist es wegen der Niederschlagung der Revolution 1849 nicht mehr gekommen.

e) Die Zeit des Neoabsolutismus

Noch 1849, unmittelbar nach dem habsburgischen Sieg über die Revolutionäre, wurde das in den 1848er Aprilgesetzen mit Ungarn wiedervereingte Siebenbürgen[162] wieder abgetrennt, ebenso das bisherige Nebenland Kroatien-Slawonien, die Militärgrenze sowie im Süden die serbisch bewohnten Gebiete als Serbische Wojwodina und Temescher Banat. Jedes dieser Gebiete sowie Rumpfungarn bekamen den Status eines österreichischen Kronlandes. Rumpfungarn wurde in fünf Bezirke mit Sitz in Buda, Kassa, Nagyvárad, Pozsony und Sopron eingeteilt. Sie wurden so eingerichtet, daß sich die magyarische Bevölkerung in ihnen möglichst in der Minderheit befand[163].

---

[159] *Csizmadia* in Csizmadia/Kovács/Asztalos, S. 193; *Huber*, Bd. II, S. 467.

[160] *Rácz*, ÁJ 1991/181.

[161] Gesetzesartikel 1848:XVI über die zeitweise Ausübung der Komitatshoheit. S. *Hajdú*, Zoltán in Agg/Pálné Kovács, S. 12 f.; *Csizmadia*, Fejlődés, S. 81; *Csizmadia* in Csizmadia/Kovács/Asztalos, S. 302; *Kaltenbach*, JOR 1990/I, S. 82 f.; *Kosáry*, S. 333 f.

[162] Gesetzesartikel 1848:VII über die Vereinigung von Ungarn und Siebenbürgen, Siebenbürgischer Gesetzesartikel 1848:I über die Verbindung Ungarns und Siebenbürgens zu einem. Zur Trennung *Silagi*, S. 34.

[163] *Csizmadia*, ÁI 1978/3; *Macartney*, C. Aylmer in Bury, S. 528 f.

Den Bezirken standen zunächst Offiziere vor, die mit der Wiedereinführung der Zivilverwaltung durch Obergespane ersetzt wurden[164]. Die Bezirke waren in jeweils sieben bis zehn Komitate unterteilt, die von Komitatshauptmännern geleitet wurden. Diese Komitate entsprachen nur teilweise den alten Einheiten, da kleinere zusammengelegt und unverhältnismäßig große aufgeteilt worden waren[165]. Die Komitate wiederum untergliederten sich in von Assessoren verwaltete Kreise. Dieses hierarchische System unterstand als ganzes dem Wiener Innenministerium, dessen Verordnungen sämtliche Ebenen des Verwaltungsaufbaus auszuführen hatten, wobei die jeweils höhere Einheit die untere beaufsichtigte. Sämtliche Amtsträger bis hinunter zum Assessor wurden von dem Innenminister ernannt (*Bach*-System).

Ein ähnlicher Verwaltungsaufbau wurde auch in den abgetrennten Gebieten geschaffen; einzig die im Süden an der Grenze zum Osmanischen Reich gelegene, aus den Türkenkriegen überkommene Militärgrenze wich wegen ihrer im wesentlichen militärischen und nicht zivilen Verwaltung von diesem Schema ab[166].

Um der ethnischen Spannungen in der Gesamtmonarchie Herr zu werden, erließ Kaiser *Franz Joseph* am 20.10.1860 das sogenannte Oktoberpatent, das eine gewisse Föderalisierung des Reiches bewirkte. Gleichzeitig wurden in Ungarn und den abgetrennten Gebieten die traditionellen Komitate wieder eingerichtet, ohne daß sie aber ihre Selbstverwaltung in dem alten Umfang zurückbekommen hätten. In den Parlaments- und Komitatswahlen von 1861 erhielt die national-ungarische Opposition in den Komitaten wieder ein Forum in ihrem Kampf um die Wiederherstellung der Selbständigkeit Ungarns innerhalb der Monarchie[167]. Nach einem erneuten und letztendlich vergeblichen Versuch der Zentralisierung und der Stärkung der absolutistischen Strukturen wurde 1865 das alte Komitatssystem wieder eingerichtet und das Parlament einberufen[168].

III. Die bürgerliche Selbstverwaltung

Mithin bestand in Ungarn noch zu Beginn des letzten Drittels des 19. Jahrhunderts ein Regierungs- und Verwaltungssystem, das von seinen Formen und seiner sozialen Basis her spätmittelalterlich war. Dies gilt für

---

[164] *Hanák*, Geschichte, S. 135.

[165] *Csizmadia*, Fejlődés, S. 89 f.

[166] *Csizmadia*, Fejlődés, S. 90; *Csizmadia* in Csizmadia/Kovács/Asztalos, S. 318 f.; *Kosáry*, S. 381.

[167] *Adamovich*, S. 7 f.; *Csizmadia* in Csizmadia/Kovács/Asztalos, S. 323; *Hanák*, Donaumonarchie, S. 75; *Helfert*, S. 65 ff.

[168] *Hanák*, Donaumonarchie, S. 87.

die innere Verfassung der Städte und Gemeinden ebenso wie für die territoriale Selbstverwaltung der Komitate mit ihrem Einfluß auf die Gesetzgebung. Es war nicht gelungen, gegen den Widerstand der privilegierten
Stände die Modernisierungen durchzusetzen, die im westlichen Teil Europas seit dem 18. Jahrhundert die Schaffung einer bürgerlichen Selbstverwaltung einleiteten. Zudem stand Ungarn unter direkter österreichischer Fremd-
herrschaft.

Gegen beide Mißstände verstärkte sich in den 1860er Jahren der Widerstand. Die Verbürgerlichung der Gesellschaft schritt fort, und die nationale
Forderung nach Unabhängigkeit oder zumindest Selbstbestimmung im
Rahmen der Habsburger Gesamtmonarchie verband sich mit der liberalen
Forderung nach einer Modernisierung des gesamten Staatswesens und nach
Beteiligung der nichtadeligen Schichten an den öffentlichen Angelegenheiten, der Verwaltung und der Gesetzgebung. Damit war der soziale und
ideengeschichtliche Boden für den Schritt von der ständischen zur bürgerlichen Selbstverwaltung bereit.

1. Die Selbstverwaltung in Städten und Gemeinden

a) Das Zeitalter des Dualismus

aa) Der Ausgleich

1867 kam der österreichisch-ungarische Ausgleich in Form des Gesetzesartikels 1867:XII zustande, der Ungarn neben Österreich zum gleichberech-
tigten Teil der Doppelmonarchie erklärte. Dieser Ausgleich schuf eine Real-
union, in der sowohl Österreich als auch Ungarn Staatsqualität zukam[169].

Siebenbürgen, Kroatien und die anderen abgetrennten Gebiete wurden
Ungarn wieder angegliedert[170], das Parlament wurde wiederhergestellt, und
Ungarn konnte, ebenso wie die österreichische Reichshälfte, seine Belange
mit Ausnahme der gemeinsamen Angelegenheiten (Verteidigung, Außenpolitik, die mit diesen beiden Aufgaben zusammenhängenden Finanzen, später
noch die Verwaltung Bosnien-Herzegowinas) selbst regeln (dualistisches

---

[169] Gesetzesartikel 1867:XII Über die zwischen den Ländern der ungarischen
Krone und den weiteren unter der Herrschaft Seiner Hoheit stehenden Ländern auf-
tretenden Verhältnisse von gemeinsamem Interesse, und über die Art ihrer Erledigung. Dazu *Helfert*, S. 72 ff.; *Lehner*, S. 210 f.; *Morgenstierne*, RdDP 1905/533.
Eine Untersuchung des Ausgleichs unter dem Gesichtspunkt der Polarität ungarischer Autonomie und österreichischen Zentralismus findet sich bei *Gargas*, RdDP
1927/10 f.

[170] Wegen Einzelheiten s. *Csizmadia*, Fejlődés, S. 101 ff.

System)[171]. Der Forderung nach nationaler Emanzipation war somit im wesentlichen Genüge getan.

Der Ausgleich führte in Ungarn zu einem starken wirtschaftlichen Aufschwung, kapitalistische Wirtschaftsweise und Urbanisierung schritten rasch voran[172]. Dadurch wuchsen der öffentlichen Hand – wie etwa im sich industrialisierenden Deutschland auch[173] – auf Dauer zahlreiche neue Aufgaben auf dem Gebiet der Wirtschaft, der Infrastruktur und des Verkehrs, der (Aus-) Bildung, der Sozialordnung, der Kultur und vielen anderen Feldern zu. Diese sich allmählich entwicklenden neuen Aufgaben wurden in der Regel durch den Zentralstaat oder zumindest auf der Ebene des Gesamtstaates wahrgenommen, wodurch dieser ein immer größeres Gewicht gegen die bis dahin vorherrschenden Verwaltungen auf örtlicher und Komitatsebene gewann und in immer größerem Maße mit den Bürgern unmittelbar in Berührung kam. Dies hatte zur Folge, daß nach 1867 eine große Anzahl von Gesetzen erlassen wurde, die zum einen die Grundrechte der Bürger sichern sollten, zum anderen den Umbau von Verwaltung und Wirtschaft nach bürgerlich-liberalen Grundsätzen bewirkten[174].

Eine zentrale Maßnahme war die Verstaatlichung des Gerichtswesens. Während die höheren Gerichte schon immer staatlich gewesen waren, wurden jetzt die bisher bei der Selbstverwaltung der Komitate und Städte angesiedelten niedrigeren Gerichte diesen durch den Gesetzesartikel 1869:IV entzogen und in staatliche Gerichte umgewandelt. Damit wurden rechtsprechende und vollziehende Gewalt getrennt[175], aber auch der bereits angesprochene Prozeß der Stärkung zentralstaatlicher Einrichtungen zu Lasten der örtlichen und regionalen Autonomien vorangetrieben.

Nach dem Ausgleich unterstanden die Selbstverwaltungen zunächst dem direkten Zugriff der Regierung, die auf der Grundlage der Verordnung vom 10.4.1867 ein sehr weitgehendes Verordnungsrecht besaß[176]. Positiv für die uneingeschränkte Kompetenz der Regierung wirkte sich das Fehlen einer

---

[171] *Adamovich*, S. 8 ff.; *Apponyi*, S. 39; *Huber*, Bd. III, S. 609 ff.; *Kosáry*, S. 425; *Kuss*, S. 99; *Lázár*, S. 147; *Medlicott*, W. N. in Hinsley, S. 331 f.; *Lehner*, S. 210 ff.; *Mommsen*, S. 132; *Morgenstierne*, RdDP 1905/534.

[172] *Hanák*, Donaumonarchie, S. 93 ff., 320 ff.; *Hanák*, Geschichte, S. 156 ff.; *Kiss*, ÁI 1973/304; *Takács*, Imre in Kukorelli, Alkotmánytan, S. 30; *Lendvai*, Ungarn, S. 20.

[173] In bezug auf Deutschland s. *Petzina*, S. 234 ff.

[174] *Brunner*, OER 1980/3; *Takács*, Imre in Kukorelli/Schmidt, S. 27; *Kuss*, S. 99.

[175] Gesetzesartikel 1869:IV über die Ausübung der richterlichen Gewalt. *Brunner*, OER 1980/2; *Csizmadia* in Csizmadia, Entwicklungsfragen, S. 34 f.; *Takács*, Imre in Kukorelli, Alkotmánytan, S. 30. Zu den als Vorbild dienenden österreichischen Reformen s. *Kuss*, S. 54 ff.

[176] *Kaltenbach*, Felügyelet, S. 47; *Kaltenbach*, JOR 1990/I, S. 83.

gesetzlichen Regelung über die örtlichen und Komitatsverwaltungen aus, weshalb vor allem liberale Stimmen die Schaffung gesetzlicher Grundlagen zur Abwehr von Regierungswillkür und administrativer Überzentralisierung forderten.

bb) Die Munizipien

Das erste der für die örtlichen Selbstverwaltungen bedeutsamen Gesetze war der Gesetzesartikel 1870:XLII über die Einrichtung der Munizipien. § 1 dieses Gesetzesartikels bestimmte neben den Komitaten und den diesen gleichstehenden Gebietseinheiten auch die bisherigen freien königlichen Städte und eine Anzahl weiterer größerer Städte zu Munizipien. Im Laufe der Zeit wurden noch weitere, sich schnell entwickelnde Städte durch Gesetz in diesen Rang erhoben[177]. Die Munizipalverwaltung wurde in den Komitaten und den Munizipalstädten grundsätzlich nach den gleichen Grundsätzen eingerichtet[178].

Das Verhältnis von Staat und Munizipium

Die Munizipien waren zum einen Träger der Selbstverwaltung, zum anderen hatten sie übertragene staatliche Verwaltungsaufgaben wahrzunehmen (dualistisches Aufgabenmodell)[179]. Die Betrauung von Selbstverwaltungskörperschaften mit staatlichen Aufgaben war jedenfalls in dieser dualistischen Ausformung in Ungarn neu, denn bis dahin hatte sich die Verwaltung der Städte, Gemeinden und Komitate im wesentlichen auf die Wahrnehmung ihrer eigenen Aufgaben beschränkt. Die Grenze der aus dem deutschen und österreichischen Recht übernommenen Unterscheidung zwischen eigenem und übertragenem Wirkungskreis[180] traf der Gesetzgeber nicht selber, sondern überließ sie der Wissenschaft[181].

---

[177] Erstmalig Baja und Hódmezővásárhely durch den Gesetzesartikel 1873:XI. Dazu s. *Csizmadia* in Csizmadia/Kovács/Asztalos, S. 366.

[178] *Kaltenbach,* Felügyelet, S. 47 ff.; *Steinbach,* JÖR 1908/325.

[179] Das dualistische Aufgabenmodell der kommunalen Selbstverwaltung, d.h. das Nebeneinander von originären Selbstverwaltungsaufgaben und übertragenen Staatsaufgaben, sollte nicht mit dem dualistischen Staatsmodell der österreichisch-ungarischen Doppelmonarchie verwechselt werden.

[180] *Takács,* Imre in Kukorelli, Alkotmánytan, S. 259. Zu der gleichlautenden Vorschrift im Gesetzesartikel 1886:XXI s. *Weis* in Lőrincz, S. 120 f. Erstmals führten die auf vernunftrechtlich-liberale Ideen gestützten französischen Revolutionsgesetze vom 14. und 22.12.1789 neben den übertragenen staatlichen Aufgaben die „natürlichen eigenen Grundrechte" der Gemeinden gegenüber dem Staat ein: *Gern,* Dt. KommR, S. 30. Diese Gesetze inspirierten zwar die Gesetzgeber in u.a. Deutschland, Österreich und Ungarn, konnten in Frankreich selbst jedoch

Über diese Aufgaben hinaus war das Munizipium berechtigt, zu allen Fragen von öffentlichem Interesse, auch solchen mit landesweitem Charakter, Stellung zu nehmen und sich gegebenenfalls damit an das Unterhaus, welches nun Repräsentantenhaus genannt wurde, zu wenden[182].

In Selbstverwaltungsangelegenheiten konnte das Munizipium Satzungen, genannt Statuten, erlassen sowie Verfügungen und Entscheidungen treffen (§ 2). Deren Ausführung bedurfte allerdings, wenn das Statutum den Haushalt oder bestimmte Vermögensgeschäfte betraf, der Zustimmung des zuständigen Ministers (§ 3). Das ministerielle Ermessen war durch das Gesetz nicht gebunden, sondern konnte frei ausgeübt werden. Gegen eine Verzögerung der Entscheidung waren die Munizipien allerdings dadurch geschützt, daß gemäß § 4 Satz 2 im Falle der Untätigkeit des Ministers der vorgelegte Akt nach 40 Tagen als genehmigt galt. Seine Statuten führte das Munizip ebenso wie Gesetze und Regierungsverordnungen mit eigenen Organen aus (§ 15). Eine Besonderheit der Statuten betraf ihre Verkündung: Wenn sie von allgemeinem Interesse waren, wurden sie landesweit verkündet, wenn sie lediglich von örtlichem Interesse waren, nur auf dem Gebiet des Munizipiums (§ 6).

Gegen eine Regierungsverordnung konnte das Munizipium, wenn es sie für rechtswidrig oder im Hinblick auf die örtlichen Verhältnisse für unzweckmäßig hielt, remonstrieren und die Ausführung bis zur Entscheidung des zuständigen Ministers aussetzen (§ 16)[183].

Ansonsten unterlagen die Munizipien einer umfassenden Rechtsaufsicht des Staates. Diese oblag dem Obergespan, der die Munizipalverwaltung in Selbstverwaltungsangelegenheiten ebenso wie im übertragenen Aufgabenkreis (§ 53) kontrollierte und zu diesem Zweck umfangreiche gesetzliche Vollmachten hatte[184]. Damit hatte der Gesetzgeber erstmals eine staatliche, dezentrale Selbstverwaltungsaufsicht geschaffen.

---

keine Traditionen begründen, da unter *Napoleon* die Gemeinden wieder vollständig in den hierarchischen Staatsaufbau rückgegliedert wurden.
   In Österreich war das dualistische Aufgabenmodell vorläufig 1849 und dann endgültig 1862 eingeführt worden: *Adamovich*, S. 293, 297 ff.; *Funk*, S. 146 f.; *Lehner*, S. 184 f., 223. Zum Wortlaut der österreichischen Vorschrift s. o. Fn. 89.
   In Preußen führte die im Zuge der Steinschen Reformen erlassene Städteordnung von 1808, die ihrerseits an die französischen Revolutionsgesetze aus 1789 anknüpfte, das dualistische Aufgabenmodell für die Städte ein: *Gern*, Dt. KommR, S. 30; *Huber*, Bd. I, S. 176 ff.

[181] *Nagy*, S. 61.

[182] Näher zu diesem dreifachen Aufgabenkreis *Kmety*, S. 78 ff.

[183] Zu der Bedeutungslosigkeit dieser einzigen „Garantie" der Selbstverwaltungsrechte s. *Kaltenbach*, JOR 1990/I, S. 84.

[184] Zu den Einzelheiten s. *Kállay*, István in Csizmadia, Entwicklungsfragen, S. 78; *Márkus*, S. 303 ff.

Die innere Ordnung der Munizipien

Die Munizipien wurden von den Munizipalausschüssen vertreten, die grundsätzlich alle Rechte des Munizips wahrnahmen (§ 18). Dieser Ausschuß setzte sich zur einen Hälfte aus den Bürgern des Munizips, die die meisten direkten staatlichen Steuern zahlten (Virilisten), zur anderen Hälfte aus gewählten Abgeordneten zusammen (§ 19). Für diese Wahlen galt derselbe Zensus wie für die Parlamentswahlen (§ 27).

An der Spitze des Munizipiums stand der Obergespan, den der König auf Vorschlag des Innenministers ernannte und entließ (§ 52). Dadurch war der Obergespan, den das Gesetz als den „Vertreter der ausführenden Gewalt" bezeichnete, der Vertrauensmann der Regierung im Munizipium[185]. Eine seiner Hauptaufgaben bestand, wie dargestellt, in der Rechtsaufsicht der Munizipalbehörden. Darüber hinaus standen ihm weitreichende Sondervollmachten zu, Regierungsverordnungen selbst auszuführen, falls das Munizipium sich weigerte (§§ 54–56). Trotz dieser staatlichen Stellung war der Obergespan zugleich auch ein Organ des Munizipiums.

Ein weiteres Munizipalorgan war die Generalversammlung, der der Obergespan, in seiner Vertretung der Untergespan bzw. der Bürgermeister vorsaß (§ 41). Die Mitglieder der Generalversammlung waren außer den Mitgliedern des Munizipalausschusses die leitenden Amtsträger der staatlichen Behörden und der Selbstverwaltung; die sonstigen Beamten konnten mit beratender Stimme teilnehmen (§§ 47, 48).

Von Gesetzes wegen hatte die Generalversammlung im Frühjahr zur Kontrolle der Haushaltsführung des Vorjahres und im Herbst zur Festsetzung des Haushalts des kommenden Jahres zusammenzutreten; ansonsten richteten sich ihre ordentlichen Tagungen nach der Satzung der Selbstverwaltung und die außerordentlichen Tagungen nach der Einberufung durch den Obergespan (§ 42). Die Generalversammlung war zuständig für den Erlaß von Satzungen, Infrastrukturmaßnahmen, die Kreditaufnahme, den Haushalt, dessen Kontrolle und besonders wichtige An- und Verkäufe, die Kontrolle der Beschäftigten der Verwaltung sowie die Stellungnahmen und Petitionen gegenüber staatlichen Stellen (§ 43). In den Komitaten war zur kontinuierlichen Wahrnehmung dieser Aufgaben ein ständiges Komitee unter dem Vorsitz des Untergespans zu bilden (§ 44).

In den Städten mit Munizipalrecht war der erste Amtsträger der Selbstverwaltung der Bürgermeister (§ 63). Neben ihm spielte der Rat, die Versammlung der führenden städtischen Beamten, eine Rolle[186]. Zu diesen

---

[185] *Csizmadia* in Csizmadia/Kovács/Asztalos, S. 362; *Kmety*, S. 120; *Márkus*, S. 305.

[186] *Csizmadia* in Csizmadia/Kovács/Asztalos, S. 366.

Hauptverwaltungsbeamten gehörten beispielsweise der Notär und der Fiskal. Auch in den Städten gab es darüber hinaus den Munizipalausschuß und die Generalversammlung. Den städtischen Munizipien war es gestattet, ihre Verwaltungsstruktur den örtlichen Bedürfnissen anzupassen (§ 64).

cc) Die Gemeinden

Das Munizipiengesetz wurde ergänzt durch den Gesetzesartikel 1871:XVIII über die Ordnung der Gemeinden. Dieses Gesetz bezog sich auf alle örtlichen Selbstverwaltungen mit Ausnahme der Städte, die Munizipalrecht genossen. Letztere wurden weiterhin zusammen mit den Komitaten geregelt.

§ 1 teilte die Gemeinden in drei Kategorien ein: in Städte mit ordentlichem Rat, Großgemeinden und Kleingemeinden. Hauptkriterien der Unterscheidung waren die Einwohnerzahl und die Finanz- und Wirtschaftskraft der Gemeinden. Ab 1876 begann man, den bedeutungslos gewordenen ehemaligen freien königlichen Städten ihren Rang eines Munizipiums zu nehmen. Diese wurden dann zu Städten mit ordentlichem Rat[187]. Damit wurde die Kategorisierung der Städte rationalisiert und den tatsächlichen Gegebenheiten angepaßt und mittelalterliche Überbleibsel langsam beseitigt.

Die Gemeinden und die Bürger

Den Gemeinden wurde sowohl Gebiets- als auch Personalhoheit eingeräumt. Gemäß § 4 erstreckte sich die Gewalt der Gemeinde auf alle in ihrem Gebiet befindlichen Personen und Sachen mit Ausnahme des Militärs und des königlichen Hofes (§ 5). Gemeindefreies Gebiet war nicht zugelassen (§ 20)[188]. Die Vorschriften über die Gebiets- und die Personalhoheit

---

[187] *Csizmadia* in Csizmadia/Kovács/Asztalos, S. 369; *Mezey,* Alkotmánytörténet, S. 347.

[188] Dies ist auch nach österreichischem Recht der Fall: *Adamovich,* S. 300; *Funk,* S. 144. Anders ist die Rechtslage in einigen deutschen Bundesländern: § 7 Abs. 3 Satz 2 GO Ba-Wü, Art. 11 Abs. 1 Satz 2 Verf. Bay, § 15 Abs. 2 Sätze 2, 3 i. V. m. § 16 Abs. 1 GO Hess; § 7 Abs. 2 GO Sachs, § 8 Abs. 1 Satz 2 KO Thü. In Schleswig-Holstein sollen zwar gemäß § 13 Abs. 2 GO alle Grundstücke zu einer Gemeinde gehören, aber dies ist nur ein Verbot, neue gemeindefreie Gebiete zu begründen, während bestehende weiter existieren können; auf die großen gemeindefreien Forstgutbezirke Buchholz und Sachsenwald findet § 13 des preußischen Gesetzes vom 27.12.1927 Anwendung: *Bracker/Dehn,* § 13 Abs. 2; *Foerster,* § 13 GO Rn. 3 (dort auch zum gemeindefreien Teil der Hoheitsgewässer). In Niedersachsen gilt die Verordnung über die Verwaltung gemeindefreier Gebiete vom 15.7.1958. Bereits die Paulskirchenverfassung ging in § 185 Satz 1 von dem Grundsatz aus,

wurden durch § 1 des Gesetzesartikels 1875:XXXV[189] auf die städtischen Munizipien übertragen.

Über die genannte, an den Aufenthalt auf dem Gemeindegebiet gebundene Hoheit der Gemeinde mußte „jeder Staatsbürger in den Verbund irgendeiner Gemeinde gehören" (§ 6). Die Bestimmungen über diesen Verbund (§§ 7–19) ähneln stark dem Recht der Staatsangehörigkeit. Die Zugehörigkeit zu einem Verbund wird durch den Aufenthalt in einer Gemeinde am gesetzlichen Stichtag begründet; danach richtet sich die Zugehörigkeit zu einem Verbund nach der Zugehörigkeit der Eltern bzw. des Ehemannes. Der Verbund hört durch die – ohne Einschränkung erlaubte – Übersiedlung in eine andere Gemeinde nicht auf zu bestehen, sondern muß nach einem Umzug durch Antragstellung erworben werden, worauf der Betreffende erst nach Ablauf von zwei Jahren nach der Begründung des Wohnsitzes in der betreffenden Gemeinde und sofern er die Gemeindesteuern zahlte und der gemeindlichen Wohlfahrt nicht zur Last fiel ein Recht hatte. Gesetzesartikel 1875:XXXV dehnte in § 1 die Vorschriften über den Gemeindeverband auch auf die Städte mit Munizipalstatus aus.

Die Institution des Gemeindeverbundes wurde nach dem Vorbild des österreichischen Heimatgesetzes von 1863 geschaffen, das in den österreichischen Teilen der Doppelmonarchie in Kraft war und später in deren Nachfolgestaaten fortgalt[190].

---

daß es kein gemeindefreies Gebiet geben sollte, stellte es aber in § 185 Satz 2 den Ländern anheim, für „Waldungen und Wüsteneien" Ausnahmen vorzusehen.

[189] Gesetzesartikel 1875:XXXV über die Erstreckung einiger §§ des Gesetzesartikels 1871:XVIII über die Ordnung der Gemeinden auf die Städte, die mit dem Recht der freien königlichen Städte und Munizipien ausgestattet sind.

[190] *Adamovich*, S. 477; *Spiegel* in Mischler/Ulbrich, Art. „Heimatrecht und Staatsbürgerschaft", zum österreichischen Recht und dem Zusammenhang von Heimatrecht und Staatsangehörigkeit. Zur Fortgeltung in der Tschechoslowakei nach 1918 s. *Kuss*, S. 96.
Auch in anderen deutschsprachigen Ländern war das Heimatrecht nicht unbekannt: Zum liechtensteinischen Recht der Zugehörigkeit zu einem Heimatverband s. das Urteil des Internationalen Gerichtshofes im *Nottebohm*-Fall, I.C.J. Reports 1955, S. 4. Die Paulskirchenverfassung bestimmte in § 58, daß der Reichsgesetzgeber das Heimatrecht zum Gegenstand seiner Regelung machen konnte, während die RV von 1871 in Art. 4 Nr. 1 die Gesetzgebungskompetenz des Reichs in Freizügigkeits- und Niederlassungsangelegenheiten vorsah und nur noch für das Heimatrecht in Bayern eine ausdrückliche Ausnahme machte. Damit war dieses Rechtsinstitut in Deutschland außerhalb Bayerns in der Praxis abgeschafft.
Die preußische Bürgergemeinde nach der Städteordnung von 1808 sah ein ähnliches Rechtsinstitut vor, indem sie zwischen Bürgern und Einwohnern („Eximierte" und „Schutzverwandte") unterschied; allerdings wurde sie 1831 in eine Einwohnergemeinde umgewandelt, und der Unterschied entfiel: *Huber*, Bd. I, S. 174 ff.

Die Gemeinden und der Staat

Auch diesem Gesetzesartikel lag das dualistische Aufgabenmodell mit der Unterscheidung zwischen eigenen und übertragenen Angelegenheiten zugrunde. Die Gemeinden waren unterste Verwaltungseinheiten und hatten darüber hinaus das aus der Selbstverwaltung fließende Recht, in ihren eigenen Angelegenheiten Entscheidungen zu treffen und Satzungen (Statuten) zu erlassen sowie diese durch eigene Organe auszuführen, über ihr Vermögen zu verfügen, Gemeindesteuern festzusetzen und einzutreiben, für Gemeindestraßen und -schulen zu sorgen und Polizei und Armenwesen zu organisieren (§ 22). Die Städte mit ordentlichem Rat hatten darüber hinaus noch umfangreiche Kompetenzen als Ordnungs- und Vormundschaftsbehörde (§ 23).

Die meisten dieser Kompetenzen konnten die Gemeinden nur nach Genehmigung der Aufsichtsbehörde, das heißt des Komitats, ausüben. Auch die Statuten mußten dem aufsichtsführenden Munizipium unterbreitet werden, welches ein gegen höherrangiges Recht verstoßendes Statut aufheben konnte (§§ 26, 29, 30). Während die Städte mit ordentlichem Rat dem Komitat und dort dem Untergespan direkt unterstanden, konnten die Groß- und Kleingemeinden nur über den die unmittelbare Aufsicht ausübenden Kreis mit dem übergeordneten Munizip in Verbindung treten (§ 33).

Die Gemeindeverfassung

In den Städten mit ordentlichem Rat ähnelten der innere Aufbau und auch die Amtsbezeichnungen (beispielsweise Bürgermeister) denen der Städte mit Munizipalrecht. Das gewählte Organ trug die Bezeichnung Abgeordnetenkörperschaft. Durch die Abgeordnetenkörperschaft übten die Gemeinden ihr Recht auf Selbstverwaltung aus. Sie setzte sich zur einen Hälfte aus Virilisten, zur anderen Hälfte aus gewählten Mitgliedern zusammen (§ 34). Das kollegiale Exekutivorgan war in den Klein- und Großgemeinden der Gemeindevorstand, in den Städten mit ordentlichem Rat der Rat. Mitglieder des Gemeindevorstandes bzw. des Rates waren die höheren Verwaltungsbeamten.

Erster Amtsträger war in den Klein- und Großgemeinden der Gemeinderichter, in den Städten mit ordentlichem Rat der Bürgermeister. Der wichtigste Verwaltungsbeamte war der Notär, in den Kleingemeinden der Kreisnotär, den mehrere benachbarte Kleingemeinden gemeinsam bestellten und bezahlten, da ihre Finanzkraft nicht ausgereicht hätte, alleine einen Notär zu beschäftigen (§ 68).

Kritik am Gemeinderecht

Zusamenfassend läßt sich feststellen, daß die Gemeinden (Städte mit ordentlichem Rat, Groß- und Kleingemeinden) die Selbstverwaltung auf unterster Ebene ausübten, die Komitate nur auf mittlerer Ebene und die Städte mit Munizipalrecht auf beiden Ebenen[191].

Kritisiert wurde an diesem System vor allem, daß sämtliche freien königlichen Städte zunächst zu Munizipien erhoben wurden, obwohl einige so klein und wirtschaftlich so schwach waren, daß sie noch nicht einmal die Lasten einer Stadt mit ordentlichem Rat alleine hätten tragen können, während große, wirtschaftlich starke Städte sich mit einem Status unterhalb eines Munizips zufriedengeben mußten. Dieser Kritik wurde auf die Dauer durch Herabstufung kleiner und Heraufstufung großer Ortschaften begegnet.

Ein weiterer Kritikpunkt war, daß der Gesetzesartikel 1870:XLII unter der Oberbezeichnung Munizipium zwei unterschiedliche Typen von Selbstverwaltungskörperschaften in eine weitgehend einheitliche Regelung zwängte. Dabei beachte er nicht, daß zwischen den Komitaten und den Munizipalstädten starke qualitative Unterschiede bestünden, die eine Regelung des Rechts sämtlicher Städte in einem gesonderten Gesetz unabhängig von der Verfassung der Komitate sinnvoll mache.

dd) Sonderregelungen

Nach dem Ausgleich gab es eine Reihe von Gebietseinheiten, deren Verwaltungsaufbau nicht in das geschilderte Schema paßte. Hierzu gehörten zunächst die aus dem Mittelalter überkommenen privilegierten Gebiete wie die Stühle der Sachsen und Szekler in Siebenbürgen, die Gebiete der Kumanen, Jaszen und Heiducken sowie die Zipser Lanzen. Diese Sonderstellungen wurden in zunehmendem Maße abgebaut und waren Anfang des 20. Jahrhunderts völlig verschwunden, worauf im Rahmen der Selbstverwaltung der Komitate kurz einzugehen sein wird.

Es gab jedoch zwei Städte, denen ein Sonderstatus zukam. Das eine war die Hauptstadt, die 1872 als besondere Verwaltungseinheit erst geschaffen wurde. Das andere war Ungarns einzige Hafenstadt, Fiume, die wegen ihrer wirtschaftlichen und verkehrstechnischen Bedeutung für das gesamte Königreich schon seit längerem unter einem besonderen Rechtsregime stand.

Darüber hinaus besaß das Nebenland Kroatien-Slawonien-Dalmatien gemäß dem 1868 nach dem österreichisch-ungarischen Ausgleich geschlos-

---

[191] *Csizmadia* in Csizmadia/Kovács/Asztalos, S. 362; *Nagy*, S. 49.

senen ungarisch-kroatischen Ausgleich[192] eine weitgehende innere Autonomie. Diese umfaßte große Teile des Verwaltungsrechts, so auch das Recht der örtlichen und überörtlichen Selbstverwaltungen. Der Rechtszustand im Nebenland bestimmte sich daher nach kroatischen und nicht nach ungarischen Rechtsvorschriften.

Die Haupt- und Residenzstadt Budapest

Mit dem Gesetzesartikel 1872:XXXVI über die Gründung und Ordnung des hauptstädtischen Munizipiums Buda-Pest wurden die bis dahin selbständigen[193] Orte Pest, Buda und Óbuda zu Budapest vereinigt. Die neue Stadt bekam den Titel Haupt- und Residenzstadt und wurde aus dem Territorium des Komitats Pest herausgelöst (§ 1). Seitdem stellt Budapest eine eigene, Hauptstadt[194] genannte Einheit dar, deren Gebiet als einziges zu keinem Komitat gehört.

Der Gesetzesartikel regelte auch den Verwaltungsaufbau der Hauptstadt. Budapest wurde ein Munizipium, das im wesentlichen dieselben Rechte und Pflichten hatte wie die anderen Munizipien auch. Ein großer Unterschied zu anderen Städten bestand jedoch insofern, als daß das Munizipium Budapest zwar ein kommunales Munizipium darstellte, aber mit der bis heute andauernden Besonderheit, daß es zu keinem Komitat gehört, sondern die Ebene des Komitats auf dem Territorium der Hauptstadt nicht existiert.

Das hauptstädtische Munizipium übte die aus der Selbstverwaltung fließenden Rechte aus und erledigte grundsätzlich auch die Aufgaben der staatlichen Verwaltung (§§ 2, 3). Abweichungen zu den anderen Munizipien ergaben sich aus einer etwas größeren Selbständigkeit (so bedurfte das hauptstädtische Munizipium bei der Veräußerung von Grundstücken erst ab einem Wert von 25.000 Forint der ministeriellen Genehmigung, während

---

[192] Gesetzesartikel 1868:XXX über die Ratifizierung des Abkommens zum Ausgleich der staatsrechtlichen Fragen, die zwischen Ungarn und Kroatien-Slawonien und den dalmatischen Ländern aufgekommen sind; in Kroatien wurde dieses Abkommen durch den kroatischen Gesetzesartikel 1868:I umgesetzt.

[193] Die von der Revolutionsregierung 1849 vollzogene Zusammenlegung der drei Gemeinden zur ungarischen Hauptstadt wurde während des Neoabsolutismus von den Habsburgern mißachtet, weshalb 1872 Buda, Óbuda und Pest selbständige Gemeinden waren: *Mezey*, Alkotmánytörténet, S. 345 f.

[194] Der Begriff der Hauptstadt ist im Ungarischen zu einem festen Bestandteil der Sprache und zu einem Synonym für Budapest geworden. Die Alltagssprache unterscheidet zwischen „der Hauptstadt" [főváros] und „der Provinz" [vidék], während im Sprachgebrauch der öffentlichen Verwaltung und der Statistik nach wie von ein Unterschied zwischen „der Hauptstadt" und „den Komitaten" gemacht wird. Man vergleiche den österreichischen Sprachgebrauch, der zwischen „Wien" und „den Bundesländern" unterscheidet.

eine solche den anderen Munizipien in jedem Fall einer Veräußerung vorgeschrieben war) sowie in den Bezeichnungen der Amtsträger. An der Spitze
der Hauptstadt stand der Oberbürgermeister, den die Generalversammlung
zwischen drei vom König auf Vorschlag des Innenministers ernannten Kandidaten wählte. Diese Wahl bedurfte der Gegenzeichnung des Innenministers (§ 68). Der Aufgabenkreis des Oberbürgermeisters, nämlich die staatliche Aufsicht, war mit dem des Obergespans weitgehend identisch. Ursprünglich war sogar geplant, auch in Budapest das Amt des Obergespans
einzurichten, aber das Gesetz setzte statt dessen den Oberbürgermeister an
die Spitze der Hauptstadt[195]. Als Organe des hauptstädtischen Munizipiums
nannte das Gesetz den Bürgermeister als ersten Munizipalbeamten, die Un-
terbürgermeister, den Rat und die Bezirksvorstände (§ 73).

Auch das hauptstädtische Munizipium wurde durch einen – 400-köpfigen
– Munizipalausschuß repräsentiert (§§ 22 f.), bei dessen Zusammensetzung
der Virilismus ebenfalls eine Rolle spielte. Die 200 Virilisten waren jedoch
in Budapest nicht automatisch die 200 Bürger, die die höchsten direkten
staatlichen Steuern zahlten, sondern wurden von den Bürgern aus einer
Liste der 1200 größten Steuerzahler gewählt.

Die Hauptstadt unterteilte sich in Bezirke. Diese wurden von einem Vor-
steher geleitet, dem die nötige Anzahl Geschworener zur Seite gegeben
wurde (§ 82). Der Bezirksvorstand unterstand direkt dem Rat der Hauptstadt; andere Organe konnten ihm keine Weisungen erteilen (§ 83). Die Be-
zirksverwaltung wurde in dem Gesetzesartikel 1893:XXXIII[196] neu geregelt. Nach diesem Gesetz wurden die Bezirksvorsteher von der Versammlung des Munizipiums auf Lebenszeit gewählt (§ 5). Der Bezirksvorstand
setzte sich aus dem Bezirksvorsteher und bestimmten anderen Amtsträgern
zusammen und war erstinstanzliche Verwaltungsbehörde in all den Fällen,
in denen er von einer Rechtsnorm dazu bestimmt wurde (§§ 16 f.). Für
einen Kreis von Angelegenheiten bestimmte § 18 des Gesetzesartikels
1893:XXXIII dies selbst. Danach war der Bezirksvorstand zuständig u. a.
für Bausachen, für die Kanalisation, für die Märkte, die Durchführung der
Schulpflicht, die Kranken- und Waisenversorgung sowie das Bestattungswe-
sen für Arme sowie das Armenwesen generell. Diese Zweistufigkeit der
hauptstädtischen Kommunalverwaltung bildete eine weitere Besonderheit
Budapests, die bis heute fortbesteht.

---

[195] *Csizmadia* in Csizmadia/Kovács/Asztalos, S. 367.
[196] Gesetzesartikel 1893:XXXIII über die Bezirksvorstände der Haupt- und Residenzstadt Budapest.

Die Freie Hafenstadt Fiume

Neben der Haupt- und Residenzstadt Budapest besaß noch eine weitere Stadt einen Sonderstatus: Fiume. Bis 1822 gehörte Fiume zur österreichischen Reichshälfte, und zwar zum Königreich Illyrien, Gubernium Triest. 1822 wurde es Ungarn zugeschlagen[197]. Die besondere Regelung, die Fiume durch die Revolutionsgesetzgebung 1848 erfuhr[198], wurde 1849 wieder aufgehoben; erst nach dem Ausgleich kam es zu einer dauerhaften Neuregelung.

Der besondere Status der „Freien Hafenstadt", zu der neben der Stadt Fiume selbst auch noch das unmittelbare Umland, der sogenanne Bezirk Fiume, gehörte, wurde in dem Regierungsbeschluß Nr. 1741/1870 (dem „Fiume-Provisorium"), der Verordnung des Innenministers Nr. 1589/1872 und dem Gesetzesartikel 1901:IX geregelt[199]. Demzufolge war Fiume ein selbständiger Teil [*Corpus separatum*] des Königreichs Ungarn und gleichzeitig ein Munizip, an dessen Spitze als Vertreter der ungarischen Regierung der Gouverneur stand. Der Grund für diese Selbständigkeit lag darin, daß sich Ungarn und das ungarische Nebenland Kroatien-Slawonien-Dalmatien nach dem österreichisch-ungarischen Ausgleich nicht über die Zugehörigkeit dieses guten, hauptsächlich von Italiern bewohnten Naturhafens einigen konnten[200]. Als Kompromiß wurde der Sonderstatus des *Corpus separatum* gefunden.

Das Munizipium Fiume wurde nicht von einem Munizipalausschuß repräsentiert, sondern von der Fiumer Abgeordnetenkörperschaft [*Rappresentanza*]. Diese bestand aus 56 allgemein gewählten Mitgliedern, von denen 50 die Stadt und sechs den Bezirk vertraten.

Einerseits war die Kontrolle der Regierung stärker als in den gewöhnlichen Munizipien, andererseits gewährten die erwähnten Vorschriften Fiume nach innen ausgedehntere Selbstverwaltungsbefugnisse[201]. Des weiteren

---

[197] *Huber*, Bd. II, S. 12. Die Einzelheiten der Rückführung in ungarisches Territorium regelten die Gesetzesartikel 1827:XIII über die Wiedereingliederung der Landesteile jenseits der Save und der ungarischen Küstengebiete und 1827:XIV über die vor den früher bestehenden illyrischen Gerichten durchgeführten bürgerlichen Prozesse der Teile jenseits der Save und an der Küste.

[198] Gesetzesartikel 1848:XXVII über die freien Seehandelskreise Fiume und Buccari.

[199] Regierungsbeschluß Nr. 1741/1870 über die vorläufige Regelung des Status von Fiume; Verordnung des Innenministers Nr. 1589/1872 über die Genehmigung des Statuts von Fiume; Gesetzesartikel 1901:IX über die in Fiume einzurichtende mittlere Verwaltungsbehörde. Dazu *Egyed*, Ostrecht 1926/47; *Nagy*, S. 51; *Nagy*, Ernő, S. 94.

[200] Zu dem geschichtlichen Hintergrund dieses Streites s. *Csizmadia* in Csizmadia/Kovács/Asztalos, S. 216, und *Csizmadia*, Fejlődés, S. 103.

entfalteten ungarische Gesetze in Fiume (Stadt und Bezirk) nur dann Wirkung, wenn sie sich ausdrücklich auf dieses Gebiet erstreckten[202].

Eine weitere Besonderheit Fiumes bestand darin, daß hier die Amtssprache das Italienische war, während der die Nationalitätenverhältnisse regelnde Gesetzesartikel 1868:XLIV überall sonst im Königreich Ungarn mit Ausnahme des Nebenlandes Kroatien-Slawonien-Dalmatien das Ungarische als Amtssprache vorschrieb und die Sprachen der ethnischen Minderheiten höchstens als Zweitsprache zuließ[203].

Das Kommunalrecht in Kroatien-Slawonien-Dalmatien

Der kroatische Gesetzgeber regelte 1870 die Gemeinden und Kleinstädte, wobei er dem ungarischen Vorbild in den groben Zügen folgte. Das Recht der Städte richtete sich weiterhin nach den vor 1868 in Kraft befindlichen ungarisch-kroatischen Rechtsgrundlagen, bis Anfang 1881 auch ein Gesetz über die Neuregelung der städtischen Verwaltungen erlassen wurde. Dieses wurde 1895 durch ein neues Städtegesetz außer Kraft gesetzt. Im Zuge einer Neuordnung der Komitate erfolgte 1886 gleichzeitig eine Reform der Kreise[204]. Auch das öffentliche Dienstrecht erfuhr stärkere Änderungen, auf die hier trotz ihrer Auswirkungen auf die örtliche Ebene nicht eingegangen werden kann. Im wesentlichen kann man für Kroatien festhalten, daß es eine die örtliche und überörtliche Ebene einbeziehende Konstruktion wie die ungarischen Munizipien nicht gab. Das kroatische Recht machte einen Unterschied zwischen Gemeinden und Städten unterschiedlichen Ranges auf der örtlichen und Komitaten auf der überörtlichen Ebene. Während das Recht der Komitate eine ähnliche Entwicklung nahm wie die Munizipien in Ungarn, waren im Recht der Gemeinden und Städte stärkere Besonderheiten gegenüber Ungarn festzustellen.

Auch in Kroatien erfuhren einige rasch wachsende Städte Rangerhebungen. So wurde 1874 Belovár zur freien königlichen Stadt erklärt[205]. Eine

---

[201] *Marczali,* S. 170.

[202] *Márkus,* S. 321.

[203] Gesetzesartikel 1868:XLIV in Sachen der Gleichberechtigung der Nationalitäten. Zu Einzelheiten der Sprachgesetzgebung s. *Brunner* in Brunner/Tontsch, S. 15 ff.; *Küpper,* S. 68 f.; *Nagy,* S. 103 ff.

[204] Gesetzesartikel 1870:XVI über die Organisation der Gemeinden und der Landstädte ohne ordentlichen Rat; Gesetz vom 28.1.1881 über die Organisation der städtischen Gemeinden in den Königreichen Kroatien und Slawonien; Gesetz vom 5.2.1886 über die Bildung von Komitaten und die Regelung von deren Verwaltung sowie der Verwaltung der Kreise; Gesetz vom 21.6.1895 über die Organisation der Stadtgemeinden in den Königreichen Kroatien und Slawonien.

[205] Gesetz vom 5.8.1874 über die Aufnahme der Stadt Belovár in den Kreis freien königlichen Städte.

umfassende kommunale Gebietsreform gelang hier aber ebensowenig wie in Ungarn.

ee) Zentralisierungsbestrebungen

Der Rechtszustand, der durch die Gesetze von 1870/71 erreicht war, war nicht unangefochten. Insbesondere die Regierung war unzufrieden mit der Beschneidung ihrer Zu- und Eingriffsrechte in bezug auf die munizipalen und gemeindlichen Selbstverwaltungen. Sie legte daher schon bald Gesetzesentwürfe vor, die den Handlungsspielraum der Zentrale zu Lasten der Autonomien erweitern sollten. Die gesamte weitere Geschichte der bürgerlichen Selbstverwaltung ist daher geprägt von einer Abnahme des eigenverantwortlichen Sphäre der örtlichen und territorialen Selbstverwaltungen. Einzelne nicht nur im Ton, sondern tatsächlich selbstverwaltungsfreundliche Ausnahmen wie die Einführung einer Verwaltungsgerichtsbarkeit vermochten diesen zentralistischen Trend nicht mehr umzukehren.

Der Verwaltungsausschuß

Die nächste große Veränderung im Bereich der Selbstverwaltung brachte der Gesetzesartikel 1876:VI[206]. Dieses Gesetz errichtete in allen Munizipien Verwaltungsausschüsse, in denen der Obergespan (in der Hauptstadt der Oberbürgermeister) als Vertreter der Regierung den Vorsitz führte. Mitglieder des Verwaltungsausschusses waren von Amts wegen die leitenden Beamten der Munizipalverwaltung und der auf dem Gebiet des Munizips tätigen Staatsverwaltung sowie zehn gewählte Mitglieder der Generalversammlung des Munizips (§§ 1, 3, 6).

§ 12 des Gesetzesartikels wies dem Verwaltungsausschuß drei verschiedene Zuständigkeitsbereiche zu: in Verwaltungsangelegenheiten, als Disziplinarbehörde und in Widerspruchssachen. Das Gesetz zählte die Aufgaben nur teilweise auf und verwies ansonsten auf die Regelungen weiterer Gesetze. Diese spezialgesetzlichen Kompetenznormen wurden im Laufe der Zeit immer zahlreicher[207].

Im Bereich der allgemeinen Verwaltung bestand die Hauptaufgabe der Verwaltungsausschüsse darin, die gesamte öffentliche Verwaltungtätigkeit sowohl des Staates als auch der Selbstverwaltungskörperschaften auf dem Territorium des Munizipiums zu koordinieren (§ 13). Aus diesem Grund waren seine Beschlüsse im Rahmen seiner örtlichen Zuständigkeit für alle Staats-, Munizipal- und Gemeindebehörden verbindlich (§ 21).

---

[206] Gesetzesartikel 1876:VI über den Verwaltungsausschuß.
[207] *Márkus,* S. 311; *Mezey,* Alkotmánytörténet, S. 343.

In Fiume wurde der zunächst auch hier errichtete Verwaltungsausschuß durch den Gesetzesartikel 1901:IX wieder abgeschafft und seine Aufgaben auf den Gouverneur und den Gubernialrat übertragen.

Neben vorbehaltloser Zustimmung[208] erfuhr die Einrichtung des Verwaltungsausschusses auch heftige Kritik. Grundsätzlich wurde gegen ihn eingewandt, er verstaatliche die Munizipien und beeinträchtige so ihre Selbstverwaltung[209]. Damit unterstütze er die für die Selbstverwaltungen ohnehin bedrohlichen Bestrebungen, den Staat möglichst zu zentralisieren[210]. Auf praktischer Ebene wurde bemängelt, daß das Verwaltungsverfahren durch den Verwaltungsausschuß komplizierter, schwerfälliger und langsamer werde[211]; auch leiste er die angestrebte Verbindungsfunktion zwischen staatlicher und Selbstverwaltung nicht[212].

Diese bereits erwähnte zentralistische Tendenz drückte sich praktisch darin aus, daß für immer mehr Verwaltungsbereiche staatliche, dem jeweiligen Ministerium unterstehende Behördenzweige geschaffen wurden, so daß diese Aufgaben aus dem Zuständigkeitsbereich der munizipalen und örtlichen Selbstverwaltungen herausfielen. Die wichtigsten Beispiele hierzu sind die Neuregelung des staatlichen Finanzwesens und der Steueraufsicht (Gesetzesartikel 1876:XV) und die Einrichtung der staatlichen Gendarmerie (Gesetzesartikel 1881:III), wodurch den Munizipien die Organe der Zwangsgewalt genommen wurden. Die Polizei in Budapest war bereits in §§ 20, 21 des Gesetzesartikels 1872:XXXVI als staatliche Behörde errichtet worden, was in dem Gesetzesartikel 1881:XXI über die hauptstädtische Polizei beibehalten wurde. Für ein zentralistisches System ist diese Sonderstellung der Polizei der Hauptstadt nichts ungewöhnliches[213].

Die neuen Selbstverwaltungsgesetze von 1886

1886 wurde das Recht der Selbstverwaltungen durch Gesetzesartikel 1886:XXI über die Munizipien (ohne Budapest und Fiume, § 1 Abs. III, IV) und Gesetzesartikel 1886:XXII über die Gemeinden neu gestaltet. In dieser Reform setzte sich die Tendenz zur Zentralisierung fort[214]. Während

---

[208] *Kmety*, S. 107 f.; *Márkus*, S. 311 f.

[209] *Gottas*, S. 55.

[210] *Mocsáry* in Lőrincz, S. 47, 54.

[211] *Gottas*, S. 56 f.; *Nagy*, S. 276 f.

[212] *Nagy*, S. 276; *Weis* in Lőrincz, S. 132.

[213] Gesetzesartikel 1872:XXXVI (s. o. S. 73), Gesetzesartikel 1876:XV über die Handhabung der öffentlichen Steuern, Gesetzesartikel 1881:III über die Einrichtung des öffentlichen Sicherheitsdienstes, Gesetzesartikel 1881:XXI über die hauptstädtische Budapester Polizei.

[214] *Kaltenbach*, JOR 1990/I, S. 84; *Kaltenbach*, MK 1990/407.

sich an der inneren Struktur der Munizipien und der Gemeinden wenig änderte, wurden die Aufsichtsrechte des Staates, die der Obergespan wahrnahm, erheblich erweitert. So konnte der Obergespan die sofortige Vollziehung seiner Maßnahmen anordnen, wenn das unaufschiebbare Interesse des Staates dies erforderte [Gesetzesartikel 1886:XXI § 57 B) Punkt i)]. Daneben hatte er weitreichende Möglichkeiten, Beamte der Selbstverwaltungen ihres Amtes zu entheben. Gleichzeitig baute der Gesetzesartikel in § 57 A) die Position des Obergespans von der Kommunalaufsicht zu einem allgemeinen Vertreter der Regierung auf seinem Gebiet auch gegenüber staatlichen Behörden aus.

Hinsichtlich der Gemeinden wurden die Aufsichtsrechte des Munizipiums erweitert. Dieses konnte fortan nicht nur auf Bitten der Gemeinde einschreiten, sondern auch, wenn die Interessen der öffentlichen Verwaltung oder der öffentlichen Sicherheit es erforderten (Gesetzesartikel 1886:XXII § 26). Ferner wurde dem Innenminister die Kompetenz eingeräumt, die Abgeordnetenkörperschaft einer Gemeinde aufzulösen, wenn diese das Interesse des Staates oder das Wohl der Gemeinde gefährdete, und deren Geschäfte zeitweilig durch das Komitat führen zu lassen (Gesetzesartikel 1886:XXII § 61). An beiden Ermächtigungen fällt auf, daß die Tatbestandsseite mit äußerst vagen, dem politischen Ermessen breiten Raum lassenden unbestimmten Rechtsbegriffen beschrieben wird. Damit unterlagen die neu gewährten Eingriffsbefugnisse in der Praxis kaum einer rechtlichen Schranke, sondern standen im vollen Ermessen der Exekutive. Insbesondere die letztgenannte Kompetenz greift derart stark in die Substanz der örtlichen Selbstverwaltung ein, daß unter rechtsstaatlichen Gesichtspunkten eine genauere Regelung der Voraussetzung unabdingbar ist.

Die Begründung der Gesetzesvorlage rechtfertigte diesen Ausbau der Staatsaufsicht und die damit einhergehende Schmälerung der Selbstverwaltungsrechte damit, daß die Munizipien bislang die Anweisungen des Innenministers nicht ohne Reibungen ausgeführt hätten (zu Gesetzesartikel 1886:XXI) und die Komitate in der Aufsicht über die Gemeinden bisher nicht die Maßnahmen hätten ergreifen können, die aus dem Gesichtspunkt der öffentlichen Verwaltung und der öffentlichen Sicherheit wünschenswert gewesen wären (zu Gesetzesartikel 1886:XXII)[215]. Diese Begründungen und ihre Betonung der Notwendigkeit einer aus der Perspektive der Zentralregierung „störungsfreien Verwaltung" zeigen, daß in Ungarn der politische Wille zur Akzeptanz des Wesens der örtlichen Selbstverwaltung, nämlich der Formung eines eigenen, von dem der Regierung abweichenden Willens und seiner Durchführung in den örtlichen Angelegenheiten, nicht vorhanden war. Die Durchsetzung des zentralen Willens wurde für wichtiger gehalten

---

[215] *Nagy,* S. 81, 88 f.

als die Verwirklichung örtlicher Demokratie. Insgesamt sind die Gesetze von 1886 ein weiterer Ausdruck der Zentralisierungsbestrebungen, die in Ungarn seit dem Ausgleich 1867 die Politik der verschiedenen Regierungen prägten[216].

Einen deutlichen Fortschritt brachte der Gesetzesartikel 1886:XXI jedoch im Hinblick auf die Benennung der Munizipien. § 1 des Gesetzes enthielt eine abschließende Aufzählung der Munizipien (ohne allerdings die Munizipien im Nebenland Kroatien-Slawonien-Dalmatien aufzuführen, welche der Gesetzgebung des Nebenlandes unterlagen): 63 Komitate und 24 Städte mit Munizipalrecht. Die letztgenannte Zahl versteht sich ohne Budapest und Fiume, deren Status in besonderen Rechtsgrundlagen geregelt war. Damit wurde die Reform des Gesetzesartikels 1876:XX[217], der die Anzahl der städtischen Munizipien von 73 auf 26 gesenkt hatte, in dem Gesetz über die Munizipien selbst festgeschrieben.

Von den 24 Munizipalstädten des Gesetzesartikels 1886:XXI waren 18 frühere freie königliche Städte und sechs Städte, die früher diesen Rang nicht besaßen[218]. Diejenigen freien königlichen Städte, denen der Status eines Munizipiums genommen wurde (29 davon lagen im ungarischen Kernland, 18 in Siebenbürgen[219]), konnten sich weiterhin freie königliche Stadt nennen; diese Bezeichnung war aber jetzt nur noch ein bloßer Titel ohne rechtliche Bedeutung[220]. Im Laufe der Zeit wurden weitere Städte durch Gesetz in den Status eines Munizips erhoben, so Miskolc durch den Gesetzesartikel 1907:LI[221].

Die Einrichtung einer Verwaltungsgerichtsbarkeit

Mit der Schaffung eines Verwaltungsgerichtes in dem Gesetzesartikel 1896:XXVI und der Erweiterung seiner Zuständigkeiten in dem Gesetzesartikel 1907:LX[222] bekamen die Munizipien und Gemeinden die Möglichkeit,

---

[216] Näher dazu *Gottas,* S. 53 ff.

[217] Gesetzesartikel 1876:XX über die Aufhebung einiger städtischer Munizipien.

[218] Es handelte sich dabei um die ehemals freien königlichen Städte Arad, Debrecen, Győr, Kassa, Kolozsvár, Komárom, Marosvásárhely, Pécs, Pozsony, Selmec- és Bélabánya, Sopron, Szabadka, Szatmárnémeti, Szeged, Székesfehérvár, Temesvár, Újvidék und Zombor sowie um die Munizipalstädte Baja, Hódmezővásárhely, Kecskemét, Nagyvárad, Pancsova und Versec.

[219] *Marczali,* S. 126.

[220] *Kmety,* S. 75.

[221] Gesetzesartikel 1907:LI über die Verleihung des Rechts eines Munizipiums an die Stadt mit ordentlichem Rat Miskolc.

[222] Gesetzesartikel 1896:XXVI über das königliche ungarische Verwaltungsgericht, Gesetzesartikel 1907:LX über die Ausweitung der Befugnisse des ungarischen königlichen Verwaltungsgerichts.

gegenüber der Regierung oder deren Organen um gerichtlichen Rechtsschutz wegen Verletzung bestimmter, enumerativ aufgeführter Selbstverwaltungsrechte nachzusuchen. Die Verwaltungsgerichtsbarkeit war nach österreichischem Vorbild einstufig aufgebaut und bei dem zentralen Verwaltungsgericht in Budapest angesiedelt[223].

Der Gesetzesartikel 1896:XXVI gewährte den Gemeinden Schutz gegen
bestimmte Maßnahmen der munizipalen bzw. ministeriellen Aufsichtsbehör-
den (§§ 30–37) und den Munizipien gegen bestimmte Eingriffe der Regierung in ihre Rechte, z.B. gegen Verbote des Innenministers in bezug auf
bestimmte Ausgabenposten im Munizipalhaushalt (§ 38). Darüber hinaus
war das Verwaltungsgericht ermächtigt, in einzelnen Personalangelegenheiten des öffentlichen Dienstes und somit auch der Selbstverwaltungen
(§§ 27, 45) sowie in Kompetenzkonflikten zwischen einzelnen Selbstverwaltungen zu entscheiden (§ 24 I Nr. 2). Gleichzeitig eröffnete er auch in
zahlreichen Angelegenheiten dem Bürger den Rechtsweg gegen Akte der
örtlichen und territorialen Selbstverwaltungen, z.T. sogar in Selbstverwaltungsangelegenheiten wie etwa die Kommunalwahlregister und Virilisten-
verzeichnisse (§§ 25, 41) oder die Rede- und Stimmrechte in den Abgeordnetenkörperschaften (§§ 26, 42). Das ungarische Verwaltungsgericht konnte
grundsätzlich auch in der Sache entscheiden und unterschied sich damit
grundlegend von seinem auf reine Kassation beschränkten Vorbild[224].

Gegenüber der enumerativen Eröffnung des Rechtswegs im Gesetzesartikel 1896:XXVI brachte der Gesetzesartikel 1907:LX einen wesentlichen
Fortschritt, indem er in § 1 in einer Generalklausel den Munizipien ein Kla-
gerecht gegen alle Verordnungen, Entscheidungen und Maßnahmen der Regierung, eines Ministers oder eines Organs der Regierung bzw. eines Ministers wegen Verletzung der munizipalen Zuständigkeiten oder anderer Gesetze einräumte. § 2 präzisierte diese Generalklausel durch eine Aufzählung
von Regelbeispielen im Bereich der Selbstverwaltungsangelegenheiten, und
§ 3 enthielt Regelbeispiele für Streitigkeiten bei der Ausführung bestimmter
staatlicher Gesetze durch die Munizipien. Von der verwaltungsgerichtlichen
Kontrolle blieben weiterhin die mit Österreich gemeinsamen Sachen[225]
sowie Fragen der Mobilmachung ausgeschlossen (§ 4). Der Klage war ein
Vorverfahren vorgeschaltet, in dem das Munizip innerhalb von 24 Stunden
ab Kenntnisnahme durch den Obergespan (bzw. den Oberbürgermeister) bei

---

[223] *Brunner*, OER 1980/4; *v. Csekey*, ZaöRV 1930/31, S. 272 f.; *Kaltenbach*,
JOR 1990/I, S. 84 f.; *Kuss*, JÖR 1985/630; *Mezőfy*, JOR 1960/II, S. 166; *Schweitzer*, ÁJ 1996–7/21 ff.
Zum österreichischen Vorbild des 1875 eingerichteten Verwaltungsgerichtshofs s.
Kuss, S. 56 ff.
[224] *Adamovich*, S. 424; *Kuss*, S. 58 f., 99 f.
[225] Dazu s.o. Kapitel B. III. 1) a) aa).

dem zuständigen Minister gegen die beanstandete Maßnahme vorstellig zu werden hatte (§ 7). Das Verwaltungsgericht konnte die beanstandete Regelung oder Maßnahme aufheben, aber anders als in den durch das Gesetz 1896:XXVI eröffneten Angelegenheiten in der Sache keine Vorkehrungen treffen (§ 16). Für Kroatien-Slawonien-Dalmatien galt dieses Gesetz nicht; das Munizipium Fiume dagegen konnte seine Rechte nach dem neuen Verfahren schützen (§ 22).

Die Einrichtung des Verwaltungsgerichts und insbesondere die Ausweitung des Schutzes der Munizipien durch die Reform im Jahre 1907 war ein wichtiger Schritt in Richtung der rechtsstaatlichen Sicherung kommunaler und territorialer Autonomie. Die Normenkontrolle zugunsten des munizipalen Selbstverwaltungsrechts war der einzige Fall, in dem ein ungarisches Gericht die Vereinbarkeit von Verordnungen mit höherrangigem Recht prüfen durfte[226] und stellte insofern ein für ungarische Verhältnisse besonders hohes Schutzniveau dar. Der größte Mangel bestand darin, daß die Reform die Generalklausel auf die Munizipien beschränkte und die Gemeinden weiterhin auf den Enumerativkatalog verwies. Aber auch bei den Munizipien konnte das Verwaltungsgericht letztendlich kein wirkliches Gegengewicht gegen den Abbau der Selbstverwaltung bilden.

Im Hinblick auf den Rechtsschutz der Bürger gegen Akte der Munizipien und Gemeinden ist noch erwähnenswert, daß sie – neben einigen enumerativ aufgezählten Möglichkeiten der Klage vor dem Verwaltungsgericht – in allen Angelegenheiten die Möglichkeiten hatten, sich mit Eingaben an den Herrscher unmittelbar zu richten. Auf diese Weise befaßte sich der König bisweilen recht intensiv mit Angelegenheiten der Verwaltung, nicht zuletzt mit solchen der Selbstverwaltungen[227].

Die letzten Jahre der Doppelmonarchie

Diese Strukturen blieben ohne wesentliche Veränderungen bis zum Zusammenbruch der Österreichisch-Ungarischen Doppelmonarchie am Ende des Ersten Weltkrieges in Kraft. Zwar versprach die Regierung 1907 eine demokratische Reform des Wahlrechts, erfüllte ihr Versprechen jedoch nicht[228]. Auch das von den Munizipalstädten und den Städten mit ordentlichem Rat gleichermaßen geforderte Städtegesetz, das die Munizipalstädte nicht mehr mit den Komitaten zusammenfassen, sondern die Verwaltung sämtlicher Städte in einem zusammenhängenden Gesetz regeln

---

[226] *Brunner*, OER 1980/12. Eine positive Würdigung des Schutzes der Selbstverwaltungsrechte findet sich auch bei *Kuss*, S. 101.

[227] *Rácz*, ÁJ 1996–7/18.

[228] *Hanák*, Geschichte, S. 178.

sollte[229], wurde nicht geschaffen. Im Herbst 1918 erarbeitete das Innenministerium eine Vorlage zu einem Gesetz über die Städte mit Munizipalrecht[230], die jedoch wegen des verlorenen Krieges nicht mehr umgesetzt wurde.

Der Gesetzesartikel 1912:LVIII sicherte den Städten erstmals staatliche Hilfszahlungen zu, die in den Staatshaushalt eingebaut wurden. Dies war für die Städte ein großer Fortschritt, da sich ihre Finanzlage dadurch konsolidierte[231]. Gleichzeitig schuf die Bezuschussung der städtischen Haushalte durch die Zentrale neue, bisher so nicht gekannte Abhängigkeiten. Ein weiterer Fortschritt mehr formaler Natur war die Regelung identischer Fragen der Munizipalstädte und der komitatsangehörigen Städte in einem Gesetz durch dieselben Vorschriften.

b) Revolution und Horthy-Ära

aa) Volks- und Räterepublik

Die Volksrepublik

Ab Mitte 1918 wurde die militärische und auch die innere Lage der Donaumonarchie zunehmend unhaltbarer, und am 4.11.1918 kapitulierte Österreich-Ungarn[232]. Angesichts des verlorenen Krieges brach in Ungarn im Oktober 1918 die sogenannte Asternrevolution aus, und König *Károly IV.* beauftragte Graf *Mihály Károlyi* mit der Regierungsbildung[233]. Die Unabhängigkeit Ungarns wurde proklamiert, die Volksrepublik ausgerufen und mit dem am 23.11.1918 verkündeten Volksgesetz 1918:I das allgemeine, gleiche, geheime, unmittelbare und auch für Frauen geltende Wahlrecht für alle Ebenen der Vertretungsorgane eingeführt[234].

Da die meist noch in vorrevolutionärer Zeit mit ihrem Amt betrauten Obergespane der Regierung *Károlyi* häufig nicht vertrauenswürdig erschienen, begann sie diese in großer Zahl durch „zur Ausübung der Obliegenheiten eines Obergespans berechtigte Regierungskommissare" zu ersetzen[235];

---

[229] *Csizmadia,* ÁI 1978/11.

[230] Eine Darstellung des Inhalts ist abgedruckt bei *Csizmadia,* ÁI 1982/991 ff.

[231] Gesetzesartikel 1912:LVIII über die Entwicklung der Städte; dazu *Csizmadia,* ÁI 1982/992.

[232] *Finch,* AJIL 1919/160; *Mommsen,* S. 362 f.

[233] *v. Csekey,* JÖR 1926/415; *Buzás,* József in Csizmadia/Kovács, S. 174 ff.; *Gosztony,* Politische Studien 1968/699; *Hanák,* Geschichte, S. 197; *Kuss,* S. 101 f.; *Lázár,* S. 164 f.; *Lendvai,* Ungarn, S. 21.

[234] *Kovács* in Csizmadia/Kovács/Asztalos, S. 499; *Hanák,* Geschichte, S. 199; *Hoensch,* S. 88.

die innere Struktur der Munizipien wurde aber dadurch nicht verändert. In
sie wurde erst durch die Volksgesetze 1919:XVI und 1919:XVII eingegrif-
fen, die die Munizipalausschüsse und die Vertretungsorgane in der Hauptstadt, in den Munizipalstädten und den Städten mit ordentlichem Rat, später
auch in den Komitaten, abschafften und durch (haupt)städtische Räte ersetzten. Die alten Räte blieben untergeordnet, als Exekutivorgane, bestehen.
Auch in den Gemeinden bildeten sich Volksräte, die jedoch nicht gesetzlich
normiert wurden[236]. Neben diesen Räten entstanden vielerorts Arbeiter-
und/oder Soldatenräte, die zum Teil großen Einfluß auf die örtliche Verwaltung hatten[237]. Festzuhalten bleibt, daß in der Volksrepublik die Verwirklichung revolutionärer Ziele – die durchaus selbstverwaltungsfreundlich
waren – über die Garantie der kommunalen Autonomie gestellt wurde.

Die Räterepublik

Am 21.3.1919 trat die Revolution in eine weitere Phase. Aus Protest
gegen die Bedingungen des Waffenstillstands von Paris trat die Regierung
Károlyi zurück, und der Revolutionäre Regierende Rat übernahm die Macht
und rief die Ungarische Räterepublik sowie die Diktatur der Arbeiter-,
Bauern- und Soldatenräte aus[238].

Die Räterepublik orientierte sich in der Gestaltung ihres gesamten Ver-
fassungs- und Rechtswesens an dem Vorbild der Russischen Sozialistischen
Föderativen Sowjetrepublik[239]. In der Verordnung Nr. 26 vom 2.4.1919
erließ der Revolutionäre Regierende Rat eine vorläufige Verfassung; am
23.6.1919 wurde die endgültige Verfassung der Räterepublik angenommen[240]. Bereits die vorläufige Verfassung führte auch auf örtlicher Ebene
das System der Arbeiter-, Bauern- und Soldatenräte ein, die im Namen des
Proletariats die Macht ausübten[241]. Nur die Räte der untersten Stufe, d.h.

---

[235] *Kovács* in Csizmadia/Kovács/Asztalos, S. 503; *Mezey,* Alkotmánytörténet,
S. 349.

[236] *Csizmadia* in Csizmadia, Entwicklungsfragen, S. 43; *Kovács* in Csizmadia/
Kovács/Asztalos, S. 503 ff.; *Mezey,* Alkotmánytörténet, S. 350.

[237] *Hoensch,* S. 90.

[238] *Bihari,* Alkotmányjog, S. 34 f.; *v. Csekey,* JÖR 1926/415; *Gosztony,* Politische Studien 1968/701; *Hanák,* Geschichte, S. 201; *Lázár,* S. 168; *Zlatopol'skij,*
S. 6.

[239] *Buzás,* József in Csizmadia/Kovács, S. 176 ff.; *Kuss,* S. 102; *Szabó,* ÁJ 1967/
490.

[240] Beide zitiert nach *Csizmadia,* Fejlődés, S. 321 ff., *Schweissguth,* JOR 1960/I,
S. 211 ff., 214 ff., und *Szotáczki,* S. 11 ff. Dazu auch *Szamel,* Lajos in A
Tanácsakadémia, S. 21 f. Zur Entstehungsgeschichte s. *Bihari,* ÁI 1979/195 ff.

[241] *Papp,* ÁI 1983/1063; *Schweissguth,* JOR 1960/I, S. 205; *Szelestey,* S. 74;
Szotáczki, S. 12.

die Dorf-, Stadt- und hauptstädtischen Bezirksräte wurden direkt gewählt. Diese Räte entsandten Delegierte in die Räte der höheren Gebietseinheiten (Kreisräte, Komitatsräte, Zentraler Budapester Rat). Auch die Städte mit Munizipalrecht entsandten Delegierte in die Komitatsräte[242]. Da jeder Rat den übergeordneten Räten unterstand (als Vorbild diente der sowjetische demokratische Zentralismus[243]), wurden somit auch die Munizipalstädte der Oberhoheit des Komitats unterstellt. Die Juni-Verfassung nahm allerdings in § 64 die Städte mit mehr als 25.000 Einwohnern davon aus und unterstellte diese zusammen mit den Komitatsräten direkt dem Revolutionären Regierenden Rat und den anderen landesweiten Räten.

Die Räte auf allen Ebenen bildeten Direktorium genannte Exekutivausschüsse, die als allgemeines Organ der öffentlichen Verwaltung allzuständig waren, soweit Rechtsvorschriften nicht besondere Zuständigkeiten eröffneten[244]. Diese Ausschüsse unterstanden sowohl dem jeweils sie bildenden Rat als auch dem übergeordneten Rat und dessen Exekutivausschuß. § 49 der Juni-Verfassung schaffte alle bisherigen Organe der öffentlichen Verwaltung ab, so daß alleine die Räte als verfassungsmäßige Behörden übrig blieben. Damit war eine einheitliche Verwaltung geschaffen, in der Autonomien irgendwelcher Art keinen Platz mehr hatten.

Beide Verfassungen trafen eine Neuregelung des Wahlrechtes, die auch für die kommunalen Wahlen galt. Die Altersgrenze des aktiven und passiven Wahlrechts wurde auf 18 Jahre gesenkt und auf diejenigen beschränkt, die von gesellschaftlich nützlicher Arbeit lebten, wozu auch Hausarbeit zählte; ausgeschlossen waren neben Geisteskranken und den durch gerichtliches Urteil des Wahlrechts für verlustig Erklärten auch Geistliche, Mitglieder religiöser Orden, Empfänger von Arbeitslosenhilfe, Händler sowie Arbeitgeber, die aus Gewinngründen Lohnarbeiter beschäftigten[245]. In der Zeit vom 7. bis 10.4.1919 fanden Rätewahlen statt, in denen die Wähler lediglich für eine Liste stimmen konnten. Dementsprechend errang die Räteregierung in diesen Wahlen die Mehrheit[246].

---

[242] *Kovács* in Csizmadia/Kovács/Asztalos, S. 531 f.

[243] *Kiss,* ÁI 1973/311; *Takács,* Imre in Kukorelli, Alkotmánytan, S. 31; *Schweissguth,* JOR 1960/I, S. 206; *Zlatopol'skij,* S. 9.

[244] *Szelestey,* S. 79.

[245] *Kuss,* S. 103; *ders.,* JÖR 1985/631. Zu den vergleichbaren Regelungen in der Sowjetunion zwischen 1918 und 1925 s. *Brunner,* Georg in Heyen, S. 156 f.

[246] *Hoensch,* S. 95.

bb) Die Selbstverwaltungen unter *Horthy*

Das ‚staatsrechtliche Provisorium'

Nachdem die Räterepublik aufgrund äußeren und inneren Drucks nach 133 Tagen zusammengebrochen war, etablierte sich unter Admiral *Miklós Horthy* ein System, das sich als Legitimationsgrundlage auf das Prinzip der Rechtskontinuität stützte[247]. Um diese Legitimität zu unterstreichen, wurde die monarchische Staatsform im Gesetzesartikel 1920:I[248] wiederhergestellt, aber der Thron blieb vakant. Deshalb schuf man für Admiral *Horthy* das aus dem Spätmittelalter und der antihabsburgischen Revolution 1848/49 bekannte Amt des Reichsverwesers, welches er bis 1944 innehatte[249]. Da diese Institution ursprünglich nur als vorübergehend gedacht war, wurde dieses System als ‚staatsrechtliches Provisorium' bezeichnet[250].

Im Bereich der Selbstverwaltung stellte man die Lage wieder her, die vor dem Oktober 1918 geherrscht hatte: Die Gesetzesartikel 1886:XXI und 1886:XXII wurden wieder in Kraft gesetzt. Allerdings wurde durch den zunehmenden Ausbau der dezentralisierten Staatsverwaltung der Aufgabenbereich der Selbstverwaltungen immer mehr eingeschränkt[251], wie noch zu zeigen sein wird. Kennzeichnend für das gesamte *Horthy*-System war eine zunehmende Stärkung der Zentralgewalt, die sich immer mehr zu einer persönlichen und schließlich autoritären Herrschaft des Reichsverwesers entwickelte.

Die Reform von 1929

Die erste große Reform der Selbstverwaltungen in der *Horthy*-Ära führte der Gesetzesartikel 1929:XXX, eigentlich eine Art Verwaltungsverfahrensgesetz, durch[252]. Dieses Gesetz änderte zum einen die Zusammensetzung

---

[247] *Polgár*, RdDP 1926/120; *Takács*, Imre in Kukorelli/Schmidt, S. 28 f.

[248] Gesetzesartikel 1920:I über die Wiederherstellung der Verfassungsmäßigkeit und über die vorübergehende Ordnung der Ausübung der staatlichen Souveränität.

[249] *Brunner* in Brunner/Meissner, S. 476; *Csihák*, S. 62; *Hanák*, Geschichte, S. 210; *Kuss*, S. 103 f.; *Polgár*, RdDP 1926/121 f.
Wegen der Bedeutung der monarchischen Staatsform für die Legitimität und das Prinzip der Rechtskontinuität des Horthy-Regimes s. *Kardos*, Szentkorona-tan.

[250] Dazu *v. Csekey*, JÖR 1926/417; *Rácz*, S. 19; *Takács*, Imre in Kukorelli, Alkotmánytan, S. 31. Zu Einzelheiten dieses Provisoriums und zum Stellvertretercharakter des Amtes des Reichsverwesers s. *Egyed*, Ostrecht 1926/49 ff.

[251] *Csizmadia* in Csizmadia/Kovács/Asztalos, S. 590; *Hanák*, Geschichte, S. 213.

[252] Gesetzesartikel 1929:XXX über die Ordnung der öffentlichen Verwaltung. Eine detaillierte Darstellung dieser Reform findet sich bei *Hajdú*, Zoltán in Agg/Pálné Kovács, S. 15 ff., und bei *v. Csekey*, ZaöRV 1930/31, S. 268 ff.

der Munizipalausschüsse, indem es den Anteil der Virilisten und der gewählten Mitglieder auf jeweils zwei Fünftel senkte; das letzte Fünftel bestand aus Delegierten von Interessenvertretungen und Religionsgemeinschaften sowie aus auf Lebenszeit ernannten Mitgliedern und leitenden Beamten der Munizipalverwaltung (§ 2). Ein Teil der Aufgaben des Munizipalausschusses wurde auf die neu eingerichtete Kleine Versammlung, deren Mitglieder zum Teil gewählt wurden, zum Teil von Amts wegen einen Sitz hatten, übertragen (§§ 34, 35). Der städtische Rat wurde abgeschafft und seine Befugnisse auf den Bürgermeister übertragen (§ 44). Dies galt auch für die Städte mit ordentlichem Rat, die durch dieses Gesetz die Bezeichnung Komitatsstadt verliehen bekamen (§ 37).

In den Groß- und Kleingemeinden änderte der Gesetzesartikel 1929:XXX nichts, so daß hier die Vorschriften des Gesetzesartikels 1886:XXII unverändert in Anwendung blieben. In den Abgeordnetenkörperschaften der Komitatsstädte, der Groß- und der Kleingemeinden blieb der Anteil der Virilisten unverändert bei der Hälfte. Die korporativen Elemente wie im Munizipalausschuß wurden hier nicht eingeführt.

Bezeichnend für diese Reform, die an der Grundstruktur der Selbstverwaltungen nichts änderte[253], war die Stärkung der individuellen Amtsführung (z. B. durch den Bürgermeister) zu Lasten kollegialer Organe (Führerprinzip)[254] sowie die Einfügung korporativer Elemente. Beides läßt die Anlehnung an das italienische Vorbild[255] erkennen.

Die Staatsaufsicht wurde durch § 36 wesentlich erweitert. Diese Vorschrift gestattete es der Regierung, den Munizipalausschuß aufzulösen, wenn dieser durch sein Verhalten das Interesse des Staates gefährdete. Was das Interesse des Staates war, bestimmte letztendlich die Regierung, so daß sie sich selbst die Voraussetzungen dieser Eingriffsbefugnis schaffen konnte. § 50 erweiterte die Aufsichtsbefugnisse des Ministers im Rechtsbehelfsverfahren: Während er bisher eine rechtswidrige Entscheidung nur kassieren konnte, durfte er nach dem neuen Recht selbst meritorisch entscheiden[256]. Weiterhin wurden die Kompetenzen des Verwaltungsausschusses stark beschnitten. Des weiteren setzte das Gesetz die Mindestqualifikationen für die Einstellung höherer Beamter fest (§§ 65–74)[257], was die Freiheit der Selbstverwaltungen bei Personalentscheidungen einschränkte, aber im Hinblick auf die Sicherung eines Mindestniveaus für die Qualität der öffentlichen Verwaltung durchaus zu vertreten war.

---

[253] *Kaltenbach,* JOR 1990/I, S. 85.

[254] *v. Csekey,* JÖR 1931/222.

[255] Zur Lage der Selbstverwaltung im faschistischen Italien s. *Giannetto,* Marina in Heyen, S. 119 ff.

[256] Einzelheiten bei *Csizmadia/Pauli,* S. 18.

[257] Näher hierzu *Babucs,* MK 1998/545 f.

Weitere Zentralisierungsbestrebungen

In der Folgezeit wurde die öffentliche Verwaltung noch weiter zentralisiert und die Zuständigkeiten der Selbstverwaltungen noch weiter eingeschränkt. Bereits 1919 war das gesamte Polizeiwesen verstaatlicht worden[258], 1936 wurden das öffentliche Gesundheitswesen und Verwaltungszweige wie das Meldewesen und die sozialen Dienste in staatliche Zuständigkeit überführt. Während die Rechnungshöfe der Komitate seit 1902 staatliche Institutionen waren[259], wurden 1938 die bis dahin den Selbstverwaltungen angegliederten Rechnungshöfe der Städte einschließlich Budapests dem Innenministerium unterstellt[260]. Darüber hinaus verstärkten die Gesetzesartikel 1924:IV und 1927:V die Kontrolle des Innenministers über die Haushalte der Selbstverwaltungen[261].

Der Gesetzesartikel 1933:XVI über die Änderung und Ergänzung des Gesetzesartikels 1929:XXX über die Ordnung der öffentlichen Verwaltung, der eine Vereinfachung der Administration durch die Rationalisierung der Widerspruchsmöglichkeiten, des Verfahrens und der Behördenhierarchie zum Ziel hatte, wurde mit Ausnahme der Vorschriften über die Prüfungsanforderungen an die Bewerber für den öffentlichen Dienst in der Praxis nicht umgesetzt[262].

Der Gesetzesartikel 1942:XXII erlaubte die Ernennung und Versetzung der Beamten in den Selbstverwaltungen durch die übergeordnete Instanz und die Regierung[263], worin sich das von den verbündeten Mächten Deutschland und Italien übernommene Führerprinzip ausdrückte[264]. Diese

---

[258] In der Hauptstadt hatte bereits das Hauptstadtgesetz 1872:XXXVI in §§ 20, 21 eine einheitliche staatliche Hauptstadtpolizei geschaffen. Dazu s.o. Kapitel B. III. 1. a) ee).

[259] Grundlage war der Gesetzesartikel 1902:III über die Erfüllung der Kassen- und Rechnungsprüfungsobliegenheiten der Burgkomitate.

[260] Wegen der Einzelheiten s. *Csizmadia* in Csizmadia/Kovács/Asztalos, S. 602 f. Eine Darstellung am Beispiel Soprons s. bei *Boros*, László, OGy, 16.7.1990, Sp. 1687 f.

[261] Gesetzesartikel 1924:IV über die Wiederherstellung des Gleichgewichts des Staatshaushalts; Gesetzesartikel 1927:V über die Senkung einiger Steuern und Gebühren und über Bestimmungen im Zusammenhang mit der Rechnung in Pengőwerten, weiterhin über die effektivere Kontrolle der Haushalte der Selbstverwaltungskörperschaften. Dazu s. *Csizmadia/Pauli*, S. 25 ff.

[262] *Csizmadia*, Fejlődés, S. 433; *Csizmadia* in Csizmadia/Kovács/Asztalos, S. 592.

[263] Gesetzesartikel 1942:XXII über die vorübergehende Regelung der Beschäftigung und einiger dienstlicher Verhältnisse der Beamten der Burgkomitate, Städte und Gemeinden. Dazu *Kovács* in *Beér/Kovács/Szamel*, S. 360; *Bihari*, Államjog, S. 183.

[264] Zu dem Einfluß des Führerprinzips auf die ungarische Verwaltung s. *Csizmadia*, Fejlődés, S. 423 ff. Zum Führerprinzip in der deutschen Verwaltung s. *Ruck*,

Entwicklung fand ihren Abschluß in der Regierungsverordnung Nr. 3180/ 1944, die die Tätigkeit der Selbstverwaltungskörperschaften gänzlich beendete[265].

Die hauptstädtische Selbstverwaltung im Horthy-System

All diese Gesetzgebung mit Ausnahme der letztgenannten Verordnung bezog sich nicht auf Budapest. Die hauptstädtische (Selbst-)Verwaltung wurde auch in der *Horthy*-Ära durch besondere Gesetze geregelt. Der Gesetzesartikel 1920:IX beendete in Budapest den Virilismus und führte ein vergleichsweise demokratisches Wahlrecht ein, das allerdings durch den Gesetzesartikel 1924:XXVI wieder eingeengt wurde[266]. Das letztere Gesetz erhöhte in dem Munizipalausschuß die Anzahl der Mitglieder von Amts wegen und der Vertreter der Interessenverbände zu Lasten der gewählten Abgeordneten. Auch räumte es in § 19 der Regierung das Recht ein, den Munizipalausschuß bei Gefährdung des Staatsinteresses aufzulösen.

Die Neuordnung der inneren Verwaltung der Hauptstadt erfolgte nach längeren Diskussionen durch den Gesetzesartikel 1930:XVIII[267]. Die Selbstverwaltung bestand danach aus drei Organen: dem 230 Mitglieder zählenden Munizipalausschuß, dem aus 30 Mitgliedern bestehenden Munizipalrat (als Modell diente die Kleine Versammlung in den Munizipien) und dem Bürgermeister. Die Rechte des Oberbürgermeisters, der weiterhin von dem Staatsoberhaupt ernannt wurde, erfuhren eine bedeutende Erweiterung. Daneben schaffte das Gesetz die Kompetenzen der hauptstädtischen Bezirke ab und unterstellte diese unmittelbar dem Bürgermeister.

Eine Stärkung der hauptstädtischen Verwaltung bedeutete die neu eingeführte Regelung, daß im Falle einer vorlage- und genehmigungspflichtigen Selbstverwaltungsangelegenheit der zuständige Minister innerhalb von 40 Tagen eine Entscheidung in der Sache zu treffen habe; das Schweigen des Ministers galt als Zustimmung (§ 94). Vor Erlaß des Gesetzesartikels – und

---

Michael in Heyen, S. 1 ff.; in der italienischen Verwaltung s. *Melis*, Guido, ebd., S. 73 ff., *Tosatti*, Giovanna, ebd., S. 83 ff., und *Ferrara*, Patrizia, ebd., S. 103 ff.

Zu dem zunehmenden Einfluß des Faschismus auf das öffentliche Leben Ungarns in den 20er und 30er Jahren s. *Lackó*, Vierteljahreshefte für Zeitgeschichte 1973/ 49 f.

[265] Zum zentralistischen Totalitarismus der Ende 1944 an die Macht gekommenen Pfeilkreuzler s. *Vincellér*, S. 38 ff., 56 ff.

[266] Gesetzesartikel 1920:IX über die Neubildung des Munizipalausschusses der Haupt- und Residenzstadt Budapest; Gesetzesartikel 1924:XXVI über die Neuordnung des Munizipalausschusses der Haupt- und Residenzstadt.

[267] Gesetzesartikel 1930:XVIII über die Verwaltung der Haupt- und Residenzstadt Budapest.

in den Munizipien außerhalb der Hauptstadt auch weiterhin – brauchte der
Minister sich in der 40-Tage-Frist lediglich zu äußern, was in der Praxis
dazu führte, daß er innerhalb der Frist den Eingang bestätigte und die zur
Wirksamkeit der Selbstverwaltungsangelegenheit nötige, durch Schweigen
nicht fingierbare Sachentscheidung hinausschob[268].

Die hauptstädtische Novelle, der Gesetzesartikel 1934:XII, brachte weitere Veränderungen: Die Zuständigkeiten des Oberbürgermeisters wurden
nochmals ausgedehnt, die Staatsaufsicht über Vermögensgeschäfte der
Selbstverwaltung ausgebaut und der 1930 eingeführte Munizipalrat wieder
abgeschafft. Seine Zuständigkeiten wurden größtenteils auf den Bürgermeister übergeleitet, so daß auch in Budapest eine Tendenz zum Führerprinzip
zu beobachten war. Der hauptsächlich das Recht der Bezirksvorstände regelnde Gesetzesartikel 1937:III wurde in der Praxis vollständig nicht ange-
wandt[269].

Reaktionen auf die Zentralisierung

Im Schrifttum wurden diese Tendenzen zur Einschränkung der Selbstverwaltungsrechte vorwiegend begrüßt. Hierbei betonte man vor allem den Gesichtspunkt der Effektivität: Große Gremien wie der Munizipalausschuß
seien langsam und schwerfällig, weshalb die Schaffung kleinerer Einheiten
wie die Kleine Versammlung und die Übertragung von Aufgaben auf einzelne Amtsträger, vor allem auf den Leiter der Verwaltung, sinnvoll sei[270].
Im Sinne dieser Effektivität wurde für diese Leiter auf allen Ebenen eine
starke Stellung gefordert[271].

Die Ausweitung der Staatsverwaltung auf Gebiete, die bis dahin von den
Selbstverwaltungen wahrgenommen worden waren, fand aus der Überle-
gung heraus Zustimmung, daß der Aufgabenbereich der Selbstverwaltungen
vor allem in der Regelung örtlicher Angelegenheiten liege[272]. Alle anderen
Fragen seien von der Natur der Sache her Aufgabe des Staates, und diese
staatlichen Aufgaben sollten auch von staatlichen Stellen und nicht von den
Selbstverwaltungen erledigt werden. Zu der der Exekutive zustehenden Re-
gierungsfunktion gehöre auch eine intensive Kontrolle der Selbstverwaltun-

---

[268] *Csizmadia/Pauli,* S. 18 f.

[269] Gesetzesartikel 1934:XII über die Änderung einiger Bestimmungen des Gesetzesartikels 1930:XVIII; Gesetzesartikel 1937:III über die erneute Ergänzung und
Änderung des Gesetzesartikels 1930:XVIII; *Csizmadia* in Csizmadia/Kovács/Aszta-
los, S. 597.

[270] *v. Csekey,* JÖR 1931/225; *Weis* in Lőrincz, S. 129.

[271] *v. Csekey,* ZfOER 1938/39, S. 492; *Magyary,* A közigazgatás és a közönség,
in Lőrincz, S. 291.

[272] *Magyary,* A közigazgatás és a közönség, in Lőrincz, S. 289.

gen[273]. Diese Kontrolle und vor allem die Koordinierung von Staats- und Selbstverwaltung, die der Verwaltungsausschuß nur schlecht habe leisten können, mache eine starke Stellung des Verwaltungsleiters nötig[274].

c) Entwicklungen in der Nachkriegszeit bis zur Einrichtung des Rätesystems

Ab Herbst 1944 erreichten sowjetische Truppen ungarisches Territorium; im April 1945 verließen die letzten deutschen Verbände den Westen des Landes[275]. Mit ihnen flohen viele Parlamentsabgeordnete und Behörden, einschließlich einiger westungarischer Kommunalpolitiker, nach Deutschland und Österreich[276]. In den meisten Gebieten des Landes lag die öffentliche Verwaltung darnieder.

In den sowjetisch besetzten Gebieten entstanden spontan örtliche Nationalausschüsse, die an die Stelle des zusammengebrochenen Verwaltungsapparates traten, die dringendsten administrativen Aufgaben erledigten und die Wahlen der Abgeordneten zu der Provisorischen Nationalversammlung organisierten[277]. Entsprechend dem zweistufigen Verwaltungsaufbau Budapests bildeten sich in der Hauptstadt einerseits Bezirksnationalausschüsse, andererseits der Budapester Nationalausschuß. Letzterer nahm über die örtlichen Aufgaben hinausgehend teilweise Regierungsfunktionen wahr, solange die Provisorische Regierung noch nicht ihren Sitz in Budapest nehmen konnte[278].

In den Nationalausschüssen waren sämtliche neugebildeten demokratischen Parteien vertreten[279]. Die Provisorische Regierung rief in der Regierungsverordnung Nr. 14/1945 M.E. vom 4.1.1945 die Selbstverwaltungen der befreiten Gebiete auf, selbständig und aus eigener Kraft für die Einrichtung und Arbeitsfähigkeit von Verwaltungsorganen zu sorgen sowie neue Vertretungskörperschaften zu bilden. In dieser Vorschrift wurden gleichzeitig die Mitgliederzahlen der Munizipalausschüsse und der kommunalen Vertretungsorgane gesenkt. Die Nationalausschüsse bezeichnete die Verordnung als politische Organe, welche nicht in die Verwaltungsorganisation eingebaut werden sollten. Trotzdem hatten sie in der ersten Phase nach der

---

[273] *Ereky* in *Lőrincz,* S. 254.

[274] *Magyary,* A mai közigazgatás, in *Lőrincz,* S. 335.

[275] *Bihari,* Alkotmányjog, S. 35; *Hanák,* Geschichte, S. 252 f.; *Lázár,* S. 186 ff.

[276] *Csihák,* S. 52; *Vincellér,* S. 195 ff., 216 ff.

[277] *Hanák,* Geschichte, S. 255; *Kneif,* JÖR 1959/368; *Takács,* Imre in Kukorelli, Alkotmánytan, S. 32; *Takács,* Imre in Kukorelli/Schmidt, S. 30; *Verebélyi,* S. 63.

[278] *Csizmadia,* ÁI 1982/52 f.

[279] Zu der Zusammensetzung des Budapester Nationalausschusses s. *Csizmadia,* ÁI 1982/52.

Befreiung einen starken Einfluß auf die örtlichen Verwaltungen[280]. Die neugebildeten Vertretungsorgane setzten sich aus Repräsentanten der verschiedenen neu entstandenen Parteien, der Gewerkschaften und stellenweise
auch der Partisanen zusammen[281].

Mit der Verordnung Nr. 1030/1945 M.E., die die Verordnung Nr. 14/
1945 M.T. ergänzte, regelte die Regierung die örtliche Verwaltung. Diese
spätere Verordnung wiederholte die Pflicht zur Gründung von Selbstverwaltungskörperschaften, beendete endgültig den Virilismus in den Vertretungsorganen der Selbstverwaltungen, entzog den Nationalausschüssen jede Zuständigkeit in der öffentlichen Verwaltung von dem Moment der Bildung
entsprechender Vertretungsorgane an (§ 11)[282] und regelte die Kompetenzen der verschiedenen Organe der Selbstverwaltungen neu. Soweit diese
Verordnung keine Regelung traf, galten die Vorkriegsgesetze weiter[283]. So
bestanden beispielsweise die Rangunterschiede zwischen Städten mit Munizipalrecht, Städten mit ordentlichem Rat, Groß- und Kleingemeinden
fort[284]. Der einzige Ort, der zwischen Kriegsende und der Einführung des
kommunistischen Rätesystems in den Rang einer Stadt mit Munizipalrecht
erhoben wurde, war Békéscsaba[285]. Dagegen wurden einer großen Anzahl
von Gemeinden das – aufgrund ihres industriellen Entwicklungsstandes
längst überfällige – Stadtrecht verliehen[286].

Beide Verordnungen galten nicht für die Hauptstadt. Ihre Verwaltung regelte die Regierung durch die Verordnung 7460/1945 M.E. vom 31.8.1945.
Diese Verordnung sah auch Wahlen vor[287]. In der Zeit zwischen dem Zusammenbruch des Faschismus 1944/45 und der Einführung des Rätesystems
1950 war Budapest der einzige Ort, an dem Kommunalwahlen stattfanden.
Grundlage dieser 1947 abgehaltenen Wahl war ein allgemeines, von Ge-
schlechts-, Vermögens- und Bildungszensus befreites Wahlrecht[288]. In den

---

[280] *Csizmadia,* ÁI 1975/520 f.; *Csizmadia,* Fejlődés, S. 520 ff.; *Kovács,* ÁI 1985/
8; *Rentsch,* S. 138; *Kovács,* István in A Tanácsakadémia, S. 126 f.; *Mezey,* Alkotmánytörténet, S. 350; *Verebélyi,* S. 64.

[281] Einzelheiten bei *Csizmadia,* Fejlődés, S. 526 ff.

[282] Zitiert nach *Kovács,* ÁI 1985/9

[283] *Dallos,* ÁI 1975/482; *Kovács,* ÁI 1985/8 f.

[284] *Kovács* in Beér/Kovács/Szamel, S. 363.

[285] Durch Gesetzesartikel 1947:XIII über die Ernennung der Komitatsstadt Békéscsaba zur Stadt mit Munizipalrecht.

[286] So z.B. Hatvan (1945), das damals fast 40.000 Einwohner zählende, stark
industrialisierte Tatabánya (1947), oder Ózd (1949): *Beluszky,* ÁI 1983/914 f.

[287] *Kovács,* ÁI 1985/9.

[288] Das Ergebnis war für die Linksparteien trotz sowjetischer Wahlhilfe enttäu-
schend, denn die Unabhängige Kleinlandwirtepartei konnte die absolute Mehrheit
der Mandate erringen: *Kovács,* ÁI 1985/9.

anderen Lokalverwaltungen wurden die Volksvertreter auch weiterhin von den Parteien delegiert[289].

Bereits 1945 begannen die Kommunisten, unterstützt von der sowjetischen Besatzungsmacht, ihre Machtpositionen nicht nur in der Regierung, sondern auch in den Selbstverwaltungen auszubauen (Salamitaktik). Dieser Prozeß war im wesentlichen 1948 abgeschlossen und gipfelte am 18.8.1949 in der Verabschiedung der ‚Verfassung der Ungarischen Volksrepublik', die am 20.8.1949, dem Nationalfeiertag, verkündet wurde und mit der Verkündung in Kraft trat[290].

2. Die Komitate

Nachdem die Entwicklung der bürgerlichen Selbstverwaltung auf örtlicher Ebene geschildert worden ist, soll nun die Autonomie in den Komitaten untersucht werden. Wie bei der Untersuchung der Munizipien schon angeklungen ist, unterschied sich die Rechtslage in den größeren Städten nicht sehr von der in den Komitaten. Daher wird im folgenden nur noch auf die Besonderheiten der Komitatsebene eingegangen; auf die ausführliche Darstellung der Grundlagen der Komitatsverwaltung kann hier verzichtet werden, um Wiederholungen zu vermeiden.

a) Das Zeitalter des Dualismus

aa) Der Ausgleich und die Komitate

Der Ausgleich selbst stellte die Staatlichkeit Ungarns wieder her, schuf die konstitutionell-parlamentarische Monarchie im ungarischen Reichsteil, erkannte die Gesetze von 1848 an[291] und gliederte die 1849 abgetrennten Gebiete zurück an Ungarn. Indem sich das Unterhaus des Parlamentes entsprechend den Gesetzen von 1848 aus gewählten Volksvertretern zusammensetzte, hatten die Komitate endgültig aufgehört, in der Gesetzgebung eine Rolle zu spielen.

Nach dem österreichisch-ungarischen Ausgleich wurde das Verhältnis zwischen Ungarn und seinem Nebenland Kroatien-Slawonien-Dalmatien

---

[289] *Bihari,* JOR 1968/I, S. 170; *Takács,* Imre in Kukorelli, Alkotmánytan, S. 261.

[290] Gesetz 1949:XX über die Verfassung der Volksrepublik Ungarn. Dazu *Grzybowski,* Marian in Berglund/Dellenbrant, S. 173 ff.; *Brunner* in Brunner/Meissner, S. 477; *Furtak,* S. 220 f.; *Takács, Imre* in Kukorelli, Alkotmánytan, S. 34. Einzelheiten bei *Kneif,* JÖR 1959/367 ff.
Eine Analyse dieses Prozesses aus sozialistischer Sicht bei *Halász,* S. 29 ff., aus sowjetisch-stalinistischer Sicht bei *Zlatopol'skij,* S. 23 ff.

[291] *Csizmadia* in Csizmadia/Kovács/Asztalos, S. 345; *Kosáry,* S. 425.

durch den ungarisch-kroatischen Ausgleich geregelt[292]. Auf der Grundlage
dieses Ausgleichs war Kroatien-Slawonien-Dalmatien ein Teil des Königreichs Ungarn, besaß aber weitreichende innere Autonomie sowie ein eigenes Parlament und eine eigene Regierung. An der Spitze des Nebenlandes
stand der Ban, den der König auf Vorschlag des ungarischen Ministerpräsidenten ernannte und der dem kroatisch-slawonisch-dalmatischen Parlament
verantwortlich war[293]. Soweit der ungarisch-kroatische Ausgleich nicht die
Zuständigkeit des gesamtungarischen Gesetzgebers begründete, konnte
Kroatien-Slawonien-Dalmatien eigene Gesetze erlassen und diese ausführen
(Gesetzesartikel 1868:XXX/1868:I § 47).

Siebenbürgen wurde zwar im Gesetzesartikel 1868:XLIII[294] eine gewisse
Sonderstellung gewährt, jedoch keine Autonomie und keine eigenen Zentralbehörden wie Kroatien-Slawonien-Dalmatien. Ungarische Gesetze galten
in Siebenbürgen automatisch.

bb) Reformen und Reformvorschläge

Die Diskussion um die Selbstverwaltung

Nach dem österrreichisch-ungarischen Ausgleich wurde das alte Komitatssystem zunächst wiederhergestellt[295], aber es entspann sich eine lebhafte
Diskussion über die Neugestaltung der öffentlichen Verwaltung, in deren
Mittelpunkt die Rolle der Komitate stand. Die wichtigsten Beiträge liefer-
ten der spätere Ministerpräsident *Kálmán Tisza* und *Móric Szentkirályi*.

In seiner Schrift „Parlamenti felelős kormány és megyei rendszer" [Par-
lamentarisch verantwortliche Regierung und das Komitatssystem] trat *Tisza*
für eine starke Selbstverwaltung der Komitate und eine in Selbstverwaltungsangelegenheiten auf die Rechtsaufsicht beschränkte staatliche Kontrolle sowie für eine mittelbare Wahl des Vertretungsorgans ein. *Szentkirályi* legte einen aus 185 Paragraphen bestehenden Gesetzesvorschlag vor.
Auch dieses Werk befürwortete eine ausgedehnte Kompetenz zur Selbstverwaltung sowohl der Komitate als auch der Gemeinden[296]. Beide Pläne
wurden jedoch nicht verwirklicht. Statt dessen beendete die Justizreform
des Gesetzesartikels 1869:IV die Rolle der Komitate in der Rechtsprechung, indem Verwaltung und Gerichtswesen getrennt wurden[297].

---

[292] s.o. Kapitel B. III. 1. a) dd).

[293] *Csizmadia*, Fejlődés, S. 102 f.; *Csizmadia* in Csizmadia/Kovács/Asztalos,
S. 378 f.; *Henry*, S. 167; *Marczali*, S. 160, 164 f.; *Nagy, Ernő*, S. 71.

[294] Gesetzesartikel 1868:XLIII über die detaillierte Regelung der Vereinigung von
Ungarn und Siebenbürgen.

[295] *Csizmadia*, ÁI 1978/4.

[296] Zu Einzelheiten s. *Csizmadia*, Fejlődés, S. 108 ff.

Die Einrichtung von Munizipien

Das Recht der Komitate wurde dann, wie bereits oben dargestellt, durch die Gesetze über die Munizipien geregelt, nämlich durch Gesetzesartikel 1870:XLII, den Gesetzesartikel 1876:VI über die Einführung des Verwaltungsausschusses und den die Selbstverwaltung weiter einschränkenden Gesetzesartikel 1886:XXI. Diese Vorschriften reformierten die Selbstverwaltung der Komitate durch die Normierung der Munizipien in den Komitaten und in den Städten mit Munizipalrecht. Grundsätzlich wurden die Komitate derselben Regelung unterworfen wie die bereits beschriebenen Munizipalstädte. Der oberste Amtsträger des Komitats trug allerdings nicht den Titel Bürgermeister, sondern Untergespan.

In Siebenbürgen richtete der Gesetzesartikel 1870:XLII in den Komitaten und den Stühlen der Szekler sowie den freien königlichen Städten Munizipien ein. Der Gesetzesartikel 1876:XII regelte die Rechtsstellung der sächsischen Stühle (die zusammen den Königsboden bildeten) dahingehend, daß er die administrativen Besonderheiten sowie das Amt des Gespans der Sachsen aufhob (§§ 1 Satz 2, 2). Der Aufgabenkreis der *universitas* der Sachsen wurde auf das Bildungswesen beschränkt (§§ 3, 4). Der Gesetzesartikel 1876:XXXIII traf die begleitenden territorialen Maßnahmen, indem er auf dem Königsboden anstelle der alten Stühle Munizipien im Sinne des Gesetzesartikels 1870:XLII (Komitate und Städte mit Munizipalrecht) schuf[298].

In dem Gesetzesartikel 1871:XVIII über die Gemeinden wurden die Städte mit ordentlichem Rat, die Groß- und die Kleingemeinden der Kommunalaufsicht der Komitate, vertreten durch den Untergespan, unterstellt. Dagegen unterstanden die Komitate und die Munizipalstädte als Munizipien der Regierung direkt. Die relativ breite Selbstverwaltung der Munizipien wurde durch den Gesetzesartikel 1886:XXI einer strengeren Staatsaufsicht in der Person des Obergespans unterworfen und gegenständlich durch den Ausbau der dezentralisierten Staatsverwaltung eingeengt. Gleichzeitig erweiterte Gesetzesartikel 1886:XXII die kommunalen Aufsichtsrechte des Komitats über die Gemeinden.

Die Verstaatlichung der Komitate – nicht aber der Munizipalstädte – wurde durch Gesetzesartikel 1891:XXXIII noch verstärkt, der in § 1 die öffentliche Verwaltung in den Komitaten zur staatlichen Aufgabe erklärte,

---

[297] Dazu s. o. Kapitel B. III. 1. a) aa).

[298] Gesetzesartikel 1876:XII über den Königsboden (fundus regius), weiterhin über die Ordnung der sächsischen Gemeinschaft (universitas) und über das Vermögen der Gemeinschaften sowie der sogenannten sieben Richter; Gesetzesartikel 1876:XXXIII über die Regelung des Gebiets einiger Munizipien und über die Maßnahmen in diesem Zusammenhang.

der ernannte staatliche Organe teils selbständig, teils innerhalb der Grenzen
der Gesetze, unter Mitwirkung von Selbstverwaltungselementen nachkommen. Damit war eine Entwicklung abgeschlossen, die aus den Komitaten
eine gemischte staatliche und Selbstverwaltungsbehörde machte, welche
sowohl Selbstverwaltungsaufgaben als auch staatliche Aufgaben erledigte.
Allerdings wurde diese Vorschrift durch den Gesetzesartikel 1907:LVIII
wieder aufgehoben, so daß der alte Rechtszustand wieder eintrat[299].

cc) Kroatien-Slawonien-Dalmatien

Diese Gesetze galten nicht im Nebenland Kroatien-Slawonien-Dalmatien,
das aufgrund seiner inneren Autonomie zur Regelung der örtlichen und Komitatsselbstverwaltung eigene Gesetze erließ. 1870 erfolgte die erste Regelung nach dem Ausgleich von 1868, und mehrere Gesetze führten 1868 –
parallel zu Ungarn – eine Reform der gesamten örtlichen und regionalen
Verwaltung durch, unter anderem auch der Komitate[300]. Das kroatisch-sla-
wonische System entsprach aber weitgehend dem ungarischen[301]. In diesem
Nebenland bestanden acht Komitate, davon fünf in Kroatien und drei in
Slawonien[302]. Dalmatien gehörte nur dem Namen nach zu dem Nebenland;
tatsächlich wurde es von Österreich verwaltet. Auch in Kroatien-Slawonien-
Dalmatien existierte die Unterscheidung zwischen den Selbstverwaltungsaufgaben der Komitate und den übertragenen Staatsaufgaben. Zu letzteren
gehörten nicht nur solche der kroatisch-slawonisch-dalmatischen Staatsverwaltung, sondern auch die des ungarischen Gesamtstaates auf dem Territorium des Nebenlandes[303].

In der Krise von 1905, in der radikale Kräfte eine Loslösung des Nebenlandes von Ungarn und eine Union mit Serbien anstrebten[304], wurde die

---

[299] Gesetzesartikel 1891:XXXIII über die Ordnung der Verwaltung der Burgkomitate; Gesetzesartikel 1907:LVIII über die Außerkraftsetzung des Gesetzesartikels
1891:XXXIII.

[300] Gesetzesartikel 1870:XVII über die Organisation der Komitate, Gesetz vom
5.2.1886 über die Komitats- und Kreisverwaltung (s.o. Fn. 204), Gesetz vom
5.2.1886 über die Verwaltungsausschüsse der Komitate.

[301] Zu Einzelheiten der Selbstverwaltung der Munizipien und Gemeinden in
Kroatien-Slawonien-Dalmatien s. *Hrženjak,* S. 15-19; *Márkus,* S. 563 ff. u. *Nagy,*
Ernő, S. 398 ff.

[302] *Hrženjak,* S. 15 f.; Nagy *v. Eöttevény,* JÖR 1909/399.

[303] *Nagy v. Eöttevény,* JÖR 1909/408. Erwähnenswert ist in diesem Zusammenhang das Gesetz vom 5.6.1894, mit dem die Komitate aufgefordert werden, die Probleme bei der Versorgung der Hinterbliebenen von Kommunalbeamten durch Satzung zu regeln. Nach moderner Terminologie wird den Komitaten eine eigentlich
den Kommunen und hilfsweise dem Staat obliegende Angelegenheit zur Pflichtaufgabe gemacht.

[304] *Mommsen,* S. 207.

kroatische Selbstverwaltung vorübergehend aufgehoben und das Nebenland
durch einen Kommissar der Zentralregierung regiert.

dd) Fragen einer Gebietsreform

Große Probleme bereitete auch nach der Neuregelung der Munizipalverwaltung 1870 die aus dem Mittelalter überkommene Gebietsstruktur der
Komitate. Nach 1849 waren zwar einige sehr kleine Komitate vereinigt,
einige große Komitate geteilt und einige Grenzveränderungen vorgenommen worden, aber an dem Grundproblem änderten diese Maßnahmen
nichts. Die Hauptschwierigkeit war die verschiedene Einwohnerstärke und
die großen Unterschiede in der Wirtschaftskraft und damit verbunden das
stark unterschiedliche Steueraufkommen der Komitate, aber auch der Munizipalstädte: Während in dem etwa 22.000 Einwohner zählenden Komitat
Torna die staatlichen Beihilfen zum Haushalt 33% betrugen, belief sich
dieser Satz im Komitat Bács-Bodrog mit seinen fast 500.000 Einwohnern
auf lediglich 5,5%. Ähnliches gilt für die Munizipalstädte, von denen die
kleinsten wie beispielsweise Ruszt weniger als 1.500 Einwohner zählten.
Weitere Probleme ergaben sich aus dem ungünstigen Verlauf der Komitatsgrenzen. Der Verwaltungssitz befand sich oft nicht im Zentrum des
Komitats und war von einigen Gebieten aus nur schwer zu erreichen, für
die der Sitz eines Nachbarkomitats näher und verkehrsmäßig günstiger
lag[305]. Darüber hinaus gab es eine große Anzahl Enklaven, und einige
Komitate bestanden aus mehreren unzusammenhängenden, zum Teil weit
voneinander entfernt liegenden Teilen (so zum Beispiel das Komitat Felső-
Fehér aus 18)[306].

Um dem abzuhelfen, präsentierte Innenminister Graf *Gyula Szapáry*
Ende 1873 eine Gesetzesvorlage, die, ausgehend von der bisherigen Einteilung, die Munizipien unter territorialen Gesichtspunkten rationalisieren
sollte. Durch Zusammenlegungen und Teilungen sollte die Zahl der Komitate von 81 auf 51 und die Anzahl der Städte mit Munizipalrecht von 73
auf 25 gesenkt werden, um wirtschaftlich etwa gleich starke Einheiten zu
erzielen. Gleichzeitig sollten die Grenzen entsprechend den natürlichen und
verkehrstechnischen Gegebenheiten neu gezogen und auch die Verwaltungssitze dementsprechend bestimmt werden. Diese Gesetzesvorlage wurde aufgrund des übergroßen Widerstandes der Partikularinteressen nicht im Parlament behandelt[307]. Ihre Grundgedanken flossen jedoch in den Gesetzesartikel 1876:XXXIII ein, der zumindest in Siebenbürgen die Zwergkomitate

---

[305] *Kovács,* István in A Tanácsakadémia, S. 119 f.

[306] *Hajdu,* ÁI 1980/1013; *Mezey,* Alkotmánytörténet, S. 341 f.

[307] *Csizmadia* in Csizmadia, Entwicklungsfragen, S. 36; *Csizmadia,* Fejlődés,
S. 147.

beseitgte, sich im eigentlichen Ungarn aber auf wenige, eher marginale Maßnahmen beschränkte.

1913 beabsichtigte die Regierung, die Munizipalverwaltung in den Komitaten ganz zu verstaatlichen[308]. Diese Pläne konnten jedoch wegen des Kriegsausbruchs nicht verwirklicht werden.

b) Revolution und Horthy-Ära

aa) Die Volks- und die Räterepublik

Die Revolution von 1918 ließ die Komitate unangetastet. Lediglich die Munizipalausschüsse wurden durch frei und allgemein gewählte Räte ersetzt. Auf die Auswechslung der Obergespane durch die Regierung *Károlyi* wurde bereits oben hingewiesen.

Die Ungarische Räterepublik führte auch in den Komitaten das Rätesystem sowjetischen Musters ein. Die Verfassung vom 23.6.1919 spricht nicht mehr von Komitaten, sondern von Bezirken[309]. Wie bereits dargestellt, wurden auch die Städte mit Munizipalrecht im Rahmen des hierarchischen Aufbaus der Räte den Komitaten unterstellt, die nun eine einheitliche Aufsicht über sämtliche Stadt- und Kreisräte ausübten. Die Räte der Komitate (Bezirke) unterstanden ihrerseits der Landesversammlung der Verbündeten Räte, dem obersten Organ der Staatsmacht, in das die Räte der Bezirke, der Städte und der Hauptstadt ihre Delegierten entsandten[310].

bb) Die Zwischenkriegs- und Kriegszeit

Territoriale Aspekte

Nach dem Zusammenbruch der Räterepublik unterzeichnete das *Horthy*-Regime am 4.6.1920 den Friedensvertrag von Trianon, der Ungarn von bisher 325.411 qkm auf 93.073 qkm verkleinerte[311]. Von den 63 Komitaten der Vorkriegszeit verblieben 33 innerhalb der neuen Grenzen, davon allerdings nur zehn ohne territoriale Verluste. Die restlichen 23 wurden als Rumpfkomitate[312] bezeichnet.

---

[308] *Nagy v. Eöttevény,* JÖR 1914/439.

[309] *Csizmadia,* ÁI 1978/7; *Kovács* in Csizmadia/Kovács/Asztalos, S. 532.

[310] *Kovács* in Csizmadia/Kovács/Asztalos, S. 527.

[311] *Ajtay,* Világatlasz, S. 131; *v. Csekey,* JÖR 1926/424. Eine genaue Auflistung der Gebiets- und Bevölkerungsverluste nach Gewinnerländern geordnet findet sich bei *Bohmann,* S. 19 f.

Um lebensfähige Einheiten zu schaffen, vereinigte der Gesetzesartikel 1923:XXXV[313] mehrere Rumpfkomitate zu ‚administrativ vorläufig vereinigten' Komitaten, so daß die Gesamtzahl auf 25 sank. Die Namen dieser neuen Komitate wurden aus den Bestandteilen der darin aufgegangenen Komitate gebildet. Auf diese Weise entstanden Namensungetüme wie ‚Győr, Moson und Pozsony' oder ‚Szatmár, Ugocsa und Bereg'. In dieser Namensgebung und in der Betonung der Vorläufigkeit der administrativen Vereinigung drückte sich der Revisionismus, das Bestreben zur Wiederherstellung der alten Grenzen aus, der das ganze *Horthy*-Regime prägte und ihm letztendlich als Legitimitätsgrundlage diente[314].

Die allmähliche Aushöhlung der Selbstverwaltung

Die Verwaltungsreformen der Gesetzesartikel 1929:XXX, 1933:XVI und 1942:XXII betrafen die Komitate als Munizipien ebenso wie die Städte mit Munizipalrecht: Die Tendenzen zur Einschränkung der Selbstverwaltung zugunsten der Machtsphäre der unmittelbaren Staatsverwaltung, die Übertragung von Kompetenzen von den Versammlungs- und anderen kollegialen Organen auf monokratische Organe (Führerprinzip) und die Ergänzung der Versammlungsorgane durch berufsständische Elemente wirkten auch auf die Komitate.

Nach der Absetzung Admiral *Horthys* im Oktober 1944 und der Machtübernahme der ungarischen Faschisten, der Pfeilkreuzler unter *Ferenc Szálasi*, wurde die Selbstverwaltung der Komitate ebenso abgeschafft wie die der Kommunen und mit dem Aufbau eines totalitären Einparteienstaates begonnen, soweit die Kriegsereignisse dies noch zuließen[315].

---

[312] Der ungarische Begriff „csonka megye" trägt viel stärker als die deutsche Übersetzung Rumpfkomitat die Konnotation des Amputierten, Verletzten, Verstümmelten.

[313] Gesetzesartikel 1923:XXXV über die Senkung der Anzahl der im öffentlichen Dienst stehenden Beamten und sonstigen Angestellten und über einige damit verbundene Maßnahmen.

[314] *Bohmann*, S. 15; *Csizmadia* in Csizmadia, Entwicklungsfragen, S. 44; *Csizmadia* in Csizmadia/Kovács/Asztalos, S. 592; *Hoensch*, S. 104 f.; *Kovács-Bertrand*; *Takács*, Imre in Kukorelli, Alkotmánytan, S. 32; *Lázár*, S. 171 f.; *Lendvai*, Ungarn, S. 23.

[315] *Vincellér*, S. 56 ff.

c) Entwicklungen in der Nachkriegszeit
bis zur Einrichtung des Rätesystems

In den von sowjetischen Truppen besetzten Gebieten waren zunächst die Komitate die höchsten Verwaltungsträger, da es anfangs keine Regierung oder andere zentrale Institutionen gab. Eine Provisorische Regierung wurde von der Provisorischen Nationalversammlung in Debrecen erst am 22.12.1944 gebildet[316].

Die Bevölkerung der Komitate wählte nach Kriegsende neue Munizipalausschüsse mit verringerter Mitgliederzahl, denen Nationalausschüsse als politische Organe zur Seite standen. Ansonsten blieben die Vorkriegsvorschriften über die Selbstverwaltung der Komitate in Kraft.

In der unmittelbaren Nachkriegszeit wurde heftige Kritik an den Komitaten geäußert. Sie wurden als selbstverwaltungsfeindlich und als Hort der Reaktion bezeichnet. *István Bibó* präsentierte einen Plan, der das Land statt der herkömmlichen Komitate in 70 bis 80 Stadtkomitate, bestehend aus einer zentralen Stadt und ihrem Umland, einteilen wollte. Diese hätten von der Größe und Einwohnerzahl in etwa größeren deutschen Landkreisen entsprochen. Darüber sollten sieben Regionen, die nach (wirtschafts-)geographischen Gesichtspunkten um je eine Großstadt als Zentrum geplant wurden, stehen[317]. Zunächst waren auch die Kommunisten selbstverwaltungsfreundlich eingestellt[318] und neigten diesem Konzept zu. Dann aber bauten sie auch in den Komitaten ihre Machtbasis beständig aus, bis sie 1948/49 die Macht im ganzen Land übernahmen. Ab diesem Moment begannen sie mit dem Aufbau des Rätesystems nach sowjetischem Muster[319].

3. Zusammenfassung

Da die vergleichsweise kurzen Traditionen einer bürgerlichen Selbstverwaltung in Ungarn seit dem Ende des Kommunismus als eine Quelle der Inspiration zur Schaffung einer modernen Selbstverwaltung dienen, sollen sie an dieser Stelle noch einmal kurz zusammengefaßt werden.

In Ungarn hat das bürgerliche System den Spätfeudalismus sehr spät und auch nur unvollkommen abgelöst. Diese Verspätung gegenüber Westeuropa

---

[316] *Kovács,* ÁI 1985/3. Zu Einzelheiten der Regierungsbildung s. Az Ideiglenes Nemzetgyűlés.

[317] *Kaltenbach,* JOR 1990/I, S. 86 f.; *Kaltenbach,* MK 1990/401 ff.

[318] Zu den Vorstellungen der Ungarischen Kommunistischen Partei über die örtlichen Verwaltungen s. *Dallos,* ÁI 1975/483 ff.; *Kaltenbach,* Felügyelet, S. 52 f. Einzelheiten zu der Diskussion und der Entwicklung bei *Verebélyi,* S. 65 ff.

[319] *Kaltenbach,* JOR 1990/I, S. 87.

und auch Österreich prägte das bürgerliche Selbstverwaltungsmodell Ungarns.

a) Die zwei Ebenen der Selbstverwaltung

Zum altererbten Stamm ungarischer Traditionen gehört die Einteilung der Selbstverwaltung in zwei selbständige, nicht aufeinander reduzierbare Ebenen. Auf der örtlichen Ebene stehen die Städte und Gemeinden, auf der regionalen Ebene die Komitate. Die gesetzliche Regelung, die unter der Oberbezeichnung Munizipium die Komitate, die ihnen gleichgestellten besonderen Einheiten und die mit einer breiten Selbstverwaltung ausgestatteten privilegierten Städte zusammenfaßte, wurde der grundlegenden Unterscheidung zwischen lokaler und regionaler Selbstverwaltung nicht gerecht.

Der Grund für die Zusammenfassung von Komitaten und privilegierten Städten ist wohl in der rückwärtsgewandten Perspektive des Gesetzgebers zu sehen: Bis 1848 waren die freien königlichen Städte gemeinsam mit den Komitaten im Unterhaus vertreten, standen in keinem Über- und Unterordnungsverhältnis zueinander und bildeten insofern eine einheitliche Gruppe, während die anderen, nicht privilegierten Städte und Gemeinden der Oberhoheit der Komitate unterstanden. Die Trennlinie zwischen Munizipien und Städten/Gemeinden läuft mithin entlang der Unterscheidung der ständischen Selbstverwaltungsformen.

Konsequenterweise hat sich gegen diese in einem bürgerlichen Selbstverwaltungssystem wenig sachgerechte Unterscheidung zwischen Munizipalstädten einerseits und anderen Städten und Gemeinden andererseits Kritik erhoben. Diese konnte sich allerdings bis zum Ende der bürgerlichen Selbstverwaltung nicht durchsetzen, wenn auch die Erhebung einzelner aufstrebender Städte zu Munizipien und die Rückstufung zu kleiner Städte in den Rang nicht privilegierter Städte für eine gewisse Anpassung an die modernen Gegebenheiten sorgten. Denselben Effekt hatte die schrittweise Abschaffung der aus dem Mittelalter ererbten Sonderterritorien und ihre Überführung in das allgemeine Komitatsystem. Neben dieser Tendenz zur Rationalisierung und Vereinheitlichung war das System aber auch flexibel genug, bei besonderen Bedürfnissen Sonderformen zu schaffen und zuzulassen, wie die Sonderregelungen für die Hauptstadt und für Fiume zeigen.

b) Die soziale Basis der Selbstverwaltung

Letztendlich spiegelte die Aufteilung in Munizipien (Komitate und leistungsfähige größere Städte) einerseits und Städte und Gemeinden andererseits recht genau die soziale Basis der bürgerlichen Selbstverwaltung wider. Die Komitate hatten noch aus der Feudalzeit, als sie die Selbstverwaltungsinstitution eines selbstbewußten Landadels waren, eine starke Tradition der Selbstverwaltung ererbt. Da auch nach dem Ausgleich die örtlichen Honoratioren – Adelige und neuerdings auch das ländliche Bürgertum – die Komitatsverwaltung dominierten, änderte sich am Selbstverständnis der Komitate nur wenig.

Dasselbe gilt für die alten königlichen Städte, die auf eine lange Tradition der städtischen Selbstverwaltung zurückblicken konnten. In ihnen wurde diese Selbstverwaltung auf eine neue soziale Grundlage gestellt, nämlich auf das neue, industrielle Bürgertum, das entsprechend dem westeuropäischen Bürgertum Anspruch auf Partizipation erhob. Nach der Neuordnung der Selbstverwaltung im Inneren kamen die ererbten Freiheiten der königlichen Städte nach außen diesem Bürgertum und seinen Aspirationen entgegen. Eine solche Schicht existierte in Ungarn aber nur in den wenigen alten urbanen Zentren, die den Sprung in die Neuzeit schafften, und einigen neuen Industriestädten. Diese genannten Städte genossen dann auch mehr oder weniger vollständig die weiten Selbstverwaltungsrechte der Munizipien.

In den anderen, eher ländlich geprägten Städten und noch mehr auf den Dörfern veränderte sich relativ wenig. Zwar waren spätestens seit 1867 sämtliche mit der Leibeigenschaft verknüpften Rechtsinstitute abgeschafft worden, aber da es bis 1945 zu keiner Landreform kam, blieben auf dem Land die feudalen Strukturen unverändert erhalten und wurden unter *Horthy* sogar noch gestärkt[320]. Daher konnte sich in der Provinz kein wirkliches bürgerliches oder gar bürgerschaftliches Bewußtsein entwickeln, und die Selbstverwaltung der Dörfer und Kleinstädte blieb Fassade für die Machtausübung des alteingesessenen Adels und der örtlichen bürgerlichen Honoratioren.

c) Probleme der Selbstverwaltungen

Auf der örtlichen Ebene war eine schleichende Erosion der Zuständigkeiten zu beobachten. Während die Städte und Gemeinden ursprünglich mit einer weiten Kompetenz zur Regelung der örtlichen Angelegenheiten und einer grundsätzlichen Zuständigkeit für die Wahrnehmung staatlicher Aufgaben (in Ermangelung einer anderweitigen Zuweisung) ausgestattet waren, sorgten einerseits der Ausbau der staatlichen Verwaltung und andererseits eine Gesetzgebung, die der staatlichen Fachaufsicht immer stärkere Durch-

---

[320] Zu der für westeuropäische Verhältnisse überaus lange andauernden gesellschaftlichen Dominanz des Adels in Ungarn und deren Auswirkungen auf die Entwicklung der Rechtskultur s. *Brunner* in Brunner, Politische Transformation, S. 120 f.

griffsrechte auf die Kommunen gewährte, für eine zunehmende Auflösung der eigenverantwortlichen erstinstanzlichen Wahrnehmung staatlicher Aufgaben durch die örtlichen Selbstverwaltungen. Die Verstärkung der Kommunalaufsicht sowohl der übergeordneten Komitate als auch des Innenministers über die Städte und Gemeinden reduzierte den autonomen Spielraum auch in den örtlichen Angelegenheiten, was durch die zunehmende Durchnormierung dieser Lebensbereiche durch zentralstaatliche Rechtssätze (z. B. im Armenwesen[321]) noch verstärkt wurde.

Auf der regionalen Ebene der Komitate standen nicht so sehr wie auf der örtlichen Ebene Kompetenzfragen im Vordergrund, sondern die Frage der Gebietseinteilung. Im Gegensatz zu den Städten und Gemeinden litten die Munizipien nicht so sehr unter der Erosion der Kompetenzen, im Gegenteil: Auf dem Gebiet der Kommunalaufsicht wurden die Befugnisse der Komitate über die ihnen unterstehenden Kommunen ständig ausgeweitet. Es ist symptomatisch, daß sich der vorbildliche gerichtliche Schutz der Selbstverwaltungsrechte, den es seit 1907 gab, auf die Rechte der Munizipien beschränkte und die örtliche Ebene ohne Rechtsschutz ließ. In bezug auf die Gebietsfrage wurden noch vor dem Ersten Weltkrieg die besonderen Territorien fast vollständig den üblichen Komitaten angeglichen, und nach dem Friedensvertrag von Trianon war die Anpassung der Gebietseinteilung an die geschrumpften Grenzen das wichtigste Problem, das allerdings wegen der zur Systemideologie erhobenen Fiktion der Vorläufigkeit und der baldigen Verwirklichung der Revision der Grenzen nicht dauerhaft zu lösen war.

IV. Das kommunistische Rätesystem

1. Das Erste Rätegesetz (1950–1954)

a) Die verfassungsrechtlichen Vorgaben

Das am 18.8.1949 verabschiedete Gesetz 1949:XX, die ‚Verfassung der Ungarischen Volksrepublik'[322], bedeutete das Ende des Übergangszustandes der Nachkriegszeit und den Beginn der institutionalisierten Alleinherrschaft der kommunistischen Partei, der MDP, die sich später in MSZMP umbenannte, in Ungarn.

Diese Verfassung folgte ebenso wie die der anderen ostmittel- und südosteuropäischen Volksrepubliken eng der sowjetischen Verfassung von

---

[321] Zur kommunalen Zuständigkeit für das Armenwesen in Preußen, die 1842 eingeführt wurde und auch für Ungarn als Vorbild gedient haben mag, s. *Wippermann*, Wolfgang in Hahn/Kunze, S. 136.

[322] s. o. Fn. 290.

1936, der sogenannten *Stalin*-Verfassung[323]. Nach der streng zentralistischen[324] ungarischen 1949-er Verfassung hatte die Staatsmacht die Diktatur des Proletariats zum Inhalt und den Aufbau des Sozialismus zum Ziel (§ 3 Satz 1 Verf.). In der Praxis herrschte in Ungarn ebenso eine Einmanndiktatur wie in der Sowjetunion unter *Stalin*. An der Spitze Ungarns stand der in Moskau ausgebildete Parteichef *Mátyás Rákosi*[325].

Die Verfassung von 1949 regelte in Kapitel V (§§ 29–35) die ,örtlichen Organe der Staatsmacht'. Danach gliederte sich das Territorium der Ungarischen Volksrepublik ,unter Gesichtspunkten der Staatsverwaltung' in Komitate, Kreise, Städte, Gemeinden und in größeren Städten in Stadtbezirke (§ 29 Abs. 1). In all diesen Einheiten bildeten örtliche Räte die Organe der einheitlichen Staatsgewalt (§ 30 Abs. 1). Die örtlichen Räte übten auf dem jeweiligen Territorium in Übereinstimmung mit höherrangigem Recht die Staatsmacht aus (§ 31 Abs. 1). Sie wählten aus den Reihen ihrer Mitglieder Vollzugsausschüsse als ausführende Organe (§ 33 Abs. 1). Das Recht, Satzungen[326] zu erlassen, wurde den örtlichen Räten in § 31 Abs. 3 garantiert. Rechtswidrige Satzungen, Beschlüsse und Maßnahmen konnten von dem übergeordneten Rat aufgehoben oder abgeändert werden (§ 31 Abs. 4), aber auch von dem Präsidialrat, wenn sie gegen die Verfassung oder die Interessen des werktätigen Volkes verstießen (§ 20 Abs. 2). Den übergeordneten Räten oblag mithin qua Verfassung eine Rechtsaufsicht, dem Präsidialrat zusätzlich noch eine Zweckmäßigkeitsaufsicht. All diese Vorschriften stimmten inhaltlich mit den Regelungen der sowjetischen Verfassung von 1936 in Kapitel VIII – Die örtlichen Organe der Staatsgewalt – überein[327].

---

[323] *Brunner* in Brunner/Meissner, S. 477; *Brunner,* ROW 1978/51; *Druwe,* S. 16 ff.; *García Alvarez,* S. 13; *Geilke,* WGO-MfOR 1963/11; *Rácz,* Attila in Harmathy, S. 6 ff.; *Küpper,* Herbert in Hatschikjan/Troebst, S. 228; *Kneif,* JÖR 1959/376; *Kovács,* ÁJ 1974/3; *Takács,* Imre in Kukorelli, Alkotmánytan, S. 25, 35; *Takács,* Imre in Kukorelli/Schmidt, S. 21, 33; *Schultz,* JÖR 1954/376; *Slapnicka,* OER 1974/95; *Zlatopol'skij,* S. 57.

[324] *Brunner,* ROW 1962/26 ff.; *Kaltenbach,* JOR 1990/I, S. 87; *Kovács,* ÁJ 1974/31.

[325] 1956, ENSZ-jelentés, S. 18; *Grzybowski,* Marian in Berglund/Dellenbrant, S. 177; *Brunner* in Brunner/Meissner, S. 477; *Hoensch,* S. 194 f.; *Lázár,* S. 194; *Lendvai,* Ungarn, S. 49; *Pünkösti,* S. 15; *Szamel,* Lajos in A Tanácsakadémia, S. 37.

[326] Das ungarische Wort „rendelet" bezeichnet sowohl die Verordnung der Regierung oder eines Ministers als auch den Rechtsetzungsakt autonomer Verwaltungsträger, der nach deutschem Sprachgebrauch Satzung genannt wird. Aus diesem Grund kann man in der deutschsprachigen Literatur über Ungarn bisweilen von Verordnungen der örtlichen Organe lesen.

[327] *Bihari,* Alkotmánytan, S. 277 f. Zur Entwicklung des sowjetischen Rätemodells s. *Brunner, Georg* in *Heyen,* S. 156 ff.

Schließlich hatte auch § 63 Abs. 2 Verf. für die Räte eine gewisse Bedeutung. Dieser Vorschrift zufolge waren nicht nur Geisteskranke, sondern auch die Feinde des werktätigen Volkes vom Wahlrecht ausgeschlossen.

b) Das Rätegesetz

§ 35 der ungarischen Verfassung verwies die detaillierte Ausgestaltung des Rechts der örtlichen Räte und der Vollzugsausschüsse in ein besonderes Gesetz. Dieses besondere Gesetz wurde in Form des Gesetzes 1950:I[328] (das Erste Rätegesetz) bald geschaffen. Entsprechend den zentralistisch-hierarchischen Herrschaftsstrukturen des Stalinismus[329] wurde jegliche Autonomie der örtlichen Verwaltungen beseitigt und die örtlichen Räte als untere Stufen in den einheitlichen, zentralisierten Staatsaufbau eingegliedert. Auch die Haushalte der Räte auf allen Ebenen wurden in den einheitlichen Staatshaushalt inkorporiert[330].

Die höchste Stufe der Hierarchie der örtlichen Organe der Staatsmacht stellten die Komitatsräte, in der Hauptstadt der Budapester Städtische Rat dar (§ 4 Erstes Rätegesetz). Die Zuständigkeit des Komitatsrates erstreckte sich auf das gesamte Gebiet des Komitats (§ 4 Abs. 1). Damit war ein herausgehobener Status, wie ihn die Städte mit Munizipalrecht besessen hatten, abgeschafft. Der Ministerrat konnte zwar bevölkerungsreiche und wirtschaftlich gut entwickelte Städte von der Oberhoheit des Komitats ausnehmen und den zentralen Staatsorganen direkt unterstellen, machte aber von dieser Möglichkeit keinen Gebrauch[331]. Somit war die alte Forderung, alle Städte einem einheitlichen Status zu unterstellen, verwirklicht, wenn auch um den Preis der völligen Aufgabe kommunaler Selbstverwaltung.

Unterhalb der Komitatsräte standen die Kreisräte (§ 5). Ihnen gleichgestellt waren die Räte der Städte, die entweder Verwaltungssitz des Komitats waren oder wegen ihrer Größe und wirtschaftlichen Entwicklung bzw. ihrer geographischen Lage nicht zum Gebiet eines Kreises gehörten. Die Räte

---

[328] Gesetz 1950:I über die örtlichen Räte; zitiert nach A Tanácsakadémia, S. 124 ff. Zur Entstehungsgeschichte s. *Dallos*, ÁI 1975/485 ff.

[329] *Robel*, Gert in Benz/Graml, S. 285 ff.; *Haumann*, Heiko in Bütow, S. 37; *Eichwede*, OE 1992/1030 ff.; *García Alvarez*, S. 20; *Greiffenhagen*, PVS 1968/394 f.; *Hartmann*, PVS 1982/312; *Brunner*, Georg in Heyen, S. 159 ff.; *Kaltenbach*, JOR 1990/I, S. 87; *Maurach*, Politische Studien 1958/243 f.; *Meissner*, JÖR 1973/105, 141; *Rentsch*, S. 91; *Zippelius*, S. 450 ff. Zu den Einzelheiten dieser Strukturen im Rätesystem Ungarns s. *Kovács*, István in A Tanácsakadémia, S. 144 f.

[330] *Druwe*, S. 19 f.; *Takács*, Imre in Kukorelli, Alkotmánytan, S. 35, 261; *Takács*, Imre in Kukorelli/Schmidt, S. 33. Zu der ideologischen Begründung dieses Einbaus der Gemeinden und ihrer Haushalte in den allgemeinen Staatsaufbau und dessen zentralen Haushalt s. *Bilinsky*, JOR 1971/II, S. 75.

[331] *Kovács*, István in A Tanácsakadémia, S. 125.

der anderen Städte (§ 7) und der Gemeinden (§ 9 Abs. 1) unterstanden den Kreisräten. In den Städten, in denen Stadtbezirke existierten[332], waren die Stadtbezirksräte den städtischen Räten unterstellt (§ 8 Abs. 3). Gemeinden mit weniger als 500 Einwohner hatten im Regelfall gemeinsame Räte zu gründen (§ 9 Abs. 2)[333].

Es ergibt sich also folgendes Schema:

Schema 1

Die Hierarchie der Räte (1)

zentrale staatliche Organe:

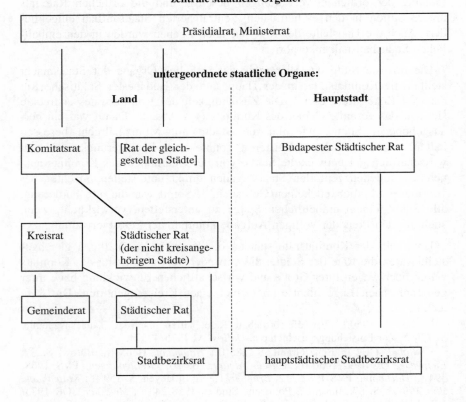

---

[332] Außer in Budapest nur noch in Miskolc und in Várpalota: *Kovács,* István in A Tanácsakadémia, S. 123 f.
[333] Zitiert nach *Fonyó,* ÁI 1984/865.

Die Mitgliederzahlen der örtlichen Räte wurden durch das Rätegesetz nur für den Budapester Städtischen Rat starr festgelegt. Für die anderen Räte gab das Gesetz lediglich Mindest- und Höchstwerte an, in deren Rahmen sich die Mitgliederzahl frei bewegen konnte[334]. Die Mitgliederzahlen der Räte und auch der Vollzugsausschüsse bestimmte das übergeordnete Organ, letztendlich der Ministerrat[335].

c) Die Grundprinzipien des Rätesystems

Damit hatten die Verfassung von 1949 und das Erste Rätegesetz im Bereich der örtlichen Verwaltung die beiden tragenden Organisationsprinzipien[336] des Staatsaufbaus nach sowjetischem Muster verwirklicht, nämlich die Gewalteneinheit und den demokratischen Zentralismus.

aa) Die Gewalteneinheit

Ideologische Grundlagen

Das Prinzip der Gewalteneinheit beruhte auf radikaldemokratischen Vorstellungen im Sinne *Rousseaus*. Es lehnte die Teilung der Staatsmacht in verschiedene, voneinander unabhängige Gewalten ab und sah stattdessen die Organe der Volksvertretung mit dem Parlament an der Spitze als höchste und alleinige Inhaber der ungeteilten und unteilbaren Staatsgewalt auf seinem Territorium an (parlamentarischer Monismus). Die Vertretungsorgane waren nach dieser Lehre ausschließlich den Vertretungsorganen höherer Ebene unterworfen; ansonsten war ihre Macht durch kein anderes Staatsorgan einschränkbar[337]. Konkretes Vorbild für die Ausgestaltung im Kommunismus sowjetischer Prägung war die Schilderung, die *Marx* und

---

[334] *Zlatopol'skij*, S. 99.

[335] *Dallos*, ÁI 1975/489.

[336] *Antalffy*, György in Samu, S. 290; *Halász*, S. 44; *Kralinski*, OEW 1999/57 ff.; *Maurach*, S. 261; *Meissner*, JÖR 1973/141, 153; *Romaniecki*, OER 1977/157; *Szamel*, JOR 1964/II, S. 117 f.; *Kovács*, Imre in A Tanácsakadémia, S. 141 ff. Zur Umsetzung in der DDR s. *Mampel*, Siegfried in Püttner, HdkWP, Bd. 2, S. 520 ff.

[337] *Antalffy*, JÖR 1975/293; Autorenkollektiv, Staats- und Rechtslehre, S. 99; *Beér* in Beér/Kovács/Szamel, S. 248 f.; *Bihari*, Alkotmányjog, S. 205 ff.; *Brunner*, Georg in Bütow, S. 172; *Furtak*, S. 16, 21 f.; *Halmai*, OER 1990/3; *Holló*, S. 10 f.; *Hysi*, Gramos in Çela, S. 28 ff.; *Kovács*, ÁJ 1960/354; *Takács*, Imre in Kukorelli/Schmidt, S. 160; *Kuss*, S. 150 f.; *Lammich*, JÖR 1977/395 f.; *Rousillon*, RdDP 1977/85 f.; *Schroeder*, S. 16 ff.; *Szamel*, Közigazgatás, S. 50, 303 f.; *Szamel*, Lajos in A Tanácsakadémia, S. 75; *Török*, S. 132; *Vyšinskij*, S. 22 ff.; *Zippelius*, S. 448 ff. Eine Diskussion von Gewalteneinheit und Gewaltenteilung aus sozialistischer Sicht unter Berücksichtigung der örtlichen Räte findet sich bei *Bihari*, Az államhatalmi..., S. 3 ff.

Engels von der Pariser Kommune gegeben hatten[338]; die tatsächlichen Verhältnisse innerhalb der Kommune waren dagegen weniger interessant, nicht zuletzt wohl deshalb, weil sie zur Begründung von Herrschaft weniger taugten als die von *Marx* und *Engels* bereits an die Bedürfnisse ihrer Ideologie angepaßte Darstellung.

In einem solchen System gibt es naturgemäß keinen Platz für Autonomien. Das Vertretungsorgan verkörpert die *volonté générale,* der sich alle zu beugen haben. Dabei repräsentiert die gesamtstaatliche Versammlung den Willen des Gesamtvolkes und steht damit über den Versammlungen, die für örtlich beschränkte Einheiten bestehen. Letztere sollen den Willen für Angelegenheiten bilden, die auf das Gebiet beschränkt sind; ihre Existenzberechtigung besteht in der größeren Sachnähe der arbeitsteilig arbeitenden (aber jenseits der allein mit Effektivitätsargumenten begründeten Arbeitsteilung einheitlich gedachten) Staatsmacht. Eine Autonomie kann schon deshalb nicht damit verbunden sein, weil der Wille des Gesamtvolkes, wie er in der ranghöchsten Vertretungskörperschaft ausgedrückt wird, die höchste Autorität im Staat bildet. Eine Autonomie, die es ja ihrem Träger ermöglicht, seinen Freiraum zur Not auch gegen den Willen des Gesamtstaates durchzusetzen, kann in diesem Gedankengebäude nicht legitimiert werden.

Die Gewalteneinheit im Rätesystem

Nach der kommunistischen Machtergreifung in Ostmittel- und Südosteuropa paßten die einzelnen Parteien dieses abstrakte Rätemodell dem traditionellen Verwaltungsaufbau ihres jeweiligen Landes an. Überall wurde das bisherige Parlament mit der Rolle des Obersten Rates betraut, so auch in Ungarn. Folgerichtig bestimmte § 10 Abs. 1 Verf. von 1949, daß das oberste Organ der Staatsmacht das Parlament ist[339], und gemäß Abs. 2 übte das Parlament sämtliche aus der Volkssouveränität fließenden Rechte aus.

Die territorialen Untergliederungen des Staatsgebietes wurden in allen sozialistischen Ländern mit Räten der unterschiedlichen Hierarchiestufen versehen. In Ungarn kam der MSZMP dabei die traditionell recht starke Stellung des Komitats und die vor allem in ländlichen Gebieten schwach aus-

---

[338] *Brunner,* Georg in Heyen, S. 154 f.

[339] Zur Auslegung dieser Vorschrift s. *Beér* in Beér/Kovács/Szamel, S. 254 ff.; *Bihari,* Alkotmányjog, S. 212 ff.; *Bihari, Államjog,* S. 149 ff. Zur heutigen Bedeutung dieser in die neue Verfassungsordnung übernommenen Vorschrift s. *Balogh* in Holló/Balogh, S. 54 ff.; kritisch zu dieser in einem gewaltenteilenden System unpassenden, rein deklaratorischen Verfassungsaussage *Schweisfurth,* Theodor/*Alleweldt,* Ralf in Brunner, Politische Transformation, S. 52, 90 f.; *Küpper,* ZaöRV 1998/260.

geprägte Selbstverwaltung, die in den späteren Jahren des *Horthy*-Regimes und vor allem unter den Pfeilkreuzlern noch zusätzlich beschnitten worden war, zugute. Diese unterschiedlichen Hierarchiestufen bildeten ein einheitliches System, in welchem die Befehlsstränge von oben nach unten bis auf die unterste Ebene verliefen[340]. Die ungarische Verfassung brachte dies in § 30 Abs. 1 zum Ausdruck, der bestimmte, daß die Räte als örtliche Verwaltungsorgane einheitliche Organe der Staatsgewalt sind. Für garantierte eigene Gestaltungsspielräume oder gar Autonomie irgendeiner Hierarchiestufe war in diesem Modell, wie bereits ausgeführt, kein Platz.

bb) Der demokratische Zentralismus

Inhalt des Prinzips

Für den Inhalt des demokratischen Zentralismus galt das Parteistatut der KPdSU von 1934 als maßgeblich[341], wo dieses Prinzip zum ersten Mal definiert wurde. Danach setzte sich der demokratische Zentralismus aus vier Elementen zusammen, die auf den Staatsapparat übertragen[342] wie folgt lauten:

1) Wählbarkeit und Absetzbarkeit aller Staatsorgane und Funktionäre des Staatsapparates (imperatives Mandat);

2) Rechenschaftspflicht aller Exekutivorgane gegenüber der Volksvertretung gleicher Ebene und gegenüber dem Exekutivorgan übergeordneter Ebene (Prinzip der doppelten Unterstellung);

3) Unterordnung der Minderheit unter den Willen der Mehrheit (radikaldemokratische Ablehnung von Schutzrechten für die Minderheit);

4) unbedingte Verbindlichkeit der Gesetze, Verordnungen und Beschlüsse übergeordneter Stellen für die untergeordneten Organe.

Diese zentrale Leitung aller staatlichen Aktivitäten sollte mit einer breiten Beteiligung der Bevölkerung an diesen Tätigkeiten verbunden werden[343]. Diese demokratische Komponente trat aber in der Praxis völlig

---

[340] Anschaulich für die Praxis der Sowjetunion *Kralinski,* OEW 1999/57 ff.; *Šiškin,* JOR 1992/II, S. 295 f.

[341] Näher dazu *Brunner,* Parteistatut, S. 34, 50 f.; *Türke,* S. 142 ff.

[342] *Bihari,* Államjog, S. 141 ff.; *Galette,* JOR 1960/I, S. 43; *Brunner,* Georg in Heyen, S. 162 f.; *Kuss,* S. 142 ff.; *Türke,* S. 147 ff.; *Zippelius,* S. 452 ff. Nach der Machtübernahme wandten die Kommunisten dieses ursprünglich für die Leitung der Partei entwickelte Organisationsprinzip in jedem Land sofort auch auf den Staatsapparat an: *Rentsch,* S. 33, 36.

[343] *Hösel,* Dieter in Autorenkollektiv, Staatsrecht, S. 213; Autorenkollektiv, Staats- und Rechtslehre, S. 89; *Schüßler,* Gerhard in Autorenkollektiv, Staats- und

hinter die zentralistischen Aspekte des demokratischen Zentralismus zurück. Dies wird aus einem zu sozialistischen Zeiten häufig gebrauchten geflügelten Wort deutlich: „Was ist der demokratische Zentralismus? Über die Demokratie reden wir schön, und den Zentralismus verwirklichen wir eisenhart"[344].

Die Bedeutung dieses Prinzips für die Räte

In diesem System wurde den Räten durch die §§ 1, 2 RätG eine zweifache Rolle zugewiesen: Zum einen waren sie die örtlichen Organe und Instrument der Verwirklichung der Staatsmacht der Diktatur des Proletariats. Zum anderen waren sie die breitesten Massenorganisationen des werktätigen Volkes[345]. Dadurch sollte die ideologisch vorgegebene Einheit von Gesellschaft und Staat demonstriert werden[346].

Die örtlichen Räte waren zur engen Zusammenarbeit mit der Ungarischen Partei der Werktätigen verpflichtet (§ 2 Abs. 2 RätG). In der Praxis unterstanden die Räte in allen ihren Aktivitäten einer strengen Leitung und Kontrolle durch die Partei[347]. Diese führende Rolle der Partei war ebenfalls in § 2 Abs. 2 RätG festgeschrieben. In diesem Punkt ging das Erste Rätegesetz weiter als die Verfassung, in der erst durch die Verfassungsreform von 1972 die führende Rolle der marxistisch-leninistischen Partei verankert wurde (§ 3).

Rechtstheorie, S. 371 ff.; *Barabašev/Šeremet,* S. 85 f.; *Berglund/Dellenbrant* in Berglund/Dellenbrant, S. 25 ff.; *Brunner* in Brunner/Meissner, S. 15; *Brunner, Georg* in Bütow, S. 169; *Mampel,* ROW 1961/131 f.; *Meder,* JÖR 1972/132 f.; *Meissner* in Brunner/Meissner, S. 379; *Prisca,* S. 305 f.; *Schmidt,* ÁJ 1959/92.

[344] Zitiert nach *Kilényi,* MK 1999/673.

[345] *Antalffy,* György in Samu, S. 290; *Tschoppe,* Herbert in Autorenkollektiv, Staatsrecht, S. 321; *Beér,* S. 73; *Kovács* in Beér/Kovács/Szamel, S. 362; *Kovács, István* in A Tanácsakadémia, S. 130, 147 ff.; *Rentsch,* S. 90, 144. Zur ideologischen Bedeutung dieses Ausdruckes in diesem und dem zweiten Rätegesetz s. *Bihari,* Alkotmánytan, S. 284.

[346] *Kneif,* JÖR 1959/383. Auch die Verfassung von 1949 ging in § 2 Abs. 1 von dieser Einheit aus: „Die Volksrepublik Ungarn ist der Staat der Arbeiter und der werktätigen Bauern."

[347] *Ádám,* Tendances, S. 4; *Beér,* S. 96; *Brunner,* ROW 1962/26, 30; *ders.* in Heyen, S. 159 ff.; *Lammich,* JÖR 1977/396; *Kovács, István* in A Tanácsakadémia, S. 141.
Eine Analyse der Herrschaft der Partei in den sozialistischen Staaten aus soziologischer Sicht nehmen *Konrád/Szelényi,* S. 195 ff., vor; die Auswirkungen auf das Rechtssystem untersuchen *Reich/Reichel,* S. 100 ff.

d) Die Räteverwaltung

aa) Die Vollzugsausschüsse

Wie in den anderen Staaten Osteuropas[348] wurden die Aufgaben der Staatsverwaltung auch in Ungarn nicht durch die Räte selbst, sondern ihre Vollzugsausschüsse ausgeübt, soweit Rechtsvorschriften nicht andere Zuständigkeiten bestimmten. In der Zeit zwischen zwei Ratssitzungen versahen die Vollzugsausschüsse mit Ausnahme einiger weniger Geschäfte auch die Aufgaben des Rates[349].

Die Vollzugsausschüsse waren in der Praxis die Vertrauensorgane der Parteiorgane gleicher Stufe, die für die Durchführung des Parteiwillens sorgten[350]. Neben den Vollzugsausschüssen bildeten die Räte zur Erledigung bestimmer Verwaltungsaufgaben Fachverwaltungsorgane. Auf eine formelle Trennung von Partei- und Staatsbehörden wurde bis zum Schluß in Ungarn[351] streng geachtet, um durch die unvermeidbaren Fehler im alltäglichen Verwaltungsgeschäft nicht die „unfehlbare" Partei, sondern den weiterhin fehlbaren Staatsapparat verantwortlich machen zu können.

bb) Das Prinzip der doppelten Unterstellung

Die Vollzugsausschüsse unterstanden der Kontrolle und den Weisungen zum einen der sie bestellenden Räte, zum anderen der übergeordneten Vollzugsausschüsse (Prinzip der doppelten Unterstellung). Begründet wurde das Prinzip der doppelten Unterstellung damit, daß die Unterstellung des Vollzugsausschusses unter den jeweiligen Rat (horizontale Unterstellung) die Berücksichtigung besonderer lokaler Interessen sicherstellen und die Unterstellung unter das übergeordnete Fachorgan (vertikale Unterstellung) die Einheitlichkeit der Verwaltungsübung ermöglichen solle[352]. Im Rahmen des demokratischen Zentralismus betonte die vertikale Unterstellung die zentra-

---

[348] *Brunner,* Georg in Heyen, S. 167 ff.; *Kralinski,* OEW 1999/58 f.; *Reich/Reichel,* S. 127 ff.; *Schultz,* JÖR 1954/384.; *Zippelius,* S. 452 ff.

[349] *Brunner,* DVBl. 1984/465; *García Alvarez,* S. 21; *Kovács,* István in A Tanácsakadémia, S. 137; *Zlatopol'skij,* S. 99.

[350] *Fábián József* in seiner Parlamentsrede zum Kommunalgesetz 1990:LXV in OGy, 9.7.1990, Sp. 1372.

[351] Dasselbe gilt für die anderen kommunistischen Staaten Europas. Lediglich in Rumänien wurden unter der Herrschaft *Ceaușescus* Staats- und Parteiapparate vermischt. Zu diesem Sonderfall s. *Cismarescu,* OER 1980/162 ff.; *Brunner,* Georg in Heyen, S. 171 ff.; *Lengyel,* Zsolt K., ebd., S. 189 ff.; *Tontsch,* Partei und Staat; *ders.,* OER 1982/63 ff.

[352] *Brunner,* Georg in Grothusen, Ungarn, S. 230; *Maurach,* S. 270; *Schmidt,* ÁJ 1959/95.

listische Komponente, die horizontale Unterstellung dagegen das demokratische Element[353]. Weiterhin wurde bei der Begründung der doppelten Unterstellung betont, daß sie die breite Mitwirkung der Verwalteten an der Verwaltung sicherstelle[354]. In der Realität diente die doppelte Unterstellung vor allem dazu, den Vorrang des Politischen in jeder Verwaltung sicherzustellen; betont wurde vor allem die vertikale Unterstellung, und die Exekutivorgane bildeten das eigentliche Machtzentrum[355].

Bei den Fachverwaltungsorganen war das Prinzip der doppelten Unterstellung derart ausgestaltet, daß sie einerseits dem Vollzugsausschuß gleicher Ebene und andererseits dem Fachverwaltungsorgan höherer Ebene, letztendlich dem Fachministerium unterstellt waren[356].

Dieses Prinzip kam auch in dem Recht des Präsidialrates zum Ausdruck, einen Rat aufzulösen, dessen Arbeit verfassungswidrig war oder grob gegen die Interessen des werktätigen Volkes verstieß (§ 20 Abs. 3 Verf.). Der Präsidialrat als Vertreter des obersten Vertretungsorgans, des Parlaments, stand an der Spitze der Rätehierarchie. Der Ministerrat war die oberste Stufe der Exekutivorgane und stand somit den Vollzugsräten vor.

Zwischen 1949 und 1953 übte der Innenminister im Auftrag des Ministerrates die zentrale Aufsicht über die administrative Tätigkeit der Räte aus, von 1953 bis zum Erlaß des Zweiten Rätegesetzes 1954 der Ministerrat selbst[357].

Im Bereich der örtlichen Verwaltung wurde mit der Abschaffung der kommunalen Selbstverwaltung im herkömmlichen, von der sozialistischen Rechtslehre als bourgeois verworfenen[358] Sinn und mit der Eingliederung der Räte in den einheitlichen Staatsapparat, d.h. der Schaffung einer einheitlichen sozialistischen Staatsmacht[359], die Unterscheidung zwischen originären Selbstverwaltungsaufgaben und übertragenen Staatsaufgaben hinfällig[360]. Diese Unterscheidung wurde in der sozialistischen Rechtswissenschaft als bourgeois abgelehnt[361] und den Räten eine einheitliche Allzuständigkeit gewährt (§ 31 Abs. 1 Verf.).

---

[353] *Castagné*, RdDP 1961/61 f.

[354] *Castagné*, RdDP 1961/60.

[355] *Takács*, Albert in Brunner, Politischer Pluralismus, S. 136 f.; *Brunner*, Georg in Heyen, S. 163 f.; *Ieda* in Ieda, S. 90 f.; *Kralinski*, OEW 1999/59 f.

[356] *Brunner*, JÖR 1981/312.

[357] *Takács*, Imre in Kukorelli/Schmidt, S. 222.

[358] *Beér*, S. 75; *Haxhi*, Paskal in *Hysi*, S. 232; *Kaltenbach*, JOR 1990/I, S. 87.

[359] *Heller*, ROW 1961/222; *Maurach*, S. 261; *Tzschoppe*, Herbert in Autorenkollektiv, Staatsrecht, S. 323.

[360] *Brunner*, ROW 1962/28; *Heller*, ROW 1961/223; *Kneif*, JÖR 1959/383; *Maurach*, S. 266.

[361] *Koljušin*, S. 30; *Takács*, Imre in Kukorelli/Schmidt, S. 219.

e) Die Rätewahlen

Am 22.10.1950 fanden die ersten Rätewahlen statt. Das Wahlrecht wurde in der Verordnung mit Gesetzeskraft 1950/31. geregelt. Diese Vorschrift schrieb eine gebundene Listenwahl vor. Die örtlichen Komitees der Volksfront der Unabhängigkeit stellten in den Gemeinden, Städten und Stadtbezirken jeweils eine Liste mit so vielen Kandidaten auf, wie Sitze zu vergeben waren. Die Wähler hatten dann die Möglichkeit, für oder gegen diese Liste zu stimmen[362]. Eine Änderung im Wahlrecht brachte die Verordnung mit Gesetzeskraft 1951/23., die es den Räten gestattete, bis zu 20% zusätzliche Mitglieder frei zu kooptieren. Damit sollte die Stellung der Partei in den örtlichen Räten gestärkt werden, indem bestimmte Funktionäre auch ohne Wahl einen Sitz im Rat erhalten konnten[363].

In der im Februar 1949 gegründeten Volksfront der Unabhängigkeit waren die (bereits 1948 aus der Vereinigung der Ungarischen Kommunistischen Partei und den linken Sozialdemokraten hervorgegangene) Ungarischen Partei der Werktätigen und verschiedene gesellschaftliche Organisationen zusammengefaßt[364]. Durch die Volksfront konnte die Partei die Zusammensetzung der Räte und damit mittelbar auch ihre Arbeit beeinflussen, was die bereits erwähnte Kontrolle der Partei noch intensivierte[365].

Bei einer Wahlbeteiligung von 96,9% stimmten 97,8% der Wähler für die Listen der Volksfront[366].

f) Kommunistische Stadtpolitik

Ab 1949 begann eine neuartige Politik des Staates gegenüber den örtlichen Verwaltungen. Zum einen sollte die Arbeiterklasse als die tragende Säule der Herrschaft der Partei gestärkt werden. Zum anderen strebte *Rákosi,* ähnlich wie *Stalin* und die anderen kommunistischen Regime Osteuropas[367], durch den einseitigen, forcierten Ausbau der Schwerindustrie das ,Land des Eisens und Stahls'[368] an. Diese ideologischen und machtpoli-

---

[362] *Bihari,* JOR 1968/I, S. 171; *Schmidt* in Kukorelli/Schmidt, S. 140; *Szamel, Lajos* in A Tanácsakadémia, S. 216 f.

[363] *Révész,* László in Schroeder/Meissner, S. 205 f.

[364] *Ádám,* Tendances, S. 4; *Furtak,* S. 221; *García Alvarez,* S. 17; *Geilke,* WGO-MfOR 1963/14; *Kneif,* JÖR 1959/375; *Schmidt* in Kukorelli/Schmidt, S. 139; *Zlatopol'skij,* S. 56.

[365] *Brunner,* JÖR 1974/220; *Lammich,* JÖR 1977/397.

[366] *Kovács,* István in Tanácsadadémia, S. 130; *Zlatopol'skij,* S. 98.

[367] *Bräutigam,* ZaöRV 1961/674; *Haumann,* Heiko in Bütow, S. 35; *Höhmann,* Hans-Hermann in Bütow, S. 242; *Druwe,* S. 21; *Hrabik Samal,* OE 1982/547; *Peristeri,* S. 3.

tischen Vorgaben führten zu einer Förderung der Verstädterung und zu einer einseitigen Begünstigung und Industrialisierung der städtischen Gebiete zum Nachteil des ländlichen Raums[369].

aa) Gebietsreformen

Zunächst wurde eine territoriale Neugliederung durchgeführt. Bei der Reorganisation des Staatsgebietes nach dem Krieg wurden in Ungarn wie in den anderen neuen Volksdemokratien auch die Erfahrungen der sowjetischen Raumordnungslehre nutzbar gemacht, die unter besonderer Betonung der Wissenschaftlichkeit ihres Verfahrens vor allem wirtschaftliche Aspekte in den Vordergrund rückte[370].

Die Hauptstadt

Bei dieser Politik machte das Gesetz 1949:XXVI den Anfang. Dadurch wurde zum 1.1.1950 der hauptsächlich von Arbeitern bewohnte Vorortgürtel Budapests in die Hauptstadt eingemeindet. Das Gebiet von Budapest war seit seiner Gründung durch den Gesetzesartikel 1872:XXXVI nicht mehr erweitert worden. In der Folgezeit hatte sich ein Ring von Arbeitervorstädten gebildet, die eigenständige Kommunen auf dem Gebiet des Komitats Pest-Pilis-Solt-Kiskun blieben. Dieses Komitat umfaßte den größten Teil der Tiefebene zwischen Donau und Theiß und war bereits vor Trianon eines der größten und einwohnerstärksten Komitate. Die zahlreiche ländlich-konservative Bevölkerung bildete ein politisches Gegengewicht gegen den ‚roten Gürtel‘ rund um Budapest, weshalb dieser trotz entsprechender Pläne um die Jahrhundertwende und in den 30er Jahren nicht in die Hauptstadt eingemeindet worden war[371]. Dies interpretierte die Präambel des Gesetzes 1949:XXVI als „Verhinderung des Einflusses der Arbeiterklasse in dem Zentrum des Landes, der hauptstädtischen Selbstverwaltung".

Eine Analyse der sozialistischen Urbanisierungspolitik unter ideologischen Gesichtspunkten liefert am Beispiel Rumäniens *Ronnås,* OE 1988/1008 ff.

[368] *Hoensch,* S. 197; *Lendvai,* Ungarn, S. 51; *Száz,* OE 1964/444. Eine genaue Darstellung der stalinistischen Industrialisierung in den Volksdemokratien Ostmittel- und Südosteuropas findet sich bei *Robel,* Gert in Benz/Graml, S. 264 ff.

[369] *Borá,* OE 1983/488; *Verebélyi,* S. 84.

[370] *Lőrincz,* ÁJ 1961/224.

[371] *Kovács* in Beér/Kovács/Szamel, S. 352; *Gáspár,* ÁI 1989/896; *Kiss,* ÁI 1973/314; *Takács,* Imre in Kukorelli/Schmidt, S. 221; *Kovács,* István in A Tanácsakadémia, S. 120 f.

Man vergleiche diese Politik mit der Situation von Paris, wo die ‚*ceinture rouge*‘ aus denselben Gründen bis heute nicht in die Kernstadt eingemeindet worden ist.

Begleitend zu dieser Eingemeindung ordneten die Verordnung des Ministerrats 4349/1949. (XII.20.) MT und die Verordnung des Innenministers 106.990/1949. (XII.31.) BM die Einteilung des erweiterten hauptstädtischen Territoriums in Bezirke neu. Es wurden 22 Bezirke geschaffen, die mit einer Ausnahme heute noch so bestehen.

Die Komitate

Auch die Gebiete der Komitate wurden neu geregelt. Die Verordnung des Ministerrats 4343/1949. (XII.14.) MT senkte die Zahl der Komitate von bisher 25 auf 19[372]. Bei der Festlegung der neuen Grenzen und der Verwaltungssitze wurden – jedenfalls dem Anspruch nach – die natürlichen Gegebenheiten und die Verkehrsverhältnisse ebenso berücksichtigt wie die Klassengliederung der Bevölkerung[373]. In Wirklichkeit veränderte die Komitatsgebietsreform nicht allzuviel. Die Komitate blieben im wesentlichen in ihren traditionellen Grenzen mit ihren traditionellen Bezeichnungen erhalten, was der tiefen Verwurzelung dieser Einheiten im Bewußtsein der Öffentlichkeit entsprach. Eine wirklich rationale und an den sozioökonomischen Verhältnissen der Nachkriegszeit orientierte Neugliederung des Landes ist unterblieben.

Die Kreise, Städte und Gemeinden

Die Verordnung des Ministerrats 144/1950. (V.15.) MT setzte die Grenzen und Verwaltungssitze der Kreise neu fest. Deren Anzahl wurde von 150 auf 138 reduziert, die Ungleichheiten in Größe und Wirtschaftskraft gemindert und das wirkliche wirtschaftliche Zentrum des jeweiligen Kreises zu dessen Verwaltungssitz erklärt; begleitend dazu verringerte die Regierung die Zahl der Gemeinden von 3250 auf 3169[374].

Mit dem Beschluß 1954/12. NET des Präsidialrates der Volksrepublik wurden die Großstädte Debrecen, Miskolc, Pécs und Szeged aus dem Gebiet des jeweiligen Komitats herausgehoben und zu ‚Städten mit Komitatsrecht' ernannt[375].

Unterhalb der Ebene der Kreise und der großen Städte wurden die zahlreichen Klein- und Kleinstgemeinden angehalten, die vom Rätegesetz vor-

---

[372] *Kovács* in Beér/Kovács/Szamel, S. 351. Eine vollständige Auflistung ist abgedruckt bei *Brunner*, JÖR 1981/314 Fn. 87.

[373] *Dallos*, ÁI 1975/491; *Kovács*, István in A Tanácsakadémia, S. 121 f.

[374] *Kovács*, István in A Tanácsakadémia, S. 122; *Hajdú*, Zoltán in Agg/Pálné Kovács, S. 17 f.; *Kovács* in Beér/Kovács/Szamel, S. 351.

[375] *Kovács* in Beér/Kovács/Szamel, S. 352.

gesehenen Möglichkeiten der Kooperation verstärkt zu nutzen. Mit der Schaffung immer größerer landwirtschaftlicher Einheiten im Zuge der Kollektivierung wurden die herkömmlichen Gemeindegrenzen auf dem Lande immer bedeutungsloser, und das Bedürfnis nach entsprechenden kommunalen Einheiten stieg. Zudem konnten nur größere Gemeinden den Anspruch des Regimes auf eine umfassende soziale Grundversorgung der Bevölkerung auf dem Lande[376] erfüllen. Der Druck auf die Gemeinden zur Kooperation und schließlich zum Zusammenschluß stieg.

bb) Stalinistische Raumentwicklungspolitik

Auf die Industrialisierungsbestrebungen und die damit verbundene Bevorzugung der Städte ist bereits hingewiesen worden. Die extreme Zentralisierung des stalinistischen Systems führte in dem traditionell stark auf die Hauptstadt ausgerichteten Kleinstaat Ungarn zu einer weiteren faktischen Entwertung der Provinz. Auch wenn das Regime den Anspruch erhob, die Unterschiede zwischen Stadt und Land einebnen zu wollen[377], steigerte es den Unterschied an Lebensqualität durch seine einseitig die Städte und insbesondere die Metropole bevorzugende Politik noch. Es sollte dabei nicht übersehen werden, daß auch der ländliche Raum von den Modernisierungsprogrammen profitierte, nur bei weitem nicht so stark wie die privilegierten Städte.

Eines der Hauptcharakteristika der neuen Stadtpolitik war die Ausweisung besonderer Orte, die zu neuen Zentren der (schwer-)industriellen Entwicklung wie auch zu Mitteln der Überwindung der Rückständigkeit des ländlichen Raumes werden sollten, den sogenannten „sozialistischen Städten"[378]. Dabei handelte es sich durchweg um kleinere Ortschaften wie Kazincbarcika, Salgótarján, Várpalota oder Komló, bisweilen sogar um Neugründungen neben bestehenden Dorfkernen wie Leninváros oder Sztálinváros (das ab 1961 Dunaújváros genannt wurde)[379]. Diese Orte erhielten in den 1950er und 1960er Jahren besondere Zuwendungen und umfangreiche Investitionen und Investitionshilfen für die Infrastruktur. Einige dieser Vergünstigungen wie verbilligte Preise für Haushaltsstrom wurden erst Ende der 1980er Jahre abgeschafft.

---

[376] In erster Linie handelte es sich um den Unterhalt von Schulen, öffentlichen Versorgungsunternehmen, medizinischen und kulturellen Einrichungen sowie den Personenverkehr.

[377] Zur Stellung dieses politischen Ziels im Gesamtrahmen der kommunistischen Ideologie s. *v. Beyme*, OE 1998/543 f., 556 f.

[378] *Beluszky*, ÁI 1983/915; *Fischer*, Holger in Grothusen, Ungarn, S. 477.

[379] *Beluszky*, ÁI 1983/916. Eine vollständige Darstellung in *Ajtay*, Világatlasz, S. 136.

Der starre Zentralismus der Raumentwicklungspolitik machte jede Konkurrenz zwischen den einzelnen Gemeinden unmöglich. Eine Konkurrenzsituation entstand lediglich bei dem Zugang zu staatlichen Mitteln, aber diese Konkurrenz führte nicht zu Eigeninitiative oder Effizienzsteigerungen, sondern nur zu dem Bestrebungen, gute Kontakte nach oben zu pflegen und auszubauen[380]; ansonsten ermöglichten es die zentralen Vorgaben der örtlichen Ebene praktisch gar nicht, eigene Initiativen zu entwickeln und zu verwirklichen und zu versuchen, Investitionen für ihr Gebiet zu gewinnen.

2. Das Zweite Rätegesetz (1954–1971)

a) Die Entstalinisierung in Ungarn

Am 5.3.1953 starb *Stalin*. Während in der Sowjetunion die Lage durch den Machtkampf zwischen *Chruščëv* und *Malenkov* in der Schwebe blieb und eine wirkliche Entstalinisierung noch nicht stattfand[381], trat in Ungarn am 4.7.1953 *Mátyás Rákosi* von seinem Amt als Ministerpräsident zurück und räumte vor dem Zentralkomitee der Ungarischen Partei der Werktätigen schwere persönliche Fehler ein[382]. Er behielt allerdings die Leitung des auch weiterhin stalinistischen Parteiapparates[383].

Sein Nachfolger im Amt des Ministerpräsidenten, *Imre Nagy*, propagierte einen „Neuen Kurs", der eine Liberalisierung der Wirtschaft, aber auch des Staatsapparates zum Inhalt hatte[384]. Die „administrativen Methoden", wie die behördlichen Willkürmaßnahmen der *Rákosi*-Ära umschrieben wurden, sollten von einer „sozialistischen Gesetzlichkeit" abgelöst werden[385]. Nachdem in der Zeit von 1949 bis 1953 sowjetische Vorbilder fast ohne Änderungen übernommen worden waren, wurde ab 1953 die nationalen Besonderheiten auch in der Rechtsordnung stärker betont[386].

---

[380] *Konrád/Szelényi*, S. 66 ff., 178 ff.

[381] *Robel*, Gert in Benz/Graml, S. 359, 374 ff.; *Druwe*, S. 23 ff.; *Meissner*, JÖR 1973/104 ff.; *Rigby*, S. 153; *Scharndorff*, Politische Studien 1962/5 f. Eine genaue Darstellung dieses Prozesses findet sich bei *Kux*, Politische Studien 1958/312 ff.

[382] *Robel*, Gert in Benz/Graml, S. 362; *Lendvai*, Ungarn, S. 49 f.

[383] *Robel*, Gert in Benz/Graml, S. 365; *Brunner* in Brunner/Meissner, S. 477 f.; *Lázár*, S. 195; *Lendvai*, Ungarn, S. 52.

[384] 1956, ENSZ-jelentés, S. 19; *Balázs*, Politische Studien 1990/334; *Robel*, Gert in Benz/Graml, S. 362; *Takács*, Imre in Kukorelli, Alkotmánytan, S. 262; *Lendvai*, Ungarn, S. 50 ff.

[385] *Markója*, MJ 1982/193, 195; *Mezőfy*, JOR 1960/I, S. 167.

[386] *Brunner* in Brunner, Menschenrechte, S. 35; *Westen*, Klaus in David/Grasmann, S. 400 f.; *Nagy/Póti*, Külpolitika 1990 Bd. 2 S. 9; *Szabó*, ÁJ 1967/492.

b) Die Neuregelung der Räte 1954

Dieses Reformprogramm zur Überwindung des stalinistischen Personenkultes beinhaltete auch eine Neuregelung der Lokalverwaltung[387]. 1954 beschloß der Parteikongreß die Neuregelung des Rechtes der Räte[388]. Entsprechend dieser Beschlüsse wurden ein neues Rätegesetz und ein neues Rätewahlgesetz erlassen. Begleitend wurde die Verfassung geändert, um die neuen gesetzlichen Regelungen zu ermöglichen[389].

aa) Die Grundprinzipien der Neuregelung

Das Zweite Rätegesetz (1954:X) behielt die Grundprinzipien des demokratischen Zentralismus (§ 1 Abs. 2) und der doppelten Unterstellung der Exekutivorgane (Präambel, § 39 Abs. 1) bei. Die leitende Rolle der Partei wurde in der Präambel festgeschrieben. Auch wenn der Präambel für sich genommen in ungarischen Gesetzen keine Gesetzeskraft zukommt[390], bedeutete die Streichung der führenden Rolle der Partei aus dem Gesetzestext und ihre „Verbannung" in die Präambel keine Schwächung des Führungsanspruchs der Kommunisten über die örtlichen Verwaltungen. In der Praxis war der Geltungsanspruch der Partei ohnehin stärker als der des Rechts.

In vielen Einzelvorschriften betonte das Gesetz die Rolle der Räte als breiteste Massenorganisation der Werktätigen (§ 1 Abs. 1) und die anzustrebende möglichst breite Teilnahme der Massen an den Aufgaben der Räte. Diese Einbeziehung der Bevölkerung in die Verwaltungstätigkeit wurde als die Schlüsselfrage der sozialistischen Demokratie angesehen[391]. Um dies zu erreichen, stärkte das Gesetz die Position der Vertretungsorgane, der Räte, gegenüber den Exekutivorganen.

Die oberste Aufsicht und Leitung der Räte wurde dem höchsten Organ der Staatsmacht, nämlich dem Parlament und dem es vertretenden Präsidialrat der Volksrepublik übertragen (§§ 3, 4). Die Leitung der Räte durch Organe der Staatsverwaltung wie den Ministerrat fand damit ein Ende. Im Rahmen des Prinzips der doppelten Unterstellung übte der Ministerrat

---

[387] *Brunner*, DVBl. 1984/465; *Takács*, Imre in Kukorelli/Schmidt, S. 222; *Szamel*, JOR 1964/II, S. 118 f.; *Szamel*, JOR 1965/I, S. 74 f.

[388] *Kovács* in Beér/Kovács/Szamel, S. 364.

[389] Gesetz 1954:VIII über die Änderung der Verfassung der Volksrepublik Ungarn; Gesetz 1954:IX über die Wahl der Mitglieder der Räte; Gesetz 1954:X über die Räte (Zweites Rätegesetz). Dazu *Antalffy*, JÖR 1975/288.

[390] *Küpper*, OE 1997/685 f.

[391] *Bihari*, Az államhatalmi ..., S. 8; *Szamel*, JOR 1964/II, S. 122.

jedoch weiterhin die oberste Kontrolle über die Vollzugsausschüsse aus (§ 31 Abs. 1).

Auch im inneren Gefüge der örtlichen Verwaltungen wurde die Rolle der Räte gegenüber den vollziehenden Organen gestärkt[392]: Die Vollzugsausschüsse konnten den Rat nicht mehr zwischen zwei Sitzungsperioden vertreten, und die ständigen Ausschüsse wurden aus Unterabteilungen der Vollzugsausschüsse in Organe der Räte umgewandelt[393]. Obwohl sich die Haushalte der Räte auch weiterhin im Rahmen des staatlichen Volkswirtschaftsplans und des staatlichen Haushaltes zu bewegen hatten (§ 6 Abs. 2a), wurde ihr finanzieller Spielraum durch die Einführung von Entwicklungsfonds erweitert[394].

bb) Die hierarchische Gliederung der Räte

Die Hierarchie der Räte wurde leicht verändert (§ 3). Unmittelbar dem Parlament unterstanden der Hauptstädtische Rat, die Komitatsräte und die Räte der Städte mit Komitatsrecht. Die Anzahl dieser Städte betrug zunächst vier (Debrecen, Miskolc, Pécs und Szeged) und blieb lange Zeit konstant. Bis 1988 wurde dieser Kreis nur um eine Stadt erweitert: Győr[395]. Daneben hatten das Parlament und der Präsidialrat der Volksrepublik die Möglichkeit, einzelne Städte aus der Aufsicht der Komitate auszunehmen und unmittelbar dem Präsidialrat der Volksrepublik zu unterstellen (§ 4 Abs. 2 h).

Dem Komitatsrat unterstanden die Räte der Kreise und der Städte mit Kreisrecht. Die Räte der Gemeinden waren den Kreisräten untergeordnet, und die Stadtbezirksräte unterstanden dem städtischen bzw. dem Hauptstädtischen Rat.

Diese Über- und Unterordnung läßt sich in dem folgenden Schema darstellen:

---

[392] *Bihari*, Az államhatalmi …, S. 7.
[393] *Kovács* in Beér/Kovács/Szamel, S. 364 f., 377; *Szamel*, JOR 1964/II, S. 123.
[394] *Takács*, Imre in Kukorelli/Schmidt, S. 222.
[395] *Ajtay*, Világatlasz, S. 135; Szerkesztőbizottság, Államigazgatási Térkép.

Schema 2

Die Hierarchie der Räte (2)

zentrale Organe der Staatsmacht:

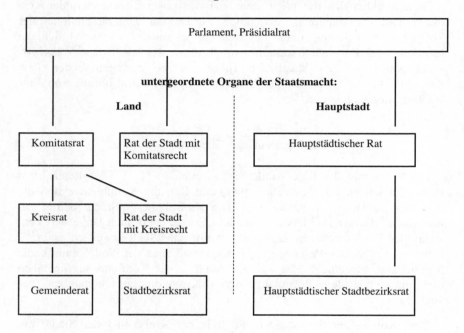

cc) Die Rätewahlen

Das Gesetz 1954:IX gestaltete das Wahlverfahren der Ratsmitglieder völlig neu. Statt der bisherigen, mangels Alternativen sinnlos gewordenen Listenwahl[396] wurde das Gebiet des jeweiligen Rates in so viele Wahlbezirke eingeteilt, wie der Rat Mitglieder hatte. In jedem Wahlbezirk wurde ein Ratsmitglied gewählt (§ 1 Abs. 2). Die Mandatsdauer betrug vier Jahre (§ 1 Abs. 1).

Die Nominierung der Kandidaten erfolgte auf öffentlichen Versammlungen in den Wahlbezirken (§ 24); das Verzeichnis der dort nominierten Kandidaten wurde dem örtlichen Organ der Patriotischen Volksfront zugeleitet (§ 25 Abs. 3). Die Patriotische Volksfront, die 1954 aus der Volksfront der

---

[396] *Dezső,* Márta in Kukorelli, Alkotmánytan, S. 139 f.

Unabhängigkeit gebildet wurde[397], bestimmte dann den endgültigen Kandidaten (§ 26 Abs. 1).

Mit dem neuen Wahlgesetz endete die bisherige, mit den Wahlgrundsätzen der Verfassung nicht in Einklang stehende Praxis der Kooptation eines Teiles der Rätemitglieder, durch die die Mitgliedschaft im Rat auch durch andere Wege als durch Wahl erlangt werden konnte[398]. Die Mitgliedschaft in einem Rat konnte somit seit 1954 nur noch durch Wahl erworben werden.

Die Ersetzung der Listenwahl durch das System der Einmann-Wahlkreise veränderte in der Folgezeit die Verbindung der Ratsmitglieder mit den Wählern und damit den Inhalt des Mandates[399]. Durch die Identifizierung des einzelnen Abgeordneten mit einem bestimmten Wahlbezirk trat die Artikulation und Vertretung örtlicher (Partikular-) Interessen stärker als bisher in den Vordergrund[400]. In der Folgezeit wurde die Bedeutung der örtlichen Interessenvertretung auch auf nationaler Ebene anerkannt und institutionalisiert: 1956 faßte das noch nach Listenwahl gewählte Parlament seine Abgeordneten in Komitatsgruppen, denen jeweils alle Abgeordneten aus demselben Komitat bzw. der Hauptstadt angehörten, zusammen[401].

c) Die Entwicklungen nach 1956

In der Sowjetunion zerstörte *Chruščëv* mit seiner Geheimrede vom 25.2.1956 auf dem XX. Parteikongreß der KPdSU den *Stalin*-Mythos und leitete die Entstalinisierung ein. Parallel zu der Verdammung des Personenkultes wurde die Forderung nach der „sozialistischen Gesetzlichkeit" erhoben[402]. Gleichzeitig erweiterte der XX. Parteikongreß den politischen Spielraum der osteuropäischen Volksrepubliken, indem er auf die von *Stalin* ge-

---

[397] *Rentsch*, S. 144.

[398] *Kovács*, ÁJ 1960/363; *Révész*, László in Schroeder/Meissner, S. 205 f.

[399] *Szamel*, JOR 1964/II, S. 123.

[400] *Schmidt* in Kukorelli/Schmidt, S. 142 f.

[401] *García Alvarez*, S. 19; *Schmidt* in Kukorelli/Schmidt, S. 141. Eine soziologische Analyse der territorialen Repräsentation im Sozialismus wurde entwickelt von *Konrád/Szelényi*, S. 201 f.

[402] Die Rede ist in deutscher Übersetzung abgedruckt in Ost-Probleme Nr. 25/26 vom 22.6.1956, S. 867 ff. Dazu s. 1956, ENSZ-jelentés, S. 18; *Brunner*, Verfassungsmodelle, S. 43; *Koch*, OE 1957/859; *Lendvai*, Ungarn, S. 13; *Loeber*, OER 1955/56, S. 243; *Maurach*, Politische Studien 1958/246; *Meissner* in Brunner/Meissner, S. 381; *Meissner*, JÖR 1973/106 ff.; *Opałek/Zakrzewski*, S. 35 ff.; *Reich/Reichel*, S. 63 ff.; *Samu*, ÁI 1986/146; *Uschakow*, Alexander in Schroeder/Meissner/Westen, S. 75 ff.; *Strogovič*, S. 11 ff. Einzelheiten bei *Meissner*, Russland, S. 3 ff.

forderte sklavische Nachahmung des sowjetischen Vorbildes in den einzelnen Staaten verzichtete[403].

aa) Der Aufstand von 1956

Diese Vorgänge führten im Oktober/November 1956 zum Aufstand in Ungarn[404]. Innerhalb kürzester Zeit übernahmen die Aufständischen die Kontrolle über Armee, Polizei- und Staatsapparat. In den Betrieben, Behörden und örtlichen Verwaltungen bildeten sich Räte, die vielfach die vollziehende Gewalt übernahmen. Die territorialen Nationalräte in vielen Orten schlossen sich zu Regionalräten zusammen, deren Mitglieder aus Delegierten der Betriebs- und Arbeiterräte oder aus Vertretern der neugebildeten Parteien bestanden. Die territorialen Räte verstanden sich ebenso wie die Betriebs- und Arbeiterräte als politische Organisationen und nicht bloß als Verwaltungsorgane[405]. Die Abschaffung des Rätesystems beabsichtigten die Aufständischen nicht[406].

Unter dem Druck der sowjetischen Militärintervention brach der Aufstand nach 13 Tagen zusammen. Die Sowjetunion setzte eine neue Staats- und Parteiführung unter *János Kádár* ein und erzwang die Auflösung der territorialen Räte[407]. Die alten Räte nahmen ihre Arbeit nach den Vorschriften des Zweiten Rätegesetzes wieder auf.

bb) Die Liberalisierung der Räteverwaltung im Kádárismus

Nach der Reorganisation der Partei, die in Ungarische Sozialistische Arbeiterpartei umbenannt wurde, und der Konsolidierung der Macht leitete die Regierung *Kádár* in den frühen 1960er Jahren eine Liberalisierung der Innenpolitik ein[408]. Sie befand sich damit in Übereinstimmung mit dem Kurs

---

[403] *Balaban,* JÖR 1988/16; *Bräutigam,* ZaöRV 1961/678; *Brunner,* OER 1968/111; *Geilke,* WGO-MfOR 1963/11; *Meissner,* Wiedervereinigung, S. 65 ff.; *Nagy/Póti,* Külpolitika 1990 Bd. 2 S. 8; *Slapnicka,* OER 1974/108 f., 112.

[404] 1956, ENSZ-jelentés, S. 18 f.; *Anweiler,* OE 1958/393; *Brunner* in Brunner/Meissner, S. 478; *Druwe,* S. 23 f.; *Frenzke,* Völkerrechtslehre, S. 104 ff.; *Koch,* OE 1957/859.

[405] 1956, ENSZ-jelentés, S. 24 f.; *Anweiler,* OE 1958/394 f.; *Ströhm,* OE 1957/4 f. Ein Programm der Arbeiterselbstverwaltung ist abgedruckt bei *Bibó,* Kibontakozás, S. 161 ff., und *Bibó,* Nyilatkozat, S. 191 ff.

[406] *Bibó,* Munkástanácsok, S. 208, 210 f.; *Hegyi,* 1956, S. 30 f.; *Kneif,* JÖR 1959/382 f.

[407] *Anweiler,* OE 1958/396 f.; *Ginsburgs,* OER 1965/182 f.

[408] *Robel,* Gert in Benz/Graml, S. 388 f.; *Bohmann,* S. 17; *Brunner* in Brunner/Meissner, S. 478; *Fenske/Mertens/Reinhard/Rosen,* S. 549; *Hegyi,* Vissza, S. 85; *Izik-Hedri,* OE 1990/454; *Kwasny,* OE 1983/213; *Lendvai,* Ungarn, S. 60 ff.;

Chruščëvs in der Sowjetunion, wo der XXI. Parteikongreß der KPdSU im Januar 1959 die sozialistische Demokratie zu einer staatstragenden Leitidee erhoben hatte[409]. Auch in Ungarn spielte daraufhin der Begriff der sozialistischen Demokratie in der Diskussion um Liberalisierungen eine große Rolle[410]. Ein weiterer zentraler Begriff in den ungarischen Reformen nach 1956 war die „Festigung der sozialistischen Gesetzlichkeit"[411], die auch in der sowjetischen Entstalinisierung gefordert wurde[412].

Die Volkskontrolle

Zunächst stärkte das Gesetz 1957:VII[413] die Aufsicht der Räte über die Exekutivorgane. Das Gesetz richtete bei den örtlichen Räten auf allen Ebenen örtliche Volkskontrollausschüsse ein (§ 1 Abs. 1 b). Ihre Mitglieder wurden von den jeweiligen Räten gewählt, wobei Mitglieder des Vollzugsausschusses nicht in den Volkskontrollausschuß gewählt werden konnten (§ 4 Abs. 2, 3). 1968 wurde die Volkskontrolle in die Staatsverwaltung integriert[414].

Die Aufgabe der Volkskontrollausschüsse war die Kontrolle aller dem jeweiligen Rat unterstehenden Organe, Behörden, Betriebe und anderer Stellen (§ 9 Abs. 1). Zu diesem Zweck hatten sie die Befugnis, Straf-, Disziplinar- oder Schadensersatzverfahren gegen Beschäftigte der Verwaltung zu initiieren[415].

Maćków, OE 1994/326 f.; *v. Puttkammer,* OE 2000/678 ff.; *Meissner* in Schroeder/Meissner, S. 47; *Brunner,* Georg in Schroeder/Meissner/Westen, S. 92 ff.; *Szamel,* JOR 1964/II, S. 121.

Einzelheiten über die Liberalisierungen im Bereich der örtlichen Räte finden sich bei *Brunner,* Georg in Heyen, S. 173 ff.; *Verebélyi,* S. 78 ff.

[409] *Schultz,* ROW 1962/177, 182.

[410] *Szabó,* Máté in Pradetto, S. 27; *Török,* S. 132 f.; *Verebélyi,* S. 94 f.

[411] *Brunner,* OER 1968/110; *Markója,* MJ 1982/198 ff.

[412] *Čchikvadze,* S. 204 f.; *Kuss,* S. 161 ff.; *Meissner,* JÖR 1973/108; *Strogovič,* S. 11 ff.

[413] Gesetz 1957:VII über die Volkskontrolle.

[414] *Révész,* László in Schroeder/Meissner, S. 214 f. Zur Entstehung der Volkskontrolle in der Sowjetunion s. *Brunner,* OER 1967/114 ff.; *Westen,* Klaus in David/Grasmann, S. 385 ff.; *Szawlowski,* OER 1963/85 ff.; zu den Vorläufern im vorrevolutionären zaristischen Rußland s. *Fincke,* JOR 1965/II, S. 168 ff.

[415] *Szamel,* JOR 1965/I, S. 69. Zu den Einzelheiten der Rolle der Volkskontrollausschüsse bei den Kontrollaufgaben der örtlichen Räte s. *Török,* S. 151.

Die Stellung der Ausschüsse

Um die Position der Räte noch weiter zu stärken, schwächte die Regierung 1967[416] die vertikale Unterstellung der Vollzugsausschüsse unter die übergeordneten Fachbehörden und Ministerien. Die Leitungsinstrumente dieser zentralen Stellen wurden auf den Erlaß von Verordnungen, normativen Anweisungen, allgemeinen Fachrichtlinien und prinzipiellen Stellungnahmen beschränkt. Sie konnten die Vollzugsausschüsse somit nur noch im allgemeinen und nicht mehr in Einzelfällen anleiten, was diesen bei der Entscheidung im individuellen Fall mehr Unabhängigkeit von dem übergeordneten Exekutivorgan sicherte[417]. Diese Lockerung der vertikalen Unterstellung der Vollzugsausschüsse unter höherrangige Staatsverwaltungsorgane führte automatisch zu einer Stärkung der anderen, der horizontalen Unterstellung, d.h. der Unterstellung unter die Räte gleicher Ebene.

Trotz dieser Stärkung der Räte blieben die Vollzugsausschüsse und die Fachverwaltungsorgane auch weiterhin das Rückgrat der örtlichen wie auch der staatlichen Verwaltung[418]. Eine Unterscheidung zwischen staatlichen und eigenen Aufgaben fand auch weiterhin nicht statt, weil diese nur in einem System, das echte autonome Freiräume gewährt, Sinn macht, nicht aber in einem administrativ und ideologisch derart zentralisierten Staat, der keinerlei institutionelle und kaum persönliche Autonomie vorsah.

Das Verwaltungsverfahrensgesetz

1957 wurde ein allgemeines Verwaltungsverfahrensgesetz[419] erlassen. Dies hatte für die Räteverwaltungen in zweierlei Hinsicht Bedeutung. Zum einen führte es zu einer Verrechtlichung der Verwaltungsarbeit und einem weiteren Zurückdrängen der sog. „administrativen Methoden". Als Teil der öffentlichen Verwaltung wurden auch die Räte und ihre Organe bei ihrer Arbeit einer strengeren rechtlichen Bindung unterworfen[420].

Zum anderen führte das Verwaltungsverfahrensgesetz die gerichtliche Überprüfung einzelner, enumerativ aufgezählter behördlicher Handlungen ein. Die Aufzählung in § 57 umfaßte ursprünglich nur wenige, wenn auch sehr „publikumsintensive" Angelegenheiten, darunter Personenstands- und Wohnungssachen. Da die Klage gemäß § 56 Abs. 2 gegen dasjenige Organ

---

[416] Durch Regierungsbeschluß 1023/1967. (VIII.8.) vom 8.8.1967.

[417] *Schultz,* ROW 1970/199.

[418] *Antalffy,* JÖR 1968/494.

[419] Gesetz 1957:IV über die allgemeinen Regeln des Verwaltungsverfahrens. Näher zu diesem Gesetz in seiner nach 1989 geschaffenen Gestalt *Lőrincz,* Lajos in Harmathy, S. 45 f.

[420] Dazu *Paulovics,* MJ 2000/619 f.

zu richten war, das die angegriffene Entscheidung getroffen hatte, konnten sich jetzt die Räte vor Gericht in der Rolle des Beklagten finden. Der verwaltungsgerichtliche Rechtsschutz kam lediglich dem Bürger gegen die Verwaltung zugute; ein Schutz der Rechte der örtlichen Räte gegen Übergriffe der zentralen Instanzen kam schon wegen der kompletten Einbindung der Räte in den einheitlichen Staatsaufbau nicht in Betracht. An dieser Situation änderte auch die umfangreiche Ausweitung der gerichtlichen Kontrolle über verwaltungsbehördliches Handeln im Jahre 1981[421] nichts.

Dekonzentration und Professionalisierung

Im Mittelpunkt der Liberalisierungsbestrebungen zu Beginn der 1960er Jahre stand die Absicht, die Organe der dekonzentrierten Staatsverwaltung aus dem zentralen staatlichen Rahmen zu lösen und den örtlichen Räten zu unterstellen. Auch diese Dekonzentrierungspläne dürfen nicht als Bestrebungen zu der Wiedereinrichtung einer lokalen Autonomie verstanden werden, sondern sie dienten vor allem dazu, den Verwaltungsaufbau zu straffen und den Wildwuchs des Zentralstaats zu beschneiden. Der VIII. Parteikongreß der MSZMP im September 1962 forderte darüber hinaus die Überleitung staatlicher Funktionen auf Institutionen der gesellschaftlichen Selbstverwaltung. Dies wurde jedoch nur in Randbereichen wie dem Sport verwirklicht[422].

Außerdem war die Partei bemüht, in den Spezialausschüssen der örtlichen Räte die Rolle der Fachleute – auch wenn diese politisch neutral und höchstens Mitläufer des Systems waren – gegenüber den fachlich oft weniger oder gar nicht kompetenten Parteimitgliedern zu stärken[423]. Diese Entparteilichung der fachlichen Arbeit vor Ort sollte das Bild der Räteverwaltung auf Dauer stärker prägen als alle institutionellen Experimente, denn es schaffte die Voraussetzung für eine Professionalisierung der Verwaltung und die Herausbildung eines entsprechenden Ethos, der in stärker ideologisierten kommunistischen Staaten bis zum Schluß von Parteiloyalität überlagert wurde.

---

[421] Gesetz 1981:I über die Änderung und die einheitliche Fassung des Gesetzes 1957:IV über die allgemeinen Regeln des Verwaltungsverfahrens i. V. m. Ministerratsverordnung 63/1981. (XII.5.) MT über die gerichtlich überprüfbaren Verwaltungsentscheidungen. Zum Verwaltungsverfahrensgesetz und dem darin vorgesehenen gerichtlichen Rechtsschutz s. *Brunner*, Verwaltungsrechtspflege, S. 23 ff.; *Kuss*, S. 379 ff.

[422] *Slapnicka*, OER 1974/109; *Szamel*, JOR 1964/II, S. 119, 125; *Szamel*, JOR 1972/I, S. 226.

[423] *Druwe*, S. 29; *Lázár*, S. 198; *Szamel*, JOR 1972/I, S. 231 ff.; *Száz*, OE 1964/444. Zur ideologischen Grundlage der „Dilettantenverwaltung" der „reinen Lehre" s. *Brunner*, Georg in Heyen, S. 154 f., 164 f., zur Gegensteuerung in den Reformländern Polen und Ungarn S. 173 ff.

Die Einführung von Mehrfachkandidaturen

Ein zentraler Punkt des Liberalisierungsprogramms war die Neuregelung des Wahlrechts in dem Gesetz 1966:III[424]. Dieses Gesetz regelte erstmals die Wahlen zum Parlament und zu den örtlichen Räten einheitlich. Begründet wurde diese Vereinheitlichung damit, daß sowohl das Parlament als auch die örtlichen Räte Organe der Volksvertretung seien und als solche eine ähnliche Aufgabe hätten: den Willen des Volkes auf den einzelnen Stufen des Staatsaufbaus zu repräsentieren. Dieser Identität der Aufgaben würde ein unterschiedliches Wahlrecht widersprechen[425]. Mit dieser Änderung wurde ein weiterer traditioneller Unterschied zwischen lokaler Autonomie und gesamtstaatlicher Repräsentanz eingeebnet und die örtlichen Räte enger in das einheitliche hierarchische System von Volksvertretungen vom Dorf bis zum Parlament eingebunden.

Für alle Wahlen schrieb das Gesetz nun das System der Einmann-Wahlkreise vor. Für die örtlichen Räte, die bereits seit 1954 so gewählt worden waren, änderte sich dadurch also nichts.

Die bedeutendste Neuerung des Wahlgesetzes war die Einführung der Möglichkeit von Mehrfachkandidaturen. Auf den Nominierungsversammlungen konnten die Wähler des Wahlbezirkes einen oder mehrere Kandidaten nominieren (§ 28 Abs. 2). Die Namen der Nominierten wurden dann von den örtlichen Komitees der Patriotischen Volksfront dem jeweiligen Wahlpräsidium mitgeteilt (§ 31 Abs. 1). Das Wahlpräsidium stellte den/die Kandidaten zur Wahl auf (§ 31 Abs. 3).

Da die Nominierung der Kandidaten von der Patriotischen Volksfront kontrolliert wurde, stellten sich dem Wähler im Falle einer Mehrfachkandidatur nur personelle, aber keine programmatisch-politischen Alternativen. Sämtliche Kandidaten mußten regimetreu sein[426]. Obwohl Mehrfachkandidaturen in der Praxis relativ selten vorkamen[427], hat die Einführung dieses Systems doch zu einer gewissen Rotation unter den Kadern geführt[428].

---

[424] Gesetz 1966:III über die Wahl der Parlamentsabgeordneten und der Ratsmitglieder, M. K. 1966/643 ff.

[425] *Bihari,* JOR 1968/I, S. 173, 175. Dazu s. auch *Révész,* László in Schroeder/Meissner, S. 207 f.

[426] *Grzybowski,* Marian in Berglund/Dellenbrant, S. 181 f.; *Brunner,* JÖR 1981/314; *Izik-Hedri,* OE 1990/459 f.; *Lammich,* JÖR 1977/397; *Weber,* JOR 1990/II, S. 335.

[427] *Brunner,* JÖR 1981/314; *Brunner* in Brunner/Meissner, S. 478; *Furtak,* S. 224; *Dezső,* Márta in Kukorelli, Alkotmánytan, S. 140; *Majoros,* Wahlrechtsreform, S. 2 ff.; *Révész,* László in Schroeder/Meissner, S. 207 f.; *Weidenfeld,* Werner in Brunner, Menschenrechte, S. 82.

[428] *Völgyes,* OE 1987/330.

Auch die dadurch geschaffene Möglichkeit, verschiedene Meinungen gegenüberzustellen und zu diskutieren, wurde in einem gewissen Umfang genutzt[429].

Trotz der geringen praktischen Relevanz bedeutete die Einführung der Möglichkeit der Mehrfachkandidatur einen großen Schritt für die gesamte sozialistische Gesetzgebung: In Polen etwa wurde erst zu Beginn der 1980er Jahre im Zusammenhang mit der *Solidarność*-Bewegung diese Möglichkeit eingeräumt, in der Sowjetunion im Zuge der Reformen *Gorbačëvs* durch das Wahlgesetz von 1988, wovon in den Kommunalwahlen erstmals 1990 Gebrauch gemacht wurde[430].

cc) Die Liberalisierung des politischen Umfelds der Räte

Die Liberalisierungen im Bereich der Räte waren ein Teil der Maßnahmen, mit denen *Kádár* den Partei- und Staatsapparat entstalinisieren und später dekonzentrieren wollte. Diese Politik wiederum war Teil einer umfassenderen Liberalisierungspolitik, die sämtliche Lebensbereiche betraf und dem *Kádárismus* sein eigenes Gesicht unter den sozialistischen Regimen verlieh. Im Zentrum dieser Politik stand vor allem in den Jahren nach 1957 das Bestreben um nationale Versöhnung, das sich im Verlaufe der Zeit und dem Gelingen der Versöhnung (freilich um den Preis der Verdrängung der Ereignisse von 1956) mehr und mehr zu einer vorsichtigen Lockerung der staatlichen Zügel entwickelte. Diese gelungene nationale Versöhnung ersparte der ungarischen Gesellschaft eine jahrzehntelange Erstarrung, wie sie in der Tschechoslowakei nach 1968 eintrat, und die Liberalisierung und Entpolitisierung des täglichen Lebens ersparte der Gesellschaft die Deformationen, die eine permanente mentale Totalmobilisierung etwa durch den Personenkult *Ceauşescus* in Rumänien oder durch die verfolgungsneurotische Abschottung in selbstgenügsamer Unterentwicklung in Albanien bewirkte.

Begleitend und ergänzend zu der staatlichen Sphäre wurde auch die Wirtschaft liberalisiert. Mitte der 60er Jahre wurde der Neue Ökonomische Mechanismus beschlossen, welcher dann zum 1.1.1968 in Kraft trat. Er bedeutete die Dezentralisation der staatlichen Wirtschaftslenkung und eröffnete den staatlichen und den von den Räten verwalteten Unternehmen (insbesondere der Daseinsvorsorge) sowie den Genossenschaften gewisse eigenverantwortliche Freiräume, insbesondere bei der Festsetzung der Preise und im Lohnsystem[431].

---

[429] *Dezső*, ÁJ 1984/484.
[430] *Kralinski*, OEW 1990/64; *Kuss*, S. 210 f.

Von stalinistischer Seite wurden diese Liberalisierungen in Staat und
Wirtschaft scharf verurteilt. Stellvertretend für diesen – auch in Ungarn
zwar marginalisiert, aber dennoch fortexistierenden – Standpunkt soll das
Schrifttum der Sozialistischen Volksrepublik Albanien zitiert werden, da
diese nie entstalinisiert wurde und den Anspruch erhob, die klassischen
Dogmen des Marxismus-Leninismus zu vertreten; zudem war Albanien
durch seinen Isolationismus nicht an blockinterne Rücksichtnahmen gebunden, so daß sich in seinen Stellungnahmen der stalinistische Standpunkt in
seiner reinsten Form spiegelte[432]. Es wurden die Reformen vor allem als
Bürokratismus und Liberalismus kritisiert. Diese beiden Phänomene wurden
von Albanien besonders stark bekämpft, da sie dem offiziellen Standpunkt
zufolge zur Degeneration des allein ideologiekonformen Zentralismus führten. Der sich aus der Diktatur des Proletariats ergebende Zentralismus sei
das maßgebliche Prinzip im politischen Leben und damit auch für die Räte.
Er habe, realisiert durch den Plan, auch in der wirtschaftlichen Sphäre uneingeschränkt zu gelten. Abweichungen von diesem Grundsatz, seien sie
bürokratischer oder liberaler Art, stellten nach Ansicht albanischer Autoren
unweigerlich den Anfang vom Ende des Systems dar[433].

dd) Die Raumentwicklungspolitik des Kádárismus

In der Siedlungspolitik setzte sich die für die 50er Jahre geschilderte Bevorzugung der Städte vor dem ländlichen Raum fort[434]. Dies führte dazu,
daß sich das Bevölkerungswachstum in den 60er Jahren ganz in den Städten konzentrierte, während die Dörfer Wanderungsverluste hinnehmen
mußten. Den größten Zuwachs innerhalb der Gruppe der Städte erzielten

---

[431] *Balázs,* Politische Studien 1990/334 f.; *Robel,* Gert in Benz/Graml, S. 418 f.;
Grzybowski, Marian in Berglund/Dellenbrant, S. 181; *Brunner* in Brunner/Meissner,
S. 478; *Hartmann,* PVS 1982/309; *Kaltenbach,* JOR 1990/I, S. 87 f.; *Leipold,*
S. 139-167; *Plattner,* S. 162; *Sárközy,* OER 2000/257 ff.; *Schultz,* ROW 1970/
198 f.; *Szamel,* JOR 1972/I, S. 233 ff.; *Glatz,* Ferenc in Weidenfeld, S. 174 ff. Zur
Interdependenz der Reformen im staatlich-administrativen und im wirtschaftlichen
Sektor s. *Bihari,* ÁI 1973/104.

[432] *Bartl,* S. 240 ff.; *Robel,* Gert in Benz/Graml, S. 364 f., 381; *Biscaretti di
Ruffia,* S. 152; *Druwe,* S. 24; *Küpper,* Herbert in Hatschikjan/Troebst, S. 229;
Küpper, ZaöRV 1999/143 ff.; *Lendvai,* Albanien, insbes. S. 42 ff.; *Tarifa,* Balkan
Forum 1993 Bd. 1 Nr. 5 S. 124; *Tönnes.*

[433] *Çela,* Aranit in Hysi, S. 58; *Haxhi,* Paskal in Hysi, S. 230; *Nushi,* S. 5 f.; aus
dem deutschsprachigen Schrifttum ist erwähnenswert *Schmidt-Neke,* Michael in
Grothusen, Albanien, S. 174 ff., 204 ff. Deshalb machte Art. 11 der albanischen
Verfassung vom 28.12.1976, GZ 1976 Nr. 5, den Kampf gegen Bürokratismus und
Liberalismus zur Staatszielbestimmung. Die Auswirkungen dieser Bestrebungen auf
das Rechtssystem schildert *Stoppel,* JOR 1985/II, S. 410 f.

[434] *Beluszky,* ÁI 1983/920; *Tatai,* ÁI 1984/415.

die Städte mit Komitatsrecht und die Städte mit Kreisrecht, während die Bevölkerungszahl Budapests keine entsprechenden Steigerungsquoten aufwies[435]. Hierin spiegelt sich ein neues Moment der Siedlungspolitik der Volksrepublik Ungarn: der Versuch, das weitere Wachstum der Hauptstadt zu beschränken.

Der Abbau des Übergewichts der Hauptstadt

Mit 2 Millionen Einwohnern vereinigte sie 20% der Gesamtbevölkerung auf sich und war das absolute politische, wirtschaftliche, soziale, kulturelle und geistige Zentrum des Landes, neben dem es keine nennenswerten Subzentren gab. Mitte des 19. Jahrhunderts als Metropole einer europäischen Mittelmacht konzipiert, sprengten ihre Dimensionen das Maß Rumpfungarns in den Grenzen von Trianon: Der „Wasserkopf" Budapest beherrscht das Land auf jedem denkbaren Gebiet, ähnlich wie Wien das Österreich in den Grenzen des Friedensvertrags von Saint-Germain-en-Laye beherrscht, ohne allerdings im Land eine so zentrale geographische Lage einzunehmen wie Budapest[436].

Dies hatte man gegen Ende der 50er Jahre erkannt, und der VII. Kongreß der MSZMP von 1958 legte Richtlinien zum Abbau des Übergewichts der Metropole und zur Stärkung der Provinz fest. Mittelpunkt dieser Politik war der Ausbau größerer Zentren im Land, für die man die vier Städte mit Komitatsrecht sowie Győr auswählte. Als realisierbare Obergrenze dieser Zentren wurde eine Einwohnerzahl von 200.000 bis 300.000 geschätzt[437]. Parallel dazu begann man zu Anfang der 60er Jahre, Industrie aus Budapest auf die Dörfer, insbesondere in die der Großen Tiefebene, auszusiedeln, um die dörfliche Bevölkerung besser mit Arbeitsplätzen zu versorgen und so der weiteren Landflucht vorzubeugen[438].

Innerhalb des Ballungsraumes der Hauptstadt begann man, die Agglomeration zu dezentralisieren und im Vorortbereich Subzentren zu planen, um die Innenstadt zu entlasten und die Wohnbevölkerung dieser Gebiete besser zu versorgen[439]. Noch heute weist der Gürtel aus gründerzeitlichen Arbei-

---

[435] *Klocke*, OE 1972/740.

[436] Nicht nur in Österreich, auch in Ungarn ist der Ausdruck „Wasserkopf" [ungar.: vízfej] zur Bezeichnung der Disparität zwischen den Dimensionen der Hauptstadt und den Dimensionen des Landes üblich. Zur Dominanz Budapests s. *Szabó*, Máté in Pradetto, S. 39. Einzelheiten zur Entlastung Budapests durch die angestrebte Dezentralisation bei *Fischer*, Holger in Grothusen, Ungarn, S. 478–483.

[437] *Klocke*, OE 1972/744.

[438] *Borá*, OE 1983/486; *Fehér*, ÁI 1973/483; *Gáspár*, ÁI 1989/897; *Kőmíves*, ÁI 1974/15 ff.

[439] *Gáspár*, ÁI 1989/897.

tersiedlungen und sozialistischen Plattenbauten rund um Budapest eine wesentlich bessere Ausstattung mit Einkaufs- und Versorgungsmöglichkeiten
und mit Anbindungen an den öffentlichen Personennahverkehr auf als die
Trabantenstädte westdeutscher Großstädte aus jener Zeit.

Die Dorfpolitik

Zur gleichen Zeit war die Einrichtung der großen, oft das Gebiet mehrerer Dörfer umfassenden Produktionsgenossenschaften abgeschlossen. Dies
bewog viele ländliche Gemeinden dazu, von der schon früher existierenden
gesetzlichen Möglichkeit, mit benachbarten Gemeinden gemeinsam einen
Rat zu bilden, Gebrauch zu machen[440]. Gleichzeitig änderten sich durch die
Kollektivierung der Landwirtschaft die gewachsenen Dorfstrukturen ele-
mentar, was sich vor allem auf die ethnischen Minderheiten negativ auswirkte und deren Assimilierung beschleunigte[441].

1963 wurde der Landesweite Rahmenplan zur Entwicklung des Siedlungsnetzes beschlossen, mit dem die Phase des bewußten, geplanten Aus-
baues des ländlichen Raumes begann. Dieser Rahmenplan war eine der
Hauptgrundlagen für die Konzeption zur Entwicklung des Siedlungsnetzes
von 1971, die lange Zeit die Hauptleitlinie für infrastrukturelle Planung und
Entwicklung darstellte[442]. Er war nicht mehr so starr wie die Pläne der 50er
Jahre, erlaubte den Gemeinden aber nach wie vor kaum die Entfaltung eigener Aktivitäten zur Steigerung ihrer Attraktivität für Investoren oder neue
Bewohner. Damit verurteilte auch dieser Rahmenplan diejenigen Gemeinden, die nicht in irgendwelche Präferenzstufen aufgenommen worden waren
oder nicht in vom Plan bevorzugten Gebieten lagen, zu einer Existenz, die
bestenfalls in Stagnation bestand.

3. Das Dritte Rätegesetz (1971–1990)

1966 beschloß der IX. Kongreß der MSZMP, daß das Recht der örtlichen
Räte neu geregelt werden solle. In den Richtlinien für die Rätereform legte
er fest, die doppelten Unterstellungen möglichst einzuschränken und die

---

[440] *Brunner,* DVBl. 1984/467; *Fürcht,* ÁI 1983/881; *Takács,* Imre in Kukorelli/
Schmidt, S. 229.

[441] *Brunner* in Brunner/Tontsch, S. 26 ff.; *Küpper,* S. 87 f.; *Seewann,* Gerhard in
Brunner/Lemberg, S. 136; *Seewann,* Südosteuropa 1992/297, 302.

[442] Regierungsbeschluß 1022/1963. (IX.21.) Korm. über das System der regionalen Planung; Beschluß der Ungarischen Revolutionären Arbeiter- und Bauernregie-
rung 1007/1971. (III.16.) über die Konzeption der landesweiten Siedlungsnetzent-
wicklung, M. K. 1971/272 ff. Dazu *Beluszky,* ÁI 1983/917 f.; *Fischer,* Holger in
Grothusen, Ungarn, S. 473 ff.

Kompetenzen der örtlichen Räte zu erweitern[443]. In diesen Grundgedanken sind die liberalen Vorstellungen des Kádárismus deutlich erkennbar, der mit dem alten, noch aus zentralistischerer Zeit stammenden Zweiten Rätegesetz unzufrieden war. 1967 begannen die Arbeiten an einem neuen Rätegesetz, in die dann auch die den Neuen Ökonomischen Mechanismus prägenden Gedanken über die Dezentralisierung einflossen[444]. Dieser liberale Kurs und das Streben nach Demokratisierung wurden von dem X. Kongreß der MSZMP 1970 bestätigt[445].

a) Das Gesetzgebungspaket zur Rätereform

Im Rahmen der umfassenden Liberalisierungen[446] wurden drei die örtlichen Verwaltungen betreffenden Gesetze verabschiedet[447]. Zunächt änderte das Gesetz 1970:III das Wahlgesetz 1966:III ab und paßte es dem für die kommenden Reformen geplanten Räteaufbau an. Gleichzeitig traf es umfangreiche Neuregelungen im Hinblick auf das materielle Wahlrecht.

Das Gesetz 1971:I (das Dritte Rätegesetz) regelte das Recht der Räte umfassend neu und setzte das Zweite Rätegesetz außer Kraft. Es hielt am demokratischen Zentralismus als Grundlage der Räteorganisation fest und betonte ihre Rolle als Organe des die Volksmacht verwirklichenden sozialistischen Staat. Diese an alte Vorbilder erinnernde Bestimmung wurde jedoch dadurch abgeschwächt, daß die Organrolle der Räte sich nach dem Gesetzestext nicht nur auf Organe der Staatsverwaltung beschränkte, sondern sie gleichzeitig Volksvertretungs- und Selbstverwaltungsorgane waren (§ 2 Abs. 1). Auf die besondere Bedeutung der Räte als Selbstverwaltungsorgane wird noch zurückzukommen sein. Die leitende Rolle der Partei wurde im Gesetz selbst nicht erwähnt, sondern lediglich in der Präambel.

Das Dritte Rätegesetz enthielt in § 75 Abs. 2 die Bestimmung, daß die Bestimmungen der Verfassung „in bezug auf die Räte entsprechend diesem Gesetz geändert werden"; eine vergleichbare Bestimmung fand sich in § 21 Abs. 2 des Wahlgesetzes, derzufolge die Bestimmungen der Verfassung „in bezug auf die Wahl der Ratsmitglieder entsprechend diesem Gesetz geändert werden".

---

[443] *Rentsch,* S. 145; *Verebélyi,* S. 98.

[444] *Brunner,* DVBl. 1984/465; *Kaltenbach,* JOR 1990/I, S. 87 f.

[445] *García Alvarez,* S. 14; *Kwasny,* OE 1971/844; *Majoros,* OER 1990/86.

[446] Den Parallelismus der Rätereform von 1971 und der Wirtschaftsreform von 1968 betonen *Kaltenbach,* JOR 1990/I, S. 88, und *Orosz,* ÁI 1988/521.

[447] Gesetz 1970:III über die Änderung des Gesetzes 1966:III, M. K. 1970/846 ff.; Gesetz 1971:I über die Räte, M. K. 1971/177 ff. (Drittes Rätegesetz); Gesetz 1972:I über die Änderung des Gesetzes 1949:XX und über den einheitlichen Text der Verfassung der Volksrepublik Ungarn, M. K. 1972/257 ff.

Diese Verfassungsänderungen wurden durch das verfassungsändernde Gesetz 1972:I nachvollzogen. Gleichzeitig wurde die Verfassung neu gefaßt, um die bisherigen Änderungen in einen einheitlichen Text zu bringen[448]. Diese umfassende Verfassungsreform sollte die bisher erreichten Reformen auch auf Verfassungsebene verankern. Vom Erlaß einer neuen Verfassung wie in den übrigen Staaten des Warschauer Paktes in den frühen 70er Jahren sah man in Ungarn mit der Begründung ab, daß der Aufbau der sozialistischen Gesellschaft im Land noch nicht abgeschlossen sei[449].

b) Die Einführung der zweistufigen Räteverwaltung

Eines der Kernstücke der Rätereform war die Reduzierung der Verwaltungsebenen und damit verbunden eine Gebietsreform. In dem neuen System waren nur noch zwei Räteebenen (örtlich und regional) vorgesehen.

aa) Stadtbezirke und Kreise

Die Stadtbezirke

Im Rahmen der Straffung der territorialen Rätehierarchie und der Reduzierung des dreistufigen Aufbaus zu einem zweistufigen wurden auf unterster Ebene die Räte in den Stadtbezirken außerhalb der Hauptstadt abgeschafft. Die Stadtbezirke wurden in Bezirksämter genannte Verwaltungsorgane umgewandelt; für die Komitatsstädte war die Einrichtung von Bezirksämtern zur erstinstanzlichen Erledigung der vom Rat in ihre Befugnis verwiesenen Sachen verbindlich (§ 67)[450].

Die Kreise

Einschneidender waren die Veränderungen auf der überörtlichen Ebene: Auch in den Kreisen wurden die Räte abgeschafft. Begründet wurde die Abschaffung der selbständigen Kreisebene damit, daß die Gemeinden sich so weit entwickelt hätten, daß sie der zusammenfassenden, vermittelnden Rolle des Kreises nicht mehr bedurften; ihre gesteigerte Selbständigkeit drücke sich auch darin aus, daß sie mit dem Komitat und der Zentralregierung direkt in Verbindung treten könnten[451].

---

[448] Zur Rolle der verfassungsändernden Gesetze 1970:III und 1971:I als vorweggenommener Teil der geplanten und durch das Gesetz 1972:I durchgeführten umfassenden Verfassungsrevision s. *Bihari*, Alkotmánytan, S. 281, *Kovács*, ÁJ 1974/31 und *Takács*, Imre in Kukorelli/Schmidt, S. 33.

[449] *Brunner* in Brunner/Meissner, S. 478 f.; *García Alvarez*, S. 14 f.

[450] *Szamel*, JOR 1972/I, S. 237.

Interessant ist, daß in der ebenfalls 1972 durchgeführten polnischen Verwaltungsreform aus demselben Grund etliche Kompetenzen von den Kreisen zu den Gemeinden heruntergestuft und letztere auf diese Weise gestärkt wurden; 1975 wurden die Kreise dann gänzlich beseitigt und die zweistufige Verwaltung durch das Gesetz über den zweistufigen Aufbau der Staatsverwaltung eingeführt. Anders als in Ungarn erhöhte man in Polen dabei allerdings die Anzahl der Einheiten der mittleren Ebene, der Wojewodschaften, von 22 auf 49[452]. In der Slowakei dagegen fand die Einführung der zweistufigen Verwaltung 1969 durch die Abschaffung der höheren Stufe der Territorialverwaltung (dort Kreise genannt, während die Ebene über den Gemeinden als Bezirke bezeichnet wurden) statt, und in der Tschechischen Teilrepublik blieb es bei dem herkömmlichen dreistufigen System von Gemeinde, Bezirk und Kreis[453]. Es war also nicht überall in den europäischen sozialistischen Staaten das Bestreben nach einer zweistufigen Territorialverwaltung zu verzeichnen.

Als staatliche Verwaltungsstellen blieben auf Kreisebene die Kreisämter jedoch bis Ende 1983 bestehen. Nachdem die Verwaltungsaufgaben der Kreisämter stetig reduziert worden waren, wurden auch sie 1983 abgeschafft, so daß die Funktionen der Kreise völlig wegfielen. Die Kreise wurden schließlich durch eine Verfassungsänderung endgültig beseitigt[454]. Ihre Funktionen sollten vor allem von den zentraleren Orten wahrgenommen werden. Im Dritten Rätegesetz findet diese Konzeption insofern ihren Niederschlag, als daß der Rat der Gemeinde Einrichtungen zur Befriedigung der örtlichen Bedürfnisse schaffen kann, die Räte der Großgemeinde, der Stadt und der Komitatsstadt hingegen auch die Bedürfnisse der Bevölkerung des Einzugsbereiches mit ihren Einrichtungen mitbefriedigen können (§ 14 Abs. 3). In der Praxis wurden die Funktionen der Kreise im wesentlichen von verschiedenen Stadt-Umland-Konstruktionen wahrgenommen[455].

Zum Ausgleich für die weggefallenen Kreise wurde in Ungarn, anders als in Polen, eine Aufstockung der Zahl der Einheiten der mittleren Ebene, der Komitate, nicht vorgenommen. Dies lag vor allem an der unterschied-

---

[451] *Fonyó*, ÁI 1984/770 f.; *Ieda* in Ieda, S. 91 f.; *Papp*, ÁI 1983/1066.

[452] Dazu s. *Gebert*, Władze, S. 36 ff., 45 ff.; *Sengoku*, Manabu in Ieda, S. 56 ff.; *Lammich*, Siegfried in Schroeder/Meissner, S. 118 ff.; *Zakrzewski*, OER 1984/192 ff.; *Zakrzewski*, PiP 1/1984, S. 3 ff.

[453] *Slapnicka*, Helmut in Schroeder/Meissner, S. 152 f.

[454] *Brunner*, JÖR 1981/313; *Takács*, Imre in Kukorelli/Schmidt, S. 223; *Papp*, ÁI 1983/1066. Zu Einzelheiten, auch der ihre Aufgaben teilweise übernehmenden Stadt-Umland-Bezirke, s. *Brunner*, DVBl. 1984/466 ff. Zu den Hintergründen der Abschaffung s. *Csalótzky*, MJ 1983/1057 ff.

[455] *Brunner*, Georg in Grothusen, Ungarn, S. 231.

lichen Größe der Staaten: In Ungarn mit seinen etwa 93.030 qkm bestanden 19 Komitate und die Hauptstadt; in Polen wurden auf einer Fläche von ungefähr 312.700 qkm aus ursprünglich 22 jetzt 49 Wojewodschaften geschaffen. Die Durchschnittsgröße eines Komitates betrug mithin in Ungarn etwa 4.870 qkm, während eine Wojewodschaft in Polen im statistischen Durchschnitt 6.380 qkm (bei nur 22 Wojewodschaften 14.215 qkm) groß war. Durch die Einführung einer zweistufigen Territorialverwaltung wurden also in Polen und Ungarn trotz der unterschiedlichen Größe und der unterschiedlichen Siedlungsmuster mittlere Einheiten von ungefähr derselben (durchschnittlichen) Ausdehnung geschaffen.

bb) Die örtliche Ebene

Räte bestanden demnach auf der unteren Stufe in den Städten, Gemeinden und hauptstädtischen Stadtbezirken, auf höherer Ebene in den Komitaten und in der Hauptstadt (§ 4 Drittes RätG). Die Räte in den Gemeinden, den Großgemeinden, den Städten, den Komitatsstädten sowie in den hauptstädtischen Stadtbezirken wurden als örtliche Räte bezeichnet (§ 4 Abs. 1). Ihnen waren je nach Rang entweder die Räte der mittleren Ebene (Komitatsräte, Hauptstädtischer Rat) oder die zentralen Institutionen direkt übergeordnet.

Die Städte unterteilten sich in – fünf – Komitatsstädte (Debrecen, Győr, Miskolc, Pécs und Szeged) und in – ursprünglich 84 – Städte, deren Räte dem jeweiligen Komitatsrat untergeordnet waren[456]. Bei den Gemeinden wurden Großgemeinden und Gemeinden unterschieden. Großgemeinden hatten das Recht, kommunale Versorgungsunternehmen zu errichten, die in den einfachen Gemeinden von den Komitaten betrieben wurden[457]. Mehrere Gemeinden konnten einen gemeinsamen Rat bilden. In diesen Gemeinden war die Einberufung einer Dorfversammlung, die lediglich Informationszwecken diente und keine Kompetenzen hatte, obligatorisch. In anderen Gemeinden stand es dem Rat frei, Dorfversammlungen einzuberufen (§ 35 Drittes RätG)[458].

cc) Die Staatsaufsicht

Auf zentraler Ebene bestimmte das Parlament den grundlegenden rechtlichen Rahmen für die Tätigkeit der Räte. Durch den Staatshaushalt beeinflußte es auch deren finanziellen Handlungsspielraum (§ 70 Drittes RätG).

---

[456] *Brunner,* JÖR 1981/313; *Rentsch,* S. 146 f.

[457] *Brunner,* DVBl. 1984/467.

[458] Zu Einzelheiten der Dorfversammlung s. *Bihari,* Államjog, S. 193, und *Vargyai,* ÁI 1973/1094 ff. Zu ihren sowjetischen Vorbildern s. *Karadi,* ÁI 1975/252 f.

Daneben oblag dem Präsidialrat die Verfassungsaufsicht über die Tätigkeit der Räte, wobei er das Recht hatte, gegen Räte, die die Verfassung oder die Interessen des Volkes schwer verletzten, notfalls mit einer Auflösung vorzugehen; außerdem schrieb er die Rätewahlen aus und war für die Einstufung der einzelnen Gebietskörperschaften in die einzelnen Hierarchiestufen zuständig (§ 71 Drittes RätG). Die Kompetenz zur Auflösung und andere Instrumente der Verfassungsaufsicht hat der Präsidialrat nicht in Anspruch nehmen müssen[459].

Der Ministerrat versah die eigentliche Aufsicht und Leitung der Räte; er konnte auch die Rechtsnormen und Einzelakte der Räte aufheben, wenn sie gegen höherrangiges Recht oder die Interessen der Gesellschaft verstießen (§ 72 Drittes RätG). Beim Ministerrat bestand ein Räteamt unter der Leitung eines Staatssekretärs, das als landesweite Behörde an der Leitung der Räte durch den Minsterrat mitwirkte (§ 73 Drittes RätG). Direkte Eingriffsrechte räumte das Dritte Rätegesetz dem Ministerrat nur gegenüber den Komitatsräten und dem auf gleicher Hierarchiestufe stehenden Hauptstädtischen Rat ein; die Aufsicht über die untergeordneten örtlichen Räte war den Komitatsräten (bzw. dem Hauptstädtischen Rat) übertragen.

Eine gewisse Bedeutung kam auch den einzelnen Fachministern zu. Sie konnten zwar auf die Räteverwaltung keinen direkten Zugriff nehmen, aber durch den Erlaß von fachbezogenen Rechtsnormen stand ihnen ein recht wirksames Lenkungsinstrument zur Verfügung (§ 74 Drittes RätG)[460]. Zudem blieb ihnen, wie unten noch zu zeigen sein wird, der Zugriff auf die Vollzugsausschüsse: Diese blieben, anders als die Räte selbst, auch weiterhin direkt den übergeordneten Fachverwaltungen, letztendlich also den Ministerien, verantwortlich.

c) Das Kommunalwahlrecht

Das Gesetz 1970:III schaffte die Direktwahl der Räte der höheren Ebene ab. Es wurden jetzt nur noch die unteren Räte in den Gemeinden, Städten und hauptstädtischen Stadtbezirken direkt gewählt. Diese Räte wählten dann die Komitatsräte bzw. den Hauptstädtischen Rat. Ziel dieser Maßnahme war es, die Repräsentanz der örtlichen Interessen auf höherer Ebene zu stärken[461]. Die Möglichkeit, mehr Kandidaten als zu vergebende Man-

---

[459] *Brunner*, JÖR 1981/320.

[460] Krititsch zu der Überregulierung, die den Räten kaum Raum für eigene Lösungen ließ, *Kiss*, DVBl. 1989/918 ff., insbesondere S. 922.

[461] *Bihari*, Államjog, S. 185 f.; *Bihari*, ÁI 1973/104; *Kovács*, ÁJ 1974/32; *Schmidt* in Kukorelli/Schmidt, S. 145 f.

date aufzustellen, wurde auch für die indirekt gewählten Räte beibehalten[462].

Weiterhin beendete dieses Gesetz die monopolistische Rolle der Patriotischen Volksfront bei der Nominierung der Kandidaten in den Wahlen: Für die Nominierung eines Kandidaten war ein Drittel der Stimmen auf der Nominierungsversammlung ausreichend. Auf den Nominierungsversammlungen konnten Nominierungsvorschläge nicht nur von den Organen der Patriotischen Volksfront, den gesellschaftlichen Organisationen und den Belegschaften der Betriebe und Genossenschaften unterbreitet werden, sondern auch von jedem einzelnen Wähler (§ 29 Abs. 2). Diese Maßnahmen hatten zum Ziel, die Demokratie und die Teilnahme der Wahlbürger zu stärken[463].

1975 wurde das Mandat der Ratsmitglieder von vier auf fünf Jahre verlängert[464]. Dies geschah durch das verfassungsändernde Gesetz 1975:I, welches noch vor den Parlamentswahlen vom 15.6.1975 die Amtszeit sowohl der Parlamentsabgeordneten als auch der Räte auf fünf Jahre anhob. Ausschlaggebend für diese Neuerung waren wohl Überlegungen in bezug auf das Parlament. Gemäß der seit 1966 praktizierten Einheitlichkeit der Wahl des Parlaments und der Räte folgten die örtlichen Vertretungen den Veränderungen des Parlamentswahlrechts.

d) Aspekte des Kádárschen Liberalismus

In dem Dritten Rätegesetz regelte Ungarn das Recht der Räte liberaler und fortschrittlicher als jedes andere Land Osteuropas[465].

aa) Die sozialistische Selbstverwaltung

Die Selbstverwaltung im Dritten Rätegesetz

Die wichtigste Neuerung des Gesetzes 1971:I bestand darin, daß die Räte und deren Organe dreifach, und zwar nicht nur als Volksvertretungs- und Staatsverwaltungs-, sondern auch als Selbstverwaltungsorgane definiert wurden (§ 2 Abs. 1). Da die gleiche Vorschrift den demokratischen Zentra-

---

[462] *Bihari,* Alkotmánytan, S. 322.

[463] Einzelheiten bei *Schmidt* in Kukorelli/Schmidt, S. 144 f. Eine genau aufgeschlüsselte Darstellung der Ergebnisse der ersten nach diesem Gesetz durchgeführten Rätewahl 1973 ist abgedruckt bei *Csáki,* ÁI 1973/874 ff.

[464] Gesetz 1975:I über die Änderung der Verfassung, M. K. 1975/334. Dazu *Brunner,* DVBl. 1984/468; *Schmidt* in Kukorelli/Schmidt, S. 142.

[465] *Brunner,* JÖR 1974/230 f.; ders. in Heyen, S. 173 ff. Eine vergleichende Darstellung bietet *Koljušin,* S. 20 ff.

lismus als Grundlage des Rätesystems nannte, ist Selbstverwaltung nicht im westlichen Sinn zu verstehen[466].

Die sowjetische Rechtswissenschaft verstand unter Selbstverwaltung, daß die örtliche Verwaltung durch gewählte Gremien geführt wird[467]. Über dieses auf formelle Aspekte beschränkte Verständnis von kommunaler Selbstverwaltung, die als Begriff erstmals 1969 in der ungarischen Diskussion auftauchte[468], ging das Dritte Rätegesetz mit seiner Konzeption hinaus[469]. Unter Selbstverwaltung verstand es eine Arbeitsteilung, in der die örtlichen Räte über selbständige wirtschaftliche und andere Kompetenzen verfügen, ohne aber deshalb außerhalb des Staates zu stehen[470] und ohne auf zentrale Anleitung verzichten zu können[471]. Trotz dieser begrifflichen Präzisierung der Selbstverwaltung konnte deren Konzeption letztendlich dogmatisch nicht eindeutig geklärt werden[472].

In Polen, wo man dem ungarischen Beispiel folgte, fand die Konzeption der sozialistischen Selbstverwaltung in der Verwaltungsreform 1972/73 Eingang in die Lokal- und Territorialverwaltung. Seit 1972 waren die Gemeinderäte, seit 1973 die Räte auf Kreis- und Wojewodschaftsebene nicht lediglich Organe der Staatsgewalt, sondern gleichzeitig „Grundorgane der gesellschaftlichen Selbstverwaltung". Auch in Polen gelang die dogmatische Klärung dieses Konzepts nicht; es kann nur so viel festgehalten werden, daß eine echte kommunale bzw. territoriale Autonomie damit weder beabsichtigt war noch geschaffen wurde[473]. In der Sowjetunion dagegen wurde erst 1990 der Begriff der Selbstverwaltung für die örtliche Ebene eingeführt[474].

Die Unterstellung der örtlichen unter die übergeordneten Räte wurde zu einer bloßen Aufsicht abgeschwächt, wenn sich auch die Aufsicht des Ministerrats nicht nur auf die Gesetzmäßigkeit beschränkte, sondern eine Fachaufsicht einschloß. Allerdings beriefen sich die zentralen Instanzen ver-

---

[466] *Brunner*, JÖR 1974/231; *Brunner*, JÖR 1981/315 f. Zu dieser dreifachen Charakterisierung der Räte s. *Raft*, ÁI 1979/266 ff.; *Papp*, ÁI 1973/390 f.; *Szamel*, JOR 1972/I, S. 235 ff.

[467] *Maurach*, S. 261.

[468] *Bihari*, ÁI 1973/103.

[469] Eine ungarische Darstellung der Elemente der Selbstverwaltung in diesem Gesetz bei *Bihari*, Alkotmánytan, S. 284 ff., *Szamel*, JOR 1972/I, S. 223, und *Takács*, Imre in Kukorelli/Schmidt, S. 225 f.

[470] *Bihari*, ÁI 1973/104.

[471] *Szamel*, JOR 1972/I, S. 235.

[472] *Borbíró*, ÁI 1986/568 f.

[473] *Gebert*, Reforma, S. 45 f.; *Gebert*, Władze, S. 74 ff.; *Lammich*, Siegfried in Schroeder/Meissner, S. 119; *Zakrzewski*, OER 1984/195 f.; *Zawadzki*, PiP 4/1984, S. 5 ff.

[474] Näher dazu *Krasnov*, SGiP 1990/10, S. 81 ff.

gleichsweise selten auf die „Verletzung gesellschaftlicher Interessen", wodurch sich das System in der Praxis einer reinen Rechtsaufsicht annäherte[475]. Die zentrale Leitung der Räte wurde durch allgemeine Rechtssätze bewirkt, nicht aber durch Anweisungen im Einzelfall.

Die doppelte Unterstellung der Vollzugsausschüsse wurde beibehalten, was den zentralen staatlichen Stellen eine direkte Durchgriffsmöglichkeit auf die Verwaltung vor Ort bewahrte. Allerdings wurde die Rolle des Rates, d.h. des Trägers der Selbstverwaltung, gegenüber dem Vollzugsausschuß gestärkt[476]. Außerdem wurde die Unterstellung nach oben auf die Unterstellung unter den Ministerrat beschränkt. Die Durchgriffsbefugnisse des Präsidialrates wurden dagegen praktisch ganz beseitigt[477].

Man kann dieses Gesetz als weitgehende Dezentralisierung, die im Rahmen des demokratischen Zentralismus den Schwerpunkt verstärkt auf das demokratische Element legte, ohne den Zentralismus aufzugeben, werten[478].

Die Selbständigkeit der Räte nach dem Dritten Rätegesetz wurde in der Praxis durch die beherrschende Rolle der Partei relativiert[479]. Deren politische Leitung, die hauptsächlich durch die Parteiorgane gleicher Ebene erfolgte[480], erstreckte sich auf den gesamten örtlichen Apparat[481]. Außerdem kompensierten die Ministerien die weggefallenen Eingriffsmöglichkeiten in Einzelfallentscheidungen durch immer häufigere Anwendung normativer Lenkungsmittel und engten durch eine zunehmende und immer dichtere Normierung immer größerer Lebensbereiche den Spielraum der Räte in den 70er und der ersten Hälfte der 80er Jahre immer mehr ein[482].

---

[475] *Brunner,* JÖR 1981/320; *Rentsch,* S. 148.

[476] *Fürcht,* ÁI 1974/1127, 1129; *Brunner,* Georg in Heyen, S. 174.

[477] *Révész,* László in Schroeder/Meissner, S. 208.

[478] *Brunner,* JÖR 1974/231; *Brunner,* JÖR 1981/315 f.; *Kaltenbach,* JOR 1990/I, S. 88; *Kaltenbach,* MK 1990/411; *Takács,* Imre in Kukorelli, Alkotmánytan, S. 262; *Kwasny,* OE 1971/843; *Rentsch,* S. 148; *Verebélyi,* S. 93 f.; 101 f., 104.

[479] *Brunner,* JÖR 1981/316; *Hartmann,* PVS 1982/308; *Kaltenbach,* JOR 1990/I, S. 88; *Takács,* Imre in Kukorelli, Alkotmánytan, S. 262; *Kwasny,* OE 1975/872. Eine negative Einschätzung der Selbständigkeit der örtlichen Räte unter dem Dritten Rätegesetz liefert die Parlamentsrede des Innenministers Dr. *Balázs Horváth* in OGy, 2.7.1990, Sp. 1174.

[480] *Varga,* ÁI 1974/196.

[481] *Varga,* ÁI 1974/194.

[482] *Brunner,* DVBl. 1984/465; *Verebélyi,* S. 100 f. Eine genaue Darstellung findet sich bei *Csillik/Elekes,* MK 1990/840 ff.

Verfassungsrechtliche Aspekte

Das Gesetz 1972:I, das die Verfassung neu faßte, brachte die neue Auffassung über die Räte auf verfassungsrechtlicher Ebene zum Ausdruck: Die Überschrift des Kapitels, das die Räte zum Inhalt hatte, lautete bewußt[483] nicht mehr „Die örtlichen Organe der Staatsmacht", sondern „Die Räte".

Die Neufassung der Verfassung behielt die Kompetenz des Ministerrats, Verordnungen, Beschlüsse und Maßnahmen der Räte aufzuheben (§ 35 Abs. 3, 4), und des Präsidialrats, einen verfassungswidrig arbeitenden Rat aufzulösen (§ 30 Abs. 3), bei.

Erstmals wurde die führende Rolle der Partei in der Verfassung niedergelegt (§ 3). Eine Besonderheit, die die ungarische Klausel mit dem 1976 in die polnische Verfassung eingefügten Art. 3 Abs. 1 teilte, war die Beschränkung der führenden Rolle der Partei auf die Gesellschaft; in allen anderen sozialistischen Verfassungen wurde der Partei die führende Rolle darüber hinaus im Staat zugesprochen[484]. Es wurde bereits darauf hingewiesen, daß die entsprechende Vorschrift im Dritten Rätegesetz aus dem Gesetzestext selbst gestrichen und nur in der Präambel erwähnt wurde. Einen wirklichen sachlichen Unterschied machen diese Feinheiten allerdings nicht, sondern können lediglich Hinweise auf die politischen Intentionen des Normgebers, d.h. letztlich der Partei geben.

bb) Die Stadtentwicklungspolitik

In den 70er Jahren setzte sich die Politik der Förderung einer weiteren Verstädterung fort. Im Mittelpunkt dieser Bestrebungen standen nicht mehr so sehr die großen Zentren, sondern vielmehr die Klein- und Mittelstädte. Im Zuge dieser Politik wurden viele Großgemeinden mit Stadtrecht ausgestattet. In ihrer Mehrheit waren es ländliche Siedlungen, die sich so weit entwickelt hatten, daß sie für ihr Umland zentrale, städtische Funktionen wahrnahmen (beispielsweise Szentgotthárd, Körmend oder Berettyóújfalu). Es befanden sich aber auch Siedlungen im Umland von Budapest darunter, die durch das Anwachsen der Agglomeration zu städtischen Siedlungen geworden waren (wie etwa Érd, Dunakeszi oder Százhalombatta)[485].

In der Raumentwicklung wurden mithin dieselben dezentralisierenden Bestrebungen verwirklicht wie im Räterecht. Durch die Stärkung der kleineren Städte und großen Dörfer konnten die Intentionen des Dritten Rätege-

---

[483] *Antalffy,* JÖR 1975/301; *Brunner,* JÖR 1974/231. Zu Einzelheiten dieses Sprachgebrauchs s. *Bihari,* Alkotmánytan, S. 283 f.

[484] *Lammich,* Siegfried in Schroeder/Meissner, S. 114 f.

[485] *Araczki,* ÁI 1986/817; *Beluszky,* ÁI 1983/919.

setzes erst Wirklichkeit werden. Ohne die Umleitung der Präferenzen bei
der Vergabe staatlicher Mittel weg von den Großstädten hin zu den mittleren und kleineren Ortschaften wäre nicht genug Geld in die Provinz geflos-
sen, um dort die Infrastruktur für eine wirkliche Selbstverwaltung zu schaffen. Allerdings bedeutet diese Umleitung nicht, daß die staatlichen Mittel
bis in die Kleinsiedlungen gelangt wären. Die begünstigten Ortschaften ver-
wandten die Zuschüsse und Investitionen in der Regel für ihre eigenen Bedürfnisse und gaben nur sehr wenig an die Dörfer im Umland weiter. Hier
wirkte der Zentralismus des kommunistischen Systems, in dem nicht nur
politische, sondern auch ökonomische Entscheidungen von oben nach unten
getroffen wurden, weiterhin zuungunsten der Peripherie. Gestärkt wurde ein
Netz von Mittelstädten, nicht jedoch die Dörfer, deren Entwicklungsstand
nach wie vor hinter dem allgemeinen Niveau zurückblieb.

Schließlich bedeutete die verstärkte Förderung der kleineren Zentren, die
notwendigerweise mit einer Reduzierung der Mittel für die größeren Städte
einherging, den Verzicht auf die Pläne, neben Budapest weitere Orte mit
zentralen Funktionen aufzubauen. Zu Beginn der 70er Jahre hatte keine der
größeren Städte – in etwa der Kreis der Komitatsstädte – eine Größe und
eine Infrastruktur erreicht, die ein echtes Gegengewicht zu Budapest hätten
bilden können. Indem die staatlichen Mittel in die kleineren Orte umge-
lenkt wurden, erhielt auch keine der großen Städte mehr die Unterstützungen, die zu einem weiteren Ausbau echter zentraler Funktionen notwendig
gewesen wäre.

cc) Weitere Reformen

Kritik an der Verwaltung

Nach diesen Reformen blieb das Rätesystem ohne große Änderungen bestehen, ohne daß bis in die Mitte der 80er Jahre Kritik laut geworden ist[486].
In der zweiten Hälfte der 80er Jahre geriet die gesamte öffentliche Verwaltung und damit auch die Räte in die öffentliche Diskussion.

Bemängelt wurde an der öffentlichen Verwaltung, daß sie zu wenig demokratisch und Veränderungen gegenüber zu wenig aufgeschlossen sei[487].
Ein Grund dafür wurde in der Überpolitisierung und Überetatisierung der
Gesellschaft und dem überadministrativen Charakter des Staates im Sozialismus gesehen[488]. Aus Gründen der Wirtschaft und der Wirtschaftlichkeit
wie auch der Demokratie müsse, so eine häufig geäußerte Kritik, die Len-

---

[486] *Brunner,* JÖR 1981/313; *Szamel,* JOR 1972/I, S. 223.
[487] *Druwe,* S. 26; *Szamel,* ÁJ 1985/689 f.; *Takács,* ÁJ 1987/88 S. 201 f.
[488] *Takács,* ÁJ 1987/88 S. 203.

kungstätigkeit der Verwaltung in der Gesellschaft eingeschränkt werden[489]. Als Abhilfe wurde eine Ausweitung der Bürgerbeiteiligung diskutiert. Auch die Stärkung der sozialistischen Demokratie und eine Aufwertung der Vertretungskörperschaften wurde immer wieder gefordert[490].

Die Reformen von 1983

Wichtige Änderungen in der örtlichen Verwaltung fanden 1983 statt. Das Wahlrechtsreformgesetz 1983:III[491] führte die obligatorische Mehrfachkandidatur in allen Wahlbezirken ein (§ 8 Abs. 1). Anlaß zu dieser Maßnahme war die Tatsache, daß bis dahin von der Möglichkeit der Mehrfachkandidatur nur wenig und mit abnehmender Tendenz Gebrauch gemacht worden war[492]: Während in den Rätewahlen 1971 noch in 3015 Wahlkreisen zwei oder mehr Kandidaten aufgestellt worden waren, sank deren Zahl in den Rätewahlen von 1980 auf 1779[493].

1985 wurden erstmals Wahlen – sowohl des Parlaments als auch der Räte – nach diesem Gesetz abgehalten. In 54 der 352 Parlamentswahlkreise wurden nicht bloß zwei, sondern drei Kandidaten aufgestellt, in vieren gab es sogar Vierfachkandidaturen[494]. Bei den Rätewahlen lag der Anteil von Wahlkreisen mit mehr als zwei Kandidaten etwas niedriger.

Sämtliche Kandidaten mußten vor ihrer Aufstellung das Programm der Patriotischen Volksfront akzeptieren (§ 45 Abs. 2). Der Grund dieser Regelung war, daß nur solche Kandidaten sich zur Wahl stellen sollten, die mit den grundsätzlichen gesellschaftlich-politischen Zielsetzungen übereinstimmten[495]. Dadurch wurde der Demokratismus der Wahlen relativiert, zumal sich die Konkurrenz auf die Vertreter des herrschenden Systems beschränkte[496]. Trotzdem gelangten in diesen Wahlen in einem gewissen Umfang auch kritische Stimmen in die Volksvertretungen[497].

---

[489] *Takács,* ÁJ 1987/88 S. 204.

[490] *Fürcht,* ÁI 1983/880; *Papp,* ÁI 1983/1068; *Szamel,* ÁJ 1985/689 f.; *Tatai,* ÁI 1984/417.

[491] Gesetz 1983:III über die Wahl der Parlamentsabgeordneten und der Ratsmitglieder, M. K. 1983/1135 ff.

[492] *Brunner,* DVBl. 1984/469; *Furtak,* S. 224; *Dezső,* Márta in Kukorelli, Alkotmánytan, S. 140; *Schmidt* in Kukorelli/Schmidt, S. 147; *Majoros,* OER 1985/234 f.; *Majoros,* Wahlrechtsreform, S. 2 ff.; *Weber,* JOR 1990/II, S. 333. Zu den möglichen Gründen s. *Dezső,* ÁJ 1984/493 Fn. 51.

[493] *Dezső,* ÁJ 1984/483 Fn. 33.

[494] Einzelheiten bei *Majoros,* OER 1985/239 f., und *Kukorelli,* Így választottunk.

[495] *Dezső,* ÁJ 1984/494; *Weidenfeld,* Werner in Brunner, Menschenrechte, S. 84.

[496] *Kiss,* László in Elvert/Salewski, S. 124; *Majoros,* Wahlrechtsreform, S. 10.

[497] *Dezső,* Márta in Kukorelli, Alkotmánytan, S. 140; *Schmidt* in Kukorelli/Schmidt, S. 148.

Die zweite Änderung des Jahres 1983 war die Schaffung von Gemeinde-
vorständen in denjenigen Dörfern, die nicht Sitz eines gemeinsamen Rates
waren, durch das Gesetz 1983:III und die Verordnung mit Gesetzeskraft
1983/26.[498]. Nachdem seit Beginn der 70er Jahre immer mehr Gemeinden
gemeinsame Räte gebildet hatten, wuchs die Anzahl der Kleinsiedlungen
ohne eigenen Rat, ohne Verwaltungsstellen und oft auch ohne Zweigstellen
der gesellschaftlichen Organisationen stark an. Um diese Siedlungen nicht
völlig ohne administrative Infrastruktur zu belassen, bildeten die Ratsmitglieder, die in einer solchen Siedlung gewählt worden waren, den Gemeindevorstand. Dieser Gemeindevorstand vertrat zum einen in dem gemeinsamen Rat die Interessen seiner Siedlung, und der Rat konnte bestimmte Ver-
waltungsgeschäfte, die die Bewohner der Ortschaft unmittelbar betrafen, an
den Gemeindevorstand übertragen (§ 14 Verordnung mit Gesetzeskraft
1983/26.). Dadurch wurde eine gewisse administrative Minimalversorgung
der Kleinsiedlungen sichergestellt[499]. Vorläufer der Institution des Dorfvor-
standes waren die weniger formellen Gruppen der Ratsmitglieder derselben
Ortschaft in gemeinsamen Räten[500].

Die Verordnung mit Gesetzeskraft führte darüber hinaus zum 1.1.1984
insgesamt 139 Stadt-Umland-Bezirke ein, deren Aufgabe in der Vermittlung
zwischen aufsichtsführendem Komitat und Gemeinde bestand[501]. Vorläufer
dieser seit den 70er Jahren diskutierten Institution waren die von einigen
Städten gegründeten Stadt-Umland-Fonds, in die die zentrale Stadt ein-
zahlte und aus dem die Umlandgemeinden bestimmte infrastrukturelle Investitionen finanzieren konnten. Auch direkte Zahlungen der zentralen Stadt
an eine Umlandgemeinde kamen vor[502].

Der Beginn einer Verfassungskontrolle

Da die bisherige Verfassungskontrolle zu wenig effektiv und dem zunehmenden Maße der Normsetzung nicht mehr gewachsen schien[503], wurde ein
vom Parlament gewählter Verfassungsrechtsrat eingerichtet. Dieser Rat
hatte die Kontrolle der Verfassungsmäßigkeit der Rechtsetzung zur Auf-

---

[498] Gesetz 1983:III (s. o. Fn. 491); Verordnung mit Gesetzeskraft 1983/26. über
die Änderung des Gesetzes 1971:I über die Räte und über die Ordnung einiger Befugnisse der Räte, M. K. 1983/1177 ff.

[499] *Brunner*, DVBl. 1984/467; *Brunner*, Georg in Grothusen, Ungarn, S. 234;
Schmidt in Kukorelli/Schmidt, S. 151.

[500] *Bihari*, Államjog, S. 193.

[501] *Takács*, Imre in Kukorelli/Schmidt, S. 223 f.; *Takács*, Imre in Kukorelli,
Alkotmánytan, S. 262.

[502] *Fürcht*, ÁI 1983/385, 391.

[503] *Jutasy*, ÁI 1985/521.

gabe. Er konnte allerdings für verfassungswidrig befundene Normen nicht aus eigener Kompetenz aufheben, sondern mußte sich an das erlassende Organ oder an dessen Aufsichtsorgan wenden. Insofern handelte es sich bei dem Verfassungsrechtsrat nicht um ein Verfassungsgericht[504]. Die mehr politische als judikative Funktion spiegelte sich auch in der Zusammensetzung: Die Mehrheit der Mitglieder waren Parlamentsabgeordnete und nur eine Minderheit Vertreter der Rechtswissenschaft und -praxis[505].

Hinsichtlich der Rechtsetzung der örtlichen Räte der unteren Ebene konnte der Verfassungsrechtsrat bei dem Vollzugsausschuß des übergeordneten Komitatsrates bzw. des Hauptstädtischen Rates die Aufhebung des verfassungswidrigen Rechtssatzes anregen. Wenn ein Komitatsrat oder der Hauptstädtische Rat eine verfassungswidrige Norm erließen, wandte sich der Verfassungsrechtsrat an den Ministerrat, der für die Aufhebung derartiger Rechtsätze zuständig war. Im Falle der Verfassungswidrigkeit von Einzelbeschlüssen rief der Verfassungsrechtsrat den Präsidialrat an[506].

Neben anderen Stellen waren auch die Komitatsräte und der Hauptstädtische Rat berechtigt, ein Verfassungskontrollverfahren zu beantragen, wenn sie eine Rechtsnorm, auch ein Gesetz, für verfassungswidrig hielten [§ 13 Buchst. e)]. Diese Befugnis gab den Räten der mittleren Ebene in gewissen Grenzen die Möglichkeit, sich gegen eine Verkürzung ihrer verfassungsrechtlichen Rechte zu wehren.

In der Praxis war der Ausspruch der Verfassungswidrigkeit sehr selten[507]. Jedoch erhoffte man sich von der bloßen Existenz dieses Rates eine Steigerung der Qualität der Rechtsetzung[508].

Der Spätkádárismus

Die finanzielle Abhängigkeit der örtlichen Räte wurde durch die Einführung der sogenannten normativen Kopfquote zum 1.1.1986 gemindert. Bis dahin hingen die Zuschüsse für Entwicklungszwecke an Gemeinde- und Stadträte von deren Verhandlungen mit der Komitatsverwaltung ab. Die normative Kopfquote legte im voraus einen gewissen Zuschuß pro Einwoh-

---

[504] Gesetz 1984:I über den Verfassungsrechtsrat, M. K. 1984/339 ff. *Brunner,* Der Staat 1993/288; *Brunner,* ZaöRV 1993/824; *Brunner* in Brunner/Sólyom, S. 16 f.; *Halmai,* OER 1990/5.

[505] *Brunner,* Georg in Grothusen, Ungarn, S. 226; *Halmai,* JÖR 1990/257; *Holló,* S. 15; *Kukorelli* in Kukorelli/Schmidt, S. 178.

[506] *Ádám,* JÖR 1985/584; *Brunner,* Georg in Grothusen, Ungarn, S. 226.

[507] Eine Analyse der Arbeit des Rates gibt *Holló,* S. 15 ff.

[508] *Jutasy,* ÁI 1985/535.

ner fest, so daß die Räte zumindest mit diesem Geld rechnen und planen konnten[509].

Ab Mitte der 80er Jahre verstärkte sich die auch schon vorher vorhandene Tendenz, Schlüsselpositionen in der Staats- und Wirtschaftsverwaltung unabhängig von politischer Linientreue mit kompetenten Fachleuten zu besetzen. Gleichzeitig erhob die MSZMP immer weniger den Anspruch, alle Bereiche selbst zu regeln, sondern überließ in immer größerem Umfang die Detailregelungen den dafür zuständigen Organen[510]. Das Ergebnis war eine weitere Entpolitisierung und Professionalisierung der Verwaltungsarbeit. Die Unzufriedenheit mit den Zuständen in der öffentlichen Verwaltung einschließlich der Räte nahm jedoch nicht ab.

Parallel dazu fand auch eine Depolitisierung und Deideologisierung der Wirtschaft statt. 1984 wurde ein Großteil der Staatsbetriebe in „unter der allgemeinen Leitung eines Unternehmensrates bzw. der Generalversammlung der Werktätigen stehende Unternehmen", d.h. sogenannte selbstverwaltete Unternehmen umgewandelt, wodurch der Gedanke der Selbstverwaltung ganz allgemein neuen Auftrieb erhielt. Zugleich förderte diese Dezentralisierung der Betriebsstrukturen die faktischen Möglichkeiten der Kommunen, Einfluß auf betriebliche Entscheidungen zu nehmen[511].

4. Zusammenfassung

Unter dem Kommunismus ist eine Tendenz zu beobachten, die der Entwicklung der bürgerlichen Selbstverwaltung genau entgegengesetzt war. Während die Munizipal- und Gemeindeverwaltung als eine territoriale Autonomie auf dem in Mitteleuropa, insbesondere in Deutschland und Österreich üblichen selbstverwaltungsfreundlichen Niveau – wenn auch mit durchaus eigenständigen Zügen – begann und dann einer zunehmenden Zentralisierung stückchenweise[512] zum Opfer fiel, war der Ausgangspunkt der sozialistischen örtlichen und territorialen Verwaltung das hyperzentralisierte stalinistische System, das dann langsam dekonzentriert und dezentralisiert wurde.

---

[509] *Verebélyi,* S. 104.

[510] *Ádám,* S. 5; *Hegyi,* Vissza, S. 83; *Koenen,* OE 1988/858; *Völgyes,* OE 1987/330.

[511] Durch die Verordnung mit Gesetzeskraft 1984/22. über die Änderung des Gesetzes 1977:VI über die staatlichen Unternehmen, M. K. 1984/779 ff. Dazu *Plattner,* S. 163 f.

[512] Auch auf diesen Prozeß paßt der in bezug auf die schleichende Machtübernahme der Kommunisten zwischen 1945 und 1949 angewandte Begriff der ‚Salamitaktik' durchaus.

Das Erste Rätegesetz verwirklichte die stalinistische Konzeption eines einheitlichen Staatsaufbaus, in welchem die örtlichen und die territorialen Einheiten nur Stufen in der Hierarchie eines zentralistischen, komplett von oben gesteuerten Staatsapparates waren. Insofern war das eigene Kapitel über die örtlichen Organe der Staatsmacht im Grunde genommen entbehrlich; es bedeutete lediglich die Nachahmung eines entsprechenden Kapitels der sowjetischen *Stalin*-Verfassung und war weit davon entfernt, den örtlichen und Komitatsräten einen eigenen Spielraum, und sei er noch so klein, zu garantieren.

Die nachfolgende Gesetzgebung entfernte sich zunehmend von diesem Hyperzentralismus. Staat, Wirtschaft und Gesellschaft wurden schrittweise liberalisiert, die Entscheidungsbefugnisse in vielen Bereichen nach unten verlagert. Davon profitierten auch die Räte in den Gemeinden, Städten und Komitaten, denen mehr und mehr eigene Befugnisse eingeräumt wurden. Das durch das Dritte Rätegesetz eingeführte Schlagwort der ‚sozialistischen Selbstverwaltung‘ ist ein Höhepunkt dieser Entwicklung.

Über all diese Tendenzen darf nicht übersehen werden, daß sich die alleinige Trägerin der Macht, die Partei, nicht auf eine Dezentralisierung, Dekonzentrierung oder ähnliche Prozesse einließ. Der Zentralismus des Parteiapparats stellte in der Praxis viele der Liberalisierungen im staatlichen und kommunalen Bereich in Frage. Allerdings ist auch hier eine Tendenz zum Abbau zentralistischer Befehls- und Entscheidungsstrukturen zu sehen. Die Partei zog sich insbesondere seit den späten 1970er Jahren – mit der Konsolidierung des Kádárschen Versöhnungsprozesses – immer mehr aus der direkten Leitung der Verwaltungsorgane zurück. Die Entideologisierung und Reprofessionalisierung vieler Verwaltungsbereiche kam auch den Räten zugute, denen nicht nur das Recht, sondern auch die Praxis der Partei immer mehr Eigenverantwortung einräumte.

Festzuhalten bleibt, daß alle Tendenzen zur Liberalisierung, zur Schaffung einer ‚sozialistischen Selbstverwaltung‘, den Rahmen des sozialistischen Einparteienstaates nicht verlassen. Ungarn hat die Grenzen des Systems wohl weiter gezogen als die meisten seiner ‚Bruderländer‘; eine grundsätzliche Abkehr von der Räteverwaltung sowjetischen Typs und eine Hinwendung zur traditionellen europäischen Selbstverwaltung fand unter *Kádár* jedoch nicht statt. Diesen Umschwung brachte erst der Systemwechsel.

C. Die Selbstverwaltungen heute

I. Die demokratische Selbstverwaltung

1. Der Systemwechsel

a) Das Ende des Einparteienstaats

Am 11.3.1985 wurde *Michail Gorbačëv* zum Generalsekretär der KPdSU gewählt. Die von ihm unter den Stichworten *„glaznost'"* und *„perestrojka"* eingeleiteten Reformen und Liberalisierungen wurden Ende 1988 auch auf verfassungsrechtlicher Ebene abgesichert[513]. Die Thesen des ZK der KPdSU vom 27.5.1988 zur 19. Allunionsparteikonferenz erwähnten erstmals den „sozialistischen Rechtsstaat"; die Parteikonferenz bestätigte diesen Begriff[514]. Zu den für den Bereich der örtlichen Verwaltung wichtigen Veränderungen gehörte die Änderung des Parteistatuts der KPdSU von 1986, die die vier Elemente des demokratischen Zentralismus um ein fünftes, das Prinzip der kollektiven Führung, erweiterte[515].

Diese Politik *Gorbačëvs* begünstigte die Reformpolitik in Ungarn[516]. Seitdem seit den 80er Jahren innerhalb der Partei und in Expertenkreisen eine relativ freie Äußerung von Meinungen und Interessen möglich war[517], wurde der immer mehr stagnierende, bremsende Kurs *Kádárs* wegen des inneren und äußeren, sowjetischen Reformdrucks für die Partei nicht mehr haltbar[518]. Infolgedessen wählte die außerordentliche Landesparteikonferenz

---

[513] *Gélard*, RdDP 1989/301 ff.; *Kahl*, S. 55 ff.; *Meissner*, ROW 1988/330; *Schultz*, ROW 1989/154; *Schweisfurth*, ZaöRV 1989/711 ff. Ein Kurzporträt von *Michail Gorbačëv* in seiner Eigenschaft als Reformer von *Alexander Rahr* findet sich bei *Altmann/Hösch*, S. 197 f.

[514] *Lesage*, RdDP 1989/276; *Meissner*, ROW 1988/331; *Schultz*, ROW 1989/154; *Schweisfurth*, ZaöRV 1989/723. Zu den Auswirkungen der Perestrojka speziell auf die örtliche Selbstverwaltung in der Sowjetunion s. *Kralinski*, OEW 1999/63 f.; *Krasnov*, SGiP 1990/10, S.83 ff.

[515] *Meissner*, ROW 1988/330.

[516] *Brunner*, ZaöRV 1993/826; *Druwe*, S. 12 f., 38 f.; *Izik-Hedri*, OE 1990/455; *Lendvai*, Ungarn, S. 141; *Schultz*, ROW 1989/155 f.; *Wass v. Czege*, S. 69 ff.

[517] *Kahl*, S. 43 ff.; *Timmermann*, OE 1985/169.

[518] Eine detaillierte Darstellung der Gründe des Sturzes von *Kádár* geben *Sitzler, Kathrin* in *Altmann/Hösch*, S. 81 ff., und *Lendvai*, Ungarn, S. 136 ff.

im Mai 1988 *János Kádár* nicht wieder zum Generalsekretär der Partei; er und seine engsten Mitarbeiter wurden aus dem Politbüro entfernt. An seine Stelle trat *Károly Grósz*[519]. Auf dieser Landesparteikonferenz wurde die Forderung nach Rechtsstaatlichkeit laut, wobei im Unterschied zur sowjetischen Diskussion das Adjektiv „sozialistisch" bei der Kennzeichnung des anzustrebenden Rechtsstaates keine besondere Rolle spielte[520]. In der Folgezeit begannen sich in Ungarn die ersten, meist oppositionellen politischen Vereinigungen und Parteien zu bilden[521].

Auf ihrer Sonderparteikonferenz am 17.10.1989 brach die MSZMP mit dem Dogma der Diktatur des Proletariats, verkündete das Ende ihrer Funktion als Staatspartei und benannte sich in MSZP um. Damit öffnete sie den Weg zu einem echten Mehrparteiensystem[522].

b) Der Aufbau des demokratischen Rechtsstaats

Da der Systemwechsel sich auf der Grundlage der Rechtskontinuität vollziehen sollte[523], wurde begleitend zu diesem faktischen Machtwechsel das Verfassungsrecht umgestaltet. Auf der Grundlage von seit 1986 vorgenom-

---

[519] *Sitzler,* Kathrin in Altmann/Hösch, S. 81 ff.; *Brunner* in Brunner/Sólyom, S. 14; *Druwe,* S. 31, 38 f.; *Fenske/Mertens/Reinhard/Rosen,* S. 565; *Göllner,* S. 20 ff.; *Kiss,* László J. in Elvert/Salewski, S. 122; *Lendvai,* Ungarn, S. 142 f.; *Schultz,* ROW 1989/155; *Glatz,* Ferenc in Weidenfeld, S. 178 ff.

[520] *Koenen,* OE 1988/866; *Pozsgay, Imre* in seiner Rede, veröffentlicht in Magyar Nemzet vom 22.5.1988. Parallel dazu wurde auch bei der Bezeichnung der anzustrebenden Wirtschaftsform das Adjektiv „sozialistisch" vor „Marktwirtschaft" immer häufiger weggelassen: *Balázs,* Politische Studien 1990/337. Zur im Gegensatz zu Ungarn sehr zögerlichen Rezeption des Rechtsstaatsbegriffs in der DDR s. *Heuer,* NJ 1988/478 ff.; *Kuss,* S. 440, 448.

[521] *Balázs,* Politische Studien 1990/343 f., 347; *Bartole,* S. 20; *Fricz,* S. 180; *Göllner,* S. 25 ff.; *Kahl,* S. 44 ff.; *Takács,* Imre in Kukorelli, Alkotmánytan, S. 36; *Schultz,* ROW 1989/155; *Körösényi,* András in Segert/Stöss/Niedermayer, S. 157 f.

[522] *Sitzler,* Kathrin in Altmann/Hösch, S. 82; *Brunner* in Brunner/Sólyom, S. 15; *Druwe,* S. 38 f.; *Izik-Hedri,* OE 1990/457; *Kwasny,* OE 1990/242; *Majoros,* OER 1993/111; *Glatz,* Ferenc in Weidenfeld, S. 172. Einzelheiten zur Entstehung des ungarischen Mehrparteiensystems in *Bihari,* Többpártrendszer, v.a. bei *Csizmadia,* Ervin, S. 7 ff., *Stumpf,* István, S. 40 ff., und *Kiss,* József, S. 190 ff.; *Körösényi,* András in Segert/Stöss/Niedermayer, S.157 ff.

[523] *Ádám,* Tendances, S. 8; *Sitzler,* Karin in Altmann/Hösch, S. 70 ff.; *Bartole,* S. 19; *Brunner/Halmai,* S. 9 ff.; *Lábady,* WGO-MfOR 1991/369; so auch das ungarische Verfassungsgericht in seiner Entscheidung 11/1992. (III.5.) AB, M. K. 1992/933 ff., ABH 1992/77 ff., in deutscher Übersetzung abgedruckt in *Brunner/Sólyom,* S. 333 ff. Zu der außerordentlichen Bedeutung der Rechtskontinuität bei dem Systemwechsel s. *Holló.* Eine Analyse des 'von oben' ohne Beteiligung der Bevölkerung und der Straße initiierten Übergangs als Konfliktmodell versucht *Márkus,* OE 1993/1170 f.

menen Untersuchungen von Staat und Verwaltung erarbeitete ein neuge-
schaffenes, im Justizministerium angesiedeltes Sekretariat zur Vorbereitung
der Verfassungskodifikation ab 1989 einen Verfassungsvorschlag[524], welchen es Anfang 1990 präsentierte. Dieser Verfassungsvorschlag verwirklichte die von vielen Seiten erhobene Forderung nach Gewaltentrennung,
Rechtsstaatlichkeit, Pluralismus und, für den örtlichen Bereich, Autonomie
der Selbstverwaltungen[525].

Er wurde auch dem sogenannten Runden Tisch zugeleitet und bildete
dort die Grundlage der Verfassungsdiskussiom. Der Runde Tisch, an dem
neben der MSZMP und sieben der Partei nahestehenden Gruppierungen und
Massenorganisationen neun oppositionelle Parteien und unabhängige Vereinigungen teilnahmen[526], erarbeitete einen Kompromiß über eine Verfassungsänderung. Dieser Kompromiß wurde, wie alle Einigungen des Runden
Tisches, dem Parlament zugeleitet. Dieses erließ dann im Regelfall ohne
größere Diskussionen – zu denen es sich, da noch unter den Bedingungen
des Einparteiensystems zustandegekommen, gegenüber dem Runden Tisch
nicht mehr legitimiert fühlte – entsprechende Gesetze[527]. Den erwähnten
Verfassungskompromiß setzte das Parlament im verfassungsändernden
Gesetz 1989:XXXI[528] um.

Am überkommenen System des Einheitsstaates wurde auch während des
Systemwechsels nicht gerüttelt. Es bestand zwar Einigkeit, daß die übertriebene Zentralisierung des kommunistischen Regimes abgeschafft werden
sollte. Die Privatisierung der Wirtschaft sollte im ökonomischen Bereich zu

---

[524] *Sitzler,* Karin in Altmann/Hösch, S. 82 ff.; *Kahl,* S. 45 f.; *Völgyes,* OE 1987/
331. Zu Einzelheiten dieses Prozesses und zu der Konzeption des Justizministeri-
ums s. *Holló,* S. 23 ff., 75 ff.

[525] *Ádám,* Tendances, S. 10, 17; *Balogh,* ÁI 1989/597, 608; *Brunner,* Der Staat
1993/287 f.; *Schweisfurth,* Theodor/*Alleweldt,* Ralf in Brunner, Politische Transformation, S. 63 ff.; *Kiss,* László in Brunner, Politischer Pluralismus, S. 175 ff.; *Csiba,*
ÁI 1989/333; *Fricz,* S. 85 f., 179 ff.; *Göllner,* S. 31 ff.; *Halmai,* OER 1990/7 f.;
Kiss, OER 1990/12, 15; *Takács,* Imre in Kukorelli/Schmidt, S. 35; *Orosz,* ÁI 1988/
522; *Pálné Kovács,* ÁI 1988/946; *Samu,* ÁI 1986/148 f.; *Szamel,* Közigazgatás,
S. 51, 54 f., 305.
Zum Zusammenhang der Forderung nach Autonomie der örtlichen Verwaltungen
und der von *Gorbačëv* propagierten Selbstverwaltung des Volkes s. *Schultz,* ROW
1989/156.
Zur Bedeutung der Wiedereinführung der kommunalen Selbstverwaltung bei der
Wende in der DDR s. *Knemeyer,* DÖV 2000/497 ff.

[526] *Ziemer,* Klaus in Brunner, Politische Transformation, S. 19 ff.; *Brunner/*
Sólyom, S. 16; *Takács,* Imre in Kukorelli, Alkotmánytan, S. 37 u. Fn. 11; *Weber,*
JOR 1990/II, S. 346.

[527] *Brunner,* Der Staat 1993/287; *Brunner/Halmai,* S. 10 f.; *Füzessy,* Tibor
(KDNP) in OGy, 30.7.1990, Sp. 2120; *Holló,* S. 109.

[528] Gesetz 1989:XXXI über die Änderung der Verfassung, M. K. 1989/1219 ff.

einer dezentralisierten Entscheidungsfindung beitragen und die Rolle des Staates automatisch zugunsten des Marktes reduzieren. Für den dem Staat an Aufgaben verbleibenden Bereich wurden vielfach bestimmte Dekonzentrations- und Dezentralisationsmaßnahmen vorgeschlagen, die aber letztendlich an der Oberfläche blieben. Der einzige Bereich der öffentlichen Verwaltung, für den eine eche Dezentralisierung der Machtbefugnisse ernsthaft diskutiert wurde, waren die örtlichen und territorialen Selbstverwaltungen. Ansonsten gingen die maßgeblichen Kräfte stillschweigend vom Weiterbestehen einer starken Zentralgewalt aus, wie es sie in Ungarn seit Jahrhunderten gegeben hatte[529].

Das Gesetz 1989:XXXI faßte die Verfassung neu, beschränkte sich aber wegen des Kompromißcharakters und aus Gründen der Legitimität auf das rechtsstaatliche Minimum und überließ die weitere Ausgestaltung der Staats- und Verfassungsordnung dem nächsten, frei zu wählenden Parlament. Dieses Gesetz änderte daher die Vorschriften über die örtlichen Verwaltungen nicht, so daß es in diesem Bereich zunächst noch bei dem überkommenen Rätesystem blieb. Allerdings führte es von Verfassungs wegen das kommunale Wahlrecht für dauerhaft in Ungarn niedergelassene Ausländer ein (§ 70 Abs. 3 Verf.)[530].

c) Die Regelungskonzeption des Innenministeriums

Parallel zu den Bemühungen um die Schaffung einer neuen Verfassungsordnung liefen die Vorbereitungen zur grundlegenden Reform des Rätesystems. 1989 veröffentlichte das Innenministerium eine Regelungskonzeption für die Selbstverwaltungen, deren Ziel die Schaffung einer echten örtlichen Selbstverwaltung durch ein entsprechendes Kommunalgesetz und ein selbstverwaltungsfreundliches staats- und verwaltungsrechtliches Umfeld war[531]. Die Regelungskonzeption entschied sich an vielen Stellen nicht für ein bestimmtes Modell, sondern stellte in alternativer Form die möglichen Regelungen sowie die Konsequenzen einer Entscheidung für oder gegen die eine oder andere Form dar.

---

[529] Zum Problem des starken Zentralismus in allen postsozialistischen Staaten Osteuropas s. *Ziemer*, Klaus in Brunner, Politische Transformation, S. 17 ff.; *Schweisfurth*, Theodor/*Alleweldt*, Ralf, ebd., S. 65 ff.

[530] *Brunner* in Brunner/Sólyom, S. 16; *Holló*, S. 108, 112; *Halmai*, JÖR 1990/ 255, 257; *Ieda* in Ieda, S. 98; *Takács*, Imre in Kukorelli, Alkotmánytan, S. 39.

[531] Die Regelungskonzeption ist abgedruckt in ÁI September 1989, S. 812–856; zum näheren Inhalt s. auch *Kaltenbach*, Felügyelet, S. 57 ff.; *Kaltenbach*, JOR 1990/I, S. 89 ff. Zu den parallelen Bemühungen der Regierungskommission in der DDR s. *Knemeyer*, DÖV 2000/498 ff.

Ausgehend von einer vorwiegend negativen Würdigung des bisherigen
Rätesystems (wobei die positiven Veränderungen des Dritten Rätegesetzes
hervorgehoben wurden) betonte die Regelungskonzeption die Notwendigkeit der Schaffung einer modernen Selbstverwaltung. Dabei ging sie von
vier Anforderungen an das zu schaffende System aus. Erstens sollte sie die
örtliche Autonomie als Ausdruck eines aus der Volkssouveränität fließenden
kollektiven Rechts der Staatsbürger auf örtliche Selbstbestimmung verwirklichen. Zweitens sollte sich die Selbständigkeit der örtlichen Selbstverwaltungen organisch in den Aufbau des Gesamtstaates einpassen. Drittens war
anvisiert, daß die örtlichen Selbstverwaltungen die umfassende Verwal-
tungsstufe auf örtlicher Ebene bilden sollten. Im Vordergrund stand dabei
die Allzuständigkeit für örtliche Angelegenheiten, die durch eine einheitliche Kommunalverwaltung (im Gegensatz zu den sektoral unterteilten, miteinander nicht in Verbindung stehenden Fachverwaltungen des Rätesystems)
wahrgenommen werden sollten. Aus dieser Aufgabenwahrnehmung leitete
die Konzeption eine umfassende Finanzierungspflicht des Staates ab. Das
vierte Erfordernis schließlich ging davon aus, daß die kommunalen Verwaltungsorgane nicht nur die Entscheidungen des örtlichen Rates durchführen
sollten, sondern darüber hinaus auch für die erstinstanzliche Erledigung von
Staatsaufgaben zuständig sein können. Dafür führte die Konzeption die größere Bürgernähe der kommunalen Stellen und die Einsparung eigener de-
konzentrierter Staatsbehörden als Gründe an, betonte aber auch, daß eine
solche Übertragung von Staatsaufgaben die Selbständigkeit der Kommunen
nicht gefährden dürfe. Bereits an diesen vier Grundvoraussetzungen ist die
Rückkehr zum mitteleuropäischen Typus der kommunalen Selbstverwaltung
abzulesen.

Die Konzeption sah als institutionelle Träger der Selbstverwaltung die
Gemeinden, die Städte und die Komitate vor. Auf diesen Ebenen sollten
die Wahlbürger ihr Recht auf Selbstverwaltung sowohl direkt (durch Volksabstimmung und Volksbegehren) als auch indirekt (durch die Vertretungskörperschaften) ausüben. Breiten Raum widmete die Konzeption einigen
Kernproblemen, die auch später noch immer wieder Anlaß zur Diskussion
und zu Änderungen des geltenden Rechts Anlaß gaben[532]: das Verhältnis
der einzelnen Kommunalorgane zueinander, die Frage der Finanzierung, die
Rolle der mittleren Ebene (d.h. der Komitate). Im Hinblick auf die letztgenannte Frage hielt die Konzeption einen Abbau des administrativen Übergewichts der Komitats- gegenüber der örtlichen Verwaltung für dringend
nötig, befürwortete aber eine Beibehaltung der Komitate auch als Ebene
der Selbstverwaltung. Die Wiedereinrichtung der Kreise oder die Ersetzung
der Komitate durch Regionen wurde in der Regelungskonzeption nicht angesprochen.

---

[532] Zur Rolle dieser Streitpunkte in der heutigen Diskussion s. Kapitel C. II.

2. Das Zustandekommen des Kommunalgesetzes und des Kommunalwahlgesetzes

a) Das Erfordernis der Zweidrittelmehrheit

Das in freien und pluralistischen Wahlen am 25.3. und 8.4.1990 gewählte Parlament[533] schrieb entsprechend den zuvor am Runden Tisch getroffenen Vereinbarungen mit dem verfassungsändernden Gesetz 1990:XL für das noch zu verabschiedende Gesetz über die örtlichen Selbstverwaltungen ein Quorum von zwei Dritteln der anwesenden Abgeordneten vor (§ 44/C Verf.).

Diese Zweidrittelregel stellt keine Besonderheit des Kommunalgesetzes dar, sondern ist in der Verfassung für eine größere Anzahl von Regelungsgegenständen vorgeschrieben. Die Vereinbarung am Runden Tisch hatte ihren Grund darin, daß das Ergebnis der Parlamentswahlen 1990 nicht vorhersehbar war und keine Partei sicher mit einem Sieg rechnen konnte, weshalb alle politischen Kräfte eine starke Position und in zentralen Fragen ein Mitspracherecht der parlamentarischen Minderheit wünschten[534]. Durch die erste große Verfassungsnovelle 1989 hatte man für diese Regelungsmaterien noch die besondere Kategorie des Gesetzes mit Verfassungskraft vorgesehen. Dies stellte sich jedoch bald als unpraktikabel heraus, so daß man 1990 die Verfassung dahingehend änderte, daß für bestimmte Regelungsmaterien das Zweidrittelquorum vorgeschrieben wurde.

In der Praxis war die Reichweite des Zweidrittelerfordernisses umstritten. Darauf wird bei der Darstellung der parlamentarischen Debatte noch zurückzukommen sein. Insgesamt ist zu den Zweidrittelerfordernissen der Verfassung zu sagen, daß sie mittlerweile durch das Verfassungsgericht gerade auch im Hinblick auf die örtliche Selbstverwaltung eine gewisse Klärung erfahren haben[535], allerdings nach wie vor auch heftiger Kritik aus-

---

[533] *Loewenberg,* Gerhard in Remington, S. 31 ff.; *Weber,* JOR 1990/II, S. 347.

[534] Gesetz 1990:XL über die Änderung der Verfassung der Republik Ungarn, M. K. 1990/1261 ff.; *Kilényi,* JK 1994/205 ff.; *Kiss,* MJ 1992/280; *Takács,* Imre in Kukorelli, Alkotmánytan, S. 39; *Orbán,* Viktor (FIDESZ), OGy, 9.7.1990, Sp. 1429; *Salamon,* László (MDF), OGy, 9.7.1990, Sp. 1428.

Die Argumente der Regierungspartei für eine Reduzierung der Zweidrittelgesetze der Verfassung – auch bezüglich des Kommunalgesetzes – legt *Kónya,* Imre (MDF), OGy, 2.8.1990, Sp. 2166, dar.

Zu der von der Regierung 1999 angestoßenen Diskussion über die Reduzierung und Präzisierung der Regelungsgebiete, die einer Zweidrittelmehrheit bedürfen, s. *Papp,* Fundamentum 3/1999, S. 116 ff.; *Petrétei,* Fundamentum 3/1999, S. 109 ff.; *Szikinger,* Fundamentum 3/1999, S. 125 ff.

[535] Verfassungsgerichtsentscheidung 1586/B/1990/5. AB, ABH 1991/608 ff. Eine jüngere Verfassungsgerichtsentscheidung, die sich umfassend mit der Bedeutung des Zweidrittelerfordernisses auseinandersetzt und in diesem Erfordernis nicht nur eine

gesetzt sind. Nichtsdestoweniger wird in den Entwürfen für eine neue Verfassung für einige Regelungsbereiche das Erfordernis einer Zweidrittelmehrheit beibehalten.

So schreibt der am 10.3.1998 vom Verfassungsvorbereitenden Ausschuß des Parlaments verabschiedete, der jüngste zwischen den parlamentarischen Parteien als Diskussionsgrundlage eines neuen Verfassungsgesetzes dienende Entwurf[536] in § 153 Abs. 4 für die Verabschiedung des Gesetzes über die örtlichen Selbstverwaltung eine qualifizierte Mehrheit vor; in § 67, 2. HS wird eine qualifizierte Mehrheit als das Votum von mindestens zwei Dritteln der anwesenden Abgeordneten definiert. Interessanterweise sieht § 153 Abs. 4 für die Regelung der örtlichen Volksabstimmungen und Volksinitiativen nur die einfache Gesetzesform vor. Die genannte Regelung wurde in allen Punkten von allen in der Legislaturperiode 1994–1998 im Parlament vertretenen Parteien so gebilligt, denn sie enthält keine abweichenden Versionen einzelner Parteien, wie dies an den strittigen Stellen in dem Entwurf immer wieder auftaucht. Für das engere Kommunalrecht kann man somit einen breiten Konsens für die Zweidrittelmehrheit ausmachen.

b) Das parlamentarische Verfahren

Wegen des großen Arbeitsanfalls hielt das Parlament zwischen der ersten (1. Februar bis 15. Juni: § 22 Abs. 1, 1. HS. Verf.) und der zweiten (1. September bis 15. Dezember: § 22 Abs. 1, 2. HS. Verf.) ordentlichen Sitzungsperiode im Jahr eine außerordentliche Sitzungsperiode ab, in der es auch das neue Recht der Selbstverwaltungen beriet.

Am 2.7.1990 begann das Parlament die gemeinsame Diskussion der aus der bereits erwähnten Regelungskonzeption des Innenministeriums entwickkelten Regierungsvorlagen zu dem Gesetz über die örtlichen Selbstverwaltungen (dem späteren Gesetz 1990:LXV) und dem begleitenden verfassungsändernden Gesetz, das den Abschnitt über die Räte neu fassen sollte

---

Formvorschrift, sondern auch eine gesteigerte politische Bedeutung des Regelungsgegenstandes sieht, ist die Entscheidung 1/1999. (II.24.) AB, M. K. 1999/1046 ff., ABH 1999/25 ff. Sie betont auch, daß aus der Existenz der Zweidrittelgesetze eine Wertehierarchie, wie sie aus der Vorschrift der Gesetze mit Verfassungsrang herausgelesen wurde, nicht mehr abgeleitet werden kann.

[536] AZ.: AEB/17/2/1998. Zu beachten ist, daß dieser Entwurf noch aus der Zeit vor den Neuwahlen vom 10./24.5.1998 stammt. Trotz des in dem Entwurf zum Ausdruck kommenden Allparteienkonsenses und der damit beabsichtigten Endgültigkeit im Hinblick auf die weiteren Beratungen kann sich im weiteren Verlauf der Beratungen – die allerdings seit den Neuwahlen 1998 fast ganz eingeschlafen sind – ein ganz anderes Papier entwickeln. Nichtsdestoweniger gibt auch dieser Entwurf in vielen Punkten den gemeinsamen Standard der im Parlament vertretenen Parteien wieder.

(dem späteren Gesetz 1990:LXIII). Diese Beratungen fanden unter großem Zeitdruck statt, da sowohl die Regierung als auch die Opposition wünschten, daß beide Gesetze noch vor den auf den 30.9.1990 festgelegten Kommunalwahlen in Kraft treten sollten[537]. Man wollte aber auch die Kommunalwahlen nicht verschieben, um das Mandat der Räte nicht noch einmal verlängern zu müssen: Im Gesetz 1990:XXXIV hatte das Parlament die Amtszeit der Räte bereits vom 8.6.1990 bis zum 23.9. des Jahres verlängert[538].

Um Zeit zu sparen, wurden aufgrund eines Dringlichkeitsantrages (§ 31 Geschäftsordnung des Parlamentes[539]) die erste und die zweite Lesung nicht nacheinander gehalten, sondern zu einer Lesung zusammengezogen (§ 42 Abs. 1 Satz 2 Geschäftsordnung)[540]. Die am 24.7.1990 begonnene Debatte der Regierungsvorlage zu einem Gesetz über die Wahl der Abgeordneten der örtlichen Selbstverwaltungen und der Bürgermeister wurde am 30.7.1990 durch Abstimmung[541] mit der Debatte über die Regierungsvorlagen zu dem Kommunalgesetz und zu der begleitenden Verfassungsänderung verbunden. Von da an wurden diese drei Vorlagen nur noch im Paket diskutiert.

c) Die parlamentarische Debatte

Die Debatte war trotz der Übereinstimmung im Grundsätzlichen zu Beginn von großen Gegensätzen geprägt[542]. In allen politischen Lagern maß man der Wiedereinführung der Selbstverwaltung eine große Bedeutung für die Konstituierung des neuen, demokratischen Systems bei. Um so unversöhnlicher prallten die unterschiedlichen Vorstellungen über die anzustrebende Ausgestaltung der kommunalen und Komitatsselbstverwaltung aufeinander.

---

[537] Für die Regierung: *Torgyán,* József (FKgP), OGy, 2.7.1990, Sp. 1195; *Tóth,* Tihamér (MDF), OGy, 9.7.1990, Sp. 1421. Für die Opposition: *Áder,* János (FIDESZ), OGy, 9.7.1990, Sp. 1368 f.; *Bossányi,* Katalin (MSZP), OGy, 9.7.1990, Sp. 1388; *Horn,* Gyula (MSZP), OGy, 16.7.1990, Sp. 1658; *Kóródi,* Mária (SZDSZ), OGy, 9.7.1990, Sp. 1361.

[538] Gesetz 1990:XXXIV über die Verlängerung des Mandats der Räte, M. K. 1990/1190; *Sóvágó,* László in OGy, 24.5.1990, Sp. 376 f.

[539] Die Geschäftsordnung des Parlaments, M. K. 1991/908 ff. Diese ist allerdings nicht mehr in Geltung; die aktuelle Regelung ist der Parlamentsbeschluß 46/1994. (IX.30.) OGY über die Geschäftsordnung des Parlaments der Republik Ungarn, M. K. 1994/3023 ff. Sie wurde mit den bis dahin eingetretenen Änderungen in M. K. 1997/4715 ff. neu bekanntgemacht und seitdem wieder mehrfach geändert.

[540] *Áder,* János (FIDESZ), OGy, 9.7.1990, Sp. 1368; *Takács,* Imre in Kukorelli, Alkotmánytan, S. 263.

[541] OGy, 30.7.1990, Sp. 2108.

[542] *Szabó,* Máté in Pradetto, S. 39.

aa) Die Kommunalaufsicht

An der Regierungsvorlage des Gesetzes über die örtlichen Selbstverwaltungen wurde vor allem die Kommunalaufsicht kritisiert. Nach den Vorstellungen der Regierung sollte ein Obergespan in jeden Komitat die Rechtmäßigkeitskontrolle dergestalt versehen, daß er Rechtsverletzungen nur rügen konnte. Sofern die Selbstverwaltung die Rechtsverletzung nicht von sich aus beendete, sollte der Obergespan die Möglichkeit haben, ein Gerichtsverfahren einzuleiten. Neben diesen Kontrollaufgaben sollte der Obergespan auch die Zusammenarbeit der verschiedenen Selbstverwaltungen untereinander und mit staatlichen Behörden auf dem Gebiet des Komitats koordinieren und den Selbstverwaltungen auf deren Anfrage hin fachliche Hilfe leisten[543].

Zu starker Zentralismus

Dagegen wurde eingewandt, der Obergespan sei zu mächtig, unter anderem wegen seiner Befugnisse in der Koordinierung der verschiedenen Verwaltungsträger, und leiste so einem ungesunden und unerwünschten Zentralismus Vorschub[544]. Die Rechtmäßigkeitskontrolle sollte nach Ansicht einiger Abgeordneter ausschließlich bei den Gerichten angesiedelt sein[545].

Bei diesen Äußerungen war die Angst der Abgeordneten vor einem starken Komitat deutlich. Unbewußt wurde der Obergespan mit dem Komitat assoziiert, obwohl seine Stellung nicht unbedingt an das Komitat hätte gebunden werden müssen. Man befürchtete jedoch, daß ein starker Obergespan zu einem starken Komitat führen würde, und dessen Rolle als „Erfüllungsgehilfe des staatlichen Zentralismus", die es während des Kommunismus gespielt hatte, war allen noch in unguter Erinnerung.

Terminologischer Konservatismus

Auch an der Amtsbezeichnung „Obergespan" wurde Kritik geübt: Sie sei zu sehr in der Vergangenheit, im Feudalismus und im 19. Jahrhundert verwurzelt und zitiere ein Amt, das immer Symbol des Zentralismus und der

---

[543] Innenminister *Balázs Horváth* in OGy, 2.7.1990, Sp. 1180.

[544] *Gál,* Zoltán (MSZP), OGy, 2.7.1990, Sp. 1198 f.; *Kóródi,* Mária (SZDSZ), OGy, 9.7.1990, Sp. 1360; *Rácskay,* Jenő (SZDSZ), OGy, 16.7.1990, Sp. 1657; *Torgyán,* József (FKgP), OGy, 2.7.1990, Sp. 1193; *Vargáné Piros,* Ildikó (unabh.), OGy, 9.7.1990, Sp. 1393.

[545] *Hack,* Péter (SZDSZ), OGy, 23.7.1990, Sp. 1912; *Wekler,* Ferenc (SZDSZ), OGy, 2.7.1990, Sp. 1186.

Herrschaft der Regierung über die Komitate gewesen sei, und führe so zu unguten Assoziationen[546].

Gegen die von der Regierung vorgeschlagene Bezeichnung „Burgkomitat" wurden ähnliche Bedenken erhoben[547]. Vertreter der Regierungskoalition machten dagegen geltend, daß die Bezeichnungen „Obergespan" und „Burgkomitat" an alte ungarische, auf das Mittelalter zurückgehende Traditionen anknüpften und so das neu zu schaffende Selbstverwaltungssystem in einen historischen Kontext stellten[548].

bb) Die Stellung der Komitate

Umstritten war auch die Stellung der Komitate. Während die Regierung für sich in Anspruch nahm, im Gegensatz zum Komitat des Rätesystems, das durch seine Rolle als Verteiler von Finanzmitteln die örtlichen Verwaltungen komplett beherrscht habe, ein die örtlichen Selbstverwaltungen ergänzendes Selbstverwaltungskomitat zu schaffen[549], wurde die Position des Komitats von oppositionellen Abgeordneten als zu stark kritisiert[550]. Die Ängste vor einem starken Komitat, die sich aus den Erfahrungen mit dem kommunistischen Zentralismus speisten, verhinderten bei vielen Abgeordneten die rationale Auseinandersetzung mit dem Phänomen Komitat und den Chancen, die es für eine Selbstverwaltung auf regionaler Ebene bot.

Zum Teil wurde die Ebene des Komitats überhaupt für überflüssig gehalten[551] und statt dessen eine Gliederung des Landes in 50 bis 60 Stadt-Umland-Bezirke[552] oder andere Arten von freiwilligen Zusammenschlüssen der örtlichen Selbstverwaltungen vorgeschlagen. Diese Vorschlägen knüpften teils bewußt, teils unbewußt an die Diskussionen der Zwischenkriegszeit und der unmittelbaren Nachkriegszeit an. Die Ideen von *Bibó* erwiesen sich hier als diejenigen, die noch immer die meisten Anhänger fanden.

---

[546] *Rácskay,* Jenő (SZDSZ), OGy, 16.7.1990, Sp. 1656; *Vargáné Piros,* Ildikó (unabh.), OGy, 9.7.1990, Sp. 1393.

[547] *Vargáné Piros,* Ildikó (unabh.), OGy, 9.7.1990, Sp. 1393.

[548] *Beke,* Kata (MDF), OGy, 16.7.1990, Sp. 1657 f.; *Salamon,* László (MDF), OGy, 16.7.1990, Sp. 1634.

[549] Justizminister *István Balsai* in OGy, 2.7.1990, Sp. 1170; Innenminister *Balázs Horváth* in OGy, 2.7.1990, Sp. 1178; *Józsa,* Fábián (MDF), OGy, 9.7.1990, Sp. 1377. Zu gleichlautenden Vorwürfen an die Adresse der Komitate und zu einer entsprechenden komitatsfeindlichen Stimmung bereits unter dem sozialistischen System s. *Pálné Kovács,* ÁI 1988/945.

[550] *Bossányi,* Katalin (MSZP), OGy, 9.7.1990, Sp. 1387; *Horváth,* Tivadar (SZDSZ), OGy, 9.7.1990, Sp. 1419; *Vargáné Piros,* Ildikó (unabh.), OGy, 9.7.1990, Sp. 1392.

[551] *Szabad,* György (MSZP), OGy, 24.7.1990, Sp. 1960.

[552] *Bilecz,* Endre (SZDSZ), OGy, 9.7.1990, Sp. 1400.

cc) Die Selbstverwaltungsaufgaben

Auch die Regelung der Pflichtaufgaben und der übertragenen Staatsaufgaben stieß auf Kritik. Die Regierung berief sich bei der Begründung des Rechtsinstituts der Pflichtaufgaben auf europäische Vorbilder[553]. Bemängelt wurde im Parlament die fehlende Aufzählung der Pflichtaufgaben[554] und die mangelnde Garantie der vollen Kostenübernahme durch den Staat[555]. Damit wurden in der parlamentarischen Debatte die Problemkreise angesprochen, die auch in der deutschen Diskussion immer wieder auftauchen, wobei das Fehlen einer gesetzlichen Konkretisierung des Umfangs der Pflichtaufgaben in Ungarn nur begrenzt durch spezialgesetzliche Regelungen und kaum durch den Rückgriff auf Tradition wettgemacht werden konnte. Es sollte vielmehr der behördlichen und gerichtlichen Praxis vollständig obliegen, diese Grenze zu ziehen.

Bei den übertragenen Staatsverwaltungsaufgaben wurde kritisiert, daß der Bürgermeister, mithin das Haupt der Selbstverwaltung, allgemeiner Adressat dieser Aufgaben sei; selbstverwaltungsfreundlicher sei eine Übertragung auf den Notär und nicht oder nur ausnahmsweise auf den Bürgermeister[556].

dd) Die nationalen und ethnischen Minderheiten

Gegenstand weiterer Kritik war die Regelung der Sonderrechte der ethnischen Minderheiten: Die Vorlagen des Kommunalgesetzes und des Kommunalwahlgesetzes wurden wegen zu enger Sonderregelungen und mangelnder Garantien für die Minderheiten gerügt[557]. Die Regierung betonte dagegen, daß das Kommunalwahlgesetz besondere Vertreter der ethnischen Minderheiten in den örtlichen Volksvertretungen vorsehe[558].

Im weiteren Verlauf der Entwicklung wurde deutlicher betont, daß das Kommunalrecht allein zur Wahrung der verfassungsrechtlich geforderten (§ 68) und politisch gewünschten Rechte der nationalen und ethnischen Minderheiten untauglich sei. Der Schwerpunkt der Diskussion um die Ausgestaltung der Minderheitenrechte verlagerte sich daher auf die Debatte um die parlamentarische Vertretung der Minderheiten und um ein eigenständiges Minderheitengesetz[559]. Da aber auch das Minderheitenrecht die meisten

---

[553] Innenminister *Balázs Horváth* in OGy, 2.7.1990, Sp. 1180.

[554] *Kovács,* Pál (MSZP), OGy, 9.7.1990, Sp. 1367.

[555] *Wekler,* Ferenc (SZDSZ), OGy, 2.7.1990, Sp. 1187 f.

[556] *Horváth,* Tivadar (SZDSZ), OGy, 9.7.1990, Sp. 1418.

[557] *Derdák,* Tibor (SZDSZ), OGy, 16.7.1990, Sp. 1671; *Szabó,* Erika (SZDSZ), OGy, 9.7.1990, Sp. 1382.

[558] Innenminister *Balázs Horváth* in OGy, 24.7.1990, Sp. 1944.

der kulturellen und politischen Rechte bis hin zur Minderheitenselbstverwaltung auf der kommunalen Ebene ansiedelt, was wegen der minoritären
Bevölkerungsstruktur in Streusiedlung mit stark lokaler Identitätsbindung
durchaus sinnvoll ist, bestehen starke Wechselwirkungen zwischen Kommunalrecht und Minderheitenrecht. Die gemeindlichen und städtischen Selbstverwaltungen sind zum Hauptforum für die nationalen und ethnischen Minderheiten geworden. Auf diese Wechselwirkungen geht Kapitel C. I. 5.
noch im Detail ein.

An der Frage der Minderheitenrechte zeigen sich exemplarisch die
Schwierigkeiten, Selbstverwaltungsaufgaben von übertragenen Staatsaufgaben abzugrenzen. Zum einen ist die Pflege und Wahrung der Rechte der
Minderheiten eine staatliche Aufgabe, deren Garantien die Verfassung enthält. Gemäß § 68 Abs. 1 Verf. sind die Minderheiten staatsbildende Faktoren, und die folgenden Absätze enthalten unterschiedliche Rechte für die
nationalen und ethnischen Minderheiten. Gleichzeitig sind die Angehörigen
der nationalen und ethnischen Minderheiten aber auch Teil der Gesamtheit
der Wahlbürger der jeweiligen Gemeinde, und diese Gesamtheit ist seit der
Einfügung der Prinzipien der kommunalen Selbstverwaltung in die Verfassung 1990 gemäß § 42 Satz 1 Trägerin des Rechts auf örtliche Selbstverwaltung. Schulische und kulturelle Belange von örtlichen Minderheiten gehören in den Kreis der örtlichen öffentlichen Angelegenheiten, deren Wahrnehmung § 42 Satz 2 Verf. zur Aufgabe der örtlichen Selbstverwaltung
macht. Auf all diese Fragen wird unter Punkt C. I. 5. noch ausführlicher
zurückzukommen sein.

ee) Weitere Diskussionspunkte

Ein weiterer zentraler Kritikpunkt war die Lückenhaftigkeit der von der
Regierung vorgelegten gesetzlichen Regelungen. Ganz besonders auffällig
sei diese Lückenhaftigkeit bei der Sicherung der materiellen Lage, des Vermögens, des Eigentums und des Wirtschaftens der Selbstverwaltungen[560],
wurde von seiten der Oppsition bemängelt.

---

[559] Zur parlamentarischen Repräsentanz der Minderheiten s. *Brunner* in Brunner/
Tontsch, S. 34, 39 f.; *Küpper,* S. 110 f., 294 ff.; *Nolte,* S. 526 ff. Zum Gesetz
1993:LXXVII über die Rechte der nationalen und ethnischen Minderheiten, M. K.
1993/5273 ff., s. *Bodáné/Cseresnyés/Vánkosné,* S. 17 ff.; *Brunner* in Brunner/
Tontsch, S. 35 f.; *Hofmann,* S. 177 ff.; *Küpper,* S. 130 ff.

[560] *Ábrahám,* Tibor (SZDSZ), OGy, 23.7.1990, Sp. 1893; *Gál,* Zoltán (MSZP),
OGy, 2.7.1990, Sp. 1197 f.; *Horn,* Gyula (MSZP), OGy, 16.7.1990, Sp. 1659;
Kóródi, Mária (SZDSZ), OGy, 9.7.1990, Sp. 1360; *Körösfői,* László (MSZP),
16.7.1990, Sp. 1645 f.; *Kovács,* Pál (MSZP), OGy, 9.7.1990, Sp. 1366; *Kövér,*
László (FIDESZ), OGy, 2.7.1990, Sp. 1202; *Mádi,* László (FIDESZ), OGy,

Weiterhin fehlten nach Ansicht einiger Abgeordneter die entsprechenden Garantien der Selbstverwaltungen gegenüber dem Staat[561] und eine adäquate Berücksichtigung des Umwelt- und Naturschutzes bei der Regelung der kommunalen Aufgaben[562]. Ohne diese – von der Regierung für einen späteren Zeitpunkt geplanten – Begleitgesetze bleibe das Kommunalgesetz Stückwerk und sei kaum zu beurteilen[563].

Darüber hinaus fanden viele Abgeordnete die Abgrenzung der Zuständigkeitsbereiche innerhalb der Selbstverwaltung, zwischen den Selbstverwaltungen und zwischen der Selbstverwaltung und dem Staat mangelhaft geregelt[564].

ff) Das Kommunalwahlrecht

Auch bei der Beratung des Gesetzes über die Wahl der örtlichen Selbstverwaltungsabgeordneten und der Bürgermeister traten starke Gegensätze zwischen der Regierung und der Opposition zutage. Die Meinungsverschiedenheiten betrafen unterschiedliche Aspekte des Kommunalwahlrechts.

Entsprechend der unterschiedlichen Vorstellungen über die Zukunft der Komitate gab es stark differierende Vorschläge zur Zusammensetzung der Generalversammlung der Komitate. Nach den Plänen der Regierung sollte sich die Generalversammlung aus den Bürgermeistern zusammensetzen, um die örtlichen Selbstverwaltungen zu stärken und die Komitatsebene zu schwächen[565]. Dagegen wurde aus den Reihen der Regierungsparteien[566] ebenso wie von der Opposition Einwände erhoben und eine unmittelbare Listenwahl in Mehrheitswahlkreisen[567] gefordert.

9.7.1990, Sp. 1407 f.; *Szabó,* György (MSZP), OGy, 9.7.1990, Sp. 1444; *Ungár,* Klára (FIDESZ), OGy, 16.7.1990, Sp. 1650.

[561] *Csehák,* Judit (MSZP), OGy, 16.7.1990, Sp. 1674; *Horn,* Gyula (MSZP), OGy, 16.7.1990, Sp. 1659.

[562] *Papp,* Sándor (MDF), OGy, 16.7.1990, Sp. 1679.

[563] *Békesi,* László (MSZP), OGy, 9.7.1990, Sp. 1403 ff.; *Vastagh,* Pál (MSZP), OGy, 9.7.1990, Sp. 1424.

[564] *Áder,* János (FIDESZ), OGy, 9.7.1990, Sp. 1369; *Balogh,* Gábor (KDNP), OGy, 9.7.1990, Sp. 1371 ff.; *Körösfői,* László (MSZP), OGy, 16.7.1990, Sp. 1645; *Kovács,* Pál (MSZP), OGy, 9.7.1990, Sp. 1366; *Kövér,* László (FIDESZ), OGy, 2.7.1990, Sp. 1202; *Szabó,* Erika (SZDSZ), OGy, 9.7.1990, Sp. 1380; *Vastagh,* Pál (MSZP), OGy, 9.7.1990, Sp. 1423; *Wekler,* Ferenc (SZDSZ), OGy, 2.7.1990, Sp. 1187. Kritik an der mangelhaften Ausgestaltung der Zweistufigkeit der hauptstädtischen Selbstverwaltung äußerte *Tirts,* Tamás (FIDESZ), OGy, 9.7.1990, Sp. 1389.

[565] *Fábián,* Józsa (MDF), OGy, 24.7.1990, Sp. 1952 f.

[566] *Gáspár,* Miklós (KDNP), OGy, 24.7.1990, Sp. 1965 f.

[567] *Szabad,* György (MSZP), OGy, 24.7.1990, Sp. 1960.

Während die Regierungsvorlage die Direktwahl der Bürgermeister auf Gemeinden bis höchstens 5000 Einwohner beschränken wollte[568], wurde z.T. die Anhebung der Obergrenze[569], z.T. die Direktwahl in allen Gemeinden und Städten[570] befürwortet.

Die von der Regierung vorgeschlagenen drei unterschiedlichen Wahlsysteme – abhängig von der Einwohnerzahl der Gemeinde[571] – waren Gegenstand zahlreicher Änderungsanträge und Einwände[572].

Meinungsverschiedenheiten gab es darüber hinaus in der Frage der örtlichen Interessenvereinigungen. Während die Regierungsvorlage die einzelnen Vertreter derartiger Vereinigungen wie unabhängige Kandidaten behandelte, forderten Oppositionsabgeordnete, sie wegen ihrer besonderen Funktion in den örtlichen Gemeinschaften wie Parteien zu behandeln und ihnen dadurch das Aufstellen von Listen zu ermöglichen[573]. Auch für diesen Streit können wieder die nationalen und ethnischen Minderheiten exemplarisch herangezogen werden: Der Status und die Sonderrechte der kommunalen Minderheitenkandidaten gegenüber den parteigebundenen Bewerbern war lange umstritten[574].

gg) Der weitere Verlauf der Debatte

Angesichts dieser großen Meinungsunterschiede schien der wegen der geforderten Zweidrittelmehrheit nötige Konsens zwischen Regierung und Opposition nicht zu erreichen zu sein. Deshalb reichte die größte Oppositionspartei, der SZDSZ, eine eigene Gesetzesvorlage ein[575]. Deren Konzeption war den Regierungsparteien zu wenig zentralistisch, weshalb sie die Befürchtung äußerten, der Staat werde dadurch in 3200 Minirepubliken atomisiert und in die Zeit vor der Staatsgründung durch *István I* zurückkatapultiert[576].

---

[568] Innenminister *Balázs Horváth* in OGy, 24.7.1990, Sp. 1944.

[569] *Gáspár*, Miklós (KDNP), OGy, 24.7.1990, Sp. 1965 (auf 60.000 Einwohner); *Szabó*, György (MSZP), OGy, 30.7.1990, Sp. 2117 (auf 10.000 Einwohner).

[570] *Magyar*, Bálint (SZDSZ), OGy, 24.7.1990, Sp. 1952; *Szabad*, György (MSZP), OGy, 24.7.1990, Sp. 1959.

[571] Innenminister *Balázs Horváth* in OGy, 24.7.1990, Sp. 1940.

[572] *Áder*, János (FIDESZ), OGy, 24.7.1990, Sp. 1961; *Böröcz*, István (FKgP), OGy, 24.7.1990, Sp. 1955; *Magyar*, Bálint (SZDSZ), OGy, 24.7.1990, Sp. 1951 f.; *Szabad*, György (MSZP), OGy, 24.7.1990, Sp. 1958 f.

[573] *Áder*, János (FIDESZ), OGy, 24.7.1990, Sp. 1962; *Szabad*, György (MSZP), OGy, 24.7.1990, Sp. 1957.

[574] Zur Stellung der Minderheitenkandidaten im Kommunalwahlsystem s. *Küpper*, S. 181 ff.

[575] *Kóródi*, Mária (SZDSZ), OGy, 9.7.1990, Sp. 1361; *Takács*, Imre in Kukorelli, Alkotmánytan, S. 263.

Der Allparteienkompromiß

Ende Juni 1990 erarbeiteten die sechs im Parlament vertretenen Parteien in nichtöffentlichen Verhandlungen[577] einen Kompromißvorschlag, und der SZDSZ zog daraufhin seine Gegenvorlage zurück[578]. Die Regierung präsentierte diesen Kompromiß dem Parlament als überarbeitete Regierungsvorlage der drei Gesetze[579].

Die Zuständigkeiten des Bürgermeisters und des Notärs waren nun genauer bestimmt, und statt des Bürgermeisters wurde der Notär zum allgemeinen Adressaten übertragener Staatsverwaltungsaufgaben bestimmt. Die Grundlagen der hauptstädtischen Selbstverwaltung wurden in dem Kompromiß festgelegt, die Einzelheiten in ein noch zu schaffendes Gesetz verwiesen (das spätere Gesetz 1991:XXIV). Die Regelung der wirtschaftlichen Grundlagen wurde präzisiert. Für die Kommunalaufsicht wurde das Amt des Republiksbeauftragten mit regionalem, komitatsübergreifendem Zuständigkeitsbereich geschaffen und auf Amt und Bezeichnung „Obergespan" ebenso verzichtet wie auf die Bezeichnung „Burgkomitat".

Die Anzahl der Wahlmodelle wurde von drei auf zwei gesenkt und die Grenze der Direktwahl des Bürgermeisters auf 10.000 Einwohner festgesetzt. Nicht nur Parteien, sondern auch gesellschaftlichen Organisationen wurde das Aufstellen von Listen gestattet.

Die nachfolgende parlamentarische Debatte war von allgemeiner Zustimmung in den konzeptionellen Fragen und auch in der Mehrheit der Einzelheiten bestimmt. Auch hier wurden die drei Gesetze in der allgemeinen Beratung im Paket diskutiert[580], während die detaillierten Beratungen getrennt erfolgten.

Letzte streitige Fragen

Strittig war bei dem verfassungsändernden Gesetz noch die Frage, ob das Erfordernis einer Zweidrittelmehrheit auch für die noch zu schaffenden Anschlußgesetze, jedenfalls soweit sie die Selbstverwaltungen betreffen, gelten solle[581]. Da die Änderungsanträge der Opposition zur Erweiterung der Anzahl der Gesetze, die dem Erfordernis der parlamentarischen Zweidrittel-

[576] *Grezsa,* Ferenc (MDF), OGy, 16.7.1990, Sp. 1640.

[577] Zur Bedeutung des Ausschlusses der Öffentlichkeit für den Erfolg der Verhandlungen s. *Füzessy,* Tibor (KDNP), OGy, 30.7.1990, Sp. 2119.

[578] *Szabó,* Máté in Pradetto, S. 39; *Wekler,* Ferenc (SZDSZ), OGy, 2.8.1990, Sp. 2143.

[579] Innenminister *Balázs Horváth* in OGy, 30.7.1990, Sp. 2101 ff.

[580] Abstimmung in OGy, 30.7.1990, Sp. 2108.

mehrheit unterliegen sollten, nicht die nötige Zweidrittelmehrheit im Parlament fanden[582], setzte sich der Regierungsvorschlag zu § 44/C Verf. durch, demzufolge lediglich das Gesetz über die örtlichen Selbstverwaltungen selbst und dessen unmittelbare Änderungen einer Zweidrittelmehrheit bedurften[583].

In der Diskussion über das Kommunalgesetz und das Kommunalwahlgesetz beschränkte sich die Kritik auf Detailfragen, wobei die Problemkreise der ethnischen Minderheiten und der Zuständigkeiten der Gemeinden im Umweltbereich die Schwerpunkte bildeten. In beiden Bereichen sah die Einigung schließlich vor, daß die Fragen im wesentlichen aus dem Kommunalgesetz ausgespart und einer späteren Spezialgesetzgebung vorbehalten blieben.

Die Verabschiedung

Am 2.8.1990 nahm das Parlament das Gesetz über die Änderung der Verfassung mit 307 zu 2 Stimmen bei 6 Enthaltungen an[584]. Die Abstimmungen über die beiden anderen Gesetze folgten am 3.8.1990: Das Gesetz über die örtlichen Selbstverwaltungen wurde mit 281 zu 3 Stimmen bei 1 Enthaltung angenommen[585], das Gesetz über die Wahl der örtlichen Selbstverwaltungsabgeordneten und der Bürgermeister mit 292 Stimmen ohne Gegenstimme bei 1 Enthaltung[586].

Ebenfalls am 3.8.1990 nahm das Parlament den das Kommunalgesetz ergänzenden Beschluß über die örtlichen Zuständigkeiten der Kommunalaufsichtsbehörden an[587]. Dieser Beschluß zu § 100 KommG legte fest, welche Komitate zu dem Zuständigkeitsgebiet welchen Republiksbeauftragten gehörten. Festzuhalten ist hier, daß die Zuständigkeitsgebiete nicht den sozioökonomischen Großregionen entsprachen und eine neue, unorganische Gliederung des Staatsgebiets vornahmen, worauf im Rahmen der Kommunalaufsicht in Kapitel C. I. 3. b) bb) (3) noch zurückzukommen sein wird.

---

[581] Dafür z.B. *Gál,* Zoltán (MSZP), OGy, 2.8.1990, Sp. 2174; *Tölgyessy,* Péter (SZDSZ), OGy, 2.8.1990, Sp. 2172. Dagegen z.B. *Csengey,* Dénes (MDF), OGy, 2.8.1990, Sp. 2176. Vermittelnd: die Zweidrittelregelung soll nur für die drei wichtigsten Anschlußgesetze (Gesetz über das Bodeneigentum, Gesetz über den Staatshaushalt, Gesetz über die Privatisierung) gelten, für die anderen nicht: *Ungár,* Klára (FIDESZ), OGy, 2.8.1990, Sp. 2177 f.

[582] Abstimmungen in OGy, 2.8.1990, Sp. 2193 f.

[583] OGy, 2.8.1990, Sp. 2195.

[584] OGy, 2.8.1990, Sp. 2197.

[585] OGy, 3.8.1990, Sp. 2296.

[586] OGy, 3.8.1990, Sp. 2304.

[587] Parlamentsbeschluß 66/1990. (VIII.14.) OGY über die Regionen, die das Tätigkeitsgebiet des Republiksbeauftragten bestimmen, M. K. 1990/1664 f.

Mit Beginn der ordentlichen Sitzungsperiode des Parlaments wurde die Debatte über die Vorlage des Gesetzes über einige Fragen der Ausübung des Bürgermeisteramtes (das spätere Gesetz 1990:LXVII) fortgeführt, und noch vor den Kommunalwahlen, am 11.9.1990, wurde die Vorlage angenommen[588] und einen Tag später verkündet. Dieses Gesetz vervollständigte zunächst das Gesetzgebungsprogramm über die Selbstverwaltungen, das bis zu den Kommunalwahlen verabschiedet werden sollte, indem es die dienstrechtliche Stellung des Bürgermeisters regelte. Offene Fragen, hauptsächlich hinsichtlich der wirtschaftlichen und finanziellen Grundlagen, der Steuern und des Eigentums, sollten später, im Zusammenhang mit dem fortschreitenden Umbau der Wirtschaftsordnung, in Angriff genommen werden.

3. Grundzüge des postkommunistischen Selbstverwaltungsmodells

Zunächst wird das Kommunalrecht in der Form dargestellt, wie es durch das erste freie postkommunistische Parlament in der 1990er Gesetzgebung geschaffen wurde. Im Anschluß daran folgt die Schilderung der Reformen, die noch von der bürgerlich-konservativen Regierung unter *József Antall* (1990–1994)[589] vorgenommen wurden. Ein weiteres Kapitel wird dann der großen Kommunalreform von 1994 gewidmet, die die erste große Maßnahme der neugewählten sozial-liberalen Koalition unter *Gyula Horn* (1994–1998) bildete. Es folgen die weiteren Änderungen der Regierung *Horn* auf dem Gebiet des Kommunalrechts. Im Anschluß werden die Maßnahmen der bürgerlich-konservativen Regierung von Ministerpräsident *Viktor Orbán* (seit 1998) geschildert. Schließlich endet die Darstellung der modernen ungarischen Selbstverwaltung mit einer Analyse der großen, noch offenen Fragen, des Reformbedarfs und der Reformanstrengungen in diesem Bereich.

a) Der verfassungsrechtliche Rahmen

Wie bereits erwähnt, ist die Einführung der kommunalen Selbstverwaltung durch ein ganzes Paket von Gesetzen eingeführt worden. Den Anfang machte das verfassungsändernde Gesetz 1990:LXIII, welches die verfassungsrechtlichen Grundlagen schuf. Es wurde gefolgt vom Kommunalwahlgesetz 1990:LXIV und schließlich vom Kommunalgesetz 1990:LXV[590]. Bevor die Reformen auf einfach-gesetzlicher Ebene behandelt werden, soll

---

[588] Abstimmung in OGy, 11.9.1990, Sp. 2824: 248 Ja-Stimmen, 1 Nein-Stimme, 10 Enthaltungen.

[589] Ein Kurzporträt von *Antall* liefert *Sitzler,* Kathrin in Altmann/Hösch, S. 90 f., das Kurzporträt von *Horn* findet sich auf S. 92 f.

die verfassungsrechtliche Verankerung der kommunalen Selbstverwaltung dargestellt werden.

aa) Die kommunale Selbstverwaltung

Das Kernstück der Verfassungsänderung bestand in der verfassungsrechtlichen Verankerung der kommunalen Selbstverwaltung. Anstelle des bisherigen Kapitels IX: Die Räte (§§ 41–44) wurde ein völlig neu gefaßtes Kapitel IX: Die örtlichen Selbstverwaltungen (§§ 41–44/C) eingefügt.

(1) Die territoriale Gliederung

Das Kapitel über die örtliche Verwaltung beginnt – wie seit 1949 üblich – mit einer Regelung des Territorialaufbaus. Gemäß § 41 Abs. 1 Verf. gliedert sich das Territorium der Republik Ungarn in die Hauptstadt, in Komitate, in Städte und in Gemeinden. Die Hauptstadt untergliedert sich zwingend in Stadtbezirke; in anderen Städten können Stadtbezirke gebildet werden (§ 41 Abs. 2). Damit legt die Verfassung die territorialen Einheiten fest, in denen Selbstverwaltungen bestehen (können). Nicht in der Verfassung, sondern einfach-gesetzlich geregelt ist, daß die Städte mit Komitatsrecht auf ihrem Gebiet die Befugnisse des Komitats wahrnehmen; sie gehören damit – anders als etwa die kreisfreien Städte in Deutschland im Verhältnis zu Kreisen – grundsätzlich zum Gebiet des Komitats, üben aber auf ihrem Territorium dessen Befugnisse aus. Die territoriale Gliederung der Selbstverwaltung bleibt dabei in dem in Ungarn herkömmlichen Rahmen: Auf örtlicher Ebene bestehen Städte und Gemeinden, auf regionaler Ebene die Komitate, und die Hauptstadt bildet eine besondere Einheit mit obligatorisch zweistufiger kommunaler Selbstverwaltung. In dieser Zweistufigkeit unterscheidet sich Budapest grundlegend von den deutschen Stadtstaaten Berlin (Art. 3 Abs. 2, 67–77 Verf. Bln) und Hamburg (Art. 4 Verf. Hbg), wo der Bezirksebene keine eigene Kompetenz zur Selbstverwaltung zukommt; am nächsten kommt der Zweistufigkeit der Budapester Stadtverwaltung in Deutschland noch das Land Bremen, wo die Stadtgemeinden Bremen und Bremerhaven die Freie Hansestadt Bremen als „zusammengesetzten Gemeindeverband höherer Ordnung" bilden (Art. 143–149 Verf. Brem)[591].

---

[590] Gesetz 1990:LXIII über die Änderung der Verfassung der Republik Ungarn, Gesetz 1990:LXIV über die Wahlren der örtlichen Selbstverwaltungsabgeordneten und der Bürgermeister, in Folge abgedruckt in M. K. 1990/1589 ff., Gesetz 1990:LXV über die örtlichen Selbstverwaltungen, M. K. 1990/1637 ff. Das letztgenannte Gesetz ist in deutscher Übersetzung von *Georg Brunner* abgedruckt in *Brunner*, VSO, Länderteil Ungarn, Dokument 2.1.6.

Es ergibt sich somit folgendes Schema:

Schema 3

Die territoriale Gliederung der Selbstverwaltung

zentralstaatliche Ebene:

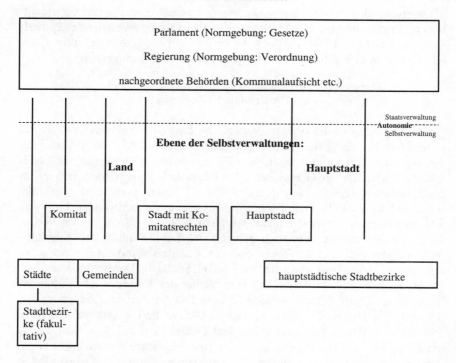

---

[591] Zu Berlin und Hamburg s. *Deutelmoser*; zu Berlin s. *Gern*, Sächs. KommR, S. 53 ff.; *Hoffmeister*, NJ 1999/393 ff.; *Pfennig/Neumann*, Art. 3 Rn. 9 f.; *Machalet*, Eberhard in Püttner, HdkWP, Bd. 2, S. 264 ff.; *Sendler*, JR 1985/442 ff.

Zu Hamburg s. *Gern*, Sächs. KommR, S. 56; *Hoffmann-Riem/Koch*, S. 97 ff.; *Ipsen*, Staats- und Verwaltungsrecht, S. 19 ff.; *Ipsen*, Hamburgs Verfassung, S. 337 ff., 393 ff.; *Becker*, Ulrich/*Schneider*, Gerhard in Püttner, HdkWP, Bd. 2, S. 285 ff.

Zu Bremen s. *Gern*, Sächs. KommR, S. 55 f.; *Brandt*, Heinz/*Schefold*, Dian in Kröning/Pottschmidt/Preuß/Rinken, S. 547 ff.; *Heise*, Horst in Püttner, HdkWP, Bd. 2, S. 310 ff.; *Spitta*, Erläuterungen vor Art. 143 und zu Art. 143-149. Die Einzelheiten regelten ursprünglich das Gesetz über die Ortsämter und Außenstellen der bremischen Verwaltung vom 3.7.1951, Brem GBl. 1951 S. 67, und die als Bremerhavener Ortsgesetz erlassene Verfassung für die Stadt Bremerhaven vom 4.11.1947, Brem GBl. 1947 S. 291; heute gelten das Gesetz über die Beiräte und Ortsämter vom 20.6.1989, Brem GBl. 1989 S. 241, und die Verfassung für die Stadt Bremerhaven vom 13.10.1973, Brem GBl. 1973 S. 243, die nach wie vor den Rechtscharakter eines Bremerhavener Ortsgesetzes trägt.

Dieses Schema umfaßt das ganze Staatsgebiet. Es gibt keine ausmärkischen Gebiete, wie sie etwa in Art. 11 Abs. 1 Satz 2 Verf. Bay[592] vorgesehen sind. Der Grundsatz, daß das gesamte Staatsgebiet auch dem Gebiet einer Gemeinde zugeordnet sein muß, ergibt sich nicht unbedingt aus § 41 Abs. 1 Verf., da der Ausdruck „gliedert sich in" [tagozódik] nicht zwingend so zu verstehen ist, daß überhaupt kein gemeindefreies Gebiet zugelassen ist. Nichtsdestoweniger gehört jeder Teil des ungarischen Staatsgebiets zu einer Gemeinde, auch die gemäß § 172 Buchst. b) ZGB[593] im ausschließlichen staatlichen Eigentum stehenden fließenden Gewässer und Seen. Das Eigentum des Staates an diesen Wasserflächen schließt ihre verwaltungsmäßige Zuordnung zu dem Gebiet der Anrainergemeinde nicht aus, wie sich für Budapest aus der Abgrenzung der Stadtbezirke in den Anlagen zu Gesetz 1994:XLIII[594] ersehen läßt: Dort umfassen die Bezirksgrenzen auch die Wasserflächen der Donau. Zudem entspricht der Grundsatz, daß alles Gebiet einer Gemeinde zugeordnet sein muß, ungarischer Tradition: Die bürgerliche Gemeindeordnung in Gesetzesartikel 1871:XVIII enthielt ihn in § 20 ausdrücklich, und die 1886 neu erlassene Gemeindeordnung (Gesetzesartikel 1886:XXII) schrieb ihn in § 19 fest. Daß das heutige Selbstverwaltungsgesetz diesen Grundsatz nicht mehr enthält, bedeutet nicht, daß es davon Abweichungen zulassen will, sondern eher, daß er so selbstverständlich geworden ist, daß eine ausdrückliche Normierung nicht mehr für notwendig erachtet wird.

(2) Das Recht auf Selbstverwaltung

Die örtliche Gewalt

In den genannten Einheiten gebührt gemäß § 42 Satz 1 Verf. der Gesamtheit der Wahlbürger das Recht zur örtlichen Selbstverwaltung. Zu erwähnen ist in diesem Zusammenhang, daß durch die große Verfassungsreform des Gesetzes 1989:XXXI in Ungarn dauerhaft niedergelassenen Ausländern das Recht auf Teilnahme an den Kommunalwahlen eingeräumt wurde[595]. Die niedergelassenen Ausländer sind folglich ebenfalls Träger des Rechts auf

---

[592] Dazu s. o. Fn. 188.

[593] Gesetz 1959:IV über das Bürgerliche Gesetzbuch (Zivilgesetzbuch – ZGB), in deutscher Übersetzung von *Georg Brunner* und *Ferenc Majoros* abgedruckt in Brunner/Schmid/Westen, WOS, Länderteil Ungarn Dokumente II. 1. a), III. 1., IV. 1.

[594] Gesetz 1994:XLIII über das Verwaltungsgebiet der Hauptstadt Budapest und über seine Einteilung in Bezirke, M. K. 1994/1538 ff., geändert durch Gesetz 1997:CXVIII, M. K. 1997/7279 ff. Näher dazu unten Punkt C. I. 4. e).

[595] Ursprünglich in § 70 Abs. 3 Verf., seit der Verfassungsänderung durch das Gesetz 1994:LXI (M. K. 1994/3063 f.) in § 70 Abs. 2.

örtliche Selbstverwaltung. Insofern sind das Staatsvolk und das „Kommunalvolk" nicht identisch, was deshalb nicht auf verfassungsrechtliche Bedenken stoßen kann, weil diese Diskrepanz von der Verfassung selbst angeordnet wird. Im übrigen ist dieses Phänomen auch in der Bundesrepublik nicht ganz unbekannt: Art. 28 Abs. 1 Satz 3 GG, der 1992 in das Grundgesetz eingefügt wurde, gewährt EG-Bürgern das Kommunalwahlrecht nach Maßgabe europarechtlicher Vorschriften, und auf einfach-gesetzlicher Ebene hat die Herabsenkung des Wahlalters für Kommunalwahlen auf 16 Jahre beispielsweise in Niedersachsen, Nordrhein-Westfalen und Sachsen-Anhalt, zeitweise auch in Hessen zu einem Auseinanderfallen von Landes- und Bundeswahlvolk einerseits (ohne die 16- bis 18-jährigen) und Kommunalwahlvolk andererseits (mit der genannten Altersgruppe) geführt[596].

In § 42 Satz 2 Verf. wird das Recht auf örtliche Selbstverwaltung näher bestimmt: Die Vorschrift definiert die örtliche Selbstverwaltung als „die eigenständige, demokratische Erledigung der öffentlichen Angelegenheiten, die die Gemeinschaft der Wahlbürger betreffen, die Ausübung der örtlichen öffentlichen Gewalt im Interesse der Bevölkerung". Diese Definition entspricht dem Begriff der „Angelegenheiten der örtlichen Gemeinschaft", wie er in Art. 28 Abs. 2 Satz 1 GG gebraucht wird[597]. Die Präzisierung, daß es sich bei diesen örtlichen Angelegenheiten um öffentliche handeln muß, ergibt sich zum einen aus dem Sinn jeder öffentlichen Gewalt, die öffentlichen Angelegenheiten zu regeln, und zum anderen aus den Grundrechten, die den Bereich der privaten Angelegenheiten umschreiben, in denen die öffentliche Gewalt nicht oder nur unter bestimmten Voraussetzungen tätig werden kann. Auch die Klausel, daß die örtliche öffentliche Gewalt nur im Interesse der Bevölkerung tätig werden kann, entspricht der allgemeinen Zweckbindung der öffentlichen Gewalt an das öffentliche Wohl[598].

---

[596] § 34 Abs. 1 Nr. 1 GO Nds, § 29 Abs. 1 Nr. 1 LO Nds (16. Lebensjahr) im Gegensatz zu Art. 8 Abs. 2 Verf. Nds, § 2 Nr. 1 LWahlG Nds, die die Teilnahme an Landtagswahlen an die Vollendung des 18. Lebensjahres knüpfen. Ebenso § 7 KommWahlG NRW einerseits, Art. 31 Abs. 2 Verf. NRW, § 1 Nr. 2 LWahlG NRW andererseits; § 20 Abs. 2 S. 1 GO Sa-Anh (für Gemeinden und Kreise). In Hessen hob das Änderungsgesetz vom 23.12.1999 das Wahlalter in § 30 Abs. 1 Nr. 2 Hess GO, § 22 Abs. 1 Nr. 2 Hess KrO wieder von 16 auf 18 Jahre an.
Ebenso weitgehend wie die ungarische Verfassung ist beispielsweise Art. 130 der niederländischen Verf. von 1983, der das kommunale Ausländerwahlrecht nicht auf bestimmte Staatsangehörigkeiten beschränkt; Art. 15 Abs. 4 Verf. Portugal erlaubt es dem einfachen Gesetzgeber, das aktive und passive Kommunalwahlrecht für niedergelassene Ausländer ohne Differenzierung nach deren Staatsangehörigkeit einzuführen.
[597] Auch die übrigen postkommunistischen Kommunalgesetze gebrauchen derartige Wendungen. Die russische Legaldefinition von örtlicher Selbstverwaltung beispielsweise spricht von „Fragen örtlicher Bedeutung". Dazu s. *Krasov*, SGiP 1990/ 10, S. 86 ff.; *Šiškin*, JOR 1992/II, S. 296 ff.

Aus dem terminologischen Unterschied der „Gemeinschaft der Wahlbürger", die von den öffentlichen Angelegenheiten betroffen sein müssen, zu deren Erledigung die örtliche Selbstverwaltung befugt ist, und der „Bevölkerung", in deren Interesse die örtliche Gewalt tätig zu werden hat, kann man keine inhaltlichen Unterschiede ableiten. Auch wenn der Begriff der „Gemeinschaft der Wahlbürger" enger ist als der der örtlichen Bevölkerung, weil streng genommen alle nicht Wahlberechtigten nicht davon erfaßt werden (z. B. Minderjährige, Strafgefangene, Geisteskranke, nicht wahlberechtigte Ausländer), so kann diese Vorschrift nicht so interpretiert werden, daß die örtliche Selbstverwaltung sich nicht mit örtlichen Angelegenheiten befassen darf, die genau die von der Wahlberechtigung ausgeschlossenen Personenkreise betrifft. Ansonsten wären z. B. Kindergärten, die ja ausschließlich von noch nicht Wahlberechtigten genutzt werden, aus dem Wirkungskreis der örtlichen Selbstverwaltungen ausgeschlossen, oder man müßte den dogmatisch mühsamen Umweg über die Betroffenheit der zur Gemeinschaft der Wahlbürger gehörenden Eltern gehen. Die terminologische Verengung aus die „Gemeinschaft der Wahlbürger" ist in dieser Hinsicht ein redaktionelles Versehen; der deutsche Begriff der „örtlichen Gemeinschaft", der nicht an die Wahlberechtigung anknüpft, ist in diesem Zusammenhang präziser.

Selbstverwaltung und Volkssouveränität

Die in der ungarischen Verfassung gewählte Begrifflichkeit hat aber noch einen anderen Aspekt. Das Verfassungsgericht hat in ständiger Rechtsprechung den Bezug auf die Gemeinschaft der Wahlbürger so ausgelegt, daß daraus eine Verbindung zum Prinzip der Volkssouveränität in § 2 Abs. 2 Verf. entsteht. Somit unterliegen die Einheiten der örtlichen Selbstverwaltung denselben Grundsätzen wie der Staat im Großen: Die öffentliche Gewalt in ihnen leitet sich vom Souverän, dem Volk, ab. Dieser Souverän ist die Gesamtheit der stimmberechtigten Bürger, d. h. die „Gemeinschaft der Wahlbürger"[599]. Damit steht dem einzelnen Wahlbürger ein Grundrecht auf Teilnahme an der Bestellung der öffentlichen Gewalt und an ihrer Willensbildung zu; letzteres kann auf allen Ebenen von der Gemeinde bis zum Gesamtstaat durch gewählte Vertreter sowie direkt geschehen (§§ 2 Abs. 2

---

[598] Auch in Deutschland hat man es im 19. Jahrhundert für notwendig erachtet zu betonen, daß die Gemeinden die Zuständigkeit in jedem Bereich annehmen durften, der „die Wohlfahrt des Ganzen, die materiellen Interessen und die geistige Entwicklung der Einzelnen fördert": PrOVGE 2/186, S. 189 f., 12/155, S. 158, zitiert nach BVerfGE 79/127, S. 146 f.

[599] Verfassungsgerichtsentscheidung 22/1993. (IV.2.) AB, M. K. 1993/2089 ff., ABH 1993/182 ff.; *Bartók*, MK 1997/694 f.; *Pálné Kovács*, Ilona in MTA/MKI, S. 33.

a. E., 44 Abs. 1 Verf.). Dieses Recht des Wahlbürgers auf Wahl der Vertretungskörperschaften und auf Teilnahme an Volksabstimmungen, das noch einmal in § 70 Abs. 1 Verf. als Grundrecht verbürgt wird, ist nach der verfassungsgerichtlichen Rechtsprechung ein individuelles Grundrecht, d. h. genau genommen zwei unterschiedliche, wenn auch parallele Grundrechte, entsprechend der Art und Weise, in der der Souverän seine Souveränität ausübt: das Recht auf die Teilnahme an der Wahl der Vertreter und das Recht auf die Teilnahme an der Volksabstimmung[600].

Die kommunale Selbstverwaltung hat nicht nur nach innen, sondern auch nach außen grundrechtsgleichen Charakter[601]. Das bedeutet, daß der den Selbstverwaltungen originär zugewiesene Bereich ebenso vor Inanspruchnahme durch den Staat und seine Organe geschützt ist wie der grundrechtlich geschützte Freiraum des Individuums. Anknüpfungspunkt dieses Rechts ist die juristische Person der Gebietskörperschaft (Gemeinde, Stadt, hauptstädtischer Bezirk, Hauptstadt, Komitat); der Sache nach handelt es sich um ein kollektives Recht der Wahlbürgerschaft, welches letztlich aus der Volkssouveränität fließt und in der juristischen Person der Gebietskörperschaft einen rechtlichen Träger gewinnt. Konsequenterweise bezeichnet das Verfassungsgericht das Recht der Gemeinschaft der Wahlbürger auf eigenständige Wahrnehmung der sie betreffenden öffentlichen Angelegenheiten als Mutterrecht aller örtlichen Selbstverwaltung[602]. Dieser Grundrechtscharakter unterscheidet die Selbstverwaltung qualitativ von einer bloßen Dezentralisierung einer einheitlichen Staatsgewalt[603]. Einem staatlichen Organ, worunter grundsätzlich auch eine vom Staat eingerichtete Selbstverwaltung fällt, stehen nach ungarischer Verfassungsdogmatik keinerlei Grundrechte zu, weder das auf Selbstverwaltung noch andere, wie etwa auf Eigentum[604]. Da die örtlichen Selbstverwaltungen ihr Recht auf Selbstverwaltung nicht vom Staat, sondern von der Gemeinschaft der Wahlbürger ableiten, können sie durchaus Grundrechtsträger gegenüber dem Staat sein, was durch die Verfassung ja auch ausdrücklich klargestellt wird. Auf die besondere Frage des Eigentums wird weiter

---

[600] Verfassungsgerichtsentscheidung 34/1993. (V.28.) AB, M. K. 1993/3775 ff., ABH 1993/457 ff.

[601] Verfassungsgerichtsentscheidung 18/1993. (III.19.) AB, M. K. 1993/1618 ff., ABH 1993/161 ff. Zum Grundrecht der kommunalen Selbstverwaltung s. auch Art. 31 und 108 der belgischen Verf. von 1831, § 184 des Entwurfs der Reichsverfassung 1849 und Art. 127 WRV.

[602] Entscheidung 18/1993. (s. o. Fn. 601).

[603] Entscheidung 34/1998. (s. o. Fn. 600).

[604] Ständige Rechtsprechung des Verfassungsgerichts, zuletzt in 50/1998. (XI.27.) AB, M. K. 1998/6775 ff., insbes. S. 6783, ABH 1998/387 ff., in bezug auf die Selbstverwaltungen der Sozialversicherungsträger, deren Einrichtung von der Verfassung nicht zur Pflicht gemacht wird.

unten im Rahmen der verfassungsrechtlichen Eigentumsregelung näher ein-gegangen[605].

Die ungarische Verfassungsdogmatik geht damit weiter als die deutsche, die in der Garantie der örtlichen Selbstverwaltung lediglich eine institutionelle Garantie sieht. Konsequenterweise werden den Gemeinden und Gemeindeverbänden in Deutschland dann auch fast alle anderen verfassungsrechtlich geschützten Positionen wie etwa der Eigentumsschutz abgesprochen, so daß sie sich im Grundgesetz nur auf die Garantie der Selbstverwaltung (und einige justizielle Grundrechtspositionen) berufen können[606].

Durch die Verankerung der örtlichen Selbstverwaltung in der Volkssouveränität und in den Grundrechten der örtlichen (Wahl-) Bevölkerung entfällt die Notwendigkeit, auf den „vorstaatlichen" Charakter der Selbstverwaltung der örtlichen Gemeinschaft zurückzugreifen, wie dies in Deutschland bisweilen geschieht[607]. Eine zeitlich gesehen vorstaatliche Gemeindegewalt würde in Ungarn zudem nicht den historischen Tatsachen entsprechen: Zur Zeit der Staatsgründung lebte ein großer Teil der eingewanderten magyarischen Bevölkerung noch ein nomadisches oder halbnomadisches Leben, das sozial in Clan- und Familienstrukturen organisiert war[608]; in Dörfern seßhaft war vor allem die altansässige slawische Bevölkerung, die aber keine politischen Rechte besaß. Echte Gemeinden und Städte entstanden erst nach der Übernahme des Christentums und eines seßhaften Lebensstils, was zeitlich zusammen mit und nach der Gründung des Staates anzusiedeln ist und durch den Staat zumindest gefördert wurde. Der Aufbau des Gemeinwesens geschah somit in historischer Reihenfolge nicht von unten nach oben, sondern von oben nach unten. Interessant hierbei ist, daß auch die neue polnische Verfassung in Art. 16 Abs. 1 die Selbstverwaltungsgewalt der örtlichen Gemeinschaft unter Absage an naturrechtliche Anschauungen „kraft Rechts" normativ konstituiert[609].

---

[605] In diesem Zusammenhang betont das Verfassungsgerichtsurteil 4/1993. (II.12.) AB, M. K. 1993/702 ff., ABH 1993/48 ff., in deutscher Übersetzung abgedruckt in *Brunner/Sólyom*, S. 421 ff., besonders die verfassungsrechtliche Bedeutung kommunaler Grundrechte. Dazu s. auch *Sólyom* in Brunner/Sólyom, S. 112 ff.; *Sólyom* in Sólyom/Brunner, S. 50 f.

[606] Grundlegend BVerfGE 79/127 ff. (Rastede). Für eine Auslegung von Art. 28 Abs. 2 S. 1 GG als subjektives Recht der Gemeinden *Kenntner*, DÖV 1998/701 ff.

[607] Art. 11 Abs. 2 Satz 1 Verf. Bay: „ursprüngliche Gebietskörperschaften des öffentlichen Rechts". Dazu s. *Obermayer* in Mang/Maunz/Mayer/Obermayer, S. 137; *Pagenkopf*, S. 43 ff.; *Salzwedel*, VVDStRL 1965/222 ff. mit Anmerkungen von *Bachof*, Otto, S. 337 f., und *Weber*, Werner, S. 342; *Schmitt Glaeser*, VVStRL 1973/197 Fn. 75.

[608] Zur Rechts- und Sozialordnung der Magyaren vor und unmittelbar nach der Staatsgründung s. *Csizmadia* in Csizmadia/Kovács/Asztalos, S. 45 ff.; *Jánosi*, S. 45 ff.; *Mezey*, Alkotmánytörténet, S. 15–31; *Zlinszky*, JK 1996/269 ff.

Die Verankerung in der Volkssouveränität stellt die örtlichen Selbstverwaltungen auf dieselbe Stufe mit dem Staat: Beide Gebietskörperschaften sind der Ausdruck des Souveräns, sich eine politische Ordnung zu geben. Sie sind damit letztendlich nicht aufeinander reduzierbar, wenn auch der Staat insofern übergeordnet ist, als daß er das Mandat zur Regelung des Kommunalrechts – allerdings gemäß § 44/C Satz 1 Verf. mit Zweidrittelmehrheit – sowie die Befugnis zur Setzung und Durchsetzung des allgemeinen Rechts hat. Diese Überordnung des Staates ist notwendig, weil die Gebiets- und Personalhoheit des Staates und der örtlichen Selbstverwaltungen denselben Bezugspunkt haben und daher gegeneinander abgegrenzt werden müssen. Die genaue Abgrenzung obliegt der in der „territorialen Hierarchie" höherrangigen Einheit, dem Staat, dem in Übereinstimmung mit europäischen Traditionen die Kompetenzkompetenz zukommt, und erfolgt in der Sache vor allem durch die präzise Bestimmung der „örtlichen Angelegenheiten"[610]. Die Beschränkung dieser Kompetenzkompetenz des Staates über die Zuordnung von Aufgaben durch die Verfassungsgarantie, die den Selbstverwaltungen einen Kernbestand an örtlichen Angelegenheiten garantiert, wird in Ungarn – noch – nicht diskutiert, d.h. die in Deutschland geltenden Beschränkungen bei der „Hochzonung" von Aufgaben[611] sind in Ungarn nicht Gegenstand der rechts- oder kommunalwissenschaftlichen Debatte.

Örtliche Angelegenheiten und staatliche Aufgaben

Die Selbstverwaltungen sind nur in dem Kreis der „örtlichen Angelegenheiten" originär kompetent. Der das deutsche Kommunalrecht prägende Grundsatz, daß die örtlichen Selbstverwaltungen primäre Träger aller Verwaltungsaufgaben auf ihrem Gebiet darstellen[612], ist der ungarischen Verfassung fremd. Sie geht vielmehr im Grundsatz (§ 44/B Abs. 2, 3) davon aus, daß staatliche Aufgaben durch staatliche Behörden und Selbstverwaltungsaufgaben, d.h. örtliche Angelegenheiten, durch die Selbstverwaltungen erledigt werden; auf Abweichungen von diesem Grundsatz wird weiter

---

[609] Zu Polen s. *Banaszak,* WGO-MfOR 1999/332; *Schnapp,* DÖV 2001/724 ff.

[610] Zu der Unbestimmtheit des Begriffs der örtlichen öffentlichen Angelegenheiten und den (verfassungs-) rechtlichen Folgen dieser Unbestimmtheit s. *Verebélyi,* MK 1991/770 ff.

[611] BVerfG NVwZ 1989/347, S. 350 f.; *Gern,* Sächs. KommR, S. 38 ff.

[612] So Art. 71 Abs. 2 Satz 1 Verf. Ba-Wü; Art. 57 Abs. 3 Verf. Nds; Art. 78 Abs. 2 Verf. NW; Art. 84 Abs. 1 Satz 1 Verf. Sachs; ewas abgeschwächt Art. 137 Abs. 1 Verf. Hess; Art. 49 Abs. 1 Verf. Rh-Pf. S. VerfGH Nds NVwZ 1997/58, S. 59; *Erichsen,* Kommunalrecht, S. 47 ff.; *Püttner,* Günter in Isensee/Kirchhof, Bd. IV, S. 1176; *Schmidt-Aßmann* in Schmidt-Aßmann, Bes. VwR, S. 29 ff.; *Stern,* Staatsrecht, Bd. I, S. 412 f.

unten noch eingegangen. Dieser Grundsatz der Trennung von Staats- und von Selbstverwaltungsaufgaben stellt einen Bruch mit den Traditionen bürgerlicher Selbstverwaltung in Ungarn dar, denn im 19. Jahrhundert lag der Kommunalgesetzgebung, wie unter Punkt C. III. 1. a) bb) gezeigt, das dualistische Aufgabenmodell zugrunde, demzufolge die Kommunen sowohl eigene als auch übertragene Verwaltungsaufgaben versahen.

Die Trennung von Staats- und Selbstverwaltungsaufgaben geschieht vor allem zum Schutz der Selbstverwaltungen, da man befürchtete, daß der Staat durch die Übertragung von Staatsaufgaben auf die Selbstverwaltungen ungewünscht Einfluß auf die Autonomien vor Ort nehmen könne. Auch die Bestimmungen über den Adressaten staatlicher Aufgabenübertragung innerhalb der Selbstverwaltung, nämlich ausnahmsweise der Bürgermeister bzw. Oberbürgermeister durch Gesetz oder auf Gesetz beruhender Regierungsverordnung (§ 44/B Abs. 2 Verf.) oder der Notär, ausnahmsweise der Leiter des Büros der Vertretungskörperschaft, durch Gesetz oder Regierungsverordnung (§ 44/B Abs. 3 Verf.), haben Garantiecharakter, weil sie es dem Belieben des Staates entziehen, welches Organ der Selbstverwaltung er betraut, und so Eingriffe in die Organisationshoheit der Selbstverwaltung gering halten[613].

Diese Vorkehrungen sind nur vor dem Hintergrund der Erfahrungen mit dem Hyperzentralismus des kommunistischen Einparteiensystems zu verstehen, in den die zentralen Instanzen von Partei und Staat alle dezentralen Einrichtungen in Staat, Wirtschaft und Gesellschaft vereinnahmt und einer politischen Lenkung unterworfen hatten. Um ein derartiges Übergewicht von vornherein nicht wieder aufkommen zu lassen, entschied man sich für eine strikte institutionelle Trennung von kommunalen und staatlichen Aufgaben, die sich auch in der Verwaltungszuständigkeit äußert: Für die Durchführung von Staatsaufgaben sollen grundsätzlich Staatsbehörden und für die Durchführung von Selbstverwaltungsaufgaben grundsätzlich Selbstverwaltungsbehörden sorgen. Für eine Verschränkung durch Zusammenarbeit, wie sie in Westeuropa üblich sind, fehlte in Ungarn unmittelbar nach der Wende das Vertrauen in die zentralen politischen und staatlichen Instanzen. Daß eine kommunalen Selbstverwaltung auch dann frei funktionieren kann, wenn sie ihre Organe gleichzeitig dem Staat für die Durchführung seiner Aufgaben zur Verfügung stellt, zeigen zahlreiche Beispiele aus Westeuropa. Etliche deutsche Landesverfassungen ermöglichen die Übertragung von Staatsaufgaben an die örtlichen Selbstverwaltungen[614], und einige sehen dies als Regelfall ausdrücklich vor[615]. Auch in der Schweiz, in der die Stel-

---

[613] Ebenso Art. 119 Abs. 2 S. 1 B-VG Österreich: Im übertragenen Wirkungsbereich der Gemeinde wird grundsätzlich der Bürgermeister tätig.

Zu Ungarn s. *Verebélyi*, MK 1991/779 f.; *Wollmann* in Wollmann/Wiesenthal/ Bönker, S. 569.

lung der kommunalen Selbstverwaltungen traditionell noch stärker ist als in Deutschland, ist die Übertragung staatlicher Aufgaben an die Gemeinden durch Kantonalsverfassungen[616] gang und gäbe, ohne daß diese Verschränkung staatlicher und kommunaler Macht zu einem Verlust an Substanz bei den Selbstverwaltungen führt. In Ungarn jedoch fehlte nach der Wende das Vertrauen, daß der Staat in einem derartigen Kooperationsverhältnis die Selbstverwaltungen nicht über Gebühr dominieren würde.

Wichtig im Zusammenhang mit der Aufgabenerfüllung ist die Finanzgarantie in § 44/A Abs. 1 Buchst. c) Verf., die aufgrund ihrer Stellung in § 44/A als kommunales Grundrecht ausgestattet ist. Die Vorschrift enthält zwei Garantien: Zum einen ist die Selbstverwaltung berechtigt, eigene Einnahmen zu haben, die den im Gesetz vorgesehenen Aufgaben entsprechen. Zum anderen wird ihr garantiert, staatliche Unterstützung zu erhalten, die im Verhältnis mit diesen Aufgaben steht. Gemäß der ersten Garantie ist es der Selbstverwaltung rechtlich und faktisch zu ermöglichen, sich mit eigenen Einnahmen zu finanzieren. Dies geht jedoch nur so weit, wie der Selbstverwaltung Aufgaben gesetzlich vorgegeben sind. Für den darüber hinausgehenden Bereich der freiwilligen Aufgaben sieht die Verfassung keine Garantie vor. Die zweite Garantie hingegen kann als Konnexitätsgebot ausgelegt werden, das es dem Gesetzgeber nur dann erlaubt, den Selbstverwaltungen Aufgaben vorzuschreiben, wenn er gleichzeitig für staatliche Unterstützungen „im Verhältnis mit diesen Aufgaben" sorgt. Im Verhältnis steht wohl nicht nur eine vollständige Finanzierung, sondern es reichen auch Zuschüsse, die nicht die gesamten Kosten, die der Selbstverwaltung aus der Wahrnehmung der Aufgabe erwachsen, decken. Den Rest muß die Selbstverwaltung über eigene Einnahmen erwirtschaften. Das ungarische

---

[614] Art. 71 Abs. 3 Verf. Ba-Wü; Art. 10 Abs. 3, 11 Abs. 3, 83 Abs. 3–4 Verf. Bay; Art. 97 Abs. 3 Verf. Brdb; Art. 137 Abs. 4 Verf. Hess; Art. 72 Abs. 3 Verf. Me-Vp; Art. 57 Abs. 4 Verf. Nds; Art. 78 Abs. 3, 4 Satz 2 Verf. NRW; Art. 49 Abs. 4 Rh-Pf; Art. 120 Verf. Saarl; Art. 85 Verf. Sachs (mit der als Soll-Bestimmung ausgestalteten Pflicht der Übertragung geeigneter Staatsaufgaben im Interesse der Dezentralisierung); Art. 87 Abs. 3 Verf. Sa-Anh; Art. 91 Abs. 3 Verf. Thü; weniger eindeutig Art. 46 Abs. 4 Verf. S-H. In Österreich ergibt sich die Möglichkeit der Übertragung von Bundes- oder Landesaufgaben auf die Gemeinden bereits aus der Bundesverfassung: Art. 118 Abs. 1, 119 B-VG. In welch weitem Maße hiervon Gebrauch gemacht wird, zeigt eine Untersuchung, derzufolge zwischen 1975 und 1997 in Nordrhein-Westfalen den Gemeinden und Kreisen durch mindestens 368 Gesetze und Verordnungen neue Aufgaben zugewiesen wurden, ohne daß diesen Selbstverwaltungen eine einzige Aufgabe entzogen worden wäre: *Zacharias*, DÖV 2000/57.

[615] Art. 149 Verf. Brem; Art. 49 Abs. 4 Rh-Pf.

[616] Genannt sei hier nur Art. 39 Abs. 2, 40 Abs. 10 der Verfassung des Kantons Graubünden vom 2.10.1892, eines Kantons, der auch für Schweizer Verhältnisse den örtlichen Selbstverwaltungen ungewöhnlich große Freiheiten und Kompetenzen gewährt.

Modell liegt damit zwischen den beiden in Deutschland praktizierten Modellen: dem Monismus in Hessen und Rheinland-Pfalz, der den Gemeinden eigene Einnahmen und globale staatliche Mittel zur Verfügung stellt, und dem Dualismus der übrigen Länder, der im Wege einer aufgabenkonnexen Bezuschussung funktioniert[617].

Die erste Garantie verpflichtet insbesondere den Gesetzgeber, der Art und Umfang eigener Einnahmen zu definieren hat. Die zweite Garantie wird durch Finanzierungsklauseln in den Gesetzen, die den Selbstverwaltungen Aufgaben vorschreiben, sowie durch entsprechende Vorkehrungen im jeweiligen Jahreshaushaltsgesetz erfüllt. Wegen ihres Charakters als kommunale Grundrechte können beide Garantien von den Selbstverwaltungen auch vor dem Verfassungsgericht eingeklagt werden, das jedoch trotz aller selbstverwaltungsfreundlichen Rhetorik im konkreten Fall eher zurückhaltend ist, den Gemeinden echte einklagbare Rechtspositionen zu Lasten des Staatshaushalts zuzuerkennen[618].

(3) Die Befugnisse der Selbstverwaltungen

Grundrechte und Rechte

Die Aufgabe der örtlichen Selbstverwaltungen besteht gemäß § 42 Satz 2 Verf. in der Erledigung der örtlichen öffentlichen Angelegenheiten und der Ausübung der örtlichen öffentlichen Gewalt im Interesse der Einwohner. Hierzu räumt die Verfassung den örtlichen Selbstverwaltungen verschiedene Befugnisse ein, die in § 44/A als Rechte der Vertretungskörperschaft aufgezählt werden. Dazu gehören das Recht auf selbständige Aufgabenwahrnehmung, die nur einer Rechtskontrolle unterliegt, die Finanz- und Steuerhoheit, die Organisationshoheit, das Petitionsrecht in die örtliche Gemeinschaft betreffenden öffentlichen Angelegenheiten sowie die Freiheit, sich mit anderen Selbstverwaltungen zusammenzutun und Interessenverbände zu gründen. Letztere Befugnis beschränkt sich nicht auf die Kooperation im Inland, sondern schließt ausdrücklich grenzüberschreitende Kontakte mit ein: Die örtliche Vertretungskörperschaft kann auch mit ausländischen Selbstverwaltungen zusammenarbeiten und internationalen Selbstverwaltungsorganisationen angehören. Hierzu hat Ungarn einige völkerrechtliche Verträge geschlossen[619]. In der Praxis bedeutsam ist die grenzüberschrei-

---

[617] Näher dazu *Muckl*, DÖV 1999/843 ff. sowie VerfGH Rh-Pf, DÖV 2001/601 ff.

[618] So etwa in der Entscheidung 18/1999. (VI.11.) AB, M. K. 1999/3313 ff., die auf zahlreiche frühere Urteile zur Gemeindefinanzierung verweist.

[619] So z.B. die ungarisch-ukrainische Vereinbarung über grenzüberschreitende Zusammenarbeit vom 11.11.1997, verkündet durch Regierungsverordnung 68/1999.

tende Tätigkeit der Komitate etwa im Rahmen der Mitgliedschaft in einer Euroregio, aber auch die Zusammenarbeit von Städten und Gemeinden über die Staatsgrenze hinweg kommt vor. Die Regierung steht derartigen Aktivitäten nicht immer wohlwollend gegenüber, insbesondere wenn sie die Herausbildung einer „Nebenaußenpolitik" befürchten muß[620].

§ 43 Abs. 1 Verf. definiert diese Rechte als Grundrechte der Selbstverwaltungen. Darüber hinausgehende Rechte – und Pflichten – der örtlichen Selbstverwaltungen bestimmt gemäß § 43 Abs. 2 Verf. das Gesetz. § 43 Abs. 2 hat insofern Garantiecharakter, als daß die Rechte und Pflichten der örtlichen Selbstverwaltungen durch Gesetz und nicht etwa durch Regierungs- oder Ministerialverordnung geregelt werden können bzw. müssen.

Die Grundrechte der Selbstverwaltungen sind gemäß § 43 Abs. 1 Satz 1 Verf. gleich[621], während die Pflichten der Selbstverwaltungen gemäß § 43 Abs. 1 Satz 2 Verf. voneinander abweichen können. Dies ist so zu verstehen, daß bei der Bestimmung der Pflichten der Selbstverwaltungen nach Ebene (örtlich – regional), aber auch innerhalb einer Ebene nach Größe, Leistungskraft und anderen Faktoren differenziert werden darf. Die in § 44/A Verf. garantierten Rechte werden von dieser Differenzierung aber nicht berührt, sondern stehen allen Selbstverwaltungen gleichermaßen zu.

Demnach werden die von der Verfassung selbst festgelegten Befugnisse der Selbstverwaltungen als deren „Grundrechte", die durch einfaches Gesetz gewährten Rechtspositionen als „Rechte" der Selbstverwaltungen bezeichnet. An die terminologische Unterscheidung knüpfen auch besondere Rechtsfolgen an. Gemäß § 44/C Satz 2 Verf. können die Grundrechte der örtlichen Selbstverwaltung nur durch ein Gesetz, welches von zwei Dritteln der anwesenden Abgeordneten angenommen worden ist, eingeschränkt werden. Die Rechte und Pflichten der Selbstverwaltung dagegen werden durch einfaches Gesetz bestimmt. Sofern die Regelung durch das Kommunalgesetz selbst erfolgt, unterliegt sie gemäß § 44/C Satz 1 Verf. ebenfalls dem Erfordernis einer Zweidrittelmehrheit. Wenn die Rechte und Pflichten der örtlichen Selbstverwaltung nicht durch das Kommunalgesetz,

---

(V.21.) Korm., M. K. 1999/2842 f., welche sich in der Präambel ausdrücklich auf das Europäische Rahmenübereinkommen vom 21.5.1980 über die grenzüberschreitende Zusammenarbeit zwischen Gebietskörperschaften – BGBl. 1981 II S. 965 ff. – bezieht.

[620] Zur grenzüberschreitenden Kooperationen der örtlichen Selbstverwaltungen s. *Göllner*, S. 241 ff.; *Küpper*, ZaöRV 1998/277 f.; *Ruttkay*, Comitatus 12/1995, S. 32 f. Zum Vergleich zur polnischen Praxis s. *Czarnow*, PiP 11/2000, S. 54 ff.

[621] Ausdrücklich in bezug auf die Hauptstadt mit ihren zwei Selbstverwaltungsebenen, die beide dieselben Grundrechte innehaben, Verfassungsgerichtsentscheidung 56/1996. (XII.12.) AB, M. K. 1996/6240 ff. Der Gedanke läßt sich aber auch auf das Verhältnis von örtlicher und territorialer Selbstverwaltung anwenden.

sondern durch ein anderes Gesetz über einen bestimmten Lebenssachverhalt, etwa ein Schulgesetz, bestimmt werden, so können sie auch durch einfache Mehrheit beschlossen werden. Allerdings unterliegen nach geltendem Recht zahlreiche Regelungsmaterien einem Zweidrittelerfordernis, so daß die Möglichkeit einer Festlegung von kommunalen Rechten und Pflichten durch ein mit einfacher Mehrheit erlassenes Gesetz geringer ist, als es auf den ersten Blick scheint. Damit verliert auch der Unterschied zwischen Grundrechten und Rechten der Selbstverwaltung an Bedeutung, ist aber in jedem Rechtsgebiet von Belang, das durch einfaches, an keine qualifizierte Mehrheit gebundenes Gesetz geregelt werden kann[622].

Hoheitliche Befugnisse

In ihrem Zuständigkeitsbereich kann die Vertretungskörperschaft Satzungen (nach ungarischem Sprachgebrauch: Verordnungen) erlassen. Diese Satzungen dürfen höherrangigem Recht nicht widersprechen (§ 44/A Abs. 2 Verf.), d.h. sie unterliegen nicht zuletzt den Anforderungen der Verfassung[623]. Das Satzungsrecht der Gemeinden beruht also auf ausdrücklichem Verfassungsrecht und braucht daher nicht für den Einzelfall – etwa durch Gesetz – gewährt zu werden. Auf Einzelheiten wird weiter unten im Rahmen des Verhältnisses zwischen Bürger und Selbstverwaltung in Punkt 3. b) cc) (3) eingegangen, da es sich mehr um eine Frage des einfachen Rechts und nicht so sehr des Verfassungsrechts handelt. In diesem Zusammenhang ist nur festzuhalten, daß die Verfassung den Selbstverwaltungen Satzungsautonomie gewährt, ohne dies näher zu spezifizieren, allerdings beschränkt auf den Aufgabenbereich der Selbstverwaltungen. Wo keine gesetzliche Ermächtigung vorliegt, hebt das Verfassungsgericht Satzungen, die Sachverhalte außerhalb der örtlichen Angelegenheiten regeln, auf[624].

Weitere besondere Mittel gibt die Verfassung den Selbstverwaltungen nicht an die Hand. Damit dürfen sich die Kommunal- und Komitatsverwaltungen der üblichen Handlungsmittel der Verwaltung im Rahmen der gesetzlichen Vorschriften bedienen.

---

[622] Zu der Problematik der Grundrechte der Selbstverwaltung und den Rechtsfolgen der geschilderten verfassungsrechtlichen Regelung nicht zuletzt für den Gesetzgeber äußert sich ausführlich das Verfassungsgericht in seiner Entscheidung 4/1993. (II.12.) AB (s.o. Fn. 605).

[623] Verfassungsgerichtsurteil 20/2001. (VI.11.) AB, M. K. 2001/4102 ff., hebt eine Satzung wegen Verstoßes gegen das rechtsstaatliche Rückwirkungsverbot auf. Zur Rechtssetzungsbefugnis im ungarischen System der Gewaltenteilung s. *Takács, Albert* in Brunner, Politischer Pluralismus, S. 120 ff., speziell zur Rechtssetzung der örtlichen Organe S. 125 ff. Dazu auch *Németh*, MK 1991/160 ff.

[624] Verfassungsgerichtsentscheidung 19/2000. (VI.16.) AB, M. K. 2000/3361 ff.

bb) Die Kommunalverfassung

Über die Garantie der Selbstverwaltung hinaus regelt die Verfassung auch die grundlegenden Züge der inneren Struktur der Selbstverwaltungen, die Kommunalverfassung. Sie erwähnt an Kommunalorganen die Abgeordnetenkörperschaft (§ 44/A), den Bürgermeister, das Amt der Abgeordnetenkörperschaft, den Notär sowie fakultativ Ausschüsse der Abgeordnetenkörperschaft (§ 44/B). Die Abgeordnetenkörperschaft ist gemäß der bis 1997 geltenden Fassung alle vier Jahre zu wählen (§ 44 Abs. 2)[625].

§ 44/A Abs. 1 Verf. zählt, wie bereits dargelegt, einige Befugnisse der Abgeordnetenkörperschaft auf. Auch das Satzungsrecht ist gemäß § 44/A Abs. 2 bei der Vertretungskörperschaft angesiedelt. Damit legt diese Vorschrift zunächst einmal nach innen fest, welches Organ der örtlichen Selbstverwaltung das Recht haben soll, diese der Selbstverwaltung, d.h. der eine juristische Person bildendenden Gebietskörperschaft, zustehenden Rechte wahrzunehmen. Die zentralen Rechte der Selbstverwaltung werden somit von dem Organ, in dem der Souverän seine Vertretung hat, ausgeübt. Das Hauptgewicht der Verfassungsverbürgung liegt aber im Außenverhältnis: Sie gewährt der Selbstverwaltung bestimmte entscheidende Befugnisse und schützt sie gegen Eingriffe von außen, insbesondere von seiten der Regierung, indem sie als Quasigrundrechte der – unter den Kommunalorganen über die stärkste demokratische Legitimation verfügenden – Vertretungskörperschaft formuliert werden[626]. Durch den Kompetenzkatalog des zentralen Organs der Selbstverwaltung wird so der Kernbestand der Rechte, die aus der Autonomie fließen, bestimmt und garantiert.

Trotz dieser schwerpunktmäßig nach außen zielenden Intention der Vorschrift macht sie gleichzeitig Vorgaben an die innere Ordnung der Selbstverwaltungen, indem sie einen Katalog der Kompetenzen der Vertretungskörperschaft aufstellt. Dagegen werden die Kompetenzen der anderen von der Verfassung erwähnten Gemeindeorgane nicht beschrieben. Lediglich im Hinblick auf den Bürgermeister stellt § 44/B Abs. 1 Satz 1 klar, daß er der Vorsitzende der Abgeordnetenkörperschaft ist.

Für die Erledigung übertragener Aufgaben ist grundsätzlich der Notär zuständig. Ausnahmsweise können derartige Zuständigkeiten auch dem Bürgermeister oder dem Leiter des Amts der Abgeordnetenkörperschaft übertragen werden (§ 44/B Abs. 2, 3). Diese Vorschrift regelt nicht so sehr die Zuständigkeitsverteilung nach innen, sondern soll vielmehr die Selbstverwaltung vor Eingriffen des Gesetzgebers in ihre Organisationshoheit schützen. Hierin spiegelt sich die nach dem Systemwechsel weitver-

---

[625] Zur Änderung dieser Vorschrift s. u. Kapitel C. I. 6. b) bb) (3).
[626] So das Verfassungsgericht in seiner Entscheidung 22/1993. (s. o. Fn. 599).

breitete Furcht wider, die Übertragung von Staatsaufgaben könne zu einer Einschränkung der Selbstverwaltung führen. Ein Beispiel für die Übertragung staatlicher Aufgaben an den Bürgermeister ist das Katastrophenschutzgesetz[627], welches in §§ 19, 20 die örtlichen Aufgaben des Katastrophenschutzes regelt und dem Bürgermeister (bzw. den Oberbürgermeister in der Hauptstadt) Koordinierungs-, Leitungs- und Planungsaufgaben auferlegt; andere Kommunalorgane werden in dem Gesetz nicht erwähnt.

Die aus § 44/B Abs. 2, 3 Verf. fließende Befugnis des Parlaments bzw. der Regierung findet ihre Grenze an den kommunalen Grundrechten in § 44/A. Das Verfassungsgericht erklärte eine Bestimmung im Wachdienstgesetz[628] für verfassungswidrig, die die Weisungskompetenz der Selbstverwaltung gegenüber den Mitgliedern des Feldwachdienstes zwingend beim Notär ansiedelte. Das Verfassungsgericht[629] führte in diesem Zusammenhang aus, die Einrichtung eines Feldwachdienstes sei eine freiwillige Selbstverwaltungsaufgabe im Zusammenhang mit der örtlichen öffentlichen Sicherheit (§ 8 Abs. 1 KommG), und in Selbstverwaltungsaufgaben stünde den Selbstverwaltungen aus § 44/A Abs. 1 Buchst. a) Verf. das Recht auf selbständige Regelung zu. Damit sei die Aufgabe primär bei der Vertretungskörperschaft angesiedelt, woran der Gesetzgeber gebunden sei. Daraus ergibt sich, daß die Vorschriften des § 44/B Abs. 2, 3 Verf. ihren Regelungsgehalt im Bereich der übertragenen Staatsaufgaben haben.

Im Rahmen der Wahlgrundsätze legt § 71 Verf. fest, welche Gemeindeorgane direkt zu wählen sind. In der 1990 eingeführten Fassung waren dies die Mitglieder der Vertretungsorgane der Gemeinden, Städte, hauptstädtischen Stadtbezirke sowie der Hauptstadt als Ganzes; bei den Bürgermeistern verwies die Verfassung auf die Regelung durch einfaches Gesetz (§ 71 Abs. 1). In der durch das Verfassungsänderungsgesetz 1994:LXI[630] eingeführten Fassung unterliegen die Mitglieder der Vertretungskörperschaften der örtlichen Selbstverwaltungen, die Bürgermeister und der hauptstädtische Oberbürgermeister der direkten Wahl. Während die Verfassung in ihrer Fassung von 1990 in § 70 Abs. 2 für die Wahl der Vertretungskörperschaften der Komitate noch die indirekte Wahl durch die Gemeinde- und Stadträte vorschrieb, werden seit 1994 auch die Volksvertreter in den Komi-

---

[627] Gesetz 1999:LXXIV über die Leitung und Organisation des Katastrophenschutzes und über den Schutz gegen schwere Unfälle im Zusammenhang mit gefährlichen Stoffen, M. K. 1999/3956 ff.

[628] Gesetz 1997:CLIX über die bewaffnete Sicherheitswache und den Naturschutz- und Feldwachdienst, M. K. 1997/9595 ff.

[629] Verfassungsgerichtsentscheidung 21/1999. (VI.25.) AB, M. K. 1999/3510 ff., ABH 1999/166 ff.

[630] s. o. Fn. 595.

taten unmittelbar gewählt. Sie wählen ihren Vorsitzenden in geheimer Wahl (§ 71 Abs. 2 neue Fassung).

cc) Zuständigkeiten anderer Verfassungsorgane in bezug auf die Selbstverwaltungen

Die Selbstverwaltungen sind kein vom Staat abgeschotteter Bereich, sondern in die staatliche Verwaltung integriert. Daher stehen sie in Wechselbeziehung mit zahlreichen weiteren Verfassungsorganen. Die Grundlagen werden in der Verfassung geregelt, da die Beziehung des Zentralstaates zu den Selbstverwaltungen mittlerweile europaweit zu den zentralen Fragen des Staatsaufbaus zählt, die in der Verfassung geregelt werden sollten. Die einzelnen selbstverwaltungsbezogenen Zuständigkeiten der unterschiedlichen Verfassungsorgane sind nicht an einer Stelle im Zusammenhang mit den Selbstverwaltungen geregelt, sondern finden sich in der Regel in den Kompetenzkatalogen der einzelnen Organe. Das Kommunalgesetz stellt die unterschiedlichen Befugnisse und Zuständigkeiten in einem eigenen Kapitel (§§ 93–97) noch einmal zusammen. Derartige Kapitel, die paragraphenweise die Zuständigkeiten der einzelnen Staats- und Verfassungsorgane auf einem bestimmten Rechtsgebiet umfassen, finden sich in zahlreichen ungarischen Gesetzen.

(1) Das Parlament

Gesetzgebung

Das Parlament schafft durch die ihm gemäß § 19 Abs. 3 Buchst. b) Verf. obliegende Gesetzgebung die rechtlichen Rahmenbedingungen, in denen die Selbstverwaltungen tätig werden können. Auf den Gesetzesvorbehalt des § 43 Abs. 2 Satz 1, der die Regelung der Rechte und Pflichten der Selbstverwaltungen dem Gesetzgeber vorbehält, ist bereits eingegangen worden. Auch das bereits erwähnte Zweidrittelerfordernis bei der Verabschiedung eines Kommunalgesetzes (§ 44/C Satz 1 Verf.) unterwirft die Befugnisse des Parlaments bei der Gesetzgebung gewissen Einschränkungen.

Die Gesetzgebung ist aber kein einseitiger Prozeß, bei dem das Parlament nur befiehlt und die Selbstverwaltungen nur gehorchen. Die Selbstverwaltungen haben ihrerseits unmittelbar und über ihre Verbände die Möglichkeit, den Prozeß der Gesetz- und Normgebung zu beeinflussen. Das Normsetzungsgesetz[631] räumt im Planungsverfahren den Betroffenen ein

---

[631] Gesetz 1987:XI über die Normsetzung, M. K. 1987/1624 ff., in deutscher Übersetzung von *Georg Brunner* abgedruckt in *Brunner,* VSO, Länderteil Ungarn, Dokument 2.1.5.

Anhörungsrecht ein. Den Selbstverwaltungen der Komitate und der Hauptstadt sind gemäß § 30 NormsG die Entwürfe solcher Rechtsnormen, die die Tätigkeit der Selbstverwaltungen bedeutend beeinflussen, zur Stellungnahme zu übersenden; die vorgesehenen Ausführungsbestimmungen sind beizufügen (§ 32 NormsG). Eine entsprechende Vorschrift für die kommunale Ebene fehlt und wäre schon allein wegen der großen Zahl der Städte und Gemeinden wohl auch nicht praktikabel. Für sie bleibt nur die Möglichkeit der Stellungnahme durch ihre Verbände, was selbstverständlich auch den Selbstverwaltungen auf der Ebene des Komitats bzw. der Hauptstadt möglich ist. Die Stellungnahme durch Verbände regelt § 27 Buchst. c) NormsG, wonach sich die interessierten gesellschaftlichen Organisationen und Interessenvertretungsverbände zu den Normentwürfen äußern, die der Regierung vorgelegt werden sollen; ein allgemeiner formuliertes kommunalrechtliches Anhörungsrecht der Interessenvertretungsorganisationen bei der Planung sämtlicher selbstverwaltungsrelevanten Rechtsnormen und Entscheidungen des Staates findet sich in § 102 Abs. 2 KommG[632].

Unter den beim Parlament registrierten gesellschaftlichen Organisationen und Interessenvertretungsverbänden[633] sind in diesem Zusammenhang der Verband der Gemeindeselbstverwaltungen, der Ungarische Dorfbund, der Ungarische Verband der Selbstverwaltungen und der Selbstverwaltungsabgeordneten, der Verband der Städte mit Komitatsrecht, der Rat der Selbstverwaltungsverbände sowie der Landesverband der Gemeindeselbstverwaltungen zu erwähnen. Eine Verletzung dieser Anhörungsrechte führt allerdings nach der ständigen Rechtsprechung nicht zu der Verfassungswidrigkeit des ohne ausreichende Anhörung zustande gekommenen Gesetzes, weil die Konsultationsrechte nur einfach-gesetzlich verbürgt seien, nicht aber verfassungsrechtlich[634]: § 36 Verf. – der die Regierung, allerdings nicht das Parlament zur Zusammenarbeit mit den interessierten Verbänden verpflichtet – vermittle keinen verfassungsrechtlichen Anspruch darauf, im Gesetzgebungsverfahren oder bei dessen Vorbereitung gehört zu werden, und eine § 36 Verf. vergleichbare Regelung in bezug auf das Parlament fehle in der Verfassung ganz[635].

---

[632] Noch weitergehend für ein Gesetzesinitiativrecht der Selbstverwaltungen (sowie weiterer Normanwender wie Verwaltungsbehörden und Gerichte) *Samu,* MJ 1999/483.

[633] Das aktuelle Verzeichnis, das auf der Grundlage von § 141 Abs. 3 des Parlamentsbeschlusses 46/1994. (IX.30.) OGY über die Geschäftsordnung des Parlaments der Republik Ungarn (s.o. Fn. 539) geführt wird, ist abgedruckt in M. K. 2001/3054 ff.

[634] Eine verfassungsrechtliche Verbürgung zugunsten von Gemeinden und Gemeindeverbänden findet sich in manchen ostdeutschen Landesverfassungen: Art. 97 Abs. 4 Verf. Brdb, Art. 84 Abs. 2 Verf. Sachs, Art. 91 Abs. 4 Verf. Thü; dazu *Häberle,* Verfassungslehre, S. 753.

Diese Beteiligungsmöglichkeiten an der Vorbereitung von Gesetzesentwürfen reicht manchen Selbstverwaltungen und ihren Verbänden allerdings nicht. Im Rahmen der immer wieder einmal aufflammenden Forderung nach der Einrichtung einer zweiten Parlamentskammer, der aber kaum Chancen auf Realisierung eingeräumt werden, fordern einige Verbände wie der Landesverband der Gemeindeselbstverwaltungen[636] eine Berücksichtigung der selbstverwalteten Gebietskörperschaften; einzelne Forderungen gehen sogar so weit, die zweite Kammer fast oder ganz ausschließlich aus Vertretern der kommunalen und territorialen Selbstverwaltungen bestehen zu lassen.

Haushaltsplanung

Das Parlament entscheidet über den staatlichen Jahreshaushalt [§ 19 Abs. 3 Buchst. d) Verf.]. Das Jahreshaushaltsgesetz weist, wie im Zusammenhang mit der Finanzierung der Selbstverwaltungen in Punkt 3. b) ee) (2) noch näher darzustellen sein wird, die Ausgaben des Staates aus, die den Selbstverwaltungen zugute kommen sollen. An dieser Stelle soll es genügen festzustellen, daß das Parlament ähnlich wie bei der Gesetzgebung – und letztendlich handelt es sich bei der Verabschiedung des Staatshaushalts auch um Gesetzgebung, wenn auch „nur" im formellen Sinne – einfach-gesetzlich verpflichtet ist, vor der Entscheidung von Haushaltsfragen, die für die Selbstverwaltungen von Bedeutung sein können, mit den Interessenvertretungsverbänden der Selbstverwaltungen Einvernehmen herbeizuführen und deren Meinung bei der Haushaltsentscheidung zu berücksichtigen (§ 91 Abs. 4 KommG). Eine Rechtspflicht des Parlaments, bei der Aufstellung des Ausgabenplans die Wünsche der Selbstverwaltungen zu berücksichtigen, kann hieraus naturgemäß nicht abgeleitet werden, zumal die Verfassung dem Parlament die Haushaltsautonomie für den Gesamtstaat zugesteht und das Parlament die Verantwortung für das Gesamtgleichgewicht der staatlichen Haushaltsführung trägt. Beides würde aber durch die Verpflichtung, Ausgabewünschen einzelner Begünstigter zu folgen, in Frage gestellt.

Eingeschränkt wird das Haushaltsermessen des Parlaments im Hinblick auf die Selbstverwaltungen lediglich durch die bereits angesprochenen Fi-

---

[635] Verfassungsgerichtsentscheidungen 50/1998. (s. o. Fn. 604) und 39/1999. (XII.12.) AB, M. K. 1999/7895 ff., insbesondere S. 7907, ABH 1999/325 ff. Anders allerdings Verfassungsgerichtsentscheidung 30/2000. (X.11.) AB, M. K. 2000/6423 ff., die auf das rechtsstaatliche Minimum für den Normgebungsprozeß abstellt und eine Regierungsverordnung als verfassungswidrig aufhob, bei der die Regierung im Vorfeld ihren in einem Fachgesetz genau umschriebenen Konsultationspflichten mit einem paritätisch besetzten Beratungsgremium nicht genügt hatte.

[636] Népszabadság, 9.3.1999, S. 4: Kétkamarás parlamentet akar a TÖOSZ [Der LdGSV will ein Zweikammerparlament].

nanzgarantien. Diese sind, wie bereits gezeigt, recht vage und lassen dem Parlament einen gewissen Spielraum.

Auflösung und Benennung von Selbstverwaltungen

Schließlich hat das Parlament noch gemäß § 19 Abs. 3 Buchst. l) die Befugnis, die örtliche Abgeordnetenkörperschaft aufzulösen, deren Tätigkeit gegen die Verfassung verstößt. Hierzu ist jedoch der Vorschlag der Regierung und die Stellungnahme des Verfassungsgerichts nötig, so daß drei verschiedene Organe an dieser extremsten Form der Kommunalaufsicht beteiligt sind. Bei der Regierung liegt das Initiativrecht, beim Verfassungsgericht die Überprüfung, ob die rechtlichen Voraussetzungen vorliegen, und beim Parlament die letztendliche Willensbildung, ob die Körperschaft aufgelöst werden soll oder nicht. Auf die Einzelheiten wird im Rahmen der einfachgesetzlichen Kommunalaufsicht eingegangen.

Dieselbe Vorschrift erlaubt es dem Parlament, über das Gebiet, den Namen und den Verwaltungssitz der Komitate, über die Erhebung zur Stadt mit Komitatsrechten sowie über die Gründung von hauptstädtischen Bezirken zu entscheiden. Über die mit den Komitaten zusammenhängenden Fragen entscheidet das Parlament in der Praxis durch Beschluß, während es die die Hauptstadt betreffenden Angelegenheiten durch Gesetz regelt. § 93 Abs. 4 KommG räumt den betroffenen Selbstverwaltungen ein Anhörungsrecht vor der endgültigen Beschlußfassung ein.

Unmittelbar nach der Wende hat das Parlament durch den Beschluß 67/ 1990.[637] die Einteilung des Landes in Komitate einschließlich der Bezeichnungen und Verwaltungssitze umfassend neu geregelt, ohne in der Sache in mehr als Marginalien vom ererbten System abzuweichen. In der Folgezeit hat es einige Male Gemeinden von einem Komitat einem anderen zugeschlagen und damit das Gebiet von Komitaten geändert[638]. Gemäß § 56

---

[637] Parlamentsbeschluß 67/1990. (VIII.14.) OGY über die Komitate der Republik Ungarn, über die Namen und über den Verwaltungssitz der Komitate, M. K. 1990/ 1665.

[638] Parlamentsbeschluß 62/1991. (XI.15.) OGY über die Eingliederung der Gemeinden Csikvánd, Gyarmat und Szerecseny vom Komitat Veszprém zum Komitat Győr-Moson-Sopron, M. K. 1991/3128; Parlamentsbeschluß 117/1995. (XII.20.) OGY über die Eingliederung der Gemeinde Dunafalva vom Komitat Baranya zum Komitat Bács-Kiskun, M. K. 1995/6483; Parlamentsbeschluß 87/1998. (XII.26.) OGY über die Eingliederung der Gemeinde Szárliget vom Komitat Fejér zum Komitat Komárom-Esztergom, M. K. 1998/8016; Parlamentsbeschlüsse 50/1999. (VI.3.) OGY über die Eingliederung der Gemeinden Bakonypéterd und Lázi vom Komitat Veszprém zum Komitat Győr-Moson-Sopron und 51/1999. (VI.3.) OGY über die Eingliederung der Gemeinde Tiszaug vom Komitat Jász-Nagykun-Szolnok zum Komitat Bács-Kiskun, beide in Folge abgedruckt in M. K. 1999/3007; Parlamentsbeschluß 47/2001. (VI.18) OGY über die Eingliederung der Gemeinden Ba-

Abs. 3 KommG steht der Vertretungskörperschaft einer Selbstverwaltung das Recht zu, mit qualifizierter Mehrheit beim Parlament die Zuweisung zu einem anderen Komitat zu beantragen. Eine Folgepflicht des Parlaments wird durch diese Norm aber nicht ausgesprochen, so daß es bei dessen politischem Ermessen bleibt.

Ebenso wie der Beschluß 67/1990. steht der Beschluß 82/1990.[639], der zwanzig Städte zu Städten mit Komitatsrecht ernennt, im Zusammenhang mit der Neuschaffung des Systems der kommunalen Selbstverwaltung unmittelbar nach dem Systemwechsel. Während aber die Aufzählung der Komitate, ihrer Namen und Verwaltungssitze im Grunde genommen entbehrlich gewesen wäre, war die Ernennung der größten Städte zu Städten mit Komitatsrecht notwendig, weil es sich hierbei um eine neue Kategorie handelte, die zumindest in der Bezeichnung von dem bisherigen Status der Komitatsstadt abwich. Das Kommunalgesetz schrieb in § 61 Abs. 1 Satz 1 als Bedingung für die Ernennung zur Stadt mit Komitatsrecht eine Mindesteinwohnerzahl von 50.000 sowie den Antrag der Abgeordnetenkörperschaft vor; als durch das Kommunalrechts-Änderungsgesetz 1994 ein Satz 2 eingefügt wurde, demzufolge alle Sitze der Komitatsverwaltung automatisch Städte mit Komitatsrecht sind, wurden die zwei Verwaltungssitze, die bislang die Einwohnergrenze unterschritten hatten, von Gesetzes wegen Städte mit Komitatsrecht, deren Gesamtzahl sich so auf 22[640] erhöhte. Die Schaffung eines 23. Budapester Stadtbezirks dagegen erfolgte durch Gesetz[641].

Ausschußzuständigkeit

Das erste frei gewählte Parlament (1990–94) siedelte die Zuständigkeiten im Zusammenhang mit den Selbstverwaltungen vor allem im Ausschuß für Selbstverwaltung, öffentliche Verwaltung, innere Sicherheit und Polizei an. Seit 1994 besteht im Parlament ein Ausschuß für Selbstverwaltung und öffentliche Ordnung, der auch nach den Parlamentswahlen 1998 mit dieser Bezeichnung fortgeführt wurde. In Spezialmaterien, die auch für die Selbstverwaltungen von Belang sein können, sind auch die dafür zuständigen Parlamentsausschüsse mit Fragen der Selbstverwaltung befaßt.

---

konygyirót, Bakonyszentlászló, Fenyőfő, Románd, Sikátor und Veszprémvarsány vom Komitat Veszprém zum Komitat Győr-Moson-Sopron, M. K. 2001/4332.

[639] Parlamentsbeschluß 82/1990. (XII.7.) OGY über die Ernennung einiger Städte zu Städten mit Komitatsrecht, M. K. 1990/2414 f.

[640] Zu den ursprünglichen gehören Békéscsaba, Debrecen, Dunaújváros, Eger, Győr, Hódmezővásárhely, Kaposvár, Kecskemét, Miskolc, Nagykanizsa, Nyíregyháza, Pécs, Sopron, Szeged, Székesfehérvár, Szolnok, Szombathely, Tatabánya, Veszprém und Zalaegerszeg; durch die Gesetzesänderung hinzugekommen sind Salgótarján und Szekszárd.

[641] s. o. Fn. 594.

(2) Die Regierung

Das zweite für die Selbstverwaltungen wichtige Verfassungsorgan ist die Regierung. Zu den Aufgaben der Regierung gehören vor allem die Ausführung der Gesetze [§ 35 Abs. 1 Buchst. b) Verf.] und die Leitung der Ministerien und der sonstigen ihr unmittelbar unterstehenden Staatsbehörden [§ 35 Abs. 1 Buchst. c) Verf.]. Die Regierung bildet somit das Herzstück der Exekutive, sie kann ebenso wie die einzelnen Minister aus eigenem Recht Verordnungen erlassen (§§ 35 Abs. 2, 37 Abs. 3 Verf.), und ihr obliegt die Organisationshoheit über die Staatsverwaltung unterhalb der Ministerialebene (§ 40 Verf.).

In bezug auf die Selbstverwaltungen räumt § 35 Abs. 1 Buchst. d) Verf. der Regierung die Befugnis ein, unter Mitwirkung des Innenministers die Rechtmäßigkeitskontrolle über die örtlichen Selbstverwaltungen sicherzustellen. In ihrer 1989 geschaffenen Fassung regelte die Verfassung auch noch, durch welches Organ die Regierung die Kommunalaufsicht ausüben sollte: den Republiksbeauftragten. Dieses Amt wurde in der Kommunalreform 1994 abgeschafft, und die Verfassung wurde durch das Änderungsgesetz 1994:LXI[642] dahingehend angepaßt, daß jeder Hinweis auf das die Kommunalaufsicht ausführende Organ gestrichen wurde.

Bei der bereits geschilderten Auflösung einer Vertretungskörperschaft stellt die Regierung gemäß § 19 Abs. 3 Buchst. l) beim Parlament den Antrag. Ihr obliegt also die Initiative, ohne die die anderen Organe Parlament und Verfassungsgericht nicht tätig werden können.

Weitere Hinweise auf kommunalbezogene Aufgaben oder Kompetenzen der Regierung enthält die Verfassung nicht. Allerdings dominiert die Regierung über die Mehrheitsparteien und den Sachverstand der Ministerialapparate die Gesetzgebung, so daß sie einen überragenden Einfluß auf den Inhalt der vom Parlament verabschiedeten Gesetze hat. Diesen überragenden Einfluß soll das Zweidrittelerfordernis unter anderem beim Kommunalgesetz mindern, indem es die Regierung und die sie stützenden Parteien zwingt, mit der Opposition zusammenzuarbeiten. Dies setzt voraus, daß die Mehrheitsparteien über weniger als zwei Drittel der Mandate verfügen. In der Praxis führte auch die sozialliberale Koalitionsregierung unter Ministerpräsident *Gyula Horn* (1994–1998), die im Parlament eine Zweidrittelmehrheit hatte, Verhandlungen mit der Opposition[643].

Innerhalb der Regierung ressortieren die Selbstverwaltungen beim Innenminister. Diesem räumt die Verfassung über die Mitwirkung an der Kommunalaufsicht keinerlei besonderen Befugnisse gegenüber den Selbstverwal-

---

[642] s.o. Fn. 595.
[643] Dazu *Kukorelli*, MK 1999/353 ff.

tungen ein. Die Ressortierung wird daher nicht von der Verfassung selbst vorgenommen, sondern die Verteilung der selbstverwaltungsbezogenen Aufgaben auf die Regierung und die einzelnen Minister bestimmt das Kommunalgesetz. Die Regierung ist für die Kommunalaufsicht, die Regelung der Ausbildungsvoraussetzungen im örtlichen öffentlichen Dienst durch Verordnung, die Lenkung in den Selbstverwaltungen übertragenen Staatsaufgaben sowie in Ermangelung anderer Verfahren für Streitigkeiten zwischen Staats- und Selbstverwaltungsorganen zuständig (§ 95 KommG). Der Innenminister bereitet die Entscheidungen des Präsidenten und des Parlaments in bezug auf die Raumorganisation sowie selbstverwaltungsrelevante Rechtsnormen vor, hat allgemein eine ausgleichende Funktion zwischen den unterschiedlichen staatlichen und kommunalen Planungen inne und leitet aufgrund einer Ermächtigung durch die Regierung die Kommunalaufsicht (§ 96 KommG). Einzelheiten regelt eine Regierungsverordnung[644]. Die selbstverwaltungsbezogene Finanzplanung nehmen das Finanz- und das Innenministerium gemeinsam vor (§ 91 Abs. 3 KommG). Die Fachminister haben vorwiegend die Aufgabe, die fachlichen Standards für die Arbeit der Selbstverwaltungen und die Ausbildung ihrer Beschäftigten sowohl in eigenen als auch in übertragenen Angelegenheiten zu setzen; hierzu können sie Verordnungen erlassen. Weiterhin gewähren sie den Selbstverwaltungen die im jeweiligen Kapitel des Haushalts vorgesehenen staatlichen Mittel (§ 97 KommG).

Soweit selbstverwaltungsbezogene Aufgaben nicht dem Innenminister, sondern der Regierung insgesamt obliegen, werden sie von einem Staatssekretär im Ministerpräsidialamt vorbereitet; dieser hält auch ständigen Kontakt zu den staatlichen Behörden, zu den Selbstverwaltungen und zu den einschlägigen Verbänden[645]. Die Schaffung dieses Staatssekretärpostens und die Wahrnehmung dieser Aufgaben durch das Ministerpräsidialamt stellt eine Stärkung dieses Amtes innerhalb der Regierung und eine Schwerpunktverschiebung vom Innenminister hin zum Ministerpräsidenten dar. Dies ist Teil einer Gesamtstrategie des 1998 ins Amt gewählten Ministerpräsidenten *Viktor Orbán,* auf die noch unter Punkt C. I. 6. c) aa) genauer eingegangen wird.

Die Regierung ist gemäß § 36 Verf. verpflichtet, mit den interessierten gesellschaftlichen Organisationen, d.h. den Interessenvertretungsverbänden, zusammenzuarbeiten. Während die Beteiligungsrechte des Normsetzungsgesetzes[646] lediglich auf der Ebene des einfachen Gesetzes garantiert sind und

---

[644] Regierungsverordnung 39/1990. (IX.15.) Korm. über die Aufgaben und Zuständigkeiten des Innenministers, M. K. 1990/1816 ff., ersetzt durch die Regierungsverordnung 147/1994. (XI.17.) Korm., M. K. 1994/3863 ff.

[645] § 4 Regierungsverordnung 183/1998. (XI.11.) Korm. über die Aufgaben und Befugnisse des Ministerpräsidialamtes in der Verwaltungs- und Raumpolitik, M. K. 1998/6504 ff.

daher im Verletzungsfalle nicht zur Verfassungswidrigkeit des fehlerhaft zustandegekommenen Normativaktes führen können, verleiht § 36 Beteiligungsrechte auf Verfassungsebene. Ihre Verletzung hat daher die Verfassungswidrigkeit des so zustandegekommenen Rechtsaktes zur Folge[647].

(3) Der Präsident der Republik

Gegenüber der Regierung kommt dem Präsidenten der Republik nur geringes Gewicht zu. Er ist primär Staatsoberhaupt mit vorwiegend repräsentativen Funktionen. In dieser Eigenschaft schreibt er die landesweiten und die örtlichen Wahlen aus [§ 30/A Abs. 1 Buchst. d) Verf.], was gemäß § 30/A Abs. 2 keiner Gegenzeichnungspflicht durch den Ministerpräsidenten oder den zuständigen Minister unterliegt. Bezüglich der Kommunalwahlen hat das verfassungsändernde Gesetz 1997:XCVIII[648] den Spielraum stark eingeengt, weil es als Zeitpunkt der Wahl der örtlichen Vertreter und Bürgermeister – außer Nachwahlen, die je nach Bedarf stattfinden – den Oktober des vierten Jahres nach den vorhergehenden Parlamentswahlen festschreibt.

Seit der Verfassungsänderung durch das Gesetz 1997:LIX[649] setzt der Präsident der Republik ebenfalls nach § 30/A Abs. 1 Buchst. d) Verf. das Datum einer landesweiten Volksabstimmung fest; im Hinblick auf örtliche Volksabstimmungen kommen ihm aber keine Kompetenzen zu. Weiterhin verleiht ihm § 30/A Abs. 1 Buchst. g) das – ebenfalls nicht gegenzeichnungspflichtige – Recht, eine Volksabstimmung zu initiieren. Dies bezieht sich aber nur auf die landesweite Volksabstimmung; die örtliche Volksabstimmung wird durch das Kommunalgesetz geregelt, worauf bei der Beschreibung des Gesetzes noch zurückzukommen sein wird. In diesen Vorschriften wird dem Präsidenten der Republik keinerlei Funktion bei den örtlichen Volksabstimmungen eingeräumt.

(4) Die Gerichtsbarkeit

Die Verfassung sieht in bezug auf die örtlichen Selbstverwaltungen eine zweifache Richtung des gerichtlichen Rechtsschutzes vor: Zum einen garan-

---

[646] Gesetz 1987:XI über die Normsetzung (s. o. Fn. 631).

[647] Ständige Rechtsprechung des Verfassungsgerichts, so etwa in den Entscheidungen 352/B/1990/4. AB, ABH 1990/228 ff.; 30/1991. (VI.5.) AB, M. K. 1991/1117 ff., ABH 1991/363 ff.; 7/1993. (II.15.) AB, M. K. 1993/731 f., ABH 1993/418 ff.; 50/1998. (s. o. Fn. 604), insbes. M. K. 1998/6779 ff.

[648] Gesetz 1997:XCVIII über die Änderung der Verfassung der Republik Ungarn, M. K. 1997/6446.

[649] Verfassungsänderungsgesetz 1997:LIX, M. K. 1997/4585 ff.

tiert sie den Schutz der Selbstverwaltungsrechte gegenüber dem Staat, zum anderen schreibt sie den Schutz der Rechte des Bürgers vor rechtswidrigen Maßnahmen der Selbstverwaltungen vor. Organe der Gerichtsbarkeit sind zum einen die allgemeinen Gerichte, zum anderen das Verfassungsgericht.

Der Schutz der Selbstverwaltungen vor Übergriffen des Staates obliegt sowohl den allgemeinen Gerichten als auch dem Verfassungsgericht. Gemäß § 43 Abs. 2 Satz 2, 1. Alt. Verf. genießt die rechtmäßige Ausübung der Befugnisse der Selbstverwaltung gerichtlichen Schutz; § 43 Abs. 2 Satz 2, 2. Alt. garantiert in bezug auf die Rechte der Selbstverwaltungen den Weg zum Verfassungsgericht. § 3 KommG wiederholt diese Garantie, wenn auch in noch weniger klarer Form: Ihm zufolge werden die Selbstverwaltungsrechte sowie die gesetzmäßige Wahrnehmung der Selbstverwaltungskompetenzen sowohl durch das Verfassungsgericht als auch durch die allgemeinen Gerichte geschützt. Das Verfassungsgericht legte diese Vorschriften in seiner Entscheidung 37/1994.[650] dahingehend aus, daß sie wegen ihres vagen Gehalts keinerlei Kompetenzzuweisung beinhalten und daher durch einfach-gesetzliche Vorschriften umgesetzt werden müßten.

Auch der Schutz der Bürger vor rechtswidrigen Akten der Selbstverwaltungen ist sowohl bei der allgemeinen Gerichtsbarkeit als auch beim Verfassungsgericht angesiedelt. Die Gerichte schützen und garantieren die Verfassungsordnung und die Rechte und rechtmäßigen Interessen der Bürger (§ 50 Abs. 1 Verf.). Dabei kontrollieren sie auch die Gesetzmäßigkeit von Verwaltungsentscheidungen (§ 50 Abs. 2 Verf.). Letztere Kontrolle erstreckt sich auch auf die Maßnahmen der örtlichen Selbstverwaltungen, da auch sie Teil der Verwaltung sind; wenn die Verfassung sie aus dem Begriff der Verwaltung ausnehmen möchte, so spricht sie ausdrücklich von Staatsverwaltung (etwa in dem bereits erwähnten § 40). Zudem ist aus der Sicht des Bürgers nicht einzusehen, warum sein Rechtsschutz gegen die örtliche Obrigkeit schwächer sein soll als gegen Behörden des Zentralstaats, zumal im Grundrechtsteil § 57 Abs. 5 Verf. dem Bürger einen umfassenden Rechtsschutz gegen gerichtliche und behördliche[651] Entscheidungen, die seine Rechte oder berechtigten Interessen verletzen, garantiert.

Das Verfassungsgericht übt seine Rechtsschutzfunktionen zugunsten der Selbstverwaltungen und zugunsten des Bürgers zunächst durch die Normen-

---

[650] Verfassungsgerichtsentscheidung 37/1994. (VI.24.) AB, M. K. 1994/2520 ff., S. 2525 f., ABH 1994/238 ff., S. 248 ff.

[651] In diesem Zusammenhang sprach die Verfassung seit 1989 von „Entscheidungen der Staatsverwaltung". Durch das Verfassungsänderungsgesetz 1997:LIX (s. o. Fn. 649) wurde dies dahingehend präzisiert, daß jetzt der Rechtsschutz gegen alle „behördlichen Entscheidungen" garantiert ist; damit sind die Akte der örtlichen Selbstverwaltungen eindeutig mit in den Geltungsbereich der Rechtsschutzgarantie einbezogen worden.

kontrolle aus: Es hebt verfassungswidrige Gesetze und andere Rechtsnormen – etwa kommunale Satzungen – auf (§ 32/A Abs. 1, 2 Verf.). Über die Normenkontrolle hinaus können dem Verfassungsgericht gemäß § 32/A Abs. 1 Verf. noch weitere Aufgaben zugewiesen werden. Dies ist durch das Verfassungsgerichtsgesetz[652] auch geschehen. §§ 1 Buchst. b), 21 Abs. 2 VerfGG regeln die nachträgliche Verfassungskontrolle über alle Arten von Rechtsakten einschließlich der Selbstverwaltungssatzungen, die von jedermann, also von jedem Bürger gegen die die normerlassende Selbstverwaltung, aber auch von den örtlichen Selbstverwaltungen etwa gegen staatliche Normen[653], beantragt werden kann. Das Verfassungsgericht stellte allerdings 1999 klar, daß einzelne Bürger im Rahmen der Normenkontrolle nur eine inhaltliche Überprüfung von kommunalen Satzungen an höherrangigem Recht begehren können; die Geltendmachung von Verletzungen von Vorschriften über das Verfahren zum Erlaß von Satzungen liegt ausschließlich bei der Kommunalaufsicht und kann vom Bürger höchstens ihr gegenüber moniert werden[654]. Ebenfalls jedermann zugänglich ist die Verfassungsbeschwerde, mit der die Verletzung verfassungsrechtlich garantierter Rechte durch eine einem Einzelakt zugrundeliegende Rechtsnorm gerügt werden kann [§§ 1 Buchst. d), 21 Abs. 4 VerfGG]; diese Verfahrensart steht in der Praxis ganz im Schatten der Popularklage auf Normenkontrolle[655]. Während die nachträgliche Normenkontrolle die gegebene Rechtsnorm an der Verfassung mißt, wird im völkerrechtlichen Normenkontrollverfahren auf Antrag einiger Verfassungsorgane eine innerstaatliche Rechtsnorm einschließlich der kommunalen Satzungen an den von Ungarn ratifizierten völkerrechtlichen Verträgen überprüft [§§ 1 Buchst. c), 21 Abs. 3]. Auch hier ist die praktische Bedeutung gering[656]. Schließlich sieht das Verfassungsgerichtsgesetz in §§ 1 Buchst. f), 21 Abs. 6 das an das deutsche Organstreitverfahren erinnernde Kompetenzstreitverfahren vor, in dem Streitigkeiten über Kompetenzen nicht nur zwischen staatlichen Organen, sondern auch zwischen einem staatlichen Organ und einer Selbstverwaltung sowie zwischen Selbstverwaltungen (nicht aber innerhalb einer Selbstverwaltung) aus-

---

[652] Gesetz 1989:XXXII über das Verfassungsgericht, M. K. 1989/1283 ff., in deutscher Übersetzung von *László Rupp* und *Georg Brunner* abgedruckt in *Brunner,* VSO, Ländeteil Ungarn, Dokument Nr. 2.1.3., sowie in *Brunner/Sólyom,* S. 616 ff. (VerfGG).

[653] Das Verfassungsgericht hat in seiner Entscheidung 37/1994. (s. o. Fn. 650) auf M. K. S. 2526, ABH S. 249, ausdrücklich darauf hingewiesen, daß den örtlichen Selbstverwaltungen die für jedermann geltenden Klagearten offenstehen.

[654] Verfassungsgerichtsentscheidung 30/1999. (X.13.) AB, M. K. 1999/5723 ff., ABH 1999/411 ff. Näher zur Aufhebung von Rechtsnormen der Selbstverwaltungen durch das Verfassungsgericht *Rátai,* MK 1999/660 f.

[655] *Brunner* in Brunner/Sólyom, S. 34 ff.

[656] *Küpper,* ZaöRV 1998/270.

getragen werden. Diese Vorschriften im Verfassungsgerichtsgesetz konkretisieren die Rechtsschutzgarantie zugunsten der Selbstverwaltungen, aber auch zugunsten des Bürgers hinreichend.

Zusammenfassend läßt sich sagen, daß das Verfassungsgericht den Selbstverwaltungen und den Bürgern schwerpunktmäßig Rechtsschutz gegen ihre Rechte beeinträchtigende Rechtsnormen gewährt, während die allgemeinen Gerichte Selbstverwaltungen und Bürger gegen Einzelakte schützen. Die Verwaltungsgerichtsbarkeit zum Schutze der Bürger wird durch die ordentlichen Gerichte wahrgenommen; eine besondere Verwaltungsgerichtsbarkeit existiert nicht. In der Praxis gibt es aber an den entsprechenden Gerichten besondere Spruchkörper, die sich auf verwaltungsrechtliche Streitigkeiten spezialisieren, so wie andere für Zivil- oder Strafsachen zuständig sind[657]. Vor diesen Verwaltungskammern werden auch die Streitigkeiten zwischen örtlichen Selbstverwaltungen und Staatsorganen verhandelt, welche nicht in die Zuständigkeit des Verfassungsgerichts fallen. Sollte in einer Streitigkeit zwischen einer Selbstverwaltung und einer staatlichen Behörde eine gerichtliche Zuständigkeit nicht gegeben sein – was bei einem Streit nicht über die Rechtmäßigkeit, sondern über die Zweckmäßigkeit vorstellbar ist –, so obliegt die Streitschlichtung gemäß § 95 Buchst. e) KommG der Regierung als der Spitze der Exekutive.

(5) Die Ombudsleute und der Rechnungshof

Die ungarische Verfassung sieht zwei Hilfsorgane des Parlaments vor, die auch Kompetenzen im Hinblick auf die Selbstverwaltungen haben: die Parlamentarischen Beauftragten (Ombudsleute) sowie der Staatliche Rechnungshof.

An Ombudsleuten kennt die Verfassung den Parlamentarischen Beauftragten für Staatsbürgerrechte und den Parlamentarischen Beauftragten für die Rechte der nationalen und ethnischen Minderheiten (§ 32/B); auf einfachgesetzlicher Ebene hat das Ombudsmanngesetz[658] noch den Datenschutzbeauftragten eingeführt, was gemäß § 32/B Abs. 4 Satz 2 Verf. zulässig ist. Ihre Aufgabe ist die Aufdeckung von Mißständen in ihren Zuständigkeitsbereichen; damit dienen sie mittelbar dem Schutz der Bürger ebenso wie dem der Selbstverwaltungen. Darüber hinaus sollen die Ombudsleute auch

---

[657] *Ádám,* BSz 12/1995, S. 45 ff.; *Dudás,* MK 1997/599 ff.; *Gátos,* MJ 1996/157 ff.; *Küpper,* OER 1998/263, 270; *Zsuffa,* MK 1996/385 ff. Eine positive Bilanz der ersten Jahre der Verwaltungsgerichtsbarkeit im materiellen Sinne zieht *Lomnici, Zoltán* in Magyar Közigazgatási Kamara, S. 66 ff.

[658] Gesetz 1993:LIX über den Parlamentarischen Beauftragten für Staatsbürgerrechte, M. K. 1993/4433 ff., in deutscher Übersetzung von *Georg Brunner* abgedruckt in *Brunner,* VSO, Länderteil Ungarn, Dokument 2.1.4.a.

für ein reibungsloses Funktionieren der Verwaltung sorgen[659]. Ihr Vorgehen ist kein mit Zwang ausgestattetes Rechtsschutzverfahren, sondern ihre Möglichkeiten liegen in einer neutralen Vermittlung zwischen unterschiedlichen Interessen, die auf der Grundlage ihres Ansehens zu einem Ausgleich der Beteiligten führt, und in der Veröffentlichung von Verletzungen nicht nur der Rechte, sondern auch der Interessen von Bürgern oder Selbstverwaltungen. Sie können nicht nur die Rechtmäßigkeit, sondern auch die Zweckmäßigkeit von Verwaltungshandeln untersuchen, haben dafür aber keine Zwangsbefugnisse.

Der Staatliche Rechnungshof überprüft die Wirtschaftsführung auf der Grundlage des Staatshaushaltes (§ 32/C Verf.). Da die örtlichen Selbstverwaltungen mit ihren Haushalten Teil des übergeordneten Staatshaushalts bilden, unterliegen auch sie gemäß § 92 Abs. 1 KommG der Kontrolle durch den Rechnungshof. Das Rechnungshofgesetz[660] präzisiert die verfassungsrechtlichen Vorgaben dahingehend, daß die Besteuerung durch die örtlichen Selbstverwaltungen (§ 2 Abs. 4) sowie die Verwendung der Zuwendungen aus dem Staatshaushalt (§ 2 Abs. 5) zu überprüfen sind.

dd) Die Regelung des öffentlichen Eigentums

Öffentliches und privates Eigentum

Das kommunistische Recht unterschied je nach Eigentümer zwischen unterschiedlichen Eigentumsarten, die in einem hierarchischen Verhältnis zueinander standen. An der Spitze stand das staatliche Eigentum, darunter folgte das genossenschaftlich-sozialistische Eigentum. Beide Kategorien zusammen bildeten das gesellschaftliche Eigentum. Unter diesem stand das persönliche Eigentum, das sich grundsätzlich nicht auf Produktionsmittel erstrecken konnte (§§ 4–8 Verf. in der Fassung von 1949; §§ 6–12 Verf. in der Fassung von 1972)[661].

---

[659] Verfassungsgerichtsentscheidung 17/1994. (III.29.) AB, M. K. 1994/1192 ff., ABH 1994/84 ff.; *Polt,* MJ 1998/641 ff.; *Polt/Kaltenbach,* OER 2000/243 ff.

[660] Gesetz 1989:XXXVIII über den Staatlichen Rechnungshof, M. K. 1989/1363 ff., in deutscher Übersetzung von *Georg Brunner* abgedruckt in *Brunner,* VSO, Länderteil Ungarn, Dokument Nr. 2.1.4.b. Zur Kontrolle der Selbstverwaltungen durch den Rechnungshof s. *Bánszegi,* MK 1995/233 ff.; *Kovács,* MK 1999/97 ff.; *Nyikos,* László in Magyar Közigazgatási Kamara, S. 28; *Ribling,* MK 1991/76 ff.

[661] *Kovács* in Beér/Kovács/Szamel, S. 120 ff.; *Bihari,* Alkotmányjog, S. 88 ff.; *Borić,* S. 81 ff.; *Takács,* Imre in Brunner/Pfaff, S. 11 ff.; *Havlan,* Právník 1998/345 ff.; *Petev,* S. 76 ff.; *Roggemann* in Roggemann, S. 17 ff.; *Roggemann,* Die Verfassungen, S. 99 ff.; *Rynkowski/Soja,* ROW 1998/237; *Sárközy,* Die Theorie,

Mit dieser Unterscheidung unterschiedlicher Eigentumsformen und der damit einhergehenden Privilegierung des „sozialistischen Eigentums" sollte nach der Wende Schluß sein[662]. § 9 Abs. 1 Verf. garantiert daher die Gleichberechtigung und den gleichen Schutz in bezug auf öffentliches Eigentum und privates Eigentum. Die getrennte Nennung von öffentlichem und privatem Eigentum ist nach Ansicht des Verfassungsgerichts nicht als Aufzählung unterschiedlicher Formen des Eigentums zu verstehen, sondern im Gegenteil als die Garantie eines einheitlichen Eigentumsbegriffs unabhängig von der Inhaberschaft[663]. Die Unterscheidung zwischen öffentlichem und privatem Eigentum dient also der Klarstellung angesichts der unter dem Sozialismus gewohnten Unterscheidung. Der einheitliche Eigentumsbegriff liegt mittlerweile der gesamten Rechtsordnung zugrunde[664].

Selbstverwaltungen und Eigentum

Weiterhin regelt die Verfassung den Eigentumsschutz der örtlichen Selbstverwaltungen, d.h. die in der Praxis für das Funktionieren der Gemeinden, Städte und Komitate neben der Selbstverwaltung wichtigste Rechtsposition: Gemäß § 12 Abs. 2 Verf. achtet der Staat das Eigentum der Selbstverwaltungen. Es ist bereits darauf hingewiesen worden, daß die örtlichen Selbstverwaltungen Träger eigener Grundrechte sein können. Ob § 12 Abs. 2 den Gemeinden, Städten und Komitaten ein eigenes subjektives Recht einräumt, ist angesichts des Wortlauts eher zweifelhaft, denn die Pflicht des Staates, das kommunale Eigentum zu „achten" [tiszteletben tart], hat mehr den Charakter einer objektiv-rechtlichen Verpflichtung ohne korrespondierendes subjektives Recht der Selbstverwaltungen. Es ist aber durch die Verfassungsrechtsprechung geklärt, daß den Selbstverwaltungen die allgemeine, für alle geltende Eigentumsgarantie des § 13 Verf. zugute kommt[665]. Sie können sich damit dem Staat gegenüber wie jeder Bürger auch auf ihr Grundrecht auf Eigentum berufen und im Falle einer Enteig-

---

S. 103 ff. S. auch die Beiträge in Institut für Ostrecht München, Eigentum im Ostblock; dort speziell zu Ungarn *László Mezőfy,* S. 77 ff.

[662] Zu den diesbezüglichen rechtspolitischen Überlegungen in Osteuropa s. *Brunner,* Georg in Manssen/Banaszak, S. 34 ff.; *Roggemann,* Die Verfassungen, S. 99 ff.; *Roggemann* in Roggemann, S. 17 ff.

[663] Verfassungsgerichtsentscheidung 21/1990. (X.4.) AB, M. K. 1990/2079 ff., ABH 1990/73 ff., in deutscher Übersetzung abgedruckt in *Brunner/Sólyom,* S. 126 ff. Dazu *Sárközy,* Tamás in Hofmann/Küpper, S. 441 ff.; *Brunner,* Georg in Manssen/Banaszak, S. 37 f.; *Rother,* Christopher in Roggemann, S. 303 f.

[664] Für das Strafrecht etwa stellte das Oberste Gericht in seinem Urteil Bf. I.234/1990., veröffentlicht in BH 1991/817 f., klar, daß das Strafmaß bei Vermögensdelikten nicht davon abhängt, ob der Schaden im öffentlichen Eigentum eintritt. Zur Anpassung im Zivilrecht s. *Borić,* S. 158 ff.; zu den vergleichbaren Anpassungen in polnischen Zivilrecht s. *Rynkowski/Soja,* ROW 1998/237.

nung die in § 13 Abs. 2 vorgeschriebene vollständige, unbedingte und sofortige Entschädigung verlangen.

§ 44/A Abs. 1 Buchst. b) Verf. verweist die Ausübung der Eigentümer-
rechte in die Zuständigkeit der Vertretungskörperschaft. Damit ist im Innenverhältnis festgelegt, welches Selbstverwaltungsorgan in bezug auf die der
juristischen Person zustehenden Eigentumsrechte entscheidungs- und hand-
lungsberechtigt ist.

b) Das einfach-gesetzliche Kommunalrecht

Die genannten Verfassungsvorschriften wurden durch die nachfolgende
kommunalrechtlichte Gesetzgebung ausgefüllt und präzisiert. Wie bereits
erwähnt, handelte es sich dabei hauptsächlich um die Gesetze 1990:LXV
über die örtlichen Selbstverwaltungen (Kommunalgesetz) und 1990:LXIV
über die Wahl der örtlichen Selbstverwaltungsabgeordneten und der Bürgermeister (Kommunalwahlgesetz)[666]. Die wichtigsten Problemkreise sind die
Kommunalverfassung, das Verhältnis von Staat und Selbstverwaltung, das
Verhältnis von Selbstverwaltung und Bürger, die kommunale Kooperation
sowie Fragen der Finanzierung und des Eigentums.

aa) Die Kommunalverfassung

Im Rahmen der verfassungsrechtlichen Vorgaben steht den Selbstverwal-
tungen grundsätzlich die Organisationshoheit zu [§ 1 Abs. 6 Buchst. a)
KommG]. Allerdings erstreckt sich diese nur so weit, wie das Kommunal-
gesetz keine verbindlichen Regelungen trifft. Nur das Gesetz kann die Or-
gantypen der Selbstverwaltungen festlegen, nicht aber untergesetzliche
Normen [§ 93 Abs. 1 Buchst. a) KommG]. Gemäß § 42 Verf., § 2 Abs. 1
KommG hat die Selbstverwaltung dem Demokratiegebot zu entsprechen.
Alle Selbstverwaltungen sind juristische Personen (§ 9 Abs. 1 Satz 1, § 72
Abs. 1 Satz 1 KommG).

In der Folge werden die Zuständigkeiten der einzelnen Kommunalorgane
und der kommunalen Funktionsträger der Reihe nach dargestellt. Vorweg
angemerkt sei, daß das Volk trotz der Möglichkeit direktdemokratischer
Willensbildung durch Volksbegehren und -entscheide keine organschaftliche

---

[665] Verfassungsgerichtsentscheidungen 16/1991. (IV.20.) AB, M. K. 1991/859 ff.,
ABH 1991/54 ff., in deutscher Übersetzung abgedruckt in *Brunner/Sólyom,*
S. 183 ff.; 4/1993. (II.12.) AB (s.o. Fn. 605); 64/1993. (XII.22.) AB, M. K. 1993/
11074 ff., ABH 1993/373 ff., in deutscher Übersetzung abgedruckt in *Brunner/
Sólyom* S. 539 ff.; 37/1994. (VI.24.) AB, M. K. 1994/2520 ff., ABH 1994/238 ff.

[666] s.o. Fn. 590.

Stellung in der Selbstverwaltung einnimmt, da es in den erwähnten Formen direkter Demokratie lediglich anstelle der eigentlich zuständigen Vertretungskörperschaft entscheidet, aber keine eigenen Kompetenzen in Abgrenzung von denen der Vertretungskörperschaft wahrnimmt[667]. Die örtlichen Volksbegehren und -entscheide werden daher nicht im Rahmen der Kommunalverfassung, sondern weiter unten unter Punkt C. I. 3. b) cc) (2), einschlägige Neuerungen unter Punkten C. I. 6. a) bb) (3) und C. I. 6. b) bb) (3) dargestellt.

(1) Die Vertretungskörperschaft

Kernstück der Selbstverwaltung ist die Vertretungskörperschaft, in die der kommunale Souverän seine Vertreter wählt und so mit unmittelbarer demokratischer Legitimation ausstattet. Bei ihr sind die wichtigsten Aufgaben der Selbstverwaltung konzentriert. Daher stellt § 2 Abs. 2 KommG den Grundsatz auf, daß eine Entscheidung der Selbstverwaltung nur durch die Vertretungskörperschaft oder durch von ihr bevollmächtigte Stellen und Personen – oder durch eine örtliche Volksabstimmung – getroffen werden kann. In den Gemeinden, Städten und hauptstädtischen Stadtbezirken wird die Vertretungskörperschaft als Abgeordnetenkörperschaft bezeichnet, in den Städten mit Komitatsrecht, in den Komitaten und in der Hauptstadt heißt sie Generalversammlung.

Zuständigkeiten

Der Vertretungskörperschaft stehen grundsätzlich alle Aufgaben und Befugnisse der Selbstverwaltung zu (§§ 9 Abs. 1 Satz 2, 72 Abs. 1 Satz 2 KommG). Sie kann einzelne Befugnisse auf ihre Ausschüsse oder den Bürgermeister übertragen, Weisungen erteilen und die Übertragung rückgängig machen (§ 9 Abs. 2, 3 KommG) sowie zur Wahrnehmung ihrer Aufgaben in der öffentlichen Versorgung Einrichtungen und Unternehmen schaffen und deren Leiter ernennen (§ 9 Abs. 4 KommG). Bestimmte Aufgaben kann die Vertretungskörperschaft nicht an andere Organe übertragen, darunter den Erlaß von Satzungen und des Flächennutzungsplans, die eigene Organisation, Personalentscheidungen, den Haushalt und das Wirtschaftsprogramm, die Zusammenarbeit mit anderen in- und ausländischen Selbstverwaltungen, die Gründung einer Gemeindeeinrichtung oder die Antragstellung beim Verfassungsgericht (§ 10 KommG). Zudem ist die Vertretungskörperschaft für die Sicherheit der Wirtschaftsführung verantwortlich (§ 90 Abs. 1 KommG). Diese Regeln gelten gemäß § 76 KommG

---

[667] So auch für Deutschland *Heimlich*, DÖV 1999/1031 f.

grundsätzlich auch für die Komitatsselbstverwaltung; da es hier aber keine dem Bürgermeister vergleichbare Institution gibt, bleibt in der Praxis für eine Übertragung von Aufgaben ohnehin weniger Spielraum.

Die Übernahme freiwilliger Aufgaben kann gemäß § 1 Abs. 4 Satz 1 KommG entweder durch die Entscheidung der Vertretungskörperschaft oder durch örtlichen Volksentscheid geschehen. Auch dies ist somit – sofern nicht eine Volksabstimmung stattfindet – eine zwingend bei der Vertretungskörperschaft angesiedelte Kompetenz.

Bei der Vertretungskörperschaft siedelt § 101 KommG das kommunale Petitionsrecht an, das in § 44/A Verf. garantiert wird und im Kommunalgesetz eine Präzisierung erfährt. Demnach kann sich die Vertretungskörperschaft in allen die Selbstverwaltungsrechte oder -aufgaben betreffenden Angelegenheiten an den Leiter des zuständigen staatlichen Organs wenden, dem Antwort- bzw. im Falle der Unzuständigkeit Weiterleitungspflichten mit engen Fristen obliegen. Auch wenn das Kommunalgesetz diese Befugnis bei der Vertretungskörperschaft ansiedelt, so ist nicht davon auszugehen, daß die Körperschaft dieses Recht nicht übertragen kann. Zwar enthält § 10 KommG keine abschließende Aufzählung unübertragbarer Aufgaben der Vertretungskörperschaft, sondern stellt klar, daß auch andere gesetzliche Vorschriften Aufgaben zwingend der Körperschaft zur Erledigung vorschreiben können. § 101 KommG ist aber nicht in diesem Sinne zu interpretieren, da viele Vorlagen an Fachbehörden nur dann zu einem wirklichen Dialog führen können, wenn sie von einem in der Sache ebenso kompetenten Gemeinde- oder Komitatsverwaltungsorgan und nicht von den häufig sachunkundigen Volksvertretern unterbreitet werden. Die Kompetenzzuweisung des § 101 KommG hat lediglich zur Folge, daß die Vertretungskörperschaft die einschlägige Behörde erst zur Vorlage an eine Staatsbehörde ermächtigen oder für sich von der Fachbehörde eine Vorlage zur eigenen Weiterleitung erarbeiten lassen oder auf eine sonstige Weise eingeschaltet sein muß, was sinnvoll ist, da die Körperschaft so den Überblick behält, welche Selbstverwaltungsbehörde mit welcher Staatsbehörde über welche Fachfragen verhandelt; letztendlich haben derartige Fachfragen zwischen Selbstverwaltungs- und Staatsbehörden immer auch einen politischen Aspekt, für den die Vertretungskörperschaft die Verantwortung trägt.

Zusammensetzung und Funktionsweise

Die Vertretungskörperschaft der gemeindlichen Selbstverwaltungen besteht aus einer gesetzlich festgelegten Anzahl von Abgeordneten, deren Anzahl von der Einwohnerzahl der betreffenden Gemeinde abhängt. Die Mindestzahl ist 3, die Höchstzahl ist in Gemeinden bis 10.000 Einwohner 13, in größeren Gemeinden hingegen nicht absolut angegeben, sondern muß errechnet werden: für 70.000 Einwohner 31 Mandate, für jede weiteren 10.000 Einwohner zwei weitere Mandate (§§ 8, 9 KWahlG). Für den Sonderfall Budapest sah das Kommunalgesetz in seiner ursprünglichen Fassung 88 Abgeordnete für die Generalversammlung vor, von denen 66 allgemein gewählt und je einer von den Abgeordnetenkörperschaften der Stadtbezirke entsandt werden sollte (§ 62 Abs. 4–6 KommG). Es können noch besondere Vertreter der nationalen und ethnischen Minderheiten hinzukommen, worauf unten im Abschnitt C. I. 5. noch näher eingegangen wird. Die Konzeption des Gesetzes geht von einem ehrenamtlich tätigen Vertreter aus, der von seinem Arbeitgeber für die nötige Zeit freizustellen ist (§ 20 KommG). Die Rechtsstellung sowie Wahl der Abgeordneten der Selbstverwaltungen ist zwingend durch Gesetz zu regeln [§ 93 Abs. 1 Buchst. b) KommG].

Die Generalversammlungen der Komitate wurde nach der ursprünglichen Konzeption des Kommunalgesetzes nicht von der Bevölkerung gewählt, sondern durch eine Art Wahlmännersystem, das auf den örtlichen Abgeordnetenkörperschaften basierte (§ 73 KommG). Sie hat je 10.000 Einwohner des Komitats ein Mitglied, mindestens aber 50 (§ 72 Abs. 2 KommG). Indem man den Vertretern der Kommunalpolitik die Macht in der Komitatsselbstverwaltung einräumte, wollte man eine Dominierung der Gemeinden durch das Komitat wie zur Zeit des Kommunismus verhindern. Der Komitatswille sollte gerade durch die Repräsentanten des örtlichen Willens gebildet werden. In der Praxis führte dies jedoch dazu, daß Konflikte der örtlichen Ebene in das Komitat hineingetragen wurden und die Arbeit dort häufig lähmten.

Ungarn ist nicht das einzige postkommunistische Land, das sich entschlossen hat, die überörtliche Selbstverwaltungsebene nicht mit einer unmittelbaren demokratischen Legitimation zu versehen, sondern deren Vertretungsorgan durch die Vertretungsorgane der örtlichen Ebene besetzen zu lassen. Die neue albanische Verfassung vom 22.11.1998[668] schreibt in Art. 110 Abs. 3 vor, daß der Kreisrat sich aus den Bürgermeistern der kreisangehörigen Gemeinden und Städte sowie aus weiteren, von den Gemeinde- und Stadträten delegierten Mitgliedern zusammensetzt. Interessanterweise ist die albanische Entwicklung der ungarischen genau entgegengesetzt verlaufen: Während Ungarn sich zu Beginn für eine indirekt legitimierte Generalversammlung der Komitate entschieden hatte und dann 1994 die Direktwahl dieses Organs einführte, sah die albanische Interimsverfassung ab 1992 direkt gewählte Bezirksräte vor, während die Verfassung von 1998 für diese jetzt Kreisräte genannten Vertretungsorgane den oben dargestellten Besetzungsmodus vorschreibt. Ähnlich wie Ungarn ist Polen verfah-

---

[668] FZ 1998, Nr. 28, S. 1073 ff., in deutscher Übersetzung von *Herbert Küpper* abgedruckt in *Roggemann,* Die Verfassungen, S. 327 ff.

ren: 1990 wurde die Selbstverwaltung auf Gemeindeebene eingeführt, während die mittlere Ebene, die Wojewodschaften, als staatliche allgemeine Mittelbehörde ohne Selbstverwaltungscharakter – ähnlich den deutschen Regierungspräsidenten – ausgestaltet wurde. Die 1990 für später avisierte umfassende Reform und Demokratisierung der territorialen Verwaltung kam erst 1998 zustande: Die Anzahl der Wojewodschaften wurde von 49 auf 16 drastisch reduziert, dafür aber oberhalb der Gemeinden und unterhalb der Wojewodschaften die traditionelle Ebene der Kreise wieder eingerichtet. Gemeinden, Städte und Kreise verfügen über unmittelbar gewählte Vertretungsorgane, und die Wojewodschaften tragen einen ausgesprochenen Doppelcharakter als Selbstverwaltungseinheiten mit gewähltem Vertretungsorgan und gleichzeitig allgemeiner staatlicher mittlerer Verwaltungsinstanz[669].

Die gemeindlichen Vertretungskörperschaften bestimmen in ihrer Grundsatzung die Anzahl der jährlichen Sitzungen; diese darf nicht geringer als sechs sein (§ 12 Abs. 1 Satz 1 KommG), um zu verhindern, daß die Vertretungskörperschaft wie unter dem Kommunismus zur reinen Akklamationsinstanz für von der Verwaltung oder einem kleinen Präsidialgremium getroffene Entscheidungen herabsinkt. Auch auf Antrag eines Viertels der Vertreter oder eines Ausschusses ist eine Sitzung einzuberufen (§ 12 Abs. 1 Satz 2 KommG). Die Leitung der Sitzung obliegt dem Bürgermeister. Die Sitzungen sind öffentlich, die Öffentlichkeit kann aber in begründeten Fällen ausgeschlossen werden (§ 12 Abs. 3 KommG). Die Abstimmung ist ebenfalls grundsätzlich öffentlich, wobei auch hiervon in begründeten Fällen Ausnahmen zugelassen sind (§ 12 Abs. 4 KommG). Die Vertretungskörperschaft ist beschlußfähig, wenn mehr als die Hälfte der Abgeordneten anwesend ist, und sie entscheidet mit einfacher Mehrheit; mit qualifizierter Mehrheit sind Beschlüsse über Satzungen, Personalentscheidungen, Kooperationen mit anderen Selbstverwaltungen und die Gründung von Einrichtungen zu fassen. Die qualifizierte Mehrheit umfaßt mindestens die Hälfte der gewählten Selbstverwaltungsabgeordneten, wobei die Einzelheiten und ein höheres Quorum durch die Grundsatzung geregelt werden können (§ 15 KommG).

---

[669] Gesetz vom 8.3.1990 über die Gemeindeselbstverwaltung, Dz.U. 1990 Nr. 16 Pos. 95, wesentlich geändert durch das Gesetz vom 29.12.1998 über die Änderung einiger Gesetze im Zusammenhang mit der Einleitung der Strukturreform des Staates, Dz.U. 1998 Nr. 162 Pos. 1126; Gesetz vom 5.6.1998 über die Kreisselbstverwaltung, Dz.U. 1998 Nr. 91 Pos. 578; Gesetz vom 5.6.1998 über die Wojewodschaftsselbstverwaltung, Dz.U. 1998 Nr. 91 Pos. 576; Gesetz vom 5.6.1998 über die Regierungsverwaltung in der Wojewodschaft, Dz.U. 1998 Nr. 91 Pos. 577; Gesetz vom 24.7.1998 über die Einführung der dreistufigen Gliederung des Staates, Dz.U. 1998 Nr. 96 Pos. 603. Näher dazu *Banaszak*, WGO-MfOR 1999/333 ff.; *Sengoku, Manabu* in Ieda, S. 55 f., 60 ff.; Kanzlei des MP: Effectiveness, S. 7 ff.; *Leoński*; *Szewc*, PiP 8/2000, S. 17 ff.; *Uschakow*; *Wilke, Maria* in Chronik der Rechtsentwicklung, ROW 1998/275 ff.; *Wilkiewicz*, OEA 1999/364; *Zloch*, OE 2000/367 ff.

Mindestens einmal im Jahr ist die Vertretungskörperschaft verpflichtet, eine öffentliche Anhörung abzuhalten, auf der die Bürger und Vertreter von Organisationen mit örtlichen Interessen Fragen stellen und Vorschläge unterbreiten können (§ 13 KommG). Diese öffentliche Anhörung dient der Rückkoppelung der lokalen Abgeordneten mit der Bevölkerung und soll die örtliche Demokratie stärken.

Ausschüsse

Das Kommunalgesetz erwähnt an mehreren Stellen Ausschüsse der Vertretungskörperschaft. Gesetzlich vorgeschrieben ist im Kommunalgesetz lediglich ein Finanzkontrollausschuß in Gemeinden mit mehr als 2000 Einwohnern (§ 22 Abs. 1 Satz 3 KommG) und in den Komitaten (§ 74 Abs. 2 Satz 1 KommG). Wenn in der Vertretungskörperschaft auch Vertreter der nationalen und ethnischen Minderheiten einen Sitz haben, so ist auf Antrag dieser Minderheitenvertreter ein Minderheitenausschuß zu wählen (§ 22 Abs. 2 KommG). Ansonsten kann die Selbstverwaltung frei über die Einrichtung von Ausschüssen entscheiden (§ 22 Abs. 1 Satz 1, § 74 Abs. 2 Sätze 2–4 KommG).

An der Zusammensetzung der Ausschüsse fällt auf, daß sie nicht notwendig ausschließlich aus Mitgliedern der Vertretungskörperschaft bestehen müssen. Lediglich der Vorsitzende und mehr als die Hälfte der Mitglieder des Ausschusses müssen der Vertretungskörperschaft angehören; die übrigen Mitglieder können Bürger ohne Kommunalmandat sein. Insbesondere sollen die Vertreter von betroffenen Organisationen und Interessenverbänden in den Ausschuß gewählt werden (§§ 24, 74 Abs. 2 Satz 3 KommG).

Grundsätzlich ist es die Aufgabe von Ausschüssen, die Entscheidungen der Vertretungskörperschaft vorzubereiten und die Ausführung der Entscheidungen zu organisieren und zu überwachen. Darüber hinaus kann die Vertretungskörperschaft einen Ausschuß mit dem Recht, in der Sache zu entscheiden, ausstatten. Schließlich können einem Ausschuß durch Satzung auch hoheitliche Befugnisse übertragen werden (§ 23 KommG). Da ein Teil der Ausschußmitglieder nicht unbedingt der Abgeordnetenkörperschaft angehören muß, was durchaus auch praktiziert wird, führt die Übertragung von hoheitlichen Befugnissen an Ausschüsse dazu, daß auch vom Volk nicht gewählte Personen mitentscheiden können. Dies ist zum einen aus dem Blickwinkel des Demokratieprinzips bedenklich, das letztendlich jedoch gewahrt bleibt, da zum einen die vom Volk Gewählten die Mehrheit der Ausschußmitglieder stellen müssen und zum anderen die übrigen Ausschußmitglieder von der demokratisch legitimierten Abgeordnetenkörperschaft gewählt werden. Ebenso könnte man in der Möglichkeit, daß nicht gewählte Bürger an kommunalen Entscheidungen mitwirken, eine Verletzung von § 9 Abs. 2 KommG sehen, der die Wahrnehmung von kommunalen Aufgaben in den Aufgaben- und Pflichtbereich von Kommunalorganen verweist. Hier treffen die Vorschriften über die Ausschüsse insofern eine – vorrangige – Spezialregelung, als sie klarstellen, daß das Kommunalorgan Ausschuß auch Mitglieder von außen haben kann, ohne daß dies im Widerspruch zum Kommunalrecht steht. Das im ungarischen Schrifttum bisweilen geäußerte Unbehagen an der Mitentscheidungsbefugnis der externen Ausschußmitglieder[670] mag mithin zwar politisch begründet werden können, nicht aber rechtlich.

Die Ausschüsse kontrollieren die Verwaltung im Hinblick darauf, ob und wie sie die Entscheidungen der Vertretungskörperschaft ausführt. Da dies eine politische Kontrolle ist, kann sie sich auf Fragen der Rechtmäßigkeit ebenso wie auf Fragen der Zweckmäßigkeit erstrecken. Wenn der Ausschuß Mißstände wahrnimmt, kann er beim Bürgermeister beantragen, daß dieser Abhilfe schafft (§ 27 KommG).

Als eine Sonderform der Ausschüsse behandelt das Kommunalgesetz die Gemeindeteilselbstverwaltungen. Die Vertretungskörperschaft kann in ihrer Grundsatzung für bestimmte Teile der Gemeinde eine eigene Selbstverwaltung vorsehen, die aus Mitgliedern der Vertretungskörperschaft und anderen Wahlbürgern bestehen kann. Der Leiter muß kommunaler Abgeordneter sein. Dieser Gemeindeteilselbstverwaltung können Zuständigkeiten der Gemeinde und eigene Mittel übertragen werden (§ 28 KommG)[671]. In Polen, wo die Rechtslage ähnlich unbestimmt ist und damit den Gemeindeorganen ein großes Ermessen verbleibt, ist die Befürchtung geäußert worden, dieses weite Ermessen könnte in der Praxis zur Abwertung dieser Form innergemeindlicher Dezentralisation führen, weil sich der Gemeinderat ungern von Kompetenzen trenne[672]; derartige Befürchtungen sind in Ungarn nicht laut geworden. Dies liegt möglicherweise an den nur geringen rechtlichen Hürden für die Abspaltung „sezessionistischer" Gemeindeteile zu eigenen Selbstverwaltungen, die auch und sogar vorwiegend mit Beteiligung des Wahlvolkes stattfinden[673]. Angesichts dieser leicht gangbaren Möglichkeit der vollen Verselbständigung spielen praktische Hürden bei der Einrichtung einer Gemeindeteilselbstverwaltung keine so große Rolle mehr. In Ungarn ist vielmehr dieselbe, bereits erörterte Kritik geäußert worden wie auch gegenüber den regulären Ausschüssen: Die Möglichkeit der Mitgliedschaft ex-

---

[670] *Nadrai,* MK 2000/382 f.

[671] Einzelheiten auch zur Praxis diskutiert *Solymosi,* MK 2000/739 f.

[672] *Banaszak,* WGO-MfOR 1999/341; *Błażejczyk/Jurcewicz/Kozłowska/Strózczyk,* PiP 8/1990, S. 37.

[673] Zu der Möglichkeit einer Verselbständigung von Gemeindeteilen s. unten Punkte C. I. 3. b) cc) (2), C. I. 3. b) dd) (3), C. I. 6. a) bb) (1) und – unter mehr praktischen und perspektivischen Gesichtspunkten – C. II. 3.

terner, d.h. nicht gewählter Bürger sei rechtlich problematisch und könne zu einer Delegitimierung der Selbstverwaltung führen[674]. Dem ist aber aus den genannten Gründen nicht zuzustimmen.

Die Dorfversammlung

Die Dorfversammlung findet an mehreren Stellen im Kommunalgesetz Erwähnung. Zum einen kann sie gemäß § 18 Abs. 2 von der Abgeordnetenversammlung als ein mögliches Forum zur Unterrichtung der Bevölkerung und zur Diskussion mit ihr im Vorfeld von Entscheidungen dienen. Hierauf wird unter Punkt 3. b) cc) (3), S. 252, näher eingegangen.

Weiterhin kann die Dorfversammlung in Gemeinden mit weniger als 500 Einwohnern als Volksabstimmung fungieren. Damit eine Entscheidung der Dorfversammlung als örtliche Volksabstimmung gelten kann, müssen auf ihr mehr als die Hälfte der Walhbürger anwesend sein (§ 47 Abs. 4 KommG). Zwingend ist die Vornahme einer örtlichen Volksabstimmung oder einer sie ersetzenden Dorfversammlung vor allem in Fragen der Neugliederung des Gemeindegebiets, wenn Siedlungteile eine eigenständige Selbstverwaltung bilden oder einer anderen Gemeinde zugeschlagen werden wollen (§§ 52 Abs. 3, 56 Abs. 2 KommG). Die Einzelheiten werden im Zusammenhang mit der örtlichen direkten Demokratie unter Punkt 3. b) cc) (2) erörtert.

Aus der Zusammenschau dieser Normen erhellt, daß die Dorfversammlung in Ungarn in den Formenbereich der direkten Demokratie gehört. Ihr Betätigungsfeld ist dort, wo stattdessen auch Volksabstimmungen oder Bürgerdiskussionsforen in Betracht kämen. Anders als in Art. 28 Abs. 1 Satz 4 GG für die deutsche Gemeindeversammlung vorgesehen[675], kann sie nicht das gewählte Repräsentativorgan ersetzen oder dessen Befugnisse wahrnehmen.

(2) Der Bürgermeister

Das zweite wichtige Organ der Selbstverwaltung ist der Bürgermeister. Er existiert in allen Selbstverwaltungen auf örtlicher Ebene (Gemeinden, Städte, hauptstädtische Stadtbezirke) sowie in der Hauptstadt, wo er den Titel Oberbürgermeister trägt. In den Komitaten fehlt ein derartiges Organ. Es gibt zwar einen Vorsitzenden der Generalversammlung, der über gewisse

---

[674] *Nadrai*, MK 2000/383 f.

[675] Entsprechende Vorschriften finden sich in Art. 72 Abs. 2 Satz 3 Verf. Ba-Wü, Art. 57 Abs. 2 Satz 2 Verf. Nds, Art. 86 Abs. 1 Satz 2 Verf. Sachs; Art. 89 Verf. Sa-Anh; Art. 95 Satz 2 Verf. Thü.

eigenständige Funktionen verfügt, die auf kommunaler Ebene dem Bürgermeister zukommen, etwa den Vorsitz in der Vertretungskörperschaft. Anders als der über eine eigene demokratische Legitimation verfügende Bürgermeister ist der Vorsitzende der Generalversammlung ein reines Organ der Vertretungskörperschaft des Komitats und wird von dieser mit Zweidrittelmehrheit für vier Jahre gewählt (§ 74 Abs. 1 KommG).

Auf örtlicher Ebene bestanden nach dem ursprünglichen Wortlaut des Gesetzes zwei Wahlmodelle. In den Gemeinden und Städten mit mehr als 10.000 Einwohnern wurde der Bürgermeister von der Vertretungskörperschaft auf ihrer konstituierenden Sitzung gewählt. Während die Nominierung – für die mindestens ein Drittel der Stimmen der kommunalen Abgeordneten nötig ist – offen geschah, war die eigentliche Wahl des Bürgermeisters geheim (§ 31 KommG). In kleineren Gemeinden dagegen wurde der Bürgermeister direkt von der Bevölkerung zusammen mit den Kommunalabgeordneten gewählt, wobei für die Nominierung der Vorschlag von mindestens 3% der Wahlberechtigten notwendig war (§ 47 KWahlG). Durch die Kommunalreform 1994 wurde die unmittelbare Volkswahl des Bürgermeisters überall eingeführt; hierauf wird unter Punkt C. I. 6. a) bb) (2) noch näher eingegangen.

Der Bürgermeister ist in jedem Fall Mitglied der Vertretungskörperschaft. Dies gilt auch für die Fälle, in denen nicht ein Kommunalabgeordneter, sondern eine andere Person zum Bürgermeister gewählt worden ist (§ 31 Abs. 2 Satz 3 KommG für die Gemeinden mit mehr als 10.000 Einwohnern).

In den Gemeinden ist der Bürgermeister der Vertreter der Vertretungskörperschaft (§ 9 Abs. 1 Satz 3). In § 9 Abs. 2 KommG wird er – zusammen mit den Ausschüssen und dem Amt – als Organ der Vertretungskörperschaft bezeichnet. Er beruft die Sitzungen der Vertretungskörperschaft ein und leitet sie (§ 12 Abs. 2 KommG). Darüber hinaus ist er für die Ordnungsgemäßheit der Wirtschaftsführung verantwortlich (§ 90 Abs. 1 KommG). In diesem Zusammenhang stellen zahlreiche Einzelnormen besondere Zuständigkeiten des Bürgermeisters auf. So ist er gemäß § 134 Abs. 3 Ausführungsverordnung zum Staatshaushaltsgesetz[676] befugt, im Namen der Gemeinde Verpflichtungen einzugehen; er kann diese Befugnis auf einen Bevollmächtigten übertragen. Zu dieser Übernahme von Verpflichtungen bedarf er der Gegenzeichnung des Notärs, weshalb der Notär auch nicht der Bevollmächtigte sein darf[677].

---

[676] Regierungsverordnung 217/1998. (XII.30.) Korm. über die Funktionsordnung des Staatshaushaltes, M. K. 1998/8288 ff. Vor Erlaß dieser Ordnung traf § 35 Abs. 3 der Regierungsverordnung 156/1995. (XII.26.) Korm. über das System der Planung, der Wirtschaftsführung und der Rechnungslegung der Staatshaushaltsorgane, M. K. 1995/6618 ff., dieselbe Regelung.

Wie das kurz nach dem Erlaß des Kommunalgesetz verabschiedete Bürgermeistergesetz[678] klarstellt, steht der Bürgermeister mit der Selbstverwaltung grundsätzlich in einem Dienstverhältnis[679], welches zu vergüten ist. Lediglich in Gemeinden mit weniger als 5.000 Einwohnern erlaubt es § 2 Abs. 6 BürgermG der Abgeordnetenkörperschaft, das Bürgermeisteramt als Ehrenamt einzurichten, welches allerdings gemäß § 15 BürgermG ebenfalls einer – wenn auch geringeren – Vergütung unterliegt. Ebenso entscheidet die Abgeordnetenkörperschaft gemäß §§ 5–6 BürgermG über die Höhe der Bezüge des Bürgermeisters, wobei das Gesetz einen gewissen Rahmen vorgibt. Bemerkenswert ist das Verbot für Bürgermeister, in politischen Parteien Ämter zu übernehmen [§ 4 Abs. 1 Buchst. e) BürgermG]. Diese angesichts der Bemühungen um Dekommunisierung in der Übergangszeit verständliche Beschränkung ist mit der Kommunalreform 1994 weggefallen.

Die Vertretungskörperschaft kann einen oder mehrere Vizebürgermeister zur Vertretung des Bürgermeisters, zu seiner Unterstützung oder zur Wahrnehmung einzelner Selbstverwaltungsaufgaben wählen. Die Vizebürgermeister unterliegen denselben Regeln wie die Bürgermeister auch (§ 34 KommG).

Wo der Bürgermeister Staatsaufgaben wahrnimmt, unterliegt er gemäß § 7 Abs. 3 KommG keinen Anweisungen und keiner Kritik seitens der Vertretungskörperschaft. Seine Verantwortlichkeit richtet sich vielmehr nach

---

[677] So das Verfassungsgericht in seiner Entscheidung 10/1999. (IV.28.) AB, M. K. 1999/2628 ff., ABH 1999/392 ff. Das Oberste Gericht stellte allerdings in der Folge in seiner Entscheidung Legf.Bír.Gfv.X.32.850/1998., BH 2000 Nr. 214, fest, daß Gegenzeichnungspflichten des Notärs nur interne Wirkung haben und der Bürgermeister jedenfalls im zivilrechtlichen Verkehr der Vertreter der Selbstverwaltung im Sinne von § 36 Abs. 2 ZGB ist, sofern seine Vertretungsmacht nicht durch einen Beschluß der Vertretungskörperschaft eingeschränkt wird; ähnliches gilt gemäß der Entscheidung des Obersten Gerichts Legf.Bír.Gfv.IV.30.834/1998., BH 2000 Nr. 69, für den Vorsitzenden der Generalversammlung in den Selbstverwaltungen, die keinen Bürgermeister haben, d.h. vor allem in den Komitaten.

[678] Gesetz 1990:LXVII über einige Fragen der Versehung des Amts des Bürgermeisters, M. K. 1990/1790 ff., geändert durch Gesetz 1990:LXIX über die Änderung des Gesetzes 1990:LXVII über einige Fragen der Versehung des Amts des Bürgermeisters, M. K. 1990/1845 f. S. auch Fn. 588.

[679] Nach damaligem Sprachgebrauch in einem arbeitsrechtlichen Verhältnis: §§ 2–3 sprechen vom Arbeitsverhältnis [munkaviszony]. Hierin zeigt sich der unmittelbar nach der Wende noch starke Einfluß der sozialistischen Theorie vom einheitlichen Arbeitsverhältnis, das grundsätzlich kein Sonderrecht für Beschäftigte besonderer Bereiche wie etwa des öffentlichen Dienstes anerkannte. Allerdings hatte in Ungarn wie in den meisten anderen sozialistischen Staaten bereits seit den 1960er Jahren eine Ausdifferenzierung des Rechts der Arbeitsverhältnisse auch in bezug auf den öffentlichen Dienst stattgefunden, aber in der Terminologie wirkte die alte Lehre noch nach. Zum heutigen Begriff des Arbeitsverhältnisses im ungarischen Recht s. *Gobert*, S. 393 ff.; *Pajor-Bytomski*, Arbeitsrecht, S. 16 ff.

den für den öffentlichen Dienst geltenden Regelungen (§ 33 Satz 2
KommG). Dies ist sinnvoll, weil der Bürgermeister in diesen Angelegenheiten kraft Gesetzes als staatliches Organ tätig wird, die Vertretungskörperschaft aber den Willen der örtlichen Gemeinschaft repräsentiert, die nicht
befugt ist, sich in staatliche Aufgaben einzumischen.

(3) Der Verwaltungsapparat

Der Verwaltungsapparat einer Selbstverwaltung besteht in den Gemeinden aus dem Notär – in der Hauptstadt auf gesamtstädtischer Ebene zusätzlich aus dem Obernotär – und dem Amt der Vertretungskörperschaft sowie
den davon selbständigen gemeindlichen Einrichtungen und Betrieben. In
den Komitaten gibt es ein Komitatsselbstverwaltungsamt sowie einen Obernotär.

Das Amt der Vertretungskörperschaft

Der Vertretungskörperschaft steht ein ständiger Verwaltungsapparat, genannt das „Amt" bzw. „Bürgermeisteramt", im Komitat ein „Komitatsselbstverwaltungsamt" zur Seite. Das Amt bildet eine einheitliche Behörde;
insbesondere wird nicht zwischen den Teilen, die Selbstverwaltungsaufgaben wahrnehmen, und solchen, die mit staatlichen Aufgaben betraut sind,
unterschieden[680]. Es wird in den Kommunen durch den Bürgermeister auf
dem Wege über den Notär geleitet und besteht im übrigen aus weiteren Beschäftigten. In den Komitaten übt der Vorsitzende der Generalversammlung
die (politische) Anleitung aus, während die eigentliche Leitung dem Obernotär obliegt (§ 75 Abs. 1 Satz 2, Abs. 2 KommG).

Die Aufgaben des Amtes bestehen in der Durchführung der Verwaltungsaufgaben der Selbstverwaltung (§§ 38, 75 KommG). Es unterstützt zudem
den Bürgermeister bei der Erledigung von übertragenen staatlichen Aufgaben (§§ 35 Abs. 1, 38 KommG). Auch den Ausschüssen hat das Amt bei
der Durchführung ihrer Aufgaben zur Seite zu stehen (§ 29 Satz 1
KommG). Zur Unterstützung der Gemeindeteilselbstverwaltungen kann die
Vertretungskörperschaft Außenstellen des Amtes einrichten (§ 29 Satz 2
KommG). Im Hinblick auf die Komitatsselbstverwaltungsämter fehlt der
Hinweis auf die Erledigung von übertragenen Staatsaufgaben, aber hier hilft

---

[680] Dies entspricht der gängigen Praxis in Westeuropa. Es gibt aber in Deutschland auch Beispiele einer mehreren Hoheitsträgern unterstehenden und in zwei
Bereiche getrennten Behörde, wenn auch auf einer etwas anderen Ebene. Die Ober-
finanzdirektionen, die sowohl Bundes- als auch Landesbehörden sind, werden in unterschiedliche Abteilungen untergliedert, die entweder Bundes- oder Landesangele-
genheiten wahrnehmen.

die Generalverweisung des § 76 KommG auf die Vorschriften über die Kommunen, die auch auf die Komitate entsprechend anwendbar sind.

Die Beschäftigten des Amtes dürfen nicht zu Mitgliedern von Ausschüssen der Vertretungskörperschaft gewählt werden (§ 24 Abs. 1 Satz 2 KommG). Damit soll verhindert werden, daß in den Gremien, die im Auftrag der Vertretungskörperschaft die Verwaltungsführung kontrollieren sollen, die Kontrollierten sich selbst überwachen.

Der Notär

Die Stellung des Notärs erfährt eine eigene Regelung im Kommunalgesetz. Er wird auf der Grundlage einer Ausschreibung von der Vertretungskörperschaft auf unbestimmte Zeit ernannt (§§ 36 Abs. 1, 75 Abs. 2 Satz 1 KommG). Die fachlichen Voraussetzungen legt die Regierung durch Verordnung fest [§ 95 c) KommG]. Dies hat sie zunächst durch die Regierungsverordnung 66/1990. (X.9.) Korm.[681] getan, worin sie neben der ungarischen Staatsangehörigkeit und der Freiheit von Vorstrafen eine Ausbildung in Verwaltungs- oder Rechtswissenschaft sowie zwei Jahre Verwaltungspraxis vorschrieb; von letzterer Voraussetzung konnte die Vertretungskörperschaft in begründeten Fällen abweichen, was die Personalhoheit der Kommunen stärkte. 1992 wurde das Beamtengesetz[682] erlassen, welches das Dienstrecht für staatliche und kommunale Amtsträger einheitlich regelt. Die Anforderungen, die § 8 BeamtG an die Notäre stellt, haben sich gegenüber der Regierungsverordnung inhaltlich nicht geändert. Für den Obernotär galten in der Regierungsverordnung 66/1990. Korm. strengere Voraussetzungen, die das Beamtengesetz teilweise übernommen hat: Ein rechtswissenschaftliches Studium ist Pflicht, d.h. ein Verwaltungsstudium reicht nicht aus, und die Mindestdauer der Praxis beträgt fünf Jahre. Die Mindestdauer wurde durch § 8 Abs. 3 Buchst. b) BeamtG auf zwei Jahre abgesenkt. Die Möglichkeiten, von den vorgeschriebenen Mindestvoraussetzungen abzuweichen, sind in § 8 Abs. 2 BeamtG schwächer ausgeprägt als in der Regierungsverordnung 66/1990. Korm., was den Spielraum der Gemeinden und Städte einengt.

Der Notär leitet das Bürgermeisteramt und nimmt die Weisungen des Bürgermeisters an das Amt entgegen. Neben der allgemeinen vorbereitenden und organisatorischen Arbeit kann der Notär auch in den Sachen ent-

---

[681] Regierungsverordnung 66/1990. (X.9.) Korm. über die Übergangsregeln im Zusammenhang mit der Beschäftigung von Notären, M. K. 1990/2098, geändert durch Regierungsverordnung 100/1990. (XII.3.) Korm., M. K. 1990/2356.

[682] Gesetz 1992:XXIII über die öffentlichen Amtsträger, M. K. 1992/1645 ff. Näher zum öffentlichen Dienstrecht *Lőrincz,* Lajos in Harmathy, S. 46 ff.

scheiden, die ihm vom Bürgermeister übertragen oder ihm durch Rechtsnorm zugewiesen werden[683]. Entsprechendes gilt für den Obernotär im Verhältnis zur Generalversammlung des Komitats.

Eine wichtige Funktion des Notärs ist die interne Rechtsaufsicht[684].
Wenn er in den Handlungen der Vertretungskörperschaft, des Bürgermeisters oder eines Vizebürgermeisters eine Rechtswidrigkeit wahrnimmt, so
ist er verpflichtet, dies der jeweiligen Stelle mitzuteilen (§ 36 Abs. 3
KommG). Darüber hinaus nimmt er beratend an den Sitzungen der Vertretungskörperschaft teil [§ 36 Abs. 2 Buchst. e) KommG]. Da in den zahlreichen Klein- und Kleinstgemeinden der Notär häufig der einzige juristisch
qualifizierte Beamte ist, sind diese Aufgaben in der Praxis äußerst wichtig.
Die interne Kontrolle durch ein Organ der Selbstverwaltung verhindert, daß
es zu Rechtsverletzungen kommt, die die Kommunalaufsicht auf den Plan
rufen würde. Außerdem steht sie im Interesse der Bürger, denen an einer
rechtmäßig agierenden örtlichen Verwaltung ebenfalls sehr gelegen ist.

Der Kreisnotär

Mehrere benachbarte Gemeinden auf dem Gebiet eines Komitats können
sich einen Notär teilen. Dieser gemeinsame Notär wird als Kreisnotär bezeichnet. Im Falle von Gemeinden mit weniger als jeweils 1.000 Einwohnern soll der Kreisnotär der Regelfall sein; Gemeinden mit einer Einwohnerzahl zwischen 1.000 und 2.000 können sich an einem Kreisnotär beteiligen. Der Sitz des Kreisnotärs kann in einer noch größeren Gemeinde
liegen. Die Kosten des Kreisnotärs tragen die einzelnen Selbstverwaltungen
anteilig je nach Einwohnerzahl (§ 39 KommG). Der Sinn dieser Regelung,
von der in einem gewissen Umfang Gebrauch gemacht wird[685], ist in den
für eine kleine Gemeinde hohen Kosten zu suchen, die die Beschäftigung
eines Notärs verursacht. Da die Personalkosten eines Notärs die Möglichkeiten vieler kleiner Kommunen übersteigen und für eine volle Notärstelle
vielleicht auch gar nicht genug Arbeit vorhanden ist, andererseits aber die
Beschäftigung eines Notärs für jede örtliche Selbstverwaltung verpflichtend
und in einem gewissen Umfang auch sinnvoll ist, ist die Möglichkeit, eine
Kreisnotärstelle zu schaffen, ein Kompromiß zwischen den begrenzten Mitteln und den Bedürfnissen der Verwaltungspraxis.

Über die Berufung eines Kreisnotärs wird eine Vereinbarung zwischen
den Vertretungskörperschaften der betroffenen Selbstverwaltungen geschlos-

---

[683] Näher hierzu *Dubecz,* MK 1999/137 ff.

[684] Näher dazu in bezug auf die Normsetzung der Selbstverwaltung *Rátai,* MK
1999/657.

[685] Zur Praxis in bezug auf Kreisnotäre s. *Oláh,* Miklós in Agg/Pálné Kovács,
S. 165 ff.

sen. Den notwendigen Beschluß fassen die Vertretungskörperschaften mit einfacher Mehrheit. Für die Ernennung und die Ausübung der der Vertretungskörperschaft zustehenden Arbeitgeberbefugnisse gegenüber dem Notär treten die Vertretungskörperschaften zu einer gemeinsamen Sitzung zusammen. Die dem Bürgermeister obliegende Kontrolle des Notärs wird von den betroffenen Bürgermeistern gemeinsam ausgeübt (§ 40 KommG).

Für den Fall, daß der Sitz des Kreisnotärs eine Stadt ist, versieht der Notär dieser Stadt die Aufgaben des Kreisnotärs (§ 36 Abs. 5 KommG). Diese Vorschrift regelt den Fall, daß nicht mehrere gleich kleine Kommunen sich einen Notär teilen, sondern daß die kleinen Umlandgemeinden mit dem zentraleren und leistungskräftigeren Ort gemeinsam einen Notär unterhalten. In diesem Fall wird kein Kreisnotär beschäftigt, sondern der – ohnehin vorhandene – städtische Notär übt seine Funktionen auch für diejenigen Umlandgemeinden aus, die dies wünschen.

Dienstrechtliche Besonderheiten

Grundsätzlich unterliegen die Beschäftigen des Amtes denselben Rechtsregeln wie andere öffentliche Bedienstete auch. Das bereits erwähnte Beamtengesetz von 1992[686] regelt das Dienstverhältnis umfassend für den kommunalen ebenso wie den staatlichen öffentlichen Dienst. Darüber hinaus ist die Regierung gemäß § 95 Buchst. c) KommG berechtigt, durch Verordnung die Ausbildungsanforderungen an den örtlichen öffentlichen Dienst zu regeln[687]. Bei den Selbstverwaltungen ergeben sich Besonderheiten im Hinblick auf das Ernennungsrecht und die Arbeitgeberbefugnisse, die durch den Bürgermeister ausgeübt werden [§ 35 Abs. 2 Buchst. e) KommG]. Falls es einen Kreisnotär gibt, ernennt dieser die Mitarbeiter des Amtes und übt ihnen gegenüber die Arbeitgeberrechte aus (§ 36 Abs. 4 KommG), da zusammen mit dem gemeinsamen Kreisnotär auch ein gemeinsames Amt unterhalten wird. Dieses mehreren Gemeinden gemeinsame Amt würde mehreren Bürgermeistern unterstehen, was unpraktisch wäre. Aus diesem Grund hat man für derartige Ämter den – allen beteiligten Gemeindevertre-

---

[686] s. o. Fn. 682.

[687] Von dieser Ermächtigung machte die Regierung durch die Verordnung 9/1995. (II.3.) Korm. über die Vorschriften für die Ausbildung der öffentlichen Beamten, M. K. 1995/295 ff., geändert durch Regierungsverordnung 187/1999. (XII.16.) Korm., M. K. 1999/7582 ff., Gebrauch, die die Materie sowohl für die staatlichen als auch für die kommunalen Beschäftigten regelt. Bis dahin waren für die Regelung der Ausbildung der kommunalen Beschäftigten der Regierungsbeschluß 1025/1971. (VI.22.) Korm. hat. über die Ausbildung der Beschäftigten der Räte, M. K. 1971/575 f., sowie die genauso benannte Verfügung des Räteamtes des Ministerrates 1/1982. (V.6.) MT TH, M. K. 1982/431 ff., einschlägig.

tungen gleichermaßen unterstehenden – Kreisnotär als Leiter und Arbeitgeber bestimmt.

(4) Vergleich mit Deutschland

Das ungarische Modell geht von zwei Hauptorganen der Selbstverwaltung aus: der Abgeordnetenkörperschaft und dem Bürgermeister. Der Bürgermeister führt gleichzeitig den Vorsitz in der Abgeordnetenkörperschaft und leitet die Verwaltung, die jedoch in dem Notär eine gegenüber dem Bürgermeister in gewisser Weise verselbständigte hauptamtliche Spitze hat. Der Notär sollte jedoch nicht mit einem Stadtdirektor in der norddeutschen Ratsverfassung verwechselt werden.

In den Kleingemeinden, wo der Bürgermeister unmittelbar gewählt wird, ist die ungarische Kommunalverfassung der süddeutschen Ratsverfassung recht ähnlich, während das Modell der größeren Gemeinden mit der Wahl des Bürgermeisters durch die Abgeordnetenkörperschaft eher an die rheinische Bürgermeisterverfassung erinnert. Seine Besonderheiten erhält das ungarische Kommunalrecht mithin nicht so sehr durch die Ausgestaltung der Kommunalverfassung, sondern durch die Existenz einer regionalen Ebene originärer Selbstverwaltung, den Komitaten.

Die innere Verfassung der Komitate hat kein Pendant in den deutschen Modellen der Kommunalverfassung. Sie kennt nur das Repräsentativorgan und dessen Vorsitzenden, der einige wenige eigene Kompetenzen hat. Eine derart „bürgermeisterlose“, nur nur auf dem Rat basierende Form der Kommunalverfassung kennt das deutsche Recht nicht. Ebensowenig kennt es oberhalb der Kommunen eine originäre, nicht von der kommunalen Selbstverwaltung abgeleitete Ebene der Selbstverwaltung; lediglich Bayern besitzt in Form der Bezirke eine originäre überörtliche Selbstverwaltungsebene (Art. 9, 10 Verf. Bay).

bb) Selbstverwaltung und Staat

Sowohl die Selbstverwaltungen als auch der Staat sind Institutionalisierungen des souveränen Volkes. Da sie sich auf dasselbe Territorium und dieselben darauf befindlichen Menschen beziehen, kann die Abgrenzung ihrer Zuständigkeiten nicht räumlich oder personell, sondern nur sachlich erfolgen. Die Grundnorm findet sich in § 42 Verf. und weist den Selbstverwaltungen die örtlichen öffentlichen Angelegenheiten zu. Dieser Grundsatz wird in § 1 Abs. 1 KommG wiederholt. Diese recht vage verfassungsrechtliche Abgrenzung erfährt im Kommunalgesetz eine gewisse Präzisierung.

(1) Der Umfang der örtlichen Selbstverwaltung

Aufgabentypen

Gemäß § 1 Abs. 2 KommG stehen die örtlichen öffentlichen Angelegenheiten mit der Versorgung der Bevölkerung mit öffentlichen Dienstleistungen, mit der örtlichen Ausübung der öffentlichen Gewalt in Gestalt der Selbstverwaltung sowie der örtlichen Schaffung der organisatorischen, personellen und materiellen Voraussetzungen für all das in Zusammenhang. Diese Vorschrift definiert die örtlichen öffentlichen Angelegenheiten im Sinne der Grundversorgung mit öffentlichen Leistungen solcher Art, die auf örtlicher Ebene erbracht werden. Damit ist allerdings nicht nur die Leistungsverwaltung gemeint, sondern öffentliche Leistungen können auch durchaus durch die Eingriffsverwaltung erbracht werden: So geschieht der Schutz des öffentlichen Gutes „Sicherheit und Ordnung" schwerpunktmäßig durch die eingreifende Verwaltung, wobei dieser Schutz durchaus als Leistung der Gemeinde an ihre Einwohner zu verstehen ist[688]. Zudem stehen der Selbstverwaltung gemäß § 1 Abs. 6 KommG die Organisationshoheit, die Finanzhoheit über den eigenen Haushalt und die Freiheit der Zusammenarbeit mit anderen Selbstverwaltungen zu. Zu der Organisationshoheit gehört auch die Befugnis, die Symbole, Auszeichnungen und Anerkennungen der Selbstverwaltung zu bestimmen [§ 1 Abs. 6 Buchst. a) KommG]. Man kann diesen Bereich wegen seines Zusammenhangs mit der „eigenständigen demokratischen Erledigung der örtlichen öffentlichen Angelegenheiten" (§ 42 Satz 2 Verf.) als originären Aufgabenbereich der Selbstverwaltungen bezeichnen.

Über diesen originären Selbstverwaltungsbereich der örtlichen öffentlichen Angelegenheiten hinaus erlaubt § 1 Abs. 4 KommG der Selbstverwaltung die Befassung mit allen anderen öffentlichen Angelegenheiten auf örtlicher Ebene, die nicht ausdrücklich durch Rechtsnorm in die Zuständigkeit anderer Organe verwiesen sind. In diesen freiwillig übernommenen Bereichen kann die Selbstverwaltung alles tun, was keine Rechtsnormen verletzt. Allerdings dürfen diese freiwilligen Kommunalaufgaben nicht die Verwirk-

---

[688] So auch die recht ausführliche Legaldefinition des eigenen Wirkungskreises in Art. 83 Abs. 1 Verf. Bay, der unter anderem die örtliche Polizei als typische Behörde der Eingriffsverwaltung aufzählt.

Auch nach ungarischer Auffassung kann die Erfüllung bestimmter Bedürfnisse durch die Selbstverwaltung ihrerseits legitimerweise in grundrechtlich geschützte Bereiche der Bürger eingreifen, wie das Verfassungsgericht in seiner Entscheidung 41/2000. (XI.8.) AB, M. K. 2000/6818 ff., klarstellte: Die kommunale Aufgabe, die Nutzung des öffentlichen Raums zu regeln und dort für die öffentliche Ordnung zu sorgen, kann eine Einschränkung der Eigentumsrechte der Eigentümer der Grundstücke, die den öffentlichen Raum ausmachen, bewirken.

lichung der durch Rechtsnorm verbindlich gemachten Kommunalaufgaben gefährden, d. h. bei der Zuteilung der Ressourcen genießen die Pflichtaufgaben Vorrang. Freiwillige Aufgaben können nur übernommen werden, wenn nach Erfüllung der Pflichtaufgaben noch Mittel vorhanden sind[689].

Was Pflichtaufgaben sind, regelt abstrakt § 1 Abs. 5 KommG: Es sind solche Aufgaben, die durch Gesetz[690] den Selbstverwaltungen zur Pflicht gemacht worden sind. Das kann auch die Normsetzung betreffen: Wenn die Verfassung (etwa durch die Grundrechte) oder ein Gesetz die Selbstverwaltungen zur Regelung eines Sachverhalts durch Satzung verpflichten, müssen sie dieser Pflicht nachkommen, und wenn sie dies versäumen, können der Verfassungs- bzw. Gesetzesverstoß durch Unterlassen vom Verfassungsgericht festgestellt und die Selbstverwaltung zur Satzungsgebung unter Fristbestimmung verpflichtet werden[691]. § 93 Abs. 1 Buchst. a) KommG stellt noch einmal klar, daß nur das Gesetz den ausschließlichen Aufgabenkreis und Pflichtaufgaben festlegen kann. Die Bindung der Auferlegung von Pflichtaufgaben an die Gesetzesform entspricht § 43 Abs. 2 Satz 1 Verf. und hat insofern Garantiecharakter, als daß es nicht durch Rechtsetzung der Exekutive möglich ist, den Gemeinden, Städten und Komitaten Pflichten aufzubürden; diese Garantie sowie die allgemeine Garantie der kommunalen Autonomie gehen aber nicht so weit, die Gemeinden, Städte und Komitate vor der gesetzlichen Verpflichtung zur Regelung einzelner Fragen durch Satzung zu schützen[692]. Garantiecharakter trägt auch § 1 Abs. 5 Satz 2 KommG, der die Schaffung neuer Pflichtaufgaben an die Regelung der Kostenfrage durch Deckung aus dem Staatshaushalt bindet. Bei der Übertragung von Pflichtaufgaben kann der Gesetzgeber nach Größe und Leistungsfähigkeit der Selbstverwaltungen unterscheiden und so verschiedenen Einheiten verschiede Aufgaben zur Pflicht machen [§ 6 Abs. 1 Buchst. b) KommG]. Die Differenzierung zwischen Selbstverwaltungen bei deren Pflichten wird von § 43 Abs. 1 Satz 2 Verf. ausdrücklich gestattet.

---

[689] *Mezei*, István in MTA/MKI, S. 212 ff.

[690] Untergesetzliche Normen reichen nicht. Eine Ministerratsverordnung beispielsweise kann den Gemeinden nicht den Unterhalt von Ausnüchterungsstationen zur Pflichtaufgabe machen: Verfassungsgerichtsurteil 15/2001. (V.25.) AB, M. K. 2001/3839 ff.

[691] Als eine der ersten kann Verfassungsgerichtsentscheidung 56/1991. (XI.8.) AB, M. K. 1991/2449 ff., ABH 1991/392 ff. (Verfassungswidrigkeit durch Nichterlaß einer Organisations- und Betriebssatzung und einer Satzung über die örtlichen Volksabstimmungen), genannt werden; aus jüngerer Zeit stammt 11/2000. (III.31.) AB, M. K. 2000/1500 ff. (Gesetzeswidrigkeit durch Nichterlaß einer Satzung über die Einzelheiten des gesetzlich vorgesehenen Wohngeldes), unter Berufung auf frühere, nicht im Gesetzblatt veröffentlichte Entscheidungen.

[692] So das Verfassungsgericht in seiner Entscheidung 11/2000., s. o. Fn. 691.

Aus dem Vorhergehenden kristallisieren sich demnach zwei Aufgabentypen heraus: Pflichtaufgaben und freiwillige Aufgaben. Die Abgrenzung nimmt das Kommunalgesetz nur prototypisch vor; ihre Konkretisierung erfolgt durch die Fachgesetze, die einen bestimmten Lebensbereich regeln. Lediglich bei den originär örtlichen Aufgaben im Sinne des § 1 Abs. 2 KommG enthält das Kommunalgesetz eine etwas genauere Bestimmung: Sie sind durch das Gesetz jedenfalls in einem gewissen Maße zwingend vorgeschrieben und insoweit Pflichtaufgaben. § 8 KommG nennt eine ganze Reihe von – zumindest teilweise örtlichen – Aufgaben der Selbstverwaltung der kommunalen Ebene, die vor allem mit der Grundversorgung der Bevölkerung im Zusammenhang stehen: die Flächennutzung, der Schutz der bebauten und der natürlichen Umwelt, die Wohnungswirtschaft, die Wasserver- und -entsorgung, die Friedhöfe, die örtlichen Straßen und Plätze und der Personennahverkehr, die öffentliche Sauberkeit und Ordnung, die Mitarbeit bei der örtlichen Energieversorgung und der Beschäftigung, die Kindergärten, Grundschulen und medizinisch-soziale Basisversorgung, die Förderung von Kultur, Bildung und Sport, die Verwirklichung der Rechte der nationalen und ethnischen Minderheiten und die örtlichen Voraussetzungen einer gesunden Lebensweise (§ 8 Abs. 1 KommG). Zwar können die Selbstverwaltungen grundsätzlich frei entscheiden, welche dieser Aufgaben sie in welchem Umfang wahrnehmen (§ 8 Abs. 2 KommG), aber die Ausnahmebestimmung des § 8 Abs. 3 KommG, wonach durch Gesetz die Erfüllung von Aufgaben auch in diesem von § 8 Abs. 1 KommG umschriebenen Bereich zur Pflicht gemacht werden können, ist mittlerweile eher der Regel- als der Ausnahmefall[693]. Das Kommunalgesetz enthält selbst in § 8 Abs. 4 die Liste der Aufgaben aus der Aufzählung des § 8 Abs. 1 KommG, die Pflichtaufgaben darstellen: die Versorgung mit gesundem Trinkwasser[694], der Unterhalt der Beleuchtung, örtlichen Straßen und Friedhöfe, die

---

[693] Als Beispiel seien nur §§ 21 ff. Gesetz 2000:XLIII über die Abfallwirtschaft, M. K. 2000/3126 ff., genannt, die – in Fortführung des früheren Rechtszustandes – die Entsorgung des Hausmülls einschließlich der Verabschiedung einer Abfallsatzung zu einer Pflichtaufgabe der örtlichen Selbstverwaltung machen; die Entsorgungstätigkeit selbst kann die Gemeinde allerdings auch durch Private durchführen lassen und braucht keine eigene Müllabfuhr zu unterhalten.

[694] In bezug auf die Versorgung mit gesundem Trinkwasser enthält § 112 KommG eine Übergangsfrist: Die Sicherstellung dieser Versorgung braucht erst mit Ablauf der Wahlperiode der 1990 gewählten Vertretungskörperschaften in allen Gemeinden gewährleistet zu sein. Diese Frist wurde im Hinblick auf das Fehlen einer entsprechenden Infrastruktur in vielen ländlichen Gebieten eingeräumt, und in der Praxis ist vor allem in den besonders unterentwickelten und wirtschaftlich schwachen Gebieten des Nordostens ein Leitungsnetz zur Versorgung mit gesundem Trinkwasser nach wie vor nicht durchgängig vorhanden, so daß die gesetzliche Aufgabe nur durch den Einsatz von Tankwagen und ähnlichen mobilen Lösungen erfüllt werden kann.

Rechte der nationalen und ethnischen Minderheiten, Kindergarten- und Grundschulerziehung sowie medizinische und soziale Grundversorgung. Das absolute Minimum der letztgenannten Pflichtaufgaben wurde in § 52 Abs. 1 Satz 2 KommG in der bis 1994 geltenden Fassung[695] im Zusammenhang mit der Mindestausstattung eines Gemeindeteils, die bei der Ausübung des Rechts auf Gründung einer eigenen Selbstverwaltung vorhanden bleiben muß, aufgezählt: die unteren Klassen der Grundschule und der Unterhalt einer Arztpraxis als medizinische Grundversorgung vor Ort[696]. Auch wenn diese Vorschrift kein geltendes Recht mehr ist, so liefert sie doch einen Anhaltspunkt dafür, was als Minimum des kommunalen Dienstleistungsniveaus in Ungarn angesehen wird.

Über den Kreis der (teils pflichtigen, teils freiwillig übernommenen) örtlichen Aufgaben hinaus können den Selbstverwaltungen weitere Pflichtaufgaben ebenso wie weitere freiwillige Aufgaben obliegen; sie unterscheiden sich durch das Organ, das sie den Selbstverwaltungen auferlegt. Die Pflichtaufgaben werden durch den Gesetzgeber in den Zuständigkeitsbereich der Selbstverwaltungen verwiesen, während die freiwilligen Aufgaben von der Selbstverwaltung selbst übernommen werden. Allen diesen Aufgaben ist gemäß § 6 Abs. 2 KommG gemeinsam, daß sie sich auf die örtlichen öffentlichen Angelegenheiten im weiteren Sinne beziehen. Durch Gesetz können einzelne örtliche öffentliche Angelegenheiten (im Sinne von §§ 1 Abs. 2, 8 KommG) ausnahmsweise auch anderen Organen übertragen werden (§ 6 Abs. 2 Satz 2 KommG); unabhängig von der Art der Aufgabe

---

[695] Diese Fassung wurde vom Verfassungsgericht in seiner Entscheidung 17/1991. (IV.23.) AB, M. K. 1991/866 f., ABH 1991/61 ff., für verfassungskonform erklärt. Die Neufassung des Satz 2 aus 1994, die auf die finanziellen Verhältnisse sowohl der neuen als auch der verbleibenden Ortschaft abstellt, wurde hingegen wegen ihrer inhaltlichen Unbestimmtheit als Verstoß gegen die im Rechtsstaatsgebot (§ 2 Abs. 1 Verf.) enthaltene Rechtssicherheit vom Verfassungsgericht in der Entscheidung 15/1998 (V.8.) AB, M. K. 1998/3011 ff., ABH 1998/132 ff., aufgehoben.

[696] Nach den Reformen im Gesundheitswesen und der Wiedereinführung der Niederlassungsfreiheit von Ärzten braucht die Selbstverwaltung nicht mehr selbst eine Praxis mit einem angestellten Arzt zu unterhalten, kann dies aber tun. Als Alternative steht ihr die Möglichkeit zur Verfügung, mit einem niedergelassenen Arzt einen Vertrag über die Wahrnehmung der der Selbstverwaltung als Pflichtaufgabe obliegenden medizinischen Grundversorgung zu schließen. Der Umfang der medizinischen Versorgung, der von diesen angestellten oder Vertragsärzten erbracht werden muß, wird wiederum durch den Staat geregelt, und zwar durch die auf dem Gesundheitsgesetz beruhende Verordnung des Ministers für Volkswohlfahrt 6/1992. (III.31.) NM über den Hausarzt- und Kinderhausarztdienst, M. K. 1992/1173 ff. Kritisch zur kommunalen Pflichtaufgabe der medizinischen Grundversorgung *Fürcht*, MK 1998/151, der eine Verortung bei den Institutionen des Gesundheitswesens für zweckmäßiger hält.

sind also die örtlichen Selbstverwaltungen grundsätzlich für die örtlichen Angelegenheiten zuständig.

Verfassungsrechtlich begründen läßt sich der Eingriff in das Selbstverwaltungsrecht, den sowohl die Verpflichtung zur Aufgabenerledigung als auch der Entzug originär örtlicher Aufgaben darstellen, mit dem Schutz der Grundrechte der auf dem Gebiet der Selbstverwaltung lebenden Bürger. Die ungarische Verfassung enthält zahlreiche soziale Grundrechte, die auch im Sinne einer aktiven Verpflichtung des Staates zum Tätigwerden und zum Gewährleisten verstanden werden, sowie in § 8 Abs. 1 eine allgemeine Pflicht des Staates, die Verwirklichung sämtlicher – nicht nur der sozialen – Grundrechte zu fördern[697]. Wenn die Maßnahmen zur Förderung der Verwirklichung eines Grundrechts ihrer örtlichen Natur wegen in den originären Handlungsbereich der Selbstverwaltung fallen, so ist es ein wesentlich schwächerer Eingriff, wenn der Staat die Erledigung der Aufgabe verbindlich macht, der Selbstverwaltung also nur die Entscheidung über das „ob" entzieht, als wenn er die Aufgabe an sich zieht und so den Tätigkeitsbereich der Selbstverwaltungen auf Dauer einschränkt. Durch diese dem Verhältnismäßigkeitsprinzip am besten entsprechende Lösung wird sowohl das Recht auf Selbstverwaltung als auch die staatliche Garanten- und Förderpflicht im Hinblick auf die Grundrechte verwirklicht.

Eine gewisse Einmischung des Staates in die Selbstverwaltungsangelegenheiten ergibt sich auch aus der staatlichen Förderung kommunaler Aufgaben. Ein Paradebeispiel hierfür ist die Versorgung mit gesundem Trinkwasser und die Abwasserentsorgung, die seit 1991 zu den Pflichtaufgaben der gemeindlichen und städtischen Selbstverwaltungen gehören[698]. Zum Zeitpunkt des Ende des Kommunismus bestand in einer nicht unbeträchtlichen Anzahl von Gemeinden oder Gemeindeteilen noch kein ausreichendes Netz zur Versorgung mit Trinkwasser und zur Entsorgung des Abwassers. Diese Mißstände waren in peripheren, wenig entwickelten Regionen am

---

[697] Zuletzt ausführlich behandelt im sog. zweiten Abtreibungsurteil, 48/1998. (XI.23.) AB, M. K. 1998/6654 ff., ABH 1998/333 ff. Zu den sozialen Grundrechten und der staatlichen Förderpflicht s. *Brunner* in Brunner/Sólyom, S. 52 ff.; *Sólyom,* ebd., S. 86 f.; *Brunner,* Georg in Klein, S. 73 ff., insbes. S. 86 ff.; *Küpper,* OER 1999/164 f.

[698] Bis 31.12.1995: § 41 Abs. 5 Gesetz 1964:IV über das Wasserwesen in der Fassung des § 86 Gesetz 1991:XX über die Aufgaben- und Zuständigkeitsbereiche der örtlichen Selbstverwaltungen und deren Organe, des Republiksbeauftragten sowie einzelner der Zentrale untergeordneter Organe, M. K. 1991/1263 ff. Ab 1.1.1996: § 4 Abs. 1 Buchst. e) Gesetz 1995:LVII über die Wasserwirtschaft, M. K. 1995/2833 ff. Bestimmte technische Standards und gewisse Einzelheiten der Ausgestaltung des Rechtsverhältnisses zwischen dem öffentlichen Versorgungsunternehmen und dem Abnehmer schreibt die Regierungsverordnung 38/1995. (IV.5.) Korm. über die Trinkwasserversorgung und die Abwasserentsorgung durch öffentliche Unternehmen, M. K. 1995/1329 ff., vor.

größten, und hier waren die Selbstverwaltungen wegen der wirtschaftlichen Lage am wenigsten in der Lage, die Investitionen für ein derartiges Netz in absehbarer Zeit aus eigener Kraft aufzubringen. Andererseits bedeutet die Versorgung mit gesundem Trinkwasser durch ein Leitungsnetz statt wie bisher durch Brunnen oder Tankwagen eine derartige Steigerung der Lebensqualität der betroffenen Bevölkerung, daß sie zumindest in die Nähe des grundrechtsrelevanten Bereichs – etwa im Hinblick auf das Recht auf ein möglichst hohes Niveau körperlicher und geistiger Gesundheit in § 70/D Abs. 1 Verf. – kommt. Bereits unter dem Kommunismus hatte der Staat den örtlichen Behörden Unterstützung bei den Investitionen für ein Kanalleitungsnetz gewährt, und dies hörte auch nach 1990 nicht auf. Die Regierung legte mehrere aus dem zentralen Staatshaushalt finanzierte Programme auf[699], aus denen die Selbstverwaltungen Zuschüsse beantragen konnten, wenn sie bestimmte Voraussetzungen erfüllten. Zudem wurde ein beträchtlicher Teil der staatlichen Gelder, mit denen kommunale Investitionen unterstützt werden, im Rahmen des unten noch darzustellenden allgemeinen Finanzierungssystems der Selbstverwaltungen für Einrichtungen der Trink- und Abwasserwirtschaft vorgesehen. Wie bereits erwähnt, war der Bedarf dort am größten, wo die Mittel am geringsten waren, und ohne staatliche Unterstützung hätten viele Gemeinden keine Trinkwasserversorgung auf Leitungsbasis schaffen können. Es ist andererseits offensichtlich, daß staatliche Entscheidungen über Zuschüsse an einzelne Projekte, Selbstverwaltungen oder Regionen die von der Konzeption her autonomen Entscheidungen der Selbstverwaltungen erheblich beeinflussen[700].

Neben der Beeinflussung durch zentrale Finanzzuweisungen stellt die staatliche Regulierung der Art der Aufgabenerfüllung die größte Gefahr für die Selbständigkeit der Selbstverwaltungen dar. In vielen Bereichen, auch in solchen, die zu den originären Selbstverwaltungsaufgaben gehören, geben staatliche Regelungen die Art der Aufgabenerfüllung und gewisse technische Standards vor. Als Beispiel mag hier die Ministerialverordnung über die öffentliche Beleuchtung[701] genannt werden, die recht detailliert vor-

---

[699] Als Beispiel sei nur Parlamentsbeschluß 36/1993. (V.28.) OGY über das Regierungsprogramm zur Förderung der Versorgung der Siedlungen mit gesundem Trinkwasser in den Jahren 1993-1994, M. K. 1993/3761 ff., genannt.

[700] Die wichtigsten staatlichen Finanzierungsinstrumente sind: Ministerratsverordnung 48/1989. (VI.5.) MT über die Unterstützung der Trinkwasser- und Kanalisationsleistungen für die Bevölkerung, M. K. 1989/611; Parlamentsbeschluß 42/1992. (VI.29.) OGY über das Förderprogramm für die Versorgung mit gesundem Trinkwasser, M. K. 1992/2346 f.; Parlamentsbeschluß 36/1993. (V.28.) OGY (s.o. Fn. 699); Regierungsverordnung 54/1995. (V.10.) Korm. über die Ordnung der Inanspruchnahme der Unterstützungen des zentralen Staatshaushaltes für das Abwassersäuberungsprogramm der Hauptstadt und der Städte mit Komitatsrecht, M. K. 1995/1712 ff.

schreibt, an welcher Art Straße die Beleuchtung welchen technischen Standards genügen muß. Der örtlichen Selbstverwaltung bleibt angesichts einer solchen Regelungsdichte nur noch die Entscheidung, welchen ästhetischen Eindruck die Lampen selbst vermitteln sollen und wie die Beleuchtung finanziert wird. Ein weiteres Beispiel ist eine Verordnung des Innenministers, die aufgrund einer Ermächtigung im Archivgesetz erlassen wurde und die Aktenbehandlung in den Selbstverwaltungen sehr genau regelt[702]. Auf das Problem der Aushöhlung originärer Regelungsmöglichkeiten der Selbstverwaltungen durch entsprechende staatliche Normsetzung wird unten unter Punkt (2) noch näher eingegangen.

Staatsaufgaben und Selbstverwaltung

Die vorhergehenden Darstellungen haben gezeigt, daß die Selbstverwaltung grundsätzlich für die örtlichen Aufgaben zuständig ist; nur ausnahmsweise können örtliche Aufgaben anderen, d.h. staatlichen Aufgabenträgern zugewiesen werden. Des weiteren gilt gemäß § 44/B Abs. 2–3 Verf., § 7 KommG der Grundsatz, daß die Selbstverwaltungen nur ausnahmsweise mit der Wahrnehmung staatlicher Aufgaben betraut werden sollen. Der Hintergrund dieser strikten Scheidung wurde bereits unter Punkt 3. a) aa) (2) dargestellt, so daß an dieser Stelle auf das oben Gesagte verwiesen werden kann.

Über diesen Grundsatz hinaus trifft die Verfassung keine Abgrenzung zwischen staatlichen und Selbstverwaltungsaufgaben, und auch das Kommunalgesetz tut dies nur für einige Randbereiche. So wirkt der Bürgermeister gemäß § 7 Abs. 2 KommG am Zivilschutz und an der Katastrophenabwehr – beides staatliche Aufgaben – mit. § 8 KommG zählt, wie bereits gesehen, eine Reihe Aufgaben mit örtlichem Bezug auf, so daß in diesen Bereichen die örtlichen Aufgaben positiv definiert werden. Daraus kann aber im Gegenzug nicht zwingend geschlossen werden, daß alle anderen öffentlichen Aufgaben Staatsaufgaben sind. Zunächst bezieht sich § 8 KommG nur auf die örtliche Selbstverwaltungsebene, so daß außerhalb dieser Norm nicht nur der Bereich der staatlichen Aufgaben steht, sondern zumindest auch der Bereich der Komitatsselbstverwaltungen, der in § 69 Abs. 1 mit den gesetzlich vorgeschriebenen öffentlichen Dienstleistungen überörtlicher Natur umschrieben wird. § 6 Abs. 2 KommG geht von der

---

[701] Verordnung des Industrieministers 11/1985. (XI.30.) IpM über die öffentliche Beleuchtung, M. K. 1985/1099.

[702] Gesetz 1995:LXVI über die öffentlichen Schriftstücke, über die öffentlichen Archive und über den Schutz des privaten Archivmaterials, M. K. 1995/3018 ff.; Verordnung des Innenministers 38/1998. (IX.4.) BM über die Mustersatzung zur Aktenbehandlung der örtlichen Selbstverwaltungen, M. K. 1998/5485 ff.

Existenz freiwillig übernommener und durch Fachgesetze pflichtig gemachter öffentlicher Aufgaben von örtlicher Natur auch über den Kreis der im Kommunalgesetz genannten Aufgaben der Selbstverwaltungen aus. Letztendlich bleibt als Staatsaufgabe jede öffentliche Aufgabe übrig, die nicht örtlichen Charakter trägt, aber auch nicht überörtlicher, dem Komitat zugewiesener Natur ist.

Letztendlich läßt sich der genaue Umfang der Selbstverwaltungsaufgaben nicht durch das Kommunalrecht erschließen, sondern nur durch eine Analyse der jeweils einschlägigen Fachgesetze ersehen. Die Regelung jedes Lebensbereichs, der – auch – einen örtlichen Bezug hat, berücksichtigt die örtliche Autonomie auf die eine oder andere Weise. Eine klare dogmatische Abgrenzung zwischen Staatsaufgaben einerseits und Selbstverwaltungsaufgaben andererseits liegt dieser Gesetzgebung in der Regel nicht zugrunde. Exemplarisch sollen hier zwei Bereiche untersucht werden, an denen die Abgrenzung und gleichzeitig Verschränkung der staatlichen und der Selbstverwaltungsaufgaben der unterschiedlichen Ebenen dargestellt werden kann: die Raumplanung und das Unterrichtswesen.

Exkurs I: Die Raumplanung

Die Planungshoheit, d.h. die Bestimmung der Nutzung des Raums, gehört traditionell zu den Befugnissen der örtlichen Selbstverwaltung[703]. Erscheinungsbild, Wirtschaftsprofil und Lebensqualität vor Ort hängen entscheidend von der Nutzung des Bodens ab. Gleichzeitig ist das Gebiet der örtlichen Selbstverwaltung auch das Gebiet der regionalen Selbstverwaltung und des Staates. Auch diese Ebenen erheben Anspruch auf bestimmte Planungskompetenzen, z.T. um eigene Aufgaben besser durchsetzen zu können, z.T. um die Harmonisierung der einzelnen örtlichen Planungen vornehmen und die Gesamtfläche mit einer einigermaßen einheitlichen Planung versehen zu können. Insbesondere überörtliche Netzwerke und Versorgungseinrichtungen benötigen überörtliche Planung[704].

In der Verfassung findet sich kein Hinweis auf die kommunale Planungshoheit; insbesondere wird sie nicht unter den Grundrechten der Vertretungskörperschaft in § 44/A Abs. 1 Verf. erwähnt[705]. Das Kommunalgesetz be-

---

[703] Für Deutschland BVerfGE 56/298, S. 310 ff., 76/107, S. 118; BVerwGE 81/95, S. 106 f., 81/111, S. 115 ff., BVerwG NVwZ 1993/884, S. 885, 1997/169, S. 170. *Schmidt-Aßmann* in Schmidt-Aßmann, Bes. VwR, S. 22 f.; *Stern,* Staatsrecht, Bd. I, S. 414.

[704] Eine kritische Würdigung des Zusammenspiels von Selbstverwaltungsebenen und Staatsverwaltung findet sich bei *Pálné Kovács,* Ilona in MTA/MKI, S.38 ff.

[705] Man kann sie allerdings unter die in § 44/A Abs. 1 Buchst. a) Verf. gewährte Befugnis, die örtlichen öffentlichen Angelegenheiten selbständig zu regeln und zu

stimmt in § 8 Abs. 1, daß unter anderem die Siedlungsentwicklung und die örtliche Flächennutzung sowie der Schutz der natürlichen und bebauten Umwelt und die Wohnraumwirtschaft zu den Aufgaben der gemeindlichen Selbstverwaltungen gehören. Der Innenminister wiederum ist gemäß § 96 Buchst. d) KommG dafür verantwortlich, die Regierungsaufgaben im Zusammenhang mit der örtlichen Stadtentwicklung und den den Komitatsselbstverwaltungen obliegenden Entwicklungs-, Planungs- und Wirtschaftsaufgaben miteinander in Einklang zu bringen.

Die Raumplanung wird im wesentlichen von zwei Gesetzen geregelt. Mit der landesweiten und regionalen Planung beschäftigt sich das Raumentwicklungsgesetz[706], während die Planung auf der örtlichen Ebene durch das Baugesetz[707] geregelt wird. Ziel beider Gesetze ist eine harmonische Entwicklung des Gesamtterritoriums und seiner Teile, die Verbesserung und Angleichung der Lebensverhältnisse seiner Bewohner sowie die Schaffung einer umfassenden Infrastruktur, die allen Bedürfnissen Rechnung trägt (§§ 2–3 RaumEntwG, §§ 7–8 BauG). Bei der landesweiten und regionalen Planung (nach ungarischer Terminologie: Raumentwicklung) wirken der Staat, die Selbstverwaltungen und Organisationen der zivilen Sphäre gleich- geordnet zusammen (§ 4 RaumEntwG), während dem Staat bei der örtlichen Planung (nach ungarischer Terminologie: Siedlungsordnung) lediglich eine harmonisierende Rolle zugestanden und das Schwergewicht auf die Selbstverwaltungen gelegt wird (§ 4–6 BauG). Die fachlichen Anforderungen an die Raumentwicklung, die unterschiedlichen Pläne und ihre Harmonisierung sowie an die Bauplanung enthält eine Ausführungsverordnung zum Baugesetz[708], die durch ihre bisweilen recht detaillierten Vorgaben den Ermessens- und Entscheidungsspielraum einengt. Bei den staatlichen Planungsträgern ist die Einrichtung von in fachlichen Fragen beratenden Planungsräten zwingend; den Selbstverwaltungen steht die Einberufung solcher Räte frei[709].

---

verwalten, subsumieren. Ebenso, wenn auch nicht ganz eindeutig, *Pfeil*, MK 1999/ 560 f.

[706] Gesetz 1996:XXI über die Raumentwicklung und die Raumordnung, M. K. 1996/1436 ff. Näher dazu *Szaló*, MK 1999/8 ff.

[707] Gesetz 1997:LXXVIII über die Schaffung und den Schutz der bebauten Umwelt, M. K. 1997/4918 ff.

[708] Regierungsverordnung 253/1997. (XII.20.) Korm. über die Anforderungen an die landesweite Siedlungsordnung und das Bauen, M. K. 1997/8931 ff. Erwähnenswert ist in diesem Zusammenhang noch die Verordnung des Ministers für Umweltschutz und Raumentwicklung 18/1998. (VI.25.) KTM über die inhaltlichen Anforderungen an die Raumentwicklungskonzepte, Programme und Raumordnungspläne, M. K. 1998/4544 ff.

[709] Verordnung des Ministers für Landwirtschaft und Provinzentwicklung 40/ 1999. (IV.23.) FVM über die Raumordnungs-, Siedlungsordnungs- und architektonisch-technischen Planungsräte, M. K. 1999/2513 ff.

Die zentralstaatlichen Zuständigkeiten in der Raumentwicklung verteilen sich auf mehrere Organe. Das Parlament beschließt gemäß § 6 RaumEntwG die besonders förderungswürdigen Zonen[710] und die landesweiten Pläne; für die Teile der Pläne, die auch für die Selbstverwaltungen verbindlich sein sollen, schreibt § 6 Buchst. d) RaumEntwG die Gesetzesform vor. Damit werden sie nicht nur für die Selbstverwaltungen, sondern für jedermann verbindlich. Ansonsten bedient sich das Parlament der Rechtsform des Beschlusses[711]. Zudem steuert das Parlament die Raumentwicklung gemäß § 6 Buchst. f) RaumEntwG auf finanziellem Wege, indem es in dem jeweiligen Jahreshaushaltsgesetz die zur Verfügung stehenden Mittel für die einzelnen Aufgaben und Regionen festlegt. Die Entscheidungen des Parlaments werden gemäß § 7 RaumEntwG von der Regierung sowohl vorbereitet als auch ausgeführt, so daß der Regierung die zentrale Rolle auf der Ebene des Gesamtstaates zukommt. Eine wichtige Kompetenz der Regierung ist ihre Befugnis, zu den Raumordnungsplänen der Komitate im voraus Stellung zu nehmen, um die landesweiten und die Komitatsraumordnungspläne miteinander in Einklang zu bringen [§ 7 Buchst. l) RaumEntwG][712]. Die Hauptarbeit der Regierung leistet gemäß § 9 RaumEntwG der für die Raumentwicklung zuständige Minister. Das Ministeriumsgesetz von 1990[713] siedelte die Raumentwicklung im Umweltministerium an; die 1998 gewählte Regierung *Orbán* erließ im Rahmen der Umstrukturierung der Regierungsmaschinerie ein neues Ministeriumsgesetz, in dem diese Zuständigkeit im Ministerium für Landwirtschaft und Provinzentwicklung ressortiert. Bei diesem Neuzuschnitt der Ressorts dürften machtpolitische Austarierungen innerhalb der die Regierung tragenden Koalition wichtiger gewesen sein als sachliche Gründe[714]. Daneben hat seit 1998 das Ministerpräsidialamt verstärktes Ge-

---

[710] Ein Beispiel ist der Parlamentsbeschluß 84/1993. (XI.11.) OGY über die Leitlinien der Raumentwicklungsunterstützung und die Bedingungen für die Einordnung als zu begünstigendes Gebiet, M. K. 1993/10356 ff., der angesichts der hohen Arbeitslosigkeit, des Abbaus von im Sozialismus künstlich geschaffenen Industriestandorten und der Strukturkrise der Landwirtschaft die östliche Landeshälfte als besonders förderungswürdig ausweist.

[711] Ein Beispiel ist der Parlamentsbeschluß 35/1998. (III.20.) OGY über die Landesweite Raumentwicklungskonzeption, M. K. 1998/1733 ff.

[712] Hiervon macht die Regierung vor allem bei Plänen für die Hauptstadt und deren Agglomeration Gebrauch, wie das Beispiel des Regierungsbeschlusses 1004/1997. (I.17.) Korm. über die Stellungnahme im Zusammenhang mit dem Allgemeinen Ordnungsplan der Hauptstadt Budapest, M. K. 1997/477, zeigt.

[713] Gesetz 1990:XXX über die Aufzählung der Ministerien der Republik Ungarn, M. K. 1990/1118 f., in der Fassung des Änderungsgesetzes 1990:LXVIII, M. K. 1990/1813 ff. Die Neuregelung erfolgte durch das Gesetz 1998:XXXVI über die Aufzählung der Ministerien der Republik Ungarn, M. K. 1998/4833 f.

[714] Das Landwirtschafts- und Provinzentwicklungsressort übernahm der Führer des kapriziösesten Koalitionspartners, *József Torgyán* von der FKgP, die vor allem im ländlichen Raum ihre Wähler findet und so bei dem Neuzuschnitt bessere Mög-

wicht, was sich auch in zahlreichen Kompetenzen des dortigen Staatssekretärs für Verwaltungs- und Raumpolitik niederschlägt[715]. Ein weiterer zentraler Akteur ist der Landesweite Raumentwicklungsrat, in dem die entsprechenden Räte der Komitate, die Sozialpartner, unterschiedliche Verbände und Interessenvertretungen – unter anderem auch der Selbstverwaltungen – sowie die einschlägigen Ministerien vertreten sind[716] und dessen Aufgaben in der Stellungnahme zu und der Koordinierung der einschlägigen Aktivitäten auf zentralstaatlicher Ebene liegen (§ 8 RaumEntwG).

Bei der Regelung der Aufgaben der Selbstverwaltungen in der Raumentwicklung beginnt das Raumentwicklungsgesetz mit der Möglichkeit für kommunalen Selbstverwaltungen, durch Vereinbarungen Zweckverbände zur Intensivierung der Zusammenarbeit zu gründen (§ 10). Durch die prominente Stellung dieser Norm zu Beginn der Regelungen über die Selbstverwaltungsaufgaben zeigt der Gesetzgeber, daß er sich von derartigen freiwilligen Zusammenschlüssen viel verspricht. Einzelheiten regelt § 15 BauG.

Trägerin der überörtlichen Raumentwicklung ist die Komitatsselbstverwaltung (§§ 11–14 RaumEntwG). Sie erstellt Raumordnungspläne für ihr Gebiet, koordiniert die örtlichen Planungen und erarbeitet zusammen mit den Städten mit Komitatsrecht, die gemäß § 61 Abs. 1 Satz 2 KommG auf ihrem Gebiet auch die Komitatsaufgaben wahrnehmen [s. u. Punkt b) bb) (2), S. 231], gemeinsame Lösungen für die Stadt-Umland-Probleme dieser Städte. Ein Teil dieser Aufgaben wird von der Generalversammlung wahrgenommen, insbesondere die Verabschiedung der Pläne und anderen Rechtsnormen. Dabei ist vor Verabschiedung die Meinung sämtlicher örtlicher Selbstverwaltungen und sonstiger anhörungsberechtigter Stellen zu hören; wegen der verfassungsrechtlichen Bedeutung der Mitwirkung der örtlichen Selbstverwaltungen an der überörtlichen Planung (§ 44/A Verf.) ist ein Versäumnis der Anhörung auch nur einer komitatsangehörigen örtlichen Selbstverwaltung nach Ansicht des Verfassungsgerichts geeignet, die Verordnung über den Plan verfassungswidrig zu machen[717]. Daneben versieht der Komitatsraumentwicklungsrat, in dem die Selbstverwaltungen des Ko-

---

lichkeiten zur Förderung ihrer Klientel bekam, während das Umweltministerium an *Pál Pepó,* Mitglied der größten Koalitionspartei FIDESZ, ging.

[715] §§ 5–8 Regierungsverordnung 183/1998. (XI.11.) Korm. (s. o. Fn. 645). Zu der Politik der Regierung *Orbán,* ein starkes Ministerpräsidialamt aufzubauen, s. o. Punkt C. I. 3. a) cc) (2) und unten Punkt C. I. 6. c) aa).

[716] Eine Gesetzesänderung 1999 bewirkte eine teilweise neue Zusammensetzung des Rates: Gesetz 1999:XCII über die Änderung des Gesetzes 1996:XXI über die Raumentwicklung und die Raumordnung, M. K. 1999/6116 ff.

[717] Verfassungsgerichtsentscheidung 3/1997. (I.22.) AB, M. K. 1997/632 ff., ABH 1997/33 ff.

mitats und der dortigen Kommunen, der Staat, die Sozialpartner und die Industrie- und Handelskammern vertreten sind, insbesondere die Koordination der Planungstätigkeiten von Staat, Komitat und kommunalen Selbstverwaltungen und gibt fachliche Stellungnahmen ab.

Zur Bewältigung von Aufgaben, die Komitatsgrenzen überschreiten, können die Komitatsraumentwicklungsräte durch Vereinbarung Regionalentwicklungsräte gründen und mit den entsprechenden Befugnissen ausstatten (§§ 15–17 RaumEntwG). Auch die Regierung kann die Gründung eines derartigen Regionalentwicklungsrates initiieren [§ 7 Buchst. f) RaumEntwG]. Das Gesetz sieht unabhängig von der Initiative der beteiligten Selbstverwaltungen den Entwicklungsrat Agglomeration Budapest [§ 15 Abs. 2 Buchst. a) RaumEntwG] zur Planung der Hauptstadtregion sowie den Entwicklungsrat Balaton [§ 15 Abs. 2 Buchst. b) RaumEntwG] zur Lösung der besonderen Probleme, die sich im Zusammenhang mit dem Erholungsgebiet Plattensee ergeben, vor[718].

Die Siedlungsordnung sowie die Bauleitplanung fallen in die Zuständigkeit der kommunalen Selbstverwaltungen, wobei in Budapest die Bezirke die Detailpläne erstellen und die Hauptstadt die mehrere Bezirke umfassenden Aspekte durch einen Rahmenplan und eine Rahmenbauordnung regelt (§§ 6, 14 BauG). Einen allgemeinen Flächenstrukturplan für das Gemeindegebiet erläßt die Vertretungskörperschaft gemäß § 7 Abs. 3 Buchst. b) BauG als Beschluß; auf der Grundlage des Flächenstrukturplans werden die örtliche Bausatzung und die Flächennutzungspläne gemäß § 7 Abs. 3 Buchst. c) BauG als Satzungen verabschiedet. Diese Kompetenzen kann die Vertretungskörperschaft gemäß § 10 Buchst. d) KommG nicht an andere Organe übertragen[719]. Anders als die Satzung hat der Beschluß gemäß § 46 Abs. 1 NormsG nur verwaltungsinterne Wirkung[720]. Bei der Erstellung der

---

[718] Die zu diesen beiden Regionen gehörigen Selbstverwaltungen zählt die Regierungsverordnung 89/1997. (V.28.) Korm. über die Umgrenzung der Budapester Agglomeration und des Herausgehobenen Erholungsbezirks Plattensee, M. K. 1997/3265, auf, und der Regierungsbeschluß 1059/1997. (V.28.) Korm., M. K. 1997/3326 f., regelt die mit der Bildung der beiden Entwicklungsräte zusammenhängenden Fragen. Den besonderen ökologischen Bedingungen des Plattensees trägt Gesetz 1999:XXXII über die vorübergehende Regelung der Bautätigkeit in einigen Siedlungen des Herausgehobenen Erholungsbezirkes Plattensee, M. K. 1999/1761 f., geändert durch Gesetz 1999:LXVII, M. K. 1999/3526 f., Rechnung, welches in zahlreichen Gemeinden dieses Gebietes die Ausweisung neuer Bauflächen (außer für öffentliche Versorgungseinrichtungen) verbietet. Auch der Raumnutzungsplan und die Raumnutzungssatzung für das Gebiet Plattensee ergingen in Gesetzesform: Gesetz 2000:CXII, M. K. 2000/6756 ff.

[719] Diese Sonderregelung ist nötig, weil die allgemeine Vorschrift in § 10 Buchst. a) KommG nur die Übertragung der Kompetenz zur Verabschiedung von Satzungen verbietet, sich aber nicht auf Beschlüsse bezieht.

[720] Näher dazu *Pfeil*, MK 1999/566.

genannten Pläne steht den Bürgern gemäß § 9 Abs. 2 Buchst. a) BauG ein
Anhörungsrecht zu. Im Falle eines landesweiten Interesses kann eine Selbstverwaltung zum Erlaß, zur Änderung oder zur Überarbeitung eines in ihre
Zuständigkeit fallenden Plans durch Gesetz verpflichtet werden, wobei das
Gesetz gleichzeitig der Selbstverwaltung die entsprechenden Finanzmittel
zur Verfügung zu stellen hat (§ 6 Abs. 4 BauG)[721]. Die Vorbereitung der
Entscheidungen der Selbstverwaltungen im Bereich der Siedlungsentwick-
lung und Bauaufsicht führt ein Oberarchitekt durch, der Beamter der Komi-
tats- oder Kommunalselbstverwaltung ist (§ 6 Abs. 6 BauG); durch diese
Vorschrift wird den örtlichen Selbstverwaltungen die Beschäftigung eines
solchen Beamten – gegebenenfalls einer durch mehrere Gemeinden – zur
Pflicht gemacht. Auch die fachlichen Anforderungen an seine Tätigkeit
regelt der Staat[722], so daß den Selbstverwaltungen nur relativ geringer
Spielraum verbleibt.

Im kleinräumlichen Bereich sollen die Gemeinden miteinander kooperieren, um die Aufgaben der Raumentwicklung, die Gemeinde- und Stadtgren-
zen überschreiten, aber noch keine komitatsweite Bedeutung haben, zu bewältigen. Diese Formen der Kooperation werden durch die Regierung mit
besonderen Finanzquellen ausgestattet, um den Selbstverwaltungen einen
Anreiz zur Zusammenarbeit zu geben[723].

---

[721] Ein landesweites Interesse wird neben den besonderen Interessen des Zentralstaats in der Hauptstadt (dazu unten Kapitel C. II. 6.) vor allem bei Großprojekten
anzunehmen sein, die das ganze Land versorgen oder eine ganze Region betreffen,
wie etwa Großflughäfen, wasserwirtschaftliche Großbauten an den großen Flüssen
oder Truppenübungsplätze. Deren Planung und Verwirklichung soll nicht an den
lokalen Interessen, denen sich die Selbstverwaltungen verpflichtet wissen, scheitern.
Diesen Interessen tragen häufig die diesen Lebensbereich regelnden Gesetze Rechnung. So verpflichtet § 3 Abs. 1 Buchst. b) Gesetz 2000:XLII über den Wasserver-
kehr, M. K. 2000/3110 ff., die örtlichen Selbstverwaltung, in ihren Plänen geeignete
Uferbereich als Hafenflächen auszuweisen und auch für die geeignete Verkehrsanbindung dieser Flächen planerische Vorkehrungen zu treffen.
[722] Verordnung des Ministers für Umweltschutz und Raumentwicklung 9/1998.
(IV.3.) KTM über die detaillierten fachlichen Regeln und Anforderungen bei der
Tätigkeit der Oberarchitekten der Selbstverwaltungen, M. K. 1998/2486 ff.; Verordnung des Ministers für Landwirtschaft und Provinzentwicklung 53/2000. (VIII.11.)
FVM über die Planungsberechtigung bei der Raum- und Siedlungsordnung, M. K.
2000/5262 ff. (regelt die fachlichen Anforderungen an die mit der Planung befaßten
Beamten in staatlichen und kommunalen Behörden).
[723] Für das Jahr 2000 etwa s. die Regierungsverordnung 61/2000. (V.3.) Korm.
über die Haushaltszuschüsse zu der Arbeit der Selbstverwaltungsvereinigungen für
Raumentwicklung, M. K. 2000/2254 f., geringfügig geändert durch die Regierungsverordnung 124/2000. (VII.11.) Korm., M. K. 2000/4634. Insgesamt wird durch
diese Regierungsverordnung im Jahr 2000 ein Finanzvolumen von 321.360.000
Forint verteilt, das den Vereinigungen der Selbstverwaltungen als Zuschuß zu Perso-
nal- und Sachkosten gewährt wird. Näher zur Rechtsform der Vereinigung s. u.
Punkt C. I. 6. b) aa) (2).

Die raumplanerischen Tätigkeiten der Selbstverwaltungen und der von ihnen ins Leben gerufenen Kooperationen unterliegen der Aufsicht durch die Gebietsoberarchitekten, die dem für Raumplanung zuständigen Minister unterstehen. Sie begutachten die unterschiedlichen Pläne im Vorfeld und können auch nach Verabschiedung ihre Abänderung beantragen (§ 2 Nr. 29 BauG, § 19 RaumEntwG).

Im Bereich der Raumplanung ist mithin ein gestuftes System der Planung festzustellen, bei dem jede Ebene für die Planung ihres Gebietes zuständig ist. Hierbei nimmt von oben nach unten die Detailgenauigkeit zu, während die höherrangigen Pläne für die niedrigeren Einheiten verbindlich sind. Der Selbstkoordination zwischen den Selbstverwaltungen werden zahlreiche Möglichkeiten eingeräumt, um einen zu großen staatlichen Einfluß zu vermeiden. Dem Staat verbleibt neben der Koordination auch die Aufsicht. In der Praxis wird die übergroße Kompliziertheit des Systems mit einer Vielzahl unterschiedlicher Arten von Plänen mit unterschiedlicher Bindungswirkung gerügt, die zu einer Unsicherheit bei den Rechtsanwendern vor Ort führe[724]; dieser Kritik könnte durch eine Vereinfachung und Harmonisierung des Gesamtsystems abgeholfen werden. Einer ähnlichen Konzeption folgen auch andere Gesetze in bezug auf landesweite oder überregionale Netze, beispielsweise das Eisenbahngesetz[725] mit der Besonderheit, daß die Komitate keine Rolle spielen und die Zuständigkeiten der Selbstverwaltungen ausschließlich durch die örtliche Ebene wahrgenommen werden.

Exkurs II: Das Unterrichtswesen

Das Unterrichtswesen steht im Spannungsfeld unterschiedlichster Verfassungsbestimmungen: dem Grundrecht der Eltern auf die Bestimmung der Erziehung ihrer Kinder (§ 67 Abs. 2), dem Grundrecht des Kindes auf Bildung (§ 70/F Abs. 1), der Grundpflicht des Kindes zum Schulbesuch und der parallelen Pflicht der Eltern, für die Verwirklichung dieser Pflicht zu sorgen (§ 70/J), dem Recht des Kindes auf Fürsorge und Schutz gegenüber der Familie, dem Staat und der Gesellschaft (§ 67 Abs. 1), der Lehr- und Lernfreiheit (§ 70/G Abs. 1), der Pflicht des Staates, zur Verwirklichung des Grundrechts auf Bildung ein obligatorisches und kostenfreies Grundschulsystem sowie eine nach Fähigkeiten für jeden zugängliche Sekundar- und Hochschulbildung einzurichten (§ 70/F Abs. 2) und schließlich der Verpflichtung des Staates in Form eines Staatsziels, für die Erziehung der Kinder Verantwortung zu tragen und ihre Interessen zu schützen (§ 16, § 67 Abs. 3). Innerhalb dieses Akteurdreiecks Kind – Eltern – Staat[726] kommt

---

[724] *Pfeil*, MK 1999/563 ff.
[725] Gesetz 1993:XCV über die Eisenbahn, M. K. 1993/10361 ff.

komplizierend hinzu, daß der Akteur Staat im Innenverhältnis in die Akteure Zentralstaat und kommunale Selbstverwaltung unterteilt ist, die sich die Pflichten und Rechte des Staates auf dem Gebiete der öffentlichen Unterrichtsverwaltung teilen. Wie im historischen Teil dargestellt, kommt auch in Ungarn den örtlichen Selbstverwaltungen seit der Einrichtung einer bürgerlichen Selbstverwaltung eine zentrale Rolle im Kindergarten- und Grundschulwesen zu. Nach dem Selbstverständnis ungarischer Bildungstradition gehören diese beiden Erziehungseinrichtungen zu den örtlichen Angelegenheiten, ohne daß der Staat aus der Verantwortung für das Funktionieren des Gesamtsystems entlassen wäre[727]. Für die Hochschulen dagegen ist alleine der Zentralstaat zuständig.

Diesen Vorgaben entsprechen die einfach-gesetzlichen Vorschriften. Gemäß § 8 Abs. 1 KommG gehören die Sorge um die Kindergärten und um Erziehung und Unterricht auf dem Grundschulniveau zu den Aufgaben der gemeindlichen Selbstverwaltungen. Die Grundschule gehört sogar zu den Pflichtaufgaben der Kommune (§ 8 Abs. 4 KommG). Auch die Verwirklichung der Sonderrechte der nationalen und ethnischen Minderheiten im Unterrichtswesen obliegt dem Gemeinden und Städten als Trägern der örtlichen Schulen; auf die minderheitenbezogenen Besonderheiten wird weiter unten unter Punkt C. I. 5. b) bb) im Zusammenhang mit den Minderheitenautonomien noch einzugehen sein.

Zentrale Vorschrift auf dem Gebiet des Unterrichtswesens ist das Unterrichtsgesetz[728], welches die gesamte Materie vom Kindergarten bis zu der weiterführenden Erziehung mit Ausnahme der Hochschulen regelt; letztere unterliegen unbeschadet einer gewissen Autonomie nur staatlicher, nicht aber kommunaler Aufsicht und Finanzierung[729]. Das Gesetz verteilt die Zuständigkeiten und Verantwortlichkeiten wie folgt.

Grundsätzlich ist die Unterhaltung eines öffentlichen Unterrichtssystems Aufgabe des Staates (§ 2 Abs. 3 UntG). Eine Einrichtung des öffentlichen Unterrichtswesens darf aber nicht nur der Staat, sondern können auch die Selbstverwaltungen, die Religionsgemeinschaften, Privatpersonen und juristische Personen des öffentlichen wie des Privatrechts gründen und unterhalten (§ 3 Abs. 2 UntG). Der Staat sorgt gemäß § 3 Abs. 3 UntG für den kostenlosen und obligatorischen Schulunterricht durch eigene Bemühungen sowie durch die entsprechenden Tätigkeiten der Selbstverwaltungen. Ihm

---

[726] Grundsätzlich zu den Grundrechten in diesem Verhältnis *Küpper*, ROW 1996/ 274 ff.

[727] Dasselbe gilt für Deutschland, wie unlängst die Entscheidung des Bundesverfassungsgerichts in NJW 1999/2659 f. in ihrem ersten Leitsatz klargestellt hat.

[728] Gesetz 1993:LXXIX über den öffentlichen Unterricht, M. K. 1993/5689 ff.

[729] Die Hochschulen werden durch das Gesetz 1993:LXXX über die Hochschulbildung, M. K. 1993/5730 ff., geregelt.

obliegt ebenfalls die Pflicht, die Gründung von privaten Unterrichtseinrichtungen (d.h. weder des Staates noch der Selbstverwaltungen) zu fördern. Schließlich gehört gemäß § 4 Abs. 6 UntG zu den Grundsätzen des Unterrichtswesens, daß sämtliche Unterrichtseinrichtungen gleichen Typs (Kindergarten, Grundschule etc.) aus dem Staatshaushalt dieselbe finanzielle Ausstattung unabhängig von der Trägerschaft erhalten und daß der Staat und/oder die Selbstverwaltung privaten Einrichtungen über die staatlichen Zuschüsse hinaus weitere Mittel zur Verfügung stellen können. § 118 UntG regelt die Kostentragung für den öffentlichen Unterricht, die grundsätzlich den Staat und den Träger gemeinsam trifft; für die Selbstverwaltungen sind aber besondere Finanzgarantien vorgesehen. Dafür müssen sie – ebenso wie der Staat – die von ihnen unterhaltenen Einrichtungen kosten- und lehrgeldfrei zur Verfügung stellen (§ 114 UntG).

Die genaue Abgrenzung der Aufgaben des Staates und der Selbstverwaltung im öffentlichen Unterrichtswesen verläuft dergestalt, daß die Gründung und der Unterhalt von Unterrichtseinrichtungen im Sinne des Unterrichtsgesetzes (d.h. alle außer Hochschulen) grundsätzlich den Selbstverwaltungen obliegen (§ 85 Abs. 1 UntG), es dem Staat aber gestattet ist, durch eigene Einrichtungen oder durch Verträge mit den Trägern privater, d.h. weder durch den Staat noch durch die Selbstverwaltungen unterhaltener Institutionen an der Erfüllung dieser Aufgabe mitzuwirken (§ 85 Abs. 2 UntG). Verträge zwischen dem Staat und den Selbstverwaltungen sind in dieser Aufzählung nicht vorgesehen. Die Selbstverwaltungen der örtlichen Ebene sind für die Kindergärten und Grundschulen zuständig, während den überörtlichen Selbstverwaltungen, d.h. den Komitaten, die weiterführenden Schulen, die besonderen Schulen, die pädagogischen Beratungsdienste und die Schülerwohnheime zugeordnet sind, sofern diese nicht von der örtlichen Ebene übernommen werden (§ 86 UntG). Zwingend auf Komitatsebene sind die Bedingungen für einen reibungslosen Schulwechsel, ein überörtliches Vertretungssystem der Lehrer, ein überörtlicher Entwicklungsplan sowie die besonderen Einrichtungen für behinderte Schüler zu organisieren (§§ 87, 88 UntG). Für die Hauptstadt gelten Sonderregeln; insbesondere ist zwischen den hauptstädtischen Selbstverwaltungen die Möglichkeit vertraglicher Vereinbarungen weiter ausgebaut. Neben diesem austarierten System von örtlichen und überörtlichen Verantwortlichkeiten der Selbstverwaltungen ist grundsätzlich für ein eigenes Engagement des Staates nur dann Raum, wenn die Selbstverwaltungen versagen oder ganz besondere Bedürfnisse befriedigt werden sollen. Entsprechende Regelungen sind im Unterrichtsgesetz nicht vorhanden.

Der Leiter der Unterrichtseinrichtung hat im Rahmen der Rechtsvorschriften einen weiten Einfluß auf den Betrieb der Einrichtung, wobei den pädagogischen Beschäftigten, den Schülern sowie deren Eltern in manchen

Fragen gewisse Mitbestimmungsrechte zukommen (§§ 40, 54–55 UntG). Die von dem Leiter erlassene Grundsatzung, die die zentralen Fragen des Betriebs regelt, muß auch von dem Träger gebilligt werden (§ 40 Abs. 3 UntG), wodurch den Trägern, die gemäß § 102 Abs. 2 Buchst. d) UntG den Leiter ernennen, indirekt ein gewisser Einfluß eingeräumt wird. Daneben kommt dem Träger gemäß § 102 Abs. 2, 3 UntG eine große Freiheit der Ausgestaltung und der Wirtschaftsführung seiner Einrichtungen zu, und ihm obliegt nach § 104 UntG die Rechtsaufsicht über die Tätigkeit der Einrichtungen. Etwas eingeschränkt wurde diese Freiheit 1999 durch eine Änderung des Unterrichtsgesetzes[730], das durch die Einfügung eines § 85 Abs. 4 UntG Gemeinden, die mehr als zwei Unterrichtseinrichtungen unterhalten, selbständig oder zusammen mit anderen Gemeinden Planungen mit einer gewissen Detailtiefe zur Pflicht machen; diese Planungen der Gemeinde schränken dann notwendigerweise das Ermessen in den Einrichtungen selbst ein.

Neben dem Leiter ist der Notär innerhalb der Selbstverwaltung hauptsächlich mit dem Unterrichtswesen befaßt[731]. Ihm bzw. in der Hauptstadt dem Obernotär obliegen die Rechtsaufsicht über die in den Schulen getroffenen Maßnahmen und Entscheidungen sowie die meisten schulbezogenen Verwaltungsaufgaben einschließlich der Wahrnehmung der Arbeitgeberrechte gegenüber den Schulleitern; die mit den Kindergärten zusammenhängenden Verwaltungsaufgaben sowie die Registrierung der schulpflichtigen Kinder fallen auch in der Hauptstadt in den Aufgabenbereich des Notärs.

Der Staat ist verantwortlich für die Pädagogenausbildung sowie für das allgemeine pädagogische Programm. Er regelt die fachlichen Anforderungen an die Ausbildung der Pädagogen sowie an die Bewerber für Stellen im Schulwesen, unterhält die Pädagogischen Hochschulen und erstellt das Landesgrundprogramm der Kindergartenerziehung (§ 8 Abs. 2–3 UntG) sowie den Nationalen Grundlehrplan für die Schuljahre 1–10 (§ 8 Abs. 5– 10 UntG). Der Staat setzt zudem die Anforderungen und Voraussetzungen für die Mittlere Reife und das Abitur fest (§ 9 UntG). Im Rahmen der Landesrahmenpläne, die auch die Besonderheiten für die nationalen und ethnischen Minderheiten unter deren Beteiligung regeln[732], können die einzelnen Kindergärten ihre eigenen Erziehungsprogramme, die Schulen ihre eigenen

---

[730] Gesetz 1999:LXVIII über die Änderung des Gesetzes 1993:LXXIX über den öffentlichen Unterricht, M. K. 1999/3527 ff.

[731] Regierungsverordnung 113/1991. (XI.4.) Korm. über einige Aufgaben und Zuständigkeiten im Zusammenhang mit der Erziehung und dem Unterricht, M. K. 1991/2005 f.; im wesentlichen außer Kraft gesetzt durch die Regierungsverordnung 24/1995. (III.8.) Korm., M. K. 1995/800.

[732] Zu den Rechten der nationalen und ethnischen Minderheiten im Bildungswesen s. *Küpper,* S. 157 ff.

Lehrpläne erstellen, die vom Träger genehmigt werden müssen (§§ 8, 44–51 UntG). Dem Staat obliegt zudem gemäß § 107 UntG die Fachaufsicht über die Unterrichtseinrichtungen.

Festzuhalten bleibt, daß im öffentlichen Unterrichtswesen die Selbstverwaltungen die pädagogischen Einrichtungen betreiben, wobei ein ausbalanciertes System von örtlicher und überörtlicher Bedürfnisbefriedigung geschaffen wird. Dem Staat verbleibt die Aufgabe, zur Sicherstellung eines Mindestniveaus allgemeine Regelungen auch fachlicher Art zu erlassen und ihre Einhaltung zu überwachen, das System im wesentlichen zu finanzieren sowie im Falle des Versagens der erstzuständigen Selbstverwaltungen selbst initiativ zu werden. In der Praxis spiegeln sich im Schulwesen die Probleme der Atomisierung des Selbstverwaltungssystems: Zu viele kleine Gemeinden unterhalten zu viele kleine Schulen, an denen ein ausreichendes pädagogisches Niveau kaum noch sicherzustellen ist, weil es an ausreichenden Lehrkräften fehlt. Insbesondere in ländlichen Gegenden nahm in den 1990er Jahren nicht nur die Zahl der neu- und wiedergegründeten Zwergschulen zu, sondern auch die Zahl der Schulen, in denen Schüler mehrerer Jahrgangsstufen von einem Lehrer gleichzeitig unterrichtet werden. Der Staat zahlt zwar Kleingemeinden, die Zwergschulen unterhalten, eine höhere Kopfquote pro Schüler, um die höheren „Stückkosten" des Unterrichts ansatzweise auszugleichen, aber diese Zuzahlungen reichen nicht, um in den Zwergschulen ein Unterrichtsniveau wie in größeren Einheiten zu garantieren[733]. Trotzdem bestehen die meisten Gemeinden auf einer eigenen Schule ebenso wie auf ihrer Selbständigkeit, und viele Eltern nehmen ein schlechteres pädagogisches Niveau als Preis für die größere physische Nähe in Kauf.

Äußerungsrechte

Schließlich kann die Selbstverwaltung gemäß § 2 Abs. 3 KommG zu allen Angelegenheiten, die die örtliche Gemeinschaft betreffen, aber nicht in ihren Aufgabenbereich gehört, ihre Meinung äußern und bei den zuständigen Organen Initiativen ergreifen. Die zuständigen Organe haben in der rechtlich bestimmten Frist in der Sache zu antworten. Diese Befugnis flankiert die originären Aufgaben und sichert der Selbstverwaltung das Recht zu, in solchen Angelegenheiten gehört zu werden, die sie betreffen, aber für die sie nicht kompetent ist.

Die Einzelheiten dieses Äußerungs- und Petitionsrechts, die in § 101 KommG geregelt werden, sind bereits weiter oben im Zusammenhang mit

---

[733] *Pálné Kovács,* Ilona in MTA/MKI, S. 33 ff.; Népszabadság, 8.10.1998, S. 5: Sok kisiskola nem tartható fenn [Viele kleine Schulen können nicht unterhalten werden].

den Kompetenzen der Vertretungskörperschaft unter 3. b) aa) (1) auf S. 193 dargestellt worden. Festzuhalten bleibt, daß das Recht der Selbstverwaltung gegenüber staatlichen Behörden sowohl die Erlangung von Auskünfen als auch die Abgabe von Stellungnahmen, Vorschlägen und Wünschen umfaßt und die zuständige Behörde verpflichtet ist, innerhalb von dreißig Tagen in der Sache Stellung zu nehmen oder im Falle der Unzuständigkeit die Sache innerhalb von drei Tagen an die zuständige Stelle weiterzuleiten.

Gleichzeitig kann man die Vorschrift aber auch als eine Absage an das allgemeinpolitische Mandat der örtlichen Selbstverwaltungen sehen. Die Rechte aus § 2 Abs. 3 KommG stehen der Kommune bzw. dem Komitat nur dann zu, wenn sie die örtliche Gemeinschaft betreffen. Darüber hinausgehende Initiativ-, Befassungs- und Eingaberechte gewährt das Gesetz den Selbstverwaltungen nicht. Das kann so ausgelegt werden, daß in Sachen, die nicht mehr die örtliche Gemeinschaft betreffen, die Selbstverwaltungen überhaupt kein Recht zum Tätigwerden haben, es kann aber auch so ausgelegt werden, daß den Selbstverwaltungen in diesem Fall lediglich keinerlei Recht auf Anhörung und Bescheidung durch die zuständige Behörde zusteht. Dieses Problem ist in Ungarn soweit ersichtlich noch nicht praktisch geworden und wird auch im Schrifttum nicht erörtert.

(2) Die Befugnisse der Selbstverwaltungen

Befugnisse nach innen

Ein zentraler Aspekt der Befugnisse, die den Selbstverwaltungen eingeräumt werden, ist die Organisationshoheit. Innerhalb des verfassungsrechtlich und gesetzlich vorgegebenen Rahmens kann die Selbstverwaltung frei über ihren Aufbau, ihre Organisation und ihre Arbeitsweise entscheiden. Die Organisationshoheit ist gemäß § 44/A Abs. 1 Buchst. e) Verf. ein Recht der Abgeordnetenkörperschaft, aber es steht auch den anderen Gemeindeorganen im Rahmen ihrer Zuständigkeiten zu, jedenfalls gegenüber Einmischungen seitens des Staates; gegenüber einer Regelung ihrer Organisation durch die Abgeordnetenkörperschaft steht den anderen Gemeindeorganen hingegen keine eigene Organisationshoheit zu. Eng mit der Organisationshoheit verbunden ist die Befugnis, frei über die Arten und die Vergabe der kommunalen Symbole, Auszeichnungen und Ehrungen zu entscheiden. Auch dieses Recht der Vertretungskörperschaft genießt in § 44/A Abs. 1 Buchst. f) Verfassungsrang.

Schließlich ist es das Recht jeder örtlichen Selbstverwaltung, über ihren Namen zu bestimmen. Für die Komitate schreibt die Verfassung, wie gesehen, eine Benennung durch das Parlament vor; die örtlichen Selbstverwaltungen jedoch können ihren Namen frei wählen. An die Ausübung dieses

Rechts knüpft jedoch § 58 KommG gewisse inhaltliche Vorgaben: So soll
der Name so gebildet werden, daß er mit dem Namen einer anderen Ortschaft im Land nicht verwechselt werden kann. Für den besonderen Fall,
daß früher selbständige und dann zusammengelegte Gemeinden sich wieder
trennen (was, wie weiter unten noch zu zeigen sein wird, nach dem Systemwechsel sehr häufig vorkam), schreibt § 58 Satz 2 KommG vor, daß die
Gemeinden ihre alten Namen wieder aufnehmen sollen. Wenn ein neuer
Gemeindename eingeführt wird, so ist noch vor der Stellungnahme der Bevölkerung ein Gutachten des für geographische Namen zuständigen Organs
einzuholen (§ 58 Satz 3 KommG). Geographische Namen – die von den
amtlichen Bezeichnungen unterschieden werden, sich aber neben Flüssen,
Bergen u. ä. auch auf Ortschaften und Siedlungsteile beziehen – werden
durch einen interministeriellen Ausschuß, Ortsnamen durch die örtlichen
Selbstverwaltungen bestimmt[734]. Die Konsultationspflicht soll sicherstellen,
daß die Verwechslungsgefahr unterbunden wird und sich der amtliche
Name möglichst im Einklang mit den in der Bevölkerung gebräuchlichen
geographischen (Orts-) Bezeichnungen befindet. Die geschilderten gesetzlichen Vorgaben stellen eine gewisse Beschränkung des Rechts der freien
Namenswahl dar, welches auch ohne ausdrückliche verfassungsrechtliche
Verankerung zu den zentralen Rechten der kommunalen Selbstverwaltung
gehört[735]. Einschränkungen der „Namenshoheit" sind jedoch aus Gründen
der Unverwechselbarkeit und Eindeutigkeit der Ortsbezeichnungen hinzu-
nehmen, und der Staat hat in bezug auf diese Werte den besseren Überblick
als etwa ein (inter-) kommunales Koordinationsorgan.

Neben diesen materiellen Befugnissen hat die Kompetenz des Staatspräsidenten, über die Gründung, Zusammenlegung, Trennung und Benennung
von Städten und Gemeinden zu entscheiden [§ 94 Buchst. b) KommG], nur

---

[734] Einzelheiten regelt die Ministerratsverordnung 71/1989. (VII.4.) MT über die
amtlichen geographischen Namen in Ungarn, M. K. 1989/796 f.

[735] Für Deutschland BVerfGE 59/216, S. 226 ff.; BVerwGE 44/351, S. 355 f.,
BVerwG DÖV 1980/97 f.; *Erichsen*, Kommunalrecht, S. 44 f.; *Pappermann*, DÖV
1980/353 ff.; *Prell*; *Schmidt-Aßmann* in Schmidt-Aßmann, Bes. VwR, S. 16 f.; *Win-
kelmann*, S. 47 ff.
Der Schutz des Gemeindenamens im Internet vor Usurpation als Domainnamen
gegenüber Unbefugten, der von deutschen Gerichten bereits bejaht worden ist (OLG
Brandenburg, Urteil 1 U 25/99, dazu NJW 2000 Heft 21 S. XLII sowie *Hoffmann*,
NJW 14/2001, Beilage S. 17 f.), hat ungarische Gerichte noch nicht beschäftigt.
Angesichts der rasanten Entwicklung moderner Kommunikationsformen in Ungarn
wird es wohl nicht mehr lange dauern, bis derartige Probleme auch vor ungarischen
Gerichten auftauchen werden. § 77 Abs. 1, Abs. 4 Satz 1 ZGB (s. o. Fn. 593) bietet
die gesetzliche Grundlage für den Namensschutz auch von Selbstverwaltungen,
auch wenn die spezifischen Probleme des Internets und des Gebrauchs von Domainnamen von dieser aus den 1950er Jahren stammenden Vorschrift selbstverständlich
nicht ausdrücklich geregelt werden.

formale Bedeutung. Die eigentliche Kompetenz liegt bei der Selbstverwaltung und bei der Regierung. Für die Benennung ist dies oben bereits dargelegt worden; im Hinblick auf Fragen der Gründung, Zusammenlegung und Trennung von Gemeinden sei auf Punkt C. I. 3. b) dd) (3) verwiesen. Dies entspricht auch der oben dargestellten Funktion des Staatspräsidenten, anderweitig getroffenen Entscheidungen einen gewissen Glanz zu verleihen. Im Falle der Zusammenlegung, Trennung und Benennung von Städten und Gemeinden tut er dies in der Form einer Anordnung[736].

Auch die Verleihung des Stadttitels geschieht nur formal durch den Präsidenten; die Entscheidung liegt gemäß § 59 KommG beim Innenminister, der auf Antrag der Vertretungskörperschaft tätig wird. Letztendlich kommt es hierbei auch wieder entscheidend auf den Willen der Selbstverwaltung selbst an, der von der Vertretungskörperschaft gebildet wird. Die Befugnisse des Innenministers und vor allem des Präsidenten sind demgegenüber zweitrangig und mehr formaler Natur. Es liegt also bei den Selbstverwaltungen selbst, ob sie den Stadttitel wünschen, wenn sie die Voraussetzungen erfüllen. Zwischen dem 1.1.1990 und dem 1.1.1996 hat der Präsident 36 Gemeinden zu Städten ernannt, seitdem weitere 22[737]. Besondere rechtliche oder finanzielle Privilegien sind allerdings mit dem Titel nicht verbunden[738].

Befugnisse nach außen

Im Bereich der in ihren Zuständigkeitsbereich fallenden öffentlichen Angelegenheiten haben die Selbstverwaltungen gemäß § 1 Abs. 3 KommG das Recht, im Rahmen der Gesetze selbständig Rechtsnormen zu erlassen und in individuellen Fällen verwaltend tätig zu werden. Ihre Akte werden lediglich von Gerichten und nur auf ihre Rechtmäßigkeit hin überprüft. Die Ausschließlichkeit der gerichtlichen Überprüfung steht der Kommunalaufsicht nicht entgegen, denn diese hat – wie noch unter Punkt (3) zu zeigen sein

---

[736] Als Beispiel können die Anordnung des Präsidenten der Republik 176/1990. (VIII.23.) KE über die Beendigung einer Gemeindezusammenlegung beziehungsweise über die Gründung einer Stadt und einer Gemeinde, M. K. 1990/1733, sowie die Anordnung des Präsidenten der Republik 25/1991. (I.25.) KE über die Änderung des Namens Leninváros in den Namen Tiszaújváros, M. K. 1991/351, dienen.

[737] Innenministerium der Republik Ungarn, http://b-m.hu/onkormanyzat/megoszlas/terbeo.htm. Die Liste der 36 zu Städten ernannten Gemeinden hat das Innenministerium unter http://b-m.hu/onkormanyzat/megosszlas/telepszerv/varos.htm veröffentlicht. Im Jahre 1996 machte der Präsident sechs Gemeinden zu Städten, im Jahre 1997 zwölf und im Jahre 1999 vier: Beschlüsse des Präsidenten der Republik 58/1996. (VI.13.) KE, M. K. 1996/2869, 85/1997. (VI.5.) KE, M. K. 1997/3611, 110/1999. (VI.21.) KE, M. K. 1999/3465.

[738] Einen Blick in die kommunale Praxis erlaubt Népszabadság, 26.10.1999, S. 5: Városként sem könnyebb [Auch als Stadt hat man's nicht leichter].

wird – keine eigenen Aufhebungsbefugnisse, sondern muß sich ihrerseits an die Gerichte wenden, um für rechtswidrig erachtete Akte der Selbstverwaltung aufheben zu lassen. Die Vorschrift des § 1 Abs. 3 KommG enthält gegenüber dem bereits in der Verfassung vorgeschriebenen Zustand nichts wesentlich Neues.

Etwas anders sieht die Lage bei den Komitaten aus: Gemäß § 71 Abs. 2 KommG können die Komitate in ihrem eigenen Aufgabenbereich nur auf der Grundlage einer gesetzlichen Ermächtigung Satzungen erlassen. Die Bindung des Satzungsrechts an eine gesetzliche Ermächtigung ist als verfassungswidrig anzusehen. Gemäß § 44/A Abs. 1 Buchst. a) Verf. darf die Vertretungskörperschaft der Selbstverwaltung nicht nur selbständig verwalten, sondern auch selbständig regeln, und das bedeutet für die Selbstverwaltungen, daß sie Satzungen erlassen darf. § 43 Abs. 1 Verf. stellt zudem ausdrücklich klar, daß die Rechte aus § 44/A Verf. für alle Selbstverwaltungen gleich sind, während eine Differenzierung (nur) bei den Pflichten zulässig ist. Folglich muß den Komitaten dasselbe originäre Satzungsrecht zukommen wie den kommunalen Selbstverwaltungen. Durch das Kommunalrechtsänderungsgesetz 1994[739] ist die Bindung des Satzungsrechts an eine gesetzliche Ermächtigung entfallen, so daß seitdem ein verfassungskonformer Rechtszustand herrscht.

Eine Einschränkung erfährt das Satzungsrecht der Selbstverwaltungen durch § 44/A Abs. 2 Verf., demzufolge die Satzungen, die die Selbstverwaltungen in ihrem Aufgabenbereich erlassen, nicht gegen höherrangige Rechtsnormen verstoßen dürfen. Präzisiert wird die Normenhierarchie durch das Normsetzungsgesetz[740], welches in § 1 Abs. 1 die folgende Rangfolge aufstellt: Verfassung – Gesetz – Regierungsverordnung – Ministerialverordnung (einschließlich der Verordnung des Ministerpräsidenten) – Verfügung des Staatssekretärs – Satzung der Selbstverwaltung. Bei letzteren differenziert das Gesetz nicht zwischen örtlichen und überörtlichen Selbstverwaltungen, so daß die Satzungen von Komitaten und Gemeinden grundsätzlich gleichrangig sind. Das ist sachgerecht, da zwischen Komitaten und Kommunen kein Über- und Unterordnungsverhältnis besteht[741]. Da Satzungen der Selbstverwaltungen in der Normenhierarchie unter staatlichen Rechtssätzen stehen, bedeutet dies, daß staatliches Recht dem Recht der Selbstverwaltungen vorgeht.

---

[739] Gesetz 1994:LXIII, M. K. 1994/3086 ff. Die Kommunalreform von 1994 wird weiter unten unter Punkt C. I. 6. a) ausführlich dargestellt.

[740] s. o. Fn. 646. *Holló*, S. 62 ff., hält den Erlaß dieses Gesetzes für den Anfang vom Ende der autoritären kommunistischen Einparteienherrschaft und für den Beginn der Rechtsstaatlichkeit. Zu diesem Problemkreis s. auch die Nachweise in Fn. 623.

[741] § 6 Abs. 3 KommG. Näher dazu unten Punkt C. I. 3. b) dd).

Damit steht es dem Staat grundsätzlich offen, durch den Erlaß einschlägiger Rechtsakte das Satzungsrecht der Selbstverwaltungen auszuhöhlen, sofern nicht Bremsen gefunden werden, welchem dem Staat die Normsetzung zumindest im Bereich der örtlichen Angelegenheiten untersagt. In diesem Zusammenhang ist zunächst § 44/A Abs. 1 Buchst. a) Verf. zu nennen, demzufolge die Selbstverwaltung in Selbstverwaltungsangelegenheiten selbständig regelt, d.h. selbständig Rechtsnormen erläßt. Selbständig regeln kann die Selbstverwaltung aber nur, wenn der Staat in dem entsprechenden Regelungsgebiet keine oder jedenfalls keine erschöpfende Regelung trifft, da diese den Rechtssätzen der Selbstverwaltung ja vorginge. In diesem Zusammenhang sei auf die bereits erwähnte Ministerialverordnung über die öffentliche Beleuchtung hingewiesen, die den Selbstverwaltungen nur noch wenig Spielraum bei den Entscheidungen über die Straßenlampen beläßt; auch auf die intensive Regelung der Aktenbehandlung wurde bereits hingewiesen[742]. Anders als das Recht der Steuerschöpfung [§ 44/A Abs. 1 Buchst. d) Verf.] und die Organisationshoheit [§ 44/A Abs. 1 Buchst. e) Verf.] steht das Regelungsrecht nicht unter einem einfachen Gesetzesvorbehalt, so daß hierin eine materielle Garantie für eine eigenständige Regelungsbefugnis der Selbstverwaltungen gesehen werden kann. Demnach wären Gesetze oder andere staatliche Rechtsnormen, welche Sachverhalte im „Aufgabenbereich" der Selbstverwaltungen, d.h. Sachverhalte der örtlichen öffentlichen Angelegenheiten, derart erschöpfend regeln, daß eine eigenständige kommunale Normgebung nicht mehr möglich ist, verfassungswidrig[743].

Das Normsetzungsgesetz folgt allerdings einer zentralstaatsfreundlicheren Konzeption. § 10 NormsG nennt als Regelfälle der Selbstverwaltungssatzungen die Satzung, die aufgrund einer höherrangigen Ermächtigung[744]

---

[742] s.o. Fn. 701 f. Ein weiteres Beispiel ist die Ernennung des Budapester Heldenplatzes zum nationalen Gedenkort durch Gesetz 2001:LXIII über die Verewigung des Andenkens der ungarischen Helden und über den Gedenktag der Ungarischen Helden, M. K. 2001/5646; gemäß § 4 Abs. 3 des Gesetzes ist dem in der Nutzungssatzung Rechnung zu tragen.

[743] In Deutschland hat das Bundesverfassungsgericht aus der kommunalen Selbstverwaltungsgarantie einen Schutz der Gemeinden vor einer zu weitgehenden Verrechtlichung, die die Garantie des Art. 28 Abs. 2 GG aushöhlen würde, abgeleitet: BVerfGE 56/298, S. 310 ff., 79/127, S. 143 ff.

[744] In seinem Urteil 1/2001. (I. 17.) AB, M. K. 2001/356 ff., hob das Verfassungsgericht die Befugnis in § 10 Buchst. a) NormsG, durch Regierungsverordnung die Gemeinden zur näheren Regelung durch Satzung zu ermächtigen, als verfassungswidrig auf, so daß seit diesem Urteil eine solche Ermächtigung nur noch durch Gesetz (bzw. durch mit diesem gleichrangigen, noch aus „vorkonstitutioneller" Zeit stammenden Verordnungen mit Gesetzeskraft) möglich ist. Die Begründung des Urteils stützt sich vor allem auf die Garantie der Einschränkung kommunaler Rechte durch Gesetz in § 43 Abs. 2 Verf., aber auch auf die Garantie der eigenständigen Regelung von Selbstverwaltungsangelegenheiten in § 44/A Abs. 1 Buchst. a) Verf.

Ausführungsvorschriften zur Ermächtigungsnorm unter Beachtung örtlicher Besonderheiten enthält, sowie die Satzung, die von höherrangigen Normen nicht erfaßte gesellschaftliche Verhältnisse regelt. Demnach beschränkt sich das Satzungsrecht auf vom Staat ausdrücklich gutgeheißene Fälle und auf von ihm nicht geregelte Rechtsgebiete, wobei den Staat nichts daran hindert, auch solche Fragen zu regeln, die die örtlichen öffentlichen Angelegenheiten betreffen. Auch § 16 Abs. 1 KommG geht von einem uneingeschränkten Rechtsetzungsrecht des Staates aus. Nach dieser Vorschrift können die Selbstverwaltungen Satzungen zur Regelung örtlicher gesellschaftlicher Verhältnisse, die durch das Gesetz[745] nicht geregelt werden, sowie auf der Grundlage eines Gesetzes zu dessen Durchführung erlassen. Durch die Bezugnahme auf die fehlende gesetzliche Regelung kann keinerlei Garantie für die Selbstverwaltungen abgeleitet werden, denn diese würde ja auszusprechen haben, wo der Staat eine Regelung zu unterlassen und den Selbstverwaltungen eine eigene Regelungskompetenz zu lassen hat. Gerade das tut aber § 16 Abs. 1 KommG nicht. Schließlich wiederholt § 1 Abs. 3 KommG die in § 44/A Abs. 1 Buchst. a) Verf. gegebene Garantie der Möglichkeit eigenständiger Regelungen, fügt aber die Zusätze „im Rahmen des Gesetzes" und „in ihrem Aufgaben- und Zuständigkeitskreis" hinzu. Festzuhalten ist also, daß das einfache Gesetzesrecht, d.h. das Normsetzungsgesetz und das Kommunalgesetz, von einer unbeschränkten Rechtsetzungsbefugnis des Staates auch in Materien der örtlichen Angelegenheiten ausgehen, die jeder Normsetzung durch die Selbstverwaltungen einen Rahmen setzen.

Das Verfassungsgericht hat sich in seiner ständigen Rechtsprechung der Auffassung, die auch der einfache Gesetzgeber im Normsetzungs- und Kommunalgesetz vertritt, angeschlossen. Es interpretiert § 44/A Abs. 1 Buchst. a) Verf. dahingehend, daß die Garantie der eigenständigen Regelung von Selbstverwaltungsaufgaben nur im Rahmen der Vereinbarkeit der jeweiligen Satzung mit höherrangigem Recht gilt, und beruft sich für diese Interpretation nicht auf den Wortlaut des § 44/A Abs. 1 Buchst. a) Verf., sondern auf den restriktiveren Wortlaut von §§ 1 Abs. 3, 16 Abs. 1 KommG[746]. Das Abstellen auf den Wortlaut des Gesetzes und nicht der

---

[745] Gesetz im Sinne dieser Vorschrift ist jede verfassungsgemäß zustandegekommene staatliche Norm, wie das Verfassungsgericht in seiner Entscheidung 12/1992. (III.25.) AB, M. K. 1992/1134 f., ABH 1992/335 ff., klargestellt hat.

[746] Verfassungsgerichtsentscheidungen 12/1992. (s. o. Fn. 745); 9/1995 (II.22.) AB, M. K. 1995/673 f., ABH 1995/455 ff.; 9/1999. (IV.28.) AB, M. K. 1999/ 2625 ff., ABH 1999/386 ff. Ausführlich setzte sich das Verfassungsgericht in seiner Entscheidung 2/2001. (I. 17.) AB, M. K. 2001/361 ff., mit der Möglichkeit des Staates, rechtsetzend im Bereich der örtlichen Angelegenheiten tätig zu werden, auseinander. In diesem im präventiven Normenkontrollverfahren ergangenen Urteil erklärte das Verfassungsgericht eine geplante Regelung wegen Eingriffs in die Selbst-

Verfassung mag prozessuale Gründe haben, denn die Entscheidungen des Verfassungsgerichts ergingen in Verfahren, die die Gesetzeskontrolle (und nicht die Verfassungskontrolle) von Satzungen zum Gegenstand hatten. Die den Maßstab bildenden Gesetze (Melderecht, öffentliches Haushaltsrecht) fielen allerdings auch als Regelungsmaterie nicht in den Sachbereich der Selbstverwaltung, so daß das Verfassungsgericht keinen Anlaß hatte, sich mit der Garantiefunktion des § 44/A Abs. 1 Buchst. a) Verf. zugunsten eines eigenständigen Normsetzungsrechts der Selbstverwaltungen in örtlichen Angelegenheiten unbeeinträchtigt von höherrangigem staatlichem Recht auseinanderzusetzen. In einer Entscheidung aus dem Jahre 2000 über eine städtische Abwassersatzung subsumiert das Verfassungsgericht die Kanalisation unter die der örtlichen Selbstverwaltung zustehenden örtlichen Aufgaben im Sinne von § 8 Abs. 1 KommG, stellt aber die Kompetenz des Staates zur Regelung dieser Frage durch Gesetze und gesetzesausführende Verordnungen mit keinem Wort in Frage, sondern mißt die städtische Abwassersatzung ganz selbstverständlich gerade an diesem Gesetz und einer Regierungsverordnung[747]. Immerhin untersucht es in einer Entscheidung aus 1995[748], ob die Auferlegung einer Normsetzungspflicht durch Gesetz gegen die Satzungsautonomie in § 44/A Abs. 1 Buchst. a) Verf. verstößt, kommt aber dann zu dem Schluß, daß § 43 Abs. 2 Satz 1 Verf. die einfachgesetzliche Regelung von Pflichten der Selbstverwaltung gestatte und daß die Satzungsgarantie nicht so weit gehe, die Auferlegung von Pflichten im Bereich der Normsetzung zu verbieten. Es ist also durchaus fraglich, ob die ungarischen Verfassungsrichter, die ansonsten gerne der Rechtsprechung ihrer deutschen Kolleginnen und Kollegen folgen, den selbstverwaltungsfreundlichen Kurs des Bundesverfassungsgerichts[749] übernehmen würden.

In der Praxis wird man wohl sagen müssen, daß die überwiegende Meinung aus § 44/A Abs. 1 Buchst. a) Verf. kein Normsetzungsverbot zu Lasten des Staates und keinen garantierten Freiraum für die Selbstverwaltungen und ihre Rechtsetzungstätigkeit ableitet. Nichtsdestotrotz gibt es Vorschläge, daß in den Bereichen, in denen die Selbstverwaltungen ein eigenes Recht zur Regelung haben, Rechtsetzungsakte des Staates, vor allem auch Gesetze, auszuschließen, um so die örtliche Selbstverwaltung vor Einmischungen des Staates zu schützen[750]. Diese Stimmen sind allerdings bislang in der Minderheit geblieben.

---

verwaltungsgarantie für verfassungswidrig, die die – bereits bestehende – Pflicht der Gemeinden ab einer gewissen Größe zur Ausweisung von Toleranzzonen für (v. a. Straßen-) Prostitution durch Fristen verschärfte und im Falle der Fristversäumnis dem Innenminister ein befristetes Recht zur Ersatzvornahme einräumen wollte.

[747] Verfassungsgerichtsentscheidung 15/2000. (V.24.) AB, M. K. 2000/2925 ff.

[748] Nr. 9/1995., s. o. Fn. 746.

[749] s. o. Fn. 743.

Abstufungen

Entsprechend der Stellung der Selbstverwaltung in der oben dargestellten territorialen Gliederung sind die Befugnisse abgestuft. Grundsätzlich obliegt den Selbstverwaltungen auf unterster Stufe (Gemeinden, Städte, hauptstädtische Bezirke) die Grundversorgung mit rein örtlichem Bezug. In bezug auf die Schulen ist dies bereits im Exkurs II unter Punkt C. I. 3. b) bb) (1), S. 219, deutlich geworden. Die Komitate dagegen erfüllen die regionalen, überörtlichen Bedürfnisse entweder als gesetzlich vorgeschriebene Pflichtaufgabe oder auf freiwilliger Basis, wozu auch die vertragliche Übernahme zählt. Daraus kann allerdings keine Überordnung des Komitats über die Gemeinden abgeleitet werden, sondern beide Ebenen stehen gleichberechtigt nebeneinander (§ 6 Abs. 3 KommG). Grundsätzlich wird das Komitat durch Gesetz zur Wahrnehmung von Aufgaben überörtlichen Charakters verpflichtet (§ 69 Abs. 1 KommG); die Sitzgemeinde einer Komitatseinrichtung der öffentlichen Versorgung bzw. mehrere betroffene Gemeinden können Komitatsaufgaben und -einrichtungen übernehmen und dann entsprechende finanzielle Unterstützung bekommen (§ 69 Abs. 2–4 KommG). In dieser Bevorzugung der kommunalen Ebene, der eine gewisse Eigeninitiative auch bei überörtlichen Versorgungsaufgaben gestattet wird, spiegelt sich die Grundtendenz des postkommunistischen Gesetzgebers, wieder eine funktionsfähige örtliche Selbstverwaltung mit möglichst wenig Einmischung von oben – wozu eben auch die unter dem Kommunismus als verlängerte Arme der Zentrale diskreditierten Komitate zählten – einzurichten. Allerdings kann auch das Komitat selbst aktiv werden und Aufgaben übernehmen; Voraussetzung ist dabei gemäß § 70 KommG, daß die Aufgabe nicht durch Rechtsvorschriften anderen Zuständigkeitsträgern zugewiesen ist und ihre Ausübung durch das Komitat nicht die Interessen der Gemeinden und Städte verletzt. Auch hierdurch wird die grundsätzliche Subsidiarität der Komitats- gegenüber der Ortsebene in der Selbstverwaltung deutlich.

Zwischen diesen beiden Ebenen steht die Stadt mit Komitatsrecht, die auf ihrem Gebiet grundsätzlich auch die Aufgaben des Komitats wahrnimmt (§ 61 Abs. 1 Satz 2 KommG)[751]. Die Stadt mit Komitatsrecht kann Stadtbezirke mit eigenen Stadtbezirksämtern einrichten, die jedoch anders

---

[750] *Takács,* Albert in Brunner, Politischer Pluralismus, S. 126 f.; *Kiss,* László, ebd., S. 179 f.

[751] Zum Verhältnis zwischen Komitat und Stadt mit Komitatsrecht s. *Csefkó,* MK 1992/690 ff. Der Grundsatz, daß die Stadt mit Komitatsrechten auf ihrem Gebiet auch die Befugnisse des Komitats wahrnimmt, führt dazu, daß die Komitatseinrichtungen, die wegen deren zentraler Funktionen häufig in den Städten mit Komitatsrecht angesiedelt sind, zwar vom Komitat finanziert, aber in starkem Maße von den Bewohnern der Stadt mit Komitatsrecht genutzt werden, die wegen des Status ihrer Stadt keine finanziellen Leistungen an das Komitat und somit zum Unterhalt der Einrichtungen erbringen: *Ieda* in Ieda, S. 94.

als in der Hauptstadt keine Selbstverwaltungseinrichtungen aus eigenem Recht sind, sondern weiterhin der Generalversammlung der Stadt mit Komitatsrecht unterstehen.

Die Hauptstadt dagegen ist von einer echten Zweistufigkeit der kommunalen Selbstverwaltung geprägt. Das Kommunalgesetz enthielt ursprünglich in §§ 62–68 einige grundlegende Regeln des Verhältnisses der beiden Ebenen, verwies im Hinblick auf die Einzelheiten auf ein noch zu schaffendes Hauptstadtgesetz. Das Kommunalgesetz selbst sah zwischen der Bezirksebene und der Hauptstadtebene eine ähnliche Aufgabenteilung vor wie zwischen Gemeinden und Komitaten: Die Bezirke sollten für die rein örtlichen Angelegenheiten zuständig sein, während die Hauptstadt als Ganze sich um die stadtweiten und die die Leistungsfähigkeiten des einzelnen Bezirks übersteigenden Aufgaben kümmern sollte (§ 63 KommG). Einzelheiten werden im Rahmen der folgenden Gesetzgebung unter Punkt C. I. 4. e) behandelt.

Nichthoheitliches Tätigwerden

Den Selbstverwaltungen steht es offen, bei der Erfüllung ihrer Aufgaben neben den ihnen zustehenden Zwangsbefugnissen bei der Rechtsetzung und der individuellen Regelung auch nichthoheitliche Mittel anzuwenden. Hierbei stehen ihnen grundsätzlich alle Handlungsformen frei, die die ungarische Rechtsordnung kennt und den Selbstverwaltungen nicht ausdrücklich verbietet. Die Rechtsfigur eines öffentlich-rechtlichen Vertrages ist dem ungarischen Recht in der Form allerdings nicht bekannt[752]. Wenn die Verwaltung Vereinbarungen vertraglicher Natur mit Privaten trifft, findet daher das ZGB[753] unmittelbare Anwendung. Gemäß § 1 Abs. 1 Satz 1 ZGB sind die Vorschriften des Gesetzes auch auf die Rechtsverhältnisse der staatlichen Organe und der Selbstverwaltungen anwendbar, mithin auch die in § 200 Abs. 1 niedergelegte Vertragsfreiheit.

Insbesondere im Bereich der Daseinsvorsorge kommt es vor allem auf den tatsächlichen Betrieb der Einrichtungen, die die Leistungen erbringen, an. An die Bezieher der Leistung wird die Leistung in der Regel nach zivilrechtlichen Grundsätzen, d.h. nach Vertragsrecht, abgegeben; die Tatsache, daß nach einigen Spezialgesetzen für derartige Verträge Kontrahierungszwang und inhaltliche Vorgaben bestehen, läßt die vertraglich-zivilrechtliche Natur der Vereinbarung nicht entfallen. Die Selbstverwaltungen können zwischen dem eigenen Betrieb von Einrichtungen der Daseinsvorsorge, zwischen dem Einkauf der Leistung von einem oder mehreren privaten Anbie-

---

[752] Zum öffentlich-rechtlichen Vertrag in Ungarn s. *Harmathy* in Harmathy, S. 96; *Küpper*, WiRO 1999/367 f.

[753] s. o. Fn. 593.

tern und der Weitergabe an die Bezieher und zwischen der völligen Freigabe dieses Marktes mit direkten Rechtsbeziehungen zwischen privaten Anbietern und privaten Nachfragern und einer bloßen Wächterfunktion für die Selbstverwaltung wählen (§ 8 Abs. 2 KommG). In der zweiten Hälfte der 1990er Jahre haben immer mehr Städte und Gemeinden die Müllwirtschaft, die Straßen- und Grünflächenreinigung, den Einzug der Parkgebühren und bisweilen auch die Wasserversorgung nicht mehr selbst betrieben, sondern an private Unternehmen abgegeben[754]. Ebenso sinkt die Zahl der von den Selbstverwaltungen selbst unterhaltenen, mit angestellten Ärzten betriebenen Praxen; an ihre Stelle treten niedergelassene Ärzte, die mit der Selbstverwaltung einen Vertrag über die Wahrnehmung der der Selbstverwaltung obliegenden Pflichtaufgaben in der medizinischen Grundversorgung übernehmen[755].

(3) Die Kommunalaufsicht

Der Bereich, in dem sich das Recht der örtlichen Gemeinschaft auf Selbstverwaltung und die Befugnisse des Staates am stärksten überschneiden, ist die Kommunalaufsicht. Sie soll hier im weiten Sinne verstanden werden und alle Interventionsrechte staatlicher Organe in den Bereich der Selbstverwaltungen umfassen.

Sinn der Kommunalaufsicht

Die Kommunalaufsicht besteht im wesentlichen aus zwei Gründen. Zum einen hat sie sicherzustellen, daß die örtlichen Selbstverwaltungen den Rahmen des Rechts nicht verlassen. Ungarn ist gemäß § 2 Abs. 1 Verf. ein Rechtsstaat, und das bedeutet, daß sich die gesamte öffentliche Gewalt einschließlich der Selbstverwaltungsgewalt an die Vorschriften des Rechts zu halten hat. Nicht nur der Staat, sondern auch der Bürger, demgegenüber die Selbstverwaltungen Eingriffsbefugnisse besitzen und dessen Alltag sie mit rechtswidrigen Akten äußerst negativ beeinflussen können, ist daran interessiert, daß die Selbstverwaltungen das Recht nicht verletzen. Während das Verhältnis zum Bürger und die diesem möglichen Rechtsbehelfe weiter unten behandelt werden, wird hier die Rechtskontrolle durch den Staat untersucht.

Zum zweiten dient die Kommunalaufsicht auch dazu, daß die ihre Partikularinteressen wahrnehmenden örtlichen Selbstverwaltungen nicht das Ge-

---

[754] *Baar*, MK 1999/275. Zur entsprechenden deutschen Diskussion s. *Ronellenfitsch*, DÖV 1999/709 ff.

[755] s. o. Punkt C. I. 3. b) bb) (1) und Fn. 696.

samtinteresse, wie es vom Staat definiert und geschützt wird, oder das Partikularinteresse der benachbarten Selbstverwaltungen gefährden. Der Staat trägt Sorge, daß trotz der Übertragung eines Teils der Hoheitsgewalt auf autonom agierende Träger ein Minimum an Kohärenz innerhalb der öffentlichen Gewalt gewahrt bleibt. Auch hieran hat nicht nur der Staat, sondern auch der Bürger ein Interesse[756].

Das Organ der Kommunalaufsicht

Die Rechtsaufsicht über die Selbstverwaltungen ist grundsätzlich eine staatliche Aufgabe, für die die Regierung zuständig ist und die im Innenministerium ressortiert [§ 35 Abs. 1 Buchst. d) Verf., § 95 Buchst. a) KommG]. Sie wird jedoch nicht von dieser zentralen Behörde durchgeführt, sondern von nachgeordneten Stellen.

Nach der ursprünglichen Konzeption des Kommunalgesetzes und der Verfassung wurde die Kommunalaufsicht durch den Republiksbeauftragten ausgeübt. Dieser Staatsbeamte und die ihm angegliederte Behörde war Rechtsaufsichtsbehörde über die Selbstverwaltungen, Widerspruchsbehörde in Staatsaufgaben, deren erstinstanzliche Wahrnehmung den Selbstverwaltungen übertragen war und für die keine speziellen Rechtsvorschriften die Behandlung der Widersprüche bei zentralen Staatsbehörden ansiedelten, sowie Eingangsbehörde für die Staatsaufgaben, die durch Gesetz oder Regierungsverordnung in seine erstinstanzliche Kompetenz verwiesen wurden; auch andere Staatsverwaltungsaufgaben konnten ihm durch Gesetz oder aufgrund einer gesetzlichen Ermächtigung durch die Regierung übertragen werden [§ 98 Buchst. a)-c) KommG]. Darüber hinaus oblag ihm die Koordinierung der Tätigkeit der in seiner örtlichen Zuständigkeit tätigen Behörden [§ 98 Buchst. d) KommG].

Die örtliche Zuständigkeit wurde ausgesprochen unglücklich geregelt. Gemäß § 98 KommG versah der Republiksbeauftragte seine Tätigkeit in der Hauptstadt und ihren Bezirken sowie in von dem Parlament bestimmten Regionen. Die Bestimmung der Regionen traf das Parlament zusammen mit dem Erlaß des Kommunalgesetzes in dem Beschluß 66/1990[757]. Neben dem Republiksbeauftragten, der mit Sitz in Budapest nur für die Selbstverwaltungen der Hauptstadt zuständig war, schuf das Parlament sieben Regionen, die es durch die dazugehörigen Komiate umschrieb und für die es den Verwaltungssitz festsetzte. Es handelt sich um die folgenden Regionen:

---

[756] Zu diesen zwei Zwecken der Kommunalaufsicht in Deutschland s. *Oebbecke,* DÖV 2001/406 ff.

[757] Parlamentsbeschluß 66/1990. (VIII.14.) OGY, s. o. Fn. 587.

Schema 4

Region[758] *(zugehörige Komitate):*	*Verwaltungssitz:*
Hauptstadt (Hauptstadt)	Budapest
Nördliche Mitte (Jász-Nagykun-Szolnok, Nógrád, Pest)	Budapest
Osten (Hajdú-Bihar, Szabolcs-Szatmár-Bereg)	Debrecen
Nordwesten (Győr-Moson-Sopron, Komárom-Esztergom, Vas)	Győr
Nordosten (Borsod-Abaúj-Zemplén, Heves)	Miskolc
Südwesten (Baranya, Somogy, Tolna)	Pécs
Süden (Bács-Kiskun, Békés, Csongrád)	Szeged
Westliche Mitte (Fejér, Veszprém, Zala)	Veszprém

Mit der Umschreibung dieser Regionen hoffte man, eine Grundlage für die Dezentralisierung Ungarns legen zu können, die später auch für zahlreiche andere Zwecke lebensfähige Regionen als Gegengewicht zur Hauptstadt bilden könnten. Diese Hoffnung erfüllten diese Regionen jedoch nicht und konnten sie auch von vornherein nicht erfüllen. Sie entsprachen nicht den mittlerweile auch im zentralistischen Ungarn entstandenen sozio-ökonomischen Großräumen[759]. Bereits das Festhalten an Komitatsgrenzen engte den Handlungsspielraum der Raumplaner zu sehr ein, da die Komitatsgrenzen im wesentlichen aus dem Spätmittelalter überkommen waren und sie seit langem nicht mehr die wirtschaftlich, verkehrsmäßig und sozial eine Einheit bildenden Gebiete umfaßten. Für die Zwecke der Kommunalaufsicht ist sicherlich das Komitat ein sinnvoller räumlicher Ausgangspunkt, aber für die darüber hinausgehenden Ambitionen einer beginnenden Regionalisierung des Landes waren und sind sie nur begrenzt als Anknüpfungspunkte geeignet[760]. Die Komitate wurden zudem auch noch ungünstig kombiniert, so daß der jeweilige Verwaltungssitz – obwohl es sich dabei im wesentlichen um die städtischen Zentren Ungarns handelt, die am ehesten raumordnende Funktionen im Gesamtstaat wahrnehmen – oft keine Ausstrahlungskraft für die gesamte ihm zugeschriebene Region besitzt. Die Künstlichkeit der Regionen kommt im übrigen auch darin zum Ausdruck,

---

[758] Die Bezeichungen der Regionen sind keine amtlichen Namen, sondern sollen lediglich eine gewisse Vorstellung von der geographischen Lage geben. Der Parlamentsbeschluß (s. o. Fn. 757) benennt die Regionen nur nach ihrem Sitz, nicht aber mit einer weiteren Bezeichnung.

[759] *Takács,* Imre in Kukorelli, Alkotmánytan, S. 264.

[760] Ausführlich dazu Kapitel C. II. 2.

daß es nicht gelungen ist, Bezeichnungen für die einzelnen Regionen zu finden, und sie nach ihrem Verwaltungssitz benennen mußte. Die Regionen gehörten darum zu den meistkritisierten Aspekten der Kommunalaufsicht und darüber hinaus der Raumordnungskonzeption der Regierung.

Die Republiksbeauftragten wurden vom Staatspräsidenten auf Vorschlag des Ministerpräsidenten nach Anhörigung durch den zuständigen Parlamentsausschuß ernannt; die Ernennung erfolgte für die Amtsdauer des Präsidenten der Republik (§ 100 Abs. 1 KommG). Sie unterstanden der Leitung der Regierung, ausgeübt durch den Innenminister [§§ 96 Buchst. e), 100 Abs. 2 KommG]. Fachliche Voraussetzung für die Ernennung war ein abgeschlossenes juristisches Studium und fünf Jahre Praxis oder ein anderes abgeschlossenes Studium und mindestens zehn Jahre Praxis[761]. Das ihnen zugeordnete Amt unterstand der Leitung des jeweiligen Republiksbeauftragten, der sowohl das Verwaltungspersonal ernannte als auch die generellen Regeln der Tätigkeit festsetzte (§ 100 Abs. 3 KommG).

Die Durchführung der Kommunalaufsicht

Das Kommunalgesetz sah eine reine Rechtsaufsicht vor und betonte dies an mehreren Stellen; auch bei kommunalen Ermessensentscheidungen war der Republiksbeauftragte auf eine reine Rechtskontrolle beschränkt.

Falls der Republiksbeauftragte eine rechtswidrige Maßnahme wahrnahm, so konnte er nicht unmittelbar dagegen vorgehen, sondern war auf Antragsbefugnisse bei anderen Organen angewiesen. Zunächst mußte der Republiksbeauftragte die Vertretungskörperschaft unterrichten und sie unter Fristsetzung zur Beseitigung der Rechtswidrigkeit auffordern. Damit war zunächst der Selbstverwaltung selbst die Möglichkeit gegeben, aus eigenem Antrieb die Rechtsverletzung zu beenden und so eine Intervention weiterer staatlicher Stellen abzuwehren. Nach Ablauf der Frist war sie verpflichtet, den Republiksbeauftragten über ihre Maßnahmen zur Beseitigung der Rechtswidrigkeit bzw. über ihr Festhalten an dem gerügten Zustand zu unterrichten (§ 99 Abs. 1 KommG).

Wenn die Selbstverwaltung innerhalb der Frist keine Anstalten zur Beendigung der Rechtswidrigkeit traf, konnte der Republiksbeauftragte gemäß § 99 Abs. 2 KommG nicht selbst die gerügte Maßnahme aufheben, sondern mußte sich je nach Art der Maßnahme an das Verfassungsgericht, die ordentlichen Gerichte oder die Vertretungskörperschaft wenden. Gegen verfassungs- oder rechtswidrige Satzungen konnte der Republiksbeauftragte beim Verfassungsgericht Klage erheben, welches dann über die Verfassungs- bzw.

---

[761] Regierungsverordnung 84/1990. (XI.13.) Korm. über die Ausbildungsvoraussetzungen der Republiksbeauftragten, M. K. 1990/2234.

Rechtmäßigkeit der angegriffenen Satzung entschied[762]. Einzelakte, Beschlüsse und interne Verwaltungsvorschriften hatte der Republiksbeauftragte vor der zuständigen Stelle anzugreifen. Gemeint war damit die einfach-gerichtliche Überprüfung. Da zum Zeitpunkt des Erlasses des Kommunalgesetzes eine gerichtliche Verwaltungkontrolle von der Verfassung zwar vorgesehen[763], das Gerichtssystem aber noch nicht umgestaltet war und insbesondere der Verwaltungsrechtsschutz sich nur auf punktuelle Überprüfungen beschränkte[764], konnte das Kommunalgesetz in seiner ursprünglichen Fassung noch keine präziseren Regelungen treffen. Erst in der Kommunalrechtsreform 1994 wurde § 99 Abs. 2 Buchst. b) KommG dahingehend präzisiert, daß die Kommunalaufsicht in den genannten Fällen der Rechtsakte unter Satzungsrang die Überprüfung und ggf. Aufhebung bei Gericht beantragen kann. Schließlich ermächtigte § 99 Abs. 2 Buchst. c) den Republiksbeauftragten, zur Beendigung der Gesetzwidrigkeit die Vertretungskörperschaft zusammenzurufen und die (disziplinarrechtliche und finanzielle) Verantwortlichkeit des Beamten der Vertretungskörperschaft festzusetzen. Die Einberufung der Vertretungskörperschaft bietet sich vor allem dann an, wenn sie sich bislang nicht eingehend mit der Rüge der Kommunalaufsicht beschäftigt hat und nun dazu gezwungen werden soll. Wenn sich die Vertretungskörperschaft auch auf der von der Kommunalaufsicht einberufenen Sitzung weigert, der Rechtsverletzung abzuhelfen, bleibt der Aufsicht jedoch kein anderer Weg, als sich gemäß den vorigen Bestimmungen an das zuständige Gericht zu wenden[765]. In der Mehrzahl der Fälle folgen nach Berichten des Innenministeriums die Selbstverwaltungen den Beanstandungen der Kommunalaufsicht, und nur in Ausnahmefällen muß der Gerichtsweg beschritten werden[766].

Das weitere Verfahren richtet sich nach den für das jeweilige Gericht geltenden prozeßrechtlichen Vorschriften. Vor dem Verfassungsgericht findet gegen Satzungen der Selbstverwaltungen ein Verfahren der nachträglichen Normenkontrolle statt [§ 1 Buchst. b) i. V. m. §§ 37–43 VerfGG]. Gemäß

---

[762] Aus der Verortung der kommunalen Normenkontrolle beim Verfassungsgericht und nicht bei der einfachen Verwaltungsgerichtsbarkeit soll die besondere Wertschätzung des Gesetzgebers für die kommunale Selbstverwaltung und die ihr entspringenden Satzungen herauszulesen sein: *Bartók*, MK 1997/696.

[763] § 50 Abs. 2 Verf., eingefügt durch das Verfassungsänderungsgesetz 1989:XXXI (s. o. Fn. 528).

[764] Zum Stand des Verwaltungsrechtsschutzes vor dem Systemwechsel s. *Brunner*, OER 1980/7 ff., *Kuss*, S. 378 ff., sowie oben unter Punkt B. IV. 2. c) bb), S. 124.

[765] Unkritisch hierzu *Lőrincz*, Lajos in Harmathy, S. 43 f. Kritischer *Brunner*, Der Staat 1993/302; *Rátai*, MK 1999/657 f.

[766] Népszabadság, 10.5.1999, S. 5: Településenként tíz rendelet [Zehn Satzungen pro Gemeinde].

§ 31 Abs. 1 i.V.m. § 25 Abs. 1 VerfGG wird in einem derartigen Verfahren, wenn der Gegenstand eine untergesetzliche Norm ist, nicht im Plenum, sondern in einer mit drei Richtern besetzten Kammer verhandelt. Das Verfassungsgerichtsgesetz sieht ein Verfahren der nachträglichen Normenkontrolle nur zur Überprüfung der Verfassungswidrigkeit einer Norm vor, nicht aber zur Überprüfung der Gesetzeswidrigkeit einer untergesetzlichen Norm. Diesen scheinbaren Widerspruch zum Kommunalgesetz, welches die Kontrolle der Gesetzmäßigkeit einer Selbstverwaltungssatzung in § 99 Buchst. a) ausdrücklich dem Verfassungsgericht zuweist, löst das Gericht mit dem Argument, die Verfassung ordne in § 44/A Abs. 2 an, daß Selbstverwaltungssatzungen nicht gegen höherrangiges Recht verstoßen dürften, und gegen diese Verfassungsvorschrift verstoße eine gesetzeswidrige Satzung, welche dadurch zugleich auch verfassungswidrig sei[767]. Zudem beinhaltet das Verfassungsgerichtsgesetz keine abschließende Regelung der Zuständigkeiten des Verfassungsgerichts, sondern ist, wie § 1 Buchst. h) klarstellt, offen für weitere Kompetenzzuweisungen durch Gesetz. In manchen Urteilen beruft sich das Verfassungsgericht daher nicht auf die soeben dargestellte Argumentation, sondern sieht die verfahrensrechtliche Grundlage unmittelbar im Kommunalgesetz[768]. Die kommunale Normenkontrolle nimmt in der Arbeit des Verfassungsgerichts breiten Raum ein und trägt nicht unwesentlich zu der allseits beklagten Überlastung des höchsten Gerichts bei[769].

Der einfach-gerichtliche Verwaltungsrechtsschutz wurde 1991 durch die Änderung der Zivilprozeßordnung[770] und des Richtergesetzes eingeführt, nachdem das Verfassungsgericht eine Verfassungswidrigkeit durch gesetzgeberisches Unterlassen angemahnt hatte[771]. Zuständig sind die ordentlichen Gerichte, innerhalb derer besondere Spruchkörper für Verwaltungssachen

---

[767] Als Beispiel seien hier die Entscheidungen 19/1998. (V.22.) AB, M. K. 1998/3470 ff., ABH 1998/436 ff., 7/1999. (IV.28.) AB, M. K. 1999/2622 ff., ABH 1999/379 ff., und 8/1999. (IV.28.) AB, M. K. 1999/2624 f., ABH 1999/383 ff., genannt.

[768] So etwa die Entscheidung 9/1998. (III.27.) AB, M. K. 1998/2288 ff., ABH 1998/421 ff., welche zwei Monate vor der in Fn. 767 genannten erlassen wurde. Für das Verfassungsgericht schließen sich somit beide Argumente nicht aus, sondern ergänzen sich und werden je nach Fallgestaltung zitiert.

[769] *Brunner* in Brunner/Sólyom, S. 32 f.

[770] Es gilt noch das alte Gesetz 1952:III über die Zivilprozeßordnung, das aber durch umfangreiche Änderungen vor und nach der Wende rechtsstaatlichen Anforderungen im wesentlichen genügt. Die deutsche Übersetzung von *Ferenc Majoros* ist abgedruckt bei *Brunner/Schmid/Westen,* WOS, Länderteil Ungarn, Dokument VI. 2.

[771] Verfassungsgerichtsentscheidung 32/1990. (XII.22.) AB, M. K. 1990/2549 f., ABH 1990/145 ff.; Gesetz 1991:XXVI über die Ausweitung der gerichtlichen Überprüfung von Verwaltungsentscheidungen, M. K. 1991/1447 ff.; Gesetz 1991:LVI über die Änderung des Gesetzes 1972:IV über die Gerichte, M. K. 1991/2505 f. Näher dazu *Küpper,* OER 1998/257 f.

bestehen und die auf der Grundlage des Kapitels XX der ZPO („Die Verwaltungsprozesse", §§ 324–341) verfahren. Die ZPO enthält keine besonderen Vorkehrungen für Verfahren, die durch die Klage der Kommunalaufsicht eingeleitet werden. § 99 Abs. 3 Satz 1 KommG setzt der Klageerhebung eine Frist von 30 Tagen nach Ablauf der der Selbstverwaltung gesetzten Frist, und Satz 2 schließt eine aufschiebende Wirkung der Klageerhebung ausdrücklich aus. Allerdings läßt die letztgenannte Vorschrift zu, daß das Gericht auf Antrag die Vollstreckung des Rechtsaktes der Selbstverwaltung suspendieren kann. Schließlich stellt § 111 KommG klar, daß in derartigen Gerichtsverfahren auf der Grundlage des Kapitels XX ZPO zu verfahren ist.

Die Finanzaufsicht und die staatsanwaltschaftliche Rüge

Bereits erwähnt worden ist, daß auch der Rechnungshof Aufsichtsbefugnisse über die Selbstverwaltungen hat. Er prüft gemäß § 92 Abs. 1 KommG die Wirtschaftsführung der Selbstverwaltungen. Diese wiederum kontrollieren selbst das Finanzgebaren ihrer eigenen Einrichtungen (§ 92 Abs. 2 KommG).

Der Rechnungshof verfügt nach § 2 RechnhG[772] über umfassende Kontrollaufgaben auf dem Gebiet der Wirtschafts- und Finanzführung der seiner Kontrolle unterliegenden Einrichtungen; sie beschränken sich nicht auf die Rechtmäßigkeit, sondern schließen auch die wirtschaftlich-finanzielle Zweckmäßigkeit ein (§ 16 Abs. 1 RechnhG). Als dem Parlament zugeordnetes Kontrollorgan verfügt der Rechnungshof jedoch nicht über Zwangsbefugnisse, wenn er im Zuge seiner Kontrollen Unregelmäßigkeiten oder Rechtsverletzungen wahrnimmt. Er kann nur dem Parlament Bericht erstatten und im Falle des Verdachts von Straftaten die zuständigen Organe unterrichten. Der Rechnungshof ist allerdings gemäß § 22 RechnhG befugt, zur Schadensvorbeugung Geld und andere Vermögenswerte zu sperren, wenn Unregelmäßigkeiten drohen; ausgenommen hiervon sind die zur Zahlung von Löhnen vorgesehenen Mittel.

Sowohl im verfassungsgerichtlichen nachträglichen Normenkontrollverfahren (§ 39 VerfGG) als auch im Verwaltungsgerichtsverfahren (§ 337 ZPO) sind Vorkehrungen für den Fall einer staatsanwaltschaftlichen Rüge getroffen. Mit einer Rüge kann die Staatsanwaltschaft eine von ihr wahrgenommene Gesetzes- oder Verfassungsverletzung bei dem handelnden Organ geltend machen. Wenn das Organ der Rüge nicht entspricht, ist es der Staatsanwaltschaft – ähnlich wie im kommunalen Bereich der Kommunalaufsicht – gestattet, vor Gericht bzw. vor dem Verfassungsgericht die ge-

---

[772] Gesetz 1989:XXXVIII über den Staatlichen Rechnungshof (s. o. Fn. 660).

rügte Maßnahme anzugreifen. Die Zuständigkeit des angegangenen Gerichts richtet sich nach den allgemeinen Vorschriften, so daß – vergröbert – eine Rüge gegen Einzelmaßnahmen vor die die Verwaltungsgerichtsbarkeit ausübenden ordentlichen Gerichte und eine Rüge gegen eine kommunale Satzung vor das Verfassungsgericht gelangt. Diese Befugnis der Staatsanwaltschaft ist noch ein Überbleibsel der sozialistischen Konzeption der allgemeinen Gesetzesaufsicht, die durch die Staatsanwaltschaft über die Bürger ebenso wie über die Verwaltungsorgane auszuüben sei[773]. Zwar ist die ungarische Rechtsordnung nach dem Systemwechsel von dieser im vorrevolutionären russischen Recht wurzelnden, ihr fremden Konzeption abgerückt, nichtsdestotrotz finden sich in der Verfassung in § 51 Abs. 3 noch gewisse Anklänge an die Vorstellung, die Staatsanwaltschaft sei allgemein für die Einhaltung der Gesetze zuständig. Diese Anklänge sind auch in dem weitgehend umgestalteten Staatsanwaltsgesetz[774] beibehalten worden, auch wenn der Schwerpunkt der neuen gesetzlichen Konzeption in der Ausgestaltung der Staatsanwaltschaft als eine Anklagebehörde liegt[775]. In den §§ 13–15 regelt das Staatsanwaltsgesetz die staatsanwaltschaftliche Gesetzlichkeitsaufsicht und deren Hauptmittel, die Rüge. In der Praxis spielt die staatsanwaltschaftliche Aufsicht über die Kommunen keine Rolle, da die Selbstverwaltungen bereits einer Rechtsaufsicht durch die fachlich qualifiziertere Kommunalaufsicht unterliegen. Der Vollständigkeit halber sei hinzugefügt, daß auch in anderen Verwaltungsbereichen die staatsanwaltschaftliche Aufsicht nur äußerst selten ausgeübt wird, was nicht zuletzt an der mangelhaften Ausstattung der Staatsanwaltschaften liegt, die diese zur Konzentration auf ihre Kernbefugnisse in der Strafrechtspflege zwingt.

Die Auflösung der Vertretungskörperschaft

Die extremste Form der Kommunalaufsicht ist die bereits erwähnte Auflösung der Vertretungskörperschaft[776]. Weil sei einen tiefen Einschnitt in das Selbstverwaltungsrecht darstellt, müssen an ihr mehrere Verfassungsorgane mitwirken. Voraussetzung für die Auflösung ist, daß die Arbeit der Vertretungskörperschaft gegen die Verfassung verstößt.

---

[773] Zu dieser sozialistischen Konzeption s. *Kuss,* insbesondere S. 142 ff., 201 ff., 348 ff.; *Sátori,* János in Magyar Közigazgatási Kamara, S. 42.

[774] Gesetz 1972:V über die Staatsanwaltschaft der Republik Ungarn, M. K. 1972/524 ff., in deutscher Übersetzung von *Georg Brunner* abgedruckt in *Brunner,* VSO, Länderteil Ungarn, Dokument Nr. 5.2. Dazu *Brunner,* Der Staat 1993/301 f.; *Brunner* in Brunner/Sólyom, S. 32; *Spuller,* S. 78 ff.

[775] *Küpper,* OER 1998/260, 264.

[776] Die Möglichkeit der Selbstauflösung einer Vertretungskörperschaft wird weiter unten unter Punkt C. I. 6. a) bb) (2) behandelt, da sie erst durch die Kommunalreform 1994 in das Kommunalgesetz eingefügt wurde.

Wenn der Innenminister dies feststellt, regt er bei der Regierung an, daß sie beim Parlament die Auflösung beantragt [§ 96 Buchst. b) KommG]. Wenn die Regierung mit dem Innenminister übereinstimmt, beantragt sie ein Gutachten des Verfassungsgerichts, das feststellt, ob die Vertretungskörperschaft tatsächlich verfassungswidrig funktioniert [§ 1 Buchst. h) VerfGG i. V. m. § 114 KommG]. Falls dieses Gutachten die Verfassungswidrigkeit feststellt, schlägt die Regierung dem Parlament die Auflösung der Vertretungskörperschaft vor [§ 95 Buchst. b) KommG][777]. Das Parlament kann dann entscheiden, ob es die Vertretungskörperschaft auflöst [§ 19 Abs. 3 Buchst. l) Verf., § 93 Abs. 2 Satz 1 KommG]; die Entscheidung ist in der nächsten Sitzung des Parlaments zu fällen. Zu der Debatte ist der Bürgermeister der betreffenden Gemeinde zu laden und auf sein Verlangen hin zu hören (§ 93 Abs. 3 KommG). Die Entscheidung über die Auflösung gehört zu den wenigen Kompetenzen des Parlaments, die nicht Gegenstand einer Volksabstimmung sein können[778]. Falls das Parlament sich für die Auflösung entscheidet, hat es gemäß § 93 Abs. 2 Satz 2 KommG die Nachwahl der Vertretungskörperschaft auf einen Tag in einem Zeitraum von 60 Tagen ab der Auflösung festzusetzen. Für die Zwischenzeit, die die Selbstverwaltung ohne Vertretungskörperschaft ist, ernennt der Präsident der Republik gemäß § 94 Buchst. d) KommG für die Leitung bestimmter eigener sowie aller übertragener staatlicher Aufgaben einen Republiksbeauftragten.

Sowohl die Entscheidung der Regierung, dem Parlament die Auflösung vorzuschlagen, als auch die Entscheidung des Parlaments, dem Vorschlag nachzukommen, ist eine politische Entscheidung. Das Vorliegen der rechtlichen Voraussetzungen hat das Verfassungsgericht zu prüfen, um sie so dem politischen Streit zu entziehen. Die Rechtsprüfung erfolgt obligatorisch präventiv, um zu verhindern, daß eine derartige Maßnahme im Nachhinein,

---

[777] So die Mehrheit des Verfassungsgerichts in der Entscheidung 24/2000. (VII.6.) AB, M. K. 2000/4547 ff.; Verfassungsrichter *Árpád Erdei* hingegen erkannte in seinem Sondervotum, M. K. 2000/4552 f., der Regierung auch dann das Recht zur Beantragung der Auflösung beim Parlament zu, wenn das Verfassungsgericht keine Verfassungswidrigkeit feststellt. Er begründet dies letztendlich mit dem politischen und nicht rechtlichen Charakter der Entscheidung über die Auflösung einer örtlichen Vertretungskörperschaft und verkennt damit, daß diese politische Entscheidung von Verfassungs wegen an rechtliche Voraussetzungen geknüpft sind, deren Vorliegen vom Verfassungsgericht autoritativ festgestellt werden sollen, gerade auch um sie dem politischen Streit zu entziehen. Zu dieser Kompetenz des Verfassungsgerichts *Spuller*, S. 178.

[778] Das regelt jetzt § 25/C Abs. 5 Buchst. i) Verf. ausdrücklich. Diese Vorschrift ist erst 1997 in die Verfassung eingefügt worden; vorher galt das mittlerweile ersetzte Gesetz 1989:XVII über die Volksabstimmung und die Volksinitiative (M. K. 1989/706 ff.), das die Frage weder positiv noch negativ ausdrücklich regelte, allerdings von Volksabstimmungen über Angelegenheiten in der Zuständigkeit des Parlaments nur in Fragen von landesweiter Bedeutung ausging. Näher dazu weiter unten.

wenn der politische Schaden bereits entstanden ist, wegen des Fehlens der Voraussetzungen für rechtswidrig erklärt wird. Es entspricht dem hohen Wert, den die ungarische Verfassungs- und Rechtsordnung der Selbstverwaltung zubilligt, daß so viele Verfassungsorgane an dieser Art der Kommunalaufsicht beteiligt sind.

Zudem ermöglicht es die politische Entscheidung über die Auflösung, daß eine Vertretungskörperschaft im Einzelfall nicht aufgelöst wird. Sie ist demnach gegenüber der Auflösung von Gesetzes wegen, wie sie in den Kommunalgesetzen einiger anderer postsozialistischer Staaten in Fortführung sozialistischer Rätetraditionen vorgesehen ist, das mildere Mittel. Demgegenüber gilt beispielsweise nach dem neuen moldavischen Kommunalgesetz der Rat einer Gemeinde als von Gesetzes wegen aufgelöst, wenn er in einem Zeitraum von sechs Monaten nicht getagt hat oder seine Mitgliederzahl auf weniger als die Hälfte der gesetzlich vorgesehenen Zahl gesunken ist[779].

Bislang haben nur zwei Verfahren dieser Art stattgefunden. In der Gemeinde Tiszaderzs hatte 1992 die Abgeordnetenkörperschaft dauerhaft und ohne reale Aussicht auf Änderung aufgehört zu arbeiten. Auf Antrag der Regierung bestätigte das Verfassungsgericht daraufhin, daß auch die Untätigkeit der Vertretungskörperschaft auf Dauer wegen der Verletzung des Rechts der Bürger auf Selbstverwaltung ein verfassungswidriger Zustand sei; in dem soeben geschilderten Kommunalgesetz der Republik Moldova ist dies ja sogar der einzige Grund für die Auflösung des Rates von Gesetzes wegen. Das Parlament löste daraufhin die Körperschaft am 16.10.1992 auf und schrieb Neuwahlen für den 29.11.1992 aus[780]. Das zweite Verfahren dieser Art war nicht erfolgreich, weil das Verfassungsgericht keine Verfassungswidrigkeit im Wirken der Abgeordnetenkörperschaft feststellen konnte. Diese hatte den Bürgermeister „dauerhaft, im wesentlichen auf unbestimmte Zeit" von seinem Beschäftigungsverhältnis suspendiert, was von der antragstellenden Regierung als Verfassungsverletzung gewertet wurde. Um eine Verfassungsverletzung darzustellen, mußte diese Art der Ausübung der Arbeitgeberrechte nach Ansicht des Verfassungsgerichts willkürlich sein, und Willkür lag nicht vor, weil sich die Vertretungskörperschaft in akzeptablen Fristen um eine Beilegung des Konflikts bemüht hatte; Hinhaltetaktiken und Verzögerungen seitens des Bürgermeisters rechnete das Verfassungsgericht nicht in die in diesem Zusammenhang allein zu beurteilende Sphäre der Abgeordnetenkörperschaft[781]. Es ist mithin dem Bürger-

---

[779] Gesetz über die örtliche Verwaltung vom 8.2.1999, M.Of.R.M. 1999 Nr. 14-15.

[780] Regierungsbeschluß 3409/1992. Korm.; Verfassungsgerichtsbeschluß 1220/H/ 1992. AB vom 28.9.1992, ABH 1992/630 f.; Parlamentsbeschluß 66/1992. (X.16.) OGY, M. K. 1992/3399.

[781] Verfassungsgerichtsentscheidung 24/2000. (s. o. Fn. 777).

meister nicht möglich, durch Torpedierung der Zusammenarbeit eine vorzeitige Neuwahl der Abgeordnetenkörperschaft zu erzwingen.

Ergänzend sei angemerkt, daß die Neuregelung des Rechts der Volksabstimmungen und -initiativen 1997 in der Verfassung durch die Einfügung von §§ 28/B-28/E und 1998 und auf einfach-gesetzlicher Ebene durch den Erlaß eines neuen Volksabstimmungsgesetzes[782] die Regelungen über die Auflösung einer Vertretungskörperschaften präzisiert worden sind. § 28/C Abs. 5 Buchst. i) Verf. verbietet es jetzt, daß aus den Kompetenzen des Parlaments die Entscheidung über die Auflösung zum Gegenstand einer landesweiten Volksabstimmung gemacht werden kann. Ähnlich wie Haushalts-, Personal- und Organisationsentscheidungen oder die Entscheidung zur Selbstauflösung soll auch die Auflösung einer Vertretungskörperschaft zwingend vom Parlament, nicht aber vom Staatsvolk entschieden werden. Vor 1997 war die Frage weder in den kryptischen Regelungen der Verfassung zu Volksabstimmungen noch in den einschlägigen Gesetzen eindeutig geregelt, wurde allerdings auch nie praktisch, da niemand versuchte, in einer derartigen Angelegenheit eine Volksabstimmung zu initiieren[783].

Fachaufsicht bei Staatsaufgaben

Zu unterscheiden von der Kommunalaufsicht, d.h. der reinen Rechtsaufsicht in Selbstverwaltungsaufgaben, ist die Fachaufsicht. Diese steht staatlichen Organen nur in bezug auf übertragene Staatsaufgaben zu. § 95 Buchst. d) KommG erlaubt es der Regierung, die Erfüllung staatlicher Aufgaben zu leiten und für die Bedingungen ihrer Ausführung Sorge zu treffen. Die eigentliche Fachaufsicht obliegt dem Fachminister, welcher die allgemeinen Regelungen durch Verordnung treffen kann [§ 97 Buchst. a) KommG]. Eingriffsbefugnisse im Einzelfall räumt § 97 KommG dem Fachminister nicht ein; er kann sich nur mit Vorschlägen und Unterrichtungen über die allgemeine Staatspolitik auf dem entsprechenden Verwaltungssektor an die Selbstverwaltungen wenden. Die Selbstverwaltungen sind allerdings auf Anfrage verpflichtet, Antworten zu geben und Informationen zu liefern [§ 97 Buchst. e) KommG].

Wenn der Fachminister eine Rechtswidrigkeit feststellt, unterrichtet er das Organ der Rechtsaufsicht [§ 97 Buchst. c) KommG]. Das bedeutet, daß die Kommunalaufsicht dann mit ihren oben dargestellten umständlichen

---

[782] Verfassungsänderungsgesetz 1997:LIX (s.o. Fn. 649), Gesetz 1998:III über die landesweite Volksabstimmung und Volksinitiative, M. K. 1998/938 ff., in deutscher Übersetzung von *Georg Brunner* abgedruckt in *Brunner,* VSO, Länderteil Ungarn, Dokument 2.2.4.

[783] Zu dieser Frage *Takács,* Albert in Brunner, Politischer Pluralismus, S. 136 ff.; *Fürcht,* MK 1998/154.

und langwierigen Verfahren versuchen muß, die Rechtswidrigkeit zu beseitigen. Die Fachaufsicht ist mithin schwächer ausgeprägt als in Deutschland:
Der Fachminister kann nur durch abstrakt-generelle Normen auf die örtliche Verwaltungspraxis Einfluß nehmen; im Einzelfall kann er noch nicht
einmal gegen Rechtsverletzungen unmittelbar vorgehen. Diese starke Stellung der Selbstverwaltungen auch in der Erfüllung übertragener Staatsaufgaben ist das Ergebnis der überaus großen Bedeutung, die der ungarische
Verfassungs- und Gesetzgeber nach der Wende der kommunalen Selbstverwaltung zugemessen hat.

cc) Selbstverwaltung und Bürger

Die örtlichen Selbstverwaltungen haben gegenüber dem Bürger eine Dop-
pelnatur: Einerseits sind sie die institutionellen Träger des Grundrechts der
Bürger auf Selbstverwaltung, andererseits sind sie Teil der öffentlichen
Gewalt und treten gegenüber dem Bürger mit hoheitlichen Befugnissen auf.
Daher sind im Verhältnis zwischen Bürger und Selbstverwaltung zwei
Grundrichtungen zu regeln. Die erste Richtung geht von unten nach oben
und ist auf Partizipation ausgerichtet. Sie wird durch Wahlen und durch
Volksabstimmungen und -begehren geprägt. Die zweite Richtung geht von
oben nach unten und regelt die Ausübung der hoheitlichen Gewalt. Hierzu
gehören die Befugnisse der Verwaltung ebenso wie die Möglichkeiten des
Bürgers, sich dagegen zu wehren.

(1) Indirekte Partizipation: Das Kommunalwahlrecht

Wie bereits dargestellt, ist die Vertretungskörperschaft als parlamentsähn-
liches Repräsentativorgan konzipiert, welches die Vertretung der Inhaber
des Rechts auf örtliche Selbstverwaltung, der Kommunalbürger, zur Aufgabe hat. In den Kleingemeinden mit weniger als 10.000 Einwohnern war
nach altem Recht zudem der Bürgermeister ein direkt gewähltes Gemeinde-
organ; seit der Kommunalreform 1994 trifft dies auf alle Gemeinden zu.

Aktives und passives Wahlrecht

Da der Gesamtheit der Wahlbürgerschaft das Recht auf örtliche Selbstverwaltung zusteht, geht die Definition der Wahlberechtigten auf Selbstverwaltungsebene in ihrer Bedeutung über das bloße Wahlrecht hinaus und
definiert gleichzeitig den Kreis der Träger der als kollektives Grundrecht
konzipierten Selbstverwaltung. Es wurde bereits unter Punkt C. I. 3. a) aa)
(2) darauf hingewiesen, daß das Kommunalwahlrecht von Verfassung
wegen auch den niedergelassenen ausländischen Staatsbürgern zusteht. § 3

KWahlG beschränkt allerdings das passive Wahlrecht sowohl für die Vertretungskörperschaften als auch für die Bürgermeisterstellen auf ungarische Staatsangehörige. Mit der Verfassung ist diese Beschränkung vereinbar, da § 70 Abs. 2 Verf. den ausländischen Staatsangehörigen das „Wahlrecht" zuerkennt. Eine Auslegung dergestalt, daß damit notwendigerweise auch das passive Wahlrecht umfaßt ist, ist vom Wortlaut her im Ungarischen ebensowenig zwingend wie im Deutschen. Zudem kann man durchaus triftige Gründe dafür finden, warum es den ausländischen Staatsbürgern zwar gestattet sein soll, an der Bildung der Vertretungskörperschaften mitzuwirken, nicht aber, in ihrem Rahmen öffentliche Gewalt auszuüben. Umgekehrt wird man § 70 Abs. 2 Verf. auch nicht so auslegen können, daß er das passive Ausländerwahlrecht auf kommunaler Ebene verbietet. Es steht somit im Belieben des einfachen Gesetzgebers, ob er niedergelassenen Ausländern die Möglichkeit einräumt, zum Selbstverwaltungsabgeordneten oder Bürgermeister gewählt zu werden, und er hat sich dagegen entschlossen.

Eine weitere wichtige Einschränkung des Wahlrechts enthält § 70 Abs. 2 Verf., der alle Wahlberechtigten, die sich am Wahltag nicht auf dem Gebiet der Republik Ungarn aufhalten, von der Wahl ausschließt. Auf einfachgesetzlicher Ebene vollzieht § 2 Abs. 3–4 KWahlG diese Einschränkung nach, indem er die Wahlausübung an den Wohnort, nach Wahl auch an den Zweitwohnort bindet. Dieselbe Beschränkung enthält § 70 Abs. 1 Verf. in bezug auf die Parlamentswahlen. In die Verfassung fand der Ausschluß des Wahlrechts für Wahlberechtigte, die sich am Wahltag im Ausland aufhalten, durch eine Verfassungsänderung am 12.3.1990 Eingang, nachdem das Verfassungsgericht durch Urteil vom 4.3.1990 eine entsprechende Klausel im Wahlgesetz von 1989 in Ermangelung einer verfassungsrechtlichen Ermächtigung für verfassungswidrig erklärt hatte[784]. Die amtliche Begründung zu der Verfassungsänderung berief sich auf die Eigenheiten des ungarischen Wahlsystems, die eine Abgabe der Stimme nur im Inland ermöglichten.

Des weiteren kennt das ungarische Recht die üblichen Wahlausschlußgründe der eingeschränkten oder völlig entzogenen Geschäftsfähigkeit, des Entzugs des Wahlrechts durch strafgerichtliches Urteil, der Verbüßung einer Freiheitsstrafe und einer im Strafverfahren angeordneten Zwangsheilbehandlung (§ 70 Abs. 3 – bis 1994 Abs. 2 – Verf., § 2 Abs. 2 KWahlG).

---

[784] Gesetz 1990:XVI über die Änderung der Verfassung der Republik Ungarn, M. K. 1990/412 ff.; Verfassungsgerichtsentscheidung 3/1990. (III.4.) AB, M. K. 1990/ 398 ff., ABH 1990/25 ff. Hierzu s. *Dezső*, Márta in Kukorelli, Alkotmánytan, S. 143.

Das Wahlsystem

Die Kommunalwahlen beruhen auf den Grundsätzen der allgemeinen, gleichen, unmittelbaren und geheimen Wahl (§ 71 Abs. 1 Verf., § 1 KWahlG). Für das Wahlsystem ist insbesondere die Unmittelbarkeit der Wahl von Bedeutung.

Es bestehen mehrere Wahlsysteme[785]: In Kleingemeinden bis 10.000 Einwohnern wird nach dem sogenannten Kleinlistensystem gewählt (§§ 8, 42 KWahlG), in größeren Gemeinden und den hauptstädtischen Stadtbezirken nach dem sogenannten gemischten System (§§ 9, 43–45 KWahlG) und in der Hauptstadt als Ganzer nach dem Listensystem (§§ 11, 46 KWahlG), wobei die gewählten Abgeordneten nur einen Teil der Mitglieder der Hauptstädtischen Generalversammlung ausmachten. Für die Generalversammlungen der Komitate sah das Kommunalwahlrecht ursprünglich kein System vor, da sie nach der anfänglichen Konzeption nicht vom Volk gewählt, sondern durch Vertreter der örtlichen Selbstverwaltungen gebildet wurden.

Im Kleinlistensystem bildet das gesamte Gemeindegebiet einen einzigen Wahlkreis, in dem je nach Einwohnerzahl zwischen 3 und 13 Abgeordnete gewählt werden können. Sämtliche Kandidaten sind in alphabetischer Reihenfolge auf dem Stimmzettel aufzuführen, und die Wähler können soviele Stimmen abgeben, wie Abgeordnete zu wählen sind. Gewählt sind die Kandidaten mit den meisten Stimmen. Der Bürgermeister, der in Kleingemeinden ebenfalls direkt zu wählen ist, benötigt die relative Mehrheit der Stimmen.

In dem gemischten System ist etwas mehr als die Hälfte der Mandatsträger direkt in Einmannwahlkreisen zu wählen; der Rest der Sitze wird proportional zum Stimmenanteil an Parteilisten vergeben. Gewählt sind die Listenplätze von oben nach unten. Die Stimmabgabe erfolgt auf zwei unterschiedlichen Wahlzetteln. Für die Direktmandate in den Einmannwahlkreisen sind im ersten Wahlgang gewisse Schwellenwerte der Wahlbeteiligung vorgesehen (§ 44 Abs. 1 KWahlG); im zweiten Wahlgang gilt das relative Mehrheitsprinzip.

In der Hauptstadt als Ganzer können die Wähler nur für Parteilisten stimmen[786]. Die Mandate erhalten die oben auf der Liste stehenden Kandidaten in der Reihenfolge ihrer Nennung. Neben den 66 gewählten Abgeordneten

---

[785] Eine Darstellung der Wahlsysteme findet sich bei *Küpper,* S. 182 ff. Zweifel an der Verwirklichung des Grundsatzes der Gleichheit der Wahl bei den Selbstverwaltungswahlen (im Gegensatz zu den Parlamentswahlen) äußert *Makai,* MK 2000/ 54 ff., insbesondere im Hinblick auf die Elemente der Mehrheitswahl, aber letztendlich können diese Zweifel nicht überzeugen.

haben in der Generalversammlung der Hauptstadt die 22 Vertreter der Selbstverwaltungen der einzelnen Stadtbezirke ebenfalls einen Sitz. Die Mandate der Stadtbezirke in der Generalversammlung wurden in der Kommunalreform 1994 abgeschafft, worauf in Kapitel C. I. 6. a) bb) (1) noch zurückzukommen sein wird. Seit 1994 besteht die Hauptstädtische Generalversammlung nur noch aus den 66 gewählten Abgeordneten.

Mit wachsender Gemeindegröße ist eine Abnahme der Elemente des Mehrheitswahlsystems und eine Zunahme des Verhältniswahlsystems festzustellen. Diesem Modell liegt die Annahme des Gesetzgebers zugrunde, daß in kleinen Ortschaften die Personen, nicht die Parteien im Vordergrund stehen, so daß hier das mehr auf die Persönlichkeit abzielende Mehrheitswahlsystem im Vordergrund steht. In größeren Städten und in der Hauptstadt dagegen ist das politische Geschäft anonymer, so daß politische Parteien in den Vordergrund treten. Dem entspricht eine Verstärkung der proportionalen Elemente im Wahlsystem.

Öffentliche Anhörungen

Mindestens einmal im Jahr haben die Bürger und die örtlichen Organisationen die Möglichkeit, auch direkt auf die örtlichen Abgeordneten einzuwirken. Auf der obligatorischen öffentlichen Anhörung (§ 13 KommG) können sie Fragen von öffentlichem Interesse stellen und Vorschläge unterbreiten. Ob dieser „Tag der offenen Tür" wirklich eine Stärkung der Bürgerinteressen gegenüber den sonst in derartigen Gremien vorherrschenden Verbandsinteressen bewirkt, ist unklar. Solange insbesondere in den kleinen Gemeinden auf dem Land die Strukturen der politischen Parteien schwach bleiben, können von derartigen Versammlungen durchaus Impulse ausgehen, zumal dann weder kommunale Repräsentanten noch parteigebundene Stammwähler in ihren Meinungen zu Sachfragen durch eine vorgegebene Parteilinie „zementiert" sind.

(2) Direkte Partizipation: Örtliche Volksabstimmungen und -begehren

Neben den Formen repräsentativer Demokratie existieren in Ungarn seit dem Systemwechsel auch Foren direkter Partizipation. Ein ausgebautes System von Volksinitiativen und -abstimmungen sowohl auf der Ebene des Gesamtstaats als auch in den Selbstverwaltungen ergänzt das parlamentarische System. Im folgenden sind nur die örtlichen Formen von Interesse.

---

[786] Dieser Listenzwang verstößt nicht gegen das in § 70 Abs. 1 Verf. garantierte freie passive Wahlrecht: Verfassungsgerichtsentscheidung 31/2000. (X.20.) AB, M. K. 2000/6545 f.

Angemerkt sei nur, daß die plebiszitären Elemente auf Landesebene ähnlich strukturiert sind, so daß sie ein mehr oder weniger einheitliches System auf allen Stufen bilden.

Volksabstimmung, Volksbegehren

Das örtliche Wahlvolk übt sein Recht auf Selbstverwaltung nicht nur auf dem Wege der Vertretung aus, sondern auch durch die Teilnahme an Volksabstimmungen unmittelbar (§ 5 KommG). Die örtliche Volksabstimmung steht im Rang nicht unter der Vertretungskörperschaft; die Entscheidung durch das Repräsentativorgan und durch die Wahlbevölkerung direkt sind nach der Konzeption des Kommunalgesetzes vielmehr gleichrangig (§ 2 Abs. 2, § 5 KommG). Zwar hat das Verfassungsgericht in ständiger Rechtsprechung[787] die Formen repräsentativer Demokratie als vorrangig vor der direkten Demokratie bezeichnet, jedoch die Entscheidung von Fragen durch die Bürger in Volksabstimmungen und -begehren in den durch die Verfassung und verfassungsgemäßen Gesetzen vorgesehenen Fällen als legitime Form der Ausübung der Volkssouveränität anerkannt. Bei genauer Analyse der genannten Verfassungsrechtsprechung ergibt sich aber, daß der Vorrang der repräsentativen Demokratie es lediglich verbietet, Volksabstimmungen und -begehren in Fragen abzuhalten, in denen dies nicht vorgesehen ist. Ansonsten stehen beide Formen der Demokratie gleichwertig nebeneinander. Dem entspricht auch, daß das Ergebnis einer gültigen Volksabstimmung für die Abgeordnetenkörperschaft gemäß § 48 Satz 1 KommG bindend ist.

Dies spiegelt sich auch in der einfach-gesetzlichen Regelung der örtlichen direkten Demokratie wider. Ursprünglich wurden die örtlichen Volksabstimmungen und -begehren zusammen mit den landesweiten Verfahren im Volksabstimmungsgesetz[788] geregelt. Mit dem Erlaß des Kommunalgesetzes wurden diese Regeln aus dem Volksabstimmungsgesetz entfernt und in die einheitliche Regelung des gesamten Kommunalrechts eingefügt.

---

[787] Verfassungsgerichtsentscheidungen 987/B/1990/3. AB, ABH 1991/527 ff.; 2/ 1993. (I.22.) AB, M. K. 1993/185 ff., ABH 1993/33 ff.; 52/1997. (X.14.) AB, M. K. 1997/6323 ff., ABH 1997/331 ff. Auch das Volksabstimmungsgesetz von 1998 (s. o. Fn. 782) räumt in seiner Präambel den Formen repräsentativer Demokratie den grundsätzlichen Vorrang ein, während sich die Präambel des Vorgängergesetzes von 1989 (s. o. Fn. 778) zu dieser Frage weit weniger eindeutig äußerte. Zur Rechtswirkung von Präambeln in Ungarn s. *Küpper,* OE 1997/685 f.; zur Rechtswirkung von Präambeln allgemein s. *Häberle,* Präambeln, S. 211 ff.; *Häberle,* Verfassungslehre, S. 468 f., 920 ff.
Allgemein zum Verhältnis von direkter und repräsentativer Demokratie in Ungarn *Kilényi,* MK 1999/673 ff.

[788] Gesetz 1989:XVII über die Volksabstimmung und die Volksinitiative (s. o. Fn. 778).

Die Ausschreibung einer örtlichen Volksabstimmung obliegt der Abgeordnetenkörperschaft. Sie kann grundsätzlich in allen Fragen, die in ihre Zuständigkeit fallen, eine Volksabstimmung anordnen, insbesondere auch zur Bekräftigung einer örtlichen Satzung (§ 46 Abs. 3 KommG). Durch eine örtliche Volksabstimmung kann etwa gemäß § 1 Abs. 4 Satz 1 KommG über die Übernahme neuer freiwilliger Aufgaben durch die Selbstverwaltung entschieden werden.

In einigen Fällen ist die Abgeordnetenkörperschaft sogar verpflichtet, eine örtliche Volksabstimmung auszuschreiben. Diese Fälle sind gemäß § 46 Abs. 1 KommG die Vereinigung zweier Gemeinden und deren Trennung voneinander, die Initiierung der Gründung einer Gemeinde, die Gründung und Beendigung einer gemeinsamen Abgeordnetenkörperschaft mit einer anderen Gemeinde[789] sowie diejenigen, die eine kommunale Satzung vorsieht. Durch die Satzungshoheit obliegt es somit vor allem der Abgeordnetenkörperschaft, die Fälle einer obligatorischen Volksabstimmung festzulegen.

Ausgeschlossen ist eine Volksabstimmung lediglich über den Haushalt der Selbstverwaltung, über Art und Höhe der örtlichen Steuern sowie in Personalfragen (§ 46 Abs. 4 KommG). Diese Ausschlußgründe entsprechen den in der Verfassung vorgesehenen Ausschlußgründen bei landesweiten Verfahren sowie international häufig anzutreffenden Standards[790].

Das Recht, eine örtliche Volksabstimmung beim Bürgermeister zu initiieren, kommt nicht nur mindestens einem Viertel der örtlichen Abgeordneten und einem Ausschuß der Vertretungskörperschaft zu, sondern auch den Leitungsorganen örtlicher Verbände und Vereine und einem in einer kommunalen Satzung näher zu bestimmenden Anteil von kommunalen Wahlbürgern,

---

[789] Einzelheiten regeln die §§ 52–60 KommG; dazu s. unten unter Punkt dd) (1).

[790] § 28/C Abs. 5 Verf., eingefügt durch verfassungsänderndes Gesetz 1997:LIX (s. o. Fn. 649). S. auch Art. 60 Abs. 6 Verf. Ba-Wü, Art. 73 Verf. Bay und dazu BayVerfGH in DÖV 2000/911 ff., Art. 61 Abs. 2, 62 Abs. 5 Verf. Bln, Art. 76 Abs. 2 Verf. Brdb, Art. 70 Abs. 2 Verf. Brem und dazu Brem StGH in DÖV 2000/915 ff., Art. 50 Abs. 1 Satz 2 Verf. Hbg, Art. 124 Abs. 1 Satz 3 Verf. Hess, Art. 59 Abs. 3, 60 Abs. 2 Satz 1 Verf. Me-VP, Art. 48 Abs. 1 Satz 3 Verf Nds, Art. 68 Abs. 1 Satz 4 Verf. NRW, Art. 109 Abs. 3 Satz 2 Verf. Rh-Pf, Art. 99 Abs. 1 Satz 3, 100 Abs. 4 Verf. Saarl, Art. 81 Abs. 1 Satz 3 Verf. Sa-Anh, Art. 73 Abs. 1 Verf. Sachs, Art. 41 Abs. 2 Verf. SH, Art. 82 Abs. 2 Verf. Thü; international Art. 42 Abs. 6 Verf. Dänemark, Art. 75 Abs. 2 Verf. Italien, Art. 115 Abs. 4–5 Verf. Portugal. Die Verfassung Liechtensteins enthält in Art. 64 Abs. 3 die Besonderheit, daß Volksinitiativen zu Finanzgesetzen nur mit Deckungsvorschlag unterbreitet werden können und in einem Referendum über den Deckungsvorschlag mitentschieden wird. In der Schweiz hingegen sind Finanz- und Abgabengesetze nicht von der Möglichkeit der direktdemokratischen Entscheidung ausgenommen (Art. 138–141 Verf. vom 18.4.1999), sondern bilden sogar eine wichtige Fallgruppe bei den Referenden: *Linder*, S. 245 ff.

der von Gesetzes wegen zwischen 10 und 25 Prozent liegen muß (§ 47 Abs. 1 KommG). Bei Erreichen des satzungsmäßig vorgeschriebenen Quorums an Wahlbürgern ist die Abgeordnetenkörperschaft zur Ausschreibung der Volksabstimmung verpflichtet, und Fristvorschriften sorgen für eine zügige Durchführung der Angelegenheit, so daß es sich hierbei um eine obligatorische kommunale Volksinitiative handelt (§ 47 Abs. 2–3 KommG). Darüber hinaus gibt es noch eine weitere Form der Volksinitiative, die die Abgeordnetenkörperschaft nur dazu zwingt, sich mit einer bestimmten Frage auseinanderzusetzen. Sie kann in allen Fragen, die in die Zuständigkeit der Abgeordnetenkörperschaft fällt, unterbreitet werden und ist von einem in einer kommunalen Satzung näher zu bestimmenden Anteil der Wahlbürger, der zwischen fünf und zehn Prozent zu liegen hat, einzureichen (§ 49 KommG). Verbindlich ist in dieser Form der Volksinitiative nur die Befassung, nicht aber das Ergebnis der Beratung der Abgeordnetenkörperschaft[791].

Das Ergebnis einer Volksabstimmung ist für die Abgeordnetenkörperschaft gemäß § 48 Satz 1 KommG verbindlich. Die Vorschrift klärt nicht, was „verbindlich" [ungar.: kötelező] bedeutet. Klar ist nur, daß die Abgeordnetenkörperschaft in unmittelbarem zeitlichem Zusammenhang keine entgegenstehende Entscheidung treffen darf. Da § 48 Satz 2 KommG der Abgeordnetenkörperschaft genau dies im Falle einer gültigen, aber erfolglosen Volksabstimmung erlaubt, ist e contrario zu schließen, daß sie es im Falle einer erfolgreichen Volksabstimmung nicht darf. Eine zeitliche Befristung der Bindungswirkung, wie sie manche deutsche Bundesländer vorsehen[792], enthält das ungarische Kommunalrecht jedoch nicht, so daß man davon ausgehen kann, daß die Abgeordnetenkörperschaft jedenfalls dann das Ergebnis einer Volksabstimmung durch entgegenstehende Entscheidungen abrogieren kann, wenn sich wesentliche neue Gesichtspunkte für den Entscheidungsprozeß finden, die in der Volksabstimmung noch nicht berücksichtigt wurden.

In Kleinstgemeinden, d.h. in Gemeinden mit weniger als 500 Einwohnern, kann die Vertretungskörperschaft auch die Dorfversammlung einberufen, anstatt eine örtliche Volksabstimmung abzuhalten (§ 47 Abs. 4 KommG). Das Abstimmungsergebnis der Dorfversammlung gilt als gültige Volksabstimmung – mit der Rechtsfolge der Verbindlichkeit des Ergebnisses – unter der Voraussetzung, daß mehr als die Hälfte der Wahlbürger auf der Dorfversammlung zugegen waren; ein Quorum für die Teilnahme an

---

[791] Zu den zweistufigen Formen direktdemokratischer Willensbildung auf kommunaler Ebene in Deutschland s. *Heimlich,* DÖV 1999/1030. Zur Praxis der direkten Demokratie in den deutschen Kommunen s. *Gabriel,* Oscar W. in Sauberzweig/ Laitenberger, S. 159 ff.

[792] *Engelken,* DÖV 2000/883 f.

der Abstimmung im Zuge der Dorfversammlung stellt das Gesetz nicht auf. Es kommt alleine auf die Teilnehmenden an der Versammlung, nicht an der Abstimmung an.

Die vorgehenden Ausführungen gelten nur für die örtliche Ebene. In den Komitaten band § 71 Abs. 2 KommG das Recht der Komitatsselbstverwaltungen, in Fragen aus ihrem Zuständigkeitsbereich Komitatsvolksabstimmungen anzuordnen, an eine gesetzliche Ermächtigung. Dieser Gesetzesvorbehalt ist – wie der oben dargestellte, in derselben Vorschrift enthaltene Gesetzesvorbehalt für Komitatssatzungen – in der Kommunalreform 1994 beseitigt worden.

Territoriale Fragen

Zwingend vorgeschrieben ist die Beteiligung der Bevölkerung bei der Neugründung von Gemeinden und bei Gebietsänderungen. Zum einen kann die Bevölkerung die Zusammenlegung oder Aufteilung von Gemeinden sowie die Neugründung einer Selbstverwaltung (durch „Sezession" eines Ortsteils von einer bestehenden Gemeinde) initiieren und die zuständigen Vertretungskörperschaften und staatlichen Aufsichtsorgane zu der Befassung zwingen (§§ 52–55 KommG). Zum anderen bedürfen Vereinbarungen von Vertretungskörperschaften, die die Änderung der Grenzen in bezug auf bewohnte Gebiete zum Gegenstand haben, der Zustimmung der Mehrheit der betroffenen Stimmbürger (§ 56 KommG).

Auf die zunehmende Zersplitterung der kommunalen Selbstverwaltungen wird noch weiter unten unter Punkt C. I. 3. b) dd) (3) eingegangen werden. An dieser Stelle kann aber bereits soviel gesagt werden, daß während und unmittelbar nach der Wende die Tendenz zur Zersplitterung durch die Rückgängigmachung der kommunistischen Gebietsreformen von allen Akteuren getragen wurde, weil man in der Zusammenlegung von Gemeinden und in der Eingemeindung des Umlands in die Städte im Nachhinein „kommunistisches Unrecht" sah. Ab etwa 1992 hat sich die Praxis der Trennung von Gemeinden und der Wiederausgemeindung ehemals selbständiger Umlandgemeinden verschoben: Die Initiative geht nicht mehr von den gewählten Politikern, sondern zunehmend von mehr oder weniger großen Bürgerbewegungen aus, denen die Politik folgen muß, wenn sich herausstellt, daß sie in der Bevölkerung auf Akzeptanz stoßen. Daher hat gerade in Territorialfragen die direktdemokratische Beteiligung der Bürger in der Praxis nicht mehr den Charakter einer nachträglichen Legitimierung von „höheren Orts" beschlossenen Maßnahmen, sondern ist der zentrale, aktive Teil dieser Prozesse geworden, dem die Behörden mehr oder weniger passiv hinterherhinken.

Sonderformen der direkten Partizipation

Das Kommunalgesetz beschränkt die Möglichkeiten der Bürger, direkten Anteil an der Arbeit der Selbstverwaltung zu nehmen, nicht auf Volksbegehren und -abstimmungen. Auf die Dorfversammlung als die direkteste Form kommunaler Demokratie ist bereits hingewiesen worden. In Gemeinden mit weniger als fünfhundert Einwohnern kann die Abgeordnetenkörperschaft gemäß § 47 Abs. 4 KommG die örtliche Volksabstimmung in die Zuständigkeit der Dorfversammlung verweisen. Auf die dort geltenden Quoren und Mehrheiten wurde bereits hingewiesen.

Darüber hinaus steht es der Vertretungskörperschaft frei, weitere Diskussionsforen zu schaffen; das Kommunalgesetz nennt in § 18 Abs. 2 beispielhaft ein gemeinde- oder stadtpolitisches Forum und eine Stadtteilberatung. Auch die Dorfversammlung kann neben ihren anderen Funktionen[793] als ein solches Forum dienen. Diese Foren dienen zum einen der Unterrichtung der Bevölkerung, zum anderen der Einbeziehung der Bürger in den Willensbildungsprozeß. Die Vertretungskörperschaft ist von den auf derartigen Foren vertretenen Standpunkten einschließlich der Minderheitsmeinungen zu unterrichten.

(3) Hoheitliche Befugnisse der Selbstverwaltungen

Die Selbstverwaltungen können zum einen Rechtsätze (Satzungen) erlassen, zum anderen im Einzelfall tätig werden. In beiden Fällen greift die Selbstverwaltung in die Rechtsphäre des Bürgers ein, indem sie Rechte und Pflichten entweder abstrakt-generell oder konkret und/oder individuell festsetzt.

Die Rechtsetzung durch Selbstverwaltungen

Es ist bereits unter Punkt C. I. 3. a) aa) (3) darauf hingewiesen worden, daß die Verfassung den Selbstverwaltungen in ihrem Tätigkeitsbereich ein originäres Satzungsrecht einräumt. Das Normsetzungsgesetz verweist in § 42 in bezug auf die Selbstverwaltungssatzungen lapidar auf die Vorschriften des Kommunalgesetzes, seiner Ausführungsvorschriften sowie der Grundsatzung der Selbstverwaltung. Bei den Satzungen unterscheidet das ungarische Recht – ebenso wie bei den Verordnungen der staatlichen Exekutive – zwischen autonomen Satzungen und Satzungen aufgrund einer gesetzlichen Ermächtigung[794].

---

[793] Zur Dorfversammlung s. o. Punkt 3. b) aa) (1) am Ende.
[794] *Takács,* Albert in Brunner, Politischer Pluralismus, S. 125 ff.

Die Satzungen werden vom Bürgermeister und dem Notär unterschrieben und dann entsprechend dem Ortsbrauch bekanntgemacht; für die Bekanntmachung sorgt der Notär (§ 16 Abs. 2–3 KommG). Die entsprechenden Vorschriften für die Komitate enthält § 71 Abs. 2 KommG, der den Komitaten den Erlaß von Satzungen nur aufgrund einer gesetzlichen Ermächtigung und nur in ihrem eigenen Tätigkeitsbereich gestattet. Auf die sich aus dieser Einschränkung ergebenden verfassungsrechtlichen Probleme ist bereits im Zusammenhang mit dem Verhältnis von Selbstverwaltungen und Staat unter Punkt C. I. 3. b) bb) (2) hingewiesen worden. Die Einzelheiten des Verfahrens zum Erlaß von Satzungen regelt nicht das Kommunalgesetz selbst, sondern das Gesetz überläßt dies der Grundsatzung der einzelnen Selbstverwaltung (§ 18 Abs. 1 KommG).

Die Satzungen können bloße Innenwirkung haben, so daß sie die Organe der Selbstverwaltung, nicht aber den Bürger binden. Dies ist der Fall etwa bei reinen Organisationsakten. Die Selbstverwaltungen haben aber durchaus auch das Recht, für den Bürger Rechte und Pflichten auf abstrakt-generelle Weise durch den Erlaß von Satzungen zu bestimmen. Dies gilt sowohl für Satzungen im originären Selbstverwaltungsbereich als auch für Satzungen auf der Grundlage gesetzlicher Ermächtigungen[795]. Der Bürger ist Selbstverwaltungssatzungen genauso zum Gehorsam verpflichtet wie anderen Rechtsnormen auch. Dies ergibt sich nicht zuletzt aus § 11 i. V. m. § 1 Abs. 1 Buchst. f) NormsG.

Für die Gestaltung des Innenverhältnisses stehen den Selbstverwaltungen noch andere Normarten als die Satzung zur Verfügung. Gemäß § 46 Abs. 1 NormsG können nicht nur staatliche Stellen, sondern auch die Selbstverwaltungen und deren Organe Beschlüsse zur Regelung der eigenen Arbeitsweise und der der ihnen unterstehenden Organe sowie zur Festsetzung der in ihre Zuständigkeit fallenden Pläne fassen. Diese Beschlüsse dürfen jedoch keine Außenwirkung haben. Nach ungarischer Auffassung kommt eine Außenwirkung nur Rechtsnormen zu, und deren Arten zählt das NormsG in § 1 Abs. 1 abschließend auf: Gesetze, Verordnungen der Regierung, des Ministerpräsidenten und einzelner Minister, Verfügungen bestimmter Staatssekretäre und Satzungen der Selbstverwaltungen. Beschlüsse gemäß § 46 NormsG gehören nicht dazu. Sie sind zwar Regelungen, aber keine Rechtsnormen, sondern sogenannte sonstige rechtliche Mittel der staatlichen Lenkung. Daher hat das Verfassungsgericht einen Beschluß der Stadt Veszprém über Parkbeschränkungen in der Altstadt als verfassungswidrig aufgehoben, obwohl die Stadt dieselbe Regelung mit einer Satzung durchaus hätte treffen dürfen. Grund der Aufhebung war ausschließlich die Anwendung der falschen Normierungsart[796].

---

[795] Zu den möglichen Gegenständen kommunaler Satzungsgebung s. *Németh,* MK 1991/162 ff.

Die Gemeinden machen von ihrem Recht auf Rechtsetzung ausgiebig Gebrauch. Dabei liegt die Zahl der Beschlüsse der Abgeordnetenkörperschaften wesentlich höher als die der Satzungen. Bei den Satzungen ist dafür der Anteil der als rechtswidrig beanstandeten höher, was vor allem an der möglichen Außenwirkung von Satzungen liegt. Bei Beschlüssen ist wegen ihrer Innenwirkung die Möglichkeit einer Rechtsverletzung von vornherein geringer. In Zahlen stellt sich die Lage wie folgt dar:

Tabelle 1

Die Rechtsetzung durch die Selbstverwaltungen[797]

Jahr	Satzungen	davon rechtswidrig	Beschlüsse	davon rechtswidrig
1994	28.969	1.580 (5,9%)	280.191	3.362 (1,2%)
1995	42.880	3.137 (7,3%)	342.613	3.630 (1,1%)
1996	35.664	1.558 (4,4%)	338.006	2.330 (0,7%)
1997	38.322	2.976 (7,8%)	339.362	2.314 (0,7%)
1998	31.278	1.304 (4,2%)	304.362	1.479 (0,5%)

Die individuelle Verwaltungstätigkeit

Wird die Selbstverwaltung in einem Einzelfall tätig, so hat sie grundsätzlich das Verwaltungsverfahrensrecht zu beachten, insbesondere das Verwaltungsverfahrensgesetz[798]. Dies gilt gemäß § 109 KommG auch für ein Vorgehen im Selbstverwaltungsbereich. Dieses 1957 erlassene, 1981 umfassend überarbeitete und insbesondere nach dem Systemwechsel gründlich überholte Gesetz bildet die Grundlage eines rechtsstaatlichen Verwaltungsverfahrens. Es betrifft aber nur den Ablauf des Verfahrens; eine Ermächtigungsgrundlage für ein Tätigwerden der Verwaltung enthält es dagegen nicht. § 109 KommG schreibt die Anwendung des Verwaltungsverfahrensgesetzes mit den in diesem Gesetz (d.h. im Kommunalgesetz) vorgesehenen

---

[796] Verfassungsgerichtsentscheidung 15/1999. (VI.3.) AB, M. K. 1999/3017 ff., ABH 1999/407 ff.

[797] Quelle: Innenministerium der Republik Ungarn, zitiert nach Népszabadság, 10.5.1999 (s. o. Fn. 766). Eine weitere Aufschlüsselung nach Regionen findet sich im Internet auf der Homepage des Innenministeriums unter der Adresse http://www.b-m.hu/onkormanyzat/dontes/onkrend.htm.

[798] s. o. Fn. 419. Zur Bindung der örtlichen Selbstverwaltung an dieses Gesetz s. *Takács,* Albert in Brunner, Politischer Pluralismus, S. 131 ff.; *Cseh,* MK 1997/366 ff.

Abweichungen vor. Diese Norm befindet sich im Widerspruch zu § 3 Abs. 8 VwVfG, der eine Abweichung von den Normen des Verwaltungsverfahrensgesetzes nur in den dort vorgesehenen Fällen erlaubt[799]. Der Widerspruch ist durch die Anwendung der *lex posterior*-Regel dergestalt zu lösen, daß die frühere Regel des Verwaltungsverfahrensgesetzes (die seit 1981 in der dargestellten Form besteht) hinter das erst 1990 erlassene Kommunalgesetz zurücktritt.

Ungarn ist gemäß § 2 Abs. 1 Verf. ein Rechtsstaat. Das bedeutet, daß auch hier der Vorbehalt des Gesetzes gilt, der einen Eingriff in die grundrechtsrelevante Rechtssphäre des Bürgers nur auf der Grundlage einer gesetzlichen Ermächtigung zuläßt; den Vorbehalt des Gesetzes stellt § 8 Abs. 2 Verf. zudem noch einmal ausdrücklich klar. Damit sind auch die Selbstverwaltungen bei der Eingriffsverwaltung auf eine Ermächtigungsnorm angewiesen. Soweit sie Gesetze ausführen, stellen diese Gesetze die Ermächtigungsgrundlage bereit. Dies gilt für den Selbstverwaltungsbereich, der ja durch Gesetze geregelt werden kann, ebenso wie für die übertragenen Aufgaben.

Anders sieht es aus, wenn die Selbstverwaltung in einem staatlicherseits nicht geregelten, in ihre originäre Kompetenz gehörenden Gebiet einen Eingriffsakt erlassen will. Hier steht es ihr zunächst frei, eine entsprechende Satzung zu erlassen. Da eine Satzung, wie bereits gesehen, dem Bürger gegenüber abstrakt-generell Rechte und Pflichten festlegen kann, ist sie als Grundlage für einen Eingriffsakt geeignet. Die verfassungsrechtliche Garantie der Selbstverwaltung in örtlichen Angelegenheiten macht ein Gesetz entbehrlich: Wo der Gesetzgeber zugunsten der Selbstverwaltungen nicht regeln soll, kann eine Satzung eine genauso gute Ermächtigungsgrundlage sein wie ein Gesetz.

Es bleibt die Frage nach dem Eingriffsakt ohne Ermächtigung durch eine Rechtsnorm, also auch ohne Rechtsgrundlage in einer Satzung. § 44/A Abs. 1 Buchst. a) Verf. und § 1 Abs. 3 Satz 1 KommG erlauben es den Selbstverwaltungen, in Selbstverwaltungsangelegenheiten selbständig zu verwalten; die kommunalgesetzliche Vorschrift verweist allerdings hierbei auf den allgemeinen gesetzlichen Rahmen. Die Garantie der selbständigen Verwaltung kann nicht so verstanden werden, daß die Selbstverwaltung in Selbstverwaltungsangelegenheiten ohne weiteres in die Rechtssphäre der Bürger eingreifen kann. Immerhin ist auch die Selbstverwaltung ein Teil der öffentlichen Verwaltung und als solche an die Grundrechte und das Rechtsstaatsgebot gebunden. Die Verfassungsgarantie des § 44/A ist nicht

---

[799] Zu diesem Widerspruch und generell zu der „Erosion des Verwaltungsverfahrensgesetzes" durch die verwaltungsrechtliche Gesetzgebung seit dem Systemwechsel *Bércsei,* MK 1999/113 ff., insbes. S. 114.

so sehr als Ermächtigung zum Handeln gegenüber dem Bürger, sondern vielmehr als Garantie einer selbständigen Selbstverwaltung gegenüber der Staatsverwaltung zu verstehen. Und § 1 Abs. 3 Satz 1 KommG verweist selbst ja schon ausdrücklich auf die allgemeinen gesetzlichen Vorschriften, die der Verwaltung einen Eingriff nur auf der Grundlage einer Ermächtigungsnorm gestatten.

Die Leistungsverwaltung bietet dagegen im Verhältnis (Selbst-)Verwaltung und Bürger weniger rechtliche Probleme. Im Rahmen der ungarischen Diskussion des Rechtsstaatsprinzips wird ein Gesetzesvorbehalt für die Leistungsverwaltung bislang nicht thematisiert. Die Vergabe von Leistungen an den Bürger steht der Verwaltung somit frei, sofern sie den Gleichheitssatz und die anderen Grundrechte einhält. Dementsprechend können auch die Selbstverwaltungen bei entsprechenden Haushaltsansätzen ohne eine Ermächtigung durch Außenrechtssätze Leistungen gewähren; der Erlaß von Vergaberichtlinien oder anderen Innenrechtssätzen ist schon wegen der Pflicht zur Einhaltung des Gleichheitssatzes anzuraten.

Nichthoheitliche Handlungsformen

Wie bereits unter Punkt C. I. 3. b) bb) (2) dargestellt, fehlt im ungarischen Verwaltungsrecht bislang die Rechtsfigur des öffentlich-rechtlichen Vertrages. Den Selbstverwaltungen steht es jedoch gemäß § 1 Abs. 1 Satz 1 in Verbindung mit § 200 Abs. 1 ZGB frei, im Rahmen des allgemeinen Zivilrechts von der Vertragsfreiheit Gebrauch zu machen. Damit können die Selbstverwaltungen ihr Rechtsverhältnis zu dem einzelnen Bürger auch in Form eines Vertrages regeln.

Aus der deutschen Diskussion vor der Einführung des öffentlich-rechtlichen Vertrages sind die Mißstände noch hinlänglich bekannt, die sich aus der Konzeption der Gleichordnung der Parteien im Zivilrecht und des faktischen Machtgefälles zwischen Bürger und Verwaltung, die ja beim Scheitern der Vertragsverhandlungen immer auf ihre hoheitlichen Mittel zurückgreifen kann, ergeben[800]. Dieses Problem kann die ungarische Rechtsordnung nicht lösen, zumal die allgemeinen Instrumente zum Schutz der Willensfreiheit der Parteien im rein koordinationsrechtlich konzipierten ZGB das Machtgefälle nicht hinreichend berücksichtigen können. Das Problem stellt sich jedenfalls noch nicht in aller Schärfe, da in der ungarischen Verwaltung einschließlich der Selbstverwaltungen noch in im Vergleich zu Deutschland starkem Maße obrigkeitsstaatliche Einstellungen vorherrschen

---

[800] *Achterberg,* S. 482 ff.; *Erichsen* in Erichsen, Allg. VwR, S. 401 ff.; *Henneke, Hans-Günter* in Knack, § 54 Rn. 6 f.; *Maurer,* S. 355 ff.; *Bonk* in Stelkens/Bonk/Sachs, § 54 Rn. 2-15. Zu Ungarn *Kiss,* László in Hofmann/Küpper, S. 422 f.

und daher von nichthoheitlichen Mitteln im Verhältnis zum Bürger weniger Gebrauch gemacht wird. Zur Zeit liegt die Präferenz noch eindeutig bei hoheitlichen Verwaltungsformen.

(4) Der Rechtsschutz des Bürgers: Die Verwaltungsgerichtsbarkeit

Es ist bereits erwähnt worden, daß eine Überprüfung von Akten der Selbstverwaltung in ihrem originären Bereich, der Wahrnehmung der örtlichen öffentlichen Angelegenheiten, staatlicherseits nur einer Rechtmäßigkeitskontrolle unterliegt. Diese wird gemäß § 1 Abs. 3 Satz 2 KommG allein durch das Verfassungsgericht (in bezug auf Rechtsnormen) und die ordentlichen Gerichte (in bezug auf Einzelakte) ausgeübt und erstreckt sich sowohl auf die Rechtsätze der Selbstverwaltungen als auch auf ihre Maßnahmen im Einzelfall. Die Einzelheiten der von der Kommunalaufsicht initiierten gerichtlichen Rechtsaufsicht sind bereits im Rahmen der Kommunalaufsicht unter Punkt C. I. 3. b) bb) (3) auf S. 236 dargestellt worden. Da die nachträgliche Normenkontrolle durch das Verfassungsgerichtsgesetz als Popularklage ausgestaltet worden ist, kann sich auch der einzelne Bürger gegen jeden beliebigen Rechtssatz der Selbstverwaltungen wenden, selbst wenn er nicht Einwohner der betreffenden Selbstverwaltung und von der Norm in keiner Weise betroffen ist. Insofern kann hinsichtlich des Rechtsschutzes gegen Normativakte auf die Ausführungen unter Punkt C. I. 3. a) cc) (4) sowie zur Kommunalaufsicht verwiesen werden.

Rechtsschutz in individuellen Verwaltungsverfahren

In einem Verfahren im übertragenen Aufgabenbereich hat die Selbstverwaltung gemäß § 3 Abs. 1 VwVfG nach den Vorschriften des Verwaltungsverfahrensgesetzes vorzugehen; für Selbstverwaltungsangelegenheiten ergibt sich die Anwendbarkeit des Verwaltungsverfahrensgesetzes aus der Verweisung in § 109 KommG. Satzungen, die der Selbstverwaltung als Ermächtigungsgrundlage für individuelle Verwaltungsakte dienen, sind angesichts der umfassenden Rechtsschutzgewähr in § 57 Abs. Abs. 5 Satz 1 Verf. so anzuwenden, daß gegen die Einzelakte der Rechtsweg eröffnet ist[801]. Das Verwaltungsverfahrensgesetz enthält auch Regelungen zum verwaltungsinternen Rechtsschutz: Gemäß § 62 kann der Betroffene gegen eine Verwaltungsentscheidung Widerspruch einlegen, sofern das Gesetz keine besonderen Bestimmungen trifft. Der Widerspruch wird von der vorgesetzten Behörde bearbeitet. § 11 KommG schließt gegen Akte der Vertretungskörper-

---

[801] Verfassungsgerichtsentscheidung 41/2000. (s.o. Fn. 688): Die Satzung wird durch mangelnde Vorkehrungen über den Rechtsweg nicht verfassungswidrig, sondern der Rechtsweg ist von Verfassungs und Gesetzes wegen eröffnet.

schaft in Selbstverwaltungsangelegenheiten den Widerspruch aus, während gegen Akte des Bürgermeisters Widerspruch bei der Vertretungskörperschaft eingereicht werden kann[802]. Diese Sonderregelung trägt dem Umstand Rechnung, daß es in Selbstverwaltungsangelegenheiten keine der Selbstverwaltung vorgesetzte Behörde gibt; lediglich innerhalb der Selbstverwaltung ist eine Stufung denkbar und findet ja auch im Verhältnis des Bürgermeisters zur Vertretungskörperschaft statt.

Seit der Schaffung eines umfassenden Verwaltungsrechtsschutzes 1991 kann der Bürger gegen alle gegen ihn gerichtete Maßnahmen vor Gericht ziehen. Dies gilt zunächst für Angelegenheiten der Staatsverwaltung, auch wenn die ausführende Behörde eine Selbstverwaltung ist. Aber auch in Selbstverwaltungsangelegenheiten gibt es eine umfassende gerichtliche Kontrolle zugunsten des Bürgers. Eine Überprüfung der Rechtmäßigkeit von Akten der Selbstverwaltung kann bei Gericht gemäß § 11 Abs. 3 KommG innerhalb von 30 Tagen ab Zugang der Maßnahme beantragt werden. Der Prozeß ist gegen die Selbstverwaltung zu richten, da sie gemäß § 9 Abs. 1 Satz 1 KommG eine juristische Person ist. § 111 KommG stellt – streng genommen überflüssigerweise – klar, daß in derartigen Prozessen Kapitel XX ZPO, d.h. das Kapitel über den Verwaltungsrechtsschutz, anzuwenden ist.

Voraussetzung der Anwendbarkeit des Kapitels XX ZPO ist gemäß § 324 Abs. 1 ZPO das Vorliegen einer Verwaltungsentscheidung. Eine Verwaltungsentscheidung ist gemäß § 324 Abs. 2 ZPO ein Verwaltungshandeln, das im wesentlichen dem deutschen Verwaltungsakt entspricht; falls eine Selbstverwaltung handelt, schließt § 324 Abs. 2 Buchst. b) ZPO auch die internen Satzungen sowie die sonstigen Entscheidungen in den Begriff der überprüfbaren Verwaltungsentscheidungen mit ein. Die Begrenzung des Verwaltungsrechtsschutzes auf Verwaltungsentscheidungen bedeutet aber nicht, daß der Bürger schutzlos gestellt ist, falls ein Verwaltungshandeln anderer Art vorliegt. In einem solchen Fall kann er die Verletzung seiner Rechte nach den allgemeinen Vorschriften der ZPO für das zivilrechtliche Streitverfahren geltend machen, auch wenn die Selbstverwaltungsorgane hoheitlich handeln. Ein derartiges Verfahren kann auch gegen die handelnden Personen geführt werden und wird vor den Zivilabteilungen der Gerichte verhandelt[803]. Daneben sind zivilrechtliche Ansprüche selbstverständlich

---

[802] Dazu *Cseh,* MK 1996/374 ff. Zu den Sonderproblemen, die sich bei Akten von Ausschüssen ergeben können, s. *Szöllős,* MK 1999/649 ff.

[803] Ein Beispiel ist die Klage einer Schule, über die ein anonymer Brief mit negativen Meinungsäußerungen vom Notär und vom Bürgermeister in einer Sitzung der Abgeordnetenkörperschaft vorgelesen und in Kopien verteilt wurde. Der Schulleiter verklagte sowohl den Notär als auch den Bürgermeister wegen Verletzung seines Persönlichkeitsrechts und machte Ansprüche geltend, die sich aus allgemei-

auch bei Rechtsverletzungen im Rahmen zivilrechtlicher Rechtsbeziehungen zwischen der Selbstverwaltung und dem Bürger gegeben, zumal das ungarische Recht die Rechtsfigur des öffentlich-rechtlichen Vertrags nicht kennt.

Sonderformen des Rechtsschutzes

Der Bürger kann sich nicht nur gegen behördliches Handeln wehren, sondern auch gegen die Untätigkeit der Verwaltung. Gemäß § 4 Abs. 1–2 VwVfG kann die vorgesetzte Behörde, gegebenenfalls auf Antrag des Betroffenen, die instanziell zuständige, aber untätige Behörde anweisen und notfalls selbst aktiv werden. Für Selbstverwaltungen enthält § 4 Abs. 4 VwVfG eine Sonderregelung dergestalt, daß anstatt der vorgesetzten Behörde – die ja jedenfalls in Selbstverwaltungsangelegenheiten nicht existiert – die Kommunalaufsicht befugt ist, die Selbstverwaltung anzuweisen, auf der nächsten Sitzung, spätestens aber innerhalb von dreißig Tagen, eine Entscheidung zu treffen. Wenn es keine vorgesetzte Behörde gibt oder diese ebenfalls nichts tut, ist nach § 4 Abs. 5 VwVfG der Weg zu den Gerichten offen; dies muß, wie sich aus der Stellung der Norm nach § 4 Abs. 4 VwVfG ergibt, auch für die Untätigkeit der Kommunalaufsicht gelten[804].

Bei Rechtsverstößen im Zusammenhang mit örtlichen Volksabstimmungen und -begehren eröffnete ursprünglich § 51 KommG den Rechtsweg zum Verfassungsgericht in Form einer Verfassungsbeschwerde. Diese Rechtsschutzform war dem verfassungsgerichtlichen Rechtsschutz bei landesweiten Volksabstimmungen und -begehren nachgebildet, welcher sich wiederum an den Verfassungsrechtsschutz in Wahlangelegenheiten anlehnt. In der Sache könnte der Rechtsschutz bei örtlichen Volksabstimmungen und -initiativen, der einen nicht geringen Anteil der verfassungsgerichtlichen Tätigkeit ausmacht, durchaus auch bei den Verwaltungsgerichten angesiedelt sein. Die Anrufung des Verfassungsgerichts erschien übertrieben bei diesen örtlichen Angelegenheiten, bei denen in der Regel eine Verletzung des einfachen Rechts gerügt wird. Dementsprechend hat das 1997 erlassene Wahlverfahrensgesetz[805] nicht nur das Verfahren bei Wahlen, Volksbegeh-

---

nem Zivilrecht wegen Verleumdung ergeben. Im Revisionsverfahren erörterte das Oberste Gericht durchaus auch die Auswirkungen von derartigen Rechtsfolgen bei Äußerungen in der quasiparlamentarischen Diskussion im Gemeinderat auf die Arbeitsfähigkeit der Vertretungskörperschaft: Urteil des Obersten Gerichts Pfv. IV.21.153/1997., veröffentlicht in BH 1998/263 f.

[804] Davon geht auch das Verwaltungsrechtskollegium des Obersten Gerichts in seinem Urteil Legf.Bír.Kpkf.III.27.118/1999., BH 1999 Nr. 394, stillschweigend aus.

[805] Gesetz 1997:C über das Wahlverfahren, M. K. 1997/6660 ff., in deutscher Übersetzung von *Herbert Küpper* abgedruckt in *Brunner*, VSO, Länderteil Ungarn Dokument Nr. 2.2.

ren und -abstimmungen auf nationaler und örtlicher Ebene neu geregelt, sondern auch den Rechtsschutz in örtlichen direktdemokratischen Verfahren auf die örtlichen Gerichte übertragen. Darauf wird weiter unten unter Punkt C. I. 6. b) bb) (3) noch näher zurückzukommen sein.

Wenn eine Selbstverwaltung überschuldet ist, konnten die Gläubiger bei Gericht gemäß § 90 Abs. 3 KommG in der bis 1996 geltenden Fassung die Fesetstellung der Zahlungsunfähigkeit beantragen. Dann war die Selbstverwaltung gemäß § 90 Abs. 4 KommG verpflichtet, ihre gesamten Zahlungen mit Ausnahme der Ausgaben im Zusammenhang mit hoheitlichen Aufgaben und der Grundversorgung der Bevölkerung einzustellen. Damit haben die Gläubiger Zugriff auf die Mittel der Selbstverwaltung, die nicht für die Erfüllung der Pflichtaufgaben benötigt werden. 1996 wurde ein besonderes Verfahren eingeführt, das unter Punkt C. I. 6. b) aa) (1) näher dargestellt wird.

(5) Schutz durch die Ombudsleute

Obwohl Ungarn vom Beginn des Systemwechsels an einen Rechtsstaat mit einem voll ausgebauten Verwaltungsrechtsschutz angestrebt und 1991 jedenfalls auf normativer Ebene auch verwirklicht hat, legten die maßgeblichen Kräfte ebenfalls vom Beginn des Systemwechsels an Wert auf die Schaffung einer weiteren Institution, die dem Schutz der Bürger vor staatlichen Eingriffen dienen sollte, nämlich den Ombudsleuten.

Rechtsgrundlagen

1990 wurde in die Verfassung ein § 32/B eingefügt, der die Schaffung mehrerer Ombudsleute vorsieht, nämlich den Parlamentarischen Beauftragten für Staatsbürgerrechte (Bürgerrechtsombudsmann) und den Parlamentarischen Beauftragten für die Rechte der nationalen und ethnischen Minderheiten (Minderheitenombudsmann). Die Schaffung weiterer spezialisierter Ombudsleute wird durch § 32/B Abs. 4 Satz 2 Verf. ausdrücklich ermöglicht, und das Parlament hat von dieser Ermächtigung auch Gebrauch gemacht, indem es neben den beiden genannten obligatorischen Ombudsleuten einen Beauftragten für den Datenschutz gewählt hat[806].

---

[806] Parlamentsbeschluß 84/1995. (VII.6.) OGY über die Wahl der Parlamentarischen Beauftragten, M. K. 1995/3098. Gewählt wurden die Juristen *Katalin Gönczöl* (Bürgerrechtsombudsfrau), *Péter Polt* (stellvertretender Bürgerrechtsombudsmann), *Jenő Kaltenbach* (Minderheitenombudsmann) und *László Majtényi* (Datenschutzbeauftragter). Parlamentsbeschluß 48/2001. (VI.21.) OGY über die Wahl der Parlamentarischen Beauftragten, M. K. 2001/4917 f., bestätigte *Jenő Kaltenbach* als Minderheitenombudsmann; daneben wurden *Barnabás Lenkovics* zum Bürgerrechtsombudsmann und *Albert Takács* zu seinem Stellvertreter gewählt, während die Wahl des Datenschutzbeauftragten scheiterte.

Auf einfach-gesetzlicher Ebene wurde 1993 das Ombudsleutegesetz[807] verabschiedet, das die Rechtsstellung des Bürgerrechtsombudsmanns sowie der weiteren spezialisierten Ombudsleute regelt. Der Minderheitsombudsmann unterfällt grundsätzlich der Geltung des Minderheitengesetzes[808], jedoch verweist § 20 Abs. 2 Satz 3 MindhG in bezug auf den Minderheitenombudsmann ausdrücklich auf das Ombudsleutegesetz. Bedingt durch parteipolitische Querelen konnten die Ombudsleute erst 1995 durch das Parlament gewählt und ernannt werden. Die Institution der Ombudsleute hat daher erst in der zweiten Hälfte 1995 mit der effektiven Arbeit begonnen.

Die Stellung der Ombudsleute

Die Hauptaufgabe der Ombudsleute besteht darin, die Bürger vor Mißständen innerhalb der Staatsgewalt zu schützen. Ihr Amt üben sie als Organe des Parlaments aus. Daher verfügen sie nicht über administrative Kompetenzen und auch nicht über zwingende Befugnisse zur Streitschlichtung, sondern ihnen stehen lediglich Rechte bei der Sachverhaltserforschung zu. Aus den zu ihrer Kenntnis gelangten Tatbeständen formulieren sie den Bericht, den sie regelmäßig jährlich dem Parlament vorlegen (§ 32/B Abs. 6 Verf.), und sie können im Einzelfall bei den zuständigen Organen Abhilfeverfahren initiieren (§ 32/B Abs. 1–2 Verf.) sowie versuchen, kraft der Autorität ihres Amtes zwischen Bürger und Behörde zu vermitteln und so zu einer gütlichen Einigung zu kommen.

Die Ombudsleute sind bei ihrer Tätigkeit gemäß § 8 OmbG nur der Verfassung und den Gesetzen unterworfen. Sie genießen Immunität und für ihre Amtsführung Indemnität ähnlich wie Parlamentsabgeordnete (§§ 11–14 OmbG). Die erste Regelung nähert die Stellung der Ombudsleute der der Richter, die zweite der der Abgeordneten an.

Der Schutz durch die Ombudsleute

Der verfassungsrechtliche Auftrag der Untersuchung von Mißständen und der Initiierung der Abhilfe wird durch das Gesetz dahingehend präzisiert, daß die Ombudsleute auf Antrag eines Bürgers, der durch eine behördliche Maßnahme oder Unterlassen betroffen ist oder Gefahr läuft, betroffen zu werden, tätig werden; sie können ein Verfahren auch von Amts wegen einleiten (§ 16 OmbG). Gegenstand der Überprüfung kann das Verhalten sowohl einer staatlichen Behörde als auch einer Selbstverwaltung oder eines beliebenen Unternehmers sein (§ 29 Abs. 1 OmbG). Bei einer Betrof-

---

[807] Gesetz 1993:LIX über den Parlamentarischen Beauftragten für Staatsbürgerrechte (s. o. Fn. 658).

[808] Gesetz 1993:LXXVII über die Rechte der nationalen und ethnischen Minderheiten (s. o. Fn. 559).

fenheit in den staatsbürgerlichen Rechten ist der Bürgerrechtsombudsmann zuständig (§ 1 OmbG), bei einer Betroffenheit in Rechten nach dem Minderheitengesetz der Minderheitenombudsmann (§ 20 Abs. 3 MindhG). Der Ombudsmann ist verpflichtet, auf Antrag des Bürgers tätig zu werden, was allerdings nicht für Bagatellfälle gilt (§ 17 OmbG).

Ein Antrag ist allerdings unzulässig, wenn der mögliche Rechtsschutz noch nicht voll ausgeschöpft worden ist (§ 16 Abs. 1 OmbG). Aus dieser Vorschrift ist ersichtlich, daß nach der Konzeption des ungarischen Gesetzgebers der Rechtsschutz durch Gerichte vorgeht. Die Ombudsleute können demnach nur eingeschaltet werden, wenn entweder kein Rechtsschutz besteht oder dieser erschöpft ist, d.h. wenn die letztinstanzliche Behörde oder das letztinstanzliche Gericht die Sache entschieden haben. Gegen deren Entscheidung kann der Bürger sich dann an den Ombudsmann wenden.

Angesichts des ausgebauten Verwaltungsrechtsschutzes in Ungarn wird daher ein Antrag an den Ombudsmann häufig unzulässig sein, wenn die Rechtswidrigkeit einer Verwaltungsmaßnahme zu besorgen ist. In den Gerichten entzogenen Fragen der Zweckmäßigkeit, der *maladministration* und der behördlichen Formen des Umgangs mit dem Bürger und seinen Anliegen liegt hingegen ein reichliches Potential für die Befassung durch Ombudsleute. Daher bildet das Verhältnis zwischen Bürgern und Selbstverwaltungen einen beträchtlichen Teil der Arbeit der Ombudsleute. Bei dem Minderheitenombudsmann kommt hinzu, daß ein großer Teil der Minderheitenrechte in die Zuständigkeit der örtlichen Selbstverwaltungen fällt, so daß Verletzungen derartiger Rechte vor allem durch die Selbstverwaltungen zu besorgen sind. Trotz des in vielen Fällen möglichen Rechtsschutzes schalten sich die Ombudsleute in die Verhältnisse in den Gemeinden, Städten und Komitaten ein, indem sie ihre formlose Vermittlung, Schlichtung und Mediation anbieten. Dieses Angebot wird durch die Konfliktparteien häufig angenommen, auch wenn die Ombudsleute keine Rechtsmittel haben, die mit ihrer Hilfe getroffenen Vereinbarungen gegen die Beteiligten durchzusetzen[809].

Befugnisse der Ombudsleute

Neben den erwähnten formlosen Vermittlungsbemühungen können die Ombudsleute im wesentlichen bei zuständigen Organen weitere Verfahren einleiten. Umfangreiche Befugnisse stehen ihnen allerdings bei der Erforschung des Sachverhalts zu. Sie dürfen die Behörde betreten, Einblick in alle Akten nehmen und mit allen Mitarbeitern sprechen (§ 18 OmbG).

---

[809] Zur formlosen Mediatorenrolle der Ombudsleute s. *Kaltenbach,* Jenő in Hofmann/Küpper, S. 41 ff.; Kaltenbach, Beszámoló 1995/96; *Kaltenbach,* Beszámoló 1997; *Küpper,* S. 282 ff.; *Zsuffa,* MK 1996/386.

Wenn der Ombudsmann feststellt, daß bestimmte Mißstände bestehen, so kann er zu deren Behebung den Behördenleiter oder die vorgesetzte Behörde informieren, sich an das Verfassungsgericht oder an die Staatsanwaltschaft wenden, bei der zuständigen Stelle ein Disziplinarverfahren beantragen sowie bei dem zuständigen Organ den Erlaß von Normen, die die Mißstände beseitigen können, initiieren (§§ 20–25 OmbG). Schließlich hat der Ombudsmann die Möglichkeit, das Parlament über den Einzelfall zu informieren, sei es im Rahmen seines jährlichen Berichts, sei es in besonders schweren Fällen außer der Reihe (§ 26 OmbG).

Der Schutz der Rechte des Bürgers durch die Ombudsleute ist mithin ein politisch-moralischer. Da die Überprüfungen des Ombudsmanns sich allgemein auf Mißstände erstrecken, sind sie nicht auf die Frage der Rechtmäßigkeit beschränkt, sondern können auch die Zweckmäßigkeit und den Stil des behördlichen Umgangs mit den Bürgern miteinbeziehen. Die Öffentlichkeit im Parlament ist jeder Behörde peinlich, so daß dies durchaus ein Druckmittel sein kann[810]. Des weiteren kann auch das Ansehen und die Neutralität des Ombudsmannamtes dazu führen, daß die Ombudsleute von den Parteien als Mediator oder Schlichter akzeptiert werden und auf dieser Grundlage zu einer Lösung des Problems beitragen. Wo es um reine Rechtsverletzungen geht, genießt allerdings der Rechtsschutz Vorrang.

dd) Die Zusammenarbeit der Selbstverwaltungen

Es steht den Selbstverwaltungen gemäß § 1 Abs. 6 Buchst. c) KommG grundsätzlich frei, über die Zusammenarbeit und das Zusammengehen mit anderen Selbstverwaltungen und über den Zusammenschluß in Interessenvertretungsorganisationen und Gremien der fachlichen Zusammenarbeit zu entscheiden. Auch die Zusammenarbeit mit ausländischen örtlichen Selbstverwaltungen und die Mitgliedschaft in internationalen Selbstverwaltungsorganisationen ist ihnen ausdrücklich gestattet. Aus der systematischen Stellung in § 1 ergibt sich, daß diese Rechte Ausfluß des Rechts auf Selbstverwaltung sind.

Bei der Zusammenarbeit der Selbstverwaltungen untereinander sind grundsätzlich zwei Konstellationen denkbar, nämlich daß Selbstverwaltungen derselben Ebene oder unterschiedlicher Ebene zusammenarbeiten. Zwischen den Selbstverwaltungen unterschiedlicher Ebene, d.h. in Budapest zwischen der Hauptstadt und den Stadtbezirken und auf dem Land zwischen dem Komitat und den Gemeinden und Städten, besteht gemäß § 6 Abs. 3 KommG kein Abhängigkeitsverhältnis. Sie haben vielmehr auf der Grundlage des gegenseitigen Interesses zusammenzuarbeiten. Dies ent-

---

[810] *Kaltenbach,* Jenő in Magyar Közigazgatási Kamara, S. 71 ff.

spricht nicht der ungarischen Tradition, die das Komitat als Aufsichtsbehörde gegenüber den Gemeinden kannte und lediglich den Städten mit Munizipalrecht eine Gleichordnung mit dem Komitat zugestand. Die Abkehr von dieser Tradition ist in dem Mißtrauen gegenüber dem Komitat aufgrund der ihm im Kommunismus zugewiesenen Rolle als verlängerter Arm der Zentrale begründet.

(1) Die horizontale Zusammenarbeit

Das Kommunalgesetz stellt den Selbstverwaltungen gleicher Ebene zahlreiche Möglichkeiten zur Zusammenarbeit zur Verfügung[811]. Auf die Möglichkeiten, gemeinsam einen Notär und ein Amt zu unterhalten (Kreisnotär), ist bereits hingewiesen worden. Darüber hinaus haben sie zahlreiche andere Möglichkeiten, untereinander zu kooperieren.

Formen institutioneller Vereinigungen

Die engste Form der Zusammenarbeit ist der Unterhalt gemeinsamer Organe. Dieser Form der Kooperation ist im Kommunalgesetz ein eigenes Kapitel gewidmet. Den Grundsatz enthält § 41 Abs. 1 KommG: Die Kommunen sind frei, jede Art der Kooperation und des Zusammenschlusses zur effektiveren und zweckmäßigeren Erledigung ihrer Aufgaben zu wählen. Es folgen einige mögliche Formen, die jedoch nicht als abschließende Aufzählung, sondern als Anregung und Regelung der praktisch bedeutsamsten Formen zu verstehen sind. Jede der folgenden Formen ist eine juristische Person, die durch die Vereinbarung der beteiligten Selbstverwaltung errichtet wird. Über den Sitz und die Vertretung ist in der Gründungsvereinbarung zu entscheiden. In bezug auf die Komitate regelt § 71 Abs. 1 Satz 2 KommG lakonisch, daß sie sich untereinander frei zu Kooperationen zusammenschließen können.

Eine wenig verständliche Regel enthält § 41 Abs. 2 KommG, der vorschreibt, daß der Zusammenschluß die Selbstverwaltungsrechte ihrer Mitglieder nicht verletzen darf. Da aber jeder Zusammenschluß in Ermangelung eigener originärer Rechte die ihm von seinen Mitgliedern übertragenen Befugnisse ausübt, bewirkt er durch diesen Übertragungsakt notwendigerweise eine Einschränkung der Rechte der Mitglieder. § 41 Abs. 2 KommG kann daher sinnvollerweise nur so verstanden werden, daß es den Zusammenschlüssen nicht gestattet ist, über die ihnen in der Gründungsvereinbarung zugewiesenen Rechte hinaus zuungunsten der in ihr zusammenge-

---

[811] Zu den Möglichkeiten des deutschen Rechts und ihrer Praxis s. *Rengeling, Hans-Werner* in Püttner, HdkWP, Bd. 2, S. 385 ff.

schlossenen Selbstverwaltungen tätig zu werden: Die Kompetenzkompetenz verbleibt somit bei den Kommunen und geht nicht auf den Verband über.

In Streitfällen zwischen den Vertretungskörperschaften der Selbstverwaltungen, die im Verlaufe des Betriebs der Zusammenschlüsse auftreten, entscheidet gemäß § 41 Abs. 4 KommG das Gericht. Diese vom Wortlaut her zu enge Vorschrift macht somit klar, daß das Vereinigungsverhältnis für die beteiligten Selbstverwaltungen untereinander ein Rechtsverhältnis – und nicht etwa bloß eine Art politischer Zusammenarbeit, die nach der Art von Koalitionsvereinbarungen keinerlei Rechtswirkungen zeitigen – ist und damit auch Rechtsschutz genießt. Eine 1997 eingefügte Änderung[812] ermöglicht die Einfügung einer Schiedsklausel in die Vereinbarung, was im Sinne einer Entlastung der Gerichte zu begrüßen ist.

Als beispielhafte Formen institutioneller Zusammenschlüsse zählt das Kommunalgesetz die gemeinsamen Verwaltungsbehörden (§ 42), die gemeinsam geleiteten Einrichtungen (§ 43) und die gemeinsame Abgeordnetenkörperschaft (§ 44) auf. Während die ersten beiden Formen sich in der Schaffung einer gemeinsamen Fachverwaltung für bestimmte Bereiche bzw. einer gemeinsamen Versorgungseinrichtung erschöpfen, ist die gemeinsame Abgeordnetenkörperschaft eine mehr oder weniger alle Bereiche umfassende Assoziation zweier oder mehrerer Selbstverwaltungen. Während die Verwaltung und die Einrichtungen komplett zusammengefaßt werden, können die Haushalte ganz oder auch nur teilweise vereinigt werden. Die beteiligten Selbstverwaltungen bleiben trotz der gemeinsamen Abgeordnetenkörperschaft weiterhin selbständig, und in Fragen, die nur die eine Selbstverwaltung betreffen, entscheidet deren eigene Vertretungskörperschaft gemäß § 44 Abs. 3 KommG auch weiterhin alleine. Wegen der Bedeutung einer gemeinsamen Abgeordnetenkörperschaft für die Ausübung des Grundrechts der Bürger auf örtliche Selbstverwaltung ist für die Gründung und ihre Auflösung die Bestätigung durch örtliche Volksabstimmung durch § 46 Abs. 1 Buchst. c) KommG vorgeschrieben.

Lockerere Kooperationsformen

Es steht den Selbstverwaltungen frei, auch ohne Schaffung gemeinsamer Verwaltungen, Einrichtungen oder gar Abgeordnetenkörperschaften miteinander zu kooperieren. Hierzu enthält das Kommunalgesetz keine besonderen Vorschriften. Die oben dargestellten Modelle stellen keinen abgeschlossenen Katalog zulässiger Formen der Zusammenarbeit dar, sondern regeln beispielhaft die Fragen, die sich bei der institutionalisierten Kooperation er-

---

[812] Durch Gesetz 1997:CXXXIV über die Änderung des Gesetzes 1990:LXV über die örtlichen Selbstverwaltungen, M. K. 1997/8348.

geben. Darunter sind weniger intensive Formen als Minus ebenso zulässig; erwähnt wird im Kommunalgesetz lediglich die Zusammenarbeit mit ausländischen Selbstverwaltungen [§§ 1 Abs. 6 Buchst. c), 10 Buchst. f) KommG], weil hier der grenzüberschreitende Charakter eine besondere Erwähnung notwendig macht. Im Inland hingegen ist eine Zusammenarbeit, die sich nicht in gemeinsamen Institutionen niederschlagen, ohne weitere Erwähnung zulässig.

Lockerere Formen beruhen auf dem übereinstimmenden Willen der beteiligten Selbstverwaltungen, haben daher also Vertragscharakter. Verträge sind uneingeschränkt zulässig und nicht an bestimmte Typen gebunden; sie dürfen nur nicht ausdrücklich verboten sein. Diese zivilrechtlichen Grundsätze des Vertragsrechts finden auch auf die Verträge zwischen Selbstverwaltungen Anwendung. Da, wie bereits unter Punkt C. I. 3. b) bb) (2) dargestellt, das ungarische Recht die besondere Form des öffentlich-rechtlichen Vertrages nicht kennt, findet das ZGB unmittelbare Anwendung. Daher steht es den Selbstverwaltungen frei, in gegenseitiger Übereinstimmung die von ihnen gewünschten Formen der Zusammenarbeit zu bestimmen.

Gemeinsame Interessenvertretung

Eine besondere Art der horizontalen Zusammenarbeit ist der Zusammenschluß in Interessenvertretungsverbänden und die gemeinschaftliche Artikulierung und Durchsetzung gemeinsamer Interessen. Die Verfassung garantiert in § 44/A Abs. 1 Buchst. h) in Verbindung mit § 43 Abs. 1 Satz 1 dieses Recht den Vertretungskörperschaften als Grundrecht. Diese Garantie wiederholt § 1 Abs. 6 Buchst. c) KommG, und der Beitritt zu einer Interessenvertretungsorganisation gehört gemäß § 10 Buchst. e) KommG zu den Kompetenzen, die die Vertretungskörperschaft nicht auf andere Organe übertragen kann.

Die Einzelheiten der gemeinschaftlichen Interessenvertretung regelt § 102 KommG. Gemäß Abs. 1 können die örtlichen Selbstverwaltungen zur kollektiven Vertretung, zum Schutz und zur Förderung der Verwirklichung der Rechte und Interessen der Selbstverwaltungen sowie zum Zwecke der Entwicklung des Funktionierens von Selbstverwaltung Interessenvertretungsorganisationen gründen. Diese Vorschrift wird man so auslegen müssen, daß die Merkmale „kollektive Vertretung, Schutz und Förderung der Verwirklichung der Rechte und Interessen der Selbstverwaltungen" und „Entwicklung des Funktionierens von Selbstverwaltung" keinen abschließenden Katalog der Zwecke zulässiger Interessenvereinigungen bilden, sondern lediglich als typische Zwecke das Merkmal ‚Interessenvertretungsorganisation' illustrieren. Das Kommunalgesetz wurde 1990, zu Anfang des Systemwechsels erlassen, als weder die Gesellschaft noch autonome öffentlich-rechtliche Institutionen an die selbstbestimmte Vertretung eigener Interessen gewöhnt waren. Vor diesem Hintergrund hat die Illustrierung der gängigen Zwecke von Interessensverbänden durchaus ihren Sinn. Es haben sich bald nach dem Erlaß unterschiedliche Interessensverbände der Selbstverwaltungen gegründet, und auf dieser Ebene gestaltete sich die Zusammenarbeit zwischen den Kommunen recht intensiv[813].

Auf die Beteiligung der Interessensverbände der Selbstverwaltungen am Gesetzgebungsverfahren ist bereits unter Punkt C. I. 3. a) cc) (1)[814] eingegangen worden. Ganz allgemein garantiert § 102 Abs. 2 KommG den Interessenvertretungsorganisationen ein Anhörungsrecht bei der Vorbereitung staatlicher Normen und Einzelentscheidungen, die die Selbstverwaltungen betreffen. Über den Standpunkt der Verbände ist der staatliche Entscheidungsträger zu unterrichten. Eine Pflicht, den Vorstellungen der Verbände zu folgen, enthält § 102 Abs. 2 KommG nicht; sie wäre in einem demokratisch aufgebauten Staatswesen auch systemfremd. Neben dem Anhörungsrecht der Verbände können sich die betroffenen Selbstverwaltungen auch individuell an staatliche Entscheidungsträger wenden (§ 101 KommG). Auf dieses kommunale Petitionsrecht wurde bereits unter den Punkten C. I. 3. b) aa) (1) und C. I. 3. b) bb) (1) eingegangen.

(2) Die vertikale Zusammenarbeit

Ebenso wie auf der horizontalen Ebene herrscht auch für die vertikale Zusammenarbeit der Grundsatz, daß es hierfür keine grundsätzlichen Einschränkungen gibt. Gemäß § 71 Abs. 1 Satz 2 KommG können sich die Komitate zur effektiveren Aufgabenerledigung nicht nur mit anderen Komitaten zusammentun, sondern auch mit allen kommunalen Selbstverwaltungen. Diese Vorschrift darf nicht dahingehend einengend verstanden werden, daß die Initiative dabei unbedingt beim Komitat liegen müßte. Auch die örtlichen Selbstverwaltungen können zur Schaffung von Kooperationsformen aktiv werden. Wie oben bereits dargestellt, können sie durch die Übernahme von Aufgaben und Versorgungseinrichtungen des Komitats sogar gegen dessen Willen an sich ziehen.

Insgesamt ist die gesamte Gesetzgebung zum Komitat von einer großen Vorsicht dieser Ebene gegenüber geprägt. Man wollte 1990 auf jeden Fall verhindern, daß die mittlere Ebene wieder zum verlängerten Arm der Zentrale gegenüber den Selbstverwaltungen vor Ort würde, weshalb den Komitaten keinerlei Zwangsbefugnisse gegenüber den Kommunen eingeräumt wurden.

---

[813] *Csefkó/Pálné Kovács,* MK 1991/87 ff.
[814] Zum Verzeichnis der beim Parlament akkreditierten Verbände s. Fn. 633.

So sind insbesondere die Satzungen der Komitate nicht für die komitatsangehörigen Städte und Gemeinden verbindlich. § 1 Abs. 1 NormsG zählt eine Ranghierarchie möglicher Rechtsnormen auf, wobei gemäß Abs. 2 die Normen einer Rangstufe nicht den Normen höherer Rangstufen widersprechen dürfen. Auf der untersten Ebene nennt § 1 Abs. 1 Buchst. f) NormsG die Satzungen der Selbstverwaltungen. Diese werden aber nicht nach Satzungen der mittleren und der unteren Ebene differenziert. Damit stehen Satzungen der Komitate und Satzungen der komitatsangehörigen Städte und Gemeinden auf derselben Rangstufe. Damit genießen sie gemäß § 1 Abs. 2 NormsG dieselbe Hierarchiestufe und sind mithin gleichwertig. Kollisionsfälle sind über die Zuständigkeitsregeln zu lösen.

(3) Zusammenlegung und Trennung von Selbstverwaltungen

Eine große Bedeutung erlangten die Vorschriften über die Vereinigung kommunaler Selbstverwaltungen und insbesondere über die Trennung derartiger Zusammenlegungen (§§ 52–57 KommG). Dabei geht das Gesetz von dem Grundsatz aus, daß es im freien Belieben der Selbstverwaltungen steht, sich mit anderen zu vereinigen und aus derartigen Vereinigungen auszuscheiden sowie mit benachbarten Kommunen Gebiet zu tauschen oder ihnen Teile des Gemeindegebietes abzutreten. Darüber hinaus steht abgeschlossenen Siedlungsteilen das Recht der „Sezession" zu: Sie können sich zu selbständigen Selbstverwaltungen erklären.

Das Kommunalgesetz enthält lediglich gewisse Mindestvoraussetzungen an das Niveau öffentlicher Dienstleistungen, insbesondere sollen die Standards der Versorgung durch derartige Maßnahmen nicht sinken[815]. Des weiteren regelt das Kommunalgesetz recht ausführlich die Beteiligungsrechte der unterschiedlichen Kommunalorgane, vor allem der Abgeordnetenkörperschaft und des Wahlvolkes, an der entsprechenden Willensbildung.

In der Praxis bedeutsam waren vor allem in den ersten Jahren nach Inkrafttreten des Kommunalgesetzes die Vorschriften über das Ausscheiden aus zusammengelegten Gemeinden. Die kommunistischen Gebietsreformen der 1970er und 1980er Jahre hatten – ähnlich wie in westlichen Staaten[816] – die Schaffung größerer und damit effizienterer und leistungsfähigerer Ein-

---

[815] Zum Zusammenhang zwischen Größe und Leistungskraft und zu einer Kritik an zu kleinen Einheiten s. *Fürcht,* MK 1998/151 f.; *Thieme,* DVBl. 1966/325 ff.

[816] Zu den Reformen in der Bundesrepublik zwischen 1967 und 1978 s. *Hill,* S. 129 ff.; *Mattenklodt,* Herbert-Fritz in Püttner, HdkWP, Bd. 1, S. 154 ff.; *Schmidt-Aßmann* in Schmidt-Aßmann, Bes. VwR, S. 11; zu der Lage in den anderen Staaten Westeuropas s. *Blair,* DÖV 1988/1003 ff.
Zum Nachholen der Gebietsreform in den neuen Bundesländern, wo zu DDR-Zeiten keine umfassenden Maßnahmen dieser Art ergriffen worden waren, s.

heiten zum Ziel gehabt und zur Verwirklichung dieses Ziels zahlreiche kleine und leistungsschwache Gemeinden zu größeren zusammengeschlossen. Da diese Vorgänge zwar in der Regel verwaltungstechnischen Zweckmäßigkeitserwägungen entsprachen (und immer noch entsprechen), aber ohne die Beteiligung der betroffenen Bevölkerungen und örtlichen Funktionärsschichten durchgeführt worden waren, regte sich unmittelbar nach dem Systemwechsel Unmut über dieses „kommunistische Unrecht". Viele zwangsvereinigte Gemeinden und ihre Bevölkerung sahen es als eine Art Wiedergutmachung in Form der *restitutio ad integrum* an, die alte Selbständigkeit wiederherzustellen, auch wenn dies nicht den Anforderungen an eine moderne Kommunalverwaltung entsprach.

Auf die rein formalen Kompetenzen, die dem Staatspräsidenten gemäß § 94 Buchst. b) Kommunalgesetz im Zusammenhang mit der Gründung, Zusammenlegung und Trennung von Städten und Gemeinden zustehen, ist bereits weiter oben unter Punkt C. I. 3. b) bb) (2), S. 225, eingegangen worden. Die materielle Entscheidung über diese Vorgänge treffen die Selbstverwaltungen; der Präsident übt nur zeremonielle Funktionen aus.

Die Tendenz zur Rückgängigmachung ehemaliger Zusammenlegungen hat zu einer außerordentlich ungünstigen Zersplitterung der kommunalen Selbstverwaltungen geführt. Diese Entwicklung verdeutlicht die auf der folgenden Seite abgedruckte Tabelle.

Aus dieser Tabelle wird die zunehmende Aufsplitterung in immer kleinere und damit in immer weniger leistungsfähige Einheiten deutlich. Der Hauptgrund liegt in der Auflösung von Zusammenlegungen aus der Zeit des Kommunismus. Dies ist schon aus dem zeitlichen Ablauf ersichtlich: Der große Sprung in der Anzahl der örtlichen Selbstverwaltungen geschah 1990, unmittelbar nach der Beendigung des Rätesystems und der Einführung der Selbstverwaltung. Die Geschwindigkeit, mit der die alten Zusammenlegungen und Eingemeindungen rückgängig gemacht wurden, zeigt das große Unbehagen der Bevölkerung und der örtlichen Eliten mit dieser – verwaltungstechnisch sinnvollen – Maßnahme.

(4) Der Sonderfall Budapest

Die Bezirke Budapests konnten sich frei zusammenschließen, um ihre Selbstverwaltungsaufgaben sowie die ihnen obliegenden Staatsaufgaben effektiver zu erledigen (§§ 65 Abs. 2, 67 Abs. 3 KommG). Darüber hinaus hatten sie gemäß § 65 Abs. 1 KommG das Recht, Aufgaben an sich zu ziehen, die ein Gesetz der Hauptstadt als regionaler Selbstverwaltung (d.h.

Knemeyer, DÖV 2000/500 f.; *Miller,* LKV 1998/216 ff.; *Stüer/Landgraf,* LKV 1998/209 ff.

Tabelle 2

Anzahl der kommunalen Selbstverwaltungen[817] in Ungarn

Jahr[818]	Anzahl der kommunalen Selbstverwaltungen	davon: Anzahl der städtischen kommunalen Selbstverwaltungen	Durchschnittliche Einwohnerzahl Stadt (ohne Budapest)	Durchschnittliche Einwohnerzahl Gemeinde	Anzahl der Gemeinden mit weniger als 500 Einwohnern	Anzahl der Gemeinden mit weniger als 1000 Einwohnern	Anzahl der Gemeinden mit weniger als 2000 Einwohnern
1988	1.523	124	33.704	3.071	973	713	618
1989	1.584	165	26.795	2.777	947	716	644
1990	3.073	168	26.297	1.357	965	709	647
1991	3.091	176	25.122	1.342	977	703	648
1992	3.107	183	24.376	1.318	997	706	644
1993	3.113	193	23.318	1.293	1.019	704	644
1994	3.124	193	23.329	1.306	994	706	650
1995	3.125	199	22.546	1.305	998	711	656
1996	3.126	205	21.948	1.295	1.009	703	652
1997	3.130	217	20.821	1.286	1.017	697	651
1998	3.131	218	21.184	1.264	1.026	686	657

[817] Kommunale Selbstverwaltung bedeutet, daß die Ebene der Komitate bzw. der Hauptstadt als Ganzer nicht in die Betrachtung einbezogen wird. Untersucht werden lediglich die Selbstverwaltungen der unteren Ebene, d.h. die Städte und Gemeinden.
[818] Die Jahreszahlen beziehen sich auf das Bezugsjahr des Statisztikai Évkönyv, aus dem die jeweiligen Angaben genommen sind.

als Sonderform der Komitatsselbstverwaltung) vorschrieb. Dieser Aufgaben-
übergang fand somit kraft Gesetzes durch einseitigen Akt der Bezirke statt;
die Hauptstadt traf dann die Pflicht, den Bezirken die nötigen Mittel zur
Verfügung zu stellen.

Das Kommunalgesetz enthielt in seiner ursprünglichen Form, d.h. vor
Erlaß des Hauptstadtgesetzes, eine Abweichung für die Übertragung von
Kompetenzen von oben nach unten. Gemäß § 63 Abs. 2–3 KommG konnte
die Hauptstädtische Generalversammlung den Bezirksselbstverwaltungen
einzelne Kompetenzen durch Satzung übertragen und hatte dabei auch die
Bereitstellung der Mittel an die Bezirke zu regeln. Ob die Satzung die
einzig mögliche Form der Übertragung war oder ob daneben auch die vertragliche Vereinbarung zulässig sein sollte, war aus dem Gesetz nicht zu
erkennen.

Diese recht spärlichen Regelungen waren nur für den Übergang gedacht,
da bereits zum Zeitpunkt des Erlasses des Kommunalgesetzes der Erlaß
eines besonderen Gesetzes über die Selbstverwaltungen in der Hauptstadt
geplant war. Auf die Regelungen in dem Hauptstadtgesetz, das 1991
erging, wird weiter unten unter Punkt C. I. 4. e) im Detail eingegangen.
Hier ist lediglich zu vermerken, daß mit dem neuen Hauptstadtgesetz die
soeben geschilderten Regelungen obsolet geworden sind.

ee) Eigentum und Finanzen

Ein zentraler Gesichtspunkt für das Funktionieren eines Selbstverwaltungssystems ist die Finanzierung. Ohne eine solide materielle Basis
können die gesetzlich gewährten Rechte nicht ausgeübt werden, und die
kommunale Freiheit bleibt größtenteils auf dem Papier. Hierbei spielen
zwei Gesichtspunkte eine wesentliche Rolle: zum einen die Ausstattung der
Selbstverwaltungen mit Eigentum, zum anderen die Finanzierung des Betriebs, d.h. also die Einnahmen und Ausgaben.

(1) Das Eigentum der Selbstverwaltungen

Selbstverwaltungseigentum

Bei der Darstellung des Verfassungsrechts ist unter Punkt C. I. 3. a) ee)
bereits dargestellt worden, daß es in postsozialistischen Ungarn nur noch
eine Eigentumsform unabhängig von der Inhaberschaft und der damit verbundenen ideologischen Wertigkeit gibt. Selbstverwaltungseigentum ist
somit Eigentum wie jedes andere auch (§ 80 Abs. 1 Satz 1 KommG). Wenn
sich Selbstverwaltungen zur Erfüllung bestimmter Aufgaben nach den oben
dargestellten Modellen zusammenschließen, dann entsteht an dem in den

Zusammenschluß eingebrachten Vermögensgegenständen gemeinsames Eigentum aller Selbstverwaltungen nach den allgemeinen Vorschriften (§ 80 Abs. 4 KommG). Darunter sind die Bestimmungen des ZGB über das gemeinsame Eigentum zu verstehen (§§ 139–148 ZGB), die im wesentlichen dem deutschen Modell des Miteigentums nach Bruchteilen (§§ 1008–1011 BGB in Verbindung mit §§ 741–758 BGB) entsprechen; das gemeinsame Eigentum ist mithin keine Gesamthand. Grundsätzlich treffen die Miteigentümer Entscheidungen mit Stimmehrheit, wobei die Stimmen nach dem Wert des Anteils gewogen werden; lediglich Verfügungen über das Eigentumsrecht insgesamt sowie Geschäfte mit außergewöhnlichen Ausgaben bedürfen der Einstimmigkeit (§§ 140 Abs. 2, 144 ZBG).

Da alle Selbstverwaltungen juristische Personen sind, können sie als solche Eigentum erwerben und veräußern. Die Eigentümerbefugnisse übt die Vertretungskörperschaft kraft verfassungsrechtlicher Zuweisung [§ 44/A Abs. 1 Buchst. b), s. o. S. 191] aus, was vom Kommunalgesetz in § 80 Abs. 1 Satz 2 nochmals wiederholt wird. Allerdings gehört diese Befugnis nicht zu denen, die gemäß § 10 KommG nicht in die Kompetenz anderer Organe übertragen werden können. Nur Entscheidungen mit großen finanziellen Auswirkungen müssen im Entscheidungsbereich der Vertretungskörperschaft verbleiben. Die alltägliche Ausübung der Eigentümerbefugnisse einschließlich der Entscheidung über die Anschaffung oder Veräußerung obliegt in der Regel der Verwaltungsabteilung, in deren Dienst oder Zuständigkeitsbereich das jeweilige Eigentumsobjekt fällt, ohne daß sich die Vertretungskörperschaft damit befassen muß.

Fragen der Veräußerung, Belastung, Übernahme in ein Unternehmen oder sonstigen Verwendung von einzelnen Vermögensgegenständen können zum Gegenstand einer Volksabstimmung gemacht werden (§ 80 Abs. 2 KommG). Diese Vorschrift stellt neben den allgemeinen Vorschriften zu den örtlichen Formen der direkten Demokratie noch einmal klar, daß auch Eigentumsfragen zu denen gehören, über die das Volk direkt entscheiden kann.

Stammvermögen und freies Vermögen

Das Kommunalgesetz unterscheidet in § 78 Abs. 2 zwischen freiem Vermögen und Stammvermögen und folgt dabei in der Sache einer Unterscheidung, die auch für das staatliche Eigentum getroffen wird[819]. Das Stammvermögen unterteilt sich wiederum gemäß § 79 KommG in verkehrsunfähiges Vermögen und in beschränkt verkehrsfähiges Vermögen. Zu dem

---

[819] §§ 172-173 ZGB (s. o. Fn. 593) sowie zahlreiche einzelgesetzliche Bestimmungen. Näher dazu *Sárközy,* Tamás in Hofmann/Küpper, S. 448 ff.; *Rother,* Christopher in Roggemann, S. 304 ff.

verkehrsunfähigen Vermögen, das gemäß § 365 Abs. 2 ZGB nicht Gegenstand eines Kaufvertrages sein kann und dessen Veräußerung gemäß § 173 Abs. 2 ZGB nichtig ist, gehören die örtlichen öffentlichen Straßen und ihre Nebeneinrichtungen, Plätze, Parks sowie diejenigen weiteren Gegenstände, die das Gesetz oder die Selbstverwaltung für verkehrsunfähig erklärt [§ 79 Buchst. a) KommG][820].

Weiter gefaßt ist der Kreis des nur beschränkt verkehrsfähigen Stammvermögens. Es umfaßt gemäß § 79 Buchst. b) KommG die öffentlichen Versorgungswerke und -einrichtungen, öffentliche Gebäude sowie die durch die Selbstverwaltung dazu bestimmten beweglichen und unbeweglichen Vermögensgegenstände. Die Rechtsfolge der beschränkten Verkehrsfähigkeit ist nicht so eindeutig wie die der Verkehrsunfähigkeit, sondern richtet sich nach den einschlägigen gesetzlichen Vorschriften oder den Satzungen der Selbstverwaltung. Grundsätzlich ist anzumerken, daß die beschränkte Verkehrsfähigkeit die Veräußerung des Gegenstandes durch die Selbstverwaltung nicht ausschließt, sondern daß zum Entschluß der Veräußerung besonders bestimmte Voraussetzungen vorliegen müssen und daß besondere Verfahren der Willensbildung und des Geschäftsabschlusses eingehalten werden müssen.

Der Vermögensbestand der Selbstverwaltungen

Da die Selbstverwaltungen die Rechtsnachfolger der kommunistischen Räte sind, ging das Vermögen der Räte in das der jeweiligen Selbstverwaltung über. Darüber hinaus wurde nach dem Systemwandel eine umfassende Neuordnung des gesamten Vermögens der öffentlichen Hände getroffen. Zum einen wurden zahlreiche Vermögensobjekte in privates Eigentum überführt, so ein Großteil des wirtschaftlichen Produktivvermögens. Die Privatisierung[821] war jedoch nicht die einzige Reorganisation ehemals öffentlichen Vermögens. Es fand auch eine Neuverteilung des weiterhin in öffentlicher Hand bleibenden Vermögens statt. Insbesondere wurde den neugeschaffenen Selbstverwaltungen ein Teil des staatlichen Vermögens übereignet.

Das Kommunalgesetz zählt in § 107, der bei den Übergangsvorschriften steht, das staatliche Eigentum auf, das auf die Selbstverwaltungen übergehen soll. Dazu gehören staatliche Unternehmen, die bis dahin unter der Lei-

---

[820] Zu den *res extra commercium* in den postsozialistischen Eigentumsordnungen s. *Roggemann,* Die Verfassungen, S. 100 f.

[821] Zur Privatisierung in Ungarn s. *Borić,* S. 201 ff.; *Kecskés,* László in Borić/Posch, S. 25 ff.; *Tárkány Szücs,* Attila in Borić/Posch, S. 49 ff.; *Brunner,* OER 1999/1 ff.; *Ferenczné Földvári,* S. 13 ff.; *Petsche,* FOWI-Arbeitspapier Nr. 32; *Petsche,* ROW 1996/69 ff.; *Plattner,* S. 162 ff.; *Sárközy,* Right of Privatization; *ders.,* OER 1996/1 ff.

tung der örtlichen Räte gestanden hatten (vor allem Versorgungsunternehmen), die staatlichen Versorgungsunternehmungen, die das Gesetz nicht in das ausschließliche Eigentum des Staates verweist, die staatlichen kulturellen, sozialen, medizinischen und ähnliche Einrichtungen, die vorher schon von den örtlichen Räten verwaltet worden waren, die staatlichen Mietwohnungen in örtlicher Verwaltung sowie die staatlichen öffentlichen Gebäude, sofern sie nicht staatlichen Zwecken dienen. Indem das Kommunalgesetz bei vielen Vermögensstücken auf die vorherige Verwaltung durch die örtlichen Räte abstellte, führte es im wesentlichen nur eine Bereinigung durch, indem Besitz und Verwaltungsbefugnis mit der formalen Eigentümerposition vereinigt wurde. Weiterhin sollten die gesetzlich bestimmten Anteile staatlicher Grundstücke, Wald- und Wasserflächen in das Eigentum der Selbstverwaltungen übergeben werden [§ 107 Buchst. a) KommG], ohne daß das Kommunalgesetz selbst diese Regelung traf.

Der Eigentumsübergang erfolgte gemäß § 107 Abs. 2–6 KommG teils von Gesetzes wegen, teils auf der Grundlage eines Übergabeverfahrens, welches durch eigens zu diesem Zweck auf Komitats- bzw. Hauptstadtebene durch die Regierung eingerichtete Ausschüsse[822] zur Vermögensübergabe durchgeführt wurde. Im Übergabeverfahren erwarb die Selbstverwaltung das Eigentumsrecht mit Bestandskraft der Ausschußentscheidung[823]. Die endgültigen Regelungen erfolgten allerdings nicht mit Erlaß des Kommunalgesetzes, sondern später; auf sie wird unter Punkt C. I. 4. d) bb) (1) zurückzukommen sein.

Dieses neue Vermögen der Selbstverwaltungen war für diese nicht immer unbedingt ein Gewinn. Insbesondere der Bestand an Wohnraum, aber auch viele Versorgungsunternehmen für den kommunalen Bedarf waren in einem sehr schlechten Zustand, hervorgerufen durch jahrzehntelangen Mangel an Investitionen zur Erhaltung und Pflege der Substanz. Die niedrigen Mieten und die nach sozialen Gesichtspunkten bemessenen Gebühren für kommunale Versorgungsleistungen erwirtschafteten meist bei weitem nicht genug, um auch nur die nötigsten Unterhaltungs- und Instandsetzungskosten zu tragen, so daß es sich bei der großen Masse des Vermögensbestandes der Selbstverwaltungen nicht um produktive oder zumindest neutrale Werte handelte, sondern um Zuschußvermögen. Daran hat sich bis heute nichts wesentliches geändert, auch wenn der Verkauf von Mietwohnungen an die Bewohner zu einer gewissen Aktivierung der zukünftigen Käufer bei der Verbesserung der Bausubstanz geführt hat. Andererseits sind vorwiegend die besser erhaltenen, neueren, besser gelegenen und von finanziell potente-

---

[822] Rechtsgrundlage ist die Regierungsverordnung 63/1990. (X.4.) Korm. über die Vermögensübergabeausschüsse der Komitate (der Hauptstadt), M. K. 1990/2070 f.

[823] Oberstes Gericht, Urteil Kfv. III. 25.262/1994.

ren Mietern belegten Wohnungen verkauft worden, während den Selbstverwaltungen die unverkäufliche schlechte Substanz in den Problemgebieten geblieben ist.

Bereits vor Erlaß des Kommunalgesetzes, im März 1990, waren den Gemeinden und Städten zahlreiche Grundstücke, die der Partei gehört hatten, übereignet worden. Hierbei handelte es sich im wesentlichen um Parteibüros oder Schulungsheime und ähnliche Einrichtungen, die den Selbstverwaltungen unter gewissen Vorgaben hinsichtlich der zukünftigen Nutzung kostenlos überlassen wurden[824]. Anders als beim Wohnungsbestand handelte es sich hier um Gebäude, die den Selbstverwaltungen durchaus nützlich waren, um eigene Verwaltungsstellen oder Kultureinrichtungen unterzubringen; in der Regel war auch der bauliche Zustand der alten Parteigebäude nicht so schlecht wie der vieler Wohnimmobilien.

(2) Die Finanzierung der Selbstverwaltungen

Selbstverwaltungshaushalt und Finanzhoheit

Den Selbstverwaltungen steht die Finanzhoheit zu, d.h. die Befugnis, mit ihren Einnahmen selbständig zu wirtschaften und die Ausgaben selbst zu bestimmen. Dies stellen noch einmal §§ 71 Abs. 1, 77 Abs. 1 KommG klar. Grundlage des Finanzgebarens der Selbstverwaltung ist der Haushalt. Dieser sowie der Wirtschaftsplan wird von der Selbstverwaltung selbst erstellt (§ 91 Abs. 1 KommG), und zwar zwingend von der Vertretungskörperschaft [§ 10 Buchst. d) KommG].

Trotz der Finanz- und Haushaltsautonomie der Selbstverwaltungen bilden ihre Haushalte – nicht nur die der Gebietsselbstverwaltungen, sondern auch etwa der selbstverwalteten Sozialversicherungen[825] – zusammen mit dem Staatshaushalt einen einheitlichen Gesamthaushalt. Das Verbindungsglied zwischen den selbständigen Haushalten bilden die staatlichen Unterstützungen sowie sonstige budgetäre Verbindungen (§ 77 Abs. 2 KommG). Die Verbindung ist allerdings nicht so eng, daß die Selbstverwaltungen Haushaltsorgane des Staates wären. Das Kommunalgesetz bezeichnet die Selbstverwaltungen nirgendwo als Haushaltsorgane. Das Staatshaushaltsgesetz[826]

---

[824] Beschluß des Ministerrats 1047/1990. (III.21.) MT über die Verwendung des Vermögens der ehemaligen MSZMP, M. K. 1990/502 ff. Näher dazu *Brunner/ Halmai*, S. 15 ff.

[825] Die Selbstverwaltung der Sozialversicherungen ist mittlerweile abgeschafft und die Einrichtungen in staatliche Regie überführt worden; aus Vergleichsgründen bietet sich aber ein Blick auf die Rechtslage zu der Zeit an, als die Sozialversicherungen noch eine gewisse Autonomie hatten.

[826] Gesetz 1992:XXXVIII über den Staatshaushalt, M. K. 1992/2101 ff.

definiert in § 87 Abs. 1 ein Haushaltsorgan als „eine juristische Person, die einen Teil des Staatshaushaltes bildet, die als Grundtätigkeit in dem in der Gründungsurkunde bestimmten Pflichtenkreis staatliche Aufgaben erfüllt, welche der Befriedigung gemeinsamer gesellschaftlicher Interessen dienen und durch Rechtsnorm bestimmt werden". Eine derart enge Einbindung in den staatlichen Bereich wäre auch mit der Konzeption der Selbstverwaltung nicht mehr vereinbar gewesen.

Die Selbstverwaltungen können ihrerseits zur Erfüllung ihrer Aufgaben Haushaltsorgane gründen [§ 81 Abs. 1 KommG, § 87 Abs. 2 Buchst. c) StaatshG]. Mehrere Selbstverwaltungen können auch ein gemeinsames Haushaltsorgan schaffen (§ 88 Abs. 1 Satz 2 StaatshG). Hierin liegt eine besondere Form horizontaler kommunaler Zusammenarbeit.

Die Einzelheiten der Finanzbeziehungen zwischen Selbstverwaltung und Staat sowie über die Haushaltsführung der Selbstverwaltungen werden durch das Staatshaushaltsgesetz geregelt (§ 91 Abs. 2 KommG), das ein eigenes Kapitel über die Haushaltsführung der Selbstverwaltungen enthält. Immerhin stellt das Kommunalgesetz in § 90 Abs. 2 klar, daß Verluste aus der Wirtschaftsführung nur die Selbstverwaltung selbst belasten und nicht zu Ansprüchen gegen den Staatshaushalt führen. Dies ist ein Ausdruck der grundsätzlichen Selbständigkeit der kommunalen Haushaltsführung, die einem Staatshaushaltsorgan nicht ohne weiteres zukommen würde.

Die Einbeziehung der Kommunal- und Komitatshaushalte in einen gesamtstaatlichen Haushalt folgt ungarischen Traditionen und stellt die Finanzhoheit der Selbstverwaltungen nicht in Frage. Diese können nach wie vor über ihre Einnahmen und Ausgaben im Rahmen der Rechtsvorschriften selbständig entscheiden, während der Staat in seinem Finanzgebaren gegenüber den Selbstverwaltungen insofern nicht völlig frei ist, als daß zahlreiche finanzielle Garantien etwa bei der Übertragung staatlicher Aufgaben auf die Selbstverwaltungen eine angemessene Finanzierung der Selbstverwaltungen sicherstellen sollen. Die – allerdings nur beispielhafte – Aufzählung der Bindeglieder zwischen dem Staatshaushalt und den Selbstverwaltungshaushalten zeigt eine einseitige Struktur: Sie berücksichtigt nur die Beziehungen der einzelnen Selbstverwaltung zu dem Zentralstaat. Die Beziehungen zwischen den Selbstverwaltungen untereinander bleiben ausgeklammert, was auch der Realität entspricht. Einen Finanzausgleich oder ähnliche Umlagen zwischen den Kommunen oder Komitaten gibt es nicht, und höchstens im Falle des gemeinsamen Unterhalts von Verwaltungsteilen oder Versorgungsunternehmen kommen die Haushalte der Selbstverwaltungen miteinander in Berührung. Das hat insbesondere für leistungsstarke Kommunen und Komitate gewisse Vorteile, führt auf der anderen Seite auch zur finanziellen Isolierung der einzelnen Selbstverwaltung, weil jede für sich dem übermächtigen Zentralstaat gegenübersteht[827]. Diese Isolation wird nur durch die gemeinsamen Interessenvertretungsverbände und die grundsätzliche Gleichbehandlung der Selbstverwaltungen durch den Staat gemildert, bleibt aber sehr problematisch.

Eigene Einnahmen

Das Kommunalgesetz enthält in § 81 Abs. 2 eine Aufzählung der Einnahmen der Selbstverwaltungen, nämlich eigene Einnahmen, überlassene staatliche Steuern, Einnahmen aus Wirtschaftsunternehmen, normative Zuwendungen aus dem Staatshaushalt sowie Unterstützungen[828]. Bei diesen Einnahmen sind grundsätzlich zwei Arten zu unterscheiden: Einnahmen aus eigener Kraft und staatliche Zuwendungen. Zunächst sollen die Einnahmen untersucht werden, die die Selbstverwaltungen selbst erwirtschaften. Nach der Terminologie des § 81 Abs. 2 KommG gehören hierzu die eigenen Einnahmen und die Einnahmen aus Wirtschaftsunternehmen. Was unter eigenen Einnahmen zu verstehen ist, zählt § 82 KommG auf: Gemäß Abs. 1 gehören zu den eigenen Einnahmen die von den Selbstverwaltungen im Rahmen der gesetzlichen Vorschriften festgesetzten örtlichen Steuern, die Einnahmen aus Wirtschaftstätigkeit und Verwaltung des eigenen Vermögens, die gemäß den jeweiligen gesetzlichen Vorschriften erhobenen Gebühren, die vom Staat zur Verfügung gestellten Geldmittel, der spezialgesetzlich den Selbstverwaltungen zugewiesene Anteil an den auf ihrem Gebiet entstehenden Umwelt- und Denkmalschutzbußen, die Einnahmen aus dem Jagdrecht auf ihrem Gebiet sowie den sonstigen Einnahmen. Eine Einnahmeform, die mit der Neuordnung der Eigentumsverhältnisse im Zuge des Systemwechsels im Zusammenhang steht und daher nur vorübergehenden Charakter hat, wird in Abs. 2 behandelt. Dieser Vorschrift zufolge bildet der in einem besonderen Gesetz geregelte Anteil an dem Verkaufserlös, der bei der Privatisierung gewerblichen Vermögens der alten Räte anfällt, eine Einnahme der Selbstverwaltungen. Diese Privatisierung konnten die Selbstverwaltungen nicht selbst vornehmen, sondern das betroffene Vermögen der Räte wurde im Rahmen der allgemeinen Privatisierung des Staatsvermögens von der Staatlichen Vermögensagentur veräußert[829]. Das besondere Gesetz, das den Anteil der Selbstverwaltungen an dem Erlös festsetzt, ist das jeweilige Jahreshaushaltsgesetz. Für 1991 beispielsweise legte § 1

---

[827] Zu den Gefahren, die der kommunalen Selbstverwaltung von allzu direkten finanziellen Interventionen des Staates drohen, s. am deutschen Beispiel *Petzina, Dietmar* in Grimm, S. 245 ff.

[828] Am Beispiel der Komitatshaushalte wird dieses System erläutert bei *Illés, Iván* in Agg/Pálné Kovács, S. 130 ff.

[829] Gesetz 1990:VII über die Staatliche Vermögensagentur und über die Verwaltung des zu ihr gehörenden Vermögens, M. K. 1990/263 ff.; zur Privatisierung s. o. Fn. 821.

Abs. 9 Jahreshaushaltsgesetz 1991[830] den Anteil der örtlichen oder Komitatsselbstverwaltung auf 50% fest.

Im Vordergrund der Regelung der eigenen Einnahmen stehen die Einnahmen aus Steuern. Hier ist zu unterscheiden zwischen den überlassenen staatlichen Steuern und den örtlichen Steuern. Die überlassenen staatlichen Steuern werden weiter unten bei den staatlichen Zahlungen behandelt, so daß hier im Zusammenhang mit den eigenen Einnahmen nur die Kommunalsteuern interessieren. Diese wurden aber nicht bereits im Kommunalgesetz geregelt, sondern erst später im Kommunalsteuergesetz. Auf dieses wird im Rahmen der späteren kommunalrechtlichen Gesetzgebung unter Punkt C. I. 4. d) weiter eingegangen. An dieser Stelle kann aber festgehalten werden, daß Einnahmen aus eigenen Steuern keine nachrangige, subsidiäre Finanzquelle der Selbstverwaltungen darstellen, wie dies im deutschen Kommunalrecht bereits seit langem Tradition ist[831], sondern mit den anderen Einnahmen auf einer Stufe stehen.

Wie bereits oben unter Punkt 3. b) ee) (1) dargestellt, ist ein Großteil des den Selbstverwaltungen im Zuge der Umgestaltung der staatlichen Eigentumsverhältnisse überlassenen Vermögens wirtschaftlich nichts wert. Die damit verbundenen Ausgaben übersteigen bei weitem die Einnahmen, die sich aus den Vermögensgegenständen erzielen lassen. Mietwohnungen und Versorgungsunternehmen sind Hauptbeispiele dieses eher belastenden Vermögens. Im Zusammenhang mit den Versorgungsunternehmen ist darauf hinzuweisen, daß es den Selbstverwaltungen in manchen Fällen nicht möglich ist, die Preise für die von ihnen gelieferten kommunalen Dienste und Güter selbst zu bestimmen. Das Preisgesetz[832] zählt in der Anlage die Waren und Dienstleistungen auf, für die die Preisbehörde gemäß §§ 7–8 Mindest- und Höchstpreise erlassen kann. Die Preisbehörde ist gemäß der Regelung in der Anlage entweder der zuständige Minister oder die Abgeordnetenkörperschaft der Selbstverwaltung, in Budapest die Generalversammlung der Hauptstadt. Ab 1995 ist bei Lieferungen und Dienstleistungen, die von den Selbstverwaltungen erbracht werden, eine Verschiebung weg vom Minister und hin zu den Selbstverwaltungen zu beobachten, so daß nun nicht nur der örtliche öffentliche Personennahverkehr der Preisgestaltung durch die Selbstverwaltung unterliegt, sondern auch Zu- und Abwasser aus kommunalen Werken, Fernheizung, Warmwasser in städtischen Wohnungen und ähnliche Versorgungslieferungen.

---

[830] Gesetz 1990:CIV über die Staatshaushalt der Republik Ungarn im Jahr 1991 und über die Regeln der Führung des Haushalts für das Jahr 1991, M. K. 1991/1 ff.

[831] § 2 Satz 1 Preußisches KAG vom 14.7.1893. Ähnliche Vorschriften finden sich heute in den meisten einschlägigen Regelungen der Länder, z.B. § 3 Abs. 2 Satz 1 KAG NRW. Näher dazu *Hendler,* DÖV 1999/755 ff.

[832] Gesetz 1990:LXXXVII über die Festsetzung der Preise, M. K. 1990/2383 ff.

Ansonsten unterliegen kommunale Gebühren dem Grundsatz, daß sie zumindest annäherungsweise den tatsächlich geleisteten Diensten entsprechen müssen. Eine recht umfangreiche Verfassungsrechtsprechung zu der Verfassungs- und Rechtmäßigkeit kommunaler Gebührensatzungen vorzugsweise in bezug auf Müllgebühren hat diesen Grundsatz aus dem Gleichheitssatz der Verfassung (§ 70/A Verf.) ebenso wie aus den Vorschriften des § 201 ZGB, der bei gegenseitigen Verträgen ein konnexes Gegenleistungsgebot aufstellt, abgeleitet. Insbesondere pauschalierte Gebühren, deren Pauschalierungsmethode zu wenig Rücksicht auf die tatsächlich erbrachten Leistungen nimmt, wurden vom Verfassungsgericht beanstandet[833]. Zu beachten ist allerdings, daß diese Rechtsprechung nicht die absolute Höhe der Gebühren zum Maßstab nimmt, so daß diese in einem relativ weiten Ermessen der Kommune verbleibt. Stärkeren rechtlichen Bindungen unterliegt die Selbstverwaltung bei der Berechnung der Gebühren, die eben der Gleichheit und dem Gegenleistungsprinzip unterliegen müssen.

Schließlich ist es den Selbstverwaltungen gestattet, Kredite aufzunehmen und Schuldverschreibungen auszugeben. § 88 Buchst. b) KommG verbietet es allerdings, zur Deckung dieser Finanzierungsformen die staatlichen Zahlungen und das Stammvermögen einzusetzen.

Die wirtschaftliche Betätigung der Selbstverwaltungen

Es ist den Gemeinden, Städten und Komitaten uneingeschränkt erlaubt, sich am Wirtschaftsverkehr zu beteiligen. Die einzigen Einschränkungen ergeben sich, wie weiter unten noch zu zeigen sein wird, im Hinblick auf die Form der Betätigung: Selbstverwaltungen dürfen nur in Form von Kapitalgesellschaften am Wirtschaftsverkehr teilnehmen. Ansonsten bestehen keine Hindernisse für eine erwerbswirtschaftliche Betätigung der Selbstverwaltungen. Dieser Grundsatz ist ausdrücklich in § 1 Abs. 6 Buchst. b) Satz 2 KommG normiert, und in der Aufzählung der Einnahmen der Selbstverwaltung finden die Gewinne aus eigener Wirtschaftstätigkeit ausdrücklich Berücksichtigung [§ 82 Abs. 1 Buchst. b) KommG]. Auch im Zivilrecht finden sich keine Hindernisse für eine wirtschaftliche Betätigung: Gemäß § 70 Abs. 1, §§ 71–73 ZGB können die örtlichen Selbstverwaltungen ohne Beschränkungen Unternehmen gründen. Einschränkungen der unternehmerischen Tätigkeit wie im deutschen Kommunalrecht[834] sind dem ungarischen Recht fremd.

---

[833] Auführlich in den Entscheidungen 48/2000. (XII.18.) AB, M. K. 2000/7923 ff., und 52/2000. (XII.18.) AB, M. K. 2000/7931 ff., die die vorangegangene Rechtsprechung zusammenfassen. Die Entscheidung 52/2000. ist zudem aus verfahrensrechtlichen Gründen bemerkenswert, weil es sich hier um eine konkrete Normenkontrolle aufgrund einer Richtervorlage handelt.

Der Grundsatz der Subsidiarität der wirtschaftlichen Tätigkeit der Selbstverwaltungen (oder gar der öffentlichen Hand überhaupt) kann auch nicht aus der Verfassung abgeleitet werden[835]. Die Präambel nennt die soziale Marktwirtschaft als anzustrebendes Ziel, und § 9 Abs. 1 Verf. bezeichnet die Wirtschaft Ungarns als Marktwirtschaft, in der das öffentliche und das private Eigentum gleichberechtigt und gleich geschützt sind[836]. Schließlich sind gemäß § 9 Abs. 2 Verf. die Unternehmensfreiheit und die Freiheit des wirtschaftlichen Wettbewerbs zu fördern. Aus dem Begriff der Marktwirtschaft kann kein Verbot öffentlicher Teilnahme am Wirtschaftsgeschehen abgeleitet werden. Ein Blick in die Praxis Westeuropas zeigt bereits, daß durch unterschiedliche Formen staatlicher und kommunaler Unternehmungen die Marktwirtschaft nicht gefährdet wird, und theoretisch ist ein Markt sogar dann vorstellbar, wenn sich alle Unternehmen in öffentlichem Eigentum befinden, vorausgesetzt, daß die einzelnen Wirtschaftssubjekte ihre

---

[834] Als Beispiel kann § 107 Abs. 1 GO NRW dienen; zu den Modifizierungen und Lockerungen der rechtlichen Bindungen in dieser Vorschrift durch eine Reform 1999 s. *Ehlers*, NWVBl. 2000/1 ff.; *Held*, NWVBl. 2000/201 ff.; *Lux*, NWVBl. 2000/7 ff. Ähnliche Beschränkungen finden sich überall in Deutschland. Eine auf das UWG gestützte zivilgerichtliche Rechtsprechung schränkt kommunalwirtschaftliche Geschäftstätigkeit zu reinen Gewinnzwecken oft stärker ein als die verwaltungsgerichtliche Rechtsprechung auf der Grundlage der jeweiligen Gemeindeordnung: OLG Düsseldorf, Urteil vom 10.10.1996 („Nachhilfe"), NWVBl. 1997/353 ff., und OLG Hamm, Urteil vom 23.9.1997 („Gelsengrün"), DVBl. 1998/792 ff. Zu diesem Problemkreis *Badura*, DÖV 1998/818 ff.; *Kühling*, NJW 2001/177 ff.; *Müller-Terpitz*, NWVBl. 1999/292 ff.; *Otting*, DÖV 1999/550 ff.; *Pielow*, NWVBl. 1999/369 ff.; *Sodan*, DÖV 2000/369 ff.; *Tettinger*, NJW 1998/3473 f.
Die kommunalrechtliche Beschränkung der gemeindlichen Erwerbswirtschaft ist trotz ihrer weiten Verbreitung in Deutschland vergleichsweise neueren Datums: Erstmals band Art. 61 der bayerischen Gemeindeordnung vom 17.10.1927, Bay GVBl. 1927, S. 293, kommunale Wirtschaftsbetriebe mit Ausnahme der Versorgungsbetriebe an eine Genehmigungspflicht, und die heute noch geltenden materiellen Beschränkungen führte – unter Berufung auf den Schutz der freien Wirtschaft vor kommunaler Konkurrenz – erstmals das Preußische Gemeindefinanzgesetz vom 15.12.1933, Preuß. Gesslg. 1933, S. 442, in §§ 86 ff. ein; diese Regelungen wurden fast identisch in §§ 67 ff. der Deutschen Gemeindeordnung vom 30.1.1935, RGBl. 1935 I S. 49, übernommen, von wo aus sie nach 1945 den Weg in die Kommualgesetze der westdeutschen Länder fanden. Dazu *Depenbrock*, S. 22 ff. Zum Protest der deutschen Städte gegen die Einführung der Beschränkungen in Bayern 1928 s. *Mulert*, S. 22 f.
[835] Auch das Grundgesetz äußert sich zu dieser Frage nicht ausdrücklich: BVerwGE 39/329, S. 336 ff.; BVerwG, BayVBl. 1978/376; *Papier*, Hans-Jürgen in Maunz/Dürig, Art. 14 Rn. 231. Die Subsidiarität öffentlicher Wirtschaftstätigkeit läßt sich aber indirekt Art. 42 Abs. 1–2 Verf. Brem und Art. 51 Abs. 2 Verf. Rh-Pf entnehmen.
[836] Das Verfassungsgericht bezeichnet in seiner Entscheidung 33/1993. (V.28.) AB, M. K. 1993/3771 ff., ABH 1993/247 ff., die Bestimmung der Präambel als „nur" ein Staatsziel, während es der Vorschrift des § 9 Verf. volle Normativität zubilligt.

ökonomischen Entscheidungen unabhängig voneinander und vom Staat nach wirtschaftlichen Effizienzgesichtspunkten, d. h. marktkonform treffen. Das Wesen der Marktwirtschaft beruht auf der dezentralen Entscheidungsfindung der Marktsubjekte, nicht auf bestimmten Eigentumsformen[837].

Wie bereits oben unter Punkt C. I. 3. a) dd) dargestellt, bedeutet die Nennung zweier Eigentumsformen in § 9 Abs. 1 Verf. keine Vorrangstellung der einen oder der anderen Eigentumsform. Historisch gesehen handelt es sich bei der Norm um eine Beschneidung des bis dahin privilegierten öffentlichen Eigentums und eine Zurückdrängung desselben auf das Niveau des Privateigentums, aber eben nur bis auf dessen Niveau und nicht darunter. Aus der Nennung der Wettbewerbs- und Unternehmensfreiheit in § 9 Abs. 2 Verf. kann auch kein zwingendes Verbot der erwerbswirtschaftlichen Betätigung der öffentlichen Hand abgeleitet werden, da § 11 Verf. die Rechtsverhältnisse von Unternehmen, die sich in staatlichem Eigentum befinden, regelt, mithin also von der Existenz derartiger Unternehmen ausgeht. Dem Förderungsgebot zugunsten der Unternehmensfreiheit kann man allerdings eine gewisse Beschränkung für die öffentliche Hand entnehmen, deren wirtschaftliche Betätigung nicht so weit gehen darf, daß daneben private Unternehmen keinerlei Chancen mehr für den Marktzutritt oder für das Verbleiben auf dem Markt haben. Die genaue Grenze kann aber nicht aus der Verfassung selbst abgeleitet werden, sondern bedürfte einer gesetzlichen Konkretisierung. Daß eine solche gesetzliche Konkretisierung im Hinblick auf die Wirtschaftstätigkeit der Selbstverwaltungen fehlt, könnte allerdings eine Verfassungswidrigkeit durch legislatives Unterlassen bedeuten; diese wäre dann zu bejahen, wenn von der Wirtschaftstätigkeit der Kommunen und Komitate ernste Gefahren für die örtliche oder regionale Privatwirtschaft ausgingen. Dies ist jedoch nicht ersichtlich, zumal sich die Wirtschaftstätigkeit in der Praxis meist auf typisch kommunale Dienstleistungen beschränkt. Die Verfassung selbst enthält somit keinen Rechtssatz, der der öffentlichen Hand oder den Selbstverwaltungen die erwerbswirtschaftliche

---

[837] Die umfassende staatliche Planung, die unabhängig von den Eigentumsformen bestehen kann, ist das Gegenteil der Marktwirtschaft, nicht aber das staatliche Eigentum an Produktionsmitteln bei dezentralisierter marktorientierter Entscheidungsfindung der Wirtschaftseinheiten. Dazu s. *Kriele,* S. 180 ff. Das ungarische Verfassungsgericht sieht allerdings in der Garantie der Marktwirtschaft in § 9 Abs. 1 Verf. die Garantie einer Wirtschaft mit plural gegliederter Eigentumsstruktur: Verfassungsgerichtsentscheidungen 59/1991. (XI.19.) AB, M. K. 1991/2556 ff., ABH 1991/254 ff.; 33/1993. (s. o. Fn. 836). Da die ungarische Praxis seit der Wende den insofern strengeren Anforderungen des Verfassungsgerichts genügt, ist eine genauere Präzisierung des wirklichen Wesenskerns der verfassungsrechtlichen Verbürgung der Marktwirtschaft bislang noch nicht nötig gewesen. Zum Zusammenhang zwischen postsozialistischer Eigentumsverfassung und Entstehung von Marktwirtschaft s. *Roggemann,* Die Verfassungen, S. 103 ff.

Betätigung schlechthin verbietet. § 1 Abs. 6 Buchst. b) Satz 2 KommG verstößt mithin nicht gegen die Verfassung.

Die Unternehmungen der Selbstverwaltung dürfen gemäß § 80 Abs. 3 Satz 1 KommG die Erfüllung der Pflichtaufgaben nicht gefährden. Satz 2 der Vorschrift enthält das Mittel, wie eine derartige Gefährdung vermieden werden soll: Selbstverwaltungen dürfen nur an solchen Unternehmen teilnehmen, bei denen die Haftung die Einlage nicht überschreitet. Das bedeutet, daß sich die Selbstverwaltungen nur an Kapitalgesellschaften – in Ungarn die Aktiengesellschaft und die Gesellschaft mit beschränkter Haftung – beteiligen können, nicht aber an Personengesellschaften, bei denen der Gesellschafter auch mit seinem sonstigen Vermögen haftet[838]. Die Einschränkungen des § 80 Abs. 3 KommG sind mithin *lex specialis* gegenüber der unbeschränkten Unternehmensgründungsfreiheit in § 70 Abs. 1 ZGB. Auf kommunale Gesellschaften, die unternehmerisch tätig sind, wird man die Grundsätze des Verfassungsgerichtsurteils über staatliche Unternehmen anzuwenden haben, demzufolge Gesellschaften nur deshalb, weil sie mehrheitlich in staatlichem Eigentum stehen, keinerlei Privilegien im Rechtsverkehr oder auf dem Markt genießen[839]. Als Marktakteur steht den Selbstverwaltungen mithin kein Sonderrecht oder Privileg zu.

Angesichts der Schwäche sonstiger Einnahmen sind die Selbstverwaltungen auf die Möglichkeit, selbst Geld zu verdienen, angewiesen[840]. Insbesondere in den wirtschaftlichen Krisengebieten sind die Einnahmen aus eigenen Steuern gering, und die staatlichen Zuwendungen sind überall knapp. Allerdings fehlen hier auch häufig ökonomische Nischen, in denen die Selbstverwaltungen Geld verdienen können, zumal die Fortwirkung alten obrigkeitsstaatlichen Denkens und die fehlende Tradition wirtschaftlicher Betätigung am Markt zu hohen psychologischen Schwellen vor einer entsprechenden Betätigung von Selbstverwaltungen führen. Gerade die besonders armen Selbstverwaltungen sind häufig zu schwerfällig, um sich wirtschaftliche Potentiale zu erschließen, und verharren in einer staatsgerichteten Erwartungshaltung.

Nichtsdestoweniger ist die unbeschränkte Zulassung erwerbswirtschaftlicher Betätigung der Selbstverwaltungen nicht ohne gesamtwirtschaftliche Gefahren. Den privaten Wirtschaftssubjekten entsteht auf dem Markt ein Konkurrent, der sich durch andere als wirtschaftliche Geldquellen refinanzieren kann. Es kann insbesondere auf den lokalen Märkten zu Wettbe-

---

[838] Zum ungarischen Gesellschaftsrecht s. *Doralt*; *Gobert*, S. 182 ff.; *Pajor-Bytomski*, Gesellschaftsrecht; *Pajor-Bytomski*, Gesellschaftsverträge, S. 15 ff.; *Tercsák/Schwahofer.*

[839] Verfassungsgerichtsurteil 33/1993. (s. o. Fn. 836).

[840] Hierzu *Schmidt*, MK 1994/184 ff.

werbsverzerrungen zugunsten der öffentlich-rechtlich organisierten Konkurrenten kommen. Aus diesem Grund verbietet, wie bereits erwähnt, das deutsche Kommunalrecht die Wirtschaftstätigkeit der Kommunen aus bloßer Erwerbsabsicht und schreibt einen Zusammenhang der Betätigung mit den öffentlichen Aufgaben vor[841]. Derartige Befürchtungen werden in Ungarn kaum geäußert; dort wird kaum Kritik an der freien wirtschaftlichen Betätigung der Selbstverwaltungen laut[842].

Die Gestattung einer erwerbswirtschaftlicher Tätigkeit der Gemeinden ist keine Besonderheit des ungarischen Rechts. Sie findet sich in manchen osteuropäischen Rechtsordnungen, die sich in der Regel darüber im klaren sind, daß lokale Steuern und staatliche Zuweisungen keine ausreichende finanzielle Basis für die örtliche Selbstverwaltung darstellen. In Tschechien gestattet die Gemeindeordnung eine freie erwerbswirtschaftliche Tätigkeit nicht ausdrücklich, aber die Zusammenschau der einschlägigen Normen ergibt ihre Zulässigkeit[843]. Das albanische Kommunalgesetz erlaubt in Art. 14 Nr. 20 den Städten und Gemeinden sogar ausdrücklich die Gründung von Joint Ventures mit ausländischen Firmen[844]. Aber nicht nur in den postsozialistischen Rechtsordnungen ist das deutsche Verbot einer eigenen wirtschaftlichen Betätigung der örtlichen Selbstverwaltungen unbekannt, auch in einigen westlichen Staaten können die Gemeinden ohne Einschränkungen am Wirtschaftsleben teilnehmen. In Österreich beispielsweise erlaubt Art. 116 Abs. 2 Satz 2 Verf. die wirtschaftliche Tätigkeit der Selbstverwaltungen. Ähnlich wie in Deutschland ist die Rechtslage in den Niederlanden und in Großbritannien, wo die *ultra vires*-Doktrin den Selbstverwaltungen nur dort eine Wirtschaftstätigkeit zugesteht, wo dies gesetzlich ausdrücklich vorgesehen ist wie etwa bei örtlichen Lotterien[845]. In Polen

---

[841] Zur deutschen Diskussion über die erwerbswirtschaftliche Betätigung der Kommunen s. *Weides*, Peter in *Brunner*, Politischer Pluralismus, S. 169 ff.; *Erichsen*, Kommunalrecht, S. 267 ff.; *Gern*, Sächs. KommR, S. 288 ff.; *Otting*, DÖV 1999/549 ff.; *Burmeister*, Joachim in Püttner, HdkWP, Bd. 3, S. 3 ff., *Schmidt-Jortzig*, Edzard, ebd., S. 50 ff.; *Ronellenfitsch*, DÖV 1999/706 ff.; *Schmidt-Aßmann* in Schmidt-Aßmann, Bes. VwR, S. 80 ff.; *Stober*, S. 335 ff.; *Strittmatter*, VuM 1997/221 ff.

[842] Symptomatisch ist insofern die einschlägige Monographie von *Vörös*, die auf S. 12 ff. die erwerbswirtschaftliche Betätigung der Selbstverwaltungen behandelt und auf das Problem der Marktstörungen und des Schutzes der privaten Konkurrenz nicht eingeht. Lediglich im rechtsvergleichenden Teil erwähnt *Vörös* auf S. 93 ff. die deutschen Beschränkungen, ohne ihren Sinn zu würdigen. Ebenso *Lados*, Mihály in Alapítvány a Magyarországi Önkormányzatokért, S. 104 ff.

[843] Dies trifft auf die alte Gemeindeordnung vom 4.9.1990, Sb.ČS 1990 Nr. 59 Pos. 367, in deutscher Übersetzung von *Hans-Clemens Köhne* abgedruckt in *Brunner*, VSO, Länderteil Tschechien, Dokument 2.1.6.b., ebenso wie auf die neue Gemeindeordnung vom 12.4.2000, Sb.ČR 2000 Nr. 38 Pos. 128, zu.

[844] Zu Albanien s. *Küpper*, ZaöRV 1999/164.

hingegen ist den Gemeinden und ihren juristischen Personen die Wirtschaftstätigkeit außerhalb von gemeinnützigen Aufgaben in Art. 9 § 2 Gemeindeselbstverwaltungsgesetz[846] ausdrücklich verboten; eine gewerbliche Betätigung ausschließlich zur Gewinnerzielung scheidet mithin für polnische Gemeinden aus. Die uneinheitliche Linie bei den westlichen Vorbildern und den neuen osteuropäischen Demokratien zeigt, daß es keine zwingend systemkonforme Lösung gibt und daß die erwerbswirtschaftlich tätige Selbstverwaltung in Ungarn kein Übergangsphänomen bis zur Konsolidierung der öffentlichen Finanzen und der Wirtschaft allgemein sein muß.

Staatliche Zahlungen

Nachdem die Einnahmen der Selbstverwaltungen aus eigenen Mitteln untersucht worden sind, soll nun auf die vom Staat geleisteten Zahlungen eingegangen werden. Im Rahmen der Einnahmearten des § 81 Abs. 2 KommG gehören hierzu die überlassenen staatlichen Steuern, die normativen Zuwendungen aus dem Staatshaushalt sowie die Unterstützungen. Auf die Arten der überlassenen staatlichen Steuern verweist § 83 KommG: Dazu gehören ein bestimmter Teil der Einkommenssteuer von Privatpersonen sowie die weiteren geteilten Steuern. Dies wird im Kommunalgesetz nicht weiter spezifiziert; die Einzelheiten werden jedes Jahr neu durch das jeweilige Jahreshaushaltsgesetz geregelt.

Grundsätzlich werden nicht nur die Anteile an überlassenen Steuern, sondern alle Sätze für die normativen staatlichen Leistungen sowie die anderen direkten staatlichen Zuwendungen an die Selbstverwaltungen jedes Jahr neu durch das jeweilge Jahreshaushaltsgesetz bestimmt (§§ 84, 91 Abs. 2 KommG, § 63 StaatshG). Für das Jahr 1991 stand den Selbstverwaltungen gemäß § 1 Jahreshaushaltsgesetz 1991 50% der Einnahmen aus der persönlichen Einkommenssteuer sowie 30% aus der Umwelt- und Denkmalschutzbuße zu. Bei der Bemessung der normativen Zahlungen hat das Parlament die Zuwendungen in dem jeweiligen Jahreshaushaltsgesetz nach der Einwohnerzahl, bestimmten Altersgruppen, der Zahl der von einer bestimmten Einrichtung Versorgten und ähnlichen Faktoren zu bestimmen (§ 84 Abs. 1 KommG). Daneben kann das Parlament gemäß § 84 Abs. 2 KommG eine bestimmte Summe den Selbstverwaltungen unmittelbar und ohne Verwendungsbindung zur Verfügung stellen; dasselbe ist bei Selbstverwaltungen, die eine bestimmte Aufgabe erfüllen, möglich. Ein Beispiel für letztere

---

[845] Zu den Niederlanden s. *Kortmann/Bovend'Eert*, S. 184 f.; *de Meij*, S. 224 f.; zu Großbritannien s. *Byrne*, S. 74 f., 302 f.

[846] s. o. Fn. 669; dazu *Ciepiela*, PUG 6/2001, S. 18 ff.; *Schnapp*, DÖV 2001/726. Zur Finanzierung der Selbstverwaltungen in Polen s. *Banaszak*, WGO-MfOR 1999/336 f.

Vorschrift können die Komitate sein, die bestimmte Einrichtungen wie über-örtliche Bibliotheken unterhalten und dafür direkte Zuschüsse erhalten. All diese Zuwendungen können während des Haushaltsjahres nicht vom Parlament gesenkt werden (§ 87 Abs. 3 KommG), wodurch die Selbstverwaltungen ein Minimum an Planungssicherheit haben.

Im Rahmen der Projektfinanzierung weist das Parlament Ziele von besonderer gesellschaftlicher Bedeutung aus. Selbstverwaltungen, die sich eines dieser Ziele annehmen möchten, können sich gemäß § 85 KommG alleine oder gemeinsam um die dafür zur Verfügung gestellten Mittel (Zweckunterstützungen) bewerben; sie konkurrieren dann mit anderen gesellschaftlichen Leistungsanbietern. Zweckunterstützungen sind ausschließlich für den bewilligten Zweck zu verwenden (§ 85 Abs. 3 KommG). Neben den Zweckunterstützungen existieren noch die titulierten Unterstützungen, die den Selbstverwaltungen für die Durchführung einzelner, sehr kostenaufwendiger Entwicklungs- und Wiederaufbauprojekte gewährt werden können. Auch hier gilt die strikte Zweckbindung der Mittel (§ 86 KommG). Einzelheiten regelte der Gesetzgeber erst 1992, wie noch unter Punkt C. I. 4. d) aa) (3) zu zeigen sein wird.

Auf die Pflicht des Gesetzgebers, bei der Übertragung neuer Pflichtaufgaben auch die Frage der Finanzierung aus dem Staatshaushalt zu regeln (§ 1 Abs. 5 KommG), ist bereits hingewiesen worden. § 87 Abs. 2 KommG wiederholt diese staatliche Verpflichtung nochmals. Der Staat kommt dieser Pflicht durch entsprechende Regelungen in dem Gesetz, das die Aufgabe den Selbstverwaltungen zur Pflicht macht, sowie im jeweiligen Jahreshaushaltsgesetz nach.

Neben diesen regulären Finanzierungsinstrumenten folgt aus der Selbstverwaltung gemäß § 1 Abs. 6 Buchst. b) ein Anspruch von Kommunen (nicht Komitaten), die nicht durch eigene Schuld in eine nachteilige Situation geraten sind, auf ergänzende staatliche Unterstützungen. Diese Art der staatlichen Zuwendung wird in § 87 Abs. 1 KommG spezifiziert: Die staatliche Ergänzungszuwendung wird zum Zwecke der Aufrechterhaltung der Funktionsfähigkeit der kommunalen Selbstverwaltung nach den Vorgaben des jeweiligen Jahreshaushaltsgesetzes gezahlt. Voraussetzung ist, daß die Selbstverwaltung ihre schlechte finanzielle Lage nicht selbst verschuldet hat. Was mit Kommunen geschieht, die sich durch eigene Schuld in die Zahlungsunfähigkeit manövriert haben, regelt das Gesetz nicht. Hier bleibt als letztes Mittel die Auflösung der Vertretungskörperschaft, der dann eventuell bestimmte Gelder zur Verfügung gestellt werden können. Die grundrechtlich gesicherten Leistungsansprüche der Bürger unter anderem auf eine kommunale Grundversorgung sind jedenfalls unabhängig von der Finanzlage der Selbstverwaltung und müssen notfalls durch den Staat erfüllt werden, wenn die Kommune dazu nicht (mehr) in der Lage ist. Ein 1996 eingeführtes

Schuldenordnungsverfahren regelt mittlerweile viele Fragen der Zahlungsunfähigkeit; in Kapitel C. I. 6. b) aa) (1) wird auf Einzelheiten eingegangen.

Ausgaben

Grundsätzlich dürfen die Selbstverwaltungen über ihre Ausgaben selbst
entscheiden. Sie können frei entscheiden, ob sie ihre Aufgaben, die sich aus
den Bedürfnissen der Einwohner und aus Rechtsvorschriften ergeben, durch
eigene Organe (Haushaltsorgane), durch die Unterstützung anderer Unternehmen, durch den Einkauf von Dienstleistungen oder auf sonstige Weise
erfüllen (§ 81 Abs. 1 KommG). Diese Arten der Ausgaben zur Aufgabenerfüllung stehen grundsätzlich gleichberechtigt nebeneinander. Es besteht
mithin kein Subsidiaritätsprinzip zugunsten der privaten Aufgabenerledigung, für die die Selbstverwaltung bezahlt, vor der Erledigung durch die
Selbstverwaltung selbst.

Der Grundsatz der Ausgabenhoheit unterliegt allerdings zahlreichen
rechtlichen Einschränkungen, von den Zwängen der Praxis gar nicht zu
reden. Eine erste Einschränkung ergibt sich aus der Unterscheidung von
Pflichtaufgaben und freiwilligen Aufgaben. Für letztere dürfen erst dann
Ausgaben veranschlagt werden, wenn nach der Erfüllung der Pflichtaufgaben noch finanzieller Spielraum verbleibt. Weitere Einschränkungen ergeben sich aus der rechtlichen Fixierung der Bezahlung der Bediensteten der
Selbstverwaltungen. Die Beamten der Selbstverwaltungen fallen unter die
Geltung des Beamtengesetzes[847] einschließlich seiner Regelungen über die
Bezüge (§§ 1 Abs. 1, 42–49/C BeamtG), und die Angestellten der Gemeinden, Städte und Komitate unterliegen dem Gesetz über die öffentlichen Angestellten[848] (§ 1 Abs. 1 ÖAngG), so daß die Tarifverträge für den öffentlichen Dienst auch die Selbstverwaltungen binden. Da Personalkosten auch
in Ungarn einen beträchtlichen Teil der Ausgaben ausmachen, verursacht
die rechtliche Festlegung der Höhe der Gehälter des Personals in der Praxis
eine Bindung eines recht hohen Teils der kommunalen Ausgaben.

Trotz der geschilderten Zwänge und Einschränkungen geht das Kommu-
nalgesetz von einer freien Entscheidung der Selbstverwaltungen über ihre
Ausgaben aus, sofern es sich nicht um zweckgebundene Mittel (etwa
Zweckunterstützungen, titulierte Unterstützungen) handelt. Es gestattet den
Selbstverwaltungen die Einrichtung von Stiftungen und die Übernahme von
Verpflichtungen im öffentlichen Interesse, die Verausgabung der freien
Mittel (§ 88 KommG) und die Unterstützung eigener sowie fremder Ein-
richtungen (§ 89 KommG).

---

[847] s. o. Fn. 682.
[848] Gesetz 1992:XXXIII über die Rechtstellung der öffentlichen Angestellten, M.
K. 1992/1949 ff.

4. Die nachfolgende kommunalrechtliche Gesetzgebung bis zur Kommunalreform 1994

Für die weitere Entwicklung des Kommunalrechts in Ungarn stellten die ersten freien Kommunalwahlen eine Zäsur dar. Nach der Durchführung der Wahl wurde das System erstmals in Betrieb genommen, und aus gesetzgeberischen Strukturen wurde kommunale Wirklichkeit. Damit verlagerte sich der Schwerpunkt der Rechtsentwicklung von der Schaffung eines ganzen Systems hin zu Feinarbeiten, um partielle Dysfunktionen zu bereinigen und Lücken zu schließen.

a) Die Wahl freier Kommunalvertretungen

An den Kommunalwahlen vom 30.9.1990 beteiligten sich lediglich etwa 30 % der Wahlberechtigten; tendenziell siegten in den Städten liberale Kandidaten und auf den Dörfern Unabhängige, während die Kandidaten der Regierungsparteien in der Mehrzahl Niederlagen hinnehmen mußten[849]. Der hohe Anteil von Unabhängigen ist vor allem auf die Tatsache zurückzuführen, daß die meisten Parteien sich noch keine organisatorische Basis im ganzen Land hatten aufbauen können, sondern bislang nur in den Städten sichtbar in Erscheinung getreten waren, während auf dem Land der Prozeß des Aufbaus von Parteistrukturen erst nach den Kommunalwahlen wirklich in Gang kam und erst in der zweiten Hälfte der 1990er Jahre mehr oder weniger abgeschlossen war[850]. Trotz der geringen Wahlbeteiligung war die Kommunalwahl ein wichtiger Einschnitt: Die ererbten Räte mit ihrer zweifelhaften Legitimation wurden durch frei und demokratisch gewählte Gemeinde- und Stadträte ersetzt. Mithin existierte nicht nur auf der Ebene des Zentralstaats, sondern auch auf kommunaler Ebene eine vom Wahlvolk legitimierte Vertretung. Damit war der Weg zu einer weiteren Fortentwicklung des Kommunalrechts eröffnet. Ab jetzt konnte die kommunale Ebene selbst ihre Interessen und Belange durch Vertretungsorgane artikulieren, die über ebensoviel Legitimität verfügten wie das Parlament, und den zentralstaatlichen Instanzen standen in den gewählten Gemeinde- und Stadträten theoretisch gleichwertige Gesprächs- und Verhandlungspartner gegenüber.

---

[849] Mitteilung der Landeswahlkommission über die endgültigen, landesweit zusammengestellten Angaben der Ergebnisse der Wahl der örtlichen Selbstverwaltungsabgeordneten und Bürgermeister, M. K. 1990/2421 f.; *Márkus*, OE 1993/1168, 1173. Zur Funktion unabhängiger Kandidaten im örtlichen politischen Leben seit 1990 s. *Ieda* in Ieda, S. 104 ff.

[850] Zum Aufbau von Parteistrukturen in der Provinz s. *Horváth*, MK 1990/243 ff.; *Ieda* in Ieda, S. 106 ff.

In der Folge konstituierten sich trotz mancher Anlaufschwierigkeiten und Unsicherheiten hinsichtlich des neuen Zustands die neuen Gremien. Damit hatte das Rätesystem aufgehört zu bestehen, und ein System der kommunalen Selbstverwaltung war entstanden.

b) Regelungen des Übergangs

Die neu etablierten Selbstverwaltungen mußten in einem unfertigen rechtlichen Umfeld tätig werden. Es war vor der ersten freien Kommunalwahl nicht gelungen, das gesamte für die Selbstverwaltungen einschlägige Recht durchzunormieren. Obwohl das Selbstverwaltungssystem auf der Agenda des Parlaments eine hohe Priorität genoß, war der Geschäftsanfall in der Zeit während und unmittelbar nach dem Systemwechsel zu groß, um alles vor den Wahlen regeln zu können. Und eine nochmalige Verlängerung des Mandats der Räte kam politisch nicht in Frage. Sie hätten mit ihrem Mangel an demokratischer Legitimation und – je nach Ort und Region schwankend – öffentlicher Akzeptanz einen Fremdkörper im System dargestellt. Nach der Konstituierung der ersten frei gewählten Selbstverwaltungen dominierten auf Gesetzgebungsebene noch eine Zeit lang Fragen des Übergangs, und ab 1991/92 trat die Konsolidierung der geschaffenen Strukturen auf der Grundlage der ersten Erfahrungen mit dem neuen System in den Vordergrund.

aa) Das Überleitungsgesetz

Am 5.11.1990 diskutierte das Parlament die Vorlage zu einem Gesetz zur Regelung einiger dringender Fragen im Zusammenhang mit dem Übergang vom Räte- zum Selbstverwaltungssystem. Es nahm die Vorlage noch am selben Tag an[851], und am 22.11.1990 wurde sie als Gesetz 1990:LXXXIII über die mit der Bildung der örtlichen Selbstverwaltungen zusammenhängenden ergänzenden und übergangsweisen Regeln (Überleitungsgesetz)[852] verkündet. Das Gesetz regelte den Übergang der Geschäfte von den Institutionen des Rätesystems auf die neu zu schaffenden kommunalen Einrichtungen (§§ 1–5), setzte Fristen für die Wahlen der Mitglieder der Generalversammlung des Komitats (§ 10) und normierte einige Fragen des Wahlverfahrens (§§ 6–9). Schließlich wurden Fragen des Auseinandergehens gemeinsamer Räte (§ 11) und Vermögensfragen (§ 13) geregelt.

---

[851] Abstimmung in OGy, 5.11.1990, Sp. 3500: 281 Ja-Stimmen, keine Nein-Stimme, 2 Enthaltungen.
[852] M. K. 1990/2305 ff.

In der Debatte war die Regelung einer übergangsweisen Gehaltsfortzahlung an solche Ratsvorsitzende und und Sekretäre der Vollzugsausschüsse, die nicht ein Bürgermeister- oder Notäramt hatten erringen können, der strittigste Punkt. Die Regierungsvorlage sah die sofortige Beendigung des Beschäftigungsverhältnisses bei Amtsantritt der neuen Amtsinhaber vor. Dagegen schlug ein Änderungsantrag[853] vor, in Anwendung des Gleichheitsgrundsatzes diesen Personen wie allen anderen Arbeitnehmern auch das Gehalt in der sechsmonatigen Kündigungsfrist weiterzuzahlen. Hinsichtlich der nur bis zu den nächsten Rätewahlen gewählten Ratsvorsitzenden lehnte das Parlament den Änderungsantrag ab[854]; für die Sekretäre der Vollzugsausschüsse kam es letztendlich zur Zahlung einer Summe, die dem Gehalt in der Kündigungszeit entspricht (§ 1 Abs. 3).

bb) Der Übergang der Institutionen

Das Überleitungsgesetz legte dem Übergang das Prinzip der Kontinuität zugrunde. Sämtliche Organe blieben zunächst weiter im Amt. Für Organe, die durch Wahlorgane ersetzt werden sollten, galt die Fortführung des Amtes bis zur Wahl des neuen Amtsträgers. Dies betraf vor allem die Sekretäre der Vollzugsausschüsse, die ihr Amt bis zur Wahl des Notärs weiter versahen.

Für die Beamten und Angestellten der Räte galt die Befristung der weiteren Tätigkeit jedoch nicht. Die Bediensteten der Verwaltungsapparate blieben grundsätzlich weiter im Amt und wurden lediglich den vorgesetzten Organen zugeordnet, die das Kommunalgesetz vorsah. Das heißt, daß Vorgesetzten- und Anleitungsfunktionen vom Rat auf die Vertretungskörperschaft, vom Ratsvorsitzenden auf den Bürgermeister und vom Ratssektretär auf den Notär überging (§ 2 ÜbleitG). Auf diese Weise sollte ein reibungsloser Übergang sichergestellt werden.

cc) Vermögensfragen

Vermögensfragen standen im Überleitungsgesetz nur am Rande der Regelung. Lediglich in bezug auf die Mietwohnungen und nicht zu Wohnzwekken dienenden Räumlichkeiten, die aus dem Eigentum des Staates in das Eigentum der Selbstverwaltungen übergingen, enthielt das Gesetz in § 13 Abs. 1 eine Übergangsregelung zur Statuswahrung bis zu einer endgültigen Regelung. Das Überleitungsgesetz bewirkte oder regelte den Übergang des Eigentums nicht, sondern setzte ihn voraus. Damit bezog es sich auf den in

---

[853] *Fodor,* István (unabh.), OGy, 5.11.1990, Sp. 3491.
[854] Abstimmung in OGy, 5.11.1990, Sp. 3496.

§ 107 Abs. 1 Buchst. e) KommG vorgesehenen Eigentumsübergang [s. o. Punkt C. I. 3. b) ee) (1)].

§ 13 Abs. 1 ÜbleitG sah vor, auf die genannten Räumlichkeiten auch weiterhin je nach ihrer Eigenschaft die Regeln über Rätemietwohnungen (d. h. von der Gemeinde vermietete Wohnungen), Dienstwohnungen, Firmenmietwohnungen oder staatliche Räumlichkeiten, d. h. Räumlichkeiten in staatlichem Eigentum, die nicht Wohnzwecken dienen, anzuwenden. Damit blieb für den Rechtsstatus insbesondere der Mieter zunächst alles beim alten. Durch die Übergabe in kommunales Eigentum änderte sich weder das Vertragsverhältnis noch die Rechtsbindung des öffentlich-rechtlichen Eigentümers bei der Nutzung seines Eigentums.

Mietverträge an staatlichen Wohnungen oder Räumlichkeiten waren durch einen überaus stark ausgeprägten Mieterschutz und eine hohe Pflichtbindung des öffentlichen Vermieters gekennzeichnet. Um durch die (ohnehin nur als vorübergehend gedachte) Fortführung dieses Rechtszustandes die Selbstverwaltungen nicht zu sehr in der Verfügungsmöglichkeit über ihr neues Immobiliarvermögen zu binden, schrieb § 13 Abs. 2 ÜbleitG der Regierung vor, bis zum 30.4.1991 eine Vorlage zur gesetzlichen Regelung der Wohnungen und Räumlichkeiten in Selbstverwaltungseigentum vorzulegen; Ende 1991 wurde die Frist für die Regierung auf den 31.3.1992 verlängert[855]. Damit erkannte das Parlament an, daß auf Dauer eine Neuregelung unumgänglich, aber so kurz nach dem Systemwechsel nicht zu bewerkstelligen war. Wie aus der offiziellen Begründung zur Gesetzesvorlage des Überleitungsgesetzes[856] ersichtlich ist, sollte mit der vorübergehenden Statuswahrung vor allem der Schutz der bisherigen Mieter bewirkt werden; eine grundsätzliche Neuregelung des Wohnungsmietrechts sollte auch das im Eigentum der Selbstverwaltungen stehende Wohnungseigentum betreffen. Man wollte auf keinen Fall die Regelung des Wohungsmietrechts den einzelnen Selbstverwaltungen überlassen.

Schließlich schrieb § 13 Abs. 3 ÜbleitG die Gebührenfreiheit der Eigentumsübergabe nach § 107 KommG vor. Das betraf vor allem das Eigentum an Grundstücken und Unternehmen, wo durch Eintragungen in das Grundbuch oder das Firmenregister unter normalen Umständen Gebühren anfallen würden.

c) Konsolidierung der Strukturen

Ein wichtiger Bereich für die nachfolgenden gesetzgeberischen Arbeiten war die Konsolidierung der neugeschaffenen Strukturen. Diese waren bei

---

[855] Durch Gesetz 1991:LXXVI, M. K. 1991/2882.
[856] Abgedruckt im Anschluß an den Gesetzestext in M. K. 1990/2307 ff.

der Regelung des Kommunalrechts zunächst lückenhaft geblieben, weil zum einen vor den Kommunalwahlen die Zeit gefehlt hatte, alles ausführlich zu normieren, und zum anderen einige Schwachstellen erst sichtbar wurden, nachdem das System angefangen hatte, in der Praxis zu arbeiten. Insgesamt warf der Aufbau einer funktionierenden Selbstverwaltung vor Ort wesentlich größere Schwierigkeiten auf, als die Parteien bei der Ausarbeitung des Kommunalrechts vorhergesehen hatten[857]. Diese Schwierigkeiten dauern im Grunde genommen bis heute an und sind immer wieder Anlaß zu Änderungen des geltenden Rechts.

aa) Die räumliche Gliederung der Selbstverwaltungen

Wie bereits mehrfach angedeutet, stellte – und stellt – die räumliche Gliederung ein Hauptproblem des Kommunalrechts dar. Dieser grundlegende Fragenkreis hat unterschiedliche Aspekte.

(1) Das Problem

Das Hauptproblem der räumlichen Gliederung ist die Atomisierung der Selbstverwaltungen auf der unteren Ebene. Dadurch sinkt die Größe vieler Gemeinden unter eine Schwelle, unterhalb derer die Leistungskraft auch für minimale Versorgungsleistungen der öffentlichen Verwaltung nicht mehr gegeben ist. Daneben bereitet die Ausgestaltung der mittleren Ebene viel Kopfzerbrechen. Dies betrifft sowohl die Gliederung des Territoriums in Einheiten der mittleren Ebene als auch die Funktionen, die diese mittlere Ebene letztendlich wahrnehmen soll. Schließlich besteht noch nicht einmal darüber Einigkeit, ob die Einheiten der mittleren Ebene als Selbstverwaltungen oder als staatliche Einteilungen oder in beiden Formen bestehen sollen.

Die untere Ebene

Die geringe Größe vieler Selbstverwaltungen ist bereits oben unter Punkt C. I. 3. b) dd) (3) angesprochen worden. Insbesondere in der Zeit während des und unmittelbar nach dem Systemwechsel stieg die Anzahl der eigenständigen Selbstverwaltungen durch die Auflösung der Zwangsvereinigungen des alten System sprunghaft an, und die durchschnittliche Größe der Gemeinden, weniger der Städte, sank entsprechend.

---

[857] Zu den Bedingungen des Aufbaus einer funktionierenden Selbstverwaltung s. *Kiss,* László in Brunner, Politischer Pluralismus, S. 175 ff.

Die psychische Koppelung des Gedankens der Wiedergutmachung kommunistischen Unrechts an den kommunalen Einheiten mit der Atomisierung der Gemeinden hat bis heute eine befriedigende Lösung, die nur in einer kommunalen Gebiets- und/oder Funktionalreform bestehen könnte, politisch unmöglich gemacht. Angesichts der noch enormen politischen Widerstände gegen eine von seiten der Zentralverwaltung initiierte, durchgeführte oder auch nur kontrollierte Gebietsreform bleibt dem Gesetzgeber nichts anderes übrig, als zu versuchen, Anreize zur verstärkten Nutzung der freiwilligen Kooperationsformen zu geben und diese so zu gestalten, daß sie vor Ort auch genutzt werden[858].

Die große Zahl extrem kleiner Einheiten führt dazu, daß viele Selbstverwaltungen nicht mehr in der Lage sind, die ihnen gesetzlich obliegenden Dienstleistungen vor allem in der Grundversorgung der Bevölkerung zu erfüllen. Ihre Finanzkraft reicht weder zur Beschäftigung von Verwaltungspersonal noch zur Erbringung von Versorgungsdienstleistungen. Für größere Investititionen etwa im Bereich der Wasserwirtschaft – im teilweise subhumiden, teilweise semiariden Binnenstaat Ungarn von durchaus existentieller Bedeutung – sind auch in größeren Einheiten nicht ausreichend Mittel vorhanden[859].

Die Verschlechterung des Versorgungsniveaus der Wohnbevölkerung ist nicht der einzige negative Effekt der Atomisierung. Durch die Aufsplitterung des Territoriums in immer zahlreichere, immer kleiner autonome Einheiten wachsen die Probleme bei der Planung. Es wird immer schwieriger, die steigende Zahl von Akteuren sinnvoll zu koordinieren, zumal lokale Eitelkeiten und Eifersüchteleien – insbesondere zu Lasten der Ortschaften, die unter dem Kommunismus aus dem einen oder anderen Grund bevorzugt worden waren und dieses Stigma weiter tragen – die Kooperation zwischen den Selbstverwaltungen ohnehin schon schwer genug machen.

Die nachfolgende Tabelle zeigt die regionale Verteilung der Selbstverwaltungseinheiten.

Auffällig ist, daß die Bevölkerungszahl des Komitats nicht immer im Verhältnis zur Anzahl der dortigen Selbstverwaltungen steht. Eine besonders große Zersplitterung macht sich in den Mittelgebirgen des Nordostens (Komitate Borsod-Abaúj-Zemplén und Nógrád) und des Südwestens (Komitate Baranya, Somogy, Vas und Zala) bemerkbar, wo das Siedlungsbild noch zahlreiche kleine Dörfer aufweist. In den Komitaten des Tieflands (Bács-Kiskun, Békés, Csongrád, Jász-Nagykun-Szolnok), in denen die Siedlungsstruktur seit dem Ende der türkischen Herrschaft durch die Existenz von Agrarstädten und entlegenen Einzelhöfen und das weitgehende Fehlen

---

[858] Dazu *Pfeil*, MK 1994/117 ff.
[859] *Fürcht*, MK 1998/151 f.; *Lőrincz*, Lajos in Harmathy, S. 44.

Tabelle 3
Komitate und Kommunen in Ungarn[860]

Name des Komitats	Fläche in km^2	Einwohnerzahl	Zahl der Städte (davon Städte mit Komitatsrecht)	Zahl der Gemeinden
Hauptstadt Budapest[861]	525	2.016.774	1	22/23
Baranya	4.487	418.642	5 (1)/10 (1)	293/291
Bács-Kiskun	8.362	544.748	11 (1)/17 (1)	105/101
Békés	5.631	411.887	12 (1)/14 (1)	62/61
Borsod-Abaúj-Zemplén	7.247	761.963	15 (1)/17 (1)	332/338
Csongrád	4.263	438.842	7 (2)/8 (2)	52/52
Fejér	4.373	420.628	6 (2)/8 (2)	99/99
Győr-Moson-Sopron	4.062	424.439	5 (2)/6 (2)	162/167
Hajdú-Bihar	6.211	548.728	12 (1)/16 (1)	67/66
Heves	3.637	334.408	6 (1)/7 (1)	112/111
Jász-Nagykun-Szolnok	5.607	426.491	12 (1)/16 (1)	62/62
Komárom-Esztergom	2.251	315.208	8 (1)/8 (1)	63/66
Nógrád	2.544	227.137	6 (0)/6 (1)	116/121
Pest	6.394	949.749	15 (0)/20 (0)	167/164
Somogy	6.036	344.708	9 (1)/12 (1)	228/232
Szabolcs-Szatmár-Bereg	5.937	572.301	10 (1)/17 (1)	218/211
Tolna	3.704	253.675	7 (0)/9 (1)	101/99
Vas	3.336	275.944	7 (1)/8 (1)	206/208
Veszprém	4.639	382.153	9 (1)/10 (1)	211/215
Zala	3.784	306.398	6 (2)/8 (2)	249/249
insgesamt	93.030	10.374.823	169 (20)/218 (22)	2927/2936

---

[860] Die Zahlen vor dem Schrägstrich beziehen sich auf das Jahr 1991, die Zahlen hinter dem Schrägstrich auf den 1.1.1998. Auf diese Weise können der Stand nach der Wende und einige Zeit später verglichen werden. Quelle: Statisztikai Évkönyv 1991, Gebietsgröße S. 45, Einwohnerzahl S. 21, Statisztikai Évkönyv 1998, Einwohnerzahl S. 28 f. Die Angaben zu der Anzahl von Städten und Gemeinden auf dem Gebiet der Komitate beruhen auf Informationen des Innenministeriums, die veröffentlicht sind unter http://www.b-m.hu/onkormanyzat/megosztas/terulet.html.

[861] Bei der Hauptstadt Budapest bezieht sich die Rubrik „Zahl der Städte" auf die Hauptstadt als Ganzes, während bei der „Zahl der Gemeinden" die Anzahl der Stadtbezirke angegeben ist.

von kleineren Dörfern geprägt ist, ist die Zahl der Selbstverwaltungseinheiten vergleichsweise niedrig, eben weil es im Vergleich sehr viel weniger natürliche Siedlungseinheiten gibt. Hier besteht dafür in viel stärkerem Maße das Problem der isolierten Einzelhöfe [ungar.: tanya] und ihrer Anbindung an und Einbindung in moderne Versorgungs- und Verwaltungsstrukturen. Diese Einzelhöfe liegen weit entfernt von den Agrarstädten inmitten der Puszta und sind nicht nur von den größeren Siedlungen, sondern auch voneinander durch vergleichsweise große Entfernungen sowie durch schlechte Verkehrsanbindung isoliert. Statistisch tritt dieses Problem allerdings nicht so in Erscheinung wie das der Klein- und Kleinstdörfer, da die Einzelsiedlungen keine eigenen Selbstverwaltungseinheiten darstellen, sondern zum Außenbereich der einen oder anderen größeren Siedlung gehören und dort mitgeführt werden.

Die mittlere Ebene

Die Komitate, die herkömmlicherweise die mittlere Ebene in Ungarn bilden, standen bereits während der parlamentarischen Debatten zum Kommunalgesetz im Mittelpunkt des politischen Streits, wie bereits unter Punkt C. I. 2. c) bb) dargestellt wurde. Durch ihre mangelnde Funktionstüchtigkeit entwickelten sie sich zum innenpolitischen Dauerthema, wenn auch die Diskussionen weniger die Öffentlichkeit, sondern vielmehr die betroffenen Fachkreise berührte. Bei den Komitaten kommen zwei Problemkreise zusammen: die Gebietseinteilung und die Kompetenzausstattung[862].

Was die Gebietseinteilung betrifft, so bestehen im wesentlichen zwei Mißstände. Zum einen entsprechen die Komitate nicht mehr den heutigen sozioökonomischen Großräumen. Sie sind im Regelfall kleiner als die etwa sechs bis sieben Regionen, in die Ungarn nach raumordnerischen Gesichtspunkten einzuteilen wäre[863]. Es ist auch schwierig, jeweils mehrere Komitate zu diesen Regionen zusammenzufassen, da die Grenzen der Regionen häufig nicht mit denen der Komitate identisch sind. Symptomatisch für diese Schwierigkeiten war die Einrichtung von Regionen als örtliche Zuständigkeitsabgrenzungen der Republiksbeauftragten [s. o. Punkt C. I. 3. b) bb) (3)], die 1990 geschaffen und von der neuen Regierung kurz nach Amtsantritt wieder abgeschafft wurden.

---

[862] Einige rechtswissenschaftliche Beiträge der Debatte: *Agg,* MK 1990/953 ff.; *Balázs,* MK 1995/673 ff.; *Csefkó,* MK 1992/689 ff.; *Forgácsné Orosz,* MK 1999/186 ff.; *Günther,* MK 1991/1112 ff.; *Sipos,* MK 1992/492 ff.; *Szabó,* MK 1992/625 ff.; *Szabó,* MK 1993/683 ff.; *Szabó,* MK 1994/721 ff.; *Vass,* MK 1993/537 ff.

[863] Eine Diskussion der natürlichen Vorgaben für administrative Großregionen in Ungarn findet sich bei *Hajdú,* Zoltán in MTA/MKI, S. 45 ff.

Der zweite Punkt ist die stark unterschiedliche Größe der einzelnen Komitate. Dies betrifft das Territorium, die Einwohnerzahl, die Bevölkerungsdichte und die Leistungsfähigkeit. Die Tabelle auf S. 296 zeigt diese Unterschiede. Die Leistungsfähigkeit soll zum einen durch das durchschnittliche Bruttomonatseinkommen, das ein in dem Komitat Beschäftigter verdient, durch die Arbeitslosenquote im Komitat sowie durch die durchschnittliche Investitionssumme pro Einwohner verdeutlicht werden. Referenzjahr für alle Angaben ist 1997; die Zahlen zur Bevölkerungszahl und -dichte beziehen sich auf den 1.1.1998.

Die statistische Betrachtungsweise nach Komitaten kann jedoch bisweilen zu falschen Eindrücken führen. Gerade die größeren Komitate bestehen häufig aus mehreren, stark unterschiedlichen Gebieten. So unterteilt sich das Komitat Pest zum einen in den Vorortgürtel rund um Budapest, der an manchen Stellen deutliche Anzeichen eines „Speckgürtels" trägt. Die südlichen Gebiete des Komitats gehören zum Tiefland und sind ähnlich strukturiert wie das benachbarte Bács-Kiskun, während die nordöstlichen Gebiete zu demselben peripheren Mittelgebirge im toten Winkel hin zur slowakischen Grenze gehören wie das Komitat Nógrád. Das Komitat Borsod-Abaúj-Zemplén besteht zum einen aus den klassischen Schwerindustriestandorten wie Miskolc und Ózd, die mittlerweile weitgehend deindustrialisiert sind, aus den Weinanbaugebieten an der Theiß (unter anderem das Weinanbaugebiet um Tokaj) sowie aus den forstwirtschaftlich und touristisch genutzten Waldgebieten der Mittelgebirge mit ihren zahlreichen Klein- und Kleinstdörfern. Im Komitat Somogy wiederum liegen so unterschiedliche Gebiete wie das vom Massen- und Billigtourismus lebende Südufer des Plattensees, die teilweise schon zur sogenannten Schwäbischen Türkei gehörenden Hügelgebiete, die durch viele Kleinsiedlungen und schlechte Verkehrserschließung geprägt sind, sowie die äußerst peripheren Ländereien am Ufer der die Grenze zu Kroatien bildenden Drau.

Verantwortlich für diese Disparitäten ist zum einen die Entscheidung, die Komitate in ihrem historischen Bestand als Einheiten der mittleren Ebene zu übernehmen. Dadurch wird in der administrativen Raumordnung zwar eine viele Jahrhunderte dauernde Kontinuität gewahrt und in der Bevölkerung auch ein gewisses Heimatgefühl aufrecht erhalten, aber die Einheiten entsprechen eben nicht mehr den heutigen Bedürfnissen. Zum anderen liegen die Unterschiede auch am traditionellen ungarischen Zentralismus, der einseitig die Region um die Hauptstadt und, wenn auch schon bedeutend schwächer, einige größere Städte nebst Umland bevorzugt hat. Ein dritter Grund ist schließlich der unterschiedliche Entwicklungsgrad der jeweiligen Nachbargebiete im Ausland. Wirtschaftlich potent sind lediglich Österreich und Slowenien; dagegen fällt die Slowakei schon deutlich ab, noch schlechter sieht die Lage in Kroatien aus, und das durch die autori-

Tabelle 4: Größe und Leistungsfähigkeit der Komitate[864]

Name des Komitats	Fläche (km²)	Einwohner (in Tausend)	Ew/km²	Monatlicher Bruttoverdienst (Forint)	Arbeitslosenquote (%)	Investitionssumme pro Einwohner (Forint)
Budapest (Hauptstadt)	525	1.861	3.544	76.001	7,0	353.099
Baranya	4.430	405	91	52.013	9,0	107.695
Bács-Kiskun	8.420	537	64	47.771	7,6	83.657
Békés	5.631	398	71	47.826	7,9	81.000
Borsod-Abaúj-Zemplen	7.247	739	102	50.579	15,3	113.838
Csongrád	4.263	398	71	51.787	6,4	109.562
Fejér	4.373	427	98	60.920	8,4	214.325
Győr-Moson-Sopron	4.062	425	105	55.855	6,2	206.096
Hajdú-Bihar	6.211	546	88	49.110	11,6	110.652
Heves	3.637	326	90	51.837	11,3	97.220
Jász-Nagykun-Szolnok	5.607	417	74	48.106	11,2	87.463
Komárom-Esztergom	2.251	310	138	54.896	9,7	135.381
Nógrád	2.544	219	86	45.929	13,2	72.160
Pest	6.393	1.006	157	57.761	6,6	161.393
Somogy	6.036	334	55	47.883	10,7	88.051
Szabolcs-Szatmár-Bereg	5.937	572	96	45.178	12,8	138.318
Tolna	3.703	247	67	52.063	10,1	121.095
Vas	3.337	269	81	51.386	4,2	133.203
Veszprém	4.639	376	81	51.353	6,3	146.476
Zala	3.784	297	79	50.912	7,4	127.092
insgesamt	93.030	10.135	109	49.134	8,7	168.710

[864] Quelle: Statisztikai Évkönyv 1997.

täre Herrschaft *Miloševićs* ebenso heruntergewirtschaftete wie international isolierte Serbien, das an reformunwilligen (*Iliescu* bis 1997) oder instabilen und daher durchsetzungsschwachen (Staatspräsident *Constantinescu* mit Ministerpräsident *Ciorbea* und dessen Nachfolger nach 1997) Regierungen krankende Rumänien und die in vielen Punkten noch hinter dem Entwicklungsstand Rußlands hinterherhinkende Ukraine sind Nachbarn, von denen praktisch keine wirtschaftlichen Impulse ausgehen. Lediglich für die Slowakei nach der Abwahl *Mečiars* (1998) und für Kroatien nach dem Ende des Kriegs mit Jugoslawien und dem Tod *Tuđmans* (1999) bestehen – wenn auch gefährdete – Aussichten, auf Dauer an das wirtschaftlichen Niveau ihrer ostmitteleuropäischen Nachbarn anzuknüpfen. Das führt dazu, daß die Gebiete westlich der Donau (Transdanubien[865]) von den Impulsen der fortgeschrittenen Volkswirtschaften Österreichs, Sloweniens, der westlichen Slowakei und des kroatischen Kernlandes profitieren können, während die östlich der Donau gelegenen Gebiete in Ermangelung von impulsgebenden Nachbarn und wegen ihrer im Hinblick auf die Wirtschaftszentren West- und Mitteleuropas peripheren Lage stagnieren und im Vergleich immer mehr hinter die westlichen Landesteile zurückfallen. Es besteht die Gefahr, daß sich auf Dauer die Donau zur Armutsgrenze innerhalb Ungarns entwickelt bzw. verfestigt.

(2) Rechtliche Entwicklungen

Nach der Konsolidierung der Selbstverwaltungen verfolgten weder das Parlament noch die Regierung *Antall* eine konsequente Politik, die die angesprochenen Probleme hätte lösen (helfen) können. In der Frage der räumlichen Gliederung ergingen bis zur Kommunalreform 1994 immer nur einzelne Detailregelungen ohne einheitliche Linie oder inneren Zusammenhang.

Mit dem Beschluß 82/1990. (XII.7.) OGY über die Ernennung einiger Städte zu Städten mit Komitatsrecht, den das Parlament am 27.11.1990 annahm[866], wurde § 61 Abs. 1 KommG ergänzt. Insgesamt bekamen, wie bereits dargestellt, durch diesen Beschluß zwanzig Städte den Rang einer Stadt mit Komitatsrecht; zwei weitere wurden durch die 1994 erfolgte Änderung des Kommunalgesetzes automatisch in diesen Rang erhoben.

---

[865] Da die magyarischen Stämme von Osten über die Karpaten in das pannonische Becken einwanderten, lagen für sie die westlichen Gebiete „jenseits der Donau", und diese Sichtweise hat sich in der Bezeichnung Transdanubien [ungar.: Dunántúl] erhalten.

[866] Abstimmung in OGy, 27.11.1990, Sp. 3962: 196 Ja-Stimmen, 1 Nein-Stimme, 19 Enthaltungen. Der Beschluß ist in M. K. 1990/2414 f. veröffentlicht.

Eine so vom Kommunalgesetz nicht vorgesehene Zusammenarbeit zwischen örtlichen Selbstverwaltungen unter starker Beteiligung des Staates entstand 1992/93 am Plattensee. Unter Federführung des Republiksbeauftragten für die am Nordufer des Sees gelegene Region aus den Komitaten Fejér, Veszprém und Zala[867] und unter Beteiligung der Republiksbeauftragten der anderen Anrainerregion, der betroffenen Selbstverwaltungen sowie der einschlägigen Minister wurde das Balaton Regionalkomitee geschaffen, das die Vorarbeiten zur Ausarbeitung der Satzung des Balaton Regionalrates vornahm. Dieser Balaton Regionalrat wurde 1993 geschaffen[868]; seine Aufgabe bestand in der Koordinierung der örtlichen und staatlichen Einwicklungsaufgaben rund um den Plattensee sowie der damit verbundenen Ausgaben. Umweltschutz und Tourismus bildeten die Hauptaufgaben des Rates.

Das Hauptproblem, die mangelnde Größe der Gemeinden, hat die Regierung *Antall* nicht angegangen, zumal eine rechtliche Regelung von oben – wie bereits gezeigt – politisch ohnehin nicht durchsetzbar gewesen wäre. Bezüglich der Förderung der gemeindlichen Zusammenarbeit verließt sich die Regierung auf die im Kommunalgesetz vorgesehenen Möglichkeiten, ohne rechtliche Schritte zu einer Förderung der praktischen Umsetzung dieser Formen der Zusammenarbeit zu ergreifen.

Von diesen Möglichkeiten haben die Selbstverwaltungen in einem gewissen Umfang Gebrauch gemacht. War in den ersten Jahren die Freude über die wiedergewonnene Befugnis zur Selbstverwaltung und gegebenenfalls über die wiedergewonnene Selbständigkeit durch Ausscheiden aus größeren Eingemeindungen so stark, daß die negativen Seiten der Atomisierung übersehen wurden, so änderte sich die Haltung vor allem der kleinen Selbstverwaltungen etwa ab 1993 deutlich. Die Nachteile der zu kleinen kommunalen Einheiten für das Versorgungsniveau mit öffentlichen Dienstleistungen wurden immer deutlicher, und dies veranlaßte die Verantwortlichen vor Ort, in zunehmendem Maße Kooperationspartner bei der Bewältigung der den Kommunen obliegenden Aufgaben zu suchen. Bemerkenswert ist hierbei vor allem, daß diese Suche weniger horizontal, sondern vielfach vertikal verlief. Die kleinen Gemeinden vereinbarten mit der Komitatsselbstverwaltung oder mit der Selbstverwaltung der die Region dominierenden größeren Stadt die Übernahme bestimmter Aufgaben durch letztere, so daß die kleinen Gemeinden von diesen Aufgaben entlastet wurden. Der Gegenstand solcher Vereinbarungen konnten so unterschiedliche Gebiete wie Müllabfuhr

---

[867] Zu den Regionen s. o. Schema 4, S. 235.

[868] Regierungsbeschlüsse 1037/1992. (VII.10.) Korm. über die Vorbereitung der Schaffung des Balaton Regionalrates, M. K. 1992/2490, 1010/1993. (II.19.) Korm. über einige Fragen im Zusammenhang mit der Schaffung des Balaton Regionalrates, M. K. 1993/788.

und Abfallwirtschaft[869], weiterführende Schulen[870], ärztliche Grundversorgung oder Wasserwirtschaft sein. In der Sache führte das dazu, daß die Kompetenzen der Komitate und der städtischen Gebietszentren zu Lasten der kleinen Landgemeinden zunahmen, und diese Verlagerung von Aufgaben und Zuständigkeiten folgte damit aus kommunistischen Zeiten bekannten Mustern. Zusammenschlüsse mehrerer kleiner Gemeinden zur gemeinsamen Bewältung von Aufgaben ohne Kompetenzübertragungen auf höhere Einheiten fanden zwar auch statt, aber nicht in dem Maße wie vertikale Kooperationen[871]. Ende der 1990er Jahre begannen die Komitate sich zu beklagen, daß die immer weitere Übertragung gemeindlicher Aufgaben bei den Komitaten zu immer größeren Kosten führe, so daß die Gemeinden auf Kosten der Komitate ihre Haushalte in Ordnung brächten[872].

bb) Die Aufgaben der Selbstverwaltungen

(1) Das Aufgaben- und Zuständigkeitsgesetz

Das bereits erwähnte Gesetz 1990:LXXXIII über die mit der Bildung der örtlichen Selbstverwaltungen zusammenhängenden ergänzenden und übergangsweisen Regeln hatte in § 14 Abs. 2 die Verpflichtung der Regierung, dem Parlament bis zum 30.11.1990 den Entwurf zu einem Gesetz über die Aufgaben und Zuständigkeiten der Selbstverwaltungen vorzulegen, enthalten. Dieser Verpflichtung kam die Regierung am 21.1.1991 nach[873]. Nach längerer Diskussion wurde die Vorlage am 28. Mai, die der Zweidrittelregelung unterfallenden Teilgebiete[874] schon früher, beschlossen und am

---

[869] Als Beispiel sei nur eine Vereinbarung über Zusammenarbeit im Abfallwesen genannt, die dreizehn Anliegergemeinden des Plattensees im Mai 1996 nach Anregung durch Schweizer Beratungshilfe unterzeichneten. Diese Vereinbarung hilft den Gemeinden vor allem, die enormen Müllberge der Sommertouristen gemeinsam zu bewältigen und ökologische Abfallverwertungsmaßnahmen einzuleiten, die die ohnehin prekäre Umweltsituation am Plattensee entlasten und so die Grundlagen für weiteren Tourismus erhalten können.

[870] Der Streit darüber, ob das örtliche Gymnasium von der fast bankrotten Gemeinde weiterbetrieben oder in die Verwaltung des Komitats übergeben werden solle, führte 1999 in Kisbér zur Selbstauflösung der Abgeordnetenkörperschaft. Näher dazu unten Fn. 999.

[871] *Fürcht*, MK 1992/724 ff.; *Horváth*, MK 1995/570 ff.; *Küpper*, Der Landkreis 1996/87 ff.; *Pfeil*, MK 1991/752 ff.; *Pfeil*, MK 1994/117 ff.; *Pfeil/Faragó*, MK 1991/1006 ff.; *Szabó*, MK 1994/147 ff.; *Verebélyi*, MK 1993/201 ff.

[872] Mehrere Beispiele werden geschildert in Népszabadság, 17.5.1999, S. 5: Megyei pénzből müködtetett települési intézmények [Mit dem Geld des Komitats betriebene gemeindliche Einrichtungen].

[873] Vorlage durch Staatssekretär im Innenministerium *István Morvai*, OGy, 21.1.1991, Sp. 5454 ff.

23.6.1991 als Gesetz 1991:XX über die Aufgaben- und Zuständigkeitsbereiche der örtlichen Selbstverwaltungen und deren Organe, des Republiksbeauftragten sowie einzelner der Zentrale untergeordneter Organe (Aufgaben- und Zuständigkeitsgesetz) verkündet[875].

Dieses Gesetz ändert, nach ministeriellen Ressorts geordnet, bestehende Gesetze und Verordnungen mit Gesetzeskraft und führt dort, wo Regelungen aus der Zeit vor dem Systemwechsel fehlten, neue Vorschriften ein. Diese Neuregelungen bestimmen die Verwaltungszuständigkeiten innerhalb des neuen Systems, setzen bestimmte Aufgaben als Pflichtaufgaben fest und enthalten Ermächtigungen an die Selbstverwaltungen, in bestimmten Rechtsgebieten Satzungen zu erlassen. Der Schwerpunkt der verwaltungsrechtlichen Regelungen betrifft allerdings die Rolle der Selbstverwaltungen in staatlichen Verwaltungsangelegenheiten, in denen auf unterster Stufe die Städte und Gemeinden zuständig sind. Darüber hinaus regelt das Gesetz die Überlassung von Betriebsvermögen einer Selbstverwaltung an eine andere Selbstverwaltung, die damit auch für die besitzende Selbstverwaltung Pflichtaufgaben erledigt. Schließlich legt das Gesetz fest, daß eine Selbstverwaltung die Erfüllung bestimmter Pflichtaufgaben vor allem im Bereich der medizinisch-sozialen Grundversorgung zugunsten von Einwohnern von Nachbargemeinden, die über dieses Angebot nicht verfügen, nicht verweigern kann; der anbietenden Gemeinde steht lediglich ein Erstattungsanspruch zu.

Zu den durch das Gesetz festgelegten Pflichtaufgaben gehört beispielsweise der Unterhalt eines Feuerwehr- und Rettungsdienstes, zu dem die Hauptstadt, die Städte mit Komitatsrecht und die Städte verpflichtet werden (§ 10 AufgZustG). Gemeinden fallen nicht unter diese Pflicht, wohl aus der Erkenntnis heraus, daß zahlreiche der Klein- und Kleinstgemeinden ohnehin nicht in der Lage wären, einen Feuerwehr- und Rettungsdienst zu unterhalten. Das 1996 erlassene Feuerwehrgesetz[876] änderte in § 2 Abs. 2 die Verpflichtung dahingehend ab, daß die Feuerwehr eine Pflichtaufgabe für diejenigen Selbstverwaltungen darstellt, die eine Bereitschafts- oder freiwillige Feuerwehr unterhalten. Es ist bereits darauf hingewiesen worden, daß gemäß § 43 Abs. 1 Satz 2 Verf. die Pflichten der Selbstverwaltungen unterschiedlich sein können, so daß aus dieser Unterscheidung zwischen Städten

---

[874] Für die Einstufung des gesamten Gesetzes als Zweidrittelgesetz: *Kiss,* MJ 1992/282.

[875] Abstimmung in OGy, 28.5.1991, Sp. 8213: 165 Ja-Stimmen, 81 Nein-Stimmen, 18 Enthaltungen. Gesetz 1991:XX über die Aufgaben- und Zuständigkeitsbereiche der örtlichen Selbstverwaltungen und deren Organe, des Republiksbeauftragten sowie einzelner der Zentrale untergeordneter Organe (s. o. Fn. 698).

[876] Gesetz 1996:XXXI über den Feuerschutz, die technische Hilfe und die Feuerwehr, M. K. 1996/2034 ff.

einerseits und Gemeinden andererseits keine verfassungsrechtlichen Bedenken erwachsen. Der Vollständigkeit halber sei angemerkt, daß die Arbeit der Feuerwehr- und Rettungsdienste wiederum durch staatliche Rechtsvorschriften geregelt wird[877]. Auch die Grundschulversorgung setzte das Aufgaben- und Zuständigkeitsgesetz als Pflichtaufgabe aller örtlichen Selbstverwaltungen fest (§ 96); hierbei ist zu beachten, daß dies vor Erlaß des Unterrichtsgesetzes[878] geschah. Nicht zuletzt wurden die Versorgung mit gesundem Trinkwasser und die Abwasserentsorgungen, wie bereits unter Punkt C. I. 3. b) bb) (1) erwähnt, durch § 86 AufgZustG erstmals zur Pflichtaufgabe der örtlichen Selbstverwaltungen gemacht, und zahlreiche weitere Vorschriften präzisieren die Pflichtaufgaben in der Versorgung der Bevölkerung mit kulturellen (Bibliotheken, Sportstätten, Räumlichkeiten für Kultur etc.) und medizinisch-sozialen (Grundversorgung der allgemeinen, der kinder- und der zahnärztlichen Betreuung sowie für werdende Mütter) Einrichtungen und Dienstleistungen.

Staatsverwaltungsaufgaben führen Selbstverwaltungsorgane nach den Vorschriften des Aufgaben- und Zuständigkeitengesetzes in zahlreichen Gebieten durch. Hierzu gehören Personenstands- und Meldeangelegenheiten und die damit zusammenhängenden Wählerregister, der Zivilschutz, die Landwirtschaftsverwaltung, die Verteidigung, die Gewerbeaufsicht, das Bauwesen, der Natur- und Umweltschutz sowie zahlreiche andere Verwaltungsbereiche. In Fragen wie der Enteignung (die zugunsten des Staates oder einer Selbstverwaltung stattfinden kann) sowie der Wirtschaftsförderungspolitik regelt das Aufgaben- und Zuständigkeitengesetz die Beteiligung der Selbstverwaltungen an der Entscheidungsfindung, die weiterhin in der Hand staatlicher Organe verbleibt. Einzelheiten regeln zahlreiche Ausführungsverordnungen[879].

Für die tägliche Verwaltungstätigkeit der neuen Selbstverwaltungen war dieses Gesetz sehr wichtig, da in vielen verwaltungsrechtlichen Materien erst durch seine Vorschriften die Kompentenzverteilungen und Zuständig-

---

[877] Feuerwehrgesetz (s. o. Fn. 876); Verordnung des Innenministers 5/1992. (IV.28.) BM über die Festlegung der Arbeits- und Zuständigkeitsbezirke der hauptamtlichen Feuerwehren, M. K. 1992/1505 ff.; Regierungsverordnung 115/1996. (VII.24.) Korm. über die Einzelheiten der Regelung der feuerschutzbehördlichen Tätigkeit und die Zuständigkeitsgebiete der hauptamtlichen Feuerwehren der Selbstverwaltugen, M. K. 1996/3954 ff.; Verordnung des Innenministers 23/1996. (IX.19.) BM über den Alarm- und Hilfeleistungsplan der hauptamtlichen Selbstverwaltungs- und freiwilligen Feuerwehren, M. K. 1996/4948 ff.

[878] s. o. Fn. 728.

[879] Die erste dieser Art war die Regierungsverordnung 10/1992. (I.20.) Korm. über die Aufgaben und Zuständigkeiten im Zusammenhang mit dem Erbverfahren, dem Enteignungsverfahren, der Fachübersetzung und der Dolmetscherei, M. K. 1992/97 f.

keitsinstanzen (wieder) klar und dem durch das Kommunalgesetz geschaffenen System gemäß wurden. In vielen Punkten allerdings brachte das Gesetz weniger eine Neuregelung, sondern paßte den bereits vorher bestehenden Rechtszustand an die neuen Strukturen an.

(2) Die zunehmende Vermischung
von Staats- und Selbstverwaltungsaufgaben

Ab Ende 1991, Anfang 1992 wurden zahlreiche Gesetze, Regierungs- und Ministerialverordnungen, die einzelne Materien des besonderen Verwaltungsrechts regeln, den neuen Verhältnissen angepaßt, und in diesem Zusammenhang wurden auch die Aufgaben und Zuständigkeiten der Selbstverwaltungen in diesen Materien neu geregelt. Eine Aufzählung der einzelnen Rechtsvorschriften würde hier zu weit führen[880], daher soll es genügen, die Tendenz festzustellen: Während den Komitatsselbstverwaltungen praktisch keine staatliche Aufgaben übertragen wurden, da auf regionaler Ebene der Republiksbeauftragte als mögliche Behörde zur Verfügung stand, erhielten die städtischen und gemeindlichen Selbstverwaltung eine große Anzahl Aufgaben und Zuständigkeiten erstinstanzlicher Art in staatlichen Angelegenheiten. Der vom Parlament bei der Neufassung der Verfassungsvorschriften über die Selbstverwaltung und beim Erlaß des Kommunalgesetzes

---

[880] Als Beispiel seien nur die am selben Tag erlassenen Regierungsverordnungen 18/1992. (I.28.) Korm. über die Änderung von Rechtsnormen im Zusammenhang mit den Aufgaben der örtlichen Selbstverwaltungen und ihrer Organe und der Republiksbeauftragten im Verkehrs- und Wasserwesen, 19/1992. (I.28.) Korm. über die Änderung von Rechtsnormen im Landwirtschaftsressort im Zusammenhang mit der Festlegung der Aufgaben und Zuständigkeiten der örtlichen Selbstverwaltungen und ihrer Organe, der Republiksbeauftragten und einzelner der Zentrale untergeordneter Organe, 20/1992. (I.18.) Korm. über die Aufgaben und Zuständigkeiten einzelner Organe der örtlichen Selbstverwaltung und der Republiksbeauftragten in der Staatsverwaltung im Zusammenhang mit öffentlicher Bildung, öffentlichen Sammlungen, Kunst und anderen kulturellen Tätigkeiten, 21/1992. (I.18.) Korm. über die Aufgaben und Zuständigkeiten der in die innere Verwaltung gehördenden Staatsverwaltung, 22/1992. (I.28.) Korm. über die Festlegung der Aufgaben und Zuständigkeiten der Bürgermeister und Notäre der örtlichen Selbstverwaltungen sowie der Republiksbeauftragten in der Volkswohlfahrtsverwaltung, 23/1992. (I.28.) Korm. über die Bauaufsicht, 24/1992. (I.28.) Korm. über die Änderung einiger Rechtsnormen über den Umwelt- und Naturschutz sowie über die Aufgaben und Zuständigkeiten des Notärs im Umwelt- und Naturschutz, 25/1992. (I.28.) Korm. über die Änderung der Regierungsverordnung 30/1964. (XII.2.) Korm. über die Ausführung des Gesetzes 1964:III über das Bauwesen, 26/1992. (I.28.) Korm. über die Festlegung der Aufgaben und Zuständigkeiten der örtlichen Selbstverwaltungen und ihrer Organe sowie der Republiksbeauftragten in Industrie- und Binnenhandelsressort, alle in Folge abgedruckt in M. K. 1992/159 ff., genannt. Im Anschluß an die aufgezählten Regierungsverordnungen wurden zahlreiche Ministerialverordnungen über die Einzelheiten erlassen, auf deren Nennung hier verzichtet wird.

1990 so stark betonte Grundsatz der Trennung von Selbstverwaltungsaufgaben und Staatsaufgaben wurde somit bereits in derselben Legislaturperiode, unter derselben Regierung *Antall* in immer stärkerem Maße aufgeweicht. Auch wenn die stärkere Einbeziehung der örtlichen Selbstverwaltungsbehörden in die staatliche Verwaltungstätigkeit mit zahlreichen Argumenten von der rationellen Nutzung der Ressourcen der öffentlichen Sphäre bis hin zur Bürgernähe gestützt werden kann[881], so liegt darin aus ungarischer Sicht doch das Ende einer der für besonders wichtig erachteten Garantien der neu erkämpften kommunalen Selbständigkeit in der Praxis. Dementsprechend stieß diese Tendenz im ungarischen Schrifttum auch auf bisweilen heftige Kritik[882].

Eine Verwischung der Grenzen von Staats- und Selbstverwaltung in einem ebenso wichtigen wie potentiell heiklen Bereich brachte das im März 1994 verabschiedete Polizeigesetz[883] mit sich. Die Polizei ist gemäß § 3 PolG grundsätzlich ein Organ der Staatsverwaltung, welches letztendlich dem Innenminister untersteht. Ein eigenes Kapitel über die Beziehungen zwischen den Selbstverwaltungen und der Polizei (§§ 8–10 PolG) durchbricht diesen Grundsatz und gibt auch den Selbstverwaltungen bestimmte Befugnisse in bezug auf die Polizei. So ist die Abgeordnetenkörperschaft der betroffenen Gemeinde oder Stadt vor der Einrichtung oder Auflösung einer Polizeistation zu hören. Vor der Ernennung des Leiters einer Polizeistation oder eines Polizeipräsidenten ist ebenfalls die Stellungnahme der Abgeordnetenkörperschaft einzuholen; bei der Ernennung des Leiters der polizeilichen Verwaltungseinheit auf Komitatsebene hat die Generalversammlung ein vorheriges Anhörungsrecht. Allerdings kann sich die Polizeiverwaltung gemäß § 8 Abs. 3 PolG über eine ablehnende Stellungnahme der Selbstverwaltungen hinwegsetzen; sie muß ihre Personalentscheidung nur fachlich begründen. Den Leitern der örtlichen und Komitatspolizeibehörden obliegen jährliche Berichtspflichten gegenüber den Vertretungskörperschaften der jeweiligen Selbstverwaltungen, wobei diese die Berichte auch zurückweisen können. Schließlich haben die Selbstverwaltungen das Recht, sich zu gerichtlich nicht anfechtbaren Maßnahmen der Polizei oder deren Unterlassen zu äußern. § 9 PolG erlaubt es den Selbstverwaltungen, mit den Polizeibehörden auf ihrem Gebiet Verträge über die Durchführung der Selbstverwaltungsaufgaben in bezug auf die öffentliche Sicherheit

---

[881] Mit diesen und ähnlichen Argumenten wird beispielsweise in Deutschland die weitgehende Einbeziehung der kommunalen Apparate in die Verwaltung staatlicher Aufgaben begründet: *Erichsen,* Kommunalrecht, S. 68 f.; *Fürst/Hesse/Richter,* S. 25; *Scheuner,* Ulrich in Püttner, HdkWP, Bd. 1, S. 11 ff., *Thieme,* Werner, ebd., S. 143 ff.; *Stern,* Staatsrecht, Bd. I, S. 424 ff.; *Stober,* S. 33 ff., 48 ff., 88 f.; *Waechter,* S. 29 f.

[882] So etwa *Ivancsics,* MK 1994/170 ff.

[883] Gesetz 1994:XXXIV über die Polizei, M. K. 1994/1422 ff.

durch die Polizei zu schließen, wobei die Polizei derartige Verträge nur unter bestimmten Bedingungen, etwa aus Rechtsgründen, ablehnen kann[884]. Schließlich können Selbstverwaltungen und Polizeibehörden gemeinsame Ausschüsse bilden, die sich mit der öffentlichen Sicherheit befassen und vorwiegend Koordinierungsfunktionen haben (§ 10 PolG). So wünschenswert und sachlich begründet auch eine enge Zusammenarbeit von staatlicher Polizei und örtlicher Selbstverwaltung ist, so birgt doch die enge Verzahnung von Polizei und Kommune oder Komitat, wie sie das ungarische Polizeigesetz vorsieht, die Gefahr einer weiteren Aufweichung der Trennung der beiden Verwaltungssphären, und beide Rechtsträger durchdringen sich im Bereich der Polizeiverwaltung gegenseitig. Da die rechtliche Definitions- und wirtschaftliche Übermacht letztendlich beim Staat liegt, ist die Gefahr für die Selbständigkeit der Selbstverwaltungen hierbei größer als die für die Selbständigkeit des Staates.

Systemgerechter im Sinne einer Trennung von staatlichen und Selbstverwaltungsaufgaben ist der Regierungsbeschluß zu den Milleniumsfeiern[885]. Das Jahr 2000 bedeutete für Ungarn nicht nur einen Jahrtausendwechsel, sondern gleichzeitig den 1000. Jahrestag der Staatsgründung durch den als heilig verehrten König *István*. Dieser Anlaß sollte wegen seines staatlichen Bezugs von allen öffentlichen Stellen würdig begangen werden. Während der Regierungsbeschluß für staatliche Behörden recht detaillierte Vorgaben an die von ihnen zu veranstaltenden Feierlichkeiten enthält und zugleich eine Deckung aus dem Kapitel des Ministeriums für das Nationale Kulturerbe im Staatshaushalt vorsieht, werden die örtlichen Selbstverwaltungen lediglich gebeten, eine Entscheidung darüber zu treffen, ob und wie sie die Feierlichkeiten auf örtlicher Ebene feiern und ob und welche Denkmäler sie aus dem Anlaß errichten wollen. Hier wird die feierliche Gestaltung des Milleniums als eine gemeinsame Aufgabe sowohl des Staates als auch der örtlichen Selbstverwaltungen betrachtet, die jede Körperschaft auf ihre Weise wahrnimmt und dabei vollkommen freies (politisches und finanzielles) Ermessen über das ob und wie hat. Probleme der Koordination, die vor allem in der Hauptstadt als dem Schauplatz der meisten staatlichen Anlässe auftreten können, behandelt dieser Beschluß allerdings nicht; dies ist Aufgabe des Regierungsbeauftragten für das Millennium[886], ohne näher geregelt zu werden.

---

[884] Im Gegensatz dazu hat die Polizei freies Ermessen, einen vergleichbaren Vertrag mit Privatleuten abzulehnen, und braucht eine Ablehnung eines Vertragsangebotes in diesem Fall noch nicht einmal zu begründen: § 3 Abs. 2 Regierungsverordnung 16/1999. (II.5.) Korm. über die Dienstleistungstätigkeit, die die Polizei gegen Entgelt durchführen kann, M. K. 1999/534 f.

[885] Regierungsbeschluß 1152/1998. (XII.1.) Korm. über die Richtlinien zur feierlichen Begehung des Ungarischen Milleniums, M. K. 1998/6827.

[886] Regierungsbeschlüsse 1115/1998. (IX.18.) Korm. über die Aufgaben im Zusammenhang mit der feierlichen Begehung des tausendsten Jahrestages der tausend-

In diesem Zusammenhang sei erwähnt, daß die Republik Ungarn am 6.4.1992 das Europäische Rahmenabkommen über die grenzüberschreitende Zusammenarbeit von Gebietsselbstverwaltungen und Verwaltungsorganen[887] unterzeichnet hat. Es verpflichtet die Unterzeichnerstaaten, die grenzüberschreitende Zusammenarbeit von Selbstverwaltungen und Staatsbehörden bei der Raumentwicklung und zur Pflege gutnachbarlicher Beziehungen zu fördern. Auch wenn es in Art. 2 Abs. 1 Satz 2 die Aufgabenverteilung zwischen Selbstverwaltungen und staatlichen Behörden dem innerstaatlichen Recht überläßt, so unterstellt es doch beide Arten von Behörden bei ihren grenzüberschreitenden Kontakten demselben Rechtsregime. Das trägt zu einer weiteren Verwischung der ursprünglich angestrebten klaren Trennung zwischen Selbstverwaltungen und Staatsapparat in der öffentlichen Wahrnehmung bei. Diese Tendenz wird noch verstärkt, weil der ungarische Staat bei der Unterzeichnung des Abkommens als Selbstverwaltungen im Sinne des Abkommens zwar Gemeinden, Städte, die Hauptstadt und ihre Bezirke sowie Komitate aufgezählt hat, bei der Definition der staatlichen Behörden im Sinne des Abkommens aber lediglich die Republiksbeauftragten. Damit werden die Selbstverwaltungen auf örtlicher und regionaler Basis mit ihrer Aufsichtsbehörde, nicht aber mit selbstverwaltungsferneren staatlichen Fachbehörden unter ein rechtliches Dach gefaßt. Die Gefahr der fortschreitenden Verwischung der öffentlichen Wahrnehmung der Unterschiedlichkeit beider Sphären wäre geringer, wenn auch andere staatliche Behörden, die den Selbstverwaltungen nicht so nahe stehen und daher keine so große Verwechslungsgefahr erzeugen, in den Geltungsbereich des Abkommens miteinbezogen worden wären. Letztendlich ist diese Gefahr aber nur eine optische, während die zuvor genannten Rechtsakte zu einer rechtlichen Vermengung der prinzipiell als getrennt beabsichtigten Kompetenzkreise führen.

cc) Die Institutionen

Nach dem Erlaß des Kommunalgesetzes, aber noch vor den Kommunalwahlen wurde das Bürgermeistergesetz[888] verabschiedet, das bereits unter Punkt C. I. 3. b) aa) (2) dargestellt wurde. Auch auf die kurz nach der

---

jährigen Staatlichkeit Ungarns sowie der Annahme des Christentums, M. K. 1998/ 5625 f., und 1127/1998. (X.2.) Korm. über die Ernennung des Regierungsbeauftragten für das Millennium, M. K. 1998/5803.

[887] Parlamentsbeschluß 15/1993. (III.26.) OGY über die Bestätigung des Europäischen Rahmenübereinkommens über die grenzüberschreitende Zusammenarbeit von Gebietsselbstverwaltungen und Verwaltungsorganen, M. K. 1993/1966. Innerstaatlich verkündet wurde das Abkommen allerdings erst durch das Gesetz 1997:XXIV, M. K. 1997/2337 ff., welches die rückwirkende Anwendung des Abkommens ab dem 22.6.1994 anordnet.

Kommunalwahl erfolgte Präzisierung des Dienstrechts der Notäre durch die Regierungsverordnung 66/1990. (X.9.) Korm.[889] wurde bereits unter Punkt C. I. 3. b) aa) (3) hingewiesen. Im folgenden wird die rechtliche Fortentwicklung der Institutionen getrennt nach staatlichen und Selbstverwaltungsinstitutionen dargestellt.

(1) Staatliche Institutionen

Die Kommunalaufsicht

Das Gesetz 1990:XC über die Rechtsstellung, das Amt und einige Aufgaben des Republiksbeauftragten nahm das Parlament am 3.12.1990 an[890]. Es regelte die Zugangsvoraussetzungen in § 1 und ersetzte damit die Regierungsverordnung 84/1990. Korm.[891], ohne das Mindesterfordernis einer zehnjährigen Berufspraxis zu übernehmen. § 2 zählte die mit dem Amt des Republiksbeauftragten nicht zu vereinbarenden Betätigungen auf, wozu neben einem Nebenerwerb auch ein Amt in einer politischen Partei gehörte. Eine parteipolitische Inkompatibilität ist in Ungarn für viele Stellen im öffentlichen Dienst typisch und stellt eine Reaktion auf die Überpolitisierung im Einparteienstaat dar. Auf den Republiksbeauftragten fanden die Rechtsvorschriften über Titularstaatssekretäre Anwendung.

Wichtig für das Selbstverwaltungssystem waren die Vorschriften über das Amt des Republiksbeauftragten (§§ 5–7) und über die Aufgaben (§§ 8–10). Dem Republiksbeauftragten stand zur Erfüllung seiner Aufgaben ein Amt zur Seite, dessen Zuständigkeitsbereich sich über die gesamte Region erstreckte. In jedem Komitat war eine Außenstelle zu errichten (§ 5 Abs. 2), was ein erstes Anzeichen für die mangelnde Praktikabilität der Verwaltungsregionen war. Das Amt wurde von einem Amtsleiter im Range eines ministeriellen Hauptabteilungsleiters geleitet. Die hohe Einstufung der leitenden Beamten der Kommunalaufsicht (Titularstaatssekretär bzw. ministerieller Hauptabteilungsleiter) zeugt von der Bedeutung, die man dem Gut der kommunalen Selbstverwaltung beimaß: Nur besonders hochrangige – und gleichzeitig qualifizierte – Staatsbeamte sollten die Rechtmäßigkeit der Handlungen der Selbstverwaltungen kontrollieren dürfen.

---

[888] Gesetz über einige Fragen der Versehung des Amts des Bürgermeisters (s. o. Fn. 678).

[889] s. o. Fn. 681.

[890] Abstimmung in OGy, 3.12.1990, Sp. 4101: 221 Ja-Stimmen, 74 Nein-Stimmen, 14 Enthaltungen. Das Gesetz ist abgedruckt in M. K. 1990/2426 ff.

[891] s. o. Fn. 761.

Die Rechtsaufsicht des Republiksbeauftragten erstreckte sich auf die innere Organisation der Selbstverwaltungen, ihre Rechtsetzungs- und Verwaltungstätigkeit mit Ausnahme von arbeitsrechtlichen Sachen sowie von Angelegenheiten, die gemäß besonderen Rechtsvorschriften nach einem besonderen gerichtlichen oder administrativen Verfahren zu beurteilen waren oder die in die Zuständigkeit eines anderen Organs gehörten. Zu den anderen Organen zählte etwa der Staatliche Rechnungshof, in dessen Zuständigkeit die Prüfung der Rechtmäßigkeit im Zusammenhang mit haushaltsrechtlichen Fragen gehört. Ob ein besonderes gerichtliches oder administratives Verfahren besteht, richtet sich nach der einschlägigen verwaltungsrechtlichen Rechtsgrundlage, die für den streitbefangenen Lebensbereich besteht. Dazu gehören etwa Entscheidungen innerhalb der Schulen: Bei Beschwerden wird gemäß § 61 Abs. 2 UntG[892] der paritätisch von Lehrern, Eltern und Schülern besetzte Schulbeirat eingeschaltet.

Das Verfassungsgericht erklärte das Gesetz für verfassungsgemäß und stellte fest, daß es weder einer Zweidrittelmehrheit bedürfe noch sonstige verfassungsmäßige Rechte der Selbstverwaltungen oder der Justiz verletze, zumal die Kommunalaufsicht in § 35 Abs. 1 Buchst. d) Verf. ausdrücklich vorgesehen sei und zur Exekutive, nicht aber zur Judikative gehöre[893].

Zur Ernennung der ersten Amtsinhaber kam es am 29.12.1990[894]; sie traten ihr Amt zum 1.1.1991 an. In der Folgezeit bemängelten nicht wenige Fachleute an der Konzeption der Kommunalaufsicht durch den Republiksbeauftragten, daß sie zu zentralistisch sei[895]. Die Kritik durch die Kommunal- und Komitatsverwaltungen trug häufig opportunistischen Charakter: Sie nutzte die in der Fachdiskussion geäußerten Argumente gegen die Kommunalaufsicht, um sich vollkommen von Aufsicht freizumachen. Es ist aber festzustellen, daß sich die Diskussion um die Aufsicht des Staates über die Selbstverwaltungen immer mehr versachlichte, je länger das System in Betrieb war; ideologische Überzeugungen spielten eine immer kleinere Rolle in der Debatte.

Ab 1992 wurden den Republiksbeauftragten in zunehmendem Maße Aufgaben der Staatsverwaltung übertragen. Hierzu gehören beispielsweise die Atomwirtschaftsverwaltung[896], die zweitinstanzliche Wahrnehmung der Verwaltungsaufgaben, in denen die örtlichen Selbstverwaltungen mit der

---

[892] s.o. Fn. 728.

[893] Verfassungsgerichtsentscheidung 1586/B/1990/5. AB (s.o. Fn. 535).

[894] Anordnung des Präsidenten der Republik 321/1990. (XII.29.) KE über die Ernennung von Republiksbeauftragten, M. K. 1990/2772 f.

[895] *Szabó*, Máté in Pradetto, S. 39.

[896] Regierungsverordnung 17/1992. (I.28.) Korm. über die Festsetzung der Aufgaben und Zuständigkeiten der Republiksbeauftragten im Zusammenhang mit der Nutzung der Atomenergie, M. K. 1992/158 f.

erstinstanzlichen Verwaltung beauftragt wurden[897], oder die Rechtsaufsicht und Koordination über die in seinem Zuständigkeitsbezirk tätigen staatlichen Verwaltungsbehörden[898]. Die Republiksbeauftragten entwickelten sich so von einer (mehr oder weniger) reinen Kommunalaufsichtsbehörde zu einer staatlichen Mittelbehörde, die zwar nicht über eine Allgemeinzuständigkeit verfügte, deren enumerativ aufgezählte Zuständigkeiten aber am Ende so weit waren, daß sie zu der umfassenden staatlichen Mittelbehörde in ihrem Zuständigkeitsgebiet herangewachsen war.

Der TÁKISZ

Bereits vor Erlaß des Kommunalgesetzes war klar, daß die Selbstverwaltungen nicht einfach so in das neue System entlassen werden können, sondern daß sie Beratung und Unterstützung benötigen würden. Schließlich hatte sich ja nicht nur das Kommunalverwaltungssystem von Grund auf geändert, sondern die gesamte Rechtsordnung wurde einer schrittweisen Totalrevision unterzogen, und in der öffentlichen Verwaltung galten die neuen Werte genauso wie in anderen Teilen des Staates, in der Gesellschaft und in der Wirtschaft. Hinzu kam, daß eine umfassende Modernisierung des öffentlichen Sektors, die durch das kommunistische Regime immer wieder verschleppt worden war, angestrebt wurde. Angesichts dieser Übergangssituation wäre es für etablierte, funktionierende Kommunalverwaltungen schon schwer, die Änderungen der für sie einschlägigen Rechtslage zu verfolgen. Die reformierten ungarischen Selbstverwaltungen waren damit völlig überfordert.

Die Regierung gründete Anfang 1991 einen TÁKISZ (Regionaler Informationsdienst Staatshaushalt und Öffentliche Verwaltung) genannten Informationsdienst[899], der dem Innenminister untersteht. TÁKISZ unterhält in jedem Komitat ein Büro am Sitz der Komitatsverwaltung und unterstützt die Selbstverwaltungen kostenlos mit Auskünften rechtlicher und verwal-

---

[897] Dazu s. o. Fn. 880.

[898] Regierungsverordnung 77/1992. (IV.30.) Korm. über einige Aufgaben des Regierungsbeauftragten, M. K. 1583 ff. Zu der grundlegenden rechtspolitischen Bedeutung dieser Verordnung für eine staatlich getragene Regionalverwaltung und gegen eine Übertragung von Staatsaufgaben an die Komitatsselbstverwaltungen s. *Pálné Kovács* in Agg/Pálné Kovács, S. 81 f. Zu dem Tätigkeitsbild eines Republiksbeauftragten im Jahr 1993 s. den Tätigkeitsbericht bei *Bekényi/Németh,* MK 1994/222 ff.

[899] Rechtsgrundlage ist die mehrfach, insbesondere im Rahmen der Kommunalreform 1994 geänderte Regierungsverordnung 19/1991. (I.29.) Korm. über den Regionalen Informationsdienst Staatshaushalt und Öffentliche Verwaltung, M. K. 1991/378 f. Grundlegend zum TÁKISZ *Király,* MK 1998/528 ff., 655 ff.
Ein erster Erfahrungsbericht über die Tätigkeit der TÁKISZ findet sich bei *Várfalvi,* MK 1992/345 ff.

tungspraktischer Art. Auch in Personalangelegenheiten können sich die örtlichen Verwaltungen, aber auch örtliche staatliche Dienststellen an den TÁKISZ wenden. Daneben unterhalten die Dienststellen einen ausgedehnten Datenverarbeitungsdienst und erheben die dafür notwendigen statistischen Angaben.

(2) Selbstverwaltungsinstitutionen

Im Vergleich mit den staatlichen Institutionen wurden an den Institutionen der Selbstverwaltungen wenige Änderungen vorgenommen. Die wichtigste Neuerung war die Einführung von Selbstverwaltungen für die nationalen und ethnischen Minderheiten auf örtlicher und nationaler Ebene durch das Minderheitengesetz 1993. Gerade die örtlichen Minderheitenautonomien sind eng mit den kommunalen Autonomien verwoben, weshalb die Minderheitenselbstverwaltungen eine große Auswirkung auf das Kommunalrecht und vor allem auf die kommunale Praxis haben. Sie werden unter Punkt C. I. 5. gesondert ausführlich behandelt, so daß an dieser Stelle der Hinweis auf die Schaffung dieser Autonomieform genügen soll.

Abgesehen von den Autonomien für Minderheiten ließ die Regierung *Antall* die Kommunalverfassung und die Ausstattung der örtlichen und territorialen Selbstverwaltungen mit Institutionen unverändert. In dieser ersten Legislaturperiode sowohl des freigewählten postsozialistischen Parlaments als auch des neuen Selbstverwaltungssystems sollten zunächst die neuen Akteure vor Ort sich an das neue Recht gewöhnen und es mit Leben füllen.

Eine gewisse Lücke in das System kommunaler Institutionen schlug das Verfassungsgericht mit seinem Urteil vom 16.3.1993[900], indem es die Vorschriften des Kommunalgesetzes über die örtlichen Volksabstimmungen teilweise für verfassungswidrig befand und mit Wirkung vom 31.12.1993 außer Kraft setzte. Hierbei spielte die gesetzliche Umgrenzung des Kreises der Abstimmungsberechtigten eine zentrale Rolle. Da es dem Gesetzgeber nicht gelang, vor dem 31.12.1993 eine verfassungsgemäße Neuregelung zu treffen, entstand ab dem 1.1.1994 eine Regelungslücke, die die Durchführung von örtlichen Referenden und Volksbegehren in der Praxis unmöglich machte. Diese Lücke wurde erst in der Kommunalreform 1994 geschlossen[901], so daß 1994 die Formen der direkten örtlichen Demokratie nicht praktikabel waren.

---

[900] Verfassungsgerichtsentscheidung 18/1993. (III.19.) AB, M. K. 1993/1618 ff., ABH 1993/161 ff. Dazu *Sólyom* in Sólyom/Brunner, S. 50; *Spuller,* S. 115 f.

[901] s.u. Punkt C. I. 6. a) bb) (3).

d) Finanzen und Vermögen

Die Fragen der finanziellen Grundlagen ebenso wie des Eigentums der Selbstverwaltungen waren durch das Kommunalgesetz selbst nur sehr unvollständig geregelt worden. Deshalb ergingen in diesem Fragenkreis schon bald nach den Kommunalwahlen zahlreiche diesbezügliche Regelungen.

aa) Finanzen

Das für den kommunalen Bereich wichtigste Gesetz im Zusammenhang mit Finanzfragen war das Kommunalsteuergesetz[902]. Es wurde am 28.12.1990 vom Parlament nach mehrtätiger, zum Teil sehr kontroverser Debatte angenommen[903] und durch das Gesetz 1993:LXIV geringfügig geändert. Durch das Kommunalsteuergesetz wurde es den örtlichen Selbstverwaltungen möglich, selbst örtliche Steuern festzusetzen und deren Hebesätze zu bestimmen. Ergänzt wurde dieses Gesetz durch das kurz zuvor erlassene Steuerverfahrensgesetz[904], das sich auch auf kommunale Steuern bezieht. Schließlich spielt auch das Gebührengesetz[905] eine gewisse Rolle für die Finanzen der Selbstverwaltungen.

(1) Steuern

Das Kommunalsteuergesetz enthält in begrenztem Umfang allgemeine Regelungen; das allgemeine Steuerrecht wird aber im wesentlichen durch das Steuerverfahrensgesetz erfaßt. Recht ausführlich regelt das Kommunalsteuergesetz die möglichen Steuerarten, die die örtlichen Selbstverwaltungen einführen können: die Gebäudesteuer, die Grundstückssteuer, die Kommunalsteuer für Privatpersonen und für Unternehmer, die Fremdenverkehrssteuer und die örtliche Gewerbesteuer. Diese Steuerarten sind in drei Gruppen unterteilt, nämlich die Vermögensteuern, die Kommunalsteuern und die örtliche Gewerbesteuer. Andere Steuerarten dürfen die Selbstverwaltungen nicht einführen (§ 5 KommStG). Für die einzelnen Steuerarten sehen die diesbezüglichen Vorschriften Höchstgrenzen der Hebesätze vor, die die Selbstverwaltungen nicht überschreiten dürfen.

In diesem Rahmen steht es den einzelnen gemeindlichen und städtischen Selbstverwaltungen frei, welche der einzelnen Steuern sie einführen und

---

[902] Gesetz 1990:C über die örtlichen Steuern, M. K. 1990/2778 ff.

[903] Abstimmung in OGy, 28.12.1990, Sp. 4935: 158 Ja-Stimmen, 124 Nein-Stimmen, 26 Enthaltungen.

[904] Gesetz 1990:XCI über die Ordnung der Besteuerung, M. K. 1990/2449 ff.

[905] Gesetz 1990:XCIII über die Gebühren, M. K. 1990/2569 ff.

welchen Steuersatz sie festlegen wollen; die Komitate haben kein Besteuerungsrecht. Die Festlegung hat durch die Vertretungskörperschaft im Wege einer Satzung zu erfolgen (§ 1 Abs. 1 KommStG). In der Hauptstadt entschied ursprünglich die Hauptstadt als Ganzes, welche im Kommunalsteuergesetz vorgesehenen Steuerarten die einzelnen Stadtbezirke einführen können. Diese entschieden dann frei darüber, ob sie die Steuern einführen möchten und wenn ja, mit welchem Hebesatz (§ 1 Abs. 2 KommStG in der ursprünglichen Fassung). Eine Änderung im Jahre 2000[906] verteilte die unterschiedlichen Steuern neu auf die zwei Ebenen der Budapester Selbstverwaltung, wobei seitdem die Ebene, die über die Einnahmen verfügt, auch die Regelungen treffen kann; bei den den Bezirken zustehenden Steuern kann die Generalversammlung allerdings weiterhin bestimmte Rahmen vorgeben, so daß die Bezirke nicht so frei sind wie etwa eigenständige Gemeinden.

Die Vollstreckung der Steuerbescheide richtet sich nach dem Steuerverfahrensgesetz. Gemäß §§ 87–90 StVerfG werden Steuern nach demselben Verfahren vollstreckt wie gerichtliche Urteile auch. Allerdings braucht die Steuerbehörde – im Falle von örtlichen Steuern also die Selbstverwaltung – kein Urteil, sondern ihr rechtskräftiger Bescheid ist die Vollstreckungsgrundlage, und sie braucht auch nicht auf den Gerichtsvollzieher zurückzugreifen, sondern kann die Vollstreckung durch eigene Bedienstete durchführen. An Grundstücken gebührt der Steuerbehörde von Gesetzes wegen für mit dem Grundstück verbundene Steuern eine Hypothek in Höhe der Steuerschuld bis zur Bezahlung derselben (§ 90 StVerfG). Diese Hypothek war bis 1994 nicht eintragungsfähig; eine Änderung des Steuerverfahrensgesetzes[907] hat dann die Eintragungsfähigkeit der Hypothek eingeführt.

Eine Verordnung des Finanzministers[908] schreibt vor, wie die Steuer- und Gebühreneinnahmen der Selbstverwaltungen zu registrieren, zu verbuchen und abzurechnen sind. Zuständig ist der Notär bzw. der Obernotär. Die Ministerialverordnung sorgt für eine Vereinheitlichung des Verfahrens, die die Vergleichbarkeit zwischen den Selbstverwaltungen und die Aufsicht erleichtern soll.

---

[906] Gesetz 2000:CV über die Änderung des Gesetzes 1990:C über die örtlichen Steuern, M. K. 2000/6398.

[907] Durch Gesetz 1994:XCI, M. K. 1994/4370 ff.

[908] Verordnung des Finanzministers 13/1991. (V.21.) PM über die Registrierung, Behandlung und Abrechnung der Steuern und der nach Art von Steuern eingetriebenen öffentlichen Abgaben, die in die Zuständigkeit der kommunalen Selbstverwaltungen gehören, M. K. 1991/991 ff., umfassend geändert durch die Verordnung des Finanzministers 33/1999. (XII.22.) PM, M. K. 1999/8005 ff. Neue Formulare schreibt die Änderungsverordnung 50/2000. (XII.21.) PM, M. K. 2000/8322 ff., vor.

In der Praxis hat es einige Jahre gedauert, bis die Selbstverwaltungen in größerem Maße von der Möglichkeit, örtliche Steuern festzusetzen, Gebrauch machten. Seit 1992/3 jedoch nutzen immer mehr Gemeinden und Städte diese Option der Einnahmeerzielung. In den ersten Jahren waren zahlreiche Rechtsverstöße seitens der Selbstverwaltungen zu verzeichnen, die sowohl die Satzungen als auch Entscheidungen im Einzelfall betrafen und wohl auf die Unerfahrenheit der kommunalen Entscheidungsträger mit örtlichen Steuern beruhten[909]. Obwohl die Anzahl der Gemeinden, die örtliche Steuern festsetzen, wie auch die Steuersätze zunehmen, stellen die örtlichen Steuern nach wie vor keine zentrale Einnahmequelle der Selbstverwaltungen dar und werden dies auch wohl in der Zukunft nicht, sofern nicht das Kommunalsteuergesetz ihnen größere Freiheit als bisher einräumt.

(2) Gebühren

Das Gebührengesetz stellt eine umfassende Regelung des Rechts der Abgaben dar, die auf bestimmte behördliche und gerichtliche Dienstleistungen erhoben werden oder bei bestimmten Lebenssachverhalten wie Erbschaft und Schenkung anfallen. Das Gesetz umfaßt das allgemeine Gebührenrecht, d.h. den allgemeinen Teil und das Verfahren in Gebührensachen, sowie einzelne Tatbestände, die zum Entstehen einer Gebührenpflicht führen. Andere Tatbestände sind in Spezialgesetzen, insbesondere in verwaltungsrechtlichen Gesetzen geregelt.

Gebühren bilden einen Teil der Einnahmen von Selbstverwaltungen [§ 82 Abs. 1 Buchst. c) KommG]. § 29 Abs. 1 GebG legte ursprünglich als allgemeine Verwaltungsgebühr für ein gebührenpflichtiges erstinstanzliches Verwaltungshandeln 300 Ft fest, falls nichts anderes bestimmt ist; dieser Betrag ist in der Folge im Zuge der Inflation mehrfach erhöht worden und beträgt seit dem 1.1.1999 1.500 Ft. Die Gebührenpflichtigkeit für alles behördliche Handeln in erster Instanz besteht kraft dieser Vorschrift, wobei allerdings der umfangreiche Ausnahmekatalog des § 33 GebG zu beachten ist. Ausstehende Gebühren können wie Steuern eingetrieben werden (§ 88 GebG). Wie bei den Kommunalsteuern regelt auch im Falle der Gebühren eine Verordnung des Finanzministers[910] die Einzelheiten, wie mit einmal eingetriebenen Gebühren zu verfahren ist; diese Verordnung gilt für alle Gebührenbehörden und unterscheidet – anders als das Steuerrecht – nicht zwischen kommunalen und staatlichen Gebührenverfahren. Für die öffentlichen Haushalte haben die Einnahmen aus Gebühren keine allzu große Bedeutung. In den 1990er Jahren betrug die Gesamtsumme aller Gebührenein-

---

[909] *Balassa*, MK 1996/113 ff.
[910] Verordnung des Finanzministers 14/1991. (V.21.) PM über die Behandlung und Verbuchung von Gebühren, M. K. 1991/994 ff.

nahmen im Jahresdurchschnitt etwa 7–8% der Einnahmen aus der Einkommenssteuer von Privatpersonen und etwa 5% der Einnahmen aus der Mehrwertsteuer.

Für die Ausgabenseite der Selbstverwaltungen ist wichtig, daß sie umfassend von Gebühren befreit sind [§ 5 Abs. 1 Buchst. b) GebG]; angesichts des weiten Anwendungsbereichs des Gebührengesetzes bezieht sich das auch auf Gerichtsgebühren, auf die der deutschen Erbschafts- und Schenkungssteuer entsprechenden Gebühren für Erbschaften und Schenkungen sowie auf die Gebühren anläßlich des Erwerbs von Grundstücken und Kraftfahrzeugen.

(3) Staatliche Zuschüsse

Nach den ersten Kommunalwahlen und der Implementierung des neuen Systems ergingen zahlreiche Rechtsakte, vor allem Regierungs- und Ministerialverordnungen, über die Verwendung der im jeweiligen Jahreshaushaltsgesetz angesetzten Summen, die den Selbstverwaltungen für bestimmte Zwecke oder zum Ausgleich bestimmter Nachteile zukommen sollten. Da diese Vorschriften nichts anderes tun, als in dem bereits oben unter Punkt C. I. 3. b) ee) (2) geschilderten System staatlicher Zuschüsse die erforderlichen Einzelentscheidungen zu treffen, die das Jahreshaushaltsgesetz naturgemäß nicht treffen kann, werden sie hier nicht weiter dargestellt.

Interessant ist, daß bei der Ausführung des Haushalts nicht nur die zentrale Exekutive, sondern auch das Parlament beteiligt ist. Im Jahr 1991 legte das Parlament durch Gesetz die genaue Verteilung der Rahmensumme für staatliche Ergänzungszuweisungen fest, die das Jahreshaushaltsgesetz für Selbstverwaltungen vorgesehen hatte, die ohne eigenes Verschulden in eine Notsituation geraten waren[911]. Im Haushaltsjahr 1992 regelte ein Gesetz nur noch die Grundsätze der Verwendung der entsprechenden Rahmensumme, während die Einzelheiten in einem Regierungsbeschluß festgelegt wurde[912]. Im Haushaltsjahr 1993 zog sich das Parlament noch mehr aus den Einzelheiten der Haushaltsausführung zurück, indem es in § 18

---

[911] Der erste Teil der Summe wurde durch das Gesetz 1991:XIX über die staatliche Ergänzungszuweisung an die ohne eigenes Verschulden in eine benachteiligte Lage geratenen Selbstverwaltungen, M. K. 1991/1228 ff., an insgesamt 185 Gemeinden und Städte verteilt; den Rest der Summe verteilte Gesetz 1991:LIV über die staatliche Ergänzungszuweisung an die ohne eigenes Verschulden in eine benachteiligte Lage geratenen Selbstverwaltungen, M. K. 1991/2464 ff., geändert durch Gesetz 1992:XXI, M. K. 1992/1374 ff.

[912] Gesetz 1992:XXIX über die Verwendung der staatlichen Ergänzungszuweisung an die ohne eigenes Verschulden in eine benachteiligte Lage geratenen Selbstverwaltungen, M. K. 1992/1889 ff.; Regierungsbeschluß 1042/1992. (VIII.7.) Korm. über die Verwendung der staatlichen Ergänzungszuweisung an die ohne eigenes

Buchst. b) Jahreshaushaltsgesetz 1993[913] die Regierung ermächtigte, über die Verwendung der Ergänzungszuweisungen zu entscheiden[914]. Seit 1994 schließlich entscheiden das Finanz- und das Innenministerium gemeinsam über die Verwendung der im Jahreshaushaltsgesetz bereitgestellten Mittel für in Not geratene Selbstverwaltungen. Hierzu wird kein Rechtsakt mehr erlassen, sondern es ergeht eine gemeinsame Mitteilung der beiden Minister, die gleich Normativakten im Gesetzblatt veröffentlicht wird. Dies bedeutet eine fortschreitende Normalisierung der Entscheidungsfindung. Das Übergewicht des Parlaments in den ersten beiden Jahren war durch die Sorge gekennzeichnet, eine starke Exekutive könne vermittels des Geldhahns die Selbstverwaltung der Gemeinden und Städte gefährden. Nach und nach kehrte aber das Vertrauen in die Exekutive zurück, und seit 1994 ist die Entscheidung dort angesiedelt, wo sie unter fachlichen Gesichtspunkten zutreffend vorgenommen werden kann: in dem in Selbstverwaltungsfragen kompetenten Innenministerium und in dem über den Finanzsachverstand verfügenden Finanzministerium.

Die Bedeutung dieser Art der Finanzierung läßt sich an den Zahlen ablesen: Im Haushaltsjahr 1995 stellten 848 Selbstverwaltungen (darunter 14 Komitatsselbstverwaltungen) Anträge auf Ergänzungszuweisungen. Hiervon wurden 248 Selbstverwaltungen (darunter vier Komitatsselbstverwaltungen) abgelehnt; die 600 dem Grunde nach bewilligten Anträge beliefen sich auf ein Antragsvolumen von 9.058.904.000 Forint, wovon eine Gesamtsumme von 4.765.679.000 Forint bewilligt wurde. Die höchste bewilligte Summe für eine Gemeinde betrug 142.214.000 Forint (für die Stadt Ózd im Nordosten, einem ehemaligen Zentrum der Schwerindustrie, wo ein Großteil der Industriewerke geschlossen worden sind – beantragt waren 251.105.000 Forint), für ein Komitat 194.330.000 Forint (für das strukturschwache Komitat Nógrád an der slowakischen Grenze). Die kleinste bewilligte Summe betrug 276.000 Forint für die Gemeinde Szentborbás im Komitat Somogy im Südwesten Ungarns; sie hatte ebensoviel beantragt[915]. Im Jahre 1998 wurde die Verteilung in zwei Tranchen vorgenommen, wobei in der ersten

---

Verschulden in eine benachteiligte Lage geratenen Selbstverwaltungen, M. K. 1992/2718 ff.

[913] Gesetz 1992:LXXX über den Jahreshaushalt 1993 der Republik Ungarn, M. K. 1992/4729 ff.

[914] Dies geschah durch die Regierungsverordnung 122/1993. (IX.16.) Korm. über die Verwendung der staatlichen Ergänzungszuweisung an die ohne eigenes Verschulden in eine benachteiligte Lage geratenen Selbstverwaltungen, M. K. 1993/7345 ff.

[915] Angaben nach der gemeinsamen Mitteilung des Finanzministers und des Innenministers über die Verwendung der Unterstützungen der ohne eigenes Verschulden in eine nachteilige Lage geratenen (defizitären) örtlichen Selbstverwaltungen, M. K. 1995/3628 ff.

Tranche insgesamt 5.634.102.000 Forint und in der zweiten Tranche insgesamt 2.070.393.000 Forint bewilligt wurden. Die größten Summen wurden bei den kommunalen Selbstverwaltungen wiederum der Stadt Ózd (132.000.000 + 21.437.000 Forint) und bei den Komitatsselbstverwaltungen dem Komitat Szabolcs-Szatmár-Bereg im peripheren, strukturschwachen Nordosten (30.000.000 + 105.073.000 Forint) gewährt[916]. Das gleiche gilt für 1999: Die Gelder wurden in zwei Tranchen bewilligt, und auf Ózd entfiel wieder der größte Einzelbetrag (185.715.000 + 54.239.000 Forint)[917]. 2000 fand sich Ózd zwar im ersten Halbjahr weiterhin in der Spitzengruppe, wurde aber von einigen anderen Städten und Gemeinden vor allem in den wirtschaftlich schwachen Gebieten im Nordosten, Osten und Südwesten übertroffen; im zweiten Halbjahr wurde Ózd kaum noch berücksichtigt (7.822.000 Forint), dafür bildete das im gleichen Komitat gelegene und in ähnlicher Lage befindliche Kazincbarcika mit 152.549.000 Forint die Spitze[918]. Ende 2000 berichteten die Kommunalverbände, im Jahre 2000 hätten mehr als tausend kommunale Selbstverwaltungen – d.h. beinahe ein Drittel aller Selbstverwaltungen – Unterstützungen wegen unverschuldeten finanziellen Schwierigkeiten erhalten. An der Bedeutung dieser irregulären Finanzierungsart zeigt sich die grundsätzliche Schwäche des Kommunalfinanzierungssystems, das es nicht schafft, den Großteil der Selbstverwaltungen mit den vorgesehenen Methoden angemessen mit Finanzmitteln auszustatten[919].

---

[916] Angaben nach den gemeinsamen Mitteilungen des Finanzministers und des Innenministers über die Verwendung der ersten bzw. der zweiten Tranche des Jahres 1998 der ergänzenden Unterstützungen der ohne eigenes Verschulden in eine nachteilige Lage geratenen örtlichen Selbstverwaltungen, M. K. 1998/5116 ff. und 7305 ff.

[917] Gemeinsame Mitteilungen des Finanzministers und des Innenministers über die Verwendung der ersten bzw. zweiten Tranche des Jahres 1999 der Unterstützungen der ohne eigenes Verschulden in eine nachteilige Lage geratenen (defizitären) örtlichen Selbstverwaltungen, M. K. 1999/4296 ff., geändert durch die Mitteilungen in M. K. 1999/4474 und M. K. 1999/7667 ff.

[918] Gemeinsame Mitteilung des Finanzministers und des Innenministers über die Unterstützung der ohne eigenes Verschulden in eine nachteilige Lage geratenen (defizitären) örtlichen Selbstverwaltungen in der ersten Tranche des Jahres 2000, M. K. 2000/4758 ff.; hier ist interessanterweise nicht eine Stadt oder Gemeinde der genannten wirtschaftlichen Notgebiete die Empfängerin der höchsten Einzelzuweisungen, sondern das im vergleichsweise reichen Komitat Vas nahe der österreichischen Grenze gelegene Kőszeg mit 153.870.000 Forint. Gemeinsame Mitteilung des Finanzministers und des Innenministers über die Verwendung der Unterstützungen der ohne eigenes Verschulden in eine nachteilige Lage geratenen (defizitären) örtlichen Selbstverwaltungen in der zweiten Tranche des Jahres 2000, M. K. 2000/7797 ff.

[919] Népszabadság, 24.11.2000, S. 5: Pénzzavarban a települések harmada [Ein Drittel der Kommunen in Geldschwierigkeiten].

Ähnliche Tendenzen wie bei den Ergänzungszuweisungen sind bei Zweckunterstützungen und titulierten Unterstützungen zu beobachten, d.h. bei den Zahlungen, mit denen der Staat größere Investitionsprojekte der Selbstverwaltungen unterstützt. 1991 verabschiedete das Parlament noch ein eigenes Gesetz über die Verwendung der im Jahreshaushaltsgesetz für diese Zwecke veranschlagten Mittel, während es 1992 – nachdem zunächst ein Jahresgesetz wie für 1991 erlassen worden war – die Grundsätze in einem Gesetz regelte und die Einzelentscheidungen der Regierung bzw. dem zuständigen Ressortminister überließ[920]. An der Vorbereitung dieses Gesetzes 1992:LXXXIX (Kommunalfinanzierungsgesetz) hatte das Parlament allerdings in ungewöhnlich intensivem Maße teilgenommen. Im Regelfall fordert das Parlament die Regierung nur auf, eine Gesetzesvorlage zu einer bestimmten Frage zu erarbeiten und bis zu einem bestimmten Datum vorzulegen; in Ermangelung eines eigenen Fachapparates kann das Parlament derartige Vorlagen kaum selbst erarbeiten, sondern ist auf den Sachverstand der Fachministerien angewiesen. Auch im Fall des Gesetzes über die Zweck- und titulierten Unterstützungen erging eine entsprechende Aufforderung an die Regierung in Form eines Parlamentsbeschlusses; darüber hinaus – und hier liegt das Ungewöhnliche – formulierte das Parlament eine seiner seltenen Richtlinien, in der es der Regierung recht genaue Vorgaben über den Inhalt der zu erstellenden Gesetzesvorlage machte[921]. Hierin erkennt man die hohe Aufmerksamkeit, die das Parlament dem Selbstverwaltungssystem und seiner – 1991 noch recht chaotischen und bei weitem nicht ausreichenden – Finanzierung widmete. Auch nach Erlaß des Kommunalfinanzierungsgesetzes zog sich das Parlament nicht aus der Entscheidung über einzelne Zuwendungen zurück, sondern regelte 1993 und 1994 die Vergabe von titulierten Unterstützungen sowie die Zurückweisung entsprechender Anträge der Selbstverwaltungen durch Gesetz[922].

---

[920] Gesetz 1991:XXI über die Zweckunterstützungen der Selbstverwaltungen im Jahr 1991, M. K. 1991/1295 ff.; Gesetz 1992:XXIV über die titulierten und Zweckunterstützungen der Selbstverwaltungen im Jahr 1992, M. K. 1992/1725 ff.; Gesetz 1992:XXVI über die ergänzenden Zweckunterstützungen der örtlichen Selbstverwaltungen im Jahr 1992, M. K. 1992/1973 ff.; Gesetz 1992:LXXXIX über das System der Zweck- und der titulierten Unterstützungen der örtlichen Selbstverwaltungen, M. K. 1992/5003 ff.; Regierungsverordnung 46/1993. (III.17.) Korm. über die Ordnung der Beantragung, Entscheidungsvorbereitung und Abrechnung der Zweck- und der titulierten Unterstützungen der örtlichen Selbstverwaltungen, M. K. 1993/1593 ff.; Regierungsverordnung 59/1993. (IV.9.) Korm. über die Unterstützungen, die aus dem Ergänzungsrahmen für Zweckunterstützungen gewährt werden können, M. K. 1993/2427 ff.

[921] Parlamentsbeschluß 73/1991. (XII.31.) OGY über das System der titulierten und Zweckunterstützungen an die örtlichen Selbstverwaltungen im Jahr 1992, M. K. 1991/3275; Richtlinie des Parlaments 1/1991. (XII.31.) OGY über das System der titulierten und Zweckunterstützungen an die örtlichen Selbstverwaltungen im Jahr 1992, M. K. 1991/3276 ff.

Bei bestimmten Großprojekten entscheidet der Staat weiterhin selbst und unmittelbar, wenn auch unter Beteiligung der betroffenen Selbstverwaltungen. So war für die noch zu Anfang der 1990er Jahre für 1996 vorgesehene Weltausstellung[923] ein eigener Regierungsbeauftragter ernannt worden, der auch für die stadtplanerischen Aspekte im Zusammenhang mit der Erschließung der am Rande der Budapester Innenstadt gelegenen, durch Gesetz für die Expo vorgesehenen Gelände sowie für die Verteilung der Gelder für die notwendigen Investitionen in die Infrastruktur der anliegenden Stadtteile zuständig war[924]. Auch über den Bau einer vierten Metrolinie waren die Verhandlungen zwischen der Regierung und der Hauptstädtischen Selbstverwaltung sowie die Vorarbeiten bereits weit gediehen, bevor die Regierung *Orbán* 1998 von dem Großprojekt wieder Abstand nahm[925]. Schließlich werden auch nicht ganz so große Projekte, die aber die Leistungskraft der betroffenen Selbstverwaltungen – selbst in der Hauptstadt – übersteigen, unter unmittelbarer Beteiligung des Staates realisiert, wie etwa der Bau einer Donaubrücke südlich der Budapester Innenstadt[926] oder die Renovierung der städtischen Kliniken in Miskolc[927]. Bei letztgenannten Entscheidungen handelt es sich im Grunde genommen nur noch um die parlamentarische Genehmigung, besonders finanzintensive Investitionsvorhaben zu Lasten des Haushaltskapitels „titulierte und Zweckunterstützungen" durchzuführen und so in diesem Kapitel erhebliche Volumina – oft über Jahre

---

[922] Gesetz 1993:LXXXVII über die im Jahre 1993 neu beginnenden titulierten Unterstützungen der örtlichen Selbstverwaltungen sowie über den kontrollierten Wiederaufbau von Krankenhäusern, M. K. 1993/8825 ff.; Gesetz 1994:XXVI über die im Jahre 1994 neu beginnenden titulierten Unterstützungen der örtlichen Selbstverwaltungen, weiterhin über die Ergänzung des Gesetzes 1992:LXXXIX über das System der Zweck- und der titulierten Unterstützungen der örtlichen Selbstverwaltungen, M. K. 1994/1283 ff.

[923] Nachdem sich Wien, das nach den ursprünglichen Plänen die Ausstellung zusammen mit Budapest ausrichten sollte, wegen Finanzierungsproblemen bereits früher aus der Planung zurückgezogen hatte, sagte die ungarische Seite die Teilnahme durch das Gesetz 1994:LXX über den Verzicht auf die Ausrichtung der internationalen Fachausstellung „EXPO '96 Budapest", M. K. 1994/3928 ff., ab.

[924] Gesetze 1991:LXXV über die 1996 abzuhaltende Weltausstellung, M. K. 1991/2834 ff., und 1992:LXXXII über die Weltausstellung und den dafür vorgesehenen Entwicklungsfonds, M. K. 1992/4945 f., sowie die zahlreichen dazu ergangenen Ausführungsbestimmungen.

[925] Näher dazu EECR Bd. 7 Nummer 4/1998, Country Update Hungary, S. 16 f.; *Küpper*, WiRO 1999/366 ff.

[926] Parlamentsbeschluß 24/1992. (V.26.) OGY über die Verwirklichung der Donaubrücke von Lágymányos und das sich anschließende Straßennetz, M. K. 1992/1907 f.

[927] Regierungsbeschluß 1013/1998. (II.4.) Korm. über die Unterstützung des Wiederaufbaus der Krankenhäuser im Eigentum der Selbstverwaltung der Stadt mit Komitatsrechten Miskolc, M. K. 1998/610.

hinaus – zu binden. In der Praxis sind allerdings die Grenzen zwischen staatlicher Projektplanung jenseits der titulierten und Zweckunterstützungen und innerhalb dieser Konzeption fließend. Auf die Möglichkeiten staatlicher Einflußnahme auf die Willensbildung in den Selbstverwaltungen durch die Finanzierung von Projekten im Zusammenhang mit den Trink- und Abwassernetzen ist bereits oben unter Punkt C. I. 3. b) bb) (1) hingewiesen worden.

Eine weitere Finanzquelle für Gemeinden, Städte und Komitate schuf das Gesetz über die staatlichen Finanzfonds[928], das in §§ 48 ff. einen Raumentwicklungsfonds vorsah. Dieser durch staatliche Gelder gefüllte Fonds hatte zur Aufgabe, in durch das Parlament als besonders förderungswürdig ausgewiesenen Gebieten[929] Projekte zu unterstützen, die der lokalen Entwicklung dienten. Primär war zwar die Förderung von privaten Initiativen vorgesehen, aber auch Infrastrukturmaßnahmen waren förderungsfähig. Der Raumentwicklungsfonds wurde – ähnlich wie etliche andere abgesonderte staatliche Finanzfonds – durch das Jahreshaushaltsgesetz 1996[930] aufgelöst und die Geldmittel der Fonds ebenso wie ihre Aufgaben in den allgemeinen Staatshaushalt überführt. Seitdem werden die Regionalfördermittel durch das jeweilige Jahreshaushaltsgesetz ausgewiesen.

bb) Vermögen

Im Verlauf der Zeit reduzierte die Regierung *Antall* das Vermögen des Staates zunehmend, um den Staat auf das westeuropäische „Normalmaß" zurückzufahren. Dies bedeutete nicht nur eine Privatisierung staatlichen Vermögens, sondern die Regierung übergab auch geeignetes Eigentum an die Selbstverwaltungen. Darüber hinaus fielen auch Entscheidungen über die Zukunft von Vermögen an, deren Träger – wie beispielsweise die Arbeitermiliz – als Teil des alten Systems aufgelöst wurden. Auch hier wurde den Selbstverwaltungen einiges Eigentum zuteil. Zunächst soll jedoch ein Blick auf die Übertragung staatlichen Eigentums geworfen werden.

---

[928] Gesetz 1992:LXXXIII über einzelne abgesonderte staatliche Finanzfonds, M. K. 1992/4947 ff.

[929] Dazu s. Parlamentsbeschluß 84/1993. (XI.11.) OGY, s.o. Fn. 710. Weitere Einzelheiten regelte die Regierungsverordnung 169/1993. (XII.3.) Korm. über die detaillierten Regeln der Verwendung des Raumentwicklungsfonds, M. K. 1993/10805 ff., umfassend geändert durch die Regierungsverordnung 115/1995. (IX.27.) Korm., M. K. 1995/4660 ff.

[930] § 109 Abs. 1 Nr. 5 Gesetz 1995:CXXI über den Haushalt der Republik Ungarn im Jahre 1996, M. K. 1995/7026 ff.

(1) Staatliches Eigentum

Im Mai 1991 brachte die Regierung einen Gesetzesentwurf über die Regelung des Überganges staatlichen Eigentums in das Eigentum der Selbstverwaltungen ein[931], welcher zwei Monate später von dem Parlament angenommen und als Gesetz 1991:XXXIII am 2.8.1991 verkündet wurde[932].

Diesem Gesetz zufoge ging staatliches Eigentum, das von den Räten und deren Organen und Wirtschaftsunternehmen genutzt worden war, in das Eigentum der Selbstverwaltung über. Dazu sah das Gesetz zwei Modelle vor: Ein Teil des Eigentums, hauptsächlich die Mietwohnungen (§ 1 Abs. 2) und das bewegliche Vermögen (§ 21 Abs. 1), ging von Gesetzes wegen in das Eigentum der Selbstverwaltung über. Die genaue Regelung der Rechtsverhältnisse der Mietwohnungen wurde allerdings auf ein noch zu erlassendes Gesetz aufgeschoben (§ 2 Abs. 7). Die Mehrzahl der Vermögensgegenstände mußte allerdings von besonderen Ausschüssen zur Vermögensübergabe, die auf der Ebene der Komitate und der Hauptstadt angesiedelt waren, der jeweiligen Selbstverwaltung übergeben werden. Zu den durch diese Ausschüsse übertragenen Vermögensgegenständen gehörten unter anderem die Wohnungen mit Heimcharakter (§ 1 Abs. 4), denkmalgeschützte Bauwerke (§ 3 Abs. 1), Naturschutzflächen (§ 7 Abs. 1) und Gewässer (§ 15). Da die Selbstverwaltungen für die Verwaltung dieser besonderen Immobilien zuständig sind, wurde durch die Übertragung der Grundstücke in kommunales Eigentum das Eigentumsrecht und die Verwaltungszuständigkeit zusammengeführt. Ergänzend regelte das Gesetz das Verfahren vor den Ausschüssen zur Vermögensübergabe[933] (§§ 28 ff.) und bestimmte Aspekte des Selbstverwaltungseigentums (§§ 36 ff.).

Die in dem Gesetz 1991:XXXIII erwähnte Regelung der Mietwohnungen wurde in Form des am 2.7.1993 verabschiedeten Gesetzes 1993:LXXVIII über einige Regeln betreffend die Miete von Wohnungen und Räumlichkeiten, sowie über deren Veräußerung[934] geschaffen. Auch dieses Gesetz ist für die Selbstverwaltungen sehr wichtig, da ein beträchtlicher Teil des Wohnraumes in Ungarn im Eigentum der örtlichen Selbstverwaltungen steht[935]. Durch das Gesetz wurden die Rechtsverhältnisse einschließlich der

---

[931] Innenminister *Péter Boross,* OGy, 7.5.1991, Sp. 7557 ff.

[932] Abstimmung in OGy, 12.7.1991, Sp. 9415: 140 Ja-Stimmen, 39 Nein-Stimmen, 80 Enthaltungen. Gesetz 1991:XXXIII über die Übergabe einzelner in staatlichem Eigentum befindlicher Vermögensgegenstände in das Eigentum der Selbstverwaltungen, M. K. 1991/1829 ff.

[933] Zu den Ausschüssen s.o. Punkt C. I. 3. b) ee) (1) und Fn. 822.

[934] Gesetz 1993:LXXVIII, M. K. 1993/5489 ff.

[935] 1990: 838.000 Wohnungen von insgesamt 2.850.000: Statisztikai Évkönyv 1991, S. 231.

Veräußerungsmöglichkeit geregelt, was es den Selbstverwaltungen grundsätzlich ermöglichte, mit dieser enormen Vermögensmasse zu wirtschaften.
Für Wohnungen im Eigentum der örtlichen Selbstverwaltungen sieht § 3
des Gesetzes die Möglichkeit vor, daß die Selbstverwaltung per Satzung die
Einzelheiten des Vertrages und der Vergabe der Wohnungen regelt. Diese
Satzung muß sich allerdings innerhalb des Rahmens, den höherrangige Vorschriften wie das Gesetz 1993:LXXVIII oder die mietrechtlichen Vorschriften des ZGB[936] vorgeben, halten, so daß in der Praxis nicht allzuviel zu
regeln übrigbleibt. Der Hauptanwendungsbereich der einschlägigen Satzungen bildet die Ermessensausübung bei der Entscheidung, mit welchem Bewerber die Selbstverwaltung den Mietvertrag abschließt. Bei Wohnungen
im Eigentum des Staates oder einer Selbstverwaltung räumt § 45 des Gesetzes dem Mieter im Falle des Verkaufs ein Vorkaufsrecht ein; die Einzelheiten muß die Selbstverwaltung gemäß § 51 durch Satzung regeln. Schließlich binden die §§ 62–63 des Gesetzes die Einnahmen der Selbstverwaltungen aus dem Wohnungsverkauf bzw. einen Teil derselben dergestalt, daß
sie für die Unterhaltung der im Eigentum der Selbstverwaltung verbleibenden Wohnungen zu verwenden sind.

Die beiden Gesetze 1991:XXXIII und 1993:LXXVIII waren deshalb für
die Selbstverwaltungen von so zentraler Bedeutung, weil eine wirkliche Autonomie und Unabhängigkeit vom Staat nur dann bestehen kann, wenn die
Selbstverwaltungen über ein entsprechend umfangreiches und rechtlich ge-
sichertes Eigentum verfügen. Dies gilt um so mehr, da die Haushaltslage
des Staates unter Druck und deshalb die staatlichen Zuwendungen an die
Selbstverwaltungen niedrig waren, die Selbstverwaltungen andererseits
wegen der angespannten Wirtschaftslage keine entsprechenden Einnahmen
durch eigene Steuern schaffen konnten[937]. An der wirtschaftlichen Wertlo-
sigkeit des Großteils des kommunalen Eigentums, insbesondere des Woh-
nungsbestandes, kann allerdings auch die Gesetzeslage nichts ändern. Die
Bindung der Verkaufserlöse wertvoller Wohnungen zur Unterhaltung der
weiterhin gemeindlichen oder städtischen Mietwohnungen stellt eine ein-
schneidende Beschränkung der Verfügungshoheit der Selbstverwaltung über
einen Teil ihrer Einnahmen dar, ist in der Sache aber sicherlich gerechtfertigt.

Für die Erledigung der Übergabeverfahren bezüglich staatlichen Vermögens in das Eigentum der Selbstverwaltungen sah die Regierung mit Be-

---

[936] Diese gelten nicht nur für einen freiwillig zustande gekommenen Wohnraum-
mietvertrag, sondern auch für das Rechtsverhältnis, das zwischen der Selbstverwaltung als Wohnungseigentümerin und einem zwangseingewiesenen Mieter entsteht,
d.h. für ein Zwangsmietverhältnis: Rechtseinheitlichkeitsentscheidung des Verwal-
tungsrechtskollegiums des Obersten Gerichts 1/2001. KJE, M. K. 2001/757 ff.

[937] *Ádám,* Tendances, S. 18; *Szabó,* Máté in Pradetto, S. 40.

schluß vom 19.12.1996 den 31.12.1996 vor[938]. In der Praxis gab es vor
allem mit der Übergabe der Gas- und Stromnetzwerke in kommunales Eigentum Schwierigkeiten. Erst ein Verfassungsgerichtsurteil klärte das Recht
der örtlichen Selbstverwaltungen auf Übereignung der Werke oder, falls
eine Übereignung – etwa wegen Privatisierung – nicht möglich sein sollte,
auf Zahlung einer entsprechenden Summe[939].

Bei der Privatisierung anderen staatlichen Vermögens, das nicht an die
Kommunen zu übereignen war, gab es bisweilen Streit, weil die Gemeinde
ein eigenes Recht an dem Vermögensgegenstand geltend machte. Betroffen
waren hiervon vor allem Grundstücke, die die Gemeinde zu kommunistischen Zeiten staatlichen Trägern zur Verfügung gestellt hatten, um auf
diese Weise Investitionen anzulocken. Im Rahmen der Privatisierung staatlichen Vermögens nach der Wende kam es häufiger vor, daß der damalige
Zweck wegfiel und der Staat die Immobilie zur Erzielung eigener Einnahmen veräußern wollte. Hiergegen erhoben die Gemeinden Einspruch, weil
sie entweder den Investitionszweck (und die damit für die Gemeinde verbundenen wirtschaftlichen Vorteile) erhalten oder zumindest das Grundstück behalten wollten. Symptomatisch hierfür ist der Streit in Pécs um
eine Immobilie, die die Stadt 1976 dem Ungarischen Fernsehen zu Studio-
zwecken kostenfrei zur Verfügung stellte; daraufhin wurde das Ungarische
Fernsehen als Eigentümerin eingetragen. Im Rahmen der Restrukturierung
des öffentlich-rechtlichen Rundfunks wurde der Studiobetrieb ausgelagert
und die Immobilie der Staatlichen Privatisierungsagentur zum freihändigen
Verkauf übereignet. Die Stadt Pécs forderte das Grundstück zurück, weil
der Schenkungszweck durch die Beendigung der Nutzung vereitelt sei, wäh-

---

[938] Regierungsbeschluß 1125/1996. (XII.19.) Korm. über die Vermögensübergabe
an die örtlichen Selbstverwaltungen, M. K. 1996/6474 f., außer Kraft gesetzt durch
Regierungsbeschluß 1084/2000. (X.13.) Korm., M. K. 2000/6462.

[939] Verfassungsgerichtsentscheidung 36/1998. (IX.16.) AB, M. K. 1998/5593 ff.,
ABH 1998/263 ff. Die Regierung reagierte mit den Beschlüssen 1126/1998. (X.1.)
Korm. über die Aufgaben, die sich aus der Verfassungsgerichtsentscheidung über
die Übergabe des Vermögens der öffentlichen Gaswerke in das Eigentum der Selbst-
verwaltungen ergeben, M. K. 1998/5738, und 1158/1998. (XII.17.) Korm. über die
weiteren Aufgaben im Zusammenhang mit der Übereignung des Vermögens der öffentlichen Gaswerke an die Selbstverwaltungen, M. K. 1998/7341. Eine endgültige
Regelung bewirkte das Gesetz 2001:LVI über die Ordnung der Ansprüche der
Selbstverwaltungen im Zusammenhang mit dem Gaswerkevermögen, M. K. 2001/
5546 ff.
Weitere Schwierigkeiten bei der Übereignung staatlichen Eigentums an die
Selbstverwaltung spiegelt das Urteil des Obersten Gerichts Legf.Bír.Gf.VII.33.286/
1999., veröffentlicht in BH 2001 Nr. 76, wider, das den örtlichen Selbstverwaltungen bei Verzug des Staates bei der Übereignung von Aktien nicht nur das Recht auf
die Zahlung der im Verzugszeitpunkt angefallenen Dividenden zuspricht, sondern
auch einen weitergehenden Anspruch auf Ersatz des Verzugsschadens und auf Ver-
zugszinsen.

rend die Privatisierungsagentur die Stadt auf ihr Vorkaufsrecht bei der Veräußerung verweist[940]. Konflikte dieser Art wurden meist durch politische Verhandlungen gelöst; ein Grundsatzurteil des Obersten Gerichts für solche Fälle fehlt noch. Möglicherweise wird der geschilderte Fall aus Pécs zu einem solchen Urteil führen, denn die strittige Immobilie hat einen enormen Wert, und parteipolitische Gegensätze bewirken eine Verhärtung der Fronten: Der Bürgermeister von Pécs gehört der auf nationaler Ebene oppositionellen MSZP an, während die potentiellen Erwerber aus dem Umkreis der Privatisierungsagentur der Regierungspartei FIDESZ nahestehen.

(2) Eigentum anderer Träger

Über die rechtliche Zukunft von Eigentumsobjekten anderer Rechtsträger als des Staates entschied der Staat nicht in einem zusammenhängenden Rechtsakt, sondern fallweise nach Bedarf. Dabei wurden bei geeigneten Objekten, insbesondere bei Grundstücken, auch die Selbstverwaltungen berücksichtigt.

Parteieigentum

Auf die Übereignung der alten Parteibüros an die Selbstverwaltungen wurde bereits unter Punkt C. I. 3. b) ee) (2) hingewiesen, weil diese bereits vor Erlaß des Kommunalgesetzes erfolgte. Da die Partei in Ungarn über vergleichsweise wenig eigenes Eigentum verfügte[941], konnten den Selbstverwaltungen in der Folge kaum noch weitere Vermögenswerte aus Parteibesitz übertragen werden.

Eine Ausnahme bilden die Parteibüros, über deren Nutzung nicht sofort entschieden wurde oder werden konnte. Als Beispiel dient insofern das Parteigebäude für den IX. Budapester Stadtbezirk, das nach der Verstaatlichung 1990 zunächst weiter von der Partei, d.h. der MSZP gemietet wurde. Nach dem Ende des Mietverhältnisses 1991 übereignete die Regierung[942] die Hälfte des staatlichen Eigentumsrechts kostenfrei an den Stadtbezirk mit der Auflage, die Unterbringung der in dem Gebäude befindlichen Stadtbezirksmusikschule zu lösen. Die andere Hälfte des Eigentums behielt der Staat für sich, aber räumte der in der Nachbarschaft befindlichen – staatlichen – Budapester Volkswirtschaftlichen Universität das Nutzungsrecht an dem Eigentum ein.

---

[940] Népszabadság, 18.1.2001, S. 4: Pécsnek elővásárlási joga van [Pécs hat ein Vorkaufsrecht].

[941] *Brunner/Halmai*, S. 15.

[942] Regierungsbeschluß 1052/1991. (XI.16.) Korm. über die Nutzung des Sitzes der ehemaligen MSZMP im IX. Stadtbezirk, M. K. 1991/2544.

Eigentum der Arbeitermiliz

Ein weiteres Beispiel für die Übertragung nichtstaatlichen Eigentums an die Selbstverwaltungen im Zusammenhang mit der Abwicklung des alten Systems ist das Vermögen der Arbeitermiliz. Mit Gesetz 1989:XXX[943], einem der ersten Gesetze des Systemwechsels überhaupt, wurden die Arbeitermilizen aufgelöst. Diese im Februar 1957 unmittelbar nach der Niederschlagung des Volksaufstandes vom Oktober 1956 geschaffenen bewaffneten Verbände[944] waren über Jahrzehnte eines der alles umspannenden Netzwerke, mit denen die Partei das Land regierte. Die Milizen stießen insbesondere wegen ihrer Rolle nach 1956 auf starke Vorbehalte im Land, und ihre Abschaffung war ein Symbol für das Ende des Einparteiensystems.

Nach der Auflösung der Miliz wurde das Vermögen zunächst in staatliche Verwaltung genommen, bevor über die Verwendung endgültig entschieden wurde. Ein Teil des Grundbesitzes der Arbeitermilizen wurde den Selbstverwaltungen übereignet, wobei in der Regel recht genaue Verwendungszwecke vorgegeben wurden. Bei einer Immobilie in Hatvan etwa schrieb der die Eigentumsübertragung regelnde Regierungsbeschluß[945] vor, daß diese an den Malteserorden zu vermieten sei.

Eigentum der abziehenden sowjetischen Truppen

Am 10.3.1990 vereinbarte die reformkommunistische Regierung *Németh* mit der Sowjetunion den Abzug der sowjetischen Truppen von ungarischem Boden[946]. An dem Eigentum der abziehenden sowjetischen Truppen bzw. an den von ihnen genutzten Grundstücken wurden die Selbstverwaltungen nicht unmittelbar beteiligt. Angesichts des überwiegend militärischen Charakters der Immobilien nahm der Staat sie in eigene Verwaltung. Nachdem die sowjetischen Truppen vereinbarungsgemäß Mitte 1991 abgezogen

---

[943] Gesetz 1989:XXX über die Abschaffung der Arbeitermiliz, M. K. 1989/1217 f.

[944] Die Rechtsgrundlagen waren die Verordnung mit Gesetzeskraft 1957/13. über die Arbeitermilizen sowie die Verordnung des Ministerrates 49/1978. (X.19.) MT über die Arbeitermilizen, M. K. 1978/763 ff. Die Stärke der Miliz wurde mit 60.000 angegeben: *Furtak,* S. 229.

[945] Regierungsbeschluß 1030/1991. (VI.30.) Korm. über die Verwendung einiger Grundstücke der ehemaligen Arbeitermiliz, M. K. 1991/1359 ff.

[946] Verordnung des Ministerrates 97/1990. (V.29.) MT über die Verkündung der in Moskau am 10. März 1990 unterzeichneten Vereinbarung zwischen der Regierung der Republik Ungarn und der Regierung der Union der Sozialistischen Sowjetrepubliken über den Abzug der vorübergehend auf dem Gebiet der Republik Ungarn stationierten sowjetischen Truppen, M. K. 1990/1190 ff. Dazu *Göllner,* S. 198 ff.

waren, wurde 1992 durch die Regierung eine endgültige Entscheidung über die Verwendung dieses Vermögens getroffen[947].

Demnach bleiben die Grundstücke weiterhin in staatlicher Verwaltung, und der Staat verwertet sie durch Verkauf, Vermietung oder ähnliche Geschäfte, in der Regel auf der Grundlage einer Ausschreibung. Eine Übergabe an die Selbstverwaltung durch die Ausschüsse für Vermögensübergabe ist gemäß § 47 Gesetz 1991:XXXIII[948] ebenso ausgeschlossen wie ein unmittelbarer Eigentumsübergang von Gesetzes wegen. Von den Nettoerlösen durch Vermietung und Verkauf stand der nach Belegenheit zuständigen Selbstverwaltung die Hälfte zu, und sie war vor der Entscheidung über die Ausschreibung zur Nutzungsvergabe zu hören. Zudem kam ihr bei Verkauf ein Vorkaufsrecht, bei Vermietung ein Vormietrecht zu. Die Regierung war ermächtigt, über die Vergabe zur kostenfreien Nutzung für soziale Zwecke zu entscheiden[949].

Kirchliches Eigentum

Mitte 1991 begann die Rückerstattung des nach dem 1.1.1948 entschädigungslos enteigneten Eigentums der Religionsgesellschaften. Auch hierbei bildeten Grundstücke die Hauptmasse. Über die Rechtslage der ehemals kirchlichen Grundstücke erging 1991 ein Rückerstattungsgesetz[950], das auch für die Selbstverwaltungen eine gewisse Bedeutung hatte. Zahlreiche ehemals kirchliche Gebäude wie etwa Schulen und Krankenhäuser befanden sich auch weiterhin in dieser Nutzung, nur daß nun die Selbstverwaltungen Träger dieser Einrichtungen waren.

Das Kirchenrückerstattungsgesetz bedeutete für die Selbstverwaltungen einesteils den Verlust mancher Grundstücke. Gemäß § 1 Abs. 1 KRüG unterliegen diejenigen enteigneten Grundstücke nach der Maßgabe der weite-

---

[947] Regierungsverordnung 81/1992. (V.14.) Korm. über die Nutzung der im Zuge des sowjetischen Truppenabzugs leer gewordenen Grundstücke, M. K. 1992/1774 f.

[948] s. o. Fn. 932.

[949] Dies hatte die Regierung in bezug auf einige Objekte bereits durch den Regierungsbeschluß 1032/1991. (VII.9.) Korm., M. K. 1991/1394 ff., getan. Auch in der Folge übergab sie bestimmte ehemals sowjetische Immobilien kostenfrei an Träger für soziale Nutzungen, darunter auch an Selbstverwaltungen, etwa gemäß Regierungsbeschluß 1058/1991. (XII.4.) Korm. über die Nutzung einiger im Zusammenhang mit dem sowjetischen Truppenabzug leer gewordenen Grundstücke, M. K. 1991/2718, der über die Übergabe zweier Wohngebäude – eines davon zum Zwecke von Notwohnungen – entschied.

[950] Gesetz 1991:XXXII über die Ordnung der Eigentumslage der ehemals kirchlichen Grundstücke, M. K. 1991/1772. Näher hierzu *Brunner/Halmai*, S. 39 f.; *Walter*, OER 1999/244 f.

ren Vorschriften der Rückgabe, welche sich beim Inkrafttreten des Gesetzes, d.h. am 30.7.1991, im Eigentum des Staates oder einer Selbstverwaltung befanden. Die Kirchen können die Grundstücke zurückfordern, aber nur in dem Maße und zu dem Zeitpunkt, wie es durch ihre tatsächlichen Tätigkeiten gerechtfertigt ist, und unter Berücksichtigung der für die Erledigung der Aufgaben der Selbstverwaltungen unverzichtbaren sächlichen Voraussetzungen (§ 2 Abs. 1 KRüG). Eine zusätzliche Beschränkung war, daß die Kirchen Immobilien nur für religiöse Zwecke, für Unterrichtsanstalten, medizinische und soziale Einrichtungen sowie kulturelle Zwecke zurückfordern konnten (§ 2 Abs. 2 KRüG). Damit war dem Gesetzgeber ein Ausgleich zwischen den Bedürfnissen der Selbstverwaltungen, die weiter ihre Aufgaben zu erledigen hatten, und den Kirchen gelungen; im Hinblick auf letztere hat der Gesetzgeber berücksichtigt, daß sich die Kirchenorganisationen 1991 gerade erst im Aufbau befanden und personell und sachlich noch gar nicht auf die Rückgabe größerer Vermögenswerte oder gar von im Betrieb befindlichen Schulen oder Krankenhäusern vorbereitet waren.

Die Rückgabe ehemals kirchlichen Eigentums ist heute noch nicht abgeschlossen. Dieses evolutive Vorgehen berücksichtigt die Lage der langsam erst wieder wachsenden Kirchen ebenso wie die der Selbstverwaltungen, die die Grundversorgung weiter aufrechterhalten müssen. In der Praxis sind vorwiegend Kirchengebäude von den Selbstverwaltungen an die Kirchen zurückgegeben worden, während es angesichts der mangelnden Leistungsfähigkeit der Kirchen nur zu wenigen Rückübereignungen von Schulgebäuden und kaum zur Rückgabe von Krankenhäusern, Museen oder ähnlichem gekommen ist.

Andererseits bedeutete das Kirchenrückerstattungsgesetz für die Selbstverwaltungen ein Stück Rechtssicherheit hinsichtlich der nicht in Anspruch genommenen ehemals kirchlichen Grundstücke. Diese waren nach 1948 teilweise in staatlichem Eigentum verblieben, andere geeignete Immobilien waren den Räten übergeben worden. Die von den Räten ererbten Grundstücke, auf die die Kirchen keinen Anspruch erhoben haben und erheben, bleiben unbestritten im Eigentum der jeweiligen Selbstverwaltungen, und die Teile des den Selbstverwaltungen nach 1990 vom Staat übergebenen Vermögens, die sich vor 1948 in kirchlichem Eigentum befunden hatten, stehen den Selbstverwaltungen unangefochten zu, wenn von den Kirchen nicht ausdrücklich die Rückerstattung verlangt wurde und wird.

Schließlich kamen bisweilen Dreiecksgeschäfte zustande, in denen die Kirche nicht die ihr ursprünglich gehörenden Grundstücke zurückerhielt, sondern Ersatzgrundstücke aus staatlichem Eigentum, bisweilen auch aus kommunalem Eigentum. In derartigen Fällen sorgte die Regierung dafür, daß die Selbstverwaltung nicht auf dem Schaden sitzenbleibt[951]. Auf diese Weise konnten Selbstverwaltungen zu Grundstücken gelangen, die bislang nicht in ihrem Eigentum gestanden hatten.

e) Das Sonderproblem der Hauptstadt

Ein weiterer wichtiger Meilenstein der kommunalrechtlichen Gesetzgebung war das am 12.6.1991 verabschiedete Hauptstadtgesetz[952]. Damit wurde die von dem Kommunalgesetz offen gelassene und auf ein später zu schaffendes Gesetz aufgeschobene Regelung der hauptstädtischen Selbstverwaltungen mit ihrer Zweistufigkeit geregelt und auch in Budapest der Aufbau der kommunalen Selbstverwaltung vorangetrieben.

Ähnlich wie in dem Verhältnis örtliche Selbstverwaltung – Komitat gilt auch in der Hauptstadt der Grundsatz, Aufgaben auf der niedrigsten möglichen Stufe anzusiedeln: Die Selbstverwaltung wird grundsätzlich durch die Hauptstadtbezirke wahrgenommen, und die Hauptstadt ist nur für Aufgaben zuständig, die die gesamte Stadt oder große Teile von ihr oder gar über die Grenzen der Hauptstadt hinausgehend die Region oder das ganze Land betreffen (§§ 1 Abs. 2–5, 8 Abs. 1 HauptstG). Die Pflichtaufgaben der kommunalen Grundversorgung obliegen im wesentlichen den Stadtbezirken; lediglich im Zusammenhang mit großflächigen Versorgungsnetzen, dem Unterhalt der großen Durchgangsstraßen, dem öffentlichen Personennahverkehr und kulturellen und medizinischen Einrichtungen, deren Einzugsgebiet wesentlich über das Gebiet eines Stadtbezirks hinausgeht, ist die Hauptstadt in der Pflicht (§§ 8 Abs. 2–3, 10 Abs. 3–4 HauptstG). Die Stadtbezirke können Vereinbarungen zur gemeinsamen Wahrnehmung von Zuständigkeiten und Pflichten treffen (§ 9 HauptstG), und die Hauptstadt kann durch Satzung eine in ihre Zuständigkeit gehörende Aufgabe an die Stadtbezirke übertragen, wogegen diese sich allerdings wehren können (§ 12 HauptstG). Zudem muß die Generalversammlung den Satzungsentwurf den Abgeordnetenkörperschaften der Stadtbezirke zur Meinungsäußerung zuschicken; diese Vorschrift räumt den Bezirken allerdings kein Vetorecht ein (§ 22 HauptstG). Zwingend vorgeschrieben ist die Zusammenarbeit beider Ebenen bei der mehr als kleinräumlichen Raumplanung, an der zudem auch noch die Regierung zu beteiligen ist (§ 11 HauptstG).

---

[951] Ein Beispiel ist der Regierungsbeschluß 1052/1993. (VII.6.) Korm. über die Grundstücke, die im Jahr 1993 aufgrund des Gesetzes 1991:XXXII in das Eigentum der Kirchen übergeben beziehungsweise durch Entschädigung erledigt werden, M. K. 1993/4798 ff.

[952] Abstimmung in OGy, 12.6.1991, Sp. 8693: 173 Ja-Stimmen, 72 Nein-Stimmen, 1 Enthaltung. Gesetz 1991:XXIV über die Selbstverwaltung der Hauptstadt und der Hauptstadtbezirke, M. K. 1991/1405 ff.

In Finanzfragen hat die Hauptstadt gegenüber den Bezirken ein Übergewicht: Gemäß § 17 Abs. 3–4 HauptstG entscheidet die Generalversammlung der Hauptstadt durch Satzung, wie zwischen der Hauptstadt und den Stadtbezirken die überlassenen Steuern, die eigenen Steuern und die staatlichen Normativzahlungen, die an die Einwohnerzahl anknüpfen, aufgeteilt werden. Für einige Einnahmearten stellen §§ 18–19 HauptstG klar, daß sie ausschließlich der Hauptstadt oder ausschließlich den Stadtbezirken zustehen.

In der parlamentarischen Debatte spielte die in der vorhergehenden verwaltungsrechtlichen Diskussion bedeutende Frage, ob die Zweistufigkeit der Selbstverwaltung beibehalten oder lieber ein einstufiges System geschaffen werden solle[953], überhaupt keine Rolle mehr: Sie wurde nicht einmal mehr aufgeworfen, sondern alle Redner gingen wie der Entwurf selbstverständlich von einer zweistufigen hauptstädtischen Selbstverwaltung aus.

Viele Regelungen über die Zweistufigkeit der Hauptstadt ähneln denen des Kommunalgesetzes über das Verhältnis von örtlicher und regionaler Selbstverwaltung. So sind bei Änderungen der Verwaltungsgrenzen recht weitgehend örtliche Referenden vorgeschrieben, und wenn sich durch die Maßnahme die Außengrenze der Hauptstadt ändert, so muß auch deren Generalversammlung entscheiden (§§ 3–7 HauptstG). Auch das Verhältnis von Selbstverwaltung und Staat ist ähnlich wie im Kommunalgesetz geregelt. Den Bürgermeistern der Stadtbezirke oder auch dem Oberbürgermeister können Staatsverwaltungsaufgaben übertragen werden; auch dem Obernotär können Aufgaben der Staatsverwaltung mit Zuständigkeit für die Hauptstadt oder auch für das ganze Land übertragen werden (§§ 14, 15 HauptstG).

Kurz vor Ende der Legislaturperiode verabschiedete das Parlament ein Gesetz über die Bezirkseinteilung von Budapest[954]. Es löste das Gesetz 1949:XXVI ab, welches, wie unter Punkt B. IV. 1. f) aa) gezeigt, den Vorortgürtel in die Hauptstadt eingemeindet und die heutige Bezirkseinteilung geschaffen hatte. Bei der Einteilung und der Abgrenzung der Stadtbezirke bewirkte das Gesetz 1994:XLIII eine Änderung gegenüber dem seit 1950 bestehenden Zustand: Es löste aus dem XX. Stadtbezirk im Südosten Budapests das an der Stadtgrenze gelegene Gebiet aus und schuf daraus den XXIII. Stadtbezirk. Das Gebiet dieses neuen Stadtbezirks ist identisch mit dem der 1950 zu Budapest eingemeindeten Gemeinde Soroksár. Seitdem hat sich an der Verwaltungsgliederung der Hauptstadt abgesehen von einigen kleinen Grenzberichtigungen zwischen einzelnen Bezirken[955] nichts

---

[953] *Szegvári*, ÁI 1989/866.
[954] Gesetz 1994:XLIII über das Verwaltungsgebiet und die Bezirkseinteilung der Hauptstadt Budapest (s. o. Fn. 594).

mehr geändert. In diesem Zusammenhang ist erwähnenswert, daß in der Hauptstadt – anders als in allen anderen Teilen des Landes – die Initiative zu territorialen Veränderungen sei es alleine innerhalb der Hauptstadt, sei es unter Änderung der Außengrenze der Hauptstadt als Ganzer, nicht nur von den betroffenen Selbstverwaltungen und der dortigen Bevölkerung ausgehen kann, sondern auch von der Regierung (§ 6 HauptstG, seit der Kommunalreform 1994 § 66/C KommG) ausgehen; in diesem Fall trägt allerdings die Regierung die Kosten der nötig werdenden Volksabstimmung. Auch die zwingende Mitwirkung des Parlaments an Entscheidungen über bestimmte territoriale Veränderungen existiert bei anderen örtlichen Selbstverwaltungen so nicht.

5. Exkurs: Die Autonomie der nationalen und ethnischen Minderheiten

a) Minderheitenpolitik und die kommunale Ebene

In Ungarn haben seit der Gründung des Staates nie nur ethnische Ungarn gewohnt. Daß dies seit dem Mittelalter zu besonderen rechtlichen Vorkehrungen und Ausgestaltungen auch der Autonomie auf kommunaler und regionaler Ebene Anlaß gegeben hat, ist im historischen Teil bereits an mehreren Punkten ausgeführt worden[956].

Mit der Grenzziehung von Trianon sind zahlreiche geschlossen nicht von Magyaren bewohnte Gebiete aus dem ungarischen Staatsverband ausgeschieden. Größere zusammenhängende Siedlungsgebiete anderer Nationalitäten sind seitdem innerhalb des ungarischen Staates nicht mehr zu finden. Auch wenn genaue amtliche Zahlen über die ethnische Zusammensetzung der heutigen Wohnbevölkerung Ungarns nicht vorliegen, so kann doch gesagt werden, daß die Minderheiten – mit Ausnahme des Sonderfalls der Zigeuner[957] – klein bis winzig und zudem sozial, wirtschaftlich und kultu-

---

[955] Durch Gesetz 1997:CXVIII über die Änderung der Anlagen zum Gesetz 1994:XLIII über das Verwaltungsgebiet und die Bezirkseinteilung der Hauptstadt Budapest (s. o. Fn. 594).

[956] Zur Geschichte des ungarischen Minderheitenrechts s. *Brunner* in Brunner, Minderheitenschutz, Bd. 3, Länderteil Ungarn; *Brunner* in Brunner/Tontsch, S. 13 ff.; *Küpper*, S. 54 ff.

[957] Die Zigeuner – in Ungarn hauptsächlich, aber keineswegs ausschließlich Roma, weshalb hier in Anlehnung an den Sprachgebrauch des Minderheitengesetzes der auch die anderen Gruppen einschließende Oberbegriff Zigeuner statt des exklusiven Roma verwandt wird – stellen insofern einen Sonderfall dar, als daß ihre Probleme weniger ethnischer, sondern vielmehr sozialer Natur sind bzw. eine Gemengelage aus ethnischen und sozialen Fragen darstellen. Diese Besonderheit spiegelt sich auch im ungarischen Minderheitenrecht wider, das neben den allgemeinen Vorkehrungen v. a. im kulturellen und politisch-partizipatorischen Bereich, die für alle

rell gut integriert und im positiven Sinne unauffällig sind. Trotzdem betreibt die Republik Ungarn seit der Wende einen großen politischen, rechtlichen, finanziellen, publizistischen und wissenschaftlichen Aufwand um die inländischen Minderheiten, wobei nicht zuletzt die Tatsache eine Rolle spielt, daß mehrere Millionen Magyaren seit Trianon in einer Minderheitenrolle in den Nachbarstaaten leben und man eben diesen Staaten ein Vorbild des Minderheitenschutzes sein will, um damit die Lage der ungarischen Minderheiten vor Ort zu verbessern[958]. Zwar bestehen am Erfolg dieser Strategie berechtigte Zweifel, aber die offizielle ungarische Politik unter allen drei Ministerpräsidenten der Nachwendezeit hat sich dadurch nicht von ihrem überaus minderheitenfreundlichen Kurs im Inneren abbringen lassen.

Das ungarische Minderheitengesetz[959] erkennt neben den bereits erwähnten Zigeunern noch zwölf weitere Gruppen als Minderheiten an (§§ 1 Abs. 2, 61 Abs. 1 MindhG), wovon die Deutschen, die Slowaken, die Kroaten und die Rumänen zu den größeren, die Polen, Serben und Slowenen zu den kleineren und die Bulgaren, die Griechen, die Armenier, die Ruthenen und die Ukrainer zu den winzigen Gruppen gehören. Diese Minderheiten leben in Ungarn, wie bereits erwähnt, in Streusiedlung, was bedeutet, daß es keine größeren zusammenhängenden Siedlungsgebiete nichtmagyarischer Ethnien gibt[960]; auch auf örtlicher Ebene sind die Minderheiten häufig in einer zahlenmäßigen Minderheit, und die Anzahl der Dörfer, in denen die eine oder andere Nationalität die Mehrheit stellt, ist vergleichsweise klein. Hinzu kommt, daß die Minderheiten in Ungarn in sich wenig homogen sind: Ungarndeutscher ist nicht gleich Ungarndeutscher, und dasselbe läßt sich von Slowaken, Kroaten, Rumänen, Serben und vielen anderen kleine-

---

Minderheiten einschließlich der Zigeuner gelten, für diese Gruppe zusätzlich besondere Regelungen sozialer Natur vorsieht, derer die anderen, wirtschaftlich und sozial integrierten Minderheiten nicht bedürfen.

[958] Auch wenn sich die Grenzziehung nach dem Ersten Weltkrieg auf das Prinzip des Selbstbestimmungsrechts der Völker berief, wurden die Grenzen des Kriegsverlierers Ungarn enger als die ethnischen Grenzen des geschlossenen ungarischen Siedlungsraums gezogen. Zu der demographischen Situation der ungarischen Minderheiten im benachbarten Ausland s. *Kocsis/Kocsis-Hodosi*. Zur Rolle der ungarischen Minderheiten im Karpatenbecken in der ungarischen Außenpolitik s. *Göllner*, S. 143 ff.; *Küpper*, ZaöRV 1998/255 f, 279 f.; *Zellner/Dunay*, S. 35 ff., 205 ff.

[959] Gesetz 1993:LXXVII über die Rechte der nationalen und ethnischen Minderheiten (s. o. Fn. 559).

[960] Eine gewisse Ausnahme bilden die Slowenen, deren Siedlungsgebiet nahe der slowenischen Grenze der letzte Ausläufer des geschlossenen slowenischen Siedlungsgebietes ist, ebenso wie die grenznahen magyarischen Dörfer in Slowenien den letzten Ausläufer des geschlossenen ungarischen Siedlungsgebietes bilden und die Staatsgrenze so durch ein ethnisch gemischtes Territorium verläuft, ähnlich der deutsch-dänischen Grenze.

ren Minderheiten in Ungarn sagen. Der Grund hierfür liegt in der Tatsache, daß alle Minderheitenbevölkerungen außer den autochthonen Slowenen das Ergebnis von Einwanderung in das Karpatenbecken sind, und zwar in der Regel nicht einer einzelnen Wanderungsbewegung oder kontinuierlichen Zuwanderung, sondern unterschiedlicher Wellen zu verschiedenen Zeiten aus unterschiedlichen Gründen und aus unterschiedlichen Regionen des Ausgangslandes. In der Isolation inmitten einer magyarischen Mehrheitsbevölkerung bewahrten die kleinen dörflichen Minderheitengruppen ihren mitgebrachten lokalen Dialekt und entwickelten ihn weiter, so daß sie sich häufig mit Konationalen aus dem Nachbardorf, die zu einer anderen Zeit und aus einer anderen Gegend eingewandert waren, nicht oder nur schwer verständigen konnten. Ebenso wurde ein stark lokales Identitätsbewußtsein ausgeformt, das sogar die recht weitgehende sprachliche Assimilation der Minderheitengemeinschaften im 20. Jahrhundert überdauert hat und erst durch die fortschreitende Urbanisierung gefährdet ist. Der demographische Befund einer in Streusiedlung lebenden, auch örtlich nicht die Mehrheit stellenden und mit einer stark lokal (und vergleichsweise schwach ethnisch) geprägten Identität ausgestatteten Minderheitenbevölkerung[961] bildet den zentralen Anknüpfungspunkt für das ungarische Minderheitenrecht.

Angesichts dieser Tatsache steht die örtliche Ebene ganz im Zentrum des ungarischen Minderheitenrechts und auch der Minderheitenpolitik. Auch wenn sich auf zentraler Ebene bedeutende politische und rechtliche Weichenstellungen abspielen und nicht zuletzt die finanziellen Rahmenbedingungen bestimmt werden, so liegt das Schwergewicht minderheitenrechtlicher und -politischer Aktivitäten – durchaus sachgerecht – auf der örtlichen Ebene, in den Gemeinden und Städten. Die Komitate hingegen spielen nur eine untergeordnete Rolle. Auch die Minderheitenautonomie knüpft, wie noch zu zeigen sein wird, primär an die örtliche Ebene, an die kommunalen Einheiten an, und hier kommt es zu einer ganz eigenen Verschränkung von kommunaler Autonomie und Minderheitenautonomie, die den Alltag der örtlichen (Selbst-) Verwaltung in zahlreichen Gemeinden und Städten Ungarns entscheidend mitprägt. Diese Verschränkung soll im folgenden näher dargestellt werden.

b) Minderheitenautonomie und kommunale Autonomie

Auf eine Darstellung des gesamten ungarischen Minderheitenrechts soll an dieser Stelle verzichtet werden[962]. Hier interessieren nur die Regelun-

---

[961] Zur demographischen Lage in Ungarn s. *Seewann,* Gerhard in Brunner/Lemberg, S. 133 ff.; *Brunner* in Brunner, Minderheitenschutz, Bd. 3, Länderteil Ungarn; *Brunner* in Brunner/Tontsch, S. 31 f.; *Küpper,* S. 101 ff; *Kaltenbach,* Jenő in Kranz/Küpper, S. 61 ff.

gen, die eine Auswirkung auf die kommunale Autonomie haben. Dazu gehören zum einen die Aufgaben, die den Gemeinden und Städten im Zusammenhang mit den Minderheiten zugewiesen werden. Zum anderen ist in diesem Zusammenhang das Zusammenspiel der beiden örtlichen Autonomieformen (Kommunal- und Minderheitenautonomie) darzustellen. Zuvor aber muß der verfassungsrechtliche Rahmen abgesteckt werden, in dem sich die Minderheitenrechte bewegen.

aa) Die Minderheiten in der Verfassung

Es ist bereits oben unter Punkt C. I. 2. c) dd) darauf hingewiesen worden, daß die Verfassung im Rahmen der Grundrechte in § 68 eine Minderheitenschutznorm enthält, die auch in der Debatte um das Kommunalgesetz eine Rolle gespielt hat.

Von grundlegender Bedeutung ist § 68 Abs. 1 Verf., der den Minderheiten die Teilhabe an der Volkssouveränität zusichert und sie zu „staatsbildenden Faktoren" erklärt. Auch wenn der genaue Gehalt dieser Verbürgungen unklar ist, so kann man doch zumindest daraus ableiten, daß die Minderheiten in irgendeiner Form im staatlichen Bereich präsent sein müssen[963]. Da die örtlichen Selbstverwaltungen gemäß § 42 Verf. die Verkörperung der örtlichen Volkssouveränität sind[964], sind gemäß § 68 Abs. 1 Verf. die Minderheiten auch hier angemessen zu berücksichtigen, weil sie ansonsten keinen Anteil an diesem wichtigen Teil der Volksmacht hätten. § 68 Abs. 1 sichert zusammen mit § 42 Verf. den Minderheiten eine gewisse Teilhabe an der örtlichen Selbstverwaltung zu, ohne allerdings auf Einzelheiten einzugehen und wohl auch nur auf einem Minimalstandard. Immerhin findet sich hier die verfassungsrechtliche Rechtfertigung für minderheitenbezogene Sonderregelungen im kommunalen Bereich. In dieselbe Richtung zielt auch § 68 Abs. 2 Verf., der einen staatlichen Schutzauftrag zugunsten der Minderheiten enthält und ihre kollektive Teilnahme an den öffentlichen Angelegenheiten garantiert.

§ 68 Abs. 3 Verf. sichert den Minderheiten eine politische Vertretung im Rahmen der Gesetze zu. In der ursprünglichen, 1989 eingefügten Fassung bezog sich diese Garantie noch ausdrücklich auf die örtlichen Räte ebenso wie auf das Parlament; in der 1990 novellierten und heute noch gültigen

---

[962] Die aktuellste umfassende Darstellung findet sich bei *Brunner* in Brunner, Minderheitenschutz, Bd. 3, Länderteil Ungarn.

[963] Auch das Verfassungsgericht hob in seiner Entscheidung 35/1992. (VI.10.) AB, M. K. 1992/2024 ff., ABH 1992/204 ff., hervor, daß die politische Repräsentanz ein zentraler Aspekt der Eigenschaft des „staatsbildenden Faktors" ist. Näher dazu *Kaltenbach,* Jenő in Kranz/Küpper, S. 72 f.; *Polt/Kaltenbach,* OER 2000/251.

[964] s. o. Punkt C. I. 3. a) aa) (2).

Fassung ist der Hinweis auf örtliche Räte und Parlament entfallen. Damit wurde in der Sache keine Änderung beabsichtigt[965]. Die nach wie vor ungelöste Frage der parlamentarischen Repräsentanz gehört zu den ganz großen Streitpunkten der ungarischen Minderheitenpolitik, während die Regelung der politischen Vertretung der Minderheiten in den lokalen Vertretungskörperschaften recht unproblematisch erfolgen konnte. Sie findet im Rahmen der normalen Kommunalwahlen, gefördert durch bestimmte minderheitenfreundliche Wahlrechtsprivilegien, statt; wegen ihres Bezugs zu den Minderheitenselbstverwaltungen wird hierauf unter Punkt cc) näher eingegangen. Festzuhalten bleibt an dieser Stelle nur, daß die Garantie einer (Minimal-) Repräsentanz der Minderheiten auch auf örtlicher Ebene Verfassungsrang genießt.

§ 68 Abs. 4 Verf. schließlich garantiert den Minderheiten das Recht, landesweite und örtliche Minderheitenselbstverwaltungen ins Leben zu rufen. Die Komitatsebene wird in dieser Gewährleistung nicht erwähnt. Die Vorschriften über die Minderheitenselbstverwaltungen bilden neben den individuellen und kollektiven Minderheitenrechten das Herzstück des Minderheitengesetzes und haben große Auswirkungen auf das Kommunalrecht.

bb) Minderheitenbezogene Kommunalaufgaben

Der staatliche Schutzauftrag zugunsten der Minderheiten in § 68 Abs. 2 Verf. ist bereits erwähnt worden. Diesem Auftrag kommt der Staat durch eigene Initiativen nach, aber auch durch die Übertragung entsprechender Aufgaben auf die örtlichen Selbstverwaltungen. Als primäre Verwaltungsträger vor Ort, aber auch als Identifikationskern der stark lokal geprägten Minderheitenidentitäten eignen sie sich ganz besonders, den verfassungsrechtlichen Schutzauftrag effektiv umzusetzen.

Daher ist es nur folgerichtig, wenn § 8 Abs. 1 KommG die Sicherstellung der Verwirklichung der Minderheitenrechte unter den typisch örtlichen Diensten aufzählt; gemäß § 8 Abs. 4 KommG gehört die Verwirklichung dieser Rechte zu den Pflichtaufgaben der örtlichen Selbstverwaltung. Im zweistufigen Selbstverwaltungssystem der Hauptstadt obliegt diese Pflichtaufgabe gemäß § 63 Abs. 1 KommG den Stadtbezirken. Wie die Gemeinden und Städte dieser Pflichtaufgabe gerecht werden, bleibt ihrem politischen Ermessen und ihren Zweckmäßigkeitsüberlegungen überlassen. Eine Garantie für die Minderheiten stellt insofern das Minderheitengesetz dar, das die individuellen und kollektiven Minderheitenrechte –

---

[965] Zu § 68 Abs. 3 Verf. und der Frage der politischen Vertretung der Minderheiten s. *Brunner* in Brunner/Tontsch, S. 34, 49 ff.; *Küpper*, S. 110 ff., 294 ff.; *Polt/ Kaltenbach*, OER 2000/251.

deren Durchsetzung die Pflichtaufgabe ausmacht – recht genau definiert und konkretisiert.

Ebenfalls präzise Vorgaben macht § 4 MindhG der Planungs- und Entwicklungstätigkeit der örtlichen Selbstverwaltungen. Gemäß § 4 Abs. 1 MindhG ist jede Politik verboten, die auf eine für die Minderheiten nachteilige Veränderung der demographischen Verhältnisse zielt oder eine gewaltsame Um- oder Aussiedlung der Minderheitenangehörigen zum Ziel hat. Während die zweite Variante unter den heutigen politischen Verhältnissen wenig Aktualität besitzt, so ist das Verbot einer Politik mit dem Zweck der nachteiligen Veränderung der Demographie durchaus für die Arbeit der Kommunen relevant. So wird sich letztendlich jede erfolgreiche Wirtschaftsförderung in der Schaffung von Arbeitsplätzen niederschlagen, die Zuwanderung von außerhalb anzieht und somit den relativen Anteil der Minderheit an der Ortsbevölkerung senkt. Allerdings setzt § 4 Abs. 1 MindhG nicht voraus, daß demographische Veränderungen bewirkt werden, sondern verlangt, daß sie mit der Politik bezweckt werden. Dies nimmt der Vorschrift viel von ihrer Strenge, da in der Regel eine Verbesserung der wirtschaftlichen Lage und nicht eine Reduzierung des minoritären Bevölkerungsanteils Ziel der Maßnahmen sein dürfte. Trotzdem wird man aus der Vorschrift des § 4 Abs. 1 MindhG eine gewisse Pflicht zur Prüfung der Auswirkungen kommunaler Politik auf die Lage der Minderheiten vor Ort und zu einer gewissen Rücksichtnahme auf die Belange der Minderheiten herauslesen können. Für den Bereich der Raumplanung schreibt § 4 Abs. 3 MindhG die Berücksichtigung von Minderheitenbelangen sogar zwingend vor, und wenn auch der Verpflichtete aus dieser Vorschrift die Republik Ungarn ist, so wird man doch auch bei der kommunalen Planungstätigkeit eine Pflicht zur Rücksichtnahme annehmen müssen. § 4 Abs. 1, 3 MindhG stellt mithin eine äußere Grenze für kommunales Handeln dar[966].

Eine weitere Präzisierung erfahren die minderheitenbezogenen Pflichtaufgaben der örtlichen Selbstverwaltungen im Schulbereich[967]. Die muttersprachliche oder zweisprachige (Minderheitensprache und Ungarisch) Erzie-

---

[966] Näher zu § 4 MindhG *Küpper,* S. 136 ff. Wie wichtig eine derartige, klar ausgesprochene Pflicht zur Rücksichtnahme auf die Belange von Minderheiten bei der Raumplanung ist, zeigt ein Beispiel aus Deutschland: Die Gewährleistung des Rechts des sorbischen Volkes auf „Schutz, Erhaltung und Pflege ... seines angestammten Siedlungsgebietes" in Art. 25 Abs. 1 Satz 1 Verf. Brdb hat das sorbische Dorf Horno nicht davor bewahrt, der Ausweitung des Braunkohletagebaus geopfert zu werden: Art. 1, 2 § 1 Braunkohlengrundlagengesetz Brdb vom 12.6.1997, GVBl. Brdb I 1997, S. 72, bestätigt durch das Landesverfassungsgericht Brdb mit Urteil vom 18.6.1998, NJ 1998/588 ff. Näher dazu *Bendig,* NJ 1998/169 ff.; *v. Brünneck,* NJ 1999/169 ff.

[967] Zu den Minderheitenrechten im Schulwesen s. *Brunner* in Brunner, Minderheitenschutz, Bd. 3, Länderteil Ungarn; *Brunner* in Brunner/Tontsch, S. 40 ff.; *Kal-*

hung in Kindergarten und Schule gehört zu den individuellen und kollektiven Minderheitenrechten [§§ 13 Buchst. b), 18 Abs. 3 MindhG], und dieses Recht üben die Minderheiten entweder durch eigene Unterrichtsanstalten oder durch die Geltendmachung besonderer Rechte in den allgemeinen Schulen aus. Da die Minderheiten aus finanziellen und organisatorischen Gründen kaum in der Lage sind, eigene Schulen zu unterhalten oder von anderen Rechtsträgern, etwa den Gemeinden, zu übernehmen[968], spielen ihre unterrichtsbezogenen Mitwirkungsrechte gegenüber dem Schulträger – und das sind häufig die Gemeinden[969] – praktisch die weitaus größere Rolle. Den örtlichen Selbstverwaltungen obliegt gemäß § 46 Abs. 1 MindhG die Pflicht, bei der Planung und Durchführung des Minderheitenunterrichts mit den Minderheitenselbstverwaltungen zusammenzuarbeiten. Dagegen ist die entsprechende Pädagogenausbildung sowie die Versorgung mit geeignetem Lehrmaterial eine Pflicht des Staates. Ebenso obliegt dem Staat die Finanzierung, die in Form von erhöhten Kopfquoten pro Schüler im Minderheitenunterricht (im Vergleich zu der Kopfquote, den eine Unterrichtseinrichtung für jeden Schüler im Standardunterricht erhält) durchgeführt wird. Beteiligungsrechte an der Unterrichtsverwaltung kommen nicht den Minderheiten als solchen zu, sondern den Minderheitenselbstverwaltungen, weshalb diese Rechte unter Punkt cc) behandelt werden.

Auf Verlangen der Erziehungsberechtigten von acht Schülern ein- und derselben Minderheit ist der Schulträger verpflichtet, separate organisatorische Einheiten (Klassen, Lerngruppen etc.) für den Minderheitenunterricht einzurichten (§ 43 Abs. 4 MindhG); bei weniger Schülern steht die Einrichtung im Ermessen des Schulträgers. In der Praxis wird dieses Recht häufig durch mangelnde finanzielle und sächliche Ausstattung der Schulen sowie durch Mangel an geeignetem Lehrpersonal vereitelt.

Auch die Sprachenrechte der Minderheiten[970] bringen für die kommunalen Selbstverwaltungen recht konkrete Verpflichtungen. Gemäß § 52 Abs. 2 Satz 1 MindhG kann jedermann in der kommunalen Abgeordnetenkörperschaft seine Muttersprache gebrauchen. In diesem Fall sind dem Protokoll

---

tenbach, Jenő in Kranz/Küpper, S. 77 ff.; *Küpper,* S. 157 ff. Zu der Rolle der kommunalen Selbstverwaltungen im Schulwesen s. o. Punkt C. I. 3. b) bb) (1) Exkurs II.

[968] Die Möglichkeit der Übernahme eröffnet § 47 MindhG.

[969] § 86 Abs. 1 UntG (s. o. Fn. 728). In Budapest ergibt sich die Besonderheit, daß die Kindergärten und allgemeinen Schulen in der Zuständigkeit der Bezirke stehen, der Minderheitenunterricht jedoch kraft ausdrücklicher Zuweisung in § 63/A Buchst. o) KommG zu den Pflichtaufgaben der gesamtstädtischen Selbstverwaltung gehört. Auf diese Weise ist es in der Metropole Budapest eher möglich, genügend Schüler für die Einrichtung besonderer Schulen, Klassen oder ähnlicher pädagogischer Einheiten zusammenzubekommen.

[970] Näher zu den Sprachenrechten *Brunner* in Brunner/Tontsch, S. 46 f.; *Küpper,* S. 151 ff.

eine ungarische Übersetzung oder ein Auszug in ungarischer Sprache beizufügen (§ 52 Abs. 2 Satz 2 MindhG), was der Funktionsfähigkeit der kommunalen Archive ebenso wie der Kommunalaufsicht dient. In Gemeinden,
in denen Minderheitenangehörige leben, ist die Abgeordnetenkörperschaft
berechtigt, aber nicht verpflichtet, die Protokolle ihrer Sitzungen und ihre
Entscheidungen und Beschlüsse in der Minderheitensprache oder den Min-
derheitensprachen zu veröffentlichen; von einer – im Zweifelsfalle maßgeblichen – zusätzlichen ungarischen Version kann allerdings nicht abgesehen
werden (§ 52 Abs. 3 MindhG). Die Entscheidung über die (zusätzliche)
Sprache der Protokolle ist eine der Praktikabilität und der politischen
Zweckmäßigkeit, keine rechtliche.

Im Bereich der kommunalen Verwaltung ist die Gemeinde oder Stadt verpflichtet, auf Verlangen einer Minderheitenselbstverwaltung ihre Satzungen
und amtlichen Verlautbarungen, Formulare und öffentliche Beschilderung
an Gebäuden, Ortseingängen und Straßennamen auch in der Minderheitensprache zu veröffentlichen (§ 53 MindhG), hat also in dieser Frage kein
politisches Ermessen, sondern unterliegt einer Rechtspflicht. Unabhängig
vom Bestehen einer Minderheitenselbstverwaltung ist die Pflicht der Kommunen, bei ihrem Personal auf entsprechende Sprachkenntnisse zu achten,
wenn Minderheitenangehörige in der Gemeinde leben (§ 54 MindhG). Angesichts der weitgehenden sprachlichen Assimilation der Minderheiten in
Ungarn ist die letztgenannte Vorschrift in Ermangelung eines echten Bedürfnisses eher eine Geste als ernst gemeintes und ernst zu nehmendes
Recht, während die zweisprachige Beschilderung von Orts- und Straßennamen sowie öffentlichen Gebäuden durchaus häufiger anzutreffen ist.

Neben den recht klar umrissenen Pflichten der Kommunen im Bereich
der Raum- und Wirtschaftsplanung, des Unterrichtswesens und des Spra-
chenrechts bleibt es ihnen in bezug auf die anderen Minderheitenrechte –
etwa das Recht auf Kultur- und Traditionspflege – weitgehend frei, wie sie
die Durchsetzung dieser Rechte fördern. So unterhalten einige Städte Min-
derheitentheater, andere wiederum unterstützen private Kulturvereinigun-
gen, und wieder andere richten entsprechende Abteilungen in ihren öffentlichen Bibliotheken ein[971]. Hauptansprechpartner der Kommunen sind hierbei die Minderheitenselbstverwaltungen, auf die nun näher einzugehen ist.

---

[971] Minderheitenabteilungen in kommunalen Bibliotheken sind gemäß § 49 Abs. 4
MindhG eine Pflichtaufgabe der Kommune, wenn Minderheitenangehörige dort
leben.

cc) Kommunale Selbstverwaltung
und Minderheitenselbstverwaltung

Das Herzstück des ungarischen Minderheitenrechts stellen die Minderheitenselbstverwaltungen dar[972], die eine eigene Schöpfung des ungarischen Gesetzgebers darstellen und weder auf Vorbilder noch auf ausgereifte theoretische Konzeptionen zurückgreifen konnten. In Ungarn war nach der Wende der Wille vorhanden, den Minderheiten Autonomie einzuräumen, und angesichts des Siedlungsbildes kam eine Territorialautonomie, die ja ein zusammenhängendes Siedlungsgebiet mit einer örtlichen Mehrheit der Minderheit voraussetzt, nicht in Frage[973]. Statt dessen entschied man sich in Umsetzung der geschilderten Verfassungsgarantien für eine an die kommunale Selbstverwaltung anknüpfende Sonderform der Personalautonomie. Kompliziert wurde die Regelung durch die Forderung der Minderheitenverbände und -vertreter, keine Listen, Kataster oder sonstigen Register über Minderheitenangehörigkeit zu erstellen und auch niemanden über seine ethnische Zugehörigkeit zu befragen oder ein ethnisches Bekenntnis abzuverlangen. Damit verboten sich landesweite Körperschaften mit ethnisch definierter Mitgliedschaft als Träger der Personalautonomie. Die Lösung fand sich, wie bereits angedeutet, im kommunalen Bereich.

(1) Formen der Minderheitenselbstverwaltung

Ausgangspunkt der Minderheitenselbstverwaltung sind die normalen Kommunalwahlen. In diesen Wahlen können Personen als Minderheitenkandidaten auftreten, d.h. sie verpflichten sich, im Falle ihrer Wahl die politische Repräsentanz der gegebenen Minderheit wahrzunehmen; eine Parteikandidatur ist ihnen daneben nicht gestattet. Sie konkurrieren mit den parteigebundenen und den sonstigen unabhängigen Kandidaten um die Sitze in der Abgeordnetenkörperschaft. Den Minderheitenkandidaten stehen bestimmte Wahlrechtsprivilegien zu, und eine Absenkung der Schwellenwerte

---

[972] Näher zu den ungarischen Minderheitenselbstverwaltungen *Brunner* in Brunner, Minderheitenschutz, Bd. 3, Länderteil Ungarn; *Brunner* in Brunner/Tontsch, S. 36 ff., 49 f., 57 ff.; *Ieda* in Ieda, S. 101 ff.; *Kaltenbach,* Jenő in Kranz/Küpper, S. 74 ff.; *Küpper,* S. 180 ff.; *Palásti,* JK 1999/63 ff.; *Polt/Kaltenbach,* OER 2000/ 251 ff.

[973] Das Beispiel der gagausischen Territorialautonomie im Süden der Republik Moldau zeigt, daß eine Territorialautonomie auch als „Flickenteppich" unzusammenhängender Dörfer und kleiner Gebiete möglich ist, aber in Ungarn fehlt es den Minderheiten – im Gegensatz zu den Gagausen – bereits an der grundlegendsten Voraussetzung: an einer örtlichen Mehrheit der Minderheit in einer gegebenen Verwaltungseinheit (Gemeinde oder Stadt). Zu der Territorialautonomie der Gagausen in der Republik Moldau s. *Neukirch,* Klaus in Brunner, Minderheitenschutz, Bd. 4, Länderteil Moldawien.

für den Minderheitenkandidaten mit den meisten Stimmen soll dafür sorgen, daß die gegebene Minderheit zumindest mit einem Kandidaten in der Abgeordnetenkörperschaft vertreten ist, wenn die Stimmen nach normaler Zählweise nicht für ein Mandat reichen. Ein so zustande gekommenes Kommunalmandat ist ein vollwertiges Mandat mit allen Rechten und Pflichten; es kommt zu der normalen Mandatzahl hinzu, so daß sich die Anzahl der Kommunalabgeordneten um einen erhöht.

Die stärkeren Formen der Minderheitenselbstverwaltung beruhen auf den in die kommunale Abgeordnetenkörperschaft gewählten Minderheitenabgeordneten. Wenn die Abgeordnetenkörperschaft einer Gemeinde zu mehr als der Hälfte aus den gewählten Minderheitenkandidaten ein und derselben Minderheit besteht, dann kann diese Vertretungskörperschaft sich zu einer kommunalen Minderheitenselbstverwaltung der gegebenen Minderheit erklären (§ 22 Abs. 1 MindhG). Wenn mehr als 30% der Mandate in der Abgeordnetenkörperschaft an die Kandidaten ein und derselben Minderheit gefallen sind, so können sich diese kommunalen Abgeordneten zur mittelbar zustande gekommenen Minderheitenselbstverwaltung erklären; die Mindestmitgliederzahl einer solchen Minderheitenselbstverwaltung ist drei (§ 22 Abs. 2 MindhG). Im Falle einer kommunalen Minderheitenselbstverwaltung bilden somit die Abgeordneten einer Minderheit die Mehrheitsfraktion, bei einer mittelbar zustande gekommenen Minderheitenselbstverwaltung bilden sie eine Fraktion in der Abgeordnetenkörperschaft. Da pro Minderheit und Kommune nur eine Minderheitenselbstverwaltung zugelassen ist (§ 23 Abs. 5 MindhG), sind rivalisierende Minderheitenselbstverwaltungen ausgeschlossen, und die Minderheitenkandidaten haben die Wahl zwischen Zusammenarbeit und damit Gründung einer Minderheitenselbstverwaltung oder Nichtzusammenarbeit, wobei dann jeder gewählte Minderheitenabgeordnete ein unabhängiges, nicht an andere gebundenes Mitglied der örtlichen Abgeordnetenkörperschaft bleibt und eine einem Unabhängigen ähnlichen Status innehat.

Wenn keine dieser zwei Formen einer Minderheitenselbstverwaltung zustande kommt, dann kann die Minderheit eine unmittelbar zustande gekommene Minderheitenselbstverwaltung gründen (§§ 21 Abs. 1, 23 MindhG). Die Mitglieder dieser Form der Minderheitenselbstverwaltung werden auch bei der Kommunalwahl, aber auf einem gesonderten Wahlzettel gewählt. Bereits vor der Kommunalwahl werden hierfür Kandidatenlisten zusammengestellt – für den Fall, daß eine kommunale Minderheitenselbstverwaltung oder eine mittelbar zustande gekommene Minderheitenselbstverwaltung nicht zustande kommt. Die Wahl der unmittelbar zustande gekommenen Minderheitenselbstverwaltung findet mithin auf Vorrat statt, da zum Zeitpunkt der Wahl noch nicht klar ist, ob nicht vielleicht eine der stärkeren und damit vorrangigen Vertretungsformen zustande kommt. In Kleingemeinden bis 1.300 Einwohner beträgt die Mitgliederzahl dieser Form der Minderheitenselbstverwaltung drei, in größeren Gemeinden und Städten fünf und in der Hauptstadt als Ganzer neun. Gewählt sind die Kandidaten mit den meisten Stimmen unabhängig davon, ob sie in die Abgeordneten-körperschaft gewählt worden sind oder nicht. Während also die kommunale Minderheitenselbstverwaltung und die mittelbar zustande gekommene Min-derheitenselbstverwaltung komplett aus Kommunalabgeordneten besteht, ist die unmittelbar zustande gekommene Minderheitenselbstverwaltung zumin-dest teilweise personell von der kommunalen Abgeordnetenkörperschaft unterschieden. Ist der Vorsitzende der unmittelbar zustande gekommenen Minderheitenselbstverwaltung kein Kommunalabgeordneter, so hat er das Recht, mit beratender Stimme an allen Sitzungen der Vertretungskörper-schaft teilzunehmen (§ 102/E Satz 2 KommG).

In der Praxis gehört die überwältigende Mehrheit der Minderheitenselbst-verwaltungen dem schwächsten Typus der unmittelbar zustande gekomme-nen Minderheitenselbstverwaltung an. Aber auch für die kommunale Min-derheitenselbstverwaltung gibt es eine ganze Reihe Beispiele, insbesondere aus den Reihen der deutschen Minderheit. Die Zahlen für die Minderhei-tenselbstverwaltungen nach den Kommunalwahlen 1994 (einschließlich der minderheitenspezifischen Nachwahlen 1995) und 1998 finden sich in der gegenüberliegenden Tabelle.

Hierbei ist zu beachten, daß pro kommunaler Selbstverwaltung nicht nur eine Minderheitenselbstverwaltung bestehen kann, sondern immer nur eine Minderheitenselbstverwaltung pro Minderheit. Daher existieren in manchen ethnisch besonders bunt gemischten Gemeinden und Städten mehrere Selbstverwaltungen verschiedener Minderheiten[974], während die Anzahl der Kommunen, in denen überhaupt keine Minderheitenselbstverwaltung be-steht, größer ist, als es zunächst den Anschein hat. Trotzdem ist aus den Zahlen erkennbar, daß Minderheitenselbstverwaltungen kein Randphäno-men sind, sondern für viele kommunale Selbstverwaltungen Alltag.

Alle Minderheitenselbstverwaltungen sind juristische Personen (§ 25 Abs. 1 Satz 1 MindhG). Dies gilt sogar für die kommunale Minderheiten-selbstverwaltung: Hier ist die Mehrheitsfraktion der Minderheitenabgeord-neten eine von der Gemeinde getrennte juristische Person, und Trägerin der Minderheitenrechte ist nicht die Gemeinde, sondern die juristische Person

---

[974] So sind 1998 im südwestungarischen Pécs unmittelbar zustande gekommene Minderheitenselbstverwaltungen der Bulgaren, Deutschen, Griechen, Kroaten, Polen, Serben und der Zigeuner gegründet worden, während im Zentrum Südostungarns, in Szeged, die Armenier, die Deutschen, die Griechen, die Polen, die Rumänen, die Serben, die Slowaken, die Ukrainer und die Zigeuner unmittelbar zustande gekom-mene Minderheitenselbstverwaltungen geschaffen haben. Ähnlich viele Minderhei-tenselbstverwaltungen weisen manche Budapester Stadtbezirke auf.

Tabelle 5

Die zustande gekommenen Minderheitenselbstverwaltungen (MSV)[975]

Minderheit	MSV 1994/5			MSV 1998		
	kommu-nale MSV	mittelbar zust. MSV	unmittel-bar zust. MSV	kommu-nale MSV	mittelbar zust. MSV	unmittel-bar zust. MSV
Bulgaren	–	–	4	–	–	15
Zigeuner	1	–	476	2	2	772
Griechen	–	–	6	–	–	19
Kroaten	15	1	41	19	–	56
Polen	–	–	7	–	1	32
Deutsche	19	7	136	39	6	228
Armenier	–	–	16	–	–	25
Rumänen	1	–	10	3	–	30
Ruthenen	–	–	1	–	–	10
Serben	–	–	19	–	–	35
Slowaken	6	4	41	8	1	67
Slowenen	3	–	3	2	–	7
Ukrainer	–	–	–	–	–	5
insgesamt	45	12	760	73	10	1301
MSV insgesamt	*817*			*1384*		
zum Vergleich: Gesamtzahl der kommunalen Selbstverwaltungen in Ungarn	*3137* (1994) *3148* (1995)			*3154*		

---

[975] Quelle: Angaben des Amtes für Nationale und Ethnische Minderheiten; *Brunner* in Brunner, Minderheitenschutz, Bd. 3, Länderteil Ungarn, bezüglich der Wahlen 1998; *Küpper,* S. 208, bezüglich der Minderheitenselbstverwaltungen und Statisztikai Évkönyv 1998 bezüglich der Anzahl der kommunalen Selbstverwaltungen. In der Literatur finden sich unterschiedliche Zahlenangaben, da sich verschiedene Zahlen ergeben, je nachdem, ob die Nachwahlen berücksichtigt werden oder nicht; außerdem haben insbesondere im ersten Zyklus 1994/5-1998 etliche Minderheitenselbstverwaltungen v. a. der Zigeuner ihre Arbeit im Laufe der Zeit eingestellt. Hier sind die Zahlen der Minderheitenselbstverwaltungen einschließlich der in den Nachwahlen zustandegekommenen angegeben.

Die Minderheiten sind nicht in deutscher alphabetischer Reihenfolge aufgeführt, sondern in der im ungarischen Minderheitengesetz vorgegebenen Reihenfolge, die der alphabetischen Abfolge der ungarischen Bezeichnungen entspricht.

22*

Minderheitenselbstverwaltung. Dasselbe trifft auf die mittelbar zustande gekommene Minderheitenselbstverwaltung zu, während sich bei der unmittelbar zustande gekommenen Minderheitenselbstverwaltung die unterschiedliche Rechtspersönlichkeit bereits aus der (jedenfalls zumindest teilweisen)
Personenverschiedenheit von Minderheitenselbstverwaltung und Abgeordnetenkörperschaft ergibt. Wegen dieser Trennung von Minderheitenselbstverwaltung und Kommune bzw. Vertretungskörperschaft ist die Erklärung zur
Minderheitenselbstverwaltung als konstitutiver Akt zu sehen, der die juristische Person Minderheitenselbstverwaltung erst ins Leben ruft; die Anteile
der Minderheitenabgeordneten in der Vertretungskörperschaft sind mithin
nur materiell-rechtliche Voraussetzung für die Rechtmäßigkeit einer solchen
Erklärung, aber bewirken für sich gesehen noch nichts. Wenn die Abgeordnetenkörperschaft bzw. die Minderheitenabgeordneten sich nicht zur kommunalen bzw. mittelbar zustande gekommenen Minderheitenselbstverwaltung erklären, dann kommt keine solche zustande, auch wenn die Quoren
von 50% bzw. 30% Minderheitenabgeordnete in der Vertretungskörperschaft erfüllt sind. Während bei der kommunalen Minderheitenselbstverwaltung die gesamte Vertretungskörperschaft über die entsprechende Erklärung
abstimmt (§ 22 Abs. 1 MindhG)[976], entscheiden bei einer mittelbar zustande gekommenen Minderheitenselbstverwaltung lediglich die gewählten
Minderheitenabgeordneten über die Frage der Konstituierung (§ 22 Abs. 2
MindhG). Vergleichsweise enge Fristen sorgen für Klarheit darüber, ob eine
Minderheitenselbstverwaltung entsteht oder nicht (§ 102/B Abs. 1–3
KommG).

(2) Die Rechte der Minderheitenselbstverwaltung

Grundsätzlich sind auf die Minderheitenselbstverwaltungen die Rechtsvorschriften über die kommunalen Selbstverwaltungen anzuwenden, sofern
das Gesetz – d.h. insbesondere das Minderheitengesetz und in geringerem
Umfang das Kommunal- und das Kommunalwahlgesetz – keine Besonderheiten vorsieht (§ 24 MindhG, § 102/A KommG).

Insbesondere die kommunale Minderheitenselbstverwaltung unterscheidet
sich in ihren Befugnissen kaum von der Kommunalverwaltung, da ja die
Minderheit durch ihre Mehrheit in der Abgeordnetenkörperschaft sämtliche

---

[976] Bei der Zählung, ob die Abgeordnetenkörperschaft zu mehr als der Hälfte aus
gewählten Minderheitenkandidaten besteht, ist der Bürgermeister nicht mitzuzählen,
weil er nach den Vorschriften des Kommunalwahlgesetzes nicht als Minderheitenkandidat zum Minderheitenabgeordneten gewählt wird; er hat aber in der Abstimmung, ob sich die Abgeordnetenkörperschaft zu einer kommunalen Minderheitenselbstverwaltung erklären soll, das normale Stimmrecht aus § 32 KommG, das ihm
bei allen Abstimmungen der Körperschaft zusteht: Urteil des Obersten Gerichts
Legf.Bír. Kfv. III.27/031/1996., veröffentlicht in BH 1996 Nr. 445.

kommunalen Befugnisse und Kompetenzen für sich nutzen kann. Eine Majorisierung der örtlich in der Minderheit befindlichen magyarischen Bevölkerung oder der Angehörigen einer dritten Minderheit ist ihr allerdings ausdrücklich verboten (§ 25 Abs. 2 MindhG). Ein Plus an Kompetenzen gegenüber einer normalen kommunalen Selbstverwaltung ergibt sich für die kommunale Minderheitenselbstverwaltung in bestimmten minderheitengebundenen Anhörungs- und Vorschlagsrechten gegenüber Staatsorganen, die allen Minderheitenselbstverwaltungen gleichermaßen zukommen, sowie im Zugang zu Finanzquellen, die ausdrücklich für Minderheitenzwecke reserviert sind.

Wichtiger als bei der kommunalen Minderheitenselbstverwaltung sind die Sonderrechte, die der mittelbar bzw. der unmittelbar zustande gekommenen Minderheitenselbstverwaltung zukommen, denn diese verfügen vor Ort nicht über die politische Mehrheit, sondern können nur über besondere Rechte versuchen, die Mehrheitsentscheidungen zugunsten ihrer Minderheit zu beeinflussen. Da beide Formen der Minderheitenselbstverwaltung grundsätzlich identische Rechte und Befugnisse haben (§ 23 Abs. 6 MindhG), können sie hier gemeinsam dargestellt werden.

Die Minderheitenselbstverwaltung hat das Recht, über ihren Namen und Symbole, ihre Auszeichnungen, ihre innere Organisation[977] und die Feiertage der von ihr vertretenen Minderheit frei zu entscheiden (§ 27 Abs. 2 MindhG); Entscheidungen über ihren Haushalt, das ihnen von der Kommune überlassene Vermögen und über den Schutz der Denkmäler der Minderheit können sie nur im Rahmen einer Satzung der Sitzkommune treffen (§ 27 Abs. 1 MindhG). Da die Wahrnehmung entscheidender Befugnisse der Minderheitenselbstverwaltung von dieser kommunalen Satzung abhängen, ist § 27 Abs. 1 MindhG als Rechtsetzungsauftrag an die kommunale Selbstverwaltung zu verstehen, wenn sich auf ihrem Gebiet eine Minderheitenselbstverwaltung konstituiert; § 102/B Abs. 4 KommG setzt hierfür eine Frist von 90 Tagen. Das Nichtbefolgen dieser Rechtsetzungspflicht kann, wie oben dargestellt, vor dem Verfassungsgericht gerügt werden[978], denn dadurch wird das Recht der Minderheiten auf die Gründung und den effektiven Betrieb von minoritären Selbstverwaltungen (§ 68 Abs. 4 Verf.) verletzt. Das Verfassungsgericht hat immer betont, daß ein verfassungswidriges Unterlassen einer Rechtssetzungspflicht nicht nur durch den Nichterlaß einer Norm, sondern auch durch den Erlaß einer „schlechten", d.h. inhaltlich ungenügenden Norm verwirklicht werden kann[979], so daß den Minder-

---

[977] Ein Erfahrungsbericht über die rechtlichen Erfahrungen mit den Grundsatzungen von Minderheitenselbstverwaltungen findet sich bei *Burget,* MK 2000/345 ff.

[978] s. o. Punkt C. I. 3. b) bb) (1) und Fn. 691.

[979] Am klarsten kommt dies in der Entscheidung 31/1997. (V.16.) AB, M. K. 1997/3141 ff., ABH 1997/154 ff., zum Ausdruck, in der bereits der Tenor feststellt,

heitenselbstverwaltungen verfassungsgerichtlicher Rechtsschutz auch gegenüber unzulänglichen kommunalen Satzungen gewährt wird. Über diesen Fall hinausgehend räumt § 27 Abs. 5 KommG der Minderheitenselbstverwaltung ganz allgemein einen Anspruch auf eine Entscheidung der kommunalen Selbstverwaltung innerhalb bestimmter Fristen ein, wenn sie dieser Entscheidung für die Wahrnehmung ihrer Rechte bedarf; einen Anspruch auf einen bestimmten Inhalt der Entscheidung vermittelt dieser Anspruch allerdings nicht, während die Satzung gemäß § 27 Abs. 1 MindhG inhaltlich so beschaffen sein muß, daß sie der Minderheitenselbstverwaltung die Wahrnehmung ihrer Rechte effektiv ermöglicht.

Minderheitenselbstverwaltungen haben darüber hinaus das Recht, im Rahmen ihrer finanziellen Möglichkeiten Institutionen und Einrichtungen wie etwa Schulen, Museen, Bibliotheken zu gründen und zu unterhalten sowie Stipendien und Ausschreibungen auszuloben. Ähnlich den kommunalen Selbstverwaltungen kommt auch ihnen das Recht auf freie Wirtschaftstätigkeit zu (§ 27 Abs. 3–4 MindhG), und auch sie dürfen sich gemäß § 60 Abs. 3 MindhG nur an solchen Gesellschaften beteiligen, bei denen die Haftung die Einlage nicht überschreitet. Die Gründe für diese Beschränkung entsprechen denen bezüglich der kommunalen Selbstverwaltung.

Wichtiger als diese mehr nach innen zielenden Rechte der Minderheitenselbstverwaltungen sind ihre Befugnisse nach außen, mit denen sie kommunale Entscheidungen beeinflussen können. Zwingend vorgeschrieben ist die Zustimmung der Minderheitenselbstverwaltung zu kommunalen Satzungen auf dem Gebiet des örtlichen Schul- und Kulturwesens, der örtlichen Medien und Traditionspflege, des kollektiven Sprachgebrauchs, die die Minderheitenbevölkerung in dieser Eigenschaft betreffen, der Pflege und Bewahrung von historischen Siedlungen und Baudenkmälern der Minderheit sowie zur Ernennung des Leiters von Minderheiteneinrichtungen in kommunaler Trägerschaft und zu Entscheidungen der Selbstverwaltung, die Auswirkungen auf die Bildung und Ausbildung auch von Minderheitenangehörigen haben. Das Zustimmungserfordernis zu Satzungen ist an die Existenz einer Minderheitenselbstverwaltung gebunden und entfällt, wenn es in

---

eine Verfassungswidrigkeit durch Unterlassen liege vor, wenn die vorhandene Regelung „nicht auf einer entsprechenden Ebene und nicht auf eine entsprechende Weise" erfolgt ist. Das Verfassungsgericht hat bereits ab seinem Bestehen eine schlechte Regelung für eine Verfassungswidrigkeit durch Unterlassen genügen lassen, so unausgesprochen in der Entscheidung 30/1990. (XII.145.) AB, M. K. 1990/2440 ff., ABH 1990/128 ff., und über dem Umweg der Aufhebung der „schlechten" Norm als verfassungswidrig und der Erklärung der dadurch entstehenden Regelungslücke zu einem legislativen Unterlassen in den Entscheidungen 16/ 1990. (VII.11.) AB, M. K. 1990/1389 ff., ABH 1990/64 ff., und 32/1990. (XII.22.) AB, M. K. 1990/2549 ff., ABH 1990/145 ff. Dazu *Sólyom,* László in Hofmann/ Küpper, S. 426 ff.

der Gemeinde keine solche gibt, während die Zustimmung zu den anderen kommunalen Entscheidungen in Ermangelung einer solchen Selbstverwaltung auch vom örtlichen Minderheitensprecher oder einer örtlichen Minderheitenvereinigung privaten Rechts erteilt werden kann (§§ 29, 38 Abs. 3 MindhG). Lediglich bei Satzungen über historische Siedlungen und Bausubstanz können auch der Minderheitensprecher bzw. ein Minderheitenverband das Zustimmungsrecht ausüben, wodurch auch anderen Formen der Minderheitenvertretung als öffentlich-rechtlichen Selbstverwaltungen erlaubt wird, entscheidend in die kommunale Rechtsetzungstätigkeit einzugreifen. Schließlich kann die Minderheitenselbstverwaltung nach § 53 MindhG die Zweisprachigkeit der Kommunalverwaltung bei der Veröffentlichung von Satzungen und offiziellen Verlautbarungen, bei Straßen- und Behördenschildern und bei Formularen verlangen.

(3) Pflichten der kommunalen Selbstverwaltung

Auf die Rechtsetzungspflichten, die einer Kommune aus der Existenz einer Minderheitenselbstverwaltung erwachsen, ist bereits hingewiesen worden. Darüber hinaus ist die Vertretungskörperschaft gemäß § 22 Abs. 2 KommG verpflichtet, einen Ausschuß für Minderheitenangelegenheiten einzurichten, wenn auch nur ein Minderheitenabgeordneter dies beantragt. Die Existenz einer Minderheitenselbstverwaltung ist für diesen Anspruch nicht Voraussetzung; es genügt, daß ein einziger Minderheitenabgeordneter gewählt worden ist und sich auf diese Vorschrift beruft.

Ganz allgemein ist die kommunale Selbstverwaltung nach § 28 MindhG verpflichtet, durch das Bürgermeisteramt die Arbeit der Minderheitenselbstverwaltungen zu unterstützen; Einzelheiten regelt eine – wiederum zwingend zu erlassende – kommunale Satzung, die gewissen Mindestanforderungen genügen muß. Diese Vorschrift trägt dem Umstand Rechnung, daß eine Minderheitenselbstverwaltung in der Regel nicht über einen eigenen Verwaltungsapparat verfügt, weshalb sie das Recht bekommt, in einem bestimmten Rahmen auf den ohnehin existierenden kommunalen Apparat zurückzugreifen. Auf diese Weise können die kostenintensive Doppelung der Apparate vermieden und die Betriebskosten des Minderheitenselbstverwaltungssystems in Grenzen gehalten werden. Sind Rechtsetzungsakte oder andere Verlautbarungen der Minderheitenselbstverwaltung zu verkünden, so obliegt diese Pflicht dem Notär der Gemeinde (§ 102/C Abs. 7 Satz 2 KommG). Spezielle Unterstützungspflichten obliegen der kommunalen Selbstverwaltung nach § 46 Abs. 1 MindhG auf dem Gebiet des Minderheitenunterrichts.

Eine Pflicht vermögensrechtlicher Art trifft die kommunale Selbstverwaltung nach § 59 Abs. 1 MindhG. Nach dieser Vorschrift muß sie der Minderheitenselbstverwaltung das zu ihrem Betrieb notwendige gemeindliche Vermögen übereignen, wobei jedoch die Wahrnehmung der Aufgaben und Befugnisse der Kommune dadurch nicht gefährdet werden darf. Da die Minderheitenselbstverwaltung auf die administrative Infrastruktur des Bürgermeisteramtes zurückgreifen darf und daher viele Bedürfnisse auf diesem Wege decken kann, wird für ihren Betrieb insbesondere eine geeignete Räumlichkeit und Ausstattung für das Sitzbüro notwendig sein, die die Gemeinde ihr zu übereignen hat, wenn sich eine solche in ihrem Eigentum befindet. Für Übereignungen nach § 59 Abs. 1 MindhG kann die Gemeinde keinen Ersatz vom Staat verlangen, denn einen solchen gibt es nach § 59 Abs. 2 MindhG nur, wenn die Gemeinde einer landesweiten Minderheitenselbstverwaltung, die ihren Sitz in dieser Gemeinde nimmt, Büroräumlichkeiten zur Verfügung stellen muß. Da die landesweite Minderheitenselbstverwaltung im landesweiten Interesse tätig wird, soll nicht die Gemeinde, wo sie sich mehr oder weniger zufällig niederläßt, die Pflicht zur kostenfreien Übereignung treffen, während die örtlichen Minderheitenselbstverwaltungen auf örtlicher Ebene agieren und im örtlichen Interesse tätig sind, so daß hier eine Übereignungs- und Kostentragungspflicht der Gemeinde eher zu vertreten ist.

Die Kommune trifft allerdings keine Pflicht, die Minderheitenselbstverwaltung finanziell zu unterstützen. Zwar zählt § 58 Abs. 2 Buchst. b) MindhG Zahlungen der Gemeinde unter den Einnahmequellen der Minderheitenselbstverwaltung auf, aber daraus kann kein Anspruch abgeleitet werden. Die Entscheidung über eine Unterstützung verbleibt bei der Gemeinde, die ohne rechtliche Pflichten frei politisch entscheiden kann. Die Finanzhoheit der Gemeinde wird somit durch die Minderheitenselbstverwaltung nicht eingeschränkt. In der Praxis unterstützen nicht wenige Kommunen die Minderheitenselbstverwaltungen auf ihrem Gebiet, weil diese ihrerseits nicht zuletzt durch ihre kulturellen und schulischen Aktivitäten den Kommunalhaushalt entlasten.

Auch haftet die Kommune nicht für die Schulden der Minderheitenselbstverwaltung. Allerdings können die kommunale und die minoritäre Selbstverwaltung gemäß § 60 Abs. 6 MindhG eine Vereinbarung über die Haftung der Kommune für die Schulden der Minderheitenselbstverwaltung abschließen; diese Entscheidung steht jedoch ganz im politischen Ermessen der beiden Selbstverwaltungen.

Die Existenz von Minderheitenselbstverwaltungen bürdet der kommunalen Selbstverwaltung aber nicht nur Aufgaben auf. Die kommunale Vertretungskörperschaft kann andererseits bestimmte Aufgaben und Befugnisse der Minderheitenselbstverwaltung übertragen (§§ 2 Abs. 2, 9 Abs. 3 KommG). In diesen übertragenen Aufgaben steht der Vertretungskörperschaft ein Weisungsrecht zu, sie kann die Übertragung jederzeit rückgängig machen (§ 9

Abs. 3 Satz 2 KommG), und gemäß § 19 Abs. 2 Buchst. c) KommG kann jeder einzelne Kommunalabgeordnete jederzeit die Überprüfung von Entscheidungen der Minderheitenselbstverwaltung in den ihr übertragenen Aufgabenkreisen bei der Abgeordnetenkörperschaft beantragen. Für eine Übertragung bieten sich insbesondere Aufgaben und Befugnisse an, die die Minderheit und ihre Angehörigen in dieser Eigenschaft besonders betreffen. Auch wenn dies nicht ausdrücklich geregelt ist[980], so wird man aus der Rechtsnatur der Minderheitenselbstverwaltung und den Zielen des Minderheitenrechts folgern müssen, daß eine Aufgabenübertragung gegen den Willen der Minderheitenselbstverwaltung nicht möglich ist, d.h. daß die Gemeinde der Minderheit nicht gegen ihren Willen Aufgaben aufbürden kann[981].

Endet eine örtliche Minderheitenselbstverwaltung – etwa weil im Zuge neuer Minderheitenwahlen keine mehr zustande kommt –, so geht gemäß § 60 Abs. 5 MindhG das Vermögen der Minderheitenselbstverwaltung auf die kommunale Selbstverwaltung über. Entsteht die Minderheitenselbstverwaltung neu, so ist die Kommune verpflichtet, ihr gleichwertiges Vermögen (jedoch nicht unbedingt die identischen Vermögensgegenstände) zu übereignen. Mit dem Vermögen der Minderheitenselbstverwealtung gehen auch deren Verbindlichkeiten auf die kommunale Selbstverwaltung über, aber die Gemeinde braucht nur in Höhe des übernommenen Vermögens für die übergegangenen Schulden einzustehen[982].

(4) Der örtliche Minderheitensprecher

Es war bereits mehrfach von dem örtlichen Minderheitensprecher die Rede. Wenn in einer Gemeinde keine Minderheitenselbstverwaltung zustande kommt, so kann dort ein örtlicher Minderheitensprecher die Interessen dieser Minderheit vertreten. Er ist derjenige Minderheitenkandidat, der die meisten Stimmen erhalten hat, unabhängig davon, ob dies für ein Mandat in der Abgeordnetenkörperschaft gereicht hat (§ 12 Abs. 7 KommG, § 23 Abs. 7 MindhG).

Er hat wesentlich weniger Rechte als die Minderheitenselbstverwaltung. Seine Rechte sind vorwiegend konsultativer Natur; das wichtigste ist das

---

[980] Eine ausdrückliche Regelung in vergleichbarer Konstellation wurde bereits im Rahmen der Übertragung von Aufgaben innerhalb der zweistufigen hauptstädtischen Selbstverwaltung (§ 12 HauptstG) unter Punkt C. I. 4. e) dargestellt. Das Fehlen einer vergleichbaren Norm in bezug auf Minderheitenselbstverwaltungen ist wohl ein Redaktionsversehen.

[981] In diesem Sinne auch *Palásti,* JK 1999/69.

[982] Dies hat das Oberste Gericht in dem Urteil Legf.Bír.Gfv.I.30.089/1999., BH 2000 Nr. 255, festgestellt. Näher zu den vermögensrechtlichen Folgen der Beendigung einer Minderheitenselbstverwaltung *Küpper,* S. 241 f.

Recht auf beratende Teilnahme an den Sitzungen der Abgeordnetenkörperschaft auch dann, wenn er kein Kommunalabgeordneter ist (§ 12 Abs. 5, 7 KommG, §§ 40–41 MindhG). Mitbestimmungsrechte kommen ihm kaum zu, und die wichtigsten Fälle wurden bereits unter Punkt cc) (2) benannt.

(5) Minderheitenselbstverwaltungen und Staat

Die Aufsicht über die örtlichen Minderheitenselbstverwaltungen führen nicht die Kommunen, sondern der Staat. Entsprechend dem Grundsatz, daß auf die Minderheitenselbstverwaltungen in Ermangelung von Sonderregelungen die Vorschriften über die kommunale Selbstverwaltung anzuwenden sind, obliegt die Rechtsaufsicht über die Minderheitenselbstverwaltungen dem Hauptstädtischen bzw. den Komitatsverwaltungsämtern nach denselben Regeln, die auch für die Kommunalaufsicht gelten [§ 98 Abs. 2 Buchst. a), Abs. 3–4, § 99 KommG]. Auch sonst sind die Komitatsverwaltungsämter diejenigen Behörden, die staatliche Ansprechpartner für die Minderheitenselbstverwaltungen sind und die Regierungspolitik gegenüber den Minderheiten in die Regionen transformieren (§ 62 Abs. 1 MindhG).

c) Fazit

Die Existenz von Minderheiten und Minderheitenselbstverwaltungen auf ihrem Territorium führt zu recht entschneidenden Veränderungen für die kommunalen Selbstverwaltungen. Bereits die bloße Existenz von Minderheiten läßt für die Kommune zahlreiche Pflichten entstehen, die insbesondere mit der Schule und dem örtlichen Kulturleben zusammenhängen. Da die Städte und Gemeinden auch im Hinblick auf die magyarische Mehrheit zu den primären Leistungserbringern auf diesen Gebieten gehören, ist es nur sachgerecht, ihnen die Obsorge für parallele Minderheitenanliegen anzuvertrauen. Da dies bei Minderheiten aus strukturellen Gründen nicht der Willensbildung durch politische Mehrheiten überlassen werden kann, ist die Formulierung entsprechender Pflichtaufgaben sinnvoll.

Das ungarische Recht geht aber darüber weit hinaus und räumt den Minderheiten eine so hohe Priorität ein, daß sie ein Selbstverwaltungssystem gründen können, das zu teilweise recht bedeutenden Kompetenzverlusten für die kommunalen Selbstverwaltungen führen kann[983]. Diese Kompetenzverluste sind durch den Verfassungsrang der Minderheitenselbstverwaltung verfassungsrechtlich abgesichert und werden auch in der politischen Debatte nur selten in Frage gestellt.

Auffällig ist die starke institutionelle Verschränkung von kommunaler und minoritärer Selbstverwaltung, die bei der Verankerung der demokrati-

---

[983] Dazu *Bartók,* MK 1997/696 ff.

schen Legitimation der Minderheitenselbstverwaltung in den Kommunalwahlen beginnt. Sowohl die demographische Lage als auch Praktikabilitäts- und Kostenerwägungen lassen diese Koppelung als sinnvoll erscheinen. Allerdings liegt in dieser Koppelung auf Dauer auch eine Gefahr für das Minderheitenselbstverwaltungssystem. In den Kommunalwahlen konkurrieren parteigebundene Kandidaten, Unabhängige und Minderheitenkandidaten um die Stimmen der Wähler. Da es keine ethnischen Wählerlisten oder Kataster gibt, kann grundsätzlich jeder Wähler für jeden Kandidaten stimmen. Wenn auf Dauer die Parteien im kommunalen Bereich stärker Fuß fassen und ihre Popularitätskrise überwinden, ist es möglich, daß sie den Minderheitenkandidaten die Wählerschaft entziehen, zumal die Minderheiten stark integriert sind und in vielen Punkten gleiche Interessen haben wie die Mehrheitsbevölkerung. Die umgekehrte Gefahr, daß magyarische Mehrheitswähler und ihre Kandidaten die Minderheitenselbstverwaltung für sich instrumentalisieren und mit ihrer unkontrollierbaren Stimmenmehrheit in den Kommunalwahlen „übernehmen", ist hingegen weniger real, jedenfalls unter den momentanen politischen Bedingungen. In der Praxis kann man davon ausgehen, daß Minderheitenkandidaten weitgehend, wenn auch nicht ausschließlich von Minderheitenangehörigen gewählt werden, daß gegebenenfalls beliebte Minderheitenkandidaten aber auch auf alle Wählerschichten attraktiv wirken können und daß vor Ort das Verhältnis von kommunaler und minoritärer Selbstverwaltung oft recht problemfrei ist, da die Minderheitenselbstverwaltungen zum Nutzen für die gesamte Gemeinde Zugang zu staatlichen Mitteln hat, die nur für Minderheitenzwecke reserviert sind. Ein gutes Beispiel ist das bereits zitierte Gerichtsurteil aus dem Jahre 1996[984]: In der fraglichen Gemeinde waren drei von fünf Mitgliedern der Abgeordnetenkörperschaft gewählte Kandidaten der deutschen Minderheit, für die Erklärung zur kommunalen Minderheitenselbstverwaltung der Deutschen hatten aber alle fünf Kommunalabgeordneten gestimmt. Natürlich gibt es vor Ort auch Probleme von Eifersüchteleien und Kirchturmpolitik bis hin zu elementaren politischen Gegensätzen. Insbesondere Minderheitenselbstverwaltungen der Zigeuner stoßen in der Praxis häufiger als andere auf den Widerstand von kommunalen Selbstverwaltungen, staatlichen Organen und auch der Mehrheitsbevölkerung, was an den starken Vorurteilen und Vorbehalten gegen diese Bevölkerungsgruppe liegt[985]. In der Mehrheit der Fälle ist jedoch festzustellen, daß die beiden Selbstverwaltungsformen trotz ihrer mannigfaltigen strukturellen, institutionellen und kompetenziellen Verschränkungen gut miteinander auskommen und gut miteinander funktionieren.

---

[984] s.o. Fn. 976.

[985] Die Probleme der Minderheitenselbstverwaltungen der Zigeuner stellt *Kerékgyártó*, MK 1999/720 ff., dar.

6. Die Selbstverwaltungsreform 1994
und die anschließenden Änderungen

Das ungarische Kommunalrecht ist auf dem dargestellten Stand nicht stehengeblieben. Unter der Regierung von Ministerpräsident *Gyula Horn* (1994–1998) wurde dem Selbstverwaltungssystem eine große Aufmerksamkeit zuteil, die sich zunächst in der großangelegten Kommunalreform von 1994 äußerte und danach immer wieder zu kleineren Veränderungen führte. Unter der nachfolgenden Regierung unter Ministerpräsident *Viktor Orbán* (seit 1998) ist auf dem Gebiet der Selbstverwaltungen nicht allzu viel geschehen, schon weil die Regierung andere Schwerpunkte setzt. Kleinere Veränderungen hat es jedoch auch seit 1998 gegeben, und durch den zentralistischeren Regierungsstil der Regierung *Orbán* sind manche Mißstände im ungarischen Selbstverwaltungssystem deutlicher zutage getreten als unter den selbstverwaltungsfreundlicheren Vorgängerregierungen *Antall* und *Horn*.

a) Die Selbstverwaltungsreform 1994

In den Parlamentswahlen vom 8./29.5.1994[986] wurde die bisherige bürgerlich-konservative Regierung von einer Koalition[987] aus MSZP und SZDSZ abgelöst. Eine der ersten Maßnahmen der neuen Regierung war eine teilweise Neuregelung des Kommunalrechtes, wie die Regierung es in ihrer Mitteilung über ihr Rechtsetzungsprogramm für das zweite Halbjahr 1994 ankündigte[988]. Dabei wurde der Schwerpunkt zunächst auf systembildende Faktoren wie örtliche Demokratie, Dezentralisiation und Rechtmäßigkeitskontrolle gelegt; nach der Beendigung der gesetzgeberischen Korrekturen in diesen Bereichen sollte die Verschiebung des Schwerpunktes der Änderungen auf systemimmanente Fragen wie Effizienz und Wirtschaftlichkeit erfolgen[989].

Die Kommunalreform war Teil einer breiter angelegten Reform der gesamten öffentlichen Verwaltung. Im August 1994 schuf die Regierung das

---

[986] Eine genaue Aufschlüsselung der Ergebnisse in M. K. 1994/2611 ff., Népszabadság vom 31.5.1994, und bei *Hauszmann,* OEA 1994/712.

[987] Obwohl die MSZP unter rein mathematischen Gesichtspunkten keinen Koalitionspartner nötig gehabt hätte: *Arato,* EECR Bd. 3 Nummer 3, 4/1994, S. 27, 29. Die Wahl von *Gyula Horn* zum Ministerpräsidenten erfolgte am 15.6.1994: Parlamentsbeschluß 35/1994. (VII.18.) OGY über die Wahl des Ministerpräsidenten, M. K. 1994/2734.

[988] Mitteilung des Ministerpräsidialamtes über den Rechtsetzungsplan der Regierung für das 2. Halbjahr 1994, M. K. 1994/2993 ff., Punkte 5 (September), 40 (Oktober), 1 (November), 1 (Dezember).

[989] *Verebélyi,* MK 1995/66.

Amt eines beim Innenminister angesiedelten Regierungsbeauftragten für die Modernisierung der öffentlichen Verwaltung, der eine umfassende Verwaltungsreform auf zentraler, regionaler und örtlicher Ebene vorbereiten und einleiten sollte. Zum Regierungsbeauftragten wurde der Verwaltungsrechtler *Imre Verebélyi*, bereits zu kommunistischen Zeiten ein Spezialist für die örtliche (Räte-) Verwaltung, ernannt und blieb die gesamte Legislaturperiode über im Amt[990].

aa) Überblick

Das erste kommunalrechtliche Änderungspaket bestand aus vier Gesetzen: dem Gesetz 1994:LXI über die Änderung des Gesetzes 1949:XX über die Verfassung der Ungarischen Republik, dem Gesetz 1994:LXII über die Änderung des Gesetzes 1990:LXIV über die Wahl der örtlichen Selbstverwaltungsabgeordneten und der Bürgermeister, dem Gesetz 1994:LXIII über die Änderung des Gesetzes 1990:LXV über die örtlichen Selbstverwaltungen und dem Gesetz 1994:LXIV über einige Fragen der Ausübung des Bürgermeisteramtes und über die Honorare der Selbstverwaltungsabgeordneten[991].

Die wichtigsten Änderungen bestanden darin, daß die Volksvertretungsorgane auf Komitats- und Hauptstadtebene nicht mehr von den örtlichen Selbstverwaltungen beschickt, sondern direkt von der Bevölkerung gewählt werden, daß die Bürgermeister in allen Städten und Gemeinden von den Wählern gewählt werden[992] und daß das Amt des Republiksbeauftragten abgeschafft wurde. An seine Stelle ist in jedem Komitat und in der Hauptstadt ein staatliches Hauptstädtisches bzw. Komitatsverwaltungsamt getreten; die Regionen als Zuständigkeitsbereich für den Republiksbeauftragten fielen weg. Die Sonderregeln über die Selbstverwaltung der Hauptstadt wurden als eigenständiges Gesetz aufgehoben und in das Kommunalgesetz integriert. Schließlich wurden die vom Minderheitengesetz vorgesehenen Minderheitenselbstverwaltungen[993] auch im Kommunalgesetz berücksich-

---

[990] Regierungsverordnung 112/1994. (VIII.6.) Korm. über die Aufgaben des Regierungsbeauftragten für die Modernisierung der öffentlichen Verwaltung, M. K. 1994/2805 f.; Regierungsbeschluß 1077/1994. (VIII.6.) Korm. über die Ernennung des Regierungsbeauftragten für die Entwicklung der öffentlichen Verwaltung, M. K. 1994/2808. Die Abberufung erfolgte durch den Regierungsbeschluß 1133/1998. (X.9.) Korm. über die Enthebung des Regierungsbeauftragten für die Modernisierung der öffentlichen Verwaltung, M. K. 1998/5846.

[991] Gesetz 1994:LXI, M. K. 1994/3063 f. (s.o. Fn. 595); Gesetz 1994:LXII, M. K. 1994/3064 ff.; Gesetz 1994:LXIII, M. K. 1994/3086 ff. (s.o. Fn. 739); Gesetz 1994:LXIV, M. K. 1994/3100 ff.

[992] Zu den Verschiebungen im politischen Kräftefeld durch diese Maßnahme s. *Ieda* in Ieda, S. 95 f.

tigt, indem an den entsprechenden Stellen ihrer Existenz Rechnung getragen wurde.

Dieser Reformgesetzgebung ging eine zweijährige Vorbereitungsphase voraus, in der die damaligen Regierungs- und Oppositionsparteien einen Kompromiß erarbeiteten und verschieden Gremien die Pläne auf ihre fachliche Qualität hin überprüften. Nachdem die Wahlen einen Wechsel in der Rollenverteilung von Regierung und Opposition gebracht hatten, wurden die Diskussionen zwischen fünf Parteien weitergeführt und entsprechend der neuen Parlamentsmehrheit letztmalig überarbeitet[994].

bb) Einzelne Problemfelder

Die Kommunalreform von 1994 war zwar umfassend angelegt. Trotzdem kann man einige Schwerpunkte ausmachen, wo besonders tiefgreifende Änderungen vorgenommen wurden. Dazu gehören die Strukturen des Aufbaus des Selbstverwaltungssystems, die Kommunalverfassung, die Anpassung des Kommunalwahlrechts an die neuen Strukturen sowie die Kommunalaufsicht. An den Vorschriften über das Selbstverwaltungseigentum wurden eher marginale Änderungen vorgenommen.

(1) Das System der Selbstverwaltungen

Zahlreiche kleinere und größere Modifikationen der Kommunalreform 1994 betrafen den Aufbau des Systems der Gebietskörperschaften und seine Strukturen.

Die örtliche und die regionale Ebene

Einige wesentliche Neuerungen betrafen das Verhältnis der örtlichen und der regionalen Selbstverwaltungsebene zueinander. Diese Neuerungen sind vor allem im Zusammenhang mit der andauernden Diskussion über die Ausgestaltung der mittleren (nicht so sehr der lokalen) Ebene zu sehen. Eine Entflechtung der lokalen und der regionalen Ebene bewirkte die Novellierung des Bestellmodus der Generalversammlung des Komitats. Deren Mitglieder werden nicht mehr durch die örtlichen Selbstverwaltungen bestimmt, sondern von der Bevölkerung unmittelbar gewählt. Parallel dazu entfallen in der hauptstädtischen Generalversammlung die 22 Vertreter der Stadtbezirke; seit der Reform besteht sie nur noch aus den unmittelbar gewählten Volksvertretern. Auf die Konsequenzen dieser Regelung wird

---

[993] Dazu oben Punkt C. I. 5. b) cc).
[994] *Verebélyi*, MK 1995/66.

weiter unten unter Punkt (2) im Zusammenhang mit den Änderungen in der Verfassung der Komitate noch eingegangen.

Im Verhältnis beider Selbstverwaltungsebenen bewirkt die Schaffung einer Liste von Zuständigkeiten, die dem Komitat als Pflichtaufgabe obliegen, eine gewisse Klärung der Kompetenzen. § 70 KommG, der sich nicht als abschließende Aufzählung versteht, regelt die Komitatsaufgaben auf dem Gebiet der Bildungs- und Kultureinrichtungen, der Gesundheitsfürsorge und der Raumplanung. An der Möglichkeit des Komitats, öffentliche Aufgaben zu übernehmen, die nicht durch Rechtsvorschrift in die ausschließliche Zuständigkeit eines anderen Organs verwiesen sind und deren Übernahme die Interessen der komitatsangehörigen Kommunen nicht verletzt, wurde nichts verändert.

Es ist bereits erwähnt worden, daß 1994 durch den neueingefügten § 61 Abs. 1 S. 2 KommG sämtliche Verwaltungssitze der Komitate zu Städten mit Komitatsrecht ernannt wurden, deren Zahl somit auf 20 stieg. An der Konstruktion, daß die Städte mit Komitatsrecht auf ihrem Gebiet die Befugnisse der Komitate wahrnehmen, änderte die Reform nichts, schrieb aber durch § 61/A einen paritätisch mit Mitgliedern der Generalversammlungen des Komitats und der Stadt mit Komitatsrechten besetzten Abstimmungsausschuß vor, wo über die gemeinsamen Aufgaben Übereinstimmung erzielt werden soll. Die Möglichkeit der Stadt, in der die Komitatsverwaltung ihren Sitz hat, vom Komitat Versorgungseinrichtungen von überörtlicher Bedeutung zu übernehmen, wurde durch die neugeschaffenen § 69 Abs. 2–3 KommG erweitert.

Die Hauptstadt

Die Regeln über den besonderen Status von Budapest, die bislang auf das Kommunalgesetz und das Hauptstadtgesetz verstreut waren, wurden durch die Reform gänzlich in das Kommunalgesetz überführt und das gesonderte Hauptstadtgesetz aufgehoben. An der Zweistufigkeit der hauptstädtischen Selbstverwaltung mit der Zuständigkeitsvermutung für die niedrigere Ebene der Stadtbezirke hat die Reform nicht gerüttelt. Die Verteilung der Zuständigkeiten wurde jedoch sowohl in der allgemeinen Regelung (§ 63 KommG) präzisiert und durch eine lange Liste von beispielhaft aufgezählten Zuständigkeiten der Hauptstadt als Ganzes (§ 63/A KommG) illustriert. Insbesondere die Liste von Regelbeispielen enthält die wichtigsten Zuständigkeiten und bewirkt durch ihre Klarstellung, daß in diesen Fragen kein (rechtlich fundierter) Streit mehr um die Zuständigkeit mehr entstehen kann[995]. Eine Sonderrege-

---

[995] Nichtsdestoweniger mußte das Verfassungsgericht bisweilen Satzungen von Hauptstadtbezirken für gesetzeswidrig erklären, weil sie Fragen regelten, die durch

lung für die Raumordnung in § 63/C KommG klärt für diesen besonderen Bereich, der intensives Zusammenwirken erfordert, die Zuständigkeiten und Befugnisse.

Jede hauptstädtische Selbstverwaltungseinheit hat weiterhin das Recht, im Rahmen ihrer Zuständigkeiten autonome Rechtssätze zu verabschieden. Wenn ein Gesetz die wahrzunehmende Aufgabe regelt, soll es entscheiden, ob die Hauptstadt oder die hauptstädtischen Bezirke die dazugehörigen Satzungen erlassen dürfen (§ 65/A Abs. 1 KommG). Des weiteren kann die Hauptstadt in einer Satzung die Abgeordnetenversammlungen der Stadtbezirke ermächtigen, Satzungen zur Ausführung der hauptstädtischen Satzung zu erlassen; diese Ausführungssatzungen dürfen die Ermächtigung nicht überschreiten und nicht gegen höherrangiges Recht verstoßen (§ 65/A Abs. 2 KommG).

Die Verteilung der Aufgaben zwischen den beiden Selbstverwaltungsebenen bestimmt gemäß § 64 KommG grundsätzlich die Verteilung der Einnahmen. Für besondere, gesetzlich vorgeschriebene Hauptstadtaufgaben, die die Finanzkraft Budapests übersteigen, ist das Parlament verpflichtet, für staatliche Zuschüsse zu sorgen (§ 64 Abs. 2 KommG).

Gegen diese Austarierung der Zuständigkeiten zwischen der Ebene der Bezirke und der Gesamtstadt legten einige Bezirke Beschwerde beim Verfassungsgericht ein, das in einem Normenkontrollverfahren die angegriffenen Vorschriften alle für verfassungsgemäß erklärte. Die Abgrenzung der Zuständigkeiten verlaufe nicht so, daß von der verfassungsrechtlich geschützten Selbstverwaltungsgarantie der Bezirke nichts mehr bleibt[996].

In einem kleinen Staat, der von einer übermächtigen Hauptstadt so vollständig dominiert wird, daß das Land begrifflich und emotional in „die Hauptstadt" und „die Provinz" unterteilt wird[997], ist die Aufhebung eines besonderen Hauptstadtgesetzes und die Regelung der Rechtsstellung der Hauptstadt in den allgemeinen Kommunalgesetzen, wenn auch in einem eigenen Kapitel, mehr als bloße Kosmetik, sondern hat durchaus einen tiefergehenden, allerdings symbolischen Wert, indem sie die Hauptstadt auf das ‚Normalmaß' der sonstigen Kommunen zurückholt. Man wird der Regierung *Horn* hierbei keine hauptstadtfeindliche Tendenz unterstellen können. Beide Koalitionsparteien, die Sozialisten ebenso wie die Freien Demokra-

---

Kommunal- oder Fachgesetz der Generalversammlung vorbehalten waren. Hierbei spielten Fragen der Auslegung der – häufig unklar formulierten – gesetzlichen Kompetenzabgrenzung eine Rolle, nicht so sehr der Wille der Bezirke, in gesamthauptstädtische Kompetenzen einzugreifen: Verfassungsgerichtsentscheidung 20/2000. (VI.16.) AB, M. K. 2000/3363 ff.

[996] Verfassungsgerichtsentscheidung 56/1996. (XII.12.) AB (s. o. Fn. 621).

[997] Dazu oben Fn. 194.

ten, sind vorwiegend auf eine städtische Wählerschaft hin orientiert. Erst seit 1998 ist unter Ministerpräsident *Orbán* eine Regierung im Amt, die sich jedenfalls in Teilen ländlichen Wählerschaften stark verpflichtet sieht, einen Wahlkampf gegen die Hauptstadt geführt hat und daher vor allem Budapest gegenüber eher feindlich eingestellt ist, was durch parteipolitische Gegensätze noch verschärft wird. Hierauf wird in Kapitel C. II. noch näher einzugehen sein.

Die Wahrnehmung von Selbstverwaltungsaufgaben

Die Novelle fügte in § 8 KommG, der die kommunalen Aufgaben im Zusammenhang mit den örtlichen Dienstleistungen aufzählt, als weitere Aufgaben die öffentliche Sauberkeit (d.h. die Reinigung und Pflege von Straßen, Parks usw.) und den Kinder- und Jugendschutz ein. In der Sache haben diese Klarstellungen wenig Neues gebracht, da die Straßenreinigung bereits zuvor von den örtlichen Selbstverwaltungen wahrgenommen wurde und die genauen Zuständigkeiten im Kinder- und Jugendschutz ohnehin durch die einschlägige Gesetzgebung geregelt werden.

Im Hinblick auf die Komitate hat die Streichung des Gesetzesvorbehaltes aus § 71 Abs. 2 KommG dazu geführt, daß die Generalversammlung nun in ihrem Aufgabenbereich ohne gesetzliche Ermächtigung, sondern aus eigenem Recht Satzungen erlassen kann. Diese Änderung ist sicherlich zum einen ein Ausdruck der gestärkten Rolle des Komitats mit seiner mittlerweile eigenen direkten demokratischen Legitimation. Andererseits ist oben in Punkt C. I. 3. b) bb) (2) gezeigt worden, daß dieser Gesetzesvorbehalt bei Satzungen wegen des Verstoßes gegen die Selbstverwaltungsgarantie verfassungswidrig war. Dieser Verfassungsverstoß ist nun behoben.

Bei den übertragenen Staatsaufgaben gibt es für die Hauptstadt die Sonderregel, daß das Gesetz oder eine Regierungsverordnung die Zuständigkeit statt den Stadtbezirken der hauptstädtischen Ebene, d.h. dem Oberbürgermeister oder dem Obernotär übertragen kann (§ 67 Abs. 1 KommG). Dieselben Normen können die Hauptstädtische Generalversammlung ermächtigen, einigen oder allen Stadtbezirken die Bildung einer Art Zweckverband zur Erledigung bestimmter staatlicher Aufgaben vorzuschreiben (§ 67 Abs. 3 KommG); dieselbe Befugnis haben die Bezirke auch aus eigener Initiative (§ 67 Abs. 2 KommG). Diese Besonderheiten für die Hauptstadt resultieren aus deren zweistufiger Selbstverwaltung.

Eine nicht unwesentliche Stärkung der Teilnahme der zivilen Sphäre an der Erledigung örtlicher öffentlicher Aufgaben bewirkt der neu eingefügte § 8 Abs. 5 Satz 2 KommG, der die bisher schon in Satz 1 ausgesprochene Selbstverwaltungsaufgabe der Förderung der örtlichen Selbstorganisation der Bürgerschaft um die Verpflichtung der Abgeordnetenkörperschaft ergänzt, in der Hauptsatzung zu bestimmen, welche örtlichen Organisationen Vertreter mit beratender Stimme zu den Sitzungen der Körperschaft und ihrer Ausschüsse entsenden können. Diese Änderung ermöglicht es Vereinen und Interessenvertretungen, sich bei der Vertretungskörperschaft „akkreditieren" zu lassen, ähnlich wie dies auf landesweiter Ebene beim Parlament möglich ist [s. o. Punkt C. I. 3. a) cc) (1)].

Die Zusammenarbeit von Selbstverwaltungen

Es war bereits mehrfach die Rede davon, daß das Hauptproblem der kommunalen Ebene in Ungarn die mangelnde Größe vieler Selbstverwaltungseinheiten ist. Sie unterschreiten häufig die Grenze der Leistungsfähigkeit. Diesem Mißstand versucht die Reform durch eine Förderung der kommunalen Zusammenarbeit wie auch durch eine Erschwerung der „Sezessionsmöglichkeit" zu begegnen.

Nachdem die bisherigen Erfahrungen mit der Zusammenarbeit zwischen den Selbstverwaltungen wenig überzeugend waren, versuchte die Reform die Anreize zu einer Kooperation zu verstärken. Da finanzielle Anreize immer besonders stark wiegen, wurde in § 41 Abs. 1 KommG die Bestimmung eingefügt, daß der Staat die institutionalisierten Kooperationsformen von Selbstverwaltungen im Staatshaushalt finanziell unterstützen könne. Eine Pflicht zur Unterstützung spricht die Neuregelung allerdings nicht aus.

Eine weitere Maßnahme war die Möglichkeit für Gemeinden, die gemeinsam einen Kreisnotär unterhalten, über die Kostenteilung eine Vereinbarung zu schließen, während die bisher verpflichtende Kostenteilung nach Einwohnerstärke nur noch subsidiär in Ermangelung einer abweichenden Vereinbarung gilt (§ 39 Abs. 1 Satz 3 KommG). Dies erhöht die Flexibilität des Systems und erhöht damit die Bereitschaft zu dieser Art der Kooperation. Andererseits wurden die Verfahrensvoraussetzungen für die Berufung eines Kreisnotärs verschärft, da nach der Neufassung des § 40 Abs. 1 Satz 3 KommG die betroffenen Vertretungskörperschaften die Personalentscheidung nicht mehr mit einfacher Mehrheit treffen können, sondern jede einzeln mit qualifizierter Mehrheit treffen müssen[998].

Parallel zu der Stärkung der Anreize zur kommunalen Zusammenarbeit wurden die Voraussetzungen, unter denen Gemeindeteile sich von einer Gemeinde loslösen können, verschärft. Der neugefaßte § 52 KommG schreibt vor, daß bei einer Trennung beide entstehenden Einheiten finanziell arbeits- und betriebsfähig sein müssen und es zu keiner Absenkung des Niveaus der

---

[998] Dazu *Fürcht*, MK 1994/719 f.; ders., MK 1998/152 f.

kommunalen Dienste kommen darf; vorher war eine Trennung nur dann nicht möglich, wenn besonders zentrale kommunale Dienste in ihrem Niveau „bedeutend" betroffen waren. Bei den Vorbereitungen bekommt die Dorfversammlung eine stärkere Rolle zugewiesen, während die bislang dominierende Stellung der kommunalen Abgeordneten, die möglicherweise eher als die Bewohner des Ortsteils selbst ein Interesse an einer Loslösung von der bisherigen Gemeinde und damit an der Schaffung neuer, als Pfründe anzusehender kommunaler Posten haben, zurückgestutzt wurde. Auf die Atomisierung der kommunalen Selbstverwaltung hatte diese Verschärfung aber kaum Auswirkungen, da der große qualitative Sprung, wie unter Punkt C. I. 3. b) dd) (3) und in Tabelle 2 gesehen, bereits 1989/90 erfolgt war und die Zahl der selbständigen Gemeinden ab 1990 nur noch unbedeutend gestiegen ist.

Für die Hauptstadt enthält die neu eingefügte Vorschrift des § 63/B KommG parallele Regelungen, wobei insbesondere die Schaffung einer hauptstädtischen Agglomerationskooperation in das Ermessen der betroffenen Selbstverwaltungen in der Hauptstadt und deren Umland gestellt wird. Dieser Körperschaft können aufgrund Vereinbarung Zuständigkeiten in den Bereichen Planung, Wasser- und Energieversorgung, Abfall, soziale Grundversorgung, öffentlicher Verkehr und Repräsentation der Region übertragen werden.

(2) Die Kommunalverfassung

Zahlreiche Vorschriften der Kommunalreform befaßten sich mit der Kommunalverfassung und den Rechten und Pflichten der Selbstverwaltungsorgane. Diese werden in der Folge der Reihe nach dargestellt.

Die Vertretungskörperschaft

Im Zentrum der Selbstverwaltung stehen nach wie vor die Vertretungskörperschaften. Die Generalversammlung der Komitate hat sogar noch eine Aufwertung erfahren, indem sie direkt gewählt und nicht mehr von den kommunalen Vertretungskörperschaften beschickt wird. Zahlreiche kleinere Änderungen betreffen die Vertretungskörperschaften allgemein.

Eine wichtige Änderung in bezug auf die Vertretungskörperschaft ist die Möglichkeit, daß sich die Körperschaft vor Ablauf der Wahlperiode selbst auflöst (§ 18 Abs. 3 KommG). Dies kann sie allerdings nur mit der Hälfte der Stimmen aller kommunalen Abgeordneten und aufgrund namentlicher Abstimmung tun. Die Selbstauflösung ist innerhalb von sechs Monaten nach und innerhalb eines Jahres vor den regulären Selbstverwaltungswahlen unzulässig. Im Falle einer zulässigen und erfolgreichen Selbstauflösung sind innerhalb von 75 Tagen Nachwahlen auszuschreiben, was bedeutet, daß die Wahlperiode der neugewählten Vertretungskörperschaft nur bis zu den nächsten regulären Kommunalwahlen und keine volle Wahlperiode von vier Jahren dauert. Auf diese Weise wird einer Zersplitterung der Termine für die Kommunalwahlen vorgebeugt. Die Kosten für vorgezogene Wahlen trägt die Selbstverwaltung und nicht, wie sonst bei Kommunalwahlen, der Staat. Mit der Möglichkeit der Selbstauflösung hat die Abgeordnetenkörperschaft ein Mittel an die Hand bekommen, eine politische Dauerkrise aufzulösen, bevor der Staat selbst zum Verfahren der Auflösung greift. Allerdings setzt dieser Lösungsweg voraus, daß sich die Mehrzahl der Kommunalabgeordneten wenigstens über diesen Ausweg einig ist und eine absolute Mehrheit der Stimmen zustande bringt[999].

In bezug auf den einzelnen Abgeordneten wurde in die Vorschriften über die Rechten und Pflichten des Mitglieds der Vertretungskörperschaft eine Pflicht, an der Arbeit der Körperschaft mitzuwirken, eingefügt [§ 19 Abs. 2 Buchst. f) KommG]. Sanktionsmöglichkeiten bei Verletzung dieser Pflicht sieht das Gesetz aber auch nach der Reform nicht vor, schon weil der Selbstverwaltungsabgeordnete seine Funktion weiterhin ehrenamtlich wahrnimmt.

Durch die Reform von 1994 wurden nicht zuletzt wieder Vorschriften über die Sitzungsöffentlichkeit in das Gesetz aufgenommen, nachdem das Verfassungsgericht die ursprünglichen Regelungen über die Öffentlichkeit bei Sitzungen und Stimmabgaben wegen des Mangels, persönliche Daten schützen zu können, 1992 für verfassungswidrig erklärt und aufgehoben hatte[1000]. § 12 Abs. 3 KommG geht von dem Grundsatz der Öffentlichkeit der Sitzungen der Abgeordnetenkörperschaft aus; § 12 Abs. 4–5 KommG regeln die obligatorischen und fakultativen Ausnahmen von dieser Regel. § 12 Abs. 6 KommG enthält parallele Vorschriften für die Abstimmungen, die grunsätzlich durch offene Stimmabgabe geschehen. Die obligatorischen und fakultativen Ausnahmen tragen den datenschutzbezogenen Bedenken des Verfassungsgerichts Rechnung. Für Ausschüsse gelten über die neueingefügte Verweisnorm des § 23 Abs. 3 KommG dieselben Regeln.

---

[999] Die Praxis zur Selbstauflösung von Vertretungskörperschaften ist ebenso beschränkt wie die zur Fremdauflösung durch staatliche Instanzen. Die Tagespresse berichtete 1999 über einen Selbstauflösungsbeschluß der Abgeordnetenkörperschaft in Kisbér, dem allerdings die Bürgermeisterin widersprach. In einer erneuten Sitzung bestätigte die Abgeordnetenkörperschaft ihre Entscheidung, sich selbst aufzulösen: Népszabadság, 22.9.1999, S. 5: Ismét összeül a kisbéri képviselő-testület [Die Abgeordnetenkörperschaft von Kisbér tagt erneut], 24.9.1999, S. 5: Kisbéri küzdelem vitával, indulatokkal [Kampf in Kisbér mit Diskussionen und Emotionen].

[1000] Verfassungsgerichtsentscheidung 32/1992. (V.29.) AB, M. K. 1992/1925 ff., ABH 1992/182 ff. Dazu *Fürcht*, MK 1994/716 f.; *Sólyom* in Sólyom/Brunner, S. 9.

Die Gemeindeteilselbstverwaltungen

Es ist bereits unter Punkt C. I. 3. b) aa) (1) auf die Möglichkeit hingewiesen worden, in einzelnen Teilen der Kommune eine Gemeindeteilselbstverwaltung zu errichten. Während das Gesetz sich bis 1994 auf die Erwähnung der Möglichkeit beschränkte, hat die Reform von 1994 zahlreiche
Vorschriften des Kommunalgesetzes im Hinblick auf die Gemeindeteilselbstverwaltungen präzisiert[1001]. Die Reform folgt dabei der ursprünglichen
Konzeption, diese Teilselbstverwaltungen wie Ausschüsse der Vertretungskörperschaft zu behandeln. Durch ihre stärkere Berücksichtigung im Gesetzestext wird ein Signal gesetzt, von dieser Möglichkeit stärker Gebrauch zu
machen. In der Stärkung der einzelnen Teile einer Kommune kann der Versuch gesehen werden, auf diese Weise die vollständige Loslösung des Gemeindeteils und die Konstituierung einer neuen, kleinen Gemeinde zu verhindern. Daß die Versuche, eine weitergehende Atomisierung der örtlichen
Selbstverwaltungen zu verhindern, zu spät kommen, ist bereits ausgeführt
worden.

Neuregelungen ergeben sich in diesem Zusammenhang für die Hauptstadt: Während hier bislang das Gesetz auch nur die Möglichkeit einer –
hier Stadtteilselbstverwaltung genannten – Teilselbstverwaltung innerhalb
eines Stadtbezirks erwähnte, eröffnet der neugefaßte § 62 Abs. 7 S. 2
KommG jetzt die Möglichkeit, eine Stadtteilselbstverwaltung auch auf
einem Gebiet, das mehr als einen Stadtbezirk berührt, zu gründen. In Gebieten, die am 1.1.1950 in die Hauptstadt eingemeindet wurden, ist die Einrichtung einer Stadtteilselbstverwaltung sogar Pflicht, wenn eine örtliche
Volksabstimmung sich dafür ausspricht.

Der Bürgermeister

Unmittelbar nach der Wahl der neuen Regierung 1994 und noch vor der
Verabschiedung des großen Reformpaketes wurde das Bürgermeistergesetz
dahingehend geändert[1002], daß aus den Inkompatibilitätsvorschriften des § 4
das Abgeordnetenmandat und die Parteiämter gestrichen wurde, so daß ein
Bürgermeister gleichzeitig im Parlament sitzen oder in einer politischen
Partei ein Amt bekleiden konnte. Das so geänderte Bürgermeistergesetz
wurde in der Reform von 1994 durch ein neues Bürgermeister- und Selbstverwaltungsabgeordnetengesetz ersetzt[1003].

[1001] Einzelheiten bei *Csefkó,* MK 1996/231 ff.

[1002] Bürgermeistergesetz s.o. Fn. 678, geändert durch Gesetz 1994:LVII, M. K.
1994/2742.

[1003] Gesetz 1994:LXIV über einige Fragen der Ausübung des Bürgermeisteramts
und über die Honorare der Selbstverwaltungsabgeordneten, s.o. Fn. 991.

Die Kommunalreform 1994 hat das Amt des Bürgermeisters und des Oberbürgermeisters gegenüber der Vertretungskörperschaft stark verselbständigt. Während er nach bisherigem Recht vor allem der Vorsitzende der Vertretungskörperschaft war (von der er in den größeren Gemeinden ja auch gewählt wurde), ohne darüber hinaus über wesentliche eigene Befugnisse zu verfügen, verschaffte ihm die Reform in jeder Gemeinde eine eigene demokratische Legitimation, indem sie die Direktwahl der Bürgermeister überall und zudem in der Hauptstadt auch die Wahl des Oberbürgermeisters einführte. Die eigene demokratische Legitimation macht gewisse, im neuen Bürgermeister- und Selbstverwaltungsabgeordnetengesetz geregelte dienstrechtliche Besonderheiten nötig und hat zur Folge, daß auch ein Verfahren eingeführt werden mußte, wie der Bürgermeister notfalls aus seinem Amt entfernt werden kann.

Dieses Verfahren regelt die neueingefügte Vorschrift des § 33/B KommG: Bei mehrfachem gesetzwidrigem Verhalten des Bürgermeisters kann die Vertretungskörperschaft mit qualifizierter Mehrheit einen Beschluß fassen und daraufhin beim Komitats- bzw. Hauptstädtischen Gericht (der dem deutschen Landgericht entsprechenden Instanz) Klage auf Amtsenthebung erheben und gleichzeitig die vorläufige Suspendierung von den Amtsgeschäften beantragen. Das Gericht prüft dann, ob die Tätigkeit oder das Unterlassen des Bürgermeisters tatsächlich „reihenweise gesetzwidrig" gewesen ist und enthebt bejahendenfalls den Bürgermeister seines Amtes. Für diese Entscheidung kann es nur das Verhalten des Bürgermeisters nach Amtsantritt in Betracht ziehen, während Handlungen vor diesem Zeitpunkt nicht berücksichtigt werden dürfen[1004]. Ein Vergleich ist in diesem Verfahren ausdrücklich ausgeschlossen (§ 33/B Abs. 2, 2. HS KommG).

Neben der eigenständigen Legitimation bekommt der Bürgermeister auch eine stärker ausgestaltete eigene Rechtsstellung, wird aber gleichzeitig stärker von der Abgeordnetenkörperschaft getrennt. Er bleibt zwar von Amts wegen vollwertiges Mitglied der Körperschaft (§ 32 KommG) und ihr Vorsitzender (§ 12 Abs. 2 KommG ist unverändert geblieben), darf aber kein Mitglied oder gar Vorsitzender eines Ausschusses der Körperschaft mehr sein (§ 24 Abs. 1 KommG). Umfangreiche Inkompatibilitätsvorschriften im neuen § 33/A KommG stellen sicher, daß der Bürgermeister kein anderes staatliches oder Selbstverwaltungsamt oder Posten in der Privatwirtschaft innehat, der zu Interessenskonflikten führen könnte. Die Einwohnergrenze, unter der der Bürgermeister nicht hauptamtlich tätig zu sein braucht, wurde durch Neufassung von § 37 Abs. 1 KommG von 5.000 auf 3.000 gesenkt. Der (oder die) Vizebürgermeister wird (werden) nach wie vor von der Abgeordnetenkörperschaft in geheimer Abstimmung aus ihren eigenen Reihen,

---

[1004] So das Oberste Gericht in der Entscheidung Kf. II. 27.320/1997.

allerdings auf Vorschlag des Bürgermeisters gewählt[1005]; sie unterstehen bei der Wahrnehmung ihres Stellvertreteramtes den Weisungen des Bürgermeisters (§ 34 KommG).

Der Bürgermeister kann durch den neuformulierten § 35 Abs. 2 KommG unmittelbar und aus eigenem Recht Zugriff auf den Verwaltungsapparat der Gemeinde nehmen und braucht dies nicht mehr durch den Notär zu tun[1006]. Er hat hierbei allerdings die Entscheidungen der Abgeordnetenkörperschaft zu beachten. Zudem kann er gemäß § 35 Abs. 3 KommG Einscheidungen der Körperschaft, die nach seiner Einschätzung die Interessen der Selbstverwaltung verletzen, innerhalb von drei Tagen ab der Beschlußfassung einmal zur Neuberatung an die Körperschaft zurückverweisen. Dem Bürgermeister steht mithin ein suspensives politisches Vetorecht zu, das allerdings bei der Neuberatung nicht zu einem höheren Abstimmungsquorum in der Körperschaft führt[1007].

In § 2 Abs. 2 KommG, der den Grundsatz enthält, daß die Entscheidungen der Selbstverwaltung grundsätzlich von der Abgeordnetenkörperschaft oder durch von ihr beauftragte Organe oder Personen sowie durch örtlichen Volksentscheid getroffen werden, wurde ein Satz 2 eingefügt, der es dem Gesetzgeber ausnahmsweise erlaubt, in Selbstverwaltungsangelegenheiten die Kompetenz des Bürgermeisters oder des Oberbürgermeisters, im Falle von Komitaten des Vorsitzenden der Generalversammlung festzuschreiben. Hierin spiegelt sich die bereits erwähnte stärkere organisatorische Verselbständigung des Bürgermeisters gegenüber der Vertretungskörperschaft. Ob diese Vorschrift mit den Grundrechte der Vertretungskörperschaft in § 44/A Verf. vereinbar ist, ist zumindest zweifelhaft. Zwar stellt § 44/A Abs. 1 Buchst. e) Verf. die Organisationshoheit sogar für die Vertretungskörperschaft selbst unter einen Gesetzesvorbehalt, aber im Hinblick auf die Selbstverwaltungsangelegenheiten gewährt § 44/A Abs. 1 Buchst. a) Verf. der Vertretungskörperschaft ein uneingeschränktes Recht zu regeln und zu verwalten. Aus der ersten Vorschrift kann abgeleitet werden, daß Organisa-

---

[1005] Lediglich in Gemeinden mit weniger als 3.000 Einwohnern ist eine Direktwahl des hauptamtlichen Vizebürgermeisters möglich, wenn auch nicht obligatorisch: § 37 Abs. 3 KommG. Näher zur Stellung des Vizebürgermeisters Verfassungsgerichtsurteil 23/2001. (VI.29.) AB, M. K. 2001/5378 ff.

[1006] Diese gesetzlichen Rechte können durch Satzung nicht modifiziert werden: Verfassungsgerichtsurteil 19/2001. (VI.11.) AB, M. K. 2001/4100 ff. Näher dazu *Szmodis*, MK 1995/730 ff., 1996/58 ff.

[1007] Eine vergleichbare Regelung enthält die Verfassung seit 1989 in § 26 Abs. 2–3 im Hinblick auf ein politisches suspensives Veto des Staatspräsidenten bei der Ausfertigung von Gesetzen. § 26 Abs. 4 Verf. ermöglicht es dem Präsidenten zudem, bei verfassungsrechtlichen Bedenken das Gesetz vor der Ausfertigung vom Verfassungsgericht überprüfen zu lassen. Eine derartige Befugnis hat der Bürgermeister nicht; vielmehr obliegt dem Notär gemäß § 36 Abs. 3 KommG die Aufgabe, über die Rechtmäßigkeit der Akte der übrigen Kommunalorgane zu wachen.

tionsfragen von der Körperschaft immer nur im Rahmen der Gesetze geregelt werden können, während man die zweitgenannte so interpretieren
kann, daß jedenfalls in Selbstverwaltungsangelegenheiten der Staat der
Selbstverwaltung nichts vorschreiben kann, was sich auch auf die Bestimmung der Verwaltungszuständigkeit bezieht. Allerdings stellt der Nachsatz
in § 44/A Abs. 1 Buchst. a) Verf., der eine Überprüfung von Entscheidungen in Selbstverwaltungsangelegenheiten auf eine Rechtmäßigkeitskontrolle
beschränkt, klar, daß die Selbstverwaltungen auch in diesem Bereich nicht
von (staatlichen) Rechtsnormen freigestellt sind, so daß die Selbstverwaltungsangelegenheiten keinen absoluten Freiraum darstellen. Insofern wird
man § 2 Abs. 2 Satz 2 KommG, der die Möglichkeit der Zuständigkeitser-
öffnung zugunsten des Bürgermeisters zudem nur in Ausnahmefällen
zuläßt, als noch verfassungsgemäß betrachten müssen. In der wenigen einschlägigen ungarischen Literatur, die sich mit dieser Bestimmung befaßt,
wird die Steigerung der Effektivität begrüßt, aber keine Gefahr für die
Rechte der Abgeordnetenkörperschaft gesehen[1008].

Durch die Veränderungen im Status und in den Rechten des Bürgermeisters sowie durch die Einführung der Direktwahl dieses Amtsträgers in
allen Selbstverwaltungen ist das ungarische System dem deutschen Modell
der süddeutschen Ratsverfassung weiter angenähert worden, ohne jedoch
die eigenen Züge aufzugeben.

Der Notär

Das Amt des Notärs ist im wesentlichen unverändert geblieben. Eine Änderung ist insofern eingetreten, daß in Städten und Komitaten die Ernennung eines Vizenotärs zur Stellvertretung des Notärs obligatorisch vorgeschrieben ist, während Gemeinden ohne Stadttitel über die Einführung eines
solchen Amtes weiterhin frei entscheiden können. Der Personalvorschlag
für den Vizenotär kommt vom Notär bzw. Obernotär (§ 36 Abs. 1 Satz 2
KommG). Im Rahmen seiner Aufgaben (§ 36 Abs. 2 KommG) werden
seine Arbeitgeberrechte gegenüber den Beschäftigten der Selbstverwaltung,
aber auch seine Weisungsabhängigkeit gegenüber dem Bürgermeister präzisiert, ohne aber zu einer wesentlichen Verschiebung der Akzente zu führen.

Die interne Finanzkontrolle

Die Reform hat den Grundsatz, daß jede Selbstverwaltung das Finanzgebaren ihrer Einrichtungen kontrolliert, beibehalten. Während sich die bisherige Rechtslage auf diesen Grundsatz beschränkte und den Selbstverwaltungen freie Hand ließ, macht seit 1994 § 92 Abs. 2–4 den Selbstverwaltungen

---

[1008] *Verebélyi*, MK 1995/68.

präzise Vorgaben, wie die interne Finanzkontrolle über die eigenen Einrichtungen ablaufen muß. Damit reagiert der Gesetzgeber auf die häufig recht unprofessionelle Finanzkontrolle vor allem in den Klein(st)gemeinden, die zu einer beträchtlichen Verschwendung von öffentlichen Mitteln geführt hat, für die letztendlich das Gesamtsystem der öffentlichen Hand geradestehen muß. Insbesondere die Pflicht, einen qualifizierten Kontrolleur zu beauftragen, soll zu einer Professionalisierung der Kontrolle führen.

Die innere Ordnung der Komitate

Die wichtigste Änderung für die innere Ordnung der Komitate war die Einführung der Direktwahl der Mitglieder der Generalversammlung. Damit verfügt das Vertretungsorgan des Komitats über eine eigene und nicht mehr über eine von den örtlichen Abgeordnetenkörperschaften abgeleitete demokratische Legitimation. Dasselbe gilt für die Hauptstädtische Generalversammlung, wo man die von den Stadtbezirken entsandten 22 Vertreter gestrichen hat. Die so neugeordnete mittlere Ebene ist somit nicht mehr so sehr eine Art kreisähnlicher Kommunalverband[1009], sondern eine Stufe echter territorialer Autonomie zwischen Gemeinde und Zentralstaat.

Auf die Stärkung des Amtes des Bürgermeisters durch die Möglichkeit in § 2 Abs. 2 Satz 2 KommG, seine Zuständigkeit in Selbstverwaltungsangelegenheiten anstelle der Vertretungskörperschaft gesetzlich anzuordnen, ist bereits im Zusammenhang mit dem Bürgermeister hingewiesen worden. Dieselbe Möglichkeit wird durch die genannte Vorschrift auch im Hinblick auf den Vorsitzenden der Generalversammlung des Komitats eröffnet. Ebenso wurde in § 7 KommG, der die Möglichkeit der Übertragung von Staatsaufgaben an die Notäre und ausnahmsweise an die Bürgermeister vorsieht, die Möglichkeit der ausnahmsweisen Übertragung an den Vorsitzenden der Generalversammlung eingefügt. Insgesamt ist also eine Annäherung der inneren Verfassung der Komitate an die der Kommunen festzustellen, was das System für die Akteure sicherlich übersichtlicher macht.

(3) Wahlen und Volksabstimmungen

Verfassungsrechtliche Bestimmungen

Die bislang recht kurzen Bestimmungen der Verfassung zum Wahlrecht und zum Wahlzyklus wurden durch die Verfassungsänderung präzisiert. An der vierjährigen Dauer der kommunalen Wahlperiode wurde festgehalten, aber der Vertretungskörperschaft wurde in dem neu eingefügten § 44 Abs. 4 Satz 1 Verf. die Befugnis gegeben, sich vor Ablauf der Wahlperiode selbst

---

[1009] s. o. Punkt C. I. 3. b) cc) (1).

aufzulösen. Auf die neugeschaffene Möglichkeit der Selbstauflösung wurde bereits unter Punkt (1) im Zusammenhang mit der Kommunalverfassung eingegangen; in der Verfassungsänderung wird sie im Zusammenhang mit der Länge der Wahlperiode als deren außerordentliche Verkürzung zusammen mit der Auflösung der Körperschaft durch das Parlament erwähnt.

Das in § 70 Abs. 1 Verf. garantierte Recht jedes sich am Wahltage im Lande aufhaltenden Staatsbürgers, an den Parlaments- und Selbstverwaltungswahlen teilzunehmen, wurde auf die Volksabstimmung und die Volksinitiative sowohl auf landesweiter als auch auf örtlicher Ebene erweitert, so daß § 70 Abs. 1 Verf. seit 1994 eine umfassende Garantie der politischen Partizipation enthält, ohne allerdings in der Sache etwas wesentlich Neues zu bringen. Dasselbe gilt für das Kommunalwahlrecht der Ausländer, das vor der Reform in der Verfassung nur für Wahlen, seit 1994 auch für die Formen direktdemokratischer Beteiligung garantiert ist.

Weiterhin wurde § 71 Verf., der die Wahlrechtsgrundsätze festlegt, neu gefaßt. Diese Vorschrift zählt die Wahlen, für die die Wahlrechtsgrundsätze gelten sollen, auf. Folglich mußte sie den unter Punkt (1) dargestellten Veränderungen bei der Direktwahl kommunaler Organe angepaßt werden und neben den Wahlen der Parlaments- und Kommunalabgeordneten (die seit 1994 nicht mehr nach den einzelnen Organen wie gemeindliche Abgeordnetenkörperschaft, städtische Abgeordnetenkörperschaft etc., sondern unter dem Oberbegriff örtliche Selbstverwaltungsabgeordnetenkörperschaft – die somit auch die Generalversammlung der Komitate mit umfaßt – angeführt werden) die der Bürgermeister ohne Gesetzesvorbehalt sowie die des Oberbürgermeisters der Hauptstadt erwähnen. In § 71 Abs. 2 Verf. wurde die Regelung über die indirekte Wahl der Mitglieder der Generalversammlung der Komitate aufgehoben; da man auf diesen Abschnitt aber nicht ganz verzichten wollte, fügte man eine Bestimmung des Inhalts ein, daß der Vorsitzende der Generalversammlung von deren Mitgliedern in geheimer Wahl gewählt wird.

Wahlsysteme

Gewisse inhaltliche Modifikationen wurden an den Wahlsystemen vorgenommen. In den Kleingemeinden wurde die Einwohnergrenze von Gemeinden, deren Vertretungskörperschaft aus der kleinstmöglichen Zahl von Abgeordneten, nämlich drei, besteht, von bisher 300 auf 100 abgesenkt, so daß bereits Gemeinden ab 101 – und nicht erst ab 301 – Einwohnern einen Gemeinderat mit fünf Mitgliedern haben [§ 8 Buchst. a) KWahlG]. Die bisherigen Schwellenwerte für die Wahlbeteiligung wurden gestrichen.

In dem gemischten Wahlsystem für die Großgemeinden und die hauptstädtischen Bezirke wurde der relative Anteil der Direktmandate zu Lasten

der Listenmandate erhöht. Während bislang die Direktmandate nur etwas
mehr als die Hälfte ausgemacht hatten, wurde ihr Anteil in der Reform auf
etwa drei Fünftel erhöht. Zudem wurde die Zweitstimme, die auf Listen
abgegeben wurde, gestrichen und die bisherige Wahlliste in eine Kom-
pensationsliste umgewandelt. Auf sie werden nach der neuen Regelung
die Mandate nach den Splitterstimmen, die bei der Wahl von Direktkandidaten in den Wahlkreisen übriggeblieben waren, vergeben (§§ 9, 43–45
KWahlG)[1010]. Bei den Direktmandaten wurden die bisherigen Schwellenwerte beim ersten Wahlgang gestrichen und durch das Erfordernis der relativen Mehrheit ersetzt, so daß der bis 1994 vorgesehene zweite Wahlgang
für die Direktmandate entfallen konnte. Diese Änderungen machen die
Kommunalwahl für die Bürger leichter verständlich, da sie statt zwei nur
noch eine Stimme abzugeben brauchen (nämlich auf den Direktkandidaten
ihres Wahlkreises), und auch billiger, da der zweite Wahlgang für die
Direktmandate entfallen ist.

Auch bei der Bürgermeisterwahl, die bislang dort, wo der Bürgermeister
direkt gewählt wurde, nach den Vorschriften über die Direktwahl in Einmannwahlkreisen abgehalten worden war, wurde der zweite Wahlgang gestrichen und statt dessen das Prinzip der relativen Mehrheitswahl im ersten
Wahlgang ohne Schwellenwerte eingeführt. Des weiteren wurde die Wahl
auf alle Gemeinden einschließlich Budapests in bezug auf die Oberbürger-
meisterwahl erstreckt (§ 47 KWahlG).

Auf die Modifikationen, die die Kommunalreform 1994 für das Wahlsystem der Abgeordneten der nationalen und ethnischen Minderheiten gebracht hat, wurde bereits im Zusammenhang mit den Minderheitenselbstverwaltungen unter Punkt C. I. 5. eingegangen.

Bei den Listenwahlen zur Generalversammlung der Hauptstadt änderte
sich nicht viel; allerdings waren die 66 von den Bürgern gewählten Abgeordneten die einzigen Mitglieder der Generalversammlung, während die bisherige Repräsentation der hauptstädtischen Stadtbezirke wegfiel[1011]. Auf
das Wahlsystem hatte diese Änderung keine großen Auswirkungen, da nach
wie vor für Parteilisten abgestimmt wurde; die Schwelle von 4% wurde
beibehalten (§ 46 Abs. 6 KWahlG).

Während in der Hauptstadt das Wahlsystem für die Generalversammlung
mehr oder weniger unverändert beibehalten werden konnte, mußte für die

---

[1010] Unabhängige Kandidaten können keine gemeinsame Kompensationliste aufstellen, was vom Verfassungsgericht in seiner Entscheidung 32/2000. (X.20.) AB,
M. K. 2000/6547 ff., unter Berufung auf den grundsätzlichen Unterschied zwischen
einem unabhängigen Kandidaten und einem parteiangehörigen Kandidaten für verfassungskonform erklärt wurde.

[1011] Hierauf ist bereit unter Punkt C. I. 3. b) cc) (1) hingewiesen worden.

Wahlen der Generalversammlungen der Komitate ein völlig neues System geschaffen werden. Dieses wurde nach den Vorschriften über die Hauptstadt als § 46/A KWahlG in das Gesetz eingefügt, aber komplizierter als das hauptstädtische System ausgestaltet. Wegen der besonderen Stellung der Städte mit Komitatsrecht waren deren Bürger nicht berechtigt, an den Wahlen für die Generalversammlung des Komitats mitzuwirken; für die übrigen Wahlbürger galt die Zweiteilung in Einwohner von Gemeinden bis zu 10.000 Einwohnern und Einwohner von Gemeinden von mehr als 10.000 Einwohnern. In beiden Gemeindetypen wurden unterschiedliche Stimmzettel ausgegeben, und jede Partei oder andere politische Organisation konnte für die beiden Typen getrennte Listen aufstellen (oder nur eine Liste für einen der beiden Typen). Schließlich wurde der Stimmenanteil nach Typen getrennt – bei dem jeweils pro Typ ein Schwellenwert von 4 % zu beachten war – berechnet und die Mandate vergeben. Die Mandate legte Anlage 4 zum Kommunalwahlgesetz dergestalt fest, daß für jedes Komitat die Gesamtzahl der Sitze und die Zahlen für die Sitze pro Typ vorgegeben wurden. Die Gesamtzahl schwankte von 40 für die einwohnerschwächsten Komitate[1012] und 80 für das besonders stark bevölkerte Komitat Pest.

Verfahrensrechtliche Änderungen

Die einfach-gesetzlichen Änderungen im Kommunalwahlrecht vollziehen die geschilderten Änderungen nach, enthalten zahlreiche Präzisierungen und beziehen in den Vorschriften über die Register und die Abwicklung der Wahl stärker als bisher die Möglichkeit der elektronischen Datenverarbeitung mit ein. Zugleich wurden die Kommunalwahlen enger an die Parlamentswahlen gekoppelt: Die Wählerverzeichnisse der Kommunalwahlen können seit 1994 auf der Grundlage der Verzeichnisse für die Parlamentswahl aufgestellt werden, so daß der Aufwand für eine getrennte Aufstellung entfällt. Weiterhin sind seit 1994 die Stimmbezirke der Kommunalwahlen jedenfalls grundsätzlich gleich mit denen der Parlamentswahlen (§ 12 Abs. 2 KWahlG), während dies vorher nur für den Fall der Kommunalwahl und der parlamentarischen Nachwahl am gleichen Tag der Fall war. Auch dies stellt eine organisatorische Vereinfachung durch die Angleichung des Verwaltungsaufwands für beide Wahlsysteme dar.

Die Änderungen fügten ein neues Kapitel über die Rechtsbehelfe im Zusammenhang mit den Wahlen ein (§§ 51–52 KWahlG), das zuvor gefehlt hatte. Bei rechtswidrigen Maßnahmen können sich die Bürger ebenso wie die an der Wahl beteiligten Parteien und anderen politischen Organisatio-

---

[1012] Baranya, Békés, Csongrád, Fejér, Hajdú-Bihar, Heves, Jász-Nagykun-Szolnok, Komárom-Esztergom, Nógrád, Somogy, Vas, Veszprém und Zala.

nen mit einem Widerspruch zunächst an das vorgesetzte Wahlorgan
wenden; gegen dessen Entscheidung ist der Weg zu den örtlichen Gerichten
eröffnet. Bei der Entscheidung bestimmter Wahlorgane entfällt das Wider-
spruchsverfahren. Enge Fristen sollen eine zügige Entscheidung sicherstellen.

Besondere Regelungen sieht § 54 KWahlG in seiner 1994 beschlossenen
Fassung für den Fall der Änderung von Gemeindegrenzen oder der Abspaltung einzelner Gemeindeteile vor. Grundsätzlich bleibt der Selbstverwaltungsabgeordnete im Amt und gehört dem Rat der Gemeinde an, in dem
sein Wahlbezirk liegt. Dies kann die alte oder aber die neue, abgespaltene
Gemeinde sein. Nur wenn durch die Abspaltung keine Vertretungskörperschaft mit den gesetzlichen Mindestzahlen zustandekommt (bzw. in der verbleibenden Gemeinde bleibt), sind Nachwahlen anzusetzen. Wo die Vertretungskörperschaft weiter arbeitsfähig bleibt, dort behält auch der Bürgermeister seinen Posten.

Volksbegehren und -abstimmungen

Die 1993 teilweise für verfassungswidrig erklärten[1013] Bestimmungen des
Kommunalgesetzes über örtliche Volksbegehren und -abstimmungen
wurden im Zuge der Reform 1994 mit der Verfassung in Übereinstimmung
gebracht und teilweise inhaltlich abgeändert. Die Vorschriften über das Verfahren, das Quorum und die Rechtsmittel wurden präzisiert: Gültig ist eine
Volksabstimmung auf örtlicher Ebene, wenn über die Hälfte der Wahlberechtigten teilgenommen hat, und sie ist erfolgreich, wenn mehr als die
Hälfte der Abstimmenden eine identische Antwort auf die gestellte Frage
gegeben hat. Der Notär ist zuständig für die Beglaubigung des Fragebogens
bei einem Volksbegehren; das Beglaubigungsverfahren umfaßt die Prüfung
der formellen und materiellen Rechtmäßigkeit der geplanten Unterschriften-
sammlung für ein Volksbegehren. Der neueingefügte § 50 Abs. 1 KommG
bindet die Vorbereitungen und den verfahrensmäßigen Ablauf stärker als
bisher an die Kommunalwahlen, so daß deren Register etc. benutzt werden
können; hierin ist eine Parallele zu der bereits erwähnten verstärkten Harmonisierung von Parlaments- und Kommunalwahlen zu sehen, die ebenso
der Verfahrensvereinfachung und der Kostensenkung dient. Schließlich
mußte in bezug auf die neugeschaffene Möglichkeit der Selbstauflösung der
Abgeordnetenkörperschaft angeordnet werden, daß über diese Frage keine
Volksabstimmung abgehalten werden kann [§ 46 Abs. 4 Buchst. c)
KommG].

[1013] s. o. Punkt C. I. 4. c) cc) (2).

(4) Die Kommunalaufsicht

Einer der Hauptpunkte der Reform war eine Neugestaltung der Kommunalaufsicht. Zunächst wurden sämtliche Hinweise auf die bisherigen Republiksbeauftragten aus der Verfassung gestrichen. Der Präsident der Republik verlor sein in § 30/A Abs. 1 Buchst. h) festgelegtes Recht, die genannten Beamten zu ernennen, und aus § 35 Abs. 1 Buchst. d), der der Regierung in Zusammenarbeit mit dem Innenminister die Befugnis zur Kommunalaufsicht gibt, wurde der Textteil „durch die Republiksbeauftragten" gestrichen. Folglich enthielt die Verfassung keinen Hinweis mehr auf das Amt des Republiksbeauftragten und die Art der Kommunalaufsicht, so daß einer gesetzlichen Neuordnung keine verfassungsrechtlichen Festlegungen mehr im Wege standen.

Das Amt des Republiksbeauftragten wurde gestrichen und dafür in jedem Komitat sowie in der Hauptstadt ein Hauptstädtisches bzw. Komitatsverwaltungsamt als Rechtsnachfolger der Republiksbeauftragten (§ 103 Abs. 3 KommG) geschaffen. Die unorganischen, mehrere Komitate umfassenden Bezirke der Republiksbeauftragen wurden wieder aufgegeben und die örtliche Zuständigkeit der Komitatsverwaltungsämter[1014] auf jeweils ein Komitat beschränkt, so daß die Zuständigkeitsgrenzen der Komitatsselbstverwaltung und der staatlichen Verwaltungsbehörden identisch sind.

Die Komitatsverwaltungsämter, die gleich den Republiksbeauftragten der Regierung unterstehen und beim Innenminister ressortieren, sind allgemeine staatliche Mittelbehörden, die stärker als das alte Modell an das Innenministerium angebunden sind. Die Anhörung des zuständigen Parlamentsausschusses in bezug auf den Leiter des Komitatsverwaltungsamtes ist ebenso entfallen wie die Ansiedlung eines Teils der Arbeitgeberrechte über den Leiter beim Ministerpräsidenten; seit 1994 übt alleine der Innenminister die Arbeitgeberrechte aus. Entfallen sind weiterhin der Rang eines Titularstaatssekretärs, den der Republiksbeauftragte innegehabt hatte, sowie die damit einhergehende Ernennung und Amtsenthebung durch den Staatspräsidenten (§ 100 KommG).

Die staatliche Mittelbehörde Komitatsverwaltungsamt versieht zum einen die Kommunalaufsicht, ihr obliegen gleichzeitig aber noch zahlreiche andere Verwaltungsaufgaben staatlicher Art (§ 98 Abs. 2 KommG). Als staatliche Behörde versieht sie alle Aufgaben in erster Instanz, die ihr durch Gesetz oder Verordnung übertragen werden, und koordiniert die Tätigkeit der spezialisierten staatlichen Behörden auf ihrem Gebiet. Sie ist damit als

---

[1014] Der Einfachheit halber wird in der Folge nur von Komitatsverwaltungsämtern gesprochen. Darunter ist das Hauptstädtische Verwaltungsamt ebenso zu verstehen, solange nichts Gegenteiliges gesagt wird.

Koordinations- und Verbindungsorgan der unterschiedlichen, nach Gebiets- und Ressortprinzip organisierten staatlichen Verwaltungsträger sowie der Selbstverwaltungen konzipiert und folgt damit einem Modell, das auch in westeuropäischen Staaten weit verbreitet ist[1015]. Die Einzelheiten regelte die Regierung bald nach Einführung der Ämter durch eine Verordnung[1016].

Bei der Kommunalaufsicht ist der Leiter des Komitatsverwaltungsamtes im Rahmen des Verwaltungsverfahrensrechts allgemeine Widerspruchsinstanz gegen erstinstanzliche Akte von Selbstverwaltungsbehörden, sofern nicht besondere Rechtsvorschriften die Zuständigkeit einer speziellen staatlichen Behörde begründen [§ 98 Abs. 2 Buchst. b) KommG]. Darüber hinaus obliegt den Komitatsverwaltungsämtern außerhalb bestimmter Verfahren die allgemeine Rechtmäßigkeitskontrolle über das Handeln der Selbstverwaltungen, wobei das Gesetz ausdrücklich klarstellt, daß Ermessensentscheidungen nur auf Rechtsfehler (und damit nicht auf die Zweckmäßigkeit hin) geprüft werden können [§ 98 Abs. 2 Buchst. a), Abs. 3 KommG]. Sie können aufgrund ihrer Erkenntnisse beim Rechnungshof die Überprüfung der Wirtschaftsführung einer Selbstverwaltung beantragen. Schließlich können sich die Selbstverwaltungen wegen fachlicher Hilfe an die Komitatsverwaltungsämter wenden, was insbesondere für die Kleingemeinden mit oft nur wenigen ausgebildeten Mitarbeitern eine wichtige Hilfe darstellt.

Die Stellung der Kommunalaufsicht gegenüber den kontrollierten Selbstverwaltungen ist jedoch durch die Reform nicht gestärkt worden. Wenn das Komitatsverwaltungsamt eine rechtswidrige Handlung wahrnimmt, so muß es die zuständige Stelle unter Fristsetzung zur Beendigung der Gesetzwidrigkeit auffordern. Wenn die Selbstverwaltung der Aufforderung der Aufsicht nicht abhilft, muß diese sich nach wie vor an das Gericht wenden, und zwar im Falle von Satzungen an das Verfassungsgericht und im Falle

---

[1015] In Deutschland wäre an den Regierungspräsidenten in den meisten Flächenländern zu denken, in Österreich an die Bezirkshauptmannschaft und in Frankreich an den Präfekten. Selbst in England und Wales hat die Dezentralisierung und Dekonzentrierung der staatlichen Verwaltung 1994/5 zur Schaffung von sogenannten Regional Directors geführt, die als einheitliche staatliche Mittelbehörde die örtlichen Behörden einiger staatlicher Verwaltungszweige wie Arbeits-, Gewerbe- und Umweltverwaltung kontrollieren und leiten. Zum Regional Director und der Verwaltungsregionalisierung von England und Wales s. *Mawson*, John und *Elcock* in Elcock/Keating, S. 163 ff., S. 189 f.

[1016] Regierungsverordnung 161/1994. (XII.2.) Korm. über das Hauptstädtische und die Komitatsverwaltungsämter, M. K. 1994/3982 ff., ersetzt durch die Regierungsverordnung 191/1996. (XII.17). Korm. über das Hauptstädtische und die Komitatsverwaltungsämter, M. K. 1996/6304 ff. Näher zu der Rolle der Komitatsverwaltungsämter als Hauptkoordinierungsstelle der örtlichen und dekonzentrierten staatlichen Verwaltung s. *Bartók*, MK 1997/698; *Szabó*, MK 1997/586 ff.; *Walter*, JK 2000/311 ff.; *Walter*, MK 2001/438 ff.

von anderen Akten an das für Verwaltungssachen zuständige Gericht; die gerichtliche Anfechtung von internen Rechtssätzen wie internen Satzungen ist aus § 99 Abs. 2 Buchst. b) KommG gestrichen worden. Der Klage kommt nach wie vor nicht automatisch eine aufschiebende Wirkung zu, sondern diese muß bei Gericht beantragt werden. Neu ist in § 99 Abs. 3 S. 3 KommG die Vorschrift, daß das Komitatsverwaltungsamt verpflichtet ist, die aufschiebende Wirkung zu beantragen, wenn die Vollziehung eine schwere Verletzung öffentlicher Interessen oder einen unabwendbaren Schaden verursachen würde.

(5) Eigentumsfragen

Die bisherige Eigentumskonzeption wurde durch die Reform beibehalten. Die bisher im Hauptstadtgesetz geregelten Besonderheiten hinsichtlich des Eigentums in der Hauptstadt wurden ohne wesentliche inhaltliche Änderung zusammen mit den anderen Vorschriften über die Hauptstadt in das Kommunalgesetz überführt.

Eine kleine, aber wichtige Änderung des Rechts des Selbstverwaltungseigentums wurde im Zusammenhang mit dem Stammvermögen eingefügt. Gemäß § 79 Abs. 1 KommG in der seit 1994 geltenden Fassung kann (nur) solches Vermögen der Selbstverwaltung zum Stammvermögen erklärt werden, welches unmittelbar der Erfüllung der Pflichtaufgaben der Selbstverwaltung oder der Ausübung öffentlicher Gewalt dient. Damit ist die Befugnis der Selbstverwaltung, welche Vermögensstücke sie durch Erklärung zu Stammvermögen ganz oder teilweise dem Rechtsverkehr entzieht, entscheidend eingeschränkt worden. Die gesetzliche Auflistung der zwingend zum verkehrsunfähigen oder beschränkt verkehrsfähigen Stammvermögen gehörenden Vermögenswerte ist unverändert beibehalten worden.

Gleichzeitig hat die Reform die Beschränkungen in bezug auf das Stammvermögen an einem Punkt gelockert: Innerhalb der Hauptstadt können die unterschiedlichen Selbstverwaltungsebenen sich gegenseitig das Eigentum an einigen der für verkehrsunfähig erklärten Vermögensgegenstände, etwa öffentlichen Straßen, Kunstgegenständen und öffentlichen Parks, übertragen (§§ 79 Abs. 1, 68/D KommG).

Bei den Vorschriften über die Vermögensgegenstände, die der Staat den Selbstverwaltungen zu übereignen hat, wird klargestellt, daß zu den zu übereignenden öffentlichen Versorgungseinrichtungen auch die auf Komitatsebene betriebenen Apothekenzentren gehören[1017]. Zudem führt § 107 Abs. 7 KommG eine Antragsfrist bis zum 31.5.1995 ein, nach deren Ablauf

---

[1017] Dies hatte zuvor das Oberste Gericht in seiner Entscheidung Kfv. III. 25.197/ 1994. zu § 107 Abs. 1 Buchst. b) a. F. KommG bereits so entschieden.

die Selbstverwaltung ihren Übereignungsanspruch nur noch gerichtlich geltend machen kann.

b) Weitere Entwicklungen in der Legislaturperiode 1994–1998

Unmittelbar nach der Neuregelung des Kommunalrechts durch die soeben dargestellte Reform wurden für den 11.12.1994 Kommunalwahlen ausgeschrieben[1018]. Bei einer Wahlbeteiligung von 43,44% gingen 73,91% der Mandate an unabhängige Kandidaten, während auf parteigebundene Kandidaten nur 19,04% der zu vergebenden Posten als Kommunalabgeordnete und Bürgermeister entfielen; die verbleibenden 7,05% der Mandate konnten Minderheitenkandidaten erringen. Die Regierungsparteien MSZP und SZDSZ erreichten mit 6,7% bzw. 2,9% der Mandate noch vergleichsweise gute Ergebnisse, während sich die Oppositionsparteien KDNP (1,9%), FKgP (1,7%), MDF (0,9%) und FIDESZ (0,6%) mit deutlich weniger zufriedengeben mußten[1019]. Hierbei sollte nicht übersehen werden, daß es sich bei zahlreichen Unabhängigen um die alten örtlichen Funktionsträger aus kommunistischen Zeiten handelte, von denen ein gewisser Anteil der MSZP nach wie vor nahestand. Ein neuer Trend bei den Kommunalwahlen, der sich auch in den Kommunalwahlen 1998 zeigen sollte, war das Entstehen von örtlichen Wählergemeinschaften. Während die Unabhängigen in den Wahlen 1990 noch vorwiegen Einzelpersonen (z.T. solche, die zuvor zur MSZMP gehört hatten) waren, kandidierten 1994 an zahlreichen Orten Bürgerlisten, die keine förmlichen Parteien waren und auch keine sein wollten, sondern sich eher als eine Interessensgemeinschaft unabhängiger Ortsbürger verstanden[1020]. Diese Wählergemeinschaften übten zusätzlichen Druck auf die Parteien aus, während eine Konkurrenzsituation zu Unabhängigen zu sehr von den Einzelheiten vor Ort abhängt, als daß generelle Aussagen getroffen werden können.

Im weiteren Verlauf der legislativen Entwicklung kann man zwischen Reformen unmittelbar am Selbstverwaltungssystem und Maßnahmen in anderen Bereichen, die sich auf die Selbstverwaltungen auswirken und hier rechtliche Änderungen nötig machen, unterscheiden. Zunächst werden die unmittelbar kommunalrechtlichen Entwicklungen dargestellt, danach die anderen mit Auswirkungen auf das Selbstverwaltungssystem.

[1018] Anordnung des Präsidenten der Republik 156/1994. (X.7.) KE über die Ausschreibung von allgemeinen Wahlen zu den örtlichen Selbstverwaltungen, M. K. 1994/3129.

[1019] Die Wahlergebnisse sind auf der Homepage des ungarischen Innenministeriums unter der Webadresse http://www.b-m.hu/valasztasok/onkorm/jellem.htm veröffentlicht.

[1020] *Ieda* in Ieda, S. 113 ff.

aa) Reformen am Selbstverwaltungssystem

Schon bald nach der großen Reform 1994 wurden weitere Änderungen am Selbstverwaltungssystem vorgenommen. Diese stellen teilweise den Abschluß der 1994er Reform dar, teilweise sind sie aber auch schon als erste Schritte der „Reform der Reform" zu werten.

(1) Die Finanzierung der Selbstverwaltung

Die wichtigsten Änderungen im Recht der Selbstverwaltungen betrafen Finanzierungsfragen. Dies ist angesichts der großen Bedeutung dieser Probleme für die Funktionsfähigkeit des Selbstverwaltungssystems nicht verwunderlich.

Titulierte und Zweckunterstützungen

Das erste diesbezügliche Gesetz erging bereits kurz nach der 1994er Reform, steht aber mit dieser nicht in unmittelbarem Zusammenhang, sondern modifizierte das System der titulierten und Zweckunterstützungen.

Diese Modifizierungen erfolgten durch eine Änderung des Gesetzes 1992:LXXXIX[1021]. Zu den Neuerungen gehört die Pflicht, Anträge auf titulierte Zuwendungen durch das jeweils betroffene Ministerium begutachten zu lassen (§ 1 Abs. 3 KommFinanzG); zuvor war von den Selbstverwaltungen nur eine Abstimmung ihres Investitionsprogramms mit den Fachprogrammen des zuständigen Ministeriums verlangt worden[1022]. Bei der Förderungswürdigkeit von Zwecken ist eine Gewichtsverlagerung hin zu wasserwirtschaftlichen Investitionen hin zu vermerken[1023]. Im übrigen enthält das Änderungsgesetz vor allem Präzisierungen und beseitigt innere Widersprüche des Gesetzes. Schließlich streicht das Gesetz aus § 19 Abs. 2 KommFinanzG die Zwangshypothek zugunsten des Staates auf Grundstücken mit

---

[1021] Gesetz 1994:LXVII über die Änderung des Gesetzes 1992:LXXXIX über das System der Zweck- und der titulierten Unterstützungen der örtlichen Selbstverwaltungen, M. K. 1994/3767 ff. Zum Gesetz 1992:LXXXIX s. o. Fn. 920.

[1022] Diesen Änderungen wurde auch bei den untergesetzlichen Ausführungsvorschriften Rechnung getragen, so etwa durch die Regierungsverordnung 175/1994. (XII.24.) Korm. über die Änderung der Regierungsverordnung 46/1993. (III.17.) Korm. über die Ordnung der Beantragung, Entscheidungsvorbereitung und Abrechnung der Zweck- und der titulierten Unterstützungen der örtlichen Selbstverwaltungen, M. K. 1994/4127 ff. Zur Regierungsverordnung 46/1993. s. o. Fn. 920.

[1023] Eine weitere Gesetzesänderung Ende 1995 durch das Gesetz 1995:CIII, M. K. 1995/6115 ff., bestätigte die Tendenz, wasserwirtschaftliche Investitionen bevorzugt zu fördern.

staatlich unterstützten Investitionen zur Sicherung des zehnjährigen Veräußerungsverbotes; das Veräußerungsverbot selbst bleibt aber abgesehen von einigen Präzisierungen zugunsten einer einfacheren Übereignung an andere Selbstverwaltungen unverändert bestehen. Eine Regelung über die bereits von Gesetzes wegen entstandenen Hypotheken trifft das Gesetz allerdings nicht, so daß diese weiterbestehen.

Ende 1997 wurde das Gesetz nochmals umfangreichen Änderungen unterworfen[1024]. § 1 Abs. 1 KommFinanzG erweiterte die Möglichkeiten, titulierte Unterstützungen zu gewähren, indem er die bislang abschließende Aufzählung von Sachgebieten um einen Verweis auf andere gesetzliche Möglichkeiten erweiterte; gleichzeitig wurde eine Mindestinvestitionssumme von 200 Millionen Ft für die Gewährung von titulierten Unterstützungen vorgeschrieben, um zu verhindern, daß sich Ministerialverwaltungen und Parlament mit Kleinprojekten befassen müssen. Der neu eingefügte § 1/A KommFinanzG gewährt den Komitaten und der Hauptstadt ein größeres Ermessen bei der Verwendung der im Jahreshaushaltsgesetz vorgesehenen Zuschüsse für die Raumentwicklung; in der Praxis wird auf Regierungsebene nur noch entschieden, wie groß die Summe des sogenannten normativ verteilten zweckartigen dezentralisierten Unterstützungsansatzes für den Raumentwicklungsrat eines jeden Komitats sein soll[1025]. Den Raumentwicklungsräten der Komitate und der Hauptstadt wird in § 1/A Abs. 4 KommFinanzG sogar das Recht eingeräumt, bestimmte Mittel über den Weg der Ausschreibung an die kommunalen Selbstverwaltungen weiterzuleiten, was in gewisser Weise zu einer Überordnung der Komitate über die

---

[1024] Gesetz 1997:CXXXI über die Änderung des Gesetzes 1992:LXXXIX über das System der Zweck- und der titulierten Unterstützungen der örtlichen Selbstverwaltungen, M. K. 1997/8123 ff.

[1025] Die Zahlen für das Jahr 2000 lauten wie folgt: Hauptstadt 469,7 Mio Ft; Baranya 355,4 Mio Ft; Bács-Kiskun 425,6 Mio Ft; Békés 301,4 Mio Ft; Borsod-Abaúj-Zemplén 634,5 Mio Ft; Csongrád 258,8 Mio Ft; Fejér 212,7 Mio Ft; Győr-Moson-Sopron 240,9 Mio Ft; Hajdú-Bihar 378,5 Mio Ft; Heves 236,0 Mio Ft; Jász-Nagykun-Szolnok 316,5 Mio Ft; Komárom-Esztergom 148,7 Mio Ft; Nógrád 201,1 Mio Ft; Pest 528,2 Mio Ft; Somogy 326,1 Mio Ft; Szabolcs-Szatmár-Bereg 569,7 Mio Ft; Tolna 201,5 Mio Ft; Vas 203,2 Mio Ft; Veszprém 269,3 Mio Ft und Zala 262,2 Mio Ft: Angaben nach der gemeinsamen Mitteilung des Innenministers, des Ministers für Landwirtschaft und Provinzentwicklung sowie des Finanzministers über die auf die einzelnen Komitate bzw. die Hauptstadt entfallende Summe des an die Raumentwicklungsräte normativ verteilten zweckartigen dezentralisierten Unterstützungsansatzes, M. K. 2000/73. Die entsprechende Mitteilung für das Jahr 2001, in dem rund 6,3 Milliarden Ft. zur Verteilung vorgesehen waren, findet sich in M. K. 2001/100.
Im April 2001 kodifizierte das Parlament die staatliche Vergabepolitik in dem Parlamentsbeschluß 24/2001. (IV.20.) OGY über die Prinzipien der Raumentwicklungsunterstützungen und der Dezentralisierung und über das System der Voraussetzungen zur Kategorisierung als begünstigte Regionen, M. K. 2001/3143 ff.

Gemeinden und Städte führt[1026]. Dies ist bemerkenswert, weil die Gleichordnung der beiden Selbstverwaltungsebenen und die finanzielle Eigenstän-
digkeit seit dem Ende des Kommunismus ein zentrales Prinzip des ungarischen Selbstverwaltungsrechts gewesen ist und immer noch ist. In dieser
Befugnis der Raumentwicklungsräte ist eine Abkehr von dem strikten
Grundsatz, daß die örtliche Ebene in keiner Weise von dem Komitaten abhängig sein soll und die Komitate in keiner Weise „Transmissionsriemen"
zwischen dem Zentralstaat und der örtlichen Ebene sein sollen, zu sehen.

Bei den Zweckunterstützungen führt § 8 Abs. 3–4 KommFinanzG eine
Reihenfolge der Zwecke ein, die bei der Bewilligung von Anträgen einzu-
halten ist, wenn das Gesamtvolumen der beantragten Mittel die bereitge-
stellte Summe übersteigt. Nach altem Recht waren zunächst die Investitionen in der Wasserwirtschaft zu berücksichtigen und die übrigen Zwecke
von der Regierung in einer Rangfolge zu gewichten; die Neuregelung setzt
die Renovierung von Schulgebäuden an die erste Stelle und schreibt für die
Abwasserwirtschaft und -klärung einen Prozentsatz von 70 % und für den
Bau von Mülldeponien und die Ausrüstung bestehender Krankenhäuser mit
Geräten von jeweils 15 % vor. Stärker als bisher betont die Novelle den
Charakter von titulierten und Zweckunterstützungen als Grundfinanzierung
(§ 10 KommFinanzG).

Eine Anfang 1998 erlassene Regierungsverordnung[1027] regelt die Einzelheiten des Verfahrens bei den Regierungsbehörden und den TÁKISZ-Büros.
Sie kanalisiert das Ermessen bei der Vergabe der staatlichen Mittel und
sorgt damit zugunsten der auf der Empfängerseite stehenden Selbstverwaltungen für mehr Rechtssicherheit.

[1026] Die Raumentwicklungsräte sind zwar keine Organe der Komitatsselbstverwaltung, sondern eine kollegiale Behörde, in der die Selbstverwaltungen des Komitats, der Städte mit Komitatsrechten und eingeschränkt auch der komitatsangehörigen Gemeinden und Städte ebenso wie die Ministerialverwaltung, die Industrie- und
Handelskammern und die Tarifpartner vertreten sind (§ 14 Abs. 1 RaumEntwG; s. o.
Fn. 706), aber die Anbindung an das Komitat ist doch recht stark, so daß zumindest
der Anschein einer Einschaltung des Komitats als Mittler zwischen Zentralbehörden
und örtlichen Selbstverwaltungen entstehen kann.

[1027] Regierungsverordnung 9/1998. (I.23.) Korm. über die Ordnung der Beantragung, der Entscheidungsvorbereitung und der Verrechnung der titulierten und
Zweckunterstützungen und der zweckartigen dezentralisierten Unterstützungen der
örtlichen Selbstverwaltungen sowie über die Aufgaben des Ungarischen Staatsfiskus
bei der Finanzierung, der Verrechnung und der Kontrolle, weiterhin über die Aufgaben des TÁKISZ, M. K. 1998/231 ff., umfassend geändert durch die Regierungsverordnung 31/2000. (III.14.) Korm., M. K. 2000/1046 ff.

Die Unterstützung der Kreisnotäre

Aufgrund einer Ermächtigung im Jahreshaushaltsgesetz 1997[1028] regelt der Innenminister in einer Verordnung die staatliche Unterstützung für die Kreisnotäre[1029]. In dieser Form der kommunalen Zusammenarbeit sah – und sieht – die Regierung eine Möglichkeit, die Nachteile der bereits mehrfach angesprochenen extremen territorialen Zersplitterung und der damit einhergehenden Zwerggemeinden zu mildern. Da, wie bereits gesehen, staatlicher Druck auf die Selbstverwaltungen politisch nicht durchsetzbar ist und eine staatlicherseits per Gesetz dekretierte Gebietsreform aus denselben Gründen noch weniger Chancen auf eine Realisierung hat, bleibt der Regierung nichts anderes übrig, als erwünschte Kooperationsformen mit finanziellen Anreizen zu versehen. Der Innenminister tut dies, indem er für jeden einem Kreisnotär zugeordneten Mitarbeiter einen monatlichen Zuschuß gewährt, der einen nicht geringen Teil der Nettobezüge abdeckt, so daß die Selbstverwaltungen Personalkosten sparen, wenn sie sich zu einem Kreisnotariat zusammenschließen. Darüber hinaus werden Zuschüsse je nach der Einwohnerzahl und der Anzahl der zusammengeschlossenen Selbstverwaltungen gezahlt. Voraussetzung für die Unterstützung ist, daß das Amt des Kreisnotärs bereits am 1.1.1997 bestanden hat. Da die Ministerialverordnung ursprünglich nur für das Haushaltsjahr 1997 konzipiert war, bewirkt die Stichtagsregelung nicht so sehr eine Verhinderung neuer Zusammenschlüsse, sondern ermutigt sie vielmehr, weil die Existenz der Verordnung für das folgende Haushaltsjahr eine entsprechende Nachfolgeregelung in Aussicht stellt. Diese erfolgte allerdings nicht mehr in der Form einer Verordnung des Innenministers, sondern durch eine Regelung im Jahreshaushaltsgesetz selbst[1030]; inhaltlich ergibt sich außer einer Erhöhung der Unterstützungssätze weit über das Maß der Inflation hinaus aber nichts Neues.

[1028] Gesetz 1996:CXXIV über den Haushalt der Republik Ungarn im Jahr 1997, M. K. 1996/6970 ff.

[1029] Verordnung des Innenministers 4/1997. (I.30.) BM über die staatliche Unterstützung der Kreisnotariate, M. K. 1997/714.

[1030] Anlage 5 zum Gesetz 1997:CXLVI über den Haushalt der Republik Ungarn im Jahr 1998, M. K. 1997/8660 ff.; Anlage 5 zum Gesetz 1998:XC über den Haushalt der Republik Ungarn im Jahr 1999, M. K. 1998/8086 ff. Eine vergleichbare Regelung enthält Anlage 3 zum Gesetz 1999:CXXV über den Haushalt der Republik Ungarn im Jahr 2000, M. K. 1999/8109 ff., sowie Anlage 3 zum Gesetz 2000:CXXXIII über den Haushalt der Republik Ungarn in den Jahren 2001 und 2002, M. K. 2000/8374 ff.

Kommunalsteuern

Ende 1995 wurde eine Änderung des Kommunalsteuergesetzes beschlossen[1031], die die Höchstbeträge von einforderbaren örtlichen Steuern kräftig – zum Teil um mehrere 100% – anhoben. Damit wurde teilweise die seit 1990 eingetretene Inflation ausgeglichen, teilweise aber auch die realen, inflationsbereinigten Summen, die die Selbstverwaltungen fordern können, erhöht. Demselben Ziel dient die Ausweitung der Bemessungsgrundlage für Grund- und Haussteuern, die durch die Änderung ebenfalls bewirkt wurde. Damit gab der Gesetzgeber den Selbstverwaltungen die rechtliche Möglichkeit, ihre Finanzen auf Kosten der örtlichen Grundstücks- oder Hauseigentümer bzw. Gewerbetreibenden auf eine solidere Grundlage zu stellen.

Eine Änderung des Kommunalsteuergesetzes Ende 1997[1032] änderte die Berechnungsform der Gewerbesteuer und erhöhte den Steuersatz, erlaubte dafür aber dem Gewerbetreibenden, seine Materialkosten von der Besteuerungsgrundlage abzuziehen; des weiteren präzisierte sie die Vorschriften über die Gewerbesteuer an vielen Stellen. Sie stellte beispielsweise klar, daß auch die vorübergehende Gewerbetätigkeit auf dem Gebiet einer Selbstverwaltung dort die Pflicht zur Zahlung der örtlichen Gewerbesteuer entstehen läßt. Zudem stärkte die Novelle die Rechte der Hauptstädtischen Generalversammlung bei der Bestimmung der örtlichen Steuern gegenüber den Bezirken[1033].

In anderen Bereichen hingegen konnten sich die Selbstverwaltungen keine neuen Einnahmequellen erschließen. Die Satzungen mehrerer Selbstverwaltungen, die Straßennutzungsgebühren für einzelne Straßen einführten, wurden vom Verfassungsgericht aufgehoben, weil sie gegen die gebührenrechtlichen Bestimmungen des Straßengesetzes verstießen: Gemäß § 44/A Abs. 2 Verf. dürfen Satzungen der Selbstverwaltungen nicht gegen höherrangige Rechtsnormen verstoßen, und die Abgeordnetenkörperschaften können gemäß § 43 Abs. 2 Verf. ihre Befugnisse nur im Rahmen der Gesetze ausüben[1034]. Auch im Bereich der Festsetzung der Miethöhe für kom-

---

[1031] Gesetz 1995:XCVIII über die Änderung des Gesetzes 1990:C über die örtlichen Steuern und des Gesetzes 1991:LXXXII über die Fahrzeugsteuer, M. K. 1995/6006 ff.

[1032] Gesetz 1997:CIX über die Änderung des Gesetzes 1990:XCIII über die Gebühren, des Gesetzes 1990:C über die örtlichen Steuern und des Gesetzes 1991:LXXXII über die Fahrzeugsteuer, M. K. 1997/7026 ff.

[1033] In der Literatur wird sogar davon gesprochen, die Novelle entziehe den Hauptstädtischen Bezirken das Grundrecht auf Festlegung örtlicher Steuern komplett: *Patyi*, MK 1998/522 ff.

[1034] Verfassungsgerichtsentscheidung 57/1997. (X.31.) AB, M. K. 1997/6553 f., ABH 1997/525 ff. Die in Frage stehenden gesetzlichen Bestimmungen sind §§ 9/C, 33 Gesetz 1988:I über den Straßenverkehr, M. K. 1988/373 ff.

munale Wohnungen, der Gebührensätze für Fernwärmeversorgung und viele andere Einnahmenbereiche der Selbstverwaltungen hat das Verfassungsgericht die einschlägigen Satzungen immer wieder aufgehoben, weil sie gegen Gesetze oder Verordnungen verstießen. Angesichts der Regelungsdichte für zahlreiche Materien bleibt den Selbstverwaltungen fast kein Bereich mehr, indem sie ohne eine Rechtsgrundlage in einem Gesetz oder einer Regierungs- bzw. Ministerialverordnung Einnahmearten finden dürfen.

Die Entschuldung der Selbstverwaltungen

Wegen der bereits mehrfach angesprochenen strukturellen Mängel sowie der allgemein schlechten Finanzlage der öffentlichen Kassen mehrten sich die Fälle, daß örtliche Selbstverwaltungen zahlungsunfähig wurden. Das Kommunalgesetz sieht, wie bereits unter Punkt C. I. 3. b) ee) (2) dargestellt, in § 87 Abs. 1 die Verpflichtung des Staates vor, gemäß den näheren Vorschriften im jeweiligen Jahreshaushaltsgesetz Zuschüsse an örtliche Selbstverwaltungen zu zahlen, die ohne eigenes Verschulden zahlungsunfähig geworden sind. Derartige Spezifizierungen haben seitdem alle Jahreshaushaltsgesetze enthalten.

Nicht geregelt war aber ursprünglich die Frage, wie bei Zahlungsunfähigkeit aufgrund eigenen Verschuldens zu verfahren ist. Zumindest bezüglich der elementaren Grundversorgung mit kommunalen Dienstleistungen kann sich der Staat nicht einfach unter Verweis auf das Versagen der örtlichen Verwaltung aus der Finanzierung heraushalten, denn die zahlreichen sozialen Grundrechte der Verfassung verpflichten den Staat, bei Versagen von staatlichen Teilsystemen wie etwa den örtlichen Selbstverwaltungen selbst die Verantwortung für die Grundversorgung zu übernehmen. Mitte der 1990er Jahre wurde diese Frage immer akuter, weil sich die Fälle drohender oder eingetretener Zahlungsunfähigkeit, die auf das Verschulden der Selbstverwaltungsorgane zurückzuführen war, häuften.

Schließlich kam nach längeren Vorarbeiten das Kommunalentschuldungsverfahrensgesetz mit den Stimmen der Koalition und der zusätzlichen Unterstützung von Teilen der Opposition zustande[1035]. Laut Präambel will das Gesetz mehrere Ziele verwirklichen: die Wiederherstellung der Zahlungsfä-

---

[1035] Gesetz 1996:XXV über das Schuldenordnungsverfahren bei den örtlichen Selbstverwaltungen, M. K. 1996/1475 ff. OGy, 26.3.1996, Sp. 18274: 244 Ja-Stimmen, 43 Nein-Stimmen, 1 Enthaltung. Die der Opposition angehörigen Fraktionen der KDNP und des MDF stimmten allerdings gegen das Gesetz, weil sie es als bloße Ausbesserung ansahen und statt dessen die Behebung der Ursachen, d.h. eine umfassende Reform der Finanzierung der Selbstverwaltungen, zumindest aber Vorkehrungen zur Wiederherstellung der dauerhaften Zahlungsfähigkeit der betroffenen Selbstverwaltungen forderten: *Rapcsák,* András (KDNP) nach der Schlußabstim-

higkeit der Selbstverwaltung, den Schutz der Gläubiger und die Sicherstellung der Erfüllung der Pflichtaufgaben der Selbstverwaltung. Zu diesem Zweck sieht das Gesetz ein Schuldenordnungsverfahren vor. Ein solches, in manchen Punkten an das Konkursverfahren angelehnte Verfahren findet auf Antrag der Selbstverwaltung oder der Gläubiger vor dem Komitatsgericht[1036] statt. Voraussetzung ist, daß die Selbstverwaltung offene fällige Rechnungen 60 Tage lang oder rechtskräftig festgestellte Verbindlichkeiten sofort nicht bezahlt (§ 4 Abs. 2 KommEntschVerfG); in diesem Fall ist das Gericht verpflichtet, das Verfahren zu eröffnen (§ 9 Abs. 1 KommEntschVerfG). Mit der Eröffnung des Verfahrens bestellt das Gericht einen Finanzpfleger für die Selbstverwaltung, der weder zu der Selbstverwaltung noch zu dem Gläubiger in engerer Beziehung stehen darf (§ 9 Abs. 2–3 KommEntschVerfG).

Ähnlich wie beim Konkurs von Firmen wird auch die Eröffnung des Schuldenordnungsverfahrens mit einem Aufruf an weitere Gläubiger im offiziellen Firmenanzeiger veröffentlicht (§ 10 KommEntschVerfG). Nur innerhalb einer Frist von 60 Tagen angemeldete Forderungen werden berücksichtigt, während nicht fristgemäß angemeldete Forderungen frühestens zwei Jahre nach Abschluß des Verfahrens geltend gemacht werden können (§ 11 Abs. 4 KommEntschVerfG). Der Finanzpfleger verschafft sich mit Hilfe der Gemeindeorgane[1037] einen Überblick über die finanzielle Situation und versucht dann, mit den Gläubigern zu einer Einigung über ein Reorganisationsprogramm zu kommen (§§ 20–28 KommEntschVerfG). Wenn ein Vergleich nicht zustandekommt, verfügt das Gericht die Aufteilung des Vermögens der Selbstverwaltung. Der Finanzpfleger bestimmt das Vermögen und die staatlichen Unterstützungen, welche zur Aufrechterhaltung der Pflichtaufgaben nötig sind; der Rest des Vermögens wird verwertet und die Erlöse an die Gläubiger verteilt (§§ 29–32 KommEntschG). Die Einzelheiten der Auswahl und der Bestellung des Finanzpflegers, der rückzahlbaren Unterstützungen des Staates zum Schuldendienst der Selbstverwaltung sowie der Zahlung allgemeiner staatlicher Zuschüsse regelt eine Regierungsverordnung[1038].

---

mung, OGy, 26.3.1996, Sp. 18273 f., *Demeter,* Ervin (MDF), ebd., OGy, 26.3.1996, Sp. 18276.

[1036] Dies ist die dem deutschen Landgericht entsprechende, zweite Gerichtsebene: *Küpper,* OER 1998/260 f.

[1037] Bei mangelnder Kooperationsbereitschaft besteht im Extremfall sogar die Möglichkeit, die Vertretungskörperschaft aufzulösen: § 17 Abs. 1 KommEntschVerfG.

[1038] Regierungsverordnung 95/1996. (VII.4.) Korm. über einige Fragen der Ausführung des Gesetzes 1996:XXV über das Schuldenordnungsverfahren bei den örtlichen Selbstverwaltungen, M. K. 1996/3391 ff.

Noch bevor das Kommunalentschuldungsverfahrensgesetz erlassen wurde, traf die Regierung in bezug auf einige Selbstverwaltungen vorläufige Regelungen, um zumindest den Betrieb der kommunalen Grundversorgungen in den betroffenen Gemeinden sicherzustellen. Zunächst beschloß die Regierung im September 1995, aus dem Staatshaushalt 250 Millionen Ft für durch eigenes Verschulden in die Zahlungsunfähigkeit geratene Selbstverwaltungen bereitzustellen; kurze Zeit später benannte sie auch die Gemeinden, die für das Haushaltsjahr 1995 davon profitieren sollten. Im Verlaufe des Jahres 1996 folgten mehrere Regierungsbeschlüsse über die Unterstützung sechs weiterer Selbstverwaltungen für das laufende Haushaltsjahr; die zumindest vorläufige Regelung der Finanzen dieser Selbstverwaltungen konnte nicht mehr bis zum Inkrafttreten des Kommunalentschuldungsverfahrensgesetzes warten. In sämtliche Verfahren war das örtlich zuständige TÁKISZ eingeschaltet, das die Verwendung der Mittel überwachte und das entsprechende Sonderkonto für die betroffene Gemeinde führte[1039].

Das Jahreshaushaltsgesetz 1998[1040] erstreckte das Kommunalentschuldungsverfahren auch auf die Fälle, daß Gesundheitseinrichtungen in kommunaler Trägerschaft zahlungsunfähig werden. Hiergegen wurde vor dem Verfassungsgericht ein Normenkontrollverfahren angestrengt, weil die Beschwerdeführer in dieser Erweiterung des Verfahrens auf Einrichtungen, für deren finanzielle Lage sie angesichts des vom Staat vorgegebenen Krankenhausfinanzierungsrechts nichts könnten, eine Einschränkung des kommunalen Grundrechts auf Eigentum [§ 44/A Abs. 1 Buchst. b) Verf.] sahen; auch die Einbeziehung der staatlichen Krankenkassen in ein derartiges Verfahren betrachteten sie als Verletzung der kommunalen Autonomie durch staatliche Intervention. Das Verfassungsgericht betrachtete hingegen die beanstandeten

---

[1039] Regierungsbeschlüsse 1092/1995. (IX.28.) Korm. über die vorübergehende Unterstützung von örtlichen Selbstverwaltungen, die durch eigene Fehler in der Wirtschaftsführung dauerhaft zahlungsunfähig geworden sind, M.K. 1995/4748 f., 1127/1995. (XII.12.) Korm. über die Änderung des Regierungsbeschlusses 1092/ 1995. (IX.28.) Korm., M. K. 1995/6179 f.
Regierungsbeschlüsse 1137/1995. (XII.27.) Korm. über die Auszahlung der staatlichen Zuschüsse, die aus eigenen Fehlern in der Wirtschaftsführung dauerhaft in eine zahlungsunfähige Lage geratenenen örtlichen Selbstverwaltungen für das Jahr 1996 zustehen, M. K. 1995/7019 f., 1012/1996. (II.23.) Korm. über die Eröffnung eines abgesonderten Depotkontos, das bei dem Regionalen Informationsdienst Staatshaushalt und Öffentliche Verwaltung des Komitats Heves für die aus eigenen Fehlern in der Wirtschaftsführung dauerhaft in eine zahlungsunfähige Lage geratene Selbstverwaltung von Egerszólát geführt werden soll, M. K. 1996/765, 1117/1996. (XII.6.) Korm. über die der zahlungsunfähig gewordenen Selbstverwaltung von Kács zu gewährende Betriebsunterstützung und über ein abgesondertes Depotkonto, das bei dem Regionalen Informationsdienst Staatshaushalt und Öffentliche Verwaltung des Komitats Borsod-Abaúj-Zemplén geführt werden soll, M. K. 1996/6056.
Zum TÁKISZ s. o. Punkt C. I. 4. c) cc) (1).
[1040] s. o. Fn. 1030.

Regelungen für verfassungsgemäß, weil das Kommunalentschuldungsverfahren eben nicht nur dem Schutz der Gläubiger, sondern auch der Wiederherstellung der finanziellen Handlungsfähigkeit der Selbstverwaltung diene. Zudem verpflichtet § 70/E Abs. 2 Verf. den Staat dazu, für den Bestand und die Funktionsfähigkeit eines Sozialversicherungs- und -versorgungssystems Sorge zu tragen, so daß ihm eine Letztverantwortlichkeit zukommt, die das Gericht als verfassungsrechtlichen Schutzauftrag dem Verfassungswert der kommunalen Selbstverwaltung entgegenhalten konnte[1041]. Diese Entscheidung ist Teil einer sich entwickelnden Verfassungsrechtsprechung, die soziale Grundrechte, soziale und ökologische Schutzaufträge an den Staat und Staatszielbestimmungen sozialen Inhalts in zunehmendem Maße als verfassungsrechtliche Rechtfertigung für staatliche Eingriffe in Freiheitsrechte – wozu ja auch das Recht auf örtliche und überörtliche Selbstverwaltung gehört – heranzieht.

Eine Änderung der Ausführungsverordnung zum Staatshaushaltsgesetz im Jahre 2000 ermöglichte die Einrichtung von Sonderkonten bei dem örtlich zuständigen TÁKISZ, auf das der Staat Zuschüsse zur Sicherstellung der Grundversorgung in solchen Gemeinden, die einem Schuldenordnungsverfahren unterliegen, einzahlen kann. Das hat den Vorteil, daß die Grundversorgung ohne finanzielle Gefährungen weiter finanziert werden kann, ohne daß dieses Geld in das Schuldenordnungsverfahren einfließt. Die Einrichtung eines solchen Sonderkontos erfolgt allerdings nur auf Antrag der Gemeinde beim Innenminister[1042].

(2) Die horizontale Zusammenarbeit der Selbstverwaltungen

Gegen Ende der Legislaturperiode präzisierte der Gesetzgeber die möglichen Formen institutioneller Zusammenarbeit zwischen den Selbstverwaltungen durch Änderungen des Kommunalgesetzes und den Erlaß eines eigenen Gesetzes über kommunale Zusammenarbeit[1043]. Zweck dieser beiden Gesetze war die genauere rechtliche Ausgestaltung möglicher Formen horizontaler Zusammenarbeit, nachdem die soeben geschilderte finanzielle Privilegierung der Kreisnotäre die gewünschten Resultate nicht erzielt hatte, weil Kreisnotariate einerseits nur bei Kleingemeinden in Frage kommen und sie andererseits eine so intensive Form der Zusammenarbeit darstellen,

---

[1041] Verfassungsgerichtsentscheidung 38/2000. (X.31.) AB, M. K. 2000/6730 ff.

[1042] Regierungsverordnung 153/2000. (IX.13.) Korm. über die Änderung der Regierungsverordnung 217/1998. (XII.30.) Korm. über die Funktionsordnung des Staatshaushaltes, M. K. 2000/5702. Zur Regierungsverordnung 217/1998. s.o. Fn. 676.

[1043] Gesetz 1997:CXXXIV (s.o. Fn. 812); Gesetz 1997:CXXXV über die Vereinigungen und Zusammenarbeit örtlicher Selbstverwaltungen, M. K. 1997/8349 ff.

daß viele Selbstverwaltungen davor zurückschrecken. Um die bislang nur recht vage geregelten Formen weniger intensiver gemeinsamer Aufgabenerledigung präziser auszugestalten, erließ das Parlament die beiden Gesetze.

Grundlage aller Formen der Zusammenarbeit bleibt der freie Wille der beteiligten Selbstverwaltungen[1044] und die gegenseitige Achtung der Gleichberechtigung; aus diesen beiden Prinzipien ergibt sich der Grundsatz, daß alle Formen der Zusammenarbeit nur aufgrund einer Vereinbarung getroffen werden können, die auf dem gegenseitigen Vorteil und der anteilsmäßigen Tragung der Lasten beruht (§ 2 KommZusG).

Die Grundform der institutionalisierten Zusammenarbeit ist die Vereinigung, die je nach Vereinbarung unterschiedliche Formen der Intensität annehmen kann. Eine Vereinigung bedeutet nicht die Zusammenlegung der Selbstverwaltungen, sondern die Übernahme bestimmter Aufgaben durch eine andere Selbstverwaltung oder deren Organe oder die Schaffung gemeinsamer Organe oder Einrichtungen. Das Gesetz über kommunale Zusammenarbeit stellt gewisse Mindestanforderungen formaler und inhaltlicher Art an die Vereinbarung, läßt den Selbstverwaltungen aber einen großen Spielraum zur näheren Ausgestaltung. Über die inhaltlichen Mindestanforderungen hinaus ist das Kündigungsrecht gesetzlich geregelt.

Die wichtigste formale Anforderung stellt die Festsetzung einer qualifizierten Mehrheit in jeder Abgeordnetenkörperschaft bei Abschluß, Änderung oder Kündigung der Vereinbarung dar (§ 4 KommZusG). Vereinbarungen sind immer schriftlich zu schließen (§ 2 KommZusG). Die inhaltlichen Anforderungen variieren je nach gewähltem Typ der Vereinigung, d.h. ob die Übertragung von Zuständigkeiten an eine andere Selbstverwaltung oder die Schaffung gemeinsamer Einrichtungen gewählt wird (§§ 7–18 KommZusG). Je nach Vereinbarung kann eine Vereinigung Rechtspersönlichkeit besitzen (§§ 16–18 KommZusG); sie ähnelt dann einem Zweckverband deutschen Rechts. In keinem Falle können sich die Ausgangsgemeinden durch die Schaffung einer Vereinigung ihrer Pflicht zur Erfüllung von Aufgaben entziehen (§ 3 Abs. 2 KommZusG), d.h. die Letztverantwortlichkeit bleibt bei den Gemeinden bzw. Städten, die die Vereinbarung schließen. Die Anpassung der vor Inkrafttreten des Gesetzes über kommunale Zusammenarbeit bestehenden Kooperationsvereinbarungen an die zwingenden neuen Vorschriften hat einige Zeit in Anspruch genommen und hat mehrfach der Intervention der Rechtsaufsicht durch die Komitatsverwaltungsämter bedurft, kann aber insgesamt als erfolgreich bezeichnet werden[1045].

[1044] Es gab durchaus Vorschläge, bei Kleinstgemeinden die institutionalisierte Zusammenarbeit mit anderen Gemeinden zwingend vorzuschreiben: *Józsa*, MK 2000/ 216. Diese hauptsächlich von Vertretern der Lehre gemachten Vorschläge waren aber politisch nicht durchsetzbar und sind es wohl bis heute nicht.

Unterhalb der Schwelle der Vereinigung hält das Gesetz weitere Formen der Zusammenarbeit bereit (§ 19 KommZusG); zudem bestehen die im Kommunalgesetz selbst vorgesehenen Möglichkeiten weiter. Damit sind das Spektrum der möglichen Formen von Kooperation zwischen zwei oder mehr Selbstverwaltungen derselben Ebene erweitert und seine wichtigsten Formen präzisiert und näher rechtlich ausgestaltet worden.

Eine gewisse Abkehr von dem Grundsatz der Freiwilligkeit findet sich in dem Parlamentsbeschluß 1996 über die Grundlagen einer neuen, noch zu schaffenden Verfassung[1046]. Sowohl das erste als auch das zweite frei gewählte Parlament hielten den Erlaß einer neuen Verfassung für einen wichtigen Schritt für die weitere Vollendung des Systemwandels. Jedoch gelang im Zwist der Parteien keine Einigung auf einen neuen Verfassungstext, zumal der fachliche Druck gering war: Mit der total revidierten Verfassung von 1949 kann das Land inhaltlich leben, auch wenn sie wegen der vielen Änderungen seit der Wende in sich an vielen Stellen widersprüchlich ist. Es war mehr die symbolische Bedeutung, die eine neue Verfassung als Krönung des Systemwechsels gehabt hätte, die die Motivation zur Verfassunggebung darstellte. In diesem Zusammenhang legte das Parlament 1996 in einem Beschluß die Grundlagen fest, die eine neue Verfassung zu enthalten habe. In Kapitel VIII über die Selbstverwaltungen fand sich in Punkt 4 Buchst. c) die Möglichkeit, den Selbstverwaltungen für die Erledigung von Pflichtaufgaben die Zusammenarbeit in Vereinigungen oder mit einem Kreisnotär gesetzlich vorzuschreiben. Weder aus diesem Parlamentsbeschluß noch aus den weiteren Bemühungen des Parlaments erwuchs aber eine Verfassung, und das 1998 gewählte Parlament setzte andere Prioritäten und beschäftigt sich kaum mit der Frage der Verfassunggebung, so daß es wohl in absehbarer Zeit nicht zu einem neuen Grundgesetz kommt[1047]. Insofern ist die Absicht, den Gesetzgeber verfassungsrechtlich zur Anordnung institutionalisierter kommunaler Zusammenarbeit zu ermächtigen, Episode geblieben.

(3) Anschluß- und Benutzungszwang

Am 9.5.1995 verabschiedete das Parlament erstmals eine zusammenhängende gesetzliche Regelung über den Anschluß- und Benutzungszwang bei

---

[1045] Einen Erfahrungsbericht für das Komitat Baranya liefern *Bércsei/Solymosi,* MK 1999/576 ff., für das Komitat Hajdú-Bihar *Papp,* MK 2000/674 ff. Etwas zurückhaltender ist *Árvai,* MK 2000/423 ff., der hauptsächlich von Erfahrungen im Komitat Somogy ausgeht.

[1046] Parlamentsbeschluß 119/1996. (XII.21.) OGY über die Grundsätze der Regelung der Verfassung der Republik Ungarn, M. K. 1996/6590 ff.

[1047] Zur Verfassunggebung in Ungarn s. *Hiller,* ROW 1998/74 ff.

kommunalen Dienstleistungen: das Nutzungsgesetz[1048]. Wie bereits aus der offiziellen Benennung erkennbar, bezieht es sich nicht auf alle örtlichen Dienstleistungen, sondern nur auf einige. Es betrifft vielmehr die Entsorgung fester und flüssiger Abfallstoffe (einschließlich ihrer Unschädlichmachung) und die gemeindlich organisierten Schornsteinfegerdienste. Für die Eigentümer von Grundstücken auf dem Gemeindegebiet sieht das Gesetz den Zwang zur Nutzung der von der Selbstverwaltung organisierten Dienste vor.

Die Selbstverwaltungen ihrerseits unterliegen der Pflicht, die entsprechenden Dienstleistungen auszuschreiben und das Unternehmen, das den Zuschlag erhalten hat, durch Satzung bekanntzugeben. Weitere Einzelheiten über die Ausführung des Gesetzes sind ebenfalls durch (obligatorisch zu erlassende) Satzung zu regeln, wobei gemäß § 4 Abs. 4 Nutzungsgesetz in Budapest die Generalversammlung der Hauptstadt und im Falle einer von mehreren Selbstverwaltungen gemeinsam organisierten Dienstleistungen alle an der Dienstleistung teilnehmenden Gemeinden und Städte zuständig sind. Die fachlichen Anforderungen an die Dienste regeln dagegen der Innenminister bzw. der für Umweltschutz zuständige Minister durch Verordnung (§ 4 Abs. 3 Nutzungsgesetz).

Ein verfassungswidriges Unterlassen des Gesetzgebers stellte das Verfassungsgericht von Amts wegen im Zusammenhang mit diesem Gesetz fest, weil die Ermächtigung zur Festlegung der Gebühren für die kommunalen Dienstleistungen durch Satzung keine Garantien über die Höhe der Gebühren enthält. Es war ein Ziel des Gesetzes, Art und Ausmaß sowie Bezahlung dieser Dienste auf eine gesetzliche Grundlage zu stellen und so den zahlreichen – häufig erfolgreichen – Beschwerden von Bürgern gegen die Regelung von Abfallentsorgungsgebühren vor dem Verfassungsgericht die Begründung zu entziehen. Dabei hat der Gesetzgeber nach Ansicht des Verfassungsgerichts übersehen, daß es nicht nur – und vor allem nicht so sehr – an einer gesetzlichen Ermächtigung zum Erlaß von Abfallgebührensatzungen gefehlt hat, sondern daß diese von Verfassungs wegen bestimmten inhaltlichen Anforderungen unterliegen wie etwa dem Grundsatz, daß nur für erbrachte Leistungen zu zahlen ist (Leistungs-Gegenleistungs-Prinzip), der sich aus dem Rechtsstaatsprinzip (§ 2 Abs. 1 Verf.) und dem Gleichheitssatz (§ 70/A Abs. 1 Verf.) ergibt. Diesbezügliche Garantien hätte der Gesetzgeber in das Gesetz einbauen müssen[1049]. Die Entscheidung, die die frühere Rechtsprechung des Gerichts zusammenfaßt, hat große Bedeutung für das gesamte öffentliche und damit auch kommunale Gebührenrecht, da

---

[1048] Gesetz 1995:XLII über die obligatorische Inanspruchnahme einzelner örtlicher öffentlicher Dienstleistungen, M. K. 1995/1910 f.

[1049] Verfassungsgerichtsentscheidung 6/1999. (IV.21.) AB, M. K. 1999/2460 ff., ABH 1999/90 ff.

sie noch einmal die rechtsstaatlichen Anforderungen an Höhe und Transparenz von Gebührensatzungen darlegt.

Die obligatorische Inanspruchnahme anderer kommunaler Leistungen wird durch die einschlägigen Fachgesetze geregelt, etwa durch das Friedhofsgesetz[1050], das in §§ 21 Abs. 1, 23 grundsätzlich die Bestattung auf den dazu vorgesehenen Friedhöfen vorschreibt. Diese Spezialgesetze sehen jedes für sich unterschiedliche Bedingungen und Durchsetzungsmechanismen für den Anschluß- und Benutzungszwang vor. Damit bleibt die Materie trotz des Nutzungsgesetzes weiterhin unübersichtlich und uneinheitlich.

(4) Das Amtsblatt für Selbstverwaltungen

Ein großes Problem für die Verwaltungen vor Ort war der Informationsfluß. Über die einschlägigen staatlichen Normen, d.h. Gesetze, Regierungs- und Ministerialverordnungen sowie wichtige Verfassungsgerichtsentscheidungen unterrichtet das Magyar Közlöny genannte Gesetzblatt. Abgesehen von der Notwendigkeit, über jede einzelne Rechtsnorm auf eigene Initiative eine Änderungstabelle zu führen, um den jeweils geltenden Rechtszustand erkennen zu können, stellt das Gesetzblatt die Normanwender in den örtlichen Verwaltungen vor die Aufgabe, in der Fülle der im Gesetzblatt verkündeten Rechtsetzungsakte die für sie relevanten herauszufiltern und einander zuzuordnen (etwa Regierungs- oder Ministerialverordnungen zu dem Gesetz, welches sie ausführen).

Während die Erkenntnis des staatlicherseits gesetzten Rechts für die Kommunalverwaltungen aufgrund des Magyar Közlöny zwar mühsam, aber doch grundsätzlich möglich ist, so können sie praktisch kaum Kenntnis von den Rechtsakten anderer Kommunalverwaltungen Kenntnis nehmen, etwa um von deren Erfahrungen zu lernen. Zwar müssen auch die Rechtsnormen der Selbstverwaltungen veröffentlicht werden (§ 14 Abs. 3 NormsG), aber dies geschieht in jeder Gemeinde durch ein eigenes Amtsblatt. Während der Bezug des Magyar Közlöny von den Kommunen finanziell und organisatorisch noch verkraftet werden kann, ist dies bei den Amtsblättern auch nur der umliegenden Gemeinden kaum noch möglich.

Aus diesem Grunde kündigte das Ministerpräsidialamt am 9.6.1995 an, ein staatliches Amtsblatt für die Selbstverwaltungen unter dem Titel Önkormányzatok Közlönye herauszugeben[1051]. Dort sollten sowohl die für

---

[1050] Gesetz 1999:XLIII über die Friedhöfe und die Bestattung, M. K. 1999/ 2506 ff.

[1051] Mitteilung über die Gründung des Önkormányzatok Közlönye, M. K. 1995/ 2643 f.

die Selbstverwaltungen wichtigen staatlichen Rechtsnormen als auch die wichtigsten und interessantesten Rechtsnormen der Selbstverwaltungen selbst zusammengestellt und mit Hinweis auf die Originalquelle veröffentlicht werden. Anders als bei den eigentlichen staatlichen und kommunalen Amtsblättern ist im Önkormányzatok Közlönye auch Werbung möglich; es stellt keine authentische Quelle, sondern eine Arbeitshilfe dar. Mit der Herausgabe wurde im zweiten Halbjahr 1995 begonnen und das Heft bis heute fortgeführt.

Vergleichbares gibt es in Polen: Anfang 1999 erließ der Vorsitzende des Ministerrats eine Verordnung[1052], derzufolge die Wojewoden für die Wojewodschaft ein Amtsblatt [poln.: Dziennik Urzędowy Województwa] herauszugeben haben. Dieses enthält gemäß § 5 der Verordnung nicht nur die Rechtssätze der Wojewodschaft, sondern auch die der auf ihrem Gebiet befindlichen Kreise und Gemeinden. Auch die Aufhebungsakte bezüglich derartiger Rechtssätze durch staatliche Einrichtungen wie Kommunalaufsicht oder Gerichte werden dort veröffentlicht; es fehlen im Vergleich zu Ungarn allerdings die für die Kommunen interessanten staatlichen Rechtsakte. Die Wojewodschaftsamtsblätter sind daher in stärkerem Maße örtliche Verkündungsblätter als das Önkormányzatok Közlönye, bewirken aber immerhin eine geschlossene Dokumentation des gesamten in einer Wojewodschaft geltenden Ortsrechts.

(5) Sonstige Maßnahmen

Am 21.3.1994 unterzeichnete Ungarn die Europäische Charta der kommunalen Selbstverwaltung vom 15.10.1985. Die Verkündung geschah durch das Gesetz 1997:XV[1053], und durch das Gesetz erhalten die Bestimmungen des Vertrages innerstaatlich Gesetzesrang[1054]. Bei der Unterzeichnung machte Ungarn einen gemäß Art. 13 des Abkommens zulässigen Vorbehalt hinsichtlich der Bestellung der Generalversammlungen der Komitate und der Hauptstädtischen Generalversammlung, die nicht beziehungsweise nur zum Teil auf allgemeiner Wahl beruhen, erkannte aber ansonsten die den Selbstverwaltungen durch die Charta gewährten Garantien uneingeschränkt

---

[1052] Verordnung des Vorsitzenden des Ministerrates vom 21.1.1999 über die Grundsätze und die Art der Herausgebabe eines Wojewodschaftsamtsblatts, Dz.U. 1999 Nr. 9 Pos. 78.

[1053] Parlamentsbeschluß 16/1993. (III.26.) OGY über die Bestätigung der Europäischen Charta der kommunalen Selbstverwaltung, M. K. 1993/1966 f. Das Abkommen wurde durch das Gesetz 1997:XV, M. K. 1997/1835 ff., verkündet, welches die Anwendbarkeit des Abkommens rückwirkend zum 1.7.1994 anordnete. Der offizielle deutsche Text findet sich in BGBl. 1987 II S. 65 ff. Näher dazu *Knemeyer*, DÖV 1988/997 ff.; *Stern*, Klaus in Nierhaus, S. 40 ff.; *Schmahl*, DÖV 1999/860.

[1054] Allgemein zur Stellung völkerrechtlicher Rechtssätze in der innerstaatlichen ungarischen Rechtsordnung *Küpper*, ZaöRV 1998/242 ff.

an. Da das Abkommen den Selbstverwaltungen in den Unterzeichnerstaaten keine unmittelbaren Rechte einräumt, sondern lediglich die Staaten verpflichtet, bestimmte Rechtszustände herzustellen und anzuerkennen, ändert sich durch die Ratifikation des Abkommens an der innerstaatlichen Rechtslage der Selbstverwaltungen in Ungarn nicht viel.

Das Abkommen macht aber auch schon deshalb keine Änderungen am innerungarischen Rechtszustand nötig, weil dieser den Verpflichtungen, die Ungarn durch die Unterzeichnung dees Abkommens übernommen hat, entspricht. Die Garantie der kommunalen Selbstverwaltung wird durch die Verfassung gewährleistet (Art. 2 Abkommen), der rechtliche und tatsächliche Umfang der kommunalen Selbstverwaltung entspricht den Anforderungen in Art. 2 und 3 des Abkommens, und eine Grenzänderung ist nur unter den Bedingungen des Art. 5 möglich, nämlich unter Anhörung der Gemeinde und mit einer Volksabstimmung. Die Organisationshoheit der ungarischen Kommunen entspricht dem Niveau des Art. 6 des Abkommens, die Kommunalabgeordneten können ihr Amt frei ausüben und erhalten eine Aufwandsentschädigung (Art. 7), und die Staatsaufsicht beschränkt sich in Selbstverwaltungsangelegenheiten auf die bloße Rechtsaufsicht (Art. 8). Das Vereinigungsrecht der Kommunen (Art. 10) ist ebenso gewährleistet wie ein effektiver Rechtsschutz (Art. 11).

Heikler ist nur die Frage der Ausstattung der Gemeinden mit angemessenen Eigenmitteln (Art. 9) zu beurteilen. Die vom Kommunalgesetz vorgesehenen eigenen Einnahmen der Gemeinden (vor allem die eigenen und die überlassenen Steuern sowie die staatliche Grundfinanzierung) sind aus der Sicht des Art. 9 des Abkommens sicherlich nicht zu beanstanden; das Problem besteht vor allem darin, daß diese Quellen so spärlich sprudeln, daß die den tatsächlichen Bedarf nicht decken. Auch die aufgabenadäquate Finanzausstattung, die Art. 9 Abs. 2 garantiert, ist in der Praxis nicht in vollem Umfang gewährleistet. Das Flexibilitätserfordernis des Art. 9 Abs. 4 wird man angesichts des reichhaltigen Instrumentariums der Finanzierung der Selbstverwaltungen als gewahrt ansehen müssen. Letztendlich bleibt das Problem der zu geringen Beträge. Der Staat gibt aber an die Kommunen nur einen Teil seiner eigenen relativen Armut weiter. Aus dem Abkommen kann nicht gefolgert werden, daß der Staat die Gemeinden zur Erfüllung ihrer Aufgaben wesentlich besser stellt, als er selbst steht. Das Abkommen garantiert nicht mehr als eine gewisse Verteilungsgerechtigkeit im Rahmen der insgesamt zur Verfügung stehenden öffentlichen Gelder. Diese Verteilungsgerechtigkeit wird durch das dargestellte Recht aber gewahrt, und auch die Praxis wird den Anforderungen des Abkommens im großen und ganzen gerecht.

Auch die Unterzeichnung und Ratifizierung des Europäischen Rahmenübereinkommens über die grenzüberschreitende Zusammenarbeit zwischen

Gebietskörperschaften vom 21.5.1980[1055] hat an der innerstaatlichen Rechtslage wenig geändert. Im Vordergrund stehen wiederum Bemühenspflichten der Staaten, denen keine subjektiven Rechte der Gebietskörperschaften gegenüberstehen. Die grenzüberschreitende Zusammenarbeit der örtlichen und regionalen Selbstverwaltungen wird durch die Verfassung garantiert [§ 44/A Abs. 1 Buchst. h)] und durch das Kommunalgesetz spezifiziert, so daß keinerlei Defizite gegenüber den Standards des Rahmenübereinkommens festzustellen sind.

bb) Reformen mit Auswirkungen auf das Selbstverwaltungssystem

Mehrere Reformen in der Legislaturperiode 1994/98 betrafen nicht schwerpunktmäßig die örtlichen und regionalen Selbstverwaltungen, hatten jedoch Auswirkungen auf das Selbstverwaltungssystem.

(1) Staatshaushaltsrecht

Im Zusammenhang mit dem Jahreshaushalt 1996 wurden einige strukturelle Änderungen im System der öffentlichen Finanzen vorgenommen. Diese Änderungen bewirkten mehrere Gesetze, nämlich ein Änderungsgesetz zum Staatshaushaltsgesetz, zahlreiche Änderungen unterschiedlicher Steuergesetze (die in diesem Zusammenhang nicht weiter interessieren) sowie das Jahreshaushaltsgesetz 1996[1056]. Das Änderungsgesetz zum Staatshaushaltsgesetz führte hauptsächlich kleinere Änderungen durch. An dem Grundsatz, daß die Haushalte der örtlichen Selbstverwaltungen die örtliche Ebene des Staatshaushalts bilden (§ 5 StaatshG), änderte die Reform nichts. Die Vertretungskörperschaften können nach der neuen Rechtslage im laufenden Haushaltsjahr leichter Mittel von einem Haushaltsansatz in einen anderen umgruppieren (§ 74 Abs. 1–2 StaatshG). Die Berücksichtigung der Haushalte der örtlichen Minderheitenselbstverwaltungen, die ihrerseits einen – wenn auch ausgesonderten – Teil des Selbstverwaltungshaushalts bilden (§ 65 Abs. 3 StaatshG), führt zu zahlreichen Modifikationen im Detail, ohne an den Grundzügen etwas zu ändern. Eine Änderung mehr klarstellender Art ist die neueingefügte Vorschrift des § 12 Abs. 2 Satz 2 StaatshG, demzufolge ein Ansatz im Haushalt für das berechtigte Organ

---

[1055] Unterzeichnet am selben Tag wie die Europäische Charta der Selbstverwaltungen, verkündet durch Gesetz 1997:XXIV (s. o. Fn. 887).

[1056] Gesetz 1995:CV über die Änderung des Gesetzes 1992:XXXVIII über den Staatshaushalt und einiger anderer gesetzlicher Bestimmungen in diesem Zusammenhang, M. K. 1995/6258 ff.; zum Staatshaushaltsgesetz s. o. Fn. 826. Gesetz 1995:CXXI über den Jahreshaushalt 1996; s. o. Fn. 930.

nicht mit einer Verwendungspflicht verbunden ist; dasselbe gilt für die Bindung von Ausschreibungen von Projekten, die staatlicher Mitfinanzierung oder Unterstützung unterliegen, an die Vorschriften des kurz zuvor erlassenen öffentlichen Beschaffungsgesetzes[1057] (§ 13/B StaatshG). Die Einführung einer Fiskus genannten zentralen Behörde zur Abwicklung der staatlichen Geldgeschäfte unter der Leitung und Aufsicht des Finanzministers (§§ 18/A-18/D StaatshG) hat wenig Auswirkungen auf die Selbstverwaltungen, da sie vor allem – wenn auch nicht ausschließlich – für die Finanzoperationen der zentralen Staatsbehörden zuständig ist.

Das Jahreshaushaltsgesetz 1996 schaffte die abgesonderten staatlichen Finanzfonds teilweise ab und überführte sie im Rahmen einer Haushaltsreform in den normalen Staatshaushalt, so etwa den Raumentwicklungsfonds, wie unter Punkt C. I. 4. d) aa) (3) bereits ausgeführt. Die abgesonderten staatlichen Finanzfonds werden als Institution in §§ 4, 54 ff. StaatshG beibehalten, und das Jahreshaushaltsgesetz sieht in § 34 in Verbindung mit Anlage 9 noch fünf dieser Fonds vor[1058]. Für die Selbstverwaltungen bedeutet dies, daß Projekte, deren Finanzierung bislang über abgesonderte Fonds vorgenommen wurde, jetzt von den Ministerien und den ihnen nachgeordneten Staatsbehörden bewilligt werden: Aus der mittelbaren ist eine unmittelbare Staatsverwaltung geworden. Damit erhöht sich die Gefahr sachfremder, etwa politischer Entscheidungen bei der Vergabe von Geldern. Daß diese Gefahr nicht nur theoretisch besteht, sondern sich durchaus auch schon realisiert hat, wird noch auszuführen sein.

(2) Der Aufbau der Staatsverwaltung

Seit 1995 arbeitete die Regierung an einer Reform der Staatsverwaltung, wobei die mittlere Ebene im Mittelpunkt stand. Als Hauptziel gab die Regierung die Überführung der bisher selbständigen Fachmittelbehörden in ein einheitliches Komitatsverwaltungsamt vor, welches grundsätzlich weiterhin beim Innenminister ressortieren sollte, aber im Hinblick auf Fachverwaltungen dem jeweiligen Fachminister unterstand; die Einsparungen aufgrund des dadurch möglichen Personalabbaus in der Staatsverwaltung sollten für eine leistungsorientierte Aufstockung der Bezüge der verbleibenden Beschäftigten verwendet werden[1059]. Aufgrund einer vorbereitenden Studie

---

[1057] Gesetz 1995:XL über die öffentlichen Beschaffungen, M. K. 1995/1887 ff.

[1058] Für die Staatsaufgaben im Straßenbau, für die öffentlichen (d.h. auch Selbstverwaltungs-) Aufgaben im Wasserwesen, für die Staatsaufgaben in der Arbeitsverwaltung, für die Subventionierung kultureller Aktivitäten und für die Staatsaufgaben im Umweltschutz.

[1059] Regierungsbeschluß 1105/1995. (XI.1.) Korm. über die Hauptrichtungen der Reform der regionalen Staatsverwaltungsorgane, M. K. 1995/5575 ff.

beschloß die Regierung, die notwendigen Kompetenzübertragungen und organisatorischen Arbeiten dem jeweiligen Fachminister zu überlassen[1060].

In dem gleichen Beschluß gab sie einzelnen Ministern auf zu prüfen, ob bestimmte Komptenzen an die Selbstverwaltungen der regionalen oder örtlichen Ebene übertragen werden können. Ausdrücklich genannt wurden unter anderem die Verbraucherschutzbehörden, die Gebührenämter, Teile der Bauaufsicht und die Sportämter. Auch eine Umstrukturierung der TÁKISZ-Ämter, die zu einer engeren Einbindung dieser Stellen in die Finanzverwaltung und die Komitatsverwaltungsämter führen sollte, wurde zur Prüfung aufgegeben. Ergänzend sei erwähnt, daß bestimmte andere staatliche Verwaltungskomptenzen auf ihre Übertragbarkeit auf berufsständische Selbstverwaltungen hin überprüft werden sollten.

Die tatsächlich durchgeführten Reformen[1061] gingen nicht so weit wie zunächst vorgesehen, wurden aber in Teilen durch Gesetze(sänderungen), Regierungs- und Ministerialverordnungen verwirklicht. Für die Selbstverwaltungen bedeutete dieses Umstrukturierungsprogramm zum einen eine weitere Zunahme der übertragenen Staatsaufgaben, zum anderen aber auch eine Rationalisierung sowie Dezentralisierung[1062] der staatlichen Verwaltung, die sich auf der mittleren Ebene mehr und mehr auf einige wenige Verwaltungszweige mit Mittelbehörden in den Komitaten – mit den Komitatsverwaltungsämtern als Herzstück der allgemeinen regionalen Staatsverwaltung, denen die meisten anderen staatlichen Mittelbehörden ein- oder angegliedert sind – konzentrierte.

(3) Die Neuregelung von Wahlen und Referenden

In mehreren Etappen wurde im Verlaufe des Jahres 1997 sowohl das Wahlrecht einschließlich des Kommunalwahlrechts als auch das Recht der

---

[1060] Regierungsbeschluß 1027/1996. (IV.3.) Korm. über die Durchführung der ersten Etappe der Reform der regionalen Staatsverwaltungsorgane, M. K. 1996/1399 ff.

[1061] Hierzu s. Regierungsbeschluß 1094/1996. (VIII.30.) Korm. über die Durchführung der Reform der regionalen Staatsverwaltungsorgane, M. K. 1996/4560 f., sowie Gesetz 1996:LXXII über die Änderung des Gesetzes 1990:LXV über die örtlichen Selbstverwaltungen, M. K. 1996/5194. Die letztgenannte Gesetzesänderung erlaubte der Regierung, den Komitatsverwaltungsämtern auch ohne besondere gesetzliche Ermächtigung Staatsaufgaben zur Erfüllung zuzuweisen. Davon machte die Regierung in der Regierungsverordnung 191/1996. (XII.17.) Korm. über das Hauptstädtische und die Komitatsverwaltungsämter (s. o. Fn. 1016) Gebrauch.

[1062] Dazu der auf der Grundlage des Raumentwicklungsgesetzes gefaßte Parlamentsbeschluß 30/1997. (IV.18.) OGY über die Grundsätze der Raumentwicklungszuschüsse und der Dezentralisierung, über das Bedingungssystem der Einstufung von bevorzugten Gebieten, M. K. 1997/2129 ff.

Volksabstimmungen und Volksbegehren einschließlich ihrer örtlichen Varianten neu geregelt. Den Auftakt machte eine Verfassungsänderung[1063], die die landesweiten Formen direkter Demokratie zum Schwerpunkt hatte. Dieser Neuregelung zufolge können grundsätzlich alle Fragen aus dem Zuständigkeitsbereich des Parlaments Gegenstand einer landesweiten Volksabstimmung sein; von Verfassungs wegen ausgenommen sind Finanzfragen einschließlich der staatlichen Voraussetzungen für örtliche Steuern [§ 28/C Abs. 5 Buchst. a) Verf.] sowie die Entscheidung über die Auflösung der Abgeordnetenkörperschaft einer örtlichen Selbstverwaltung [§ 28/C Abs. 5 Buchst. i) Verf.].

Eine weitere Verfassungsänderung[1064] präzisierte die verfassungsrechtlichen Vorgaben an das Wahlrecht, indem die für die Parlamentswahlen einen Termin im April oder Mai des vierten Jahres nach den letzten Wahlen vorschrieb. Bezüglich der Kommunalwahlen enthalten die geänderten Vorschriften des § 44 Abs. 2 Verf. jetzt die Regelung, daß sie – vorbehaltlich vorgezogener Neuwahlen – im Oktober des vierten Jahres nach der vorigen Wahl abzuhalten sind; da die letzten Kommunalwahlen 1994 in demselben Jahr stattfanden wie die Parlamentswahlen, bewirkt die Neuregelung, daß die Kommunalwahlen immer auf dasselbe Jahr fallen wie die Parlamentswahlen, sofern nicht das Parlament zwischenzeitlich aufgelöst wird. Dieser zeitlichen Kongruenz tragen auch die Übergangsvorschriften in § 6 Abs. 2 des Verfassungsänderungsgesetzes Rechnung, die Parlamentswahlen für Mai 1998 und Kommunalwahlen für Oktober 1998 vorsehen. Eine weitere Änderung betrifft § 44 Abs. 3 Verf., der vorher nur bestimmte, daß das Mandat der Abgeordnetenkörperschaft bis zur konstituierenden Sitzung der folgenden Körperschaft bzw. des Bürgermeisters bis zur Wahl des Nachfolgers andauert. Das Änderungsgesetz fügt eine Vorschrift für den bislang nicht geregelten Fall hinzu, daß die reguläre Wahl mangels Kandidaten ausbleiben mußte: In diesem Fall verlängert sich das Mandat der Abgeordnetenkörperschaft bis zum Tag der Nachwahlen.

Das Wahlrecht

Die Neuordnung des Verfahrensrechts der Volksbegehren und -abstimmungen sowie des Wahlrechts auf einfach-gesetzlicher Ebene geschah Ende 1997 durch das Wahlverfahrensgesetz 1997:C[1065]. Es beließ das materielle Wahlrecht im Wahlgesetz bzw. im Kommunalwahlgesetz in Kraft und

---

[1063] Gesetz 1997:LIX über die Änderung der Verfassung der Republik Ungarn (s. o. Fn. 649).
[1064] Gesetz 1997:XCVIII (s. o. Fn. 648).
[1065] s. o. Fn. 805.

führte die bislang in den Wahlgesetzen sowie im Volksabstimmungsgesetz verstreuten verfahrensrechtlichen Regelungen in einem Gesetz zusammen.

In dieser Kodifikation finden die Besonderheiten der Wahlen der örtlichen und regionalen Selbstverwaltungen durchaus Berücksichtigung. Zwar gelten für diese Wahlen grundsätzlich die Vorschriften für die Parlamentswahlen (§ 100 WVerfG). Besonderheiten gelten aber für die Wahlkreise, für die Wählerregister im Hinblick auf die bei Kommunalwahlen wahlberechtigten Ausländer, die Gestaltung der Wahlzettel und den Modus ihrer Auszählung, die Nachwahlen und nicht zuletzt die Fristen. Erwähnt sei in diesem Zusammenhang lediglich, daß bei den Wahlen der Generalversammlung der Komitate die Gemeinden mit weniger als 10.000 Einwohnern einen gemeinsamen Wahlkreis sowie die Gemeinden mit mehr als 10.000 Einwohner (mit Ausnahme der Städte mit Komitatsrecht) einen gemeinsamen Wahlkreis bilden [§ 101 Buchst. a) WVerfG]. Die gesamte Gemeinde bildet einen Wahlkreis bei der Wahl des Bürgermeisters sowie bei der Wahl der Abgeordnetenkörperschaft in Gemeinden mit weniger als 10.000 Einwohnern, während die Gemeinden mit mehr als 10.000 Einwohnern für die Wahl der Kommunalabgeordneten in Einmannwahlkreise eingeteilt werden; bei den Wahlen des Oberbürgermeisters und der Mitglieder der Hauptstädtischen Generalversammlung hingegen bildet die Hauptstadt einen einzigen Wahlbezirk [§ 101 Buchst. b)-d) WVerfG]. Nachwahlen sind innerhalb von 30 Tagen ab dem Entstehen des Grundes auszuschreiben; sie sind unzulässig in einem Zeitraum von sechs Monaten vor und nach dem regulären Kommunalwahltermin (§ 115 WVerfG).

Eine weitere kleinere Gesetzesänderung Anfang 1998[1066] senkte bei den Kommunalwahlen die Schwellenwerte für die Kandidatennominierungen. Damit wurde es für Kandidaten einfacher, sich erfolgreich für die Teilnahme an Kommunalwahlen nominieren zu lassen.

Ebenso wie bei den Wahlen gilt auch bei den Volksabstimmungen und -begehren der Grundsatz, daß vorbehaltlich einiger Sonderregelungen auf die örtlichen Vorgänge die Vorschriften über die landesweiten Aktivitäten anzuwenden sind (§§ 132, 147 WVerfG).

Volksabstimmungen und -begehren

Die Neuregelung des materiellen Rechts der Volksabstimmungen und Volksbegehren gelang erst Anfang 1998 durch das Gesetz 1998:III[1067]. Dieses betrifft allerdings nur die direktdemokratischen Formen auf gesamt-

---

[1066] Gesetz 1998:XXIX über die Änderung des Gesetzes 1990:LXIV über die Wahl der örtlichen Selbstverwaltungsabgeordneten und der Bürgermeister sowie des Gesetzes 1997:C über das Wahlverfahren, M. K. 1998/2414 f.

staatlicher Ebene. Die örtlichen Volksabstimmungen und -begehren sind
nach wie vor im Kommunalgesetz geregelt[1068]. Durch die Parallelität der
Konzeption für landesweite und örtliche direktdemokratische Formen und
die gemeinsame Regelung der verfahrensrechtlichen Seite im Wahlverfahrensgesetz können die Entwicklungstendenzen des Rechts der landesweiten
Volksabstimmungen, insbesondere die dazu ergangene Verfassungsrechtsprechung, auf die örtliche Ebene übertragen werden.

Unmittelbare Auswirkungen hat das Verfassungsgerichtsurteil zum
Rechtsschutz, da sich die einschlägigen Bestimmungen im Wahlverfahrensgesetz finden und für die landesweite ebenso wie die örtliche Ebene gelten.
Bei den Formen der direkten örtlichen Demokratie (Volksbegehren, -abstim-
mung) ersetzt § 146 WVerfG in Verbindung mit § 155 Buchst. i) WVerfG
die bisher in § 51 KommG vorgesehene Rechtsschutzmöglichkeit zum Verfassungsgericht durch eine eininstanzliche Überprüfung durch die örtlichen
Gerichte. Dies verstößt nach Ansicht des Verfassungsgerichts nicht gegen
die verfassungsrechtliche Rechtsschutzgarantie in § 57 Abs. 5 Verf., weil
diese Garantie auch durch die einfache Gerichtsbarkeit und nicht unbedingt
durch das Verfassungsgericht erfüllt wird und zudem nicht unbedingt mehrere Instanzen verlangt, sondern auch durch eine Instanz erfüllt wird[1069].

Im übrigen ist die Verfassungsrechtsprechung seit 1998 von einer gewissen Reserve gegenüber den direkten Formen der demokratischen Willensbildung geprägt, und das Verfassungsgericht legt die Zulässigkeitsbedingungen
äußerst restriktiv aus. So entschied es in einem dogmatisch kaum haltbaren
Urteil, daß ein Referendum über die Direktwahl des Staatspräsidenten unzulässig sei, da die Verfassung nicht durch Volksabstimmung geändert werden
könne; in späteren Entscheidungen über ein Referendum zur Wiedereinführung der Monarchie berief es sich auf dieses Urteil und seine Begründung[1070]. Auch die Entscheidungen über die Unzulässigkeit eines Referendums über die Wiedereinführung der Todesstrafe lassen eine gewisse Vorsicht gegenüber dem Volksbegehren erkennen, stützen sich aber im
Gegensatz zu den Urteilen über die Direktwahl des Staatspräsidenten und

---

[1067] Gesetz 1998:III über die landesweite Volksabstimmung und das Volksbegehren (s. o. Fn. 782).

[1068] Zur Novellierung dieser Vorschriften im Rahmen der Kommunalreform 1994
s. o. Punkt C. I. 6. a) bb) (3).

[1069] Verfassungsgerichtsentscheidung 29/1999. (X.6.) AB, M. K. 1999/5567 ff.,
ABH 1999/294 ff.

[1070] Verfassungsgerichtsentscheidungen 25/1999. (VII.7.) AB, M. K. 1999/
4063 ff., ABH 1999/251 ff. (Direktwahl des Präsidenten), in deutscher Übersetzung
von *Herbert Küpper* teilweise abgedruckt in OER 1999/426 ff.; 28/1999 (X.6.) AB,
M. K. 1999/5565, ABH 1999/290 ff., und 40/1999. (XII.21.) AB, M. K. 1999/
7917 f., ABH 1999/370 ff. (Monarchie). Näher dazu *Küpper,* OER 1999/422 ff.

die Wiedereinführung der Monarchie auf einen eindeutigen Verbotstatbestand der Verfassung[1071].

Diese Reserve des Verfassungsgerichts dürfte auch gegenüber den örtlichen Volksabstimmungen und -begehren gegenüber bestehen, wenn sie sich auch wegen der soeben erwähnten Verlagerung des Rechtsschutzes auf die Verwaltungskammern der ordentlichen Gerichtsbarkeit kaum praktisch auswirken wird. In dem einzigen jüngeren Fall, in dem sich das Verfassungsgericht mit den örtlichen Referenden auseinandersetzen mußte, stand die Satzung des XXIII. Budapester Stadtbezirks über die örtlichen Volksabstimmungen auf dem Prüfstand, und das Gericht setzte zwei einschränkende Bestimmungen wegen Gesetzesverstoßes außer Kraft. Allerdings ist hierbei zu beachten, daß die eine Bestimmung ursprünglich gesetzeskonform war und nur durch eine Änderung der gesetzlichen Vorschriften gesetzwidrig geworden ist; lediglich in bezug auf die zweite Satzungsbestimmung blieb dem Gericht die Möglichkeit zur Auslegung der einschlägigen gesetzlichen Bestimmungen, die es so auslegte, daß die Einschränkung in der Satzung keinen Bestand hatte. Allerdings kann man auch die diesbezüglichen Ausführungen nicht als wirklich großzügig gegenüber der direktdemokratischen Betätigung der Wähler betrachten[1072].

(4) Sonstiges

Unterstützung im Rahmen der Arbeitsförderung

1996 schuf die Regierung einen Rat für Öffentliche Arbeiten, der im Rahmen von Arbeitsbeschaffungsmaßnahmen Projekte fördert, bei denen Arbeitslose Arbeit finden können[1073]. Die Unterstützungen des Rates, die entweder rückzahlbar oder nicht rückzahlbar sein können, werden aufgrund von Ausschreibungen und Bewerbungen vergeben. Antragsberechtigt sind Stellen, die öffentliche Arbeiten durchführen, d.h. neben staatlichen Stellen die regionalen und die Komitatsraumentwicklungsräte und nicht zuletzt die

---

[1071] Verfassungsgerichtsentscheidungen 2/1999. (III.3.) AB, M. K. 1999/1199 f., ABH 1999/441 ff.; 11/1999. (V.7.) AB, M. K. 1999/2768 ff., ABH 1999/100 ff.

[1072] Verfassungsgerichtsentscheidung 14/1999. (VI.3.) AB, M. K. 1999/3011 ff., ABH 1999/396 ff.

[1073] Verordnung des Arbeitsministers 7/1996. (XII.11.) MüM über die Unterstützungsordnung der öffentlichen Arbeitsprogramme sowie über den Rat für Öffentliche Arbeiten und das Amt des Rates für Öffentliche Arbeiten, M. K. 1996/6096 ff.; auf eine neue Rechtsgrundlage gestellt durch Regierungsverordnung 117/1997. (VII.8.) Korm. über den Rat für Öffentliche Arbeiten und die Unterstützungsordnung der öffentlichen Arbeitsprogramme, M. K. 1997/4517 f.; ersetzt durch Regierungsverordnung 49/1999. (III.26.) Korm. über die Unterstützungsordnung der öffentlichen Arbeitsprogramme, M. K. 1999/1739 ff.

örtlichen Selbstverwaltungen. Durch die neue Verordnung im Jahre 1999 wurde klargestellt, daß auch die Formen institutionalisierter Kooperation zwischen örtlichen Selbstverwaltungen antragsberechtigt sind. Diese Form der Arbeitsförderung stellt für öffentliche Einrichtungen, darunter nicht zuletzt für Gemeinden, Städte und Komitate, eine gute Möglichkeit dar, bei öffentlichen Arbeiten jedenfalls einen Teil der anfallenden Lohnkosten aus staatlichen Quellen ersetzt zu bekommen. Die Arbeitsförderung ergänzt somit die herkömmliche Projektförderung.

Der Gebrauch der Staatssymbole

Von eher symbolischem Wert ist die Regelung in § 1 Abs. 1 Staatssymbolgesetz[1074], das es neben den obersten Verfassungsorganen und den staatlichen Behörden auch den Selbstverwaltungen gestattet, staatliche Symbole ohne weitere Erlaubnis zu verwenden bzw. an den Gebäuden anzubringen. Damit wird zum einen die Einbindung der örtlichen Selbstverwaltungen in den staatlichen Gesamtapparat der Republik Ungarn zum Ausdruck gebracht, zum anderen aber auch eine gewisse Achtung vor den Selbstverwaltungen, denen es ohne Kontrolle gestattet ist, Hoheitszeichen der Republik zu verwenden. Die Vorgängerregelung von 1974[1075] hatte den „örtlichen Organen der Staatsverwaltung", d.h. den Räten das erlaubnisfreie Recht auf Verwendung der Hoheitszeichen bereits eingeräumt, so daß das Gesetz bezüglich der örtlichen Selbstverwaltungen in der Sache nichts ändert, nur die Terminologie an die neuen Verhältnisse anpaßt. Eine echte Änderung bewirkt aber ein Änderungsgesetz aus dem Jahre 2000, das in das Staatssymbolgesetz einen § 5/A einfügt, welcher es nicht nur staatlichen Stellen, sondern auch den Selbstverwaltungen zur Pflicht macht, vor oder an Behördengebäuden und vor oder an dem Sitz der Abgeordnetenkörperschaft während der Betriebszeiten die Nationalfahne zu hissen. Eine ebenfalls neu eingefügte Verordnungsermächtigung erlaubt es der Regierung, die – insbesondere technischen – Einzelheiten der von den Selbstverwaltungen zu hissenden Fahnen vorzugeben[1076].

[1074] Gesetz 1995:LXXXIII über den Gebrauch der nationalen Symbole der Republik Ungarn und von Bezeichnungen, die auf die Republik Ungarn hinweisen, M. K. 1995/5234 ff.

[1075] Ministerratsverordnung 7/1974. (III.20.) MT über die Ordnung des Gebrauchs des Wappens der Volksrepublik [ab dem 23.10.1989: der Republik] Ungarn sowie einiger Benennungen und Bezeichnungen, die auf staatliche Hoheitsrechte hinweisen, M. K. 1974/181 f.

[1076] Gesetz 2000:XXXVIII über die Änderung des Gesetzes 1995:LXXXIII über den Gebrauch der nationalen Symbole der Republik Ungarn und von Bezeichnungen, die auf die Republik Ungarn hinweisen, M. K. 2000/2959 f. Die Ausführungsbestimmungen etwa über Größe, Material und Reinigung der zu verwendenden

c) Die Selbstverwaltungen seit 1998

Bei den Parlamentswahlen vom 10. und 24.5.1998 errang eine bürgerliche Koalititon aus FIDESZ, MDF und FKgP die Mehrheit. Sie wählte am 6.7.1998 *Viktor Orbán* zum Ministerpräsidenten[1077]. Unter der Regierung *Orbán* ist ein gewisses Desinteresse der Zentrale an den örtlichen und regionalen Selbstverwaltungen festzustellen. Der Schwerpunkt der Aktivitäten betrifft daher die staatliche Verwaltung, was aber durchaus auch Auswirkungen auf die Komitate, Städte und Gemeinden haben kann. Aus diesem Grund wird die Rechtsentwicklung zunächst für die zentrale Ebene und erst im Anschluß daran für die Selbstverwaltungen dargestellt.

aa) Die Rechtsentwicklung auf zentraler Ebene

Schon bald nach seinem Amtsantritt machte sich Ministerpräsident *Orbán* daran, ein starkes Ministerpräsidialamt nach deutschem Muster aufzubauen. Die Leitung des Ministerpräsidialamtes, dessen Befugnisse stark erweitert wurden und immer wieder weitere Weiterungen erfuhren, wurde einem Regierungsmitglied im Ministerrang übertragen[1078]. Neben zahlreichen anderen Veränderungen auf der Ebene von Regierung und staatlichen Oberbehörden hatte diese Maßnahme auch Auswirkungen auf den Bereich der Selbstverwaltungen. So wurde das 1994 geschaffene und beim Innenminister ressortierende Amt des Regierungsbeauftragten für die Modernisierung der öffentlichen Verwaltung abgeschafft und diese Aufgaben auf das Ministerpräsidialamt (genauer gesagt den parlamentarischen Staatssekretär im Ministerpräsidialamt) übergeleitet[1079]. Auf die Umstrukturierung der Ministerien ist bereits oben unter Punkt C. I. 3. b) bb) (1) im Zusammenhang mit der Raumplanung hingewiesen worden. Die Zentralisierung kommunal- und raumpolitischer Kompetenzen im Ministerpräsidialamt bedeutete aber

---

Flagge finden sich in der Regierungsverordnung 132/2000. (VII. 14.) Korm. über einige Fragen der Beflaggung von öffentlichen Gebäuden, M. K. 2000/4694 f.

[1077] Einzelheiten des Wahlergebnisses finden sich in der Mitteilung des Landeswahlausschusses über das Ergebnis der Parlamentswahlen 1998, M. K. 1998/3889 ff. Die Wahl von *Viktor Orbán* zum Ministerpräsidenten erfolgte durch den Parlamentsbeschluß 42/1998. (VII.6.) OGY über die Wahl des Ministerpräsidenten, M. K. 1998/4865.

[1078] Regierungsverordnungen 128/1998. (VII.15.) Korm. über die Änderung einiger Regierungsverordnungen im Zusammenhang mit der Bildung der Regierung, M. K. 1998/4906 f., 183/1998. (XI.11.) Korm. über die Aufgaben und Befugnisse des Ministerpräsidialamts in der Verwaltungs- und Gebietspolitik (s. o. Fn. 645). Dazu *Duchac*, KAS-AI 11/1998, S. 75 f.

[1079] Regierungsverordnung 183/1998. (XI.11.) Korm. (s. o. Fn. 645). Zum Regierungsbeauftragten für die Modernisierung der öffentlichen Verwaltung s. o. Punkt C. I. 6. a).

nicht, daß die Regierung den Selbstverwaltungen besonders große Aufmerksamkeit schenkte, sondern war lediglich ein Teil der Strategie des Ministerpräsidenten, sein Gewicht innerhalb der Regierung und im staatlichen
Machtgefüge auszubauen.

Ende 1998 änderte die Regierung durch Verordnung zahlreiche Einzelheiten des öffentlichen Haushaltsrechts[1080], d.h. des eigentlichen Staatshaushalts sowie seiner Untersysteme wie beispielsweise der örtlichen Selbstverwaltungen und der Selbstverwaltungen in der Sozialversicherung. Die
Hauptauswirkung für die Selbstverwaltungen bestand in einer stärkeren
Unifizierung der Systeme, was in der Praxis eine stärkere Angleichung der
Selbstverwaltungshaushalte an das System des zentralen Staatshaushalts mit
sich brachte. So gibt § 29 Abs. 1 der Verordnung genau vor, in welche Kapitel der Entwurf der kommunalen Haushaltssatzung zu unterteilen ist. Eine
stärkere Einbindung der Kommunal- und Komitatshaushalte in den zentralen Staatshaushalt ist jedoch durch diese Regierungsverordnung nicht auszumachen; es werden lediglich die Formalien und Verfahrensweisen stärker
angeglichen.

bb) Die Entwicklung des Rechts der Selbstverwaltungen

In den Kommunalwahlen 1998[1081], die entsprechend den 1997 beschlossenen Änderungen im Oktober nach den Parlamentswahlen stattfanden [s. o.
Punkt C. I. 6. b) bb) (3)], konnten die bürgerlichen Koalititonsparteien
ihren Erfolg bei den Parlamentswahlen nicht wiederholen, hatten allerdings
auch keine allzu großen Einbußen zu verzeichnen. Insbesondere in den
Großstädten waren die Kandidaten der Sozialisten und der Freien Demokraten, d.h. der Regierungsparteien von 1994 bis 1998, überdurchschnittlich
erfolgreich, während auf dem Land überdurchschnittlich viele parteilose
Kandidaten gewählt wurden[1082]; dieser Befund trifft auch auf die später im
Wahlzyklus notwendig werdenden Nachwahlen zu[1083]. Hierin sowie in dem
ausgeprägten Machtstreben des Ministerpräsidenten, das durch Organe des
zentralen Staatsapparates eher als auf der örtlichen Ebene zu verwirklichen

---

[1080] Regierungsverordnung 217/1998. (XII.30.) Korm. über die Betriebsordnung
des Staatshaushalts (s. o. Fn. 676).

[1081] Anordnung des Präsidenten der Republik 107/1998. (VII.31.) KE über die
Ausschreibung der allgemeinen Selbstverwaltungswahlen, M. K. 1998/5285.

[1082] Einzelheiten des Wahlergebnisses finden sich in der Mitteilung des Landeswahlausschusses über die landesweit zusammengestellten endgültigen Angaben der
Wahlen 1998 der örtlichen und Minderheitenabgeordneten, der Bürgermeister, des
Oberbürgermeisters, weiterhin der Hauptstädtischen und der Komitatsgeneralversammlungen, M. K. 1998/6987 ff. Näher dazu *Duchac*, KAS-AI 11/1998, S. 76 f.

[1083] *Népszabadság*, 27.4.1999, S. 4: A függetlenek futottak be [Die Unabhängigen
machten das Rennen].

ist, mag das bereits erwähnte relative Desinteresse der Regierung *Orbán* an der Entwicklung der örtlichen und regionalen Selbstverwaltungen herrühren.

Trotz dieses relativen Desinteresses der Regierung und der sie tragenden Parlamentsmehrheit beschloß das Parlament am 13.6.2000, den 30. September, den zehnten Jahrestag der ersten freien Kommunalwahlen, zum Tag der Örtlichen Selbstverwaltungen zu erklären, der vom Jahr 2000 an jährlich abgehalten werden soll[1084]. Der Parlamentsbeschluß legt keine Rechte und Pflichten fest, sondern ruft lediglich die Selbstverwaltungen, die einschlägigen Verbände und die Staatsbürger auf, diesen Festtag angemessen zu begehen. Der Tag hat somit reinen Symbolwert.

Das Raumordnungsverfahren

Hauptsächlich Klarstellungs-, in gewisser Weise auch Konzentrationsfunktion hat das im April 1999 erlassene Raumordnungsverfahrensgesetz[1085]. Es bezieht sich auf alle territorialen und Statusänderungen in bezug auf die örtlichen und regionalen Selbstverwaltungen, die unter dem Oberbegriff des Raumordnungsverfahrens zusammengefaßt werden. An den bislang bestehenden Zuständigkeiten von Präsident, Parlament, Regierung und Wahlvolk ändert das Gesetz nichts; da die meisten dieser Kompetenzen in der Verfassung festgeschrieben sind, konnte das Gesetz alleine ohnehin keine Änderungen bewirken.

In zwei Fragen bringt das Gesetz jedoch eine wesentliche Neuerung: Zum einen führt es ein einheitliches Raumordnungsverfahren ein, welches beim Innenminister konzentriert ist, bevor die eigentlich zuständigen Organe entscheiden. Deren Entscheidung wird nicht mehr nach Bedarf gefällt, sondern gebündelt einmal im Jahr. Das bedeutet, daß das Parlament oder der Staatspräsident nur noch einmal im Jahr in einem Akt alle in dem Vorjahr angefallenen Raumordnungsentscheidungen treffen, allerdings getrennt nach der Art der Entscheidung[1086]. Fristvorschriften bestimmen, bis

---

[1084] Parlamentsbeschluß 57/2000. (VI.16.) OGY über die Feier des Tages der Örtlichen Selbstverwaltungen, M. K. 2000/3360. Die Rede des Präsidenten der Republik *Ferenc Mádl* auf der zentralen Veranstaltung zum ersten Tag der Örtlichen Selbstverwaltungen in Budapest ist abgedruckt in MK 2000/641 ff.

[1085] Gesetz 1999:XLI über das Raumordnungsverfahren, M. K. 1999/2499 ff.

[1086] Der erste derartige Rechtsakt nach den neuen Vorschriften bezog sich auf die Verleihung des Stadttitels: die Anordnung des Präsidenten der Republik 110/1999. (VI.21.) KE über die Verleihung des Stadttitels (s.o. Fn. 737), mit der vier Gemeinden das Stadtrecht gewährt wurde. Bezüglich der Gründung neuer Gemeinden (durch die Abspaltung von einer bestehenden) folgte die Anordnung des Präsidenten der Republik 184/1999. (X.13.) KE über die Erklärung von Óbarok zur Gemeinde, M. K. 1999/5727: Die bislang zur Stadt Bicske (Komitat Fejér) gehörige Siedlung Óbarok wird mit Wirkung vom 1.1.2000 zur selbständigen Gemeinde erklärt; wei-

wann Selbstverwaltungen Anträge stellen können, um bei der nächsten Entscheidung berücksichtigt zu werden.

Zum zweiten beinhaltet das Gesetz für die einzelnen Arten von Raumordnungsverfahren wie etwa die Zuordnung einer Gemeinde zu einem anderen Komitat, die Verleihung des Stadtrechts, die Verselbständigung eines Gemeindeteils oder die Auflösung einer früheren Vereinigung von Gemeinden zu einer neuen Gemeinde – um nur einige der Möglichkeiten zu nennen – objektive Kriterien, wann einer entsprechenden Initiative der betroffenen örtlichen Organe zuzustimmen und wann sie abzulehnen ist. Diese sind allerdings notwendigerweise recht allgemein gehalten, so daß im Einzelfall immer noch genügend Ermessensspielraum verbleibt. Mit diesem Gesetz kommt das Parlament einer Aufforderung des Verfassungsgerichts nach, die Verfahrensregeln in derartigen Angelegenheiten, insbesondere die Rechte und Pflichten des Innenministers und des Präsidenten der Republik näher zu regeln; das Gericht hatte eine Verfassungswidrigkeit durch legislatives Unterlassen festgestellt, welche zu einer Verletzung des Rechtes der Wahlbürger auf die Bestimmung des Status ihrer Siedlung geführt hatte[1087]. Festzuhalten bleibt, daß sich dieses Gesetz nur auf die Selbstverwaltungen bezieht; Änderungen in der örtlichen Zuständigkeit oder im Status von staatlichen Behörden und Einrichtungen werden nach wie vor auf die herkömmliche Art durchgeführt[1088].

---

tere Erklärungen von Siedlungsteilen zu eigenständigen Gemeinden fanden im Jahr 1999 nicht mehr statt. Im Jahr 2000 wurde allerdings Gemeindeteilen die Ernennung zur eigenständigen Gemeinde in mehreren Rechtsakten gewährt: Anordnung des Präsidenten der Republik 97/2000. (VII.26.) KE über die Erklärung von Remeteszőlős zur Gemeinde, M. K. 2000/4997; Anordnung des Präsidenten der Republik 121/2000. (VIII.17.) KE über die Erklärung von Ászár zur Gemeinde, M. K. 2000/5349. Da die Anordnung durch den Präsidenten mehr formalen Charakter hat und die eigentliche Entscheidung im Innenministerium fällt, ist die Neuwahl des Staatspräsidenten, die zwischen diesen beiden Anordnungen erfolgte, keine ausreichende Erklärung dafür, warum im Jahr 2000 mehrere Raumordnungsanordnungen getroffen wurden. Zu den Referenden, die zur Abspaltung dieser Gemeindeteile von ihrer „Muttergemeinde" führten, s.u. Punkt C. II. 3. 2001 erfolgten dann die Stadterhebungen wieder durch einen einzigen Akt, während der Präsident die Ernennung „sezessionistischer" Gemeindeteile zu Gemeinden durch jeweils eigene, wenn auch am selben Tag erlassene und in Folge veröffentlichte Anordnungen vornahm.

[1087] Verfassungsgerichtsentscheidung 15/1998. (V.5.) AB (s.o. Fn. 695).

[1088] Bei Gerichten etwa nach den Vorschriften des Gerichtsverfassungsgesetzes: Gesetz 1997:LXVI über die Organisation der Gerichte, M. K. 1997/4785 ff.; in deutscher Übersetzung von *Herbert Küpper* abgedruckt in *Brunner,* VSO, Länderteil Ungarn, Dokument 5.1.1., und in *Brunner/Schmid/Westen,* WOS, Länderteil Ungarn, Dokument VI.1.
Zwei Beispiele für Umorganisierungen im Bereich der Staatsverwaltung sind die Regierungsverordnung 175/1999. (XII.7.) Korm. über die Änderung der Regierungsverordnung 220/1997. (XII.5.) Korm. über die örtliche Zuständigkeit der Behörden in herausgehobenen Bauverwaltungssachen, über das Bezeichnungsverfahren sowie

Bürgermeister und Kommunalabgeordnete

Korruption und Ämtermißbrauch wurde gegen Ende der 1990er Jahre auch im kommunalen Bereich ein immer drängenderes Problem, das immer größere öffentliche Aufmerksamkeit auf sich zog. Daher beschloß die Regierung zu reagieren und brachte zwei Gesetzesvorlagen über die Inkompatibilitäten der Selbstverwaltungsabgeordneten und die Bezahlung der Bürgermeister in das Parlament ein, das am 9.2.2000 mit der Debatte begann. Die Vorlagen sehen für kommunale Mandatsträger das Verbot von Führungspositionen in Unternehmen, an denen die Selbstverwaltung Anteile hält, vor und wollen so den Mißständen, die großes Aufsehen erregt haben, vorbeugen[1089] – daher auch die Bezeichnung „lex Rapcsák" für die Vorlage nach *András Rapcsák,* dem ehemaligen Bürgermeister von Hódmezővásárhely. Abgeordnete, die mehr als ein Jahr nicht mehr an Sitzungen teilgenommen haben, sollen ihr Mandat verlieren; auch diese Vorschrift ist eine Reaktion auf schlechte Erfahrungen. Eine weitere Änderung ist die Umstellung der Berechnungsgrundlage der Bürgermeisterbezüge vom Ministergehalt auf Beamtenbezüge. Auch wenn mit dieser anderen Berechnungsgrundlage keine Änderung in der dem konkreten Bürgermeister gezahlten Summe verbunden sein muß, so zeigt die veränderte Anknüpfung doch eine andere Einstellung zum Bürgermeister: Er ist kein kleiner König vor Ort mehr, sondern ein Funktionsträger der Verwaltung. Die Gesetzesvorlage stieß bei keiner Partei auf ernsthafte Gegnerschaft im Grundsätzlichen[1090]. Umstritten waren Einzelheiten wie das Datum des Inkrafttretens oder die Regelung der Inkompatibilitäten der Selbstverwaltungsabgeordneten in einem eigenen Gesetz oder durch Änderung des Kommunalgesetzes.

Am 23.5.2000 verabschiedete das Parlament die Änderung des Bürgermeister- und Kommunalabgeordnetenbesoldungsgesetzes[1091], am 20.6.2000 das Kommunalabgeordnetengesetz[1092]. Die Änderungen des Bürgermeistergesetzes waren eher technischer Natur und betrafen vor allem die Festset-

---

über die fachlichen Voraussetzungen, M. K. 1999/7062 ff., sowie die Verordnung des Innenministers 55/1999. (XII.28.) BM über die Änderung der Verordnung des Innenministers 11/1991. (IX.6.) BM über die Festsetzung der örtlichen Zuständigkeiten der Polizeipräsidien, M. K. 1999/9022.

[1089] Staatsminister im Innenministerium *Károly Kontrát* bei der Begründung der Regierungsvorlage im Parlament, OGy, 9.2.2000, Sp. 16913 ff.; Népszabadság, 10.2.2000, S. 4: A T. Ház előtt a lex Rapcsák [Die lex Rapcsák vor dem H. Haus].

[1090] So *Imre Tóth,* Vorsitzender des Parlamentsausschuß für Selbstverwaltung und öffentliche Ordnung in OGy, 9.2.2000, Sp. 16916 f.; *Károly Tóth,* Sprecher der Minderheitenmeinung des Parlamentsausschusses für Selbstverwaltung und öffentliche Ordnung in OGy, 9.2.2000, Sp. 16917 f.

[1091] Gesetz 2000:XLIV über die Änderung des Gesetzes 1994:LXIV über einige Fragen der Ausübung des Bürgermeisteramtes und über die Honorare der Selbstverwaltungsabgeordneten, M. K. 2000/3145 ff. Zum Gesetz 1994:LXIV s. o. Fn. 991.

zung der Bezüge durch die Abgeordnetenkörperschaft, wobei als Berechnungsgrundlage nun das Grundgehalt im kommunalen Dienst und nicht
mehr das Ministergrundgehalt dient. Aufgrund dieser Berechnungsgrundlage kann die Abgeordnetenkörperschaft nach wie vor innerhalb gewisser,
nach Größe der Kommune gestaffelten Grenzen die Bezüge des Bürgermeisters festsetzen. Weitere Regelungen präzisierten das Disziplinarverfahren
gegen den Bürgermeister, welches nun an Fristen gebunden ist, sowie die
Erstattung notwendiger Auslagen des Bürgermeisters oder Kommunalabgeordneten. Im Zusammenhang mit der Auslagenerstattung zugunsten des
Bürgermeisters wird erstmals geregelt, daß ein Betrag zu diesem Zweck
durch die Abgeordnetenkörperschaft innerhalb gewisser Größenordnungen
auch pauschal bei nachträglicher Abrechnung bestimmt werden kann. Dies
erspart dem Bürgermeister und der Kassenführung, bei jeder Auslage erneut
abrechnen zu müssen, eröffnet aber auch die Möglichkeit des Mißbrauchs
und kann daher nicht als Maßnahme zur Korruptionsbekämpfung angesehen
werden, wohl aber zur Verwaltungsvereinfachung.

Im Kommunalabgeordnetengesetz nehmen Inkopatibilitätsvorschrifen
einen breiten Raum ein, und die geschilderten Verschärfungen haben Eingang in den Gesetzestext gefunden: Mandatsverlust nach einem Jahr der
Nichtteilnahme an Sitzungen, Verbot der Übernahme von Ämtern in kommunalen Unternehmen oder Stiftungen (außer einem Sitz im Kuratorium)
und der Annahme von Geldern solcher Einrichtungen, zudem von leitenden
Stellungen in örtlichen und regionalen Medien. Letztere Bestimmung
scheint möglicherweise übertrieben und auch aus grundrechtlicher Sicht bedenklich. Für Ausschußmitglieder, die nicht gleichzeitig Kommunalabgeordnete sind, gelten dieselben Inkompatibilitätsregeln wie für Kommunalabgeordnete, und das Kommunalabgeordnetengesetz faßt auch die Inkompatibilitäten des Bürgermeisteramtes neu und strenger als bisher. Rechtsschutz
von Abgeordneten, gegen die die Vertretungskörperschaft einen Verstoß
gegen die Inkompatibilitätsregeln festgestellt hat, gewähren die Gerichte,
und zwar das Komitats- bzw. Hauptstädtische Gericht.

Komitatsverwaltungsämter und TÁKISZ

Eine Änderung der Regierungsverordnung über das Hauptstädtische und
die Komitatsverwaltungsämter[1093] präzisierte die dienstrechtliche Stellung
der Leiter der Ämter. Die wichtigste Neuerung war der Verzicht auf eine

---

[1092] Gesetz 2000:XCVI über einige Fragen der Rechtsstellung der örtlichen
Selbstverwaltungsabgeordneten, M. K. 2000/3972 ff.

[1093] Regierungsverordnung 155/1999. (XI.3.) Korm. über die Änderung der Regierungsverordnung 191/1996. (XII.17.) Korm. über das Hauptstädtische und die
Komitatsverwaltungsämter, M. K. 1999/6190. Zur Regierungsverordnung 191/1996.
s. o. Fn. 1016.

fünfjährige Praxis in leitender Stellung in der öffentlichen Verwaltung als Ernennungsvoraussetzung; die Anforderungen an den Bildungsstand sind jedoch unverändert geblieben. Des weiteren hat die Neuerung den Posten des Stellvertretenden Leiters geschaffen, der ebenfalls Jurist sein muß. Seine Aufgaben soll die Betriebssatzung des jeweiligen Amtes regeln, die in der Regel von dem Behördenleiter erlassen und von der vorgesetzten Dienststelle gutgeheißen wird. Die Leitungsfunktion des Innenministers über die Ämter wurde 1999 verstärkt[1094].

Weitreichender waren die Änderungen, die eine Regierungsverordnung Ende 1999 für die Komitatsverwaltungsämter und den TÁKISZ vorschrieb[1095]. Den Komitatsverwaltungsämtern wurde der Betrieb der Computersysteme im Einwohnermeldewesen übertragen, der bisher den regionalen TÁKISZ-Stellen und in der Hauptstadt dem Obernotär oblegen hatte[1096]. Zusammen mit dieser Aufgabenübertragung wurden die Komitatsverwaltungsämter in die Vorbereitung der Wahlen einbezogen, wo sie die Angaben der Melderegister zur Verfügung zu stellen haben. Die TÁKISZ-Büros wurden Ende 2000 in Regionale Staatshaushaltsämter (TÁH) umbenannt.

TÁKISZ/TÁH werden durch die Neuregelung dem Finanzminister (statt bisher dem Innenminister) unterstellt, der die Leitung und die Aufsicht ausübt sowie den Haushalt des Dienstes erstellt. Dem Innenminister verbleiben jedoch Kompetenzen in der fachlichen Leitung, wie sie zuvor dem Finanzminister zugestanden hatten. Diese Verschiebung der Zuständigkeiten ist angesichts der Tatsache als vertretbar zu beurteilen, daß der TÁKISZ den Selbstverwaltungen Dienste und Rat vor allem im Bereich der Finanzen geleistet hat. So werden beispielsweise die Abrechnungen der Selbstverwaltungen bei staatlichen Projektfinanzierungen über TÁKISZ/TÁH bei der Regierung eingereicht, und es ist hierbei die Aufgabe des TÁKISZ/TÁH sicherzustellen, daß die Abrechnungen den recht komplizierten Formerfordernissen bei Verwendungsnachweisen für öffentliche Gelder entsprechen. Viele, vor allem kleine Kommunen wären damit überfordert. In der Beratung in allgemeinen Verwaltungsfragen hat der TÁKISZ hingegen von

---

[1094] §§ 2–8 Regierungsverordnung 213/1999. (XII.26.) Korm. über die Änderung einiger Regierungsverordnungen, M. K. 1999/8435 ff.

[1095] Regierungsverordnung 214/1999. (XII.26.) Korm. über die Änderung einiger Rechtsvorschriften im Zusammenhang mit der Änderung der Aufsicht und des Aufgabenkreises des Regionalen Informationsdienstes Staatshaushalt und Öffentliche Verwaltung, weiterhin des Aufgabenkreises der Verwaltungsämter, M. K. 1999/8437 f. Regierungsverordnung 259/2000. (XII.26.) Korm. über die Regionalen Staatshaushaltsämter, M. K. 2000/9304 f.

[1096] § 11 Abs. 2 der Regierungsverordnung 146/1993. (X.26.) Korm. über die Durchführung des Gesetzes 1992:LXVI über das Register der personenbezogenen Daten und Wohnanschriften der Bürger, M. K. 1993/9526 ff., in der durch die Regierungsverordnung 214/1999. festgelegten Fassung.

vornherein nur eine geringere Rolle gespielt, so daß der Schwerpunkt seiner Aktivitäten eindeutig in Fragen der Finanzverwaltung liegt; die Übertragung des Betriebs der Datenverarbeitung für die Melderegister an die Komitatsverwaltungsämter verstärkt diese Tendenz, TÁKISZ/TÁH zu einem Dienst der reinen Finanzverwaltung zu machen. Die Beratung in Verwaltungsfachfragen, die sich seit der Reform qualitativ verschlechtert hat, wird auf Dauer anderswo verortet werden müssen.

Änderungen im Finanzierungssystem

Mit dem Jahreshaushaltsgesetz 2000[1097] wurde die Möglichkeit eingeführt, bei Gemeinden und Städten mit einem hohen eigenen Steueraufkommen insbesondere an Gewerbesteuern, die staatlichen normativen Zuschüsse zu kürzen oder sogar ganz einzustellen. Die Bindung dieser normativen Zuschüsse an die eigene Steuerkraft der Gemeinde ergibt sich aus mehreren Vorschriften des Jahreshaushalts, insbesondere aus Anlage IV. Mit den Einsparungen beabsichtigte die Regierung, die Erhöhung der Normativzahlungen an die anderen Gemeinden zu finanzieren. Mehrere finanzkräftige Gemeinden, darunter Budaörs, Martfű und Szentgotthárd, legten Verfassungsbeschwerde gegen dieses System ein mit der Begründung, es beeinträchtige ihr Recht auf Selbstverwaltung[1098]. Ein Urteil ist noch nicht ergangen und ist angesichts der häufigen Verzögerungen bei der Bearbeitung politisch heikler Fälle, die in den letzten Jahren beim Verfassungsgericht zu beobachten sind, auch so bald nicht zu erwarten.

Das Jahreshaushaltsgesetz 2001/2002[1099] hielt an der Anrechnung eigenen Steueraufkommens fest und hatte die weitere Besonderheit, daß es erstmalig den Staatshaushalt für zwei Jahre festlegt, allerdings noch nach Jahren getrennt aufgeschlüsselt. § 124 dieses Jahreshaushaltsgesetzes erlaubt es den örtlichen Selbstverwaltungen, gleichzeitig mit ihrer Haushaltssatzung für 2001 auch eine Haushaltssatzung für 2002 zu erlassen. Eine allgemeine Erlaubnis zur zweijährigen Haushaltsfestlegung enthält diese Norm nicht, sondern beschränkt sich auf die Jahre 2001 und 2002. Es ist aber zu

---

[1097] Gesetz 1999:CXXV über den Haushalt der Republik Ungarn im Jahr 2000 (s. o. Fn. 1030). Weitere Einzelheiten regelt die gemeinsame Verordnung des Finanzministers und des Innenministers 3/2001. (I. 30.) PM-BM, M. K. 2001/556 f.

[1098] Népszabadság, 24.9.1999, S. 1: Fizessenek a gazdagabb települések [Die reicheren Kommunen sollen bezahlen], 28.10.1999, S. 5: Folytatódik az önkormányzati számháború [Der Zahlenkrieg um die Selbstverwaltungen geht weiter], 12.11. 1999, S. 1: Tizenötmilliárdért lobbiznak az önkormánzatok [Die Selbstverwaltungen betreiben Lobbyarbeit für fünfzehn Milliarden], 9.2.2000, S. 1, 5: Alapellátás: több település az AB-hez fordul [Grundversorgung: Mehrere Kommunen wenden sich an das VerfG].

[1099] s. o. Fn. 1030.

erwarten, daß die zweijährige Haushaltsgesetzgebung fortgeführt wird, wenn die Erfahrungen aus dem ersten Versuch ermutigen, und daß dann auch die Selbstverwaltungen dauerhaft die Ermächtigung erhalten, Haushaltssatzungen für einen Zweijahreszeitraum zu erlassen.

Neue Pflichtaufgaben in der öffentlichen Sicherheit

Im Zusammenhang mit dem Kampf gegen die wachsende Kriminalität, der im Wahlkampf ein Hauptthema der siegreichen Parteien war, ist das Gesetz über die Aufsicht über den öffentlichen Raum[1100] zu sehen. Vor Erlaß des Gesetzes wurde die Sorge für die Sicherheit und Ordnung im öffentlichen Raum als originäre Selbstverwaltungsaufgabe betrachtet, jedenfalls solange sie unterhalb der Schwelle der polizeilichen Zuständigkeit lag. An der Zuordnung der Aufsicht zu den örtlichen Selbstverwaltungen ändert auch dieses Gesetz nichts, aber es macht sie zu einer Pflichtaufgabe und präzisiert die in diesem Zusammenhang von den Selbstverwaltungen zu erfüllenden Anforderungen. Diese umfassen die Sorge für die Sauberkeit und die rechtmäßige Nutzung des öffentlichen Raums ebenso wie die Aufrechterhaltung der öffentlichen Ordnung und den Schutz des Eigentums der Selbstverwaltung.

Diese Aufgaben überträgt das in manchen Punkten dem Polizeigesetz nachgebildete Gesetz einer besonderen Behörde, der Aufsicht für den öffentlichen Raum, die von den Vertretungskörperschaften der Gemeinden, Städte und hauptstädtischen Bezirke geschaffen wird, wobei mehrere Selbstverwaltungen eine gemeinsame Aufsicht unterhalten können. Alternativ können auch besondere Beamte des allgemeinen kommunalen Verwaltungsapparates, die Aufsichtsbeamten für den öffentlichen Raum, die Aufsichtsaufgaben versehen. Des weiteren regelt das Gesetz ausführlich die hoheitlichen Befugnisse der Aufsicht, die datenschutzrechtliche Seite sowie in Ansätzen die dienstrechtliche Stellung der Aufsichtsbeamten. Damit wird eine herkömmliche freie[1101] Selbstverwaltungsaufgabe zu einer Pflichtaufgabe und einer recht umfassenden Regelung unterworfen, so daß den Selbstverwaltungen neben der Ausführung der Vorschriften nur noch sehr wenig Raum für eigenständige Regelungen verbleibt.

[1100] Gesetz 1999:LXIII über die Aufsicht über den öffentlichen Raum, M. K. 1999/3453 ff.

[1101] Eine gewisse ungeschriebene Pflicht der Selbstverwaltungen wurde auch bereits vor Erlaß des Gesetzes angenommen, und auch aus den Grundrechten der Bürger kann man eine Pflicht zur Aufsicht über den öffentlichen Raum ableiten, jedenfalls soweit es für den Schutz von Freiheit, Leib, Leben und Eigentum notwendig ist. Trotzdem handelte es sich im wesentlichen um eine freie Selbstverwaltungsaufgabe.

II. Offene Fragen und ungelöste Probleme

Das Problem der Selbstverwaltung auf örtlicher und territorialer Ebene gehört zu den ganz zentralen Fragestellungen in der ungarischen verwaltungsrechtlichen Diskussion. Zahlreiche juristische Beiträge, Aufsätze in Fachzeitschriften und Buchpublikationen haben die unterschiedlichen Probleme zum Gegenstand. In der politischen Diskussion nimmt die Selbstverwaltung keine derart zentrale Rolle ein, ist aber als Thema auch hier durchaus präsent. Schließlich finden auch in der anspruchsvolleren Tagespresse sowie im öffentlich-rechtlichen Rundfunk Auseinandersetzungen mit den Fragen der Selbstverwaltungen statt. Damit beschäftigt sich nicht nur die Zunft der Rechts- und Verwaltungswissenschaftler mit der Sache, sondern auch die politische Öffentlichkeit.

Eine ähnliche Aufmerksamkeit wird der Frage der Selbstverwaltungen in den ehemals sozialistischen Ländern sonst nur noch in Polen zuteil. Hier hat der jahrelange Streit um die Reform des Territorialaufbaus, der ja mit der Struktur der Selbstverwaltung eng verbunden ist, das Thema weit über die Fachkreise hinaus getragen und zeitweise zum umstrittensten Problem der polnischen Innenpolitik gemacht[1102]. Die umfassende Gebietsreform von 1998 mit der Wiedereinführung der Kreisebene und der Reduzierung der Anzahl der Wojewodschaften von 49 auf 16 hat eine gewisse Beruhigung in dem bisweilen sehr heftig geführten politischen Streit gebracht. Es wird jetzt in Polen mit Spannung verfolgt, ob die neuen Strukturen zu einer Verbesserung der Arbeitsfähigkeit der öffentlichen Verwaltung, zu einer Reduzierung von Korruption und parteipolitischer Ämterpatronage und zu einer größeren Ausgabeneffizienz führen werden. Immerhin entspricht der Verwaltungsaufbau in Polen jetzt in seinen groben Strukturen und in seinen Bezeichnungen der polnischen Tradition, die von den Kommunisten in Nachahmung des stalinistischen Verwaltungsmodells aufgegeben worden war.

In der Slowakei wird insbesondere der Frage der mittleren Ebene große Aufmerksamkeit seitens der politischen Akteure wie auch der Öffentlichkeit zuteil. In der Diskussion stehen aber nicht die selbstverwaltungsbezogenen Probleme, sondern die Thematik wird überlagert durch die Frage der magyarischen Minderheit im Süden des Landes an der ungarischen Grenze. In der Slowakei befürchten viele, nicht zuletzt wegen der intensiven antiungarischen Propaganda der Regierungen unter Führung von *Vladimír Mečiar,* eine Sezession bzw. Irredenta der südlichen Landesteile, wenn der Gebietszuschnitt der regionalen Selbstverwaltungsebene eine Mehrheit von Ungarn in einer solchen Selbstverwaltungseinheit ergäbe[1103]. Während die ungari-

---

[1102] Dazu s. die Dokumentation polnischer Pressestimmen in OEA 1999/364 ff.

sche Minderheit eine derartige Gebietseinteilung wünscht, um mit deren Selbstverwaltungsrechten auch ihre Minderheitenrechte besser nutzen zu können, steht die slowakische Mehrheit einer solchen Lösung ablehnend gegenüber und bevorzugt Regionalgrenzen, die zu Einheiten mit slowakischen Mehrheiten führen, weshalb das slowakische Parlament am 4.7.2001 die „ungarnfeindliche" Einteilung bestätigte.

Dagegen finden in den anderen ehemals sozialistischen Staaten, die teilweise mit durchaus ähnlichen oder ähnlich bedeutsamen Problemen zu kämpfen haben, Fragen des Selbstverwaltungssystems kaum öffentliche Beachtung. So bleibt selbst die tschechische Öffentlichkeit Fragen der territorialen Selbstverwaltung gegenüber erstaunlich gleichgültig, obwohl es hier erhebliche Defizite und erbitterten politischen Streit gibt. Art. 99–105 der Verfassung der Tschechischen Republik vom 16.12.1992 sehen über den Gemeinden höhere Einheiten der territorialen Selbstverwaltung vor; das Ende 1997 verabschiedete Verfassungsgesetz über die höheren Selbstverwaltungseinheiten blieb zunächst Stückwerk[1104], zu dem die nötigen Ausführungsvorschriften nicht erlassen wurden. Daher fand eine Umsetzung dieses Gesetzes nicht statt, und die Verwaltungsstruktur entsprach weiter dem aus dem „real existierenden Sozialismus" überkommenen Modell, was den ohnehin schon ausgeprägten Zentralismus im Land noch zusätzlich stärkte. 2000 wurden 14 Bezirke geschaffen, die über den Gemeinden und den Kreisen stehen; die Kreise verfügen über Befugnisse im Selbstverwaltungsbereich ebenso wie im übertragenen Bereich und können daher mit gewissen Vorbehalten als die von der Verfassung in Aussicht gestellten höheren Einheiten der territorialen Selbstverwaltung angesehen werden[1105]. Zwischen den politischen Parteien kam es zu bisweilen äußerst heftigen Streitigkeiten darüber, ob eine solche Ebene überhaupt zu schaffen ist und wenn ja, wie; die Öffentlichkeit hat sich aber kaum für das Thema interessiert[1106]. Auch in Litauen, wo 1995 – immerhin vier Jahre nach der Unabhängigkeit – eine echte kommunale Selbstverwaltung eingeführt und die

---

[1103] Zum minderheitenrechtlichen Aspekt der bisherigen Regelungen seit der Ersten Republik s. *Krivý*, S. 355 ff.; zur Frage der Reform der mittleren Ebene als Teil der Modernisierung der öffentlichen Verwaltung s. *Nagayo*, Susumu in Ieda, S. 161 ff.; *Lombardini*, KAS-AI 12/2000, S. 59 f.

[1104] Verfassung der Tschechischen Republik vom 16.12.1992, Sb.ČR 1993 Nr. 1 Pos. 1, in deutscher Übersetzung von *V. Horský* und *Karin Schmid* abgedruckt in *Brunner*, VSO, Länderteil Tschechien, Dokument 1.1.; Verfassungsgesetz vom 3.12.1997 über die Errichtung höherer Selbstverwaltungseinheiten, Sb.ČR 1997 Nr. 114 Pos. 347.

[1105] Eine Neuregelung erfolgte Anfang 2000 durch das Gesetz über die Gemeinden vom 12.4.2000 (s.o. Fn. 843), durch das Gesetz über die Kreise vom 12.4.2000, Sb.ČR 2000 Nr. 38 Pos. 129 und durch das Gesetz über die Bezirksbehörden vom 16.5.2000, Sb. ČR 2000 Nr. 46 Pos. 147. Zum tschechischen Kommunalrecht *Sato*, *Yukino* in Ieda, S. 131 ff.; *Spengler/Müller*, KAS-AI 1/2001, S. 50 ff.

Bezirksstruktur ähnlich wie in Polen die Wojewodschaften durch zahlenmä-
ßige Verringerung und innere Reform gestrafft wurde[1107], haben diese recht
einschneidenden und in der Geschichte Litauens bislang beispiellosen Maßnahmen nur wenig öffentliches Echo ausgelöst. In Rußland hingegen stehen
Fragen des Föderalismus, der Abgrenzung von Machtsphären zwischen den
Subjekten und der Zentrale durch das eigenartige Instrument der Kompe-
tenzabgrenzungsverträge (Art. 66 Abs. 4 Verf. der Rußländischen Födera-
tion vom 12.12.1993[1108]) sowie die Rezentralisierungstendenzen der Zentrale unter *Vladimir Putin* etwa durch die Einführung von sieben Bezirken
über den Föderationssubjekten im Mittelpunkt der Debatte um den Aufbau
der Verwaltung, während die Misere der Kommunen und die Stärkung
staatlicher Eingriffsrechte daneben kaum Beachtung findet[1109]. In den anderen postsozialistischen Staaten bilden weniger grundsätzliche, sondern vielmehr Detailfragen die Hauptschwierigkeiten in der Praxis, so daß die Beschäftigung mit ihnen auf staatliche Stellen[1110] oder die Wissenschaft[1111]
beschränkt bleibt.

In der ungarischen Diskussion kann man kein so zentrales Thema wie in
Polen, der Slowakei oder Rußland ausmachen. Zwar bildet die Frage der

---

[1106] Ausführlich zu den Streitigkeiten *Pauer*, S. 353 ff. Das Desinteresse der Öffentlichkeit mag nicht zuletzt darauf beruhen, daß in den politischen Streitigkeiten
parteipolitische Taktiken stets die Sachargumente an den Rand drängten.

[1107] Zu den Reformen der Kommunen und Bezirke in Litauen s. *Tauber*, Joachim
in Bundesinstitut, S. 119.

[1108] RG 25.12.1993, S. 3 ff. Deutsche Übersetzung von *Dietrich Frenzke* in OER
1994/292 ff. und *Roggemann*, Die Verfassungen, S. 777 ff.

[1109] Dazu *Heinemann-Grüder*, OE 2000/979 ff.; *Schneider*, BIOst-AA Nr. 29/
2000; *Thedieck*, KAS-AI 10/2000, S. 65 f. Im Zuge der Neuordnung und Stärkung
der Zentrale wurden Durchgriffsrechte der zentralstaatlichen Instanzen gegenüber
den Kommunen vor allem durch das Föderale Gesetz Nr. 107-FZ vom 4.8.2000
Über Änderungen und Ergänzungen des Föderalen Gesetzes „Über die allgemeinen
Prinzipien der Organisation der örtlichen Selbstverwaltung", SZRF 2000, Nr. 32,
Pos. 3330, verstärkt. Die Aufhebung verfassungs- und gesetzeswidriger kommunaler
Rechtsnormen, die Auflösung von Vertretungskörperschaften und die Entfernung
kommunaler Amtsträger aus dem Amt ist dadurch wesentlich vereinfacht worden.
Angesichts der im Vordergrund stehenden Probleme zwischen Zentrale und Republi-
ken werden diese Vorgänge in der russischen Diskussion jedoch kaum erwähnt.

[1110] Die kroatische Regierung setzte 1999 eine Expertenkommission ein, die eine
umfassende Reform des Selbstverwaltungssystems beraten und fachlich vorbereiten
soll: Regierungsbeschluß vom 16.9.1999 über die Errichtung einer Expertenarbeits-
gruppe zur Ausarbeitung einer Gesamtreform des Systems der lokalen Selbstverwaltung, N.N. 1999 Nr. 101 Pos. 1674. Der Regierungsbeschluß benennt nur die Mitglieder, macht aber keine inhaltlichen Vorgaben.

[1111] In Rumänien diskutiert die Rechts- und Verwaltungswissenschaft in Anlehnung an den französischen Diskurs vor allem Modelle der Dezentralisierung und
Dekonzentrierung der an übermäßiger Zentralisierung leidenden öffentlichen Verwaltung: *Tofan*, Dreptul 5/1999, S. 3 ff.

Gebietseinteilung einen Schwerpunkt, aber nicht den einzigen. Im Mittelpunkt der politischen Debatte stehen Probleme wie die mittlere Ebene, insbesondere ihre institutionelle Ausgestaltung und der territoriale Zuschnitt, was sich mit den Stichwörtern „Komitate" und „Regionen" umschreiben läßt, das Verhältnis zwischen Staat und Selbstverwaltung, welches vor allem in der Hauptstadt mit ihrer selbstbewußten Verwaltungsspitze immer wieder auf eine Art und Weise problematisch ist, daß auch die politische Öffentlichkeit davon Notiz nimmt, sowie das Verhältnis zwischen Selbstverwaltungen und Bürger. Mehr auf die fachliche Diskussion beschränkt sind dagegen Fragen der geringen Größe der Klein- und Kleinstgemeinden, der Förderung der Kooperation zwischen den Selbstverwaltungen, der Modernisierung und Europäisierung des Selbstverwaltungswesens sowie die mehr technischen Aspekte der auch in der politischen Diskussion befindlichen Themen.

Auf die einzelnen Problemkreise, die Diskussionen hierüber und die in der Debatte stehenden Lösungsmöglichkeiten wird in der Folge eingegangen, wobei zunächst mit den inneren Fragen und Problemen begonnen wird. Danach kommt das Verhältnis zwischen den Selbstverwaltungen und dem Staat unter unterschiedlichen Gesichtspunkten auf den Prüfstand. Es schließt sich die Frage nach einem effektiven und angemessenen Rechtsschutzsystem an, gefolgt von den selbstverwaltungsrechtlichen Aspekten des Problems der Modernisierung der Verwaltung, das sich dem gesamten öffentlichen Bereich stellt. Schließlich wird auf einen besonderen Teilbereich der Modernisierung gesondert eingegangen: auf die Europafähigkeit der Selbstverwaltungen und des Selbstverwaltungssystems.

1. Die innere Ordnung der Selbstverwaltungen

Der erste anzusprechende Problemkreis betrifft die innere Ordnung der Selbstverwaltungen. Das von der Verfassung und den Gesetzen, v. a. dem Kommunalgesetz vorgegebene Kommunalverfassungsrecht zeigt in der Praxis zahlreiche Schwächen. Diese sind nicht so sehr auf gesetzgeberische Mängel zurückzuführen, sondern in der Mehrzahl der Fälle auf eine Überforderung der Akteure vor Ort, die Lücken und Zweideutigkeiten des geltenden Rechts für sich und eine größere Flexibilität zu nutzen. Diese Mängel in der Umsetzung sind dann nicht so sehr eine Frage der mangelhaften Ausgestaltung der inneren Ordnung[1112], sondern mehr ein Problem der mangelnden fachlichen Kompetenz der politischen und administrativen Handelnden vor

---

[1112] In einer eingespielten und kompetenten Kommunalverwaltung können Lücken und sogar Widersprüchlichkeiten des Kommunalverfassungsrechts durchaus dazu genutzt werden, Verhältnisse speziell nach den lokalen Bedürfnissen und Besonderheiten zu schaffen, wie die Erfahrung mit zahlreichen deutschen Gemeindeordnungen zeigt.

Ort. Darauf wird unter Punkt C. II. 8. im Zusammenhang mit der Modernisierung der öffentlichen Verwaltung noch zurückzukommen sein.

Bisweilen liegen die Mängel aber auch in der vom Parlament und der Regierung zu verantwortenden rechtlichen Regelung, und dies ist dann durchaus ein Problem der inneren Ordnung der Selbstverwaltungen. Insbesondere eine unzureichend klare Abgrenzung der einzelnen Zuständigkeitsbereiche führt zu Rechtsunsicherheit, die nicht nur auf ein mangelhaftes juristisches und verwaltungstechnisches Niveau vor Ort zurückzuführen ist. Ein gutes Beispiel hierfür ist die Verfassungsgerichtsentscheidung 10/1999.[1113], die eine städtische Satzungsbestimmung aufhob, welche den Notär zum Abschluß von Verträgen im Namen der Selbstverwaltung ermächtigte. Als Grund für die Aufhebung führte das Verfassungsgericht einen Verstoß gegen höherrangiges Recht, nämlich § 134 Abs. 3 Regierungsverordnung 217/1998. (XII.30.) Korm. über die Funktionsordnung des Staatshaushaltes[1114], einer Ausführungsverordnung zum Staatshaushaltsgesetz, an. Demnach kann nur der Bürgermeister oder ein von ihm ernannter Vertreter Verpflichtungen im Namen der Selbstverwaltung übernehmen; gegen diese höherrangige Vorschrift verstoße die Einräumung eines Vertretungsrechts durch Satzung. Dagegen wird in der Literatur mit beachtlichen Argumenten eingewandt, daß die Satzung mit dem Gesetz übereinstimme und die Regierungsverordnung 217/1998. ihrerseits gegen höherrangiges, nämlich Gesetzesrecht verstoße. Aus der Zusammenschau von § 36 ZGB, § 38 Abs. 1-2 KommG und dem Staatshaushaltsrecht ergebe sich ein gesetzliches Vertretungsrecht des Notärs[1115], was allerdings eindeutig und in letzter Klarheit nirgendwo geregelt ist, sondern sich nur aus der interpretierenden Zusammenschau unterschiedlichster Normen ermitteln läßt. Das Verfassungsgericht äußerte sich nicht zu der Frage und überprüfte die Regierungsverordnung nicht an höherrangigem Recht; es beruft sich zur Rechtfertigung der Regierungsverordnung lediglich auf die recht vage Vorschrift des § 90 Abs. 1 KommG, wonach die Abgeordnetenkörperschaft für die Sicherheit und der Bürgermeister für die Ordnungsgemäßheit der Wirtschaftsführung der Selbstverwaltung zuständig ist[1116]. Jedenfalls ergibt sich für die Praxis in dieser für die Verwaltungsführung der Selbstverwaltung wichtigen Frage eine erhebliche Rechtsunsicherheit, die auf nicht aufeinander abgestimmte Normsetzung des Staates zurückzuführen ist.

Eine ähnliche Indizwirkung für ein qualitativ schlechtes normatives Umfeld kommt der zweiten Verfassungsgerichtsentscheidung über die Auf-

---

[1113] Verfassungsgerichtsurteil 10/1999. (IV.28.) AB, M. K. 1999/2628 ff., ABH 1999/392 ff.

[1114] s. o. Fn. 676.

[1115] *Patyi*, JK 1999/341 ff.

[1116] s. o. Punkt C. I. 3. b) aa) (1) und (2).

lösung einer Abgeordnetenkörperschaft[1117] zu: Sie geht letztlich auf die Unsicherheit über die Arbeitgeberrolle der Körperschaft gegenüber dem eigenständig demokratisch legitimierten Bürgermeister zurück. Das Verfassungsgericht konnte zwar klarstellen, daß die arbeitsrechtliche Stellung des Bürgermeisters nicht deshalb sakrosankt sei, weil die Verfassung seine Direktwahl vorsieht und ihm bestimmte Aufgabenkreise zuweist. Über den Umfang der Dienstherrenrolle der Abgeordnetenkörperschaft äußerte sich das Verfassungsgericht jedoch nicht in einer Weise, die über den konkreten Fall wesentlich hinausweist, so daß auch in Zukunft weitere ähnliche Konflikte entstehen können, wenn nicht im Gesetz, d.h. idealerweise im Kommunalgesetz[1118], eine präzisere Regelung getroffen wird.

Hinzu kommt, daß zahlreiche Fachgesetze vorschreiben, welche Gemeindeorgane die für den jeweiligen Verwaltungsbereich zuständige Behörde ist. Dies ist manchmal der Bürgermeister, meistens der Notär. Wenn kommunale Normsetzung zur Durchführung des Gesetzes notwendig ist, dann nennen die Fachgesetze auch die Abgeordnetenkörperschaft. Diese fachgesetzlichen Kompetenzzuweisungen, die sowohl die originären Selbstverwaltungsaufgaben als auch die übertragenen Staatsaufgaben betreffen, stimmen nicht immer mit dem durch das Kommunalrecht vorgegebenen Grundschema der Kommunalverfassung überein. Insbesondere die Aufwertung des Notärs durch die Übertragung eigener, fachgesetzlich abgesicherter Kompetenzen stört die Austarierung kommunaler Kompetenz- und Machtverteilung und ist auch im Hinblick auf § 44/B Abs. 2–3 Verf., § 7 Abs. 1 S. 2 KommG bedenklich. Nicht zuletzt schaffen die zahlreichen nicht aufeinander und auf das Kommunalrecht abgestimmten fachgesetzlichen Aufgaben- und Zuständigkeitsbestimmungen ein Kompetenzwirrwar, das immer schwerer zu durchschauen ist.

Aus dieser mangelhaften und unübersichtlichen Durchnormierung der Pflichten, Zuständigkeiten und Befugnisse ergeben sich vor Ort allerdings nicht nur Unsicherheiten, sondern auch Mißbrauchsmöglichkeiten. Insbesondere Korruption und Mauschelei wird durch unklare Verantwortlichkeiten und Zuständigkeiten begünstigt, indem sie unlauterem politischem und Verwaltungshandeln keine klaren Grenzen ziehen. Allerdings vollzieht sich korruptes oder unlauteres Handeln auch im Rahmen des gesetzlich Erlaub-

---

[1117] Entscheidung 24/2000. (VII.6.) AB (s.o. Fn. 777).

[1118] Eine Regelung in einem eigenen Gesetz, welches das neue Recht nicht in das Kommunalgesetz einfügt, sondern als ein eigenständiges Gesetz bestehen läßt, ist dagegen aus praktischen Gründen weniger glücklich, weil jede Regelung außerhalb des kodexartigen Kommunalgesetzes die Übersichtlichkeit des geltenden Rechts beeinträchtigt. Man muß sich hierbei vergegenwärtigen, daß es in Ungarn keine allgemein verbreiteten Loseblattsammlungen des geltenden Rechts gibt, sondern daß sich die Praxis mit den Gesetzblättern und privat geführten Änderungstabellen wichtiger Vorschriften behilft.

ten. Ein in Ungarn in den letzten Jahren besonders stark diskutierter Aspekt
ist die kommunale Ämterhäufung, die durchaus zu Interessenkonflikten
oder zur Bevorzugung der eigenen Interessen der Amtsträger führen kann.
Hier soll durch eine Verschärfung der einschlägigen Vorschriften Abhilfe
geschaffen werden.

Ein erstes Maßnahmepaket war die Verabschiedung der „lex Rapcsák", auf
die bereits unter Punkt C. I. 6. c) bb) eingegangen wurde. Dies betrifft aber
nur punktuelle Probleme. Insgesamt dürfte nur eine stringentere Ausgestaltung der Kommunalverfassung, verbunden mit einer auf diese Kommunalverfassung besser abgestimmten Aufgabenübertragung durch das besondere Verwaltungsrecht, zu größerer Klarheit von Zuständigkeiten und Verantwortlichkeiten in der örtlichen Verwaltung führen und somit das Potential für
Mißbrauch sowie die Möglichkeiten für Mißverständnisse verringern.

Ein weiteres Feld, das nach Ansicht der Betroffenen der Regelung
bedarf, ist die Rechtsstellung der Notäre. Sie sind zum einen gehalten, eine
interne Rechtmäßigkeitskontrolle von Selbstverwaltungsmaßnahmen durchzuführen und dabei auch Maßnahmen anderer Kommunalorgane zu beanstanden. Zum anderen hängen sie von eben diesen Kommunalorganen bei
der Gestaltung ihrer weiteren beruflichen Zukunft ab. Aus diesem Dilemma
soll nach den Vorstellungen vieler Notäre eine genauere rechtliche Festlegung ihrer Rechte und Pflichten den Ausweg weisen. Die Regierung wies
derartige Initiativen aus den Reihen der Notäre bislang als „nicht aktuell"
zurück, so daß diese weiterhin in einer – wegen zunehmender Aufgaben-
übertragungen expandierenden – Grauzone operieren, die viele als belastend
empfinden[1119].

Abschließend sei angemerkt, daß sämtliche Reformvorschläge und -vor-
haben vor dem Hintergrund der Einheitsgemeinde stattfinden; lediglich der
traditionelle Sonderstatus Budapests macht hiervon eine Ausnahme. Eine
Ausdifferenzierung der Kommunalverfassung je nach Größe der Gemeinde,
wie es angesichts der Unterscheidung zwischen Munizipien einerseits und
Städten und Gemeinden andererseits durchaus ungarischer Tradition ent-
spräche, wird nicht vorgebracht. Eine derartige Ausdifferenzierung findet
nur im Hinblick auf die Aufgabenübertragung statt, was gemäß § 43 Abs. 1
Satz 2 Verf. zulässig ist. Dies betrifft aber nicht mehr die innere Ordnung
der Gemeinden, sondern das Verhältnis der Aufgabenverteilung zwischen
Kommunen und Staat, worauf in den folgenden Punkten noch zurückzukommen sein wird.

[1119] Népszabadság, 26.6.2000, S. 1, 5: A jegyzőhiány árt a törvényességnek [Der
Mangel an Notären schadet der Gesetzmäßigkeit]. Reformvorschläge bezüglich der
Rechtsstellung der Notäre finden sich bereits bei *Ivancsics,* Imre in Magyar Közi-
gazgatási Kamara, S. 104 ff.; *Czeidli,* István, ebd., S. 145 ff.

2. Das Verhältnis der Selbstverwaltungsebenen zueinander: die mittlere Ebene

Eines der ganz zentralen Probleme des ungarischen Selbstverwaltungssystems ist die Frage der mittleren Ebene. Hier ist praktisch alles ebenso problematisch wie strittig: der Charakter (Selbstverwaltung, Staatsverwaltung, beides nebeneinander oder eine integierte Mischform), die territorialen Einheiten (Komitate, Regionen, Stadt-Umland-Bezirke oder noch anders geartete und zugeschnittene Gebiete), die Aufgaben und Befugnisse und die Finanzierung. Auf diese Problemkreise wird nun einzugehen sein.

a) Der Selbstverwaltungscharakter der mittleren Ebene

Eine der eindeutigsten Antworten in bezug auf die mittlere Ebene erfährt die Frage, ob deren Einheiten Selbstverwaltungscharakter tragen sollen: Dies wird praktisch uneingeschränkt gefordert. Stimmen, die die mittlere Ebene als allein staatliche Einrichtung fordern, sind nicht zu hören. Keine Einigkeit besteht allerdings in der Frage, ob die mittlere Ebene nur eine Selbstverwaltungsebene darstellen oder gleichzeitig auch eine staatliche Institution sein soll[1120]. In der Literatur wird immer wieder auf die sinnvolle Konzeption der jetzigen Konstruktion hingewiesen und vorgeschlagen, auf mittlerer Ebene solle es zum einen eine regionale Selbstverwaltung geben, zum anderen umfassende staatliche Mittelbehörden wie die jetzigen Komitatsverwaltungsämter, deren örtliche Zuständigkeit mit dem Gebiet einer regionalen Selbstverwaltungseinheit identisch ist, die sowohl die Rechtsaufsicht über die kommunalen und regionalen Selbstverwaltungen auf ihrem Gebiet versieht als auch die Tätigkeit der staatlichen Verwaltung bündelt und die Aktivitäten der ausgegliederten staatlichen Behörden auf ihrem Gebiet kontrolliert und koordiniert sowie für eine Koordinierung zwischen selbstverwalteter und staatlicher Behördentätigkeit sorgt[1121]. Dieses Modell der Parallelität heißt für die Selbstverwaltung, daß die mittlere Ebene eine Selbstverwaltungsebene bildet, neben der staatliche Behörden bestehen, die aber über die übliche Kommunalaufsicht hinaus keinerlei Einfluß auf die regionale Selbstverwaltungseinheit haben.

Aus dieser Grundentscheidung folgen zwingend weitere Entscheidungen: Eine mittlere Ebene mit Selbstverwaltungscharakter benötigt eine eigene demokratische Legitimation in Form eines Vertretungsorgans. Nicht mehr

---

[1120] In Polen besteht eine solche Parallelität dergestalt, daß die Wojewodschaft zum einen eine regionale Selbstverwaltung und zum anderen die größte territoriale Einheit für die staatliche Verwaltung darstellt: *Banaszak*, WGO-MfOR 1999/345 ff.

[1121] So etwa *Walter*, JK 2000/314 ff. Dazu auch *Balázs*, István in Magyar Közigazgatási Kamara, S. 87 ff.

eindeutig ist die Form der Vertretung: direkte Vertretung der Wahlbürger durch ein von ihnen gewähltes Gremium oder indirekte Vertretung in Form der Beschickung des Vertretungsorgans durch die Abgeordnetenkörperschaften der Gemeinden und Städte. Wie bereits dargestellt, ist in Ungarn nach der Wende beides ausprobiert worden, wobei die besseren Argumente wohl für eine eigene, direkte demokratische Grundlage der mittleren Ebene sprechen. Eine weitere Variante besteht darin, komitatsübergreifende Regionen mit Selbstverwaltungscharakter zu schaffen und in die Vertretungsorgane dieser Regionen die Mitglieder indirekt durch die direkt gewählten Generalversammlungen der Komitate zu entsenden. Bereits an dieser Stelle zeigt sich, daß das Verhältnis der mittleren Selbstverwaltungsebene zu der unteren Selbstverwaltungsebene das Kernproblem darstellt, das auch bei den noch zu diskutierenden Fragenkreisen immer wieder in unterschiedlicher Form auftauchen wird.

Auf Dauer wird man sich von dem schlechten Ruf, unter dem das Komitat wegen seiner Rolle im Kommunismus noch leidet, verabschieden müssen. Erste Anzeichen hierzu waren, wie geschildert, schon wenige Jahre nach der Wende zu verzeichnen, und die Kommunen haben immer weniger Hemmungen, eigene Kompetenzen auf das Komitat zu übertragen oder mit Stellen der Komitatsselbstverwaltung zusammenzuarbeiten. Ein starkes Komitat kann die Gemeinden und Städte auf seinem Gebiet ja auch gegen unmittelbare staatliche Intervention abschirmen und so deren Selbstverwaltung fördern. Die Komitatsstruktur der ersten Nachwendejahre, in der das Komitat schwach gehalten und zum Spielball der lokalen Interessen gemacht wurde, war dazu nicht geeignet. Bei einem allzu starken Komitat ist allerdings darauf zu achten, daß dieses nicht seinerseits die Gemeinden gängelt; für die Kommune ist es letztendlich gleichgültig, ob ihr Selbstverwaltungsbereich von zentralstaatlichen Stellen oder regionalen Selbstverwaltungen gefährdet wird. Zu diesem Zweck kann die Grundkonzeption, daß die Selbstverwaltung des Komitats nicht über, sondern neben der Selbstverwaltung der Kommunen steht, so weit wie möglich beibehalten werden[1122]. Trotzdem mag in manchen Bereichen wie Raumplanung und -ordnung oder auch Projektförderung eine Übertragung von staatlichen Koordinierungskompetenzen auf die Komitate die selbstverwaltungsfreundlichere Lösung sein, da eine Koordination in diesen Fragen oberhalb der Gemeindeebene notwendig ist und eine Wahrnehmung durch ein selbstverwaltetes Komitat weniger einschränkt als eine Wahrnehmung (wie bisher) durch staatliche Stellen, auch wenn dies in den betroffenen Fragenkreisen zu einer unmittel-

---

[1122] Diese Konstruktion liegt auch der reformierten polnischen Selbstverwaltung zugrunde, in der die Wojewodschaften nicht über, sondern neben den Gemeinden, Städten und Kreisen steht und auf diese kleineren Einheiten nicht einwirken kann: *Banaszak*, WGO-MfOR 1999/345.

baren Überordnung des Komitats über die Gemeinden führt. Als Ausgleich für die Gemeinden endet der unmittelbare staatliche Zugriff auf ihre Verwaltungen in diesen Fragen.

Gerade in den Fragen der Raumordnung wäre auch an paritätisch besetzte Gremien zu denken, wie sie jetzt schon in Form bestimmter Raumentwicklungsräte bestehen[1123]. Ob dies wirklich die selbstverwaltungsfreundlichere Lösung ist, hängt von den Kompetenzen dieser Gremien auch und gerade gegenüber den örtlichen Selbstverwaltungen und von der Gewichtung der Stimmrechte ab. Die bisherigen Erfahrungen mit diesen plural besetzten Gremien sind nicht uneingeschränkt positiv, aber auch nicht unbedingt völlig entmutigend. Jedenfalls wäre der Aufbau von paritätisch besetzten Foren auf der mittleren Ebene eine Möglichkeit, in geeigneten Materien lokale und überörtliche Selbstverwaltungsträger miteinander und mit staatlichen Verwaltungsträgern zu koordinieren.

b) Der Gebietszuschnitt

Zur Zeit besteht die mittlere Ebene aus 19 Komitaten und der Hauptstadt. Bereits die enormen Unterschiede in Fläche, Einwohnerzahl und Wirtschaftskraft zeigen, daß eine im wesentlichen aus dem Spätmittelalter stammende Gebietseinteilung die heutige sozioökonomische Gliederung des Raums nicht mehr widerspiegelt und zudem den Anforderungen an eine moderne Gebietsverwaltung nicht effizient gerecht wird. Andererseits sind die Komitate tief im Bewußtsein der Bevölkerung verwurzelt und stellen bei aller Problematik so etwas wie eine engere Heimat im Zentralstaat Ungarn dar. Daher sind sie als Ausgangspunkt für Reformüberlegungen durchaus geeignet und nicht aus den Augen zu verlieren.

Bereits seit längerem gibt es Bestrebungen, mehrere Komitate zu Regionen zusammenzufassen und so komitatsüberwölbend eine weitere Ebene zu etablieren[1124]. Ein erster derartiger Versuch war die Schaffung von Verwaltungsregionen für die Republiksbeauftragten, die vor allem daran gescheitert sind, daß sie nicht der räumlichen Großgliederung entsprachen[1125], sondern am grünen Tisch entworfene Kunstprodukte waren.

Seit der Mitte der 1990er Jahre werden die Komitate seitens des Staates zu sieben Regionen zusammengefaßt, die vor allem für die Statistik eine Bedeutung besitzen, aber bisweilen auch als Raumgliederung für staatliche Politik- und Verwaltungsaufgaben herangezogen werden[1126]. Es handelt sich dabei um die folgenden Einheiten:

[1123] Dazu s.o. Punkt C. I. 3. b) bb) (1) Exkurs I.

[1124] Eine Diskussion der Gründe für und gegen Regionen findet sich bei *Józsa,* MK 2000/216 ff. Gegen eine Doppelung der mittleren Ebene *Verebélyi,* MK 2000/523.

[1125] s.o. Punkte C. I. 3) b) bb) (3) und C. I. 4. c) aa) (1).

Tabelle 6
Gliederung in Regionen und ihre Wirtschaftskraft[1127]

Name der Region (*regelmäßiger Sitz einer Behörde mit örtlicher Zuständigkeit für die Region*)	Dazugehörige Komitate	% BIP Ungarn	% BIP Europa
Mittelungarn (*Budapest*)	Budapest Pest	148%	71,0%
Westliches Transdanubien (*Győr, Szombathely oder Sopron*)	Győr-Moson-Sopron Vas Zala	110%	53,1%
Mittleres Transdanubien (*Székesfehérvár*)	Fejér Komárom-Esztergom Veszprém	98%	47,1%
Südliches Transdanubien (*Pécs*)	Baranya Somogy Tolna	77%	37,1%
Nordungarn (*Miskolc*)	Borsod-Abaúj-Zemplén Heves Nógrád	68%	32,6%
Nördliches Tiefland (*Debrecen*)	Hajdú-Bihar Jász-Nagykun-Szolnok Szabolcs-Szatmár-Bereg	68%	32,5%
Südliches Tiefland (*Szeged*)	Bács-Kiskun Békés Csongrád	76%	36,7%

[1126] Ein Beispiel hierfür ist die Regierungsverordnung 224/1999. (XII.30.) Korm. über die Reihenfolge der Befriedigung von Ansprüchen örtlicher Selbstverwaltungen auf Zweckunterstützungen zur Abwasserableitung und -reinigung, M. K. 1999/9254 ff., die in § 4 die Verteilung bestimmter Mittel auf die Regionen aufschlüsselt und in Anlage 3 die Zuordnung der einzelnen Komitate zu den Regionen regelt. Ein weiteres Beispiel ist die Verordnung des Ministers für Bildung und Unterricht 29/1998. (VI.11.) MKM über die Direktion für Kulturerbe, M. K. 1998/4307 f., geändert durch die Verordnung des Ministers für Nationales Kulturerbe 18/1999. (XII.13.) NKÖM, M. K. 1999/7432 f.: Die Änderungsverordnung führt sieben Außenstellen ein, deren örtliche Zuständigkeit sich jeweils auf eine der Regionen erstreckt.

[1127] Die Angaben zum BIP der Region im Vergleich zum BIP von Ungarn bzw. zum BIP der Europäischen Union beziehen sich auf das Jahr 1998. Zum Vergleich: Das Bruttoinlandsprodukt von Ungarn insgesamt betrug 1998 48,1% des Bruttoinlandsproduktes der Europäischen Union. Quelle: Zentrales Statistisches Amt, nach: Népszabadság, 28.4.2000, S. 11: Kétszeres a fejlettségi különbség. KSH-adatok a régiókban megtermelt GDP-ről [Der Entwicklungsunterschied beträgt das Zweifache. Angaben des ZStA über das in den Regionen erwirtschaftete BIP].

Diese Regionen knüpfen an die vorhandenen Komitate an und bündeln sie zu größeren Einheiten. Sie entsprechen in etwa den sozioökonomischen Großräumen, wobei sich durch die Übernahme der Komitatsgrenzen insbesondere an den Rändern durchaus Unstimmigkeiten zwischen Regionengrenze und Großraumgrenze ergeben können[1128]. Dies ist aber der Preis der Anknüpfung an die Komitate, die ja durchaus auch Vorteile hat, etwa die bessere psychische Akzeptanz. Auch die Benennung der Regionen, die traditionelle naturräumliche Bezeichnungen wie Transdanubien oder Tiefland verwendet, läßt die Regionen weniger als kühle administrative Schöpfung, sondern als etwas bereits Bekanntes und zuvor Existierendes erscheinen.

Wie aus den Angaben zur wirtschaftlichen Leistungskraft hervorgeht, können die Regionen die Unterschiede in der Leistungskraft nur bedingt ausgleichen, da die leistungsstarken (Nordwesten und Mitte) und die leistungsschwachen Räume (Südwesten und der gesamte Osten) jeweils zusammenhängende Gebiete bilden, die die Zusammenfassung zu einer Region nahelegen. Angesichts des grundlegenden und traditionellen West-Ost-Gefälles in Ungarn ist keine sinnvolle Regionaleinteilung vorstellbar, die gleichzeitig reiche und arme Gebiete umfaßt und so innerhalb einer Region für einen gewissen Ausgleich sorgen könnte. Folglich kann der Unterschied zwischen reichen und armen Gebieten durch eine Einteilung in Regionen nicht überwunden werden. Für dieses Problem müssen andere Lösungen gefunden werden; die Frage der Regionaleinteilung oder überhaupt der Raumgliederung sollte daher nicht mit dieser Frage überfrachtet werden.

Die dargestellte ist aber nicht die einzige regionenhafte Raumeinteilung, die der Staat vorgenommen hat. So führte die großangelegte Justizreform von 1997 die traditionelle dritte Gerichtsebene der Gerichtstafeln zwischen

---

[1128] So stritten beispielsweise 14 Gemeinden an der mittleren Theiß, die ein zusammenhängendes und zusammengehörendes Gebiet bilden und im Komitat Jász-Nagykun-Szolnok liegen, darüber, ob sie nicht statt zur Region Nördliches Tiefland sinnvollerweise zur Region Südliches Tiefland gehören sollten. Diese Frage wurde von den meisten betroffenen Bürgermeistern ja beantwortet, weil ihr Gebiet engere Verbindungen nach Süden als nach Norden hat. Konsequenzen hatte dieser Disput jedoch nicht, da die Komitatszugehörigkeit der Gemeinden nicht geändert wurde und die Regionengrenzen sich weiterhin nach den Komitatsgrenzen richten. Der Fall ist aber geeignet zu verdeutlichen, wie fragwürdig das Festhalten an den Komitatsgrenzen für die Festlegung der Regionengrenzen sein kann. Népszabadság, 10.8.1999, S. 5: Régiót váltó tiszazugiak? [Wechseln die Bewohner des Theißwinkels die Region?].
Auch das historische Jaszenland im Komitat Jász-Nagykun-Szolnok bildet einen solchen Fall: Es fühlt sich der Region Mittelungarn stärker verbunden als dem Nördlichen Tiefland, dessen westliche Peripherie es bildet: Népszabadság, 23.4.1999, S. 4: Népszavazás a Jászságban is? [Auch im Jaszenland eine Volksabstimmung?].

den Komitatsgerichten und dem Obersten Gericht, die in etwa den deutschen Oberlandesgerichten entspricht, wieder ein und sah fünf derartige Gerichtstafeln in den fünf großen städtischen Zentren Budapest, Debrecen, Győr, Pécs und Szeged vor; lediglich der Nordosten mit Miskolc als Zentrum hätte keine eigene Gerichtstafel bekommen sollen. Auch wenn diese Reform wieder rückgängig gemacht wurde, noch bevor sie implementiert werden konnte, so ist es interessant zu sehen, welche Vorstellung der Gesetzgeber von dem Zuschnitt der Zuständigkeitsbezirke der Gerichtstafeln hatte, denn dies gibt einen weiteren Anhaltspunkt für die Vorstellungen der Zentrale über eine zweckmäßige Gliederung des Staatsgebiets[1129].

Tabelle 7
Zuständigkeitsbezirke der Gerichtstafeln[1130]

Sitz der Gerichtstafel	Zu dem Zuständigkeitsbezirk gehörende Komitate
Budapest	Budapest, Fejér, Heves, Nógrád, Pest
Debrecen	Hajdú-Bihar, Borsod-Abaúj-Zemplén, Jász-Nagykun-Szolnok, Szabolcs-Szatmár-Bereg
Győr	Győr-Moson-Sopron, Komárom-Esztergom, Vas, Veszprém, Zala
Pécs	Baranya, Somogy, Tolna
Szeged	Csongrád, Bács-Kiskun, Békés

Auffällig ist der teilweise völlig andere Zuschnitt der Zuständigkeitsbezirke im Vergleich zu den in Tabelle 6 dargestellten, allgemein gebräuchlich gewordenen Regionen. Diese Abweichungen lassen sich nur bedingt mit der geringeren Anzahl von Einheiten (fünf Gerichtsbezirke zu sieben Regionen) und auch nur teilweise mit den besonderen Bedürfnissen der Justizverwaltung begründen, denn auch die Versorgung mit Gerichten sollte den sozioökonomischen Bedürfnissen Rechnung tragen. Zudem kommen selbst in einem kleinen Land wie Ungarn Aspekte der Erreichbarkeit und Zugänglichkeit mit den üblichen öffentlichen und privaten Verkehrsmitteln

---

[1129] Die hier interessierenden Vorschriften aus einem ganzen Paket von Gesetzen sind Gesetz 1997:LIX über die Änderung der Verfassung (s. o. Fn. 649), Gesetz 1997:LXVI über die Organisation und die Verwaltung der Gerichte (s. o. Fn. 1088) und Gesetz 1997:LXIX über die Begründung der Sitze und Zuständigkeitsbezirke der Gerichtstafeln, M. K. 1997/4871. Näher dazu *Küpper*, OER 1998/260 ff. Zum traditionellen Rechtszustand *Brunner*, OER 1980/2 ff.

[1130] § 2 Abs. 2 Gesetz 1997:LXIX (s. o. Fn. 1129).

hinzu. Der Norden und Nordosten wird nach diesem Schema auf die Zuständigkeitsbezirke Budapest und vor allem Debrecen verteilt. Allerdings wurden die Pläne einer regionalisierten Ausstattung des Landes mit Gerichtstafeln aus Kostengründen wieder fallengelassen, noch bevor sie eingerichtet werden konnte; dem nach wie vor bestehenden Bedürfnis nach Entlastung des Obersten Gerichts durch eine dritte Gerichtsebene trug die Regierung nach langen Diskussionen durch die Einrichtung einer einzigen Gerichtstafel mit Sitz in Budapest und mit landesweiter Zuständigkeit Rechnung[1131].

Neben der Justizverwaltung gibt es noch weitere staatliche Verwaltungszweige, deren behördliche Regionaleinteilung den in Tabelle 6 aufgeführten Regionen nicht oder nicht vollständig entspricht. Die Ursachen hierfür sind häufig in den Besonderheiten des jeweiligen Verwaltungszweiges zu suchen: So orientieren sich die Zuständigkeitsbezirke der Fernmeldedirektionen an den Vorwahlnummern und nicht an den Komitatsgrenzen[1132].

Aus der Gegend um den Plattensee werden Rufe laut, die angrenzenden Komitate zu einer Region zu verbinden[1133]. Am Nordufer liegt das Komitat Veszprém, das zur Region Mittleres Transdanubien gehört, am Südufer liegt Somogy (Südliches Transdanubien), und der westliche Zipfel des Sees ragt in das Komitat Zala (Westliches Transdanubien) hinein. Der Plattensee bildet zwar einen zusammenhängenden Raum, dieser läßt sich jedoch nicht mit Komitatsgrenzen umschreiben. Ein Zusammenschluß der genannten drei Komitate würde eine Einheit bilden, die nicht viel gemeinsam hat, und zudem die anderen Regionen Transdanubiens, die dann nur noch jeweils zwei Komitate umfassen würden, ihrer Kraft und ihres inneren Zusammenhangs berauben. Das Sonderproblem des Plattensees zeigt, daß es territoriale Zusammenhänge gibt, die im Rahmen des jetzigen Komitatssystems nicht gelöst werden können. Ob eine eigene Region Plattensee mit neuen, nicht von Komitaten abhängigen Grenzen sinnvoll wäre, ist allerdings fraglich, da der See traditionell das Nord- und Südufer nicht nur verbindet, sondern auch trennt. Da sich beide Ufer an unterschiedlichen Zentren orientieren, ist eine Regionengrenze quer durch den See wohl sinnvoll, und Koordinationsprobleme können durch Institutionen wie den bereits erwähnten

---

[1131] Gesetz 1999:CX über die Festlegung des Sitzes und des Zuständigkeitsbezirks der Landesweiten Gerichtstafel sowie über die Änderung einiger Gesetze in bezug auf den Betrieb der Rechtsprechung, M. K. 1999/7698 ff. Gemäß § 1 Abs. 1 dieses Gesetzes soll die Landesweite Gerichtstafel ihren Betrieb am 1.1.2003 aufnehmen.

[1132] Regierungsverordnung 232/1997. (XII.12.) Korm. über die einheitliche Fernmeldebehörde sowie über die Änderung einiger Rechtsvorschriften in bezug auf das Fernmeldewesen, M. K. 1997/8308 ff.

[1133] Népszabadság, 22.7.2000, S. 7: Balatoni régió: vágyak és realitások [Region Plattensee: Wünsche und Realitäten].

Entwicklungsrat Balaton und den Plattenseer Bund, eine Gemeinschaft von 73 Selbstverwaltungen rund um den See, gegebenenfalls besser bewältigt werden als durch eine gekünstelte und heterogene Region Plattensee. Dementsprechend lehnten die Regierung, aber auch die Komitatsverwaltungen die Vorstöße zur Region Plattensee ab.

Eine recht weitgehende Abkehr vom hergebrachten Komitat enthält das Kapitel über die Raumordnung im Parteiprogramm der oppositionellen MSZP, das im Juni 2000 veröffentlicht wurde. Dieses sieht nur noch drei Großregionen vor, von denen sich zwei in zwei Unterregionen teilen. Das Gebiet dieser Regionen knüpft an die heutige Komitatseinteilung an und sieht wie folgt aus:

Tabelle 8
Die Regionen im Parteiprogramm der MSZP[1134]

Region	Unterregion	Gebiet der heutigen Komitate
Westungarn	Nordtransdanubien	Győr-Moson-Sopron, Vas, Veszprém, Zala
	Südtransdanubien	Baranya, Somogy, Tolna
Mittelungarn		Budapest; Fejér, Komárom-Esztergom, Pest
Ostungarn	Nördliches Tiefland	Borsod-Abaúj-Zemplén, Hajdú-Bihar, Heves, Nógrád, Szabolcs-Szatmár-Bereg
	Südliches Tiefland	Bács-Kiskun, Békés, Csongrád, Jász-Nagy-kun-Szolnok

Geplant ist eine eigene Volksvertretung in den Unterregionen; in diesen können die Abgeordneten aus dem Gebiet eines Komitats eine besondere Regionalgruppe bilden. Damit tragen die Unterregionen Selbstverwaltungscharakter; die Selbstverwaltungseinheit Komitat wird hingegen abgeschafft. Die Regionen und die Unterregionen sollen Kompetenzen bei der Raumplanung und -ordnung bekommen, die Unterregionen zusätzlich noch die Befugnisse einer regionalen Selbstverwaltung. Vorteilhaft ist sicherlich, daß die Hauptstadtregion in einem Großraum über die Hauptstadt und das Komitat Pest hinaus zusammengefaßt wird. Es wird offen gesagt, daß diese Region auch in Zukunft Zugang zu EU-Mitteln hätte, weil die herkömmliche Region Mittelungarn, die nur aus der Hauptstadt und dem Komitat Pest

---

[1134] Quelle: Parteiprogramm der MSZP vom Juni 2000, zitiert nach Népszabadság, 22.6.2000, S. 4: Hét helyett három régió? [Statt sieben drei Regionen?].

besteht, wirtschaftlich so stark ist, daß sie bald den Subventionsschwellen-
wert von höchstens 75% des durchschnittlichen Bruttosozialprodukts der
Gemeinschaft überschreitet, während diese Gefahr nicht so schnell gegeben
ist, wenn die Komitate Fejér und Komárom-Esztergom hinzukommen.

Der Hauptmangel dieser Konzeption besteht darin, daß der Abschied
vom Komitat nur teilweise gelingt und einige Mißstände der Komitatseinteilung mitgeschleppt werden. Dies betrifft insbesondere die Raumaufteilung, denn die Grenzen der vorgeschlagenen Regionen folgen den heutigen
Komitatsgrenzen. Sinnvoller wäre es gewesen, die von der sozioökonomischen Gliederung des Staatsgebiets vorgegebenen Großräume zusammenzufassen. Auch in den Abgeordnetengruppen eines Komitats in den Vertretungskörperschaften der Unterregionen wird die Bindung an die alte Komitatsstruktur fortgeschleppt, ohne daß daraus wesentliche Vorteile erwüchsen.
Das Komitat selbst soll als Selbstverwaltungseinheit aufhören zu bestehen,
aber eventuell als Zuständigkeitsbezirk regionaler Behörden dienen.

Auf Dauer kann die Abschaffung des Komitats als Selbstverwaltungseinheit und seine Herabstufung zu einem reinen Verwaltungsbezirk innerhalb
größerer selbstverwalteter Regionen dazu beitragen, daß bei einer Grenz-
berichtigung zwischen den Regionen auf die alten Komitatsgrenzen keine
Rücksicht mehr genommen werden muß und sich eine neue Grenzziehung
an den sozioökonomischen Bedingungen der Raumaufteilung orientieren
kann. Ein weiterer Vorteil dieser Konzeption ist, daß die Regionen groß
und stark genug sind, um ein wirksames Gegengewicht gegenüber der Zentrale bilden zu können. Bereits heute zeigt sich, daß die Hauptstadt sich
staatlichen Stellen gegenüber selbstbewußter und erfolgreicher entgegen-
stellt als die Komitate, die ja über weit weniger Potential verfügen. Allerdings könnte es auf Dauer zu einer Dominanz der besonders bevölkerungs-
reichen und wirtschaftsstarken Region Mittelungarn über die anderen Regionen kommen.

Von wissenschaftlicher Seite gelingt der Abschied von Komitat leichter.
Der Politologe *Endre Bilecz* fertigte 1998 im Auftrag der Regierung eine
Studie über eine Territorialreform sowohl der Verwaltungs- als auch der
Wahlkreiseinteilung. Unter Rückgriff auf ältere Konzeptionen unter anderem von *Bibó* schlug er neun Großregionen um die städtischen Zentren
Budapest, Debrecen, Győr, Miskolc, Pécs, Szeged, Székesfehérvár, Szolnok
und Szombathely vor; diese Großregionen sollten sich in 62 Kleinregionen
mit jeweils einem kleineren oder größeren städtischen Zentrum gliedern. In
der weiteren politischen Debatte spielte dieser Vorschlag allerdings keine
weitere Rolle mehr, während er von rechtswissenschaftlicher Seite vereinzelt aufgegriffen wurde[1135].

[1135] *Verebélyi*, MK 2000/522 ff.

Zusammenfassend kann gesagt werden, daß der Abschied vom Komitat als der alles bestimmenden Gebietseinheit zwischen Gesamtstaat und Kommune bereits begonnen hat. Die Bedürfnisse von Wirtschaft und Verwaltungsmodernisierung wiegen so stark, daß dagegen die Tradition zurückstehen muß. Andererseits scheut man sich vor einer völligen Aufgabe des Komitats. Angesichts des Heimatgefühls, das das Komitat vermittelt, ist dies auch sachgerecht. Es wird letztendlich darauf ankommen, die traditionelle Gebietseinheit Komitat in neue, an den sozioökonomischen, rund um die großen Städte gebildeten Großregionen einzubauen, so daß die Vorteile beider Institutionen möglichst kombiniert werden. Die Diskussion hierüber ist in Ungarn in vollem Gange, ist aber noch weit von einer endgültigen Lösung entfernt.

c) Aufgaben und Befugnisse

Neben dem territorialen Zuschnitt stellt die Ausstattung mit Aufgaben und Befugnissen die zweite Kardinalfrage in bezug auf die mittlere Ebene dar. Beide Fragen stehen in einem gewissen Zusammenhang miteinander, denn von dem Gebietszuschnitt hängt die Leistungskraft der Einheiten ab, und diese darf bei der Zuweisung von Aufgaben nicht außer Acht gelassen werden.

Ein Problem beim Aufgabenzuschnitt der mittleren Ebene ist die Trennung von Staats- und Selbstverwaltungsaufgaben. Wenn man dem oben dargestellten Modell folgt, daß auf der mittleren Ebene eine Selbstverwaltung einerseits und eine gebietsmäßig identische, ansonsten aber davon getrennte staatliche Mittelbehörde existieren soll, dann ist die Frage relativ einfach zu beantworten. Der regionalen Selbstverwaltung werden die Selbstverwaltungsangelegenheiten übertragen, die jenseits der Möglichkeiten der örtlichen Selbstverwaltungsebene liegen, während die staatliche Mittelbehörde staatliche Aufgaben erledigt. Dabei soll nach Ansicht vieler Fachleute die zukünftige mittlere Ebene über deutlich mehr Aufgaben und Zuständigkeiten im Selbstverwaltungsbereich verfügen als das Komitat heute[1136]. Zu den staatlichen Aufgaben gehört die Kommunalaufsicht über örtliche und regionale Selbstverwaltungen sowie die Fach- und Rechtsaufsicht über die Erledigung staatlicher Aufgaben auf unterer Ebene unabhängig davon, ob sie durch Behörden der kommunalen Selbstverwaltungen oder des Staates wahrgenommen werden. Konkrete Regelungen müßten in den einzelnen Fachgesetzen des besonderen Verwaltungsrechts erfolgen. Daß diese ohnehin besser als bisher mit dem Kommunalrecht in Einklang gebracht werden müssen, wurde bereits unter Punkt C. II. 1. dargelegt.

[1136] *Verebélyi*, MK 2000/523 f., 577 ff.

Sollte sich Ungarn bei der Reform der mittleren Ebene jedoch für eine einheitliche Verwaltung, die teils Selbstverwaltungs- und teils Staatsverwaltungscharakter trägt, entscheiden, verschiebt sich die Frage der Aufgabenzuteilung von der Ebene der Verteilung zwischen zwei separaten Behörden zu der Aufteilung innerhalb der einen, gemischten Behörde. Die Ausübung von Fachaufsicht über staatliche Behörden durch Selbstverwaltungsbehörden wird wohl kaum akzeptabel sein; zudem ist es wenig sinnvoll, die Kommunalaufsicht auf kommunale Träger zu übertragen und diese sich so selbst kontrollieren zu lassen. Andererseits darf eine gemischte Behörde auch nicht dazu führen, daß die Aufgabenverteilung im Inneren zu einem Abfluß von Selbstverwaltungszuständigkeiten hin zu staatlichen Stellen führt.

Unabhängig von der genauen Ausgestaltung der mittleren Ebene wird es in einem relativ kleinen Land wie Ungarn sinnvoll sein, bei staatlichen Verwaltungsaufgaben, die drei Ebenen benötigt, die untere Instanz bei den örtlichen Selbstverwaltungen oder dezentralisierten Staatsbehörden anzusiedeln, die zweite Instanz auf die Institutionen der mittleren Ebene – seien diese nun staatlich oder selbstverwaltet – zu übertragen und die dritte Instanz den Zentralinstanzen wie den Ministerien oder besonderen Oberbehörden vorzubehalten. Bei Verwaltungen, die nur zwei Instanzen benötigen, ist eine Übertragung der erstinstanzlichen Zuständigkeit auf die Behörden der mittleren Ebene vorstellbar, während die obere Instanz wiederum von zentralen Stellen gebildet wird. Zu diesen Zuständigkeiten gehört beispielsweise die Kommunalaufsicht. Bei Selbstverwaltungsaufgaben hingegen soll nach allgemeiner Auffassung, wie bereits dargelegt, ein Instanzenzug zwischen kommunalen und regionalen Selbstverwaltungen vermieden werden, damit letztere die ersteren nicht dominieren können. Hier ist eine Aufteilung nach Leistungskraft und Bedeutung der Aufgaben sinnvoll, wobei eine allzu starre gesetzliche Zuteilung vermieden und vertraglichen Arrangements breiter Raum gelassen werden kann. Ansatzweise hat Ungarn mit dieser Politik gute Erfahren gemacht, und diese Erfahrungen ermutigen zu einem Ausbau der Kompetenzabgrenzung durch Vereinbarung.

Bei der Schaffung von größeren territorialen Einheiten stellt sich die Frage, wie die zwar überkommunalen, aber dennoch eher kleinräumlichen Probleme gelöst werden sollen. Hierauf wird unter Punkt e) gesondert eingegangen.

In einem in Deutschland sehr wichtigen Punkt spielen die intermediären Ebenen in Ungarn bislang noch praktisch überhaupt keine Rolle: dem Finanzausgleich. Zur Zeit findet weder zwischen den Kommunen noch zwischen den Komitaten ein Finanzausgleich statt. Es bestehen rein vertikale Finanzbeziehungen zwischen der einzelnen Selbstverwaltungseinheit einerseits und dem Zentralstaat und seinem Budget andererseits. Horizontale Finanzbeziehungen entstehen höchstens bei einer institutionellen Zusammenarbeit im Hinblick auf den Arbeitsbereich oder die Institution, deren Kosten mehrere Selbstverwaltungen gemeinsam übernehmen.

Um die Abhängigkeiten von der Zentrale, die durch diese rein vertikalen Finanzströme entstehen[1137], zu verringern, könnte in Zukunft auf der mittleren Ebene ein Finanzausgleich zwischen den Kommunen stattfinden. Diese Aufgabe können bereits jetzt die Komitate übernehmen. Wenn auf Dauer größere Regionen die Komitate ersetzen sollten, kann der interkommunale Finanzausgleich auf der Ebene dieser Regionen angesiedelt werden; es ist aber auch möglich, bei Fortführung der Komitate als Verwaltungseinheiten größerer Regionen bei dem kommunalen Finanzausgleich auf Komitatsebene zu bleiben. Darüber hinaus sollten die Möglichkeiten, die ein Finanzausgleich zwischen den Einheiten der mittleren Ebene bietet, nicht übersehen werden. Auf diese Weise können die Unterschiede in Entwicklungsstand und Wirtschaftskraft zwischen den Komitaten gemildert werden; nach der Einführung größerer Regionen sind diese gegebenenfalls noch besser geeignet, Unterschiede auszugleichen, ohne gleich finanzielle Abhängigkeiten von der Zentrale entstehen zu lassen.

Insgesamt gesehen hat die Einführung eines Finanzausgleichs, sei es zwischen den Kommunen oder zwischen den Selbstverwaltungseinheiten der mittleren Ebene, erst Sinn, wenn sich die eigene finanzielle Basis der Selbstverwaltungen verbessert hat. Zur Zeit hängen die allermeisten Selbstverwaltungen noch sehr stark vom Staat ab, so daß ein Finanzausgleich nur zur Umschichtung von staatlichen Leistungen führen würde. Damit würde aber das Ziel eines jeden Finanzausgleichs, die Verringerung der Abhängigkeit von den Finanzmitteln der Zentrale, nicht erreicht. Dies ist vielmehr erst dann möglich, wenn die Selbstverwaltungen über mehr Eigenmittel verfügen, die nicht aus den Töpfen des Staatshaushaltes kommen. Erst wenn diese Eigenmittel einen gewissen Umfang erreicht haben, können sie eine stärkere Unabhängigkeit vom Staat bewirken, und erst ab diesem Punkt macht eine Umverteilung durch einen Finanzausgleich Sinn.

d) Die Finanzierung

Fragen der Finanzierung sind bereits im vorigen Punkt angesprochen worden. Im Zusammenhang mit der Reform der mittleren Ebene ergibt sich hier vor allem die Frage, ob diese zum Kostgänger der kommunalen Ebene werden oder über eigene Finanzquellen verfügen soll. Auch wenn auf absehbare Zeit sowohl die kommunale als auch die mittlere Ebene in finan-

---

[1137] Dazu s. o. Fn. 827.

zieller Abhängigkeit vom Zentralstaat bleiben werden, so ist doch die Frage der Ausgestaltung der Finanzierung nicht unerheblich.

Bei staatlichen Zuschüssen ist eine normative Pauschalzuweisung die Variante, die weniger Abhängigkeit als beispielsweise die Projektfinanzierung hervorruft. Insbesondere bei der Übertragung staatlicher Verwaltungsaufgaben sollte eine Kostenerstattung auf diese oder ähnliche Weise erfolgen. Wenn das Budget der mittleren Ebene auch aus den kommunalen Haushalten gespeist werden soll, so wird je weniger Abhängigkeit entstehen, desto dichter die Regelung ist und desto weniger Ermessensspielraum die Kommunen haben.

Es bleibt als weiteres Problem, wie die eigenen Mittel der mittleren Ebene ausgestaltet werden sollen. Die Überlassung fester Quoten von staatlichen und/oder kommunalen Steuern ist ein probates Mittel. Ob der mittleren Ebene daneben ein eigenes Steuerfindungsrecht eingeräumt wird, hängt von den anderen Finanzierungsmitteln sowie vom Aufgabenzuschnitt ab und kann daher an dieser Stelle nicht weiter diskutiert werden. Letztendlich ist die Frage der Finanzierung der mittleren Ebene ein Teil der Gesamtproblematik der Finanzierung der Selbstverwaltung, auf die noch unter Punkt 5. eingegangen wird.

e) Die kleinräumliche Gliederung

Wenn anstelle der Komitate größere Regionen geschaffen werden oder wenn die bislang als statistische Einheiten bestehenden Regionen immer mehr Funktionen der Komitate übernehmen, wird sich die Frage der kleinräumlichen Gliederung stärker als bisher stellen[1138]. Diese Fragen beziehen sich im Falle von größeren Städten auf die Probleme des Ballungsraums und der Stadt-Umland-Beziehungen, im Falle ländlicher Gebiete auf die kleineren, mehrere Gemeinden umfassenden natur- und/oder kulturräumlich vorgegebenen zusammenhängenden Einheiten. Die Komitate sind in der Regel so klein, daß sie nicht zu entfernt von diesen Problemen sind und auch die Umlandproblematik der Städte auf ihrem Gebiet in ihre Politik einbeziehen können. In der Praxis hat sich seit Mitte der 1990er Jahre ein System herausgebildet, in dem die betroffenen Gemeinden und Städte kleinräumliche Probleme gemeinsam lösen, wobei in der Regel der Schwerpunkt bei der größeren Kommunen liegt und dem Komitat nur Koordinations- und Hilfsfunktionen zukommen[1139]. Wo es allerdings um Investitionen größeren Ausmaßes geht, dort steigt in der Regel die Bedeutung des Komitats.

[1138] Dazu *Fekete*, Éva in MTA/MKI, S. 67 ff.

[1139] *Kara*, MK 2000/531; *Küpper*, Der Landkreis 1996/88 f.; *Pfeil*, Edit in MTA/MKI, S. 89 ff.; *Németh*, MK 1999/18 ff. Die Erfahrungen vor allem im Komitat

Die mehrere Komitate umfassenden Regionen sind jedoch zu groß, um den angesprochenen Fragen vor Ort noch gerecht werden zu können. Hier müssen Mechanismen entwickelt werden, wie die kleinräumliche Gliederung organisatorisch verstärkt werden kann, ohne daß ein entferntes Regionalzentrum damit befaßt werden müßte[1140]. Gerade für die administrative Berücksichtigung kleinräumlicher Strukturen im ländlichen Bereich bietet sich die Ebene des Kreises an, während Stadt-Umland-Probleme besser durch andere Konstruktionen wie etwa Zweckverbände bewältigt werden können. Für den Kreis spricht auch, daß er in Ungarn Tradition hat, und nicht zuletzt die bereits erwähnte Wiedereinführung der Kreise in Polen[1141] zeigt, daß dort im Zusammenhang mit der Vergrößerung der Wojewodschaften durchaus ein Bedürfnis für diese Ebene zwischen der Großregion und der Gemeinde gesehen wurde. Ungarn hingegen ist wesentlich kleiner als Polen, und eine flächendeckende Einführung von Kreisen (und sei es auch nur außerhalb der städtischen Ballungsräume) mit dem entsprechenden Verwaltungsapparat würde zu einer unnötigen Aufblähung der Administration und zu letztlich nicht mehr vertretbaren Kosten führen. Aus diesem Grund wird kaum eine Stimme laut, die ernsthaft Kreise fordert[1142].

Die Lösung wird vielmehr in einer Stärkung der Selbstkoordinierung und Selbstorganisation der örtlichen Ebene gesehen. Dies betrifft sowohl das Verhältnis von Umlandgemeinden und städtischem Zentrum als auch die administrative Organisation kleinerer Räume in ländlichen Gebieten. Wie bereits gezeigt, sind die rechtlichen Voraussetzungen für eine enge Kooperation zwischen Gemeinden und Städten gegeben. Defizite in der Praxis ergeben sich aus mangelndem politischem Willen, bisweilen auch aus dem Mangel an Erfahrung und Wissen über zwischengemeindliche Zusammenarbeit. Diese Defizite könnten bekämpft werden, indem das Komitat – oder in längerfristiger Perspektive die Region – problemnahe Foren zur Verfügung stellt, die den beteiligten Kommunen neutrale Hilfestellung bei der Koordination ihrer Planung und Verwaltung in Ballungsräumen, kleinräumlichen Gliederungen und ähnlichem bieten. Auch die Zusammenarbeit bei Versorgungsnetzwerken oder dem öffentlichen Personennahverkehr kann auf diese Weise gefördert werden, selbst wenn das Komitat durch größere Regionen ersetzt werden sollte. Ein Teil der Probleme wäre bereits gelöst, wenn insbe-

---

Somogy, wo es sich bei den kleinen Räumen hauptsächlich um Täler in den Mittelgebirgen handelt, schildert *Árvai,* MK 2000/427 ff.

[1140] So auch *Ferenc Ivanics,* Vorsitzender der Generalversammlung des Komitats Győr-Moson-Sopron (FIDESZ), in einem Interview in Népszabadság, 10.12.1999, S. 7: A megyerendszer csak hosszú távon alakítható át [Das Komitatssystem kann nur auf lange Sicht umgestaltet werden].

[1141] Zur Abschaffung der Kreisebene im sozialistischen Polen im Vergleich mit dem sozialistischen Ungarn s. o. Punkt B. IV. 3. b) aa).

[1142] Eine ausdrückliche Ablehnung äußert *Verebélyi,* MK 2000/587 f.

sondere die Klein- und Kleinstgemeinden zu größeren Kommunen verbunden würden, so daß die Anzahl von zu koordinierenden Einheiten in einem Raum sinken und die Leistungskraft der Einheiten steigen würde. Hierzu fehlt aber bislang der politische Wille. Dieser Gedanke leitet zu dem im nächsten Punkt behandelten Problem der zu kleinen Kommunen über.

3. Die mangelnde Größe der kommunalen Einheiten

Das soeben angesprochene Stadt-Umland-Problem verweist auf eine viel grundlegendere Frage, die bereits unter den Punkten C. I. 3. b) cc) (2) und C. I. 3. b) dd) (3) angesprochen worden ist: die territoriale Zersplitterung und die daraus resultierende mangelnde Größe der einzelnen Selbstverwaltungseinheiten auf kommunaler Ebene. Maßnahmen zur Stärkung der interkommunalen Zusammenarbeit haben nur teilweise eine Abhilfe schaffen können, auch wenn sich dieser Bereich positiv entwickelt[1143], und eine Reform der mittleren Ebene und ihres Verhältnisses zur kommunalen Ebene kann die Probleme nicht wirklich lösen, da sie nicht zur Wurzel des Übels, der übergroßen Anzahl an leistungsunfähigen oder zumindest leistungsschwachen Zwerggemeinden, durchdringt.

Es wurde bereits darauf hingewiesen, daß seit Mitte der 1990er Jahre nicht mehr die politischen Akteure vor Ort, sondern hauptsächlich die Bevölkerung und Initiativen aus ihrer Mitte die weitere Aufspaltung bestehender Einheiten propagieren und durchsetzen. So stimmten beispielsweise am 7.11.1999 die Einwohner des zur Gemeinde Kisbér (Komitat Komárom-Esztergom) gehörenden Gemeindeteils Ászár und die Einwohner des zur Gemeinde Nagykovácsi (Komitat Pest, im Vorortbereich der Hauptstadt) gehörenden Gemeindeteils Remeteszőlős über eine Loslösung ab, und bei einer für ungarische Verhältnisse hohen Wahlbeteiligung von 61,54% in Ászár und 82% in Remeteszőlős entschied sich die jeweilige Mehrheit eindeutig für die Sezession[1144].

In vielen anderen Siedlungen, die zur Zeit des Kommunismus in eine größere Gemeinde eingemeindet wurden, herrscht die Meinung vor, der ursprüngliche Zustand solle wiederhergestellt und die Siedlung wieder eine eigenständige Gemeinde werden. Angesichts der Möglichkeit von Volksinitiative und Volksentscheid auf kommunaler Ebene können derartige Meinungen vergleichsweise einfach in die Tat umgesetzt werden, selbst wenn sich die Verwaltung vor Ort über die negativen Auswirkungen einer solchen

---

[1143] *Bércsei/Solymosi,* MK 1999/576 ff.

[1144] Népszabadság, 8.11.1999, S. 5: Népszavazások és választások [Volksabstimmungen und Wahlen]. Zu den Anordnungen des Präsidenten, die die Siedlungen zu selbständigen Gemeinden erklären, s. o. Fn. 1086.

Maßnahme im Klaren ist. Eine Möglichkeit, dieser Gefahr der „Sezession"
zu begegnen, besteht in der Einschränkung direktdemokratischer Möglichkeiten auf örtlicher Ebene, sei es allgemein, sei es in bezug auf die Loslösung und Verselbständigung von Gemeindeteilen. Dies würde jedoch von
der ungarischen Bevölkerung als Beschneidung ihrer demokratischen
Rechte empfunden und dürfte daher politisch kaum durchsetzbar sein.

Ebensowenig sind zur Zeit Zwangsvereinigungen von oben durchsetzbar.
Der Staat hat aus Gründen der politischen Akzeptanz hier keine Wahl zwischen Zuckerbrot und Peitsche, sondern kann sich nur des Zuckerbrots bedienen[1145]. Auch wenn die Möglichkeiten der Förderung interkommunaler
Zusammenarbeit durch den Staat noch nicht ausgeschöpft sind, so ist doch
bereits jetzt erkennbar, daß die politische Mentalität im Land der freiwilligen, vom Staat mit Anreizen versehenen Zusammenarbeit zwischen Gemeinden Grenzen setzt.

Damit bleibt nur, auf einen allgemeinen Bewußtseinswandel hinzuwirken,
sowohl was den weiteren Zerfall von Gemeinden als auch die Schaffung
größerer und leistungsfähigerer Einheiten betrifft. Dies braucht jedoch viel
Zeit. Aufklärung, politische Bildung und positive Vorbilder müssen zusammenwirken, um die freiwillige Vereinigung von Gemeinden – entweder
ganz oder zur Bewältigung bestimmter Aufgaben – wieder möglich zu
machen und einen diesbezüglichen Wandel in der politischen Kultur Ungarns bewirken. Daß dabei kommunale Pfründen wegfallen können, macht
die Sache nicht einfacher.

Möglicherweise könnte die Akzeptanz größerer kommunaler Einheiten
steigen, wenn die Möglichkeiten der Binnengliederung gestärkt werden.
Dies könnte etwa durch den Ausbau der Stadtbezirks- und Ortsteilsverfas-
sung geschehen. Bislang sind Stadtbezirke nur für die Hauptstadt zwingend
vorgeschrieben und ansonsten für die Städte möglich (§ 41 Abs. 2 Verf.).
Diese Vorschrift wird man so auslegen müssen, daß Untergliederungen von
Kommunen, die keine Städte sind, d.h. von Gemeinden, nicht möglich sind.
Daher muß eine Reform zur Stärkung der Stadtteile mit einer Verfassungsänderung beginnen, etwa indem die Vorschrift des § 41 Abs. 2 Verf. vollständig gestrichen wird. Eine Aufzählung möglicher Selbstverwaltungsebenen muß keinen Verfassungsrang haben, sondern kann getrost dem einfachen Recht überlassen werden.

[1145] Ähnliches gilt auch für die kommunale Gebietsreform in den neuen Bundesländern, die dort angesichts der großen Zahl an leistungsschwachen bis leistungsunfähigen Zwerggemeinden nötig wäre. Zu den Reformplänen in Brandenburg, wo
man freiwillige Zusammenlegungen von Dörfern mit Prämien belohnt und ansonsten die Amtsgemeinde als zukünftige kommunale Organisationsform präsentiert, s.
Das Parlament, 30.4.1999, S. 10: Neugliederung der Dörfer problematisch. Brandenburg plant Gemeindereform bis zum Jahr 2003.

Das Erfordernis einer Verfassungsänderung schafft keine unüberwindlichen zusätzlichen Hürden, da auch eine Änderung des Kommunalrechts wegen § 44/C Satz 1 Verf. einer Zweidrittelmehrheit bedarf – allerdings nur der anwesenden Abgeordneten, während § 24 Abs. 3 Verf. für eine Verfassungsänderung die Zweidrittelmehrheit aller Abgeordneten vorschreibt. Das Zusammenwirken von Regierung und Opposition zur Regelung der zahlreichen Materien mit vorgeschriebener Zweidrittelmehrheit hat in Ungarn seit der Wende in vielen Fällen recht gut funktioniert, so daß hierin kein echtes Hindernis für eine Reform zu sehen ist. Im Hinblick auf die Zersplitterung der Kommunen ist jedoch immer zu beachten, daß die Möglichkeiten staatlicher Maßnahmen, eine echte Abhilfe zu schaffen, nur begrenzt sind; eine Änderung muß durch einen Wandel in den politischen Selbstverständlichkeiten und Tabus der Bevölkerung wie der Kommunalpolitiker und -verwaltungen bewirkt werden.

4. Das Verhältnis von Selbstverwaltungen und Staat – allgemeine Fragen

Nicht nur das Verhältnis der unterschiedlichen Selbstverwaltungsebenen zueinander ist problematisch, sondern auch das Verhältnis zwischen Selbstverwaltungen und Staat. Es wurde bereits unter mehreren Aspekten darauf hingewiesen, daß die horizontalen Beziehungen zwischen den Selbstverwaltungen untereinander immer noch unterentwickelt sind. Das macht die vertikalen Beziehungen zwischen Selbstverwaltungen und Staat um so bedeutsamer, und der Staat ist nach wie vor die wichtigste und zentrale Bezugsgröße für die einzelne Selbstverwaltung. Daher hängt die Verwirklichung echter Selbstverwaltung entscheidend von der rechtlichen und tatsächlichen Ausgestaltung dieses Verhältnisses ab.

a) Die Trennung der Aufgabenbereiche

Der in der Verfassung in § 44/B Abs. 2–3 vorgesehene Grundsatz der strikten Trennung von Staats- und Selbstverwaltungsaufgaben[1146] wird immer mehr aufgeweicht, indem einzelne Gesetze den Selbstverwaltungen mehr und mehr staatliche Aufgaben übertragen. Bereits bei und unmittelbar nach der Schaffung des neuen, postsozialistischen Selbstverwaltungssystems wurde das verfassungsrechtliche Trennungsprinzip durch zahlreiche einzel-

---

[1146] Dazu oben Punkt C. I. 3. a) aa) (2). S. auch aus rechtspolitischer Sicht Regierungsbeschluß 1057/2001. (VI.21.) Korm. über den Aufgabenplan der Regierung bei der Fortentwicklung der Verwaltung 2001–2002, M. K. 2001/4925 ff.; *Csefkó*, MK 2000/68 ff.; *Iváncsics,* Imre in Agg/Pálné Kovács, S. 101 ff.; unter finanziellen Gesichtspunkten bejaht eine stärkere Trennung staatlicher und kommunaler Bereiche *Illés*, Iván in MTA/MKI, S. 115 ff.

gesetzliche Bestimmungen über die Wahrnehmung staatlicher Aufgaben durch die Selbstverwaltung oder über deren Teilnahme an der Ausübung staatlicher Gewalt in Frage gestellt, wie in den Exkursen zum Raumplanungsrecht und zum Unterrichtswesen[1147] exemplarisch dargestellt wurde. Mittlerweile ist der Ausnahmefall zum Regelfall geworden, und § 44/B Abs. 2–3 Verf. wurde und wird schleichend entwertet[1148]. Das praktische Bedürfnis nach einer engen Zusammenarbeit zwischen Staats- und Selbstverwaltung, die in westlichen Staaten selbstverständlich ist[1149], erweist sich stärker als das vom Mißtrauen gegen eine übermächtige zentrale Staatsgewalt diktierte Trennungsgebot. In der Tat befürwortet nicht nur ein Teil des Schrifttums, sondern auch die Regierung *Orbán* keine streng getrennte Aufgabenverteilung, sondern die Erledigung der örtlichen Aspekte öffentlicher Aufgaben durch die Selbstverwaltungen innerhalb eines behördlichen Instanzenzuges mit Selbstverwaltungs- und Staatsbehörden[1150].

Angesichts dieses unabweisbaren praktischen Bedürfnisses und da sich die (aus den Erfahrungen des alten Systems speisenden) Befürchtungen einer Inkorporierung der Selbstverwaltungen in den Staatsapparat als jedenfalls in dieser Stärke unbegründet erwiesen haben, wäre es jetzt an der Zeit, das Prinzip der strikten Trennung aus der Verfassung zu streichen und statt dessen die Kooperation von Staat und Selbstverwaltung in der Verfassung festzuschreiben. Dabei könnten gleichzeitig auch bestimmte Kautelen gegen die Vereinnahmung der Kommunen durch den Staat in die Verfassung, das Kommunalrecht und die verwaltungsrechtliche Fachgesetzgebung aufgenommen werden, denn gerade in einem relativ kleinen Einheitsstaat mit starken zentralistischen Traditionen und Elementen wie Ungarn droht der kommunalen Selbstverwaltung durchaus Gefahr seitens eines übermächtigen Staates; die diesbezügliche Kritik ist nicht völlig unberechtigt. Dieser

---

[1147] Punkt C. I. 3. b) bb) (1).

[1148] *Kiss,* László in Alapítvány a Magyarországi Önkormányzatokért, S. 10 ff.; 1999 beklagten die Kommunalverbände, den Gemeinden lege das geltende Recht über dreitausend Pflichtaufgaben (teilweise örtlichen und teilweise staatlichen Charakters) auf, was von den meisten Kommunen nicht mehr zu bewältigen sei: Népszabadság, 18.10.1999, S. 1: Túlterheltségre panaszkodnak a helyhatóságok [Die Kommunalbehörden beklagen sich über Überlastung].

[1149] Für die Entwicklung in Deutschland seit 1975 s. *Zacharias,* DÖV 2000/56 ff. Es gibt auch Tendenzen einer Trennung der Aufgabenbereiche, wofür als Beispiel das nordrhein-westfälische Zweite Gesetz zur Modernisierung von Regierung und Verwaltung in Nordrhein-Westfalen vom 9.5.2000, GVBl. NRW 2000, S. 462, dienen kann. Ohne an der grundsätzlichen Zuständigkeit der Gemeinden für die öffentliche Verwaltungstätigkeit auf ihrem Gebiet (§ 2 GO NRW) zu rütteln, bewirkt das Gesetz eine deutliche Entflechtung von Selbstverwaltungs- und Staatsaufgaben, wobei es letztere vorwiegend auf die Bezirksregierungen überträgt, deren Bedeutung als Bündelungsbehörde noch weiter steigt.

[1150] *Kara,* MK 1999/2 ff.

Gefahr kann man jedoch nicht durch ein Prinzip der Trennung, das in der Praxis ohnehin nicht durchzuhalten ist, begegnen. Es wäre daher besser, wenn sich die Verfassung den Tatsachen ehrlich stellt, die Kooperation, die ohnehin stattfindet und auch stattfinden muß, vorsieht und damit in der Lage ist, systemadäquate Sicherungsmechanismen zu formulieren.

b) Neuere Zentralisierungstendenzen

Die Kritik an der staatlichen Politik gegenüber den Selbstverwaltungen ist seit 1998 ein Teil einer umfasseneren Kritik am Regierungsstil von Ministerpräsident *Viktor Orbán,* dem von zahlreichen Seiten vorgeworfen wird, er strebe eine umfassende persönliche Herrschaft durch das von ihm wesentlich gestärkte Ministerpräsidialamt[1151] an und bediene sich zu diesem Zweck einer sehr einseitigen Vergabe öffentlicher Mittel und Posten an politische Freunde und Klienten zu Lasten einer an Gleichheit, Bedarf bzw. Befähigung orientierten Vergabepraxis[1152]; in der Tat sind seit 1998 viele Entscheidungen über die Vergabe von Geldern und Stellen beim Ministerpräsidialamt konzentriert worden. In bezug auf die Selbstverwaltungen wäre das Problem – das auch besteht, wenn die Vorwürfe gegen die Regierung *Orbán* mehr parteitaktischen Überlegungen als einer tatsächlichen Benachteiligung politischer Gegner durch die Regierung entspringen sollten – durch präzisere gesetzliche Vorgaben an die jeweilige Regierung und die zuständigen Minister bei der Vergabe von staatlichen Mitteln an die Selbstverwaltungen zwar nicht zu lösen, aber doch zu entschärfen. Ob diese gesetzliche Präzisierung durch das jeweilige Jahreshaushaltsgesetz oder durch ein Gesetz mit längerer Geltungsdauer wie etwa das Staatshaushaltsgesetz oder das einen Fragenkomplex regelnde Fachgesetz geschieht, hängt von der Eigenheit jeweiligen Ausgabeart und der mit den Geldern zu lösenden Probleme ab. Grundsätzlich kann man sagen, daß eine gesetzliche Präzisierung im auf lange Sicht angelegten Staatshaushaltsgesetz weniger der Verfügung der jeweiligen Regierung unterliegt, die ja über die Parlamentsmehrheit das jedes Jahr neu anstehende Jahreshaushaltsgesetz fast ebenso frei formulieren kann wie ihre eigenen Normativakte. Allgemeine Vergabekriterien des Staatshaushaltsgesetzes hingegen lassen sich nur mit wesentlich größerem politischen Aufsehen ändern.

Darüber hinaus wird der Regierung *Orbán* vorgeworfen, das Gewicht der zentralen Staatsinstanzen zu Lasten der dezentralen Staatsverwaltung und der Selbstverwaltungen auszubauen, um so dem Ministerpräsidenten weitere Machträume zu erschließen. Insbesondere seitens der Gemeinden und

---

[1151] Dazu s. oben Punkt C. I. 6. c) aa).

[1152] Eine politikwissenschaftliche Untersuchung dieser Tendenzen findet sich bei *Körösényi,* S. 222 ff.

Städte sind solche Klagen immer wieder zu hören[1153]. Auch wenn sie übertrieben sein sollten, so verweisen sie ebenso wie die Klagen über eine finanzielle Gängelung der Selbstverwaltungen – auf die noch zurückzukommen sein wird – und ihre parteipolitische Polarisierung im Interesse der
Parlamentsparteien auf eine Schwäche der Kommunalgesetzgebung, die derartige Prozesse nicht eindeutig genug verhindert. Die Selbstverwaltungen
reagieren gegen die Machtansprüche der zentralen Staatsverwaltung durch
eine verstärkte Organisation ihrer Interessen. Dies alleine reicht jedoch
nicht aus, um einer machtbewußten Regierung gegenüber Selbstverwal-
tungsräume zu verteidigen. Eine präzisere Umschreibung des unentziehba-
ren Kerns der Selbstverwaltung sowie eine institutionelle Stärkung der Interessensverbände könnten manche Mißstände und Klagen gar nicht erst
aufkommen lassen und einen Zentralbereich der Selbstverwaltungssphäre
den Begehrlichkeiten machtbewußter Politiker im Zentrum – egal welcher
parteipolitischen Couleur – von vornherein entziehen.

Als Reaktion auf die zunehmende Abhängigkeit vom Staat sowie auf die
zunehmende Bereitschaft der Regierung, Einfluß auf Selbstverwaltungsangelegenheiten zu nehmen, beschlossen die sieben wichtigsten Interessenvertretungen Anfang 2000, zur Förderung ihrer Zusammenarbeit ein Forum für
die interne Interessenabstimmung zu schaffen[1154]. Durch die Überwindung
der negativen Folgen der territorialen und organisatorischen Zersplitterung
der Selbstverwaltungen soll die Position gegenüber dem Staat gestärkt
werden. Dieser konnte bislang die recht beträchtlichen politischen Differen-
zen zwischen den sieben Verbänden dazu nutzen, ein gemeinsames Auftreten der Selbstverwaltungen zu verhindern. Ob ein bloßes Forum für die interne Interessenabstimmung ausreicht, um das Gewicht der Selbstverwaltungen nach außen zu stärken, oder ob auf Dauer ein starker Dachverband[1155]

[1153] Népszabadság, 10.2.2000, S. 5: Kis súlyú önkormányzati érdekszövetségek
[Interessensverbände der Selbstverwaltungen von geringem Gewicht], 18.9.2000,
S. 5: Stumpf túlzottnak tartja a helyi autonómiát [Stumpf hält die örtliche Autonomie für übertrieben]; *István Stumpf* ist der Minister, der das Ministerpräsidialamt
leitet, und damit eine zentrale Figur in der ungarischen Regierung nicht zuletzt für
die Selbstverwaltungen.

[1154] Bei den sieben Verbänden handelt es sich um den Interessenverband der
Kleinstadtselbstverwaltungen, den Bund der Gemeindeselbstverwaltungen, den Ungarischen Dorfbund, den Bund Ungarischer Selbstverwaltungen, den Bund der
Städte mit Komitatsrecht, den Bund der Komitatsselbstverwaltungen und den Bund
der Siedlungsselbstverwaltungen. Näher dazu Népszabadság, 6.3.2000, S. 4:
Önkormányzatok közös fellépése [Gemeinsames Auftreten der Selbstverwaltungen],
7.3.2000, S. 5: Közös ünnepet terveznek az önkormányzatok [Die Selbstverwaltungen planen einen gemeinsamen Feiertag].

[1155] Es existiert eine Art Dachverband, der Rat der Verbände der Selbstverwaltungen, aber dieser ist schwach und durch die inneren Gegensätze zwischen den Mit-
gliedsverbänden politisch ziemlich bedeutungslos.

nicht sinnvoller und effektiver wäre, muß die Zukunft zeigen. Von europäischer Seite wird jedenfalls eine schlagkräftigere und einheitlichere Interessenvertretung angemahnt[1156].

c) Die Kommunalaufsicht

Der Staat ist allerdings nicht nur zu stark, sondern in mancher anderer Beziehung zu schwach gegenüber den Selbstverwaltungen. Dies betrifft vor allem die Kommunalaufsicht, die eher ein zahnloser Papiertiger als eine wirkungsvolle Aufsicht ist. Der Hauptmangel ist die fehlende Befugnis, selbst gegen Maßnahmen der Selbstverwaltung einzuschreiten, wenn sie diese für rechtswidrig hält. Der Verweis auf die gerichtliche Überprüfung – die ja zudem teilweise bei dem völlig überlasteten Verfassungsgericht angesiedelt ist[1157] – macht die Kommunalaufsicht ineffektiv und langsam[1158]. Die angesprochene Stärkung des Zugriffsrechts des Innenministers auf die Komitatsverwaltungsämter[1159] trug nur zur Stärkung der Zentrale gegenüber der dezentralisierten Staatsverwaltung, nicht aber zur größeren Effektivität der Kommunalaufsicht bei.

Lösungswege werden im ungarischen Schrifttum kaum diskutiert, und in der politischen Debatte spielt die Ausstattung der Kommunalaufsicht mit Befugnissen unmittelbar gegenüber den Selbstverwaltungen überhaupt keine Rolle. Dies ist erstaunlich, denn die Instrumente der deutschen Kommunalaufsicht sind in Ungarn ebenso bekannt wie die Modelle anderer europäischer Staaten. Nichtsdestoweniger nimmt man den jetzigen Zustand kommentarlos hin, der die Rechtsaufsicht durch den Staat entwertet und gleichzeitig die Gerichtsbarkeit, allen voran das Verfassungsgericht, mit Prozessen verstopft[1160].

Verfassungsrechtliche Bedenken stehen einer unmittelbar agierenden und damit effektiveren Kommunalaufsicht nicht entgegen. Zwar genießen die Selbstverwaltungen bei der Ausübung ihrer Befugnisse gerichtlichen bzw.

[1156] *Locatelli,* MK 2000/516.

[1157] Zu dieser Problematik weiter unten unter Punkt C. II. 7.

[1158] *Rátai,* MK 1999/661 f.

[1159] Durch die Regierungsverordnung 213/1999., s. o. Fn. 1094.

[1160] Lediglich *Ádám,* Antal in Magyar Közigazgatási Kamara, S. 21, schlägt, wenn auch eher *en passant,* vor, wenigstens die Aufhebungsbefugnis für Binnenrechtssätze ohne Außenwirkung der Kommunalaufsicht unmittelbar zu übertragen. *Szabó,* Lajos weist in Magyar Közigazgatási Kamara, S. 110 ff., darauf hin, daß der Prozentsatz der Fälle, in denen die Selbstverwaltungen der Rechtsansicht der beanstandenden Aufsichtsbehörde nicht folgen, sehr niedrig liegt; der Gang zu den Gerichten komme also im Verhältnis zur Gesamtzahl der kontrollierten Vorgänge selten vor. Ein Blick in die Praxis zeigt allerdings, daß Verfahren der Kommunalaufsicht in ihrer Massierung trotzdem zu hohen Fallzahlen der Gerichte führen.

sogar verfassungsgerichtlichen Schutz (§ 43 Abs. 2 Satz 2 Verf.). Das bedeutet aber nicht, daß jede Eingriffsmaßnahme des Staates einer gerichtlichen Ermächtigung bedürfte. Der Verfassungsgarantie des Rechtsschutzes ist bereits Genüge getan, wenn sich die Gemeinde oder das Komitat gegen eine einschränkende Maßnahme der Kommunalaufsicht gerichtlich zur Wehr setzen kann.

Es sind auch weniger rechtliche als vielmehr politische Gründe, die an dem Modell der bisherigen Kommunalaufsicht festhalten lassen. Noch ist die Selbstverwaltung ein zu hoher – wenn auch vor allem symbolischer – Wert, als daß man sie unmittelbaren Eingriffsrechten der Exekutive aussetzen möchte. Diese Meinung, die sich aus den Erfahrungen mit dem hyperzentralisierten System des Einparteienstaates speist und nach der Wende absolut vorherrschend war, ist immer noch stark genug, um die Selbstverwaltungen vor exekutiven Eingriffsrechten zu schützen. Es ist aber fraglich, ob sie in dieser Grundsätzlichkeit zeit- und sachgemäß ist. Die Erfahrungen mit dem ungarischen Zentralstaat nach der Wende zeigen, daß er durchaus gewillt ist, die kommunale und territoriale Autonomie als Wert zu achten und die Rechte ihrer Träger zu respektieren. Selbst unter einem machtbewußten Ministerpräsidenten wie *Orbán* gehen die den Selbstverwaltungen drohenden Gefahren einer zunehmenden Zentralisierung nicht so sehr von der Kommunalaufsicht aus, sondern von parteipolitischen Mechanismen und persönlichen Klientelbeziehungen, die langsam das gesamte öffentliche Leben durchdringen, sowie von der finanziellen Kontrolle, die die Zentrale über die Selbstverwaltungen ausüben kann. Derartige Gefahren werden durch eine gestärkte Kommunalaufsicht aber nicht gefördert. Möglicherweise würde eine stärkere institutionalisierte und rechtlichen Bindungen unterworfene Eingriffsmöglichkeit der Regierung in die Selbstverwaltungssphäre die Effektivität der geschilderten außerrechtlichen Interventionen sogar reduzieren, weil sie neben dem regulären Weg der Kommunalaufsicht keine Legitimation mehr besitzen.

d) Die Lösung: Verrechtlichung?

An mehreren Punkten wurde als möglicher Lösungsweg eine stärkere Verrechtlichung des Verhältnisses zwischen Zentralstaat und Selbstverwaltungen angesprochen. Es gibt sicherlich Probleme, die sich durch eine Normierung lösen bzw. vermeiden lassen. Dazu gehört eine eindeutige Aufgabenzuweisung sowohl an die Selbstverwaltungen als auch an die staatlichen Behörden.

Dies kann durch die verwaltungsrechtlichen Fachgesetze geschehen. Diese müssen die verfassungsrechtliche Formel der örtlichen Angelegenheiten konkretisieren. Eine Ausfüllung dieser Formel auf verfassungsrechtlicher Ebene ist nicht möglich, da der öffentlichen Hand immer wieder neue Aufgaben entstehen, die entweder dem Staat oder den Selbstverwaltungen zugewiesen werden müssen; zudem entledigt sich die öffentliche Hand durch Privatisierung etc. immer wieder ihr traditionell obliegender Aufgaben, und nicht zuletzt wandeln sich die Anschauungen darüber, welche öffentlichen Aufgaben örtliche Angelegenheiten sind und welche vom Staat wahrgenommen werden sollen. Eine zukunftsoffene Selbstverwaltungsgarantie kommt daher um die jeweils ausfüllungsbedürftige Formel der örtlichen Angelegenheiten nicht herum.

Überhaupt führt jede weitere Verrechtlichung des Verhältnisses zwischen Staat und Selbstverwaltungen zu größerer Inflexibilität. Dies betrifft nicht nur die Zuweisung von Aufgaben, sondern allgemein das gesamte Verhältnis. Bei den Finanzen ist das offensichtlich: Jede längerfristige Bindung von Finanzmitteln über die Geltungsdauer eines Jahreshaushaltsgesetzes hinaus erhöht zwar die Planungssicherheit für die bedachten Selbstverwaltungen, minimiert aber die Manövriermasse des Parlaments, dessen Ermessen angesichts eines steigenden Anteils von gesetzlich gebundenen Ausgaben zunehmend sinkt, da immer weniger Mittel frei verteilt werden können. Hier muß ein Ausgleich zwischen den Interessen des Zentralstaates an Flexibilität und den Interessen der Selbstverwaltungen an Planbarkeit gefunden werden.

Da dem Staat die Kompetenzkompetenz zukommt und er im Wege der Gesetz- und sogar Verfassunggebung die Spielregeln bestimmt, kann eine Verrechtlichung immer nur so weit ein Ausweg vor einer Ausdehnung des Staates in die Selbstverwaltungssphäre sein, wie diese Ausdehnung nicht im Wege von Gesetzen und Verordnungen geschieht. Wenn der Staat auf dem Wege der Normsetzung seine Kompetenzen immer weiter ausdehnt, können sich die Selbstverwaltungen dagegen kaum wehren, vor allem, wenn dieser Prozeß schleichend und nicht durch ein einziges Gesetz geschieht. Zudem ist zu bedenken, daß gerade der sich auch in Ungarn etablierende Parteienstaat immer wieder Wege und Mittel findet, jenseits rechtlicher Regelungen und Regelungsmöglichkeiten auf innerparteilichen Kanälen die von der Zentrale gewünschten Ziele in die Kommunen zu projizieren und dort zu verwirklichen. Gegen eine Aushöhlung echter örtlicher Entscheidungsmöglichkeiten durch eine zunehmende innerparteiliche Zentralisierung ist auch das Recht, jedenfalls das Kommunalrecht machtlos.

Andererseits sollten die Möglichkeiten, die eine Verrechtlichung des Systems in sich birgt, auch nicht geringschätzen. Sie bewirkt eine Steigerung der Verläßlichkeit insbesondere für die schwächere Seite, d.h. für die Selbstverwaltungen. Was der Staat an Möglichkeiten der ‚willkürlichen‘ Regelung verliert, gewinnen die Selbstverwaltungen an Sicherheit. Darüber hinaus ermöglicht eine weitere Verrechtlichung die nötige Stärkung der

Kommunalaufsicht. Da diese auf die Rechtmäßigkeit beschränkt ist und die Zweckmäßigkeit nicht mit einschließt, kann sie durch eine Ausdehnung des rechtlich Geregelten ebenfalls ausgebaut werden. Damit reduziert sich für den Staat gleichzeitig die Notwendigkeit, auf außerrechtlichem Wege in das Verhalten der Selbstverwaltungen zu intervenieren, wenn dieses der Korrektur bedarf.

Letztendlich kann man von einer weiteren Verrechtlichung einen gewissen Erfolg erhoffen, aber sie ist kein Allheilmittel. Im Einzelfall müssen der Gewinn an Sicherheit und der Verlust an Flexibilität gegeneinander abgewogen werden, und dies kann immer nur im Hinblick auf eine konkrete Fragestellung geschehen. Die genaue Definition der Verwaltungsaufgaben, die dem Staat bzw. den Selbstverwaltungen obliegen, ist sicherlich ein Feld, in dem eine Verrechtlichung die Selbstverwaltung fördert und staatlichen Übergriffen oder auch einer Erosion von Kompetenzen zuvorkommen kann.

5. Das Verhältnis von Selbstverwaltungen und Staat – die Finanzierung der Selbstverwaltung

Das in Ungarn praktizierte Finanzierungsmodell der Kombination aus eigenen Quellen und staatlichen Zuschüssen, wobei sich letztere wiederum aus pauschalierter Grundausstattung und Projektfinanzierung zusammensetzt, führt in der Praxis zu einem Übergewicht der staatlichen Geldquellen, zumal die vom System ebenfalls vorgesehenen eigenen Einnahmen sich zur Zeit noch sehr gering ausnehmen und dies in absehbarer Zukunft auch so bleiben dürfte. Hierin liegt eine starke, vielleicht die stärkste Gefährdung einer echten Selbstverwaltung.

Bei den normativen Zuwendungen, die die Grundausstattung sichern sollen, besteht das Problem darin, daß das Parlament jedes Jahr erneut im Haushaltsgesetz darüber entscheidet, wie hoch die Sätze im kommenden Haushaltsjahr sein werden. Auch der Prozentsatz, den der Staat den Gemeinden von bestimmten Steuern überläßt, kann theoretisch jedes Jahr neu festgelegt werden und hat in den 1990er Jahren durchaus gewissen Änderungen unterlegen. Für die Selbstverwaltungen bedeutet das, daß sie regelmäßig erst im Dezember erfahren, wieviel Geld ihnen für das kommende Jahr an Pauschalzuweisungen zur Verfügung stehen wird. Zudem werden die Sätze der Normativzuweisungen sowie der Anteil bestimmter Steuern, der den Kommunen überlassen wird, jedes Jahr nach dem relativ freiem Ermessen des Parlaments neu festgelegt, was eine längerfristige Finanzplanung seitens der Selbstverwaltung überaus schwierig macht[1161]. Da die

---

[1161] *Davey*, MK 2000/519; Népszabadság, 13.11.1999, S. 14: Döntésre várnak az önkormányzatok. A helyhatósági kiadások kétharmadát állja az állami költségvetés

Grunddaten der staatlichen Finanzierung erst Mitte Dezember bekannt werden, ist es für die Gemeinden und Städte praktisch unmöglich, vor Februar den Haushalt für das laufende Jahr aufzustellen.

Hier könnte eine Selbstbindung des Parlaments, die etwa für mehrere Jahre Mindesterhöhungen der vorhandenen Sätze und Mindestprozentsätze der überlassenen Steuern vorgibt, auch bei den Kommunen für mehr Planungssicherheit sorgen. Ein erster Schritt ist die Haushaltsgesetzgebung für zwei Jahre, die mit dem Jahreshaushaltsgesetz 2001/2002 erstmals versucht wurde[1162]. Noch liegen keine Erfahrungen vor, ob diese Technik sich bewährt und fortgeführt werden soll. Parallel dazu können auch die Selbstverwaltungen erstmals für 2001/2002 Haushaltssatzungen für zwei Jahre auf einmal erlassen; die Zukunft dieser Möglichkeit wird von der Zukunft der staatlichen Ein- oder Zweijahreshaushalte abhängen – weil eben die gesamte Kommunalfinanzierung von den Staatsfinanzen abhängt.

Auch die oben unter Punkt C. I. 6. c) bb) erwähnte Anrechnung eigener Finanzkraft auf die normativen staatlichen Zuweisungen, die bei Gemeinden mit hohem eigenem Steueraufkommen zu einer Kürzung staatlicher Zuschußquoten führt, verursacht weitere Unsicherheit bei den Kommunen. Durch die Berücksichtigung der eigenen Einnahmen fließt ein Element der Bedürftigkeit in die – eigentlich am Gleichheitsgrundsatz ausgerichtete – Grundfinanzierung ein, das hier sachfremd ist. Bedarf und Bedürfnis sowie mangelnde oder ausreichende Eigeneinnahmen könnten systemgerechter in einer Art Finanzausgleich berücksichtigt werden, wie bereits dargelegt wurde.

Von den Selbstverwaltungsverbänden wird bemängelt, die normativen Zuweisungen stünden nicht in einem ausreichend engen Zusammenhang mit den Aufgaben, die der Staat den Selbstverwaltungen auferlege. Die Berechnungen seien nicht transparent, vor allem reichten die gewährten Summen nicht aus, die mit der Aufgabenerfüllung tatsächlich anfallenden Kosten zu decken[1163]. Da aber – was von den Selbstverwaltungsverbänden in ihrer Kritik durchaus zugestanden wird – die Erfüllung derselben Aufgabe in unterschiedlichen Selbstverwaltungen unterschiedliche Kosten aufwirft, ist eine genaue Erstattung ohnehin nicht möglich, und das Parlament kann nur pauschalierte Mittelwerte im Jahreshaushalt festsetzen. Es wäre vielleicht möglich, die Zuwendungen nach gewissen äußerlichen Kriterien wie etwa

---

[Die Selbstverwaltungen warten auf eine Entscheidung. Zwei Drittel der Ausgaben der Ortsbehörden stellt das Staatsbudget]. Auf die Bedeutung, die die Ergänzungszuweisungen für unverschuldet in Zahlungsschwierigkeiten geratene Selbstverwaltungen mittlerweile als integraler Teil des Kommunalfinanzierungssystems gewonnen haben, wurde bereits in Kapitel C. I. 4. d) aa) (3) hingewiesen; s.a. Fn. 919.

[1162] s.o. Kapitel C. I. 6. c) bb).

[1163] Népszabadság, 28.10.1999, S. 5 [s.o. Fn. 1098].

der Einwohnerzahl aufzugliedern, wenn feststellbar ist, daß sich die Unterschiede in den Kosten der Selbstverwaltungen nach der Größe derselben richten, aber auch dies würde keine genaue staatliche Erstattung ermöglichen, sondern lediglich die Pauschalierung differenzieren und so zu größerer, vielleicht aber auch zu weniger Gerechtigkeit führen[1164]. Was die nicht ausreichende Höhe der staatlichen Zuwendungen angeht, so wird dies von Selbstverwaltungen überall in Europa bemängelt[1165]. In Ungarn ist zu bedenken, daß öffentliches Geld knapp ist und daß die Kommunen und Komitate an der allgemeinen Armut der öffentlichen Hände teilhaben. Ob sich dies in absehbarer Zeit ändert, ist fraglich, denn die Wirtschaft gesundet zwar über ein Jahrzehnt nach dem Ende des Kommunismus zunehmend, aber diese Gesundung schreitet nur recht langsam voran. Außerdem befindet sich die Legitimität öffentlichen Geldes in Ungarn genauso in einer Krise wie in den westlichen Staaten auch, so daß Wirtschaftswachstum und zunehmender Wohlstand in der Wirtschaft und den privaten Haushalten nicht unbedingt zu höheren Staatseinnahmen und mehr öffentlichen Geldern führen muß.

Insbesondere unter der Regierung *Orbán* wurde die starke finanzielle Abhängigkeit der Städte und Gemeinden von staatlichen Geldern zunehmend kritisiert; diese Kritik ist vor dem Hintergrund der bereits dargestellten globaleren Kritik an der Selbstverwaltungspolitik dieser Regierung und ihrem Versuch, auf die kommunale Ebene Einfluß zu nehmen, zu sehen. Was die Finanzen angeht, so sah der Kabinettsentwurf für den Jahreshaushalt 2000 vor, daß 62–63% der Ausgaben der kommunalen Selbstverwaltungen durch Mittel aus dem Staatshaushalt gedeckt werden[1166]. Lediglich bei den Erstattungen für gesetzlich vorgeschriebene Ausgaben ist der Verwendungszweck präzise vorgeschrieben; bei den übrigen für die Selbstverwaltungen vorgesehenen Geldern gibt das jeweilige Jahreshaushaltsgesetz nicht viel mehr vor als die Rahmensummen und eine globale Zweckangabe. Somit haben die Regierung und die nachgeordnete Zentralverwaltung ein großes Ermessen bei der Verteilung der Gelder, insbesondere bei der Projektförderung, die in der Regel im Rahmen von Ausschreibungen vergeben wird. Es hat immer Klagen einzelner Selbstverwaltungen gegeben, die Regierung bevorzuge die Kommunen, in denen dieselbe Partei die Mehrheit habe. Derartige Vorwürfe einer gezielten Privilegierung parteipolitisch befreundeter Kommunen werden jedoch massiv erst seit dem Antritt der Regierung *Orbán* 1998 er-

---

[1164] Hierzu *Davey,* MK 2000/518 f.

[1165] *Marauhn,* Thilo in Hoffmann/Kromberg/Roth/Wiegand, S. 71 ff.; *Weiß,* DÖV 2000/905 ff., schlägt zur Abhilfe einen innerstaatlich gerichtlich durchzusetzenden aufgabenadäquaten Finanzierungsanspruch aus der Europäischen Charta der kommunalen Selbstverwaltungen vor.

[1166] Népszabadság, 13.11.1999, S. 14 (s. o. Fn. 1161).

hoben. Nach Ende 1999 bekanntgewordenen Plänen der Regierung für die Vergabe der titulierten Unterstützungen – bei denen das Ermessen der Regierung am größten ist – im Jahre 2000 sollten insgesamt 36 Selbstverwaltungen bedacht werden, davon 28 mit Bürgermeistern aus den Koalitionsparteien und acht mit parteilosen Bürgermeistern, während Kommunen mit einer „oppositionellen" Leitung in keinem Fall berücksichtigt wurden. Trotz aller im Vorfeld laut gewordenen Kritik brachte die Regierung ihre Vorlage unverändert am 10.4.2000 ins Parlament ein und berief sich bei der Begründung auf Sachgründe bei der Auswahl der berücksichtigten Anträge; in der Folge stimmte das Parlament der Vorlage trotz aller Kritik zu[1167]. Unter dieser Praxis haben vor allem die Großstädte, allen voran die Hauptstadt zu leiden: Zum einen stellen in den größeren Städten häufig MSZP und/oder SZDSZ die Mehrheit, die sich im Parlament in der Opposition befinden, und zum anderen steht einer der kleineren Koalititonspartner, die FKgP, bei ihren vorwiegend ländlichen Wählern in der Schuld, ihre Wahlkampfversprechen gegen die Hauptstadt und die Bevorzugung der größeren Städte wahrzumachen. Aber von den zahlreichen ländlichen Gemeinden, deren Ratsmehrheit nicht mit der Regierungskoalition übereinstimmt, häufen sich ebenfalls die Vorwürfe der unangemessen starken finanziellen Benachteiligung durch eine feindlich gesonnene Regierung und Zentralverwaltung.

Eine dauerhafte Lösung wird wohl nur die Reduzierung des staatlichen Anteils an der Finanzierung und die Stärkung des Eigenanteils an den kommunalen Finanzmitteln bewirken können. Dazu bedarf es unter anderem einer Reform des starren Kommunalsteuerrechts, die möglicherweise die Einführung eines eigenen Steuerfindungsrecht für die kommunalen Selbstverwaltungen beinhaltet. Ein derartiges Recht müßte wohl in der Verfassung verankert werden, damit der Bürger nicht über den Verfassungsgrundsatz der gleichmäßigen Lastentragung (§ 70/I Verf.) unterschiedliche Steuern und unterschiedliche Steuersätze in den Kommunen aushebeln kann. Eine Ausweitung der Befugnisse der Selbstverwaltungen zur Steuererhebung alleine dürfte allerdings kurz- und auch mittelfristig kaum das einzige Mittel sein: Angesichts der wirtschaftlichen Schwäche in vielen Regionen

---

[1167] Gesetz 2000:LXXXVI über die neuen titulierten Unterstützungen für die Selbstverwaltungen im Jahr 2000, M. K. 2000/3803 ff. Begründet wurde die Vorlage in der parlamentarischen Debatte vom Staatssekretär im Innenministerium *Károly Kontrát,* OGy, 10.4.2000, Sp. 18516 f. Die parteipolitische Ausrichtung der Vorlage wurde am schärfsten angegriffen von *Kóródi,* Mária (SZDSZ), OGy, 10.4. 2000, Sp. 18536 ff., und *Karakas,* János (MSZP), OGy, 10.4.2000, Sp. 18556 f. Auch die Presse hat den Streit verfolgt: Népszabadság, 17.11.1999, S. 5: Pontosan címzett támogatások [Präzise titulierte Unterstützungen], 11.4.2000, S. 4: Vita a címzett támogatásokról. A parlament elé került a kormány 38 önkormányzatot érintő javaslata [Debatte über die titulierten Unterstützungen. Der Regierungsvorschlag bezüglich der 38 Selbstverwaltungen ist dem Parlament vorgelegt worden].

ist vor allem in den strukturschwachen Teilen Ungarns nicht mit einem weiteren signifikanten Potential für Besteuerung zu rechnen. Entweder der Staat verzichtet auf einzelne Steuern und weist sie direkt den Selbstverwaltungen zu, oder der staatliche Anteil der Finanzierung wird noch auf längere Zeit große Bedeutung haben.

Aus diesem Grund muß eine Reform der Finanzierung der Selbstverwaltung mit der Reform der staatlichen Finanzierungsinstrumente beginnen. Mehr Transparenz bei den Vergabeentscheidungen können hier ebenso eine Verbesserung für die Kommunen bewirken wie die Erhöhung des Anteils der normativen Zuwendungen und Reduzierung des Anteils der Projektfinanzierung, weil letztere für die Empfänger weniger Planungssicherheit und für den Vergebenden (d.h. den Staat bzw. genauer die Regierung) mehr unkontrollierten und auch nur schlecht zu kontrollierenden Spielraum eröffnet. Nicht nur die Regierung, auch das Parlament könnte sich stärker als bisher binden, etwa durch mehrjährige verbindliche Finanzplanungen im Hinblick auf Materien, die für die Selbstverwaltungen von Bedeutung sind. Entsprechende Rechtspflichten könnte – wenn überhaupt – nur die Verfassung aussprechen, da einfache Gesetze zur Disposition der parlamentarischen Mehrheit stehen. Zudem ist fraglich, ob nicht die Entwicklung einer entsprechenden politischen Kultur viel mehr für die Selbstverwaltungen bewirken kann als die Festschreibung von notwendigerweise recht vage formulierten Pflichten in der Verfassung. In diesem Zusammenhang kann auf die unter Punkt C. II. 4. d) aufgeführten Bedenken, ob eine Verrechtlichung die Lösung sein kann, verwiesen werden.

6. Das Verhältnis von Selbstverwaltungen und Staat – das Sonderproblem der Hauptstadt

Besonders scharf stellt sich das Problem der Einflußnahme des Staates auf die kommunale Willensbildung in der Hauptstadt. Hier macht sich weniger das finanzielle Übergewicht des Zentralstaats bemerkbar, denn Budapest verfügt mit seinen fast zwei Millionen Einwohnern und seiner Bündelung von Wirtschaftskraft durchaus über beachtliche eigene Ressourcen, auch wenn bestimmte Großprojekte den Finanzrahmen selbst der Hauptstadt sprengen und nur mit umfassender staatlicher Beteiligung zu realisieren sind. In diesem Zusammenhang wurde bereits auf die Planung der Expo 1996, die Lágymányoser Brücke und die vierte Metrolinie hingewiesen[1168].

[1168] s.o. Punkt C. I. 4. d) aa) (3); zu der Lágymányoser Brücke s.o. Fn. 926, zu der vierten Metrolinie s.o. Fn. 925.

Vor allem die Fragen der Expo 1996 und auch der vierten Metrolinie weisen über das Finanzielle hinaus und führen zu einem besonders die Hauptstadt treffenden Problem im Verhältnis zum Staat. Die Hauptstadt ist mehr als andere Gemeinden der Ort der Selbstdarstellung des Zentralstaates, der seine eigenen Vorstellungen von einem dazugehörigen Stadtbild und von der Plazierung staatlicher Repräsentationsbauten hat. Die Expo, hätte sie stattgefunden, hätte für die angrenzenden, dicht bebauten Stadtviertel eine enorme Zunahme des Verkehrs bedeutet, die zunächst durch Maßnahmen der Budapester und der Bezirksselbstverwaltungen hätten abgefangen werden müssen, auch wenn der Staat bereit war, einen Teil der Belastungen zu tragen, etwa durch den Bau der Lágymányoser Brücke und letztendlich auch durch die Projektierung einer vierten Metrolinie. Die Sanierung einiger Teile des Budaer Burviertels – und zwar auch der Wohngebiete, nicht nur der eigentlichen Burg – hat die Regierung in ihre (ausschließlich) eigene Verantwortung gezogen und sich dabei auf die Bedeutung dieses Bauensembles für das Bild Ungarns im Ausland und die völkerrechtlichen Verpflichtungen im Zusammenhang mit dem Weltkulturerbe[1169] berufen; bei den Renovierungen der Burg diente als weitere Begründung, daß dort auf Dauer das Ministerpräsidialamt untergebracht werden soll. Konsequenz dieser Entscheidung ist, daß der I. Hauptstädtische Stadtbezirk sowie die Hauptstadt bei den Planungen kein förmliches Mitspracherecht haben, andererseits aber die Regierung auch die alleinige finanzielle Verantwortung übernimmt, der sie durch Mittel aus dem Staatshaushalt und durch Einwerben von Drittmitteln gerecht werden will[1170].

Symptomatisch für die Probleme, die der Hauptstadt durch die staatliche Planung von nationalen Repräsentationsobjekten entstehen, ist das Nationaltheater. Bereits seit langem ist man sich darüber einig, das das jetzige Gebäude nicht nur zu klein, sondern auch zu wenig repräsentativ ist. Mitte der 1990er Jahre nahmen die staatlichen Planungen konkretere Gestalt an, und die Regierung beschloß nach langen Diskussionen, ein neues Gebäude mitten auf einem bislang unbebauten Platz in der Innenstadt zu errichten. Es wurden Verhandlungen mit der Hauptstadt als Ganzer und dem betroffenen V. Stadtbezirk geführt und schließlich mit dem Bau begonnen. Nach den Parlamentswahlen 1998 entschied sich die neue Regierung für einen

---

[1169] Das gesamte Burgviertel wurde von der UNESCO zum Weltkulturerbe erklärt.

[1170] Regierungsbeschlüsse 1047/1997. (V.9.) Korm. über das Sanierungsprogramm für den Szent György-Platz im Budaer Burgviertel, M. K. 1997/2789 f., und 1016/1998. (II.13.) Korm. über die Renovierung und Verwertung des Budapester Burgbasar-Liegenschaftskomplexes, M. K. 1998/685, beide ersetzt durch den Regierungsbeschluß 1127/1999. (XII.16.) Korm. über das Sanierungsprogramm für den Szent György-Platz im Budaer Burgviertel und den Burgbasar im Zusammenhang mit der würdigen Begehung des Milleniums, M. K. 1999/7651 f.

anderen Bauplatz am Rande des Stadtwäldchens, die Verhandlungen mit der
Hauptstadt und dem nun berührten XIV. Stadtbezirk folgten, und die Arbeiten an der innerstädtischen Baustelle wurden zunächst vorläufig eingestellt.
Mitte 1999 entschied die Regierung wieder anders und suchte als neuen
Standort einen unbebauten Teil des für die Expo 1996 vorgesehenen Gelän-
des südlich der Innenstadt aus. Seitdem laufen die Verhandlungen mit der
Hauptstadt und dem IX. Stadtbezirk[1171], und parallel wurde mit den Vorarbeiten begonnen. Die Arbeiten an der Großbaustelle an dem ersten vorgesehenen Ort in der Innenstadt wurden eingestellt, und der zentral gelegene
Platz in bester Lage war danach über lange Zeit eine Bauruine. Zudem ver-
langte die Hauptstadt, die das Grundstück in der Innenstadt zur Verfügung
gestellt hatte (immerhin ein ganzer Block), das Eigentum zurück, weil sie
es dem Staat nur zum Zweck eines Nationaltheaters, nicht aber für andere
Zwecke übereignet habe, während die Regierung zunächst nur den Besitz,
aber nicht das Eigentum an dem Grundstück zurückgeben wollte, was bei
der Hauptstadt verständlicherweise auf Widerstand stieß. Schließlich gelang
beiden Parteien im April 2000 ein Kompromiß, der immerhin die Fragen-
kreise Eigentum und Nutzungskonzept einer Einigung zuführte, aber hinsichtlich der Details der Ausführung der weiteren Nutzung weitere Streitigkeiten nicht verhindern konnte[1172]. Immerhin behindert der Streit mittlerweile nicht mehr die Fortführung der Arbeiten zur endgültigen Gestaltung
des Platzes.

Mit derartigen Capricen, für die das Nationaltheater nicht das einzige
Beispiel ist, macht der Staat der Hauptstadt und den hauptstädtischen Bezirken eine dauerhafte Planung sehr schwer. Publikumsintensive Großprojekte
wie ein Nationaltheater führen zu einer Steigerung des Verkehrsaufkom-

---

[1171] Regierungsbeschlüsse 2032/1996. (II.4.) Korm. über die endgültige Ansiedlung des Nationaltheaters [Innenstadt], 1141/1998. (XI.6.) Korm. über die Aufgaben
im Zusammenhang mit dem Bau des Nationaltheaters an einem neuen Standort, M.
K. 1998/6476 f. [Stadtwäldchen], 1097/1999. (VIII.26.) Korm. über den Bau des
neuen Nationaltheaters, M. K. 1999/4869 f. [Expo-Gelände], 1141/1999. (XII.26.)
Korm. über die Ausweisung des genauen Platzes des neuen Nationaltheaters, M. K.
1999/8686 [Expo-Gelände].

[1172] Zum öffentlich ausgetragenen Streit über das Eigentum an dem Grundstück
und über die Nutzung, für die der gesamtstädtische Flächennutzungsplan der Hauptstadt vom 28.10.1999 eine öffentliche Grünfläche mit Tiefgarage darunter vorsieht,
was vom Staat in dem Kompromiß vom April 2000 im wesentlichen akzeptiert
wird, s. Népszabadság, 5.11.1999, S. 4: Elmaradt a ceremónia [Die Zeremonie ist
ausgeblieben], 6.11.1999, S. 4: A minisztérium visszaadja az Erzsébet teret [Das
Ministerium gibt den Elisabeth-Platz zurück], 2.12.1999: Bíróság elé kerül az Erzsébet tér ügye [Die Angelegenheit des Elisabeth-Platzes kommt vor Gericht],
4.2.2000, S. 4: Perli a főváros az államot [Die Hauptstadt verklagt den Staat],
5.4.2000, S. 5: Megállapodás az Erzsébet térről [Übereinkunft über den Elisabeth-
Platz]; Regierungsbeschluß 1026/2000. (IV.6.) Korm. über die Beendigung der In-
vestition auf dem Elisabeth-Platz, Budapest, V. Bezirk, M. K. 2000/1514.

mens, und dies kann nur durch vorausschauende Planung beim öffentlichen Nahverkehr und beim Straßenbau bewältigt werden. Nach geltender Rechtslage sind die Selbstverwaltungen der Hauptstadt derartigen staatlichen Planungen recht hilflos ausgeliefert, was in der Praxis nur durch frühzeitige Konsultationen der zuständigen staatlichen Stellen mit den betroffenen Selbstverwaltungen etwas gemildert wird. Eine rechtliche Bindung des Staates bei einer bestimmten Entwicklungsstufe seiner Projekte der Hauptstadt gegenüber gibt es jedoch nicht, sondern der Staat ist frei, seine Pläne jederzeit ohne Rücksicht auf die örtlichen Selbstverwaltungen abzuändern, sofern er sich nicht im Einzelfall, wie im Fall der vierten Metrolinie, vertraglich gebunden hat.

Dies setzt die betroffenen Selbstverwaltungen einer nicht unbeträchtlichen Planungsunsicherheit und damit verbunden auch hohen Kosten aus. Das läßt sich letztendlich nur durch eine intensive Kommunikation zwischen staatlichen und hauptstädtischen Stellen vermeiden. Diese erreichte allerdings unter der Regierung *Orbán* zunächst einen Tiefpunkt, da die Selbstverwaltung der Hauptstadt unter anderer parteipolitischer Führung steht als die Regierung. Es wurde bereits betont, daß es die parteipolitisch „oppositionellen" Kommunen unter der Regierung *Orbán* besonders schwer haben. Dies trifft auf die Hauptstadt in verstärktem Maße zu, die zudem in *Gábor Demszky* über einen Oberbürgermeister verfügt, der eine sehr selbstbewußte Stadtpolitik betreibt. Da parteipolitische Kanäle versagten, hat man schließlich eine andere Form der Kommunikation gefunden. Im Oktober 1999 wurden *Demszky* sowie die Vorsitzende des Entwicklungsrats Agglomeration Budapest und der Vorsitzende des Bundes der Selbstverwaltungen der äußeren Hauptstadtbezirke zur Teilnahme an einer Regierungssitzung geladen, auf der einige der genannten staatlichen Großprojekte und ihre Auswirkungen auf die Hauptstadt, aber auch die Aufteilung von Aufgaben und Ressourcen zwischen den zwei Selbstverwaltungsebenen der Hauptstadt diskutiert wurden[1173]. Dieser formalisierte Kommunikationskanal auf höchster Ebene hat sich bisher als hilfreich erwiesen, ist jedoch nicht ausreichend, um die auf allen Ebenen problematische Koordination zwischen staatlichen und hauptstädtischen Aktivitäten aufeinander abzustimmen.

Der Einfluß der Regierung auf die Gestaltung und das Bild der Hauptstadt beschränkt sich nicht auf einzelne Großprojekte. Sie hat auch das Recht, Gebietsneugliederungen auf dem Gebiet der Hauptstadt zu initiieren, was sich sowohl auf die Grenzen einzelner hauptstädtischer Stadtbezirke als auch auf die Grenze der Hauptstadt als Ganzer auswirken kann. Diese

---

[1173] Népszabadság, 26.10.1999, S. 1, 4: Megállapodáscsomag a fővárosnak [Ein Paket von Übereinkommen für die Hauptstadt].

durch das Hauptstadtgesetz 1991 erstmals geschaffene Möglichkeit[1174] steht der Regierung nur in bezug auf die Hauptstadt, nicht aber auf andere Gemeinden und Städte zu. Sie findet ihren Grund in der besonderen Funktion der Hauptstadt nicht nur als Kommune, sondern gleichzeitig als Ort zentralstaatlicher Verwaltung und Repräsentation. Denselben Grund hat die unter Punkt C. I. 6. a) bb) (1) erwähnte Möglichkeit, durch Gesetz oder Regierungsverordnung die Wahrnehmung staatlicher Aufgaben in der Hauptstadt statt den Bürgermeistern bzw. Notären der Stadtbezirke dem Oberbürgermeister bzw. dem Obernotär zu übertragen[1175]. Ob diese Interventionsrechte in die Selbstverwaltungssphäre wirklich nötig sind, ist allerdings fraglich.

In einen recht kleinen Zentralstaat mit dominanter Kapitale wird das Verhältnis zwischen Staat und Hauptstadt immer schwierig sein. Der Ausweg mag auch hier in einer gewissen Verrechtlichung liegen, etwa einem Planungsverfahrensgesetz für Bau- und ähnliche Vorhaben der Regierung auf dem Gebiet der Hauptstadt, jedenfalls wenn sie größere Publikumsströme bewirken oder Selbstverwaltungsrechte ganz einschneidend beeinträchtigen wie etwa die erwähnte Übernahme der Stadtplanung in einem zentralen Teil des I. Bezirks, der Burg. Viele Probleme werden sich aber einer rechtlichen Regelung entziehen. Hier ist die Institutionalisierung fester Kommunikationskanäle und Foren zur Interessenabstimmung sinnvoll, damit nicht alles von mehr oder weniger zufälligen parteipolitischen Konstellationen oder persönlichen Sympathien oder eben auch Antipathien abhängt.

7. Fragen des Rechtsschutzes

Fragen des Rechtsschutzes stehen nicht im Mittelpunkt der kommunalrechtlichen und kommunalpolitischen Diskussion in Ungarn, aber sie haben trotzdem eine gewisse Bedeutung. Daher soll ihnen ein eigener Punkt gewidmet werden.

a) Gerichtlicher Rechtsschutz

Der gerichtliche Rechtsschutz in bezug auf die Selbstverwaltungen leidet zum einen an den allgemeinen Anlaufschwierigkeiten der Verwaltungsgerichtsbarkeit, zum anderen an einigen spezifischen, für diesen Bereich typischen Problemen. Der Hauptpunkt der spezifischen Schwierigkeiten ist die Zuständigkeit des Verfassungsgerichts für die Kontrolle kommunaler Satzungen. Dies ist weniger für die Kommunen als vielmehr für das Verfas-

---

[1174] § 6 HauptstG, seit 1994 § 66/C KommG. Dazu oben Punkt C. I. 4. e).
[1175] § 67 Abs. 1 KommG.

sungsgericht ein Problem[1176], weil dieses wegen seiner Zuständigkeit für die kommunale Normenkontrolle eine große Fallzahl jedes Jahr zu bewältigen hat. Die Monopolisierung der Kompetenz, eine Selbstverwaltungssatzung aus Rechtsgründen aufheben zu können, beim Verfassungsgericht hat mit dem hohen Wert zu tun, den man unmittelbar nach der Wende der Selbstverwaltung beimaß. In dieser Situation schien eine derartige Regelung, eine Parallele zum Aufhebungsrecht gegenüber Gesetzen, die einzig angemessene.

Wenn es auch damals (und möglicherweise noch heute) politisch wünschenswert schien, das Verfassungsgericht alleine über die Verfassungs- und Gesetzmäßigkeit von Satzungen entscheiden zu lassen, so ist diese Lösung verfassungsrechtlich nicht zwingend. Zwar unterstellt die Verfassung die Selbstverwaltungsrechte dem Schutz der Gerichte, aber das Verfassungsgericht legte in seinem Urteil zum einfach-gerichtlichen Rechtsschutz bei örtlichen Volksbegehren und -abstimmungen 29/1999.[1177] dar, daß der Verfassungsgarantie eines wirksamen Rechtsschutzes (§ 57 Abs. 5 Verf.) auch ein Rechtsschutz durch örtliche Gerichte – sogar als einzige Instanz – genügen kann. Was für die allgemeine Rechtsschutzgarantie des § 57 Abs. 5 Verf. gilt, muß auch für die besondere kommunale Rechtsschutzgarantie in § 43 Abs. 2 Satz 2 Verf. gelten.

Es ist auch aus fachlichen Gründen nicht einzusehen, warum die kommunale Normenkontrolle nicht bei der Kommunalaufsicht und bei der Verwaltungsgerichtsbarkeit angesiedelt werden kann. Auf die Notwendigkeit einer Stärkung der Kommunalaufsicht durch Ausbau ihrer unmittelbaren Eingriffsrechte wurde bereits hingewiesen. Die Entscheidungen der Kommunalaufsicht über die Verfassungs- und Rechtmäßigkeit von Satzungen können auf Antrag der betroffenen Selbstverwaltung ohne Einbuße an fachlichem Niveau auch von den Verwaltungsgerichten statt vom Verfassungsgericht überprüft werden[1178]. Dasselbe gilt, wenn Bürger sich gegen eine Satzung wenden: Auch diese Entscheidung kann statt vom Verfassungsgericht von den Verwaltungsgerichten getroffen werden. Es würde zwar eine gewisse protokollarische Herabstufung bedeuten, wenn nicht mehr das Verfassungsgericht, sondern ein Verwaltungsgericht entscheidet. Allerdings entscheidet das Verfassungsgericht heute kommunale Normenkontrollverfahren in einer Dreierkammer und nicht im Plenum, so daß diese Verfahren ohnehin keine ‚protokollarisch vollwertigen' Verfassungsverfahren mehr sind. Zudem muß

[1176] *Rátai,* MK 1999/661 ff.

[1177] s. o. Fn. 1069.

[1178] Diese Forderungen wurden schon ab Beginn der 1990er Jahre laut, als bereits kurz nach Arbeitsaufnahme des Verfassungsgerichts dessen übergroße Arbeitsbelastung deutlich wurde: *Brunner,* Der Staat 1993/296; *Ádám,* Antal in Magyar Közigazgatási Kamara, S. 22.

die kommunale Normenkontrolle nicht in der untersten Instanz der Verwaltungsgerichtsbarkeit angesiedelt werden, sondern kann in der zweiten Instanz stattfinden, so daß eine gewisse Hervorhebung bestehen bleibt.

Das Monopol des Verfassungsgerichts hat bislang eine gewisse Einheitlichkeit der kommunalen Normenkontrolle gewährleistet[1179]. Bei einer Dezentralisierung dieser Befugnis durch die Übertragung auf die Verwaltungsgerichte wäre diese Einheitlichkeit in Gefahr, wie manche befürchten. Allerdings verfügt das ungarische Prozeßrecht nicht nur über die üblichen Rechtsmittel, um eine einheitliche Rechtsprechung zu bewirken, sondern über ein eigenes Rechtseinheitlichkeitsverfahren (§§ 27–33 GVG[1180]), das unabhängig vom Streitwert und ähnlichen Fragen die Korrektur auseinanderdriftender Rechtsprechung durch das Oberste Gericht auch von Amts wegen zuläßt[1181]. Die Mechanismen, die eine einheitliche Rechtsprechung sicherstellen sollen, sind in der ungarischen Justiz stärker ausgeprägt als etwa in Deutschland. Eine Uneinheitlichkeit der Rechtsprechung ist daher durch eine Dezentralisierung der kommunalen Normenkontrolle nicht zu befürchten.

Letztendlich blockiert in der Frage der gerichtlichen Zuständigkeit für die kommunale Normenkontrolle der Hinweis auf die autoritäre Vergangenheit und die damit verbundene Überhöhung des Wertes der örtlichen Selbstverwaltung eine rationale und effiziente Lösung, wie dies auch in vielen anderen Fragen wie der kommunalen Gebietsreform oder der Kommunalaufsicht der Fall ist. Daß die jetzigen Lösungen trotz ihrer theoretischen Wertschätzung der Selbstverwaltung in der Praxis nicht immer die selbstverwaltungsfreundlichsten Konsequenzen zeitigen, wurde bereits in anderem Zusammenhang dargelegt und trifft auch auf diesen Fragenkomplex zu. Zwar ist das Verfassungsgericht in seiner Rechtsprechung den Selbstverwaltungen überwiegend gewogen, aber es bricht unter der hohen Fallbelastung fast zusammen, was zu einer stark routinemäßigen und schematisierenden Erledigung vieler Fälle im Zusammenhang mit der Kontrolle der Verfassungs- oder Rechtmäßigkeit kommunaler Satzungen führt. Zudem steigen die Bearbeitungszeiten beim Verfassungsgericht kontinuierlich an. Für den Bürger, der als Antragsteller einer kommunalen Normenkontrolle auch ohne weitere prozessuale Anforderungen in Frage kommt, ist die Zentralisierung beim Verfassungsgericht aus den genannten Gründen, aber auch wegen der gegebenenfalls langen Anreisewege ungünstig. Eine Übertragung auf die

---

[1179] Aus diesem Grund spricht sich *Rácz,* Attila in Magyar Közigazgatási Kamara, S. 59, für eine Beibehaltung des verfassungsgerichtlichen Monopols der kommunalen Normenkontrolle aus.

[1180] Gesetz 1997:LXVI über die Organisation und die Verwaltung der Gerichte (s. o. Fn. 1088).

[1181] Näher zum Rechtseinheitlichkeitsverfahren *Küpper,* OER 1998/266 f.

Verwaltungsgerichte würde die physische Erreichbarkeit für die Bürger erhöhen und ihre Teilnahme an einer mündlichen Verhandlung erleichtern.

b) Außergerichtlicher Rechtsschutz

In diesem Zusammenhang stellt sich grundlegender die Frage nach dem Verhältnis zwischen Selbstverwaltung und Bürger. Viele Bürger sind unzufrieden mit der Verwaltungstätigkeit der örtlichen Selbstverwaltungen. Seit Bestehen des Amtes des Parlamentarischen Beauftragten für Staatsbürgerrechte (Ombudsmann)[1182] bilden die Beschwerden gegen das Verhalten der Selbstverwaltungen die große Mehrheit der eingehenden Angelegenheiten. Dies hängt zum einen damit zusammen, daß die Selbstverwaltungen in vielen Bereichen die erstinstanzlich zuständige Behörde sind, auch wenn es in Ungarn sehr viel mehr direkte Staatsverwaltung bis in die unterste Ebene gibt als in Deutschland. Daher kommen die Bürger notwendigerweise mit den Selbstverwaltungen sehr viel häufiger in Kontakt als mit anderen Behörden. Das alleine ist aber noch keine ausreichende Erklärung für die große Unzufriedenheit mit der Arbeit der Selbstverwaltungen. Der Befund des Ombudsmannes offenbart vielmehr einen strukturellen Mangel, der auf Defizite in der Rechtskenntnis, in der Rechtsanwendung und in der Servicebereitschaft der Beschäftigten hinweist. Hierauf wird in der Folge unter Punkt C. II. 8. noch näher eingegangen. Aufschlußreich ist auch die Aufstellung des Ombudsmannes über die prozentuale Verteilung der Verwaltungsbereiche bei den Selbstverwaltungen, über die Beschwerden in den Jahren 1998 und 1999 eingegangen sind (Tabelle 9, folgende Seite).

Auffällig ist die Häufung von Beschwerden bei Bausachen, bei Wohnungsangelegenheiten und bei der sozialen Versorgung. Der hohe Anteil von Beschwerden in bezug auf Wohnungen und andere Räumlichkeiten liegt daran, daß die örtlichen Selbstverwaltungen nach wie vor einen Großteil der Mietwohnungen halten und auch bei anderen Räumlichkeiten einen großen Marktanteil besitzen. Streitigkeiten entstehen allerdings nicht nur bei der Wohnungs- und Raummiete, sondern auch bei der Privatisierung vor allem zugunsten der Mieter zu vergünstigten Preisen, die vielerorts recht schleppend und bisweilen nicht frei von Korruption verläuft. Bei Bausachen ist die Ursache für die hohen Zahlen darin zu suchen, daß Baugenehmigungen und ähnliches in erster Instanz von den Gemeinden zu erteilen sind. Da es hier um für den Bürger große Vermögenswerte geht, sind diese in Bauangelegenheiten vielleicht eher als in Bagatellsachen gewillt, sich gegen die Behörden zu wehren. Zudem wirken hier möglicherweise Traditionen des Sozialismus fort, der anders als in vielen anderen Verwaltungsbereichen in

---

[1182] Näher dazu oben Punkt C. I. 3. b) cc) (5).

Tabelle 9

Verwaltungsbereiche der Selbstverwaltungen, über die Beschwerden beim Parlamentarischen Beauftragten für Staatsbürgerrechte eingehen[1183]

Arten der Beschwerden	Anzahl 1998	Anteil 1998	Anzahl 1999	Anteil 1999
Kriegsversehrtenfürsorge	146	8,77%	66	4,71%
Allgemeine Verwaltung	60	3,60%	81	5,78%
Besitzschutz	140	8,41%	116	8,27%
Gesundheitsverwaltung	10	0,60%	11	0,78%
Bauwesen	308	18,50%	284	20,26%
Vormundschaftssachen	169	10,15%	115	8,20%
Örtliche Steuern	29	1,74%	48	3,42%
Industrie, Handel, Wirtschaftsverwaltung	60	3,60%	32	2,28%
Bildungswesen	3	0,18%	0	0,00%
Wohnungen und andere Räumlichkeiten	298	17,90%	210	14,98%
Landwirtschaft	17	1,02%	17	1,21%
Unterrichts- und Schulwesen	23	1,38%	58	4,14%
Ordnungswidrigkeiten	28	1,68%	26	1,85%
Soziale Versorgung	235	14,11%	209	14,91%
Sonstiges (z.B. Beschwerden gegen die Entscheidung von Kollegialorganen wie der Abgeordnetenkörperschaft)	139	8,35%	129	9,20%
Insgesamt	1665	100%	1402	100%

[1183] Quelle: Amt des Ombudsmannes, zitiert nach Népszabadság, 15.5.2000, S. 9: Sok az állampolgári panasz [Die Beschwerden der Bürger sind zahlreich]. Ein praxisorientierter Bericht über die Auswirkungen der Arbeit der Ombudsleute auf die Arbeit der Verwaltungsbehörden findet sich auch bei *Kaltenbach*, Jenő in Magyar Közigazgatási Kamara, S. 71 ff.; einen aktuellen Bericht über die Arbeit der Ombudsleute in deutscher Sprache liefern *Polt/Kaltenbach*, OER 2000/242 ff.

Grundstücks- und Wohnungsangelegenheiten einen gerichtlichen Rechtsschutz zuließ[1184], so daß dem Bürger hier der Gedanke, sich gegen die Verwaltung wehren zu können, vertrauter ist als bei anderen Fragen.

Der vergleichsweise hohe Anteil an Beschwerden aus dem Bereich der
sozialen Versorgung beruht darauf, daß die Vorhaltung der sozialen Grundversorgung eine kommunale Pflichtaufgabe ist und daher die örtlichen
Selbstverwaltungen in diesem Bereich sehr viel aktiver sind als in Deutschland, schon weil sie viele Leistungen nicht nur finanzieren, sondern auch
organisieren oder gar mit eigenem Personal erbringen. Dies trifft auch auf
die Vormundschaftssachen zu, womit in Ungarn im wesentlichen die gesamte Jugendfürsorge gemeint ist[1185]. Die Zunahme der Beschwerden im
Schulwesen ist vor allem auf den Umstand zurückzuführen, daß 1999 die
Gemeinden noch mehr Schulen als bisher geschlossen haben und so immer
mehr Kinder immer weitere Wege in immer überfülltere Schulen zurückle-
gen müssen.

Aus den Berichten der Ombudsleute geht auch hervor, daß ihre Interventionen häufig erfolgreich sind. In der Regel versuchen sie, sich auf eine Art
Moderatorenrolle zu beschränken, um auf diese Art Kommunikations-
schwierigkeiten zwischen Bürger und Behörde zu beheben. Die Tatsache,
daß sie damit so großen Erfolg haben, läßt vermuten, daß hier, d.h. in der
Kommunikation und nicht so sehr im Rechtlichen, ein wesentliches Problem der Selbstverwaltung liegt. Dies leitet über zu den Fragen des Verhältnisses zwischen Selbstverwaltung und Bürger, das als Teilproblem der Modernisierung der Verwaltung in der Folge unter Punkt C. II. 8. b) diskutiert
wird.

8. Die Modernisierung der öffentlichen Verwaltung

Der Zustand der öffentlichen Verwaltung in Ungarn gehört zu den Haupt-
kritikpunkten der Europäischen Kommission bei der Evaluierung Ungarns
im Zuge der Beitrittsverhandlungen. Auch in Ungarn selbst ist man sich
bewußt, daß hier noch viel getan werden muß, und zwar unabhängig von
den Beitrittsaussichten und -verhandlungen. In den Apparaten der Selbstverwaltungen stellen sich im wesentlichen dieselben Probleme wie in den
staatlichen Verwaltungen, so daß die folgenden Darstellungen meist auf
beide Verwaltungsbereiche zutreffen. In den Selbstverwaltungen zeigen sich
manche Mißstände allerdings wesentlich schärfer, da hier in der Regel weniger Geld zur Verfügung steht als in den staatlichen Behörden.

[1184] Näher dazu *Kuss,* S. 378 ff.
[1185] In diesem Rechtsgebiet sind die örtlichen Behörden traditionell zuständig:
Degré, Alajos in Csizmadia/Kovács, S. 449 ff.

a) Der innere Zustand der Verwaltungen

aa) Bestandsaufnahme

Ein Hauptkritikpunkt ist der innere Zustand der Verwaltungen. Nach außen hin teilt sich dieser Zustand in schleppender Bearbeitung, unfreundlichem Service und autoritärer Bürokratenmentalität, rechtlich in nicht haltbaren Entscheidungen und auch wachsender Korruption mit. Für die Mitarbeiter der Verwaltung hingegen bestehen die gegenwärtigen Zustände in einer schlechten materiellen Ausstattung des Arbeitsplatzes (angefangen beim Zustand der Verwaltungsgebäude bis hin zur Versorgung mit Büroartikeln), in im Vergleich mit der Wirtschaft sinkenden Einkommen, in einer steigenden Fallkennziffer, die in einem gegebenen Zeitraum zu bearbeiten ist, sowie in einer immer stärker ausdifferenzierten Anzahl von Bereichen, in denen die Verwaltung tätig zu werden hat. Letzteres betrifft das Verwaltungspersonal der Kommunen ganz besonders, weil ständig neue Fachgesetze den Kommunen erstinstanzliche Zuständigkeiten in immer mehr Verwaltungsbereichen zuweisen. Für die Beschäftigten der Kommunen bedeutet das, daß sie sich mit einer wachsenden Zahl von Sachbereichen vertraut machen und vertraut halten müssen.

In diesem Zusammenhang ist das Hauptproblem die Erschließung des gerade gültigen Rechts, gegebenenfalls noch in der konkreten Auslegung der Verwaltungs- und Verfassungsgerichtsbarkeit, die Auslegung und Anwendung des Rechts in Übereinstimmung mit der gesamten Verfassungs- und Rechtsordnung, wie es für eine rechtsstaatliche Verwaltung selbstverständlich ist, sowie in zunehmenden Maße die Beobachtung der europarechtlichen Anforderungen an das jeweilige Rechtsgebiet. Die Probleme der Rechtserkenntnis liegen sowohl beim Personal als auch bei der sächlichen Ausstattung. Was die sächliche Ausstattung angeht, so stehen vielen Behörden kaum konsolidierte Gesetzestexte zur Verfügung, sondern höchstens die Gesetzblätter, aus denen sich das Verwaltungspersonal mit Hilfe privat geführter Änderungstabellen die jeweils geltende Fassung eines bestimmten Paragraphen eines häufig geänderten Gesetzes oder einer häufig geänderten Regierungsverordnung heraussuchen müssen. Zwar gibt es aktuelle konsolidierte Fassungen preisgünstig auf CD-ROM und häufig auch online, jedoch setzt die Nutzung dieses Angebots die Versorgung mit entsprechenden Computern voraus, was keineswegs gängiger Standard ist; die größten Defizite gibt es in den Klein(st)gemeinden.

Hinzu kommt, daß das Personal zu wenig geschult wird, sich mit Hilfe dieser Medien das geltende Recht zu erschließen, und auch nicht genügend Schulung im Umgang mit dem neuen Recht unter den veränderten Verhältnissen erhält. Angesichts des sich ständig verändernden Rechtszustands wäre es allerdings auch nicht möglich, die gesamte öffentliche Verwaltung ständig über alle wichtigen Veränderungen durch Schulungen auf dem laufenden zu halten. Es darf hierbei nicht übersehen werden, daß in den vielen Zwerggemeinden das Verwaltungspersonal nur einige wenige Personen umfaßt, so daß eine Spezialisierung, die ja die Verfolgung des einschlägigen Rechts sehr erleichtern würde, nicht möglich ist, sich aber auch längere Abwesenheiten durch Fortbildung oder Schulung mangels Vertretungsmöglichkeiten verbieten.

Wie aus Tabelle 1 ersichtlich, sinkt der Anteil der als rechtswidrig beanstandeten Satzungen und Beschlüsse zwar langsam, aber in der Tendenz eindeutig. Dies ist auf eine wachsende Vertrautheit mit dem für Selbstverwaltungen einschlägigen Recht zurückzuführen, so daß im Zusammenspiel von gemeindlicher Rechtssetzung und Kommunalaufsicht – gegebenenfalls in Form einer gerichtlichen Überprüfung von Satzungen und Beschlüssen – für manche Rechtsgebiete Routinen entstehen, die in der Folge zu einer Verringerung rechtswidriger Rechtssetzung führen. Dieser Prozeß ist aber viel zu langsam, um ihm alleine eine Hebung des juristischen Niveaus der Selbstverwaltungen anzuvertrauen. Zudem erfaßt er im wesentlichen nur die kommunale Normsetzung. Über die Rechtsanwendung im Einzelfall sagt die Tabelle nichts aus. Die Eingangszahlen in Verwaltungsgerichtssachen sind seit Jahren etwa konstant und liegen bei etwa 20.000 Klagen, wobei aus den offiziellen Statistiken nicht erkennbar ist, ob Prozeßgegner staatliche oder kommunale Verwaltungsstellen sind. Nichtsdestoweniger ist ein gleichbleibendes Bedürfnis nach verwaltungsgerichtlichem Rechtsschutz festzustellen, was ein gewisses Indiz für eine im Einzelfall weiterhin häufiger fehlerhafte Verwaltungspraxis darstellt.

bb) Verbesserungsmaßnahmen

Niemand in Ungarn bestreitet die Notwendigkeit einer umfassenden Modernisierung der gesamten öffentlichen Verwaltung. Konzepte werden zwar seit längerem erarbeitet, aber es gibt keine umfassende Strategie, auf die sich die Akteure geeinigt hätten. Bereits 1992 beschloß die Regierung ein erstes Programm für die Modernisierung der öffentlichen Verwaltung[1186], dem viele weitere folgten. Allen gemeinsam ist, daß die Verwaltungsmodernisierung als umfassende Aufgabe gesehen und hierbei in vielen Fragen nicht zwischen staatlicher und kommunaler Verwaltung unterschieden wird. Allerdings wird den besonderen Problemen der Selbstverwaltungen immer auch ein gesondertes Kapitel gewidmet, und in der Regel findet sich die Förderung freiwilliger Kooperationsformen und Zusammenschlüsse unter

---

[1186] Regierungsbeschluß 1026/1992. (V.12.) Korm. über die Modernisierung der öffentlichen Verwaltung, M. K. 1992/1716 ff.

den wichtigsten staatlichen Reaktionen auf die Modernisierungsanforderungen im kommunalen Bereich.

Federführend für die Ausarbeitung der Konzepte für Verwaltungsreformen ist das Innenministerium. Die einzelnen Hauptabteilungen und Abteilungen sind dafür verantwortlich, innerhalb ihres Bereiches die detaillierteren Pläne zu entwickeln. Für die örtlichen Selbstverwaltungen ist eine eigene Hauptabteilung zuständig, die eine ihrer wichtigsten Aufgaben in der Entwicklung von Modernisierungsmöglichkeiten und der Unterstützung der Selbstverwaltungen bei deren Implementierung vor Ort sieht. Wie in Kapitel C. I. 6. a) dargestellt, wurden in der Legislaturperiode 1994–98 die Arbeiten der einzelnen Fachabteilungen durch einen eigenen Regierungsbeauftragten für die Modernisierung der öffentlichen Verwaltung koordiniert und teilweise auch angeregt. Bis 1994 erfolgte die Koordination hausintern im Innenministerium, während seit 1998 das Ministerpräsidialamt eine gewisse Führungsrolle bei der Verwaltungsmodernisierung übernommen hat.

Ein klares, umfassendes und bezahlbares Konzept zur Modernisierung der öffentlichen Verwaltung ist bislang noch von keiner Regierung entwickelt worden. Wenn auch die Planungen bisweilen recht umfangreich waren, so haben sich die Umsetzungen immer nur auf kleine Teilbereiche oder auf feuerwehrartige Notmaßnahmen beschränkt. Dies trifft im wesentlichen auch auf die Modernisierung der Selbstverwaltungen zu. Möglicherweise ist aber auch die Aufgabenstellung „Modernisierung der öffentlichen Verwaltung" zu groß und zu amorph, um wirklich klare Konzeptionen entwickeln zu können, und es ist sinnvoller, auf die Maßnahmen im kleinen zu blicken. Bei Teilproblemen hat die ungarische Exekutive immer wesentlich klarere Konzepte entwickelt, wie etwa bei der Entwicklung kurzfristiger Maßnahmenpakete deutlich wurde[1187]. In Teilbereichen kann die Modernisierung der öffentlichen Verwaltung nämlich durchaus beachtliche Erfolge vorweisen, auch auf örtlicher und regionaler Ebene.

Ein wichtiges Element der Modernisierung ist die Fort- und Weiterbildung der im öffentlichen Dienst Beschäftigten. Die Fortbildung wurde 1998 auf eine neue rechtliche Grundlage gestellt[1188]. Die planerische, organisatorische und finanzielle Verantwortung für die Fortbildung der Angehörigen des öffentlichen Dienstes, bei denen nicht zwischen kommunalen und staatlichen Bediensteten unterschieden wird, liegt beim Innenministerium. Der

---

[1187] Als Beispiel genannt sei nur Regierungsbeschluß 1052/1999. (V.21.) Korm. über den Aufgabenplan der Regierung für die Weiterentwicklung der öffentlichen Verwaltung in den Jahren 1999–2000, M. K. 1999/2875 ff. Kapitel II. dieses Beschlusses beschäftigt sich mit den Aufgaben in bezug auf die örtlichen und regionalen Selbstverwaltungen, wobei die übertragenen Staatsaufgaben, ihre Ausführung durch die Selbstverwaltungen und deren Kontrolle durch den Staat, weitere Übertragungen und das damit verbundene Finanzierungssystem im Mittelpunkt stehen.

Dienstherr kann geeignete Bedienstete zur Teilnahme an Weiterbildungs-
maßnahmen verpflichten; andererseits kann sich der Bedienstete auch selbst
um Fortbildung bemühen. Wie gerade Kleinstgemeinden den Personalaus-
fall durch Fortbildung kompensieren können, regelt die Verordnung aber
nicht. Schwerpunkte der Weiterbildungstätigkeit sind die Vermittlung von
einerseits Rechtskenntnissen, andererseits praktischen Fähigkeiten zur Erledigung von Verwaltungsvorgängen, nicht zuletzt im Zusammenhang mit der
Computerisierung von Arbeitsabläufen[1189]. Dies geschieht zum einen,
indem Mitarbeiter und Beauftragte des Innenministeriums die Verwaltungen
vor Ort aufsuchen und dort ihre Kenntnisse vermitteln, zum anderen durch
mehrtätige Kurse außerhalb des Arbeitsplatzes der örtlichen Bediensteten.
In der Praxis sind die Angebote des Innenministeriums nicht ausreichend,
um die große Nachfrage aus den Kommunen angemessen zu befriedigen.

Daneben bemühen sich die Selbstverwaltungen auch selbst um Fortbil-
dungsmöglichkeiten. Im Mai 1998 wurde in Budapest von mehreren Kom-
munalverbänden gemeinsam eine Ausbildungsstiftung für Verwaltungsfach-
leute der Selbstverwaltungen geschaffen. Als Vorbild diente unter anderem
die vom slowakischen Gemeinde- und Städteverband gegründete Stiftung
für die Ausbildung der Selbstverwaltungsbediensteten. Die Stiftung finanziert Weiterbildungsprogramme und die Teilnahme von Kommunalbeamten
an solchen Programmen. An der Dominanz des Innenministeriums in der
Weiterbildung hat die Stiftung aber schon wegen des dort vorhandenen
Fachwissens bislang wenig ändern können.

Eine gewisse Priorität bei den Modernisierungsanstrengungen in der öffentlichen Verwaltung genießen Programme zur Qualitätssicherung und
Qualitätssteigerung bei gleichzeitiger Kosteneffektivität oder sogar Einsparung. In diesem Bereich sind die Selbstverwaltungen führend. Insbesondere
die Bürgermeisterämter größerer Städte wandten sich schon bald nach dem
Systemwechsel derartigen Programmen zu, vor allem um die Personalkosten der Verwaltung in den Griff zu bekommen. Es folgten die dekonzentrierten Staatsverwaltungen wie etwa die Komitatsverwaltungsämter[1190], gefolgt von den Komitatsselbstverwaltungen, und mittlerweile beginnen sich
auch die kleineren kommunalen Selbstverwaltungen für derartige Fragestellungen zu interessieren. Die Verantwortung hierfür obliegt dem Behördenleiter, d.h. bei den Selbstverwaltungen dem Notär. Dieser kann durch Ver-

---

[1188] Regierungsverordnung 199/1998. (XII.4.) Korm. über die Weiterbildung der
öffentlichen Bediensteten und über die Ausbildung von Leitern in der öffentlichen
Verwaltung, M. K. 1998/6891 ff.

[1189] *Babucs,* MK 1998/550 ff.

[1190] Zu den vergleichbaren Problemen der Modernisierung der Verwaltung in den
deutschen Regierungspräsidien am Beispiel Nordrhein-Westfalens s. *Diedrich,*
NWVBl. 1999/325 ff.

waltungsvorschriften dem Verwaltungspersonal Vorgaben zur Erledigung der Dienstgeschäfte machen, und auf diese Tätigkeit des Behördenchefs richtet sich die fachgebundene Diskussion in Ungarn[1191]. Das Kommunalrecht läßt dem Notär relativ viel Spielraum bei der Implementierung von Modernisierungsmaßnahmen im Verwaltungsablauf, wobei jedoch die Vertretungskörperschaft jederzeit berechtigt ist, einzelne Fragen in ihren Kompetenzbereich zu ziehen; wenn die Reformbemühungen Kosten verursachen, ist sie sogar im Rahmen ihrer Verantwortlichkeit für den Haushalt zwingend involviert.

An einem Grundübel der öffentlichen Verwaltung ändern die angesprochenen Maßnahmen allerdings nichts: an der auch für ungarische Verhältnisse überaus niedrigen Bezahlung des öffentlichen Dienstes. Während in den unteren und mittleren Bereichen Bezüge gezahlt werden, die für eine selbständige Haushaltsführung nicht ausreichen, so daß auf diesen Posten vor allem von Ehefrauen im Nebenerwerb arbeiten, können die Gehälter für die gehobeneren Posten auch nicht ansatzweise mit den Angeboten der Privatwirtschaft konkurrieren. Dies macht es für den öffentlichen Dienst überaus schwierig, qualifiziertes Personal zu finden. Das macht sich in bestimmten Arbeitsfeldern wie etwa dem Umgang mit Computern sowie in den Führungsebenen besonders deutlich bemerkbar: Vielen Gemeinden fällt es schwer, den Posten des Notärs adäquat zu besetzen[1192]. An den Einkommen im öffentlichen Dienst können die Kommunen und Komitate selbst allerdings nicht viel ändern, da diese durch staatliche Rechtssätze geregelt werden. Zwar haben die Selbstverwaltungen einen gewissen Spielraum, in dem sie innerhalb eines vorgegebenen Rahmens das Grundgehalt festlegen können, das dann über wiederum vorgegebene Multiplikatoren als Berechnungsgrundlage für alle Gehälter im kommunalen Dienst dient. Differenzierungen ergeben sich hierbei aber nur nach der Finanzlage der Selbstverwaltungen[1193], während Leistungsanreize in diesem starren System nicht vorgesehen sind. Es ist auch fraglich, ob die ohnehin angespannten Haushalte der Selbstverwaltungen Einkommenssteigerungen, die zur Gewinnung und Motivierung qualifizierten Personals notwendig wären, überhaupt verkraften könnten.

[1191] Eine aktuelle Zusammenfassung des Diskussionsstands und der Bemühungen der Praxis findet sich bei *Bércsei,* MK 2000/341 ff.

[1192] *Népszabadság,* 26.6.2000, S. 1, 5 (s. o. Fn. 1119).

[1193] Aus diesem Grund gibt es Bestrebungen, auch den geschilderten vorhandenen Spielraum der Kommunen zu beschneiden und eine landesweit einheitliche Bezahlung der Bediensteten der Selbstverwaltung einzuführen: Népszabadság, 3.10. 2000, S. 1, 5: Helyben többet keres a köztisztviselő? [Verdient der Beamte in den Kommunen mehr?]. Eine gewisse Vereinheitlichung hat die Einführung des Laufbahnsystems durch das Dienstrechtsänderungsgesetz 2001:XXXVI, M. K. 2001/ 4150 ff., bewirkt. Dazu *Kontrát,* MK 2001/385 ff.

b) Das Verhältnis zu den Bürgern

Die Modernisierung hat nicht nur innere, sondern auch äußere Aspekte. Noch sind die meisten Selbstverwaltungen in Ungarn weit davon entfernt, sich als Dienstleistungseinrichtung für die Bürger und Einwohner oder als Partner für zivilgesellschaftliche Aktivitäten zu verstehen. In vielen Selbstverwaltungen herrscht noch ein recht obrigkeitsstaatlicher Geist; ein Befund, der auf viele Staatsbehörden ebenso zutrifft. Am ehesten funktioniert das partnerschaftliche Selbstverständnis noch gegenüber der Wirtschaft, insbesondere wenn Kommunen sich darum bemühen, über den Erhalt vorhandener oder die Ansiedlung neuer Unternehmen die Situation auf dem örtlichen Arbeitsmarkt zu verbessern.

Bei dem obrigkeitsstaatlichen Selbstverständnis der Verwaltung handelt es sich im wesentlichen um eine Frage der Mentalität der Beschäftigen in den Selbstverwaltungen, und in einem solchen Fall ist die langfristige Abhilfe in der Änderung eben dieser Mentalität zu suchen. Dies kann durch entsprechende Einwirkungen des Dienstherren auf die Beschäftigen erreicht werden. Insbesondere in den letzten Jahren umfassen beispielsweise die Schulungen des Innenministeriums nicht mehr nur die Kenntnisse des neusten Rechts oder Fähigkeiten in der elektronischen Datenverarbeitung, sondern propagieren auch eine bürgerfreundlichere und stärker serviceorientierte Einstellung des Verwaltungspersonals. Man darf hierbei allerdings nicht übersehen, daß manche autoritär-obrigkeitsstaatliche Allüren und Schikanen des Bürgers für manchen Sachbearbeiter in der Verwaltung eine kleine innere Kompensation für schlechte Bezahlung und miserable Arbeitsbedingungen darstellen. Die Möglichkeit, Macht auszuüben und dies den antragstellenden Bürger auch spüren zu lassen, ist ein Privileg, das viele Beamte als ‚nicht geldwerte Entlohnung‘ und zur Bestätigung ihres Prestiges in Anspruch nehmen[1194]. Dem kann durch Bewußtseinsbildung bei den öffentlichen Beschäftigten entgegengewirkt werden, aber auch durch die Behebung der schlimmsten Mißstände in der Bezahlung und den Arbeitsbedingungen, um den Kompensationsbedarf im öffentlichen Dienst zu reduzieren.

Ebenso problematisch ist das Verhältnis zwischen den Selbstverwaltungen und der organisierten zivilen Sphäre. Viele Organisationen und Initiativen finden nicht nur auf örtlicher Ebene statt, sondern zielen auch auf Fragestellungen, die durch die Selbstverwaltungen zu lösen sind. Somit sind die Selbstverwaltungen für viele Organisationen der natürliche Ansprechpartner auf seiten der öffentlichen Hand. Nichtsdestoweniger ist das Ver-

---

[1194] Dies trifft auch auf viele andere postsozialistische Staaten zu: *Küpper*, Herbert in Hatschikjan/Troebst, S. 243.

hältnis häufig schwierig. Die zivilen Organisationen sind auch heute noch vielfach von einem gewissen Mißtrauen gegen „den Staat" geprägt, welches sich auch auf die Selbstverwaltungen bezieht. Nach Jahrzehnten der Einparteiendiktatur ist ein solches Mißtrauen verständlich, aber in der Sache nicht mehr gerechtfertigt. Die Selbstverwaltungen hingegen haben oft den Eindruck, die Bürger und ihre Organisationen mischen sich in Dinge ein, die in den Kompetenzkreis der Behörden gehören, und sind daher der Ansicht, diese Fragen gingen die Bürger nichts an; auch dieses obrigkeitsstaatliche Denken ist ein Erbe der Diktatur. Zudem fehlt den Selbstverwaltungen häufig das Wissen über die Anliegen und die Strukturen der Zivilorganisationen auf ihrem Gebiet, und nicht zuletzt verfügen sie, wie bereits dargestellt, nicht über das Wissen und die kommunikativen und sozialen Techniken, mit Außenstehenden „unbürokratisch" umzugehen. Vor allem bei den Lücken im Wissen und in den sozialen Fähigkeiten der Selbstverwaltungen soll von seiten der Regierung Abhilfe geschaffen werden. Seit 2000 veranstaltet die Hauptabteilung für die Beziehungen zur Zivilgesellschaft im Ministerpräsidialamt Fortbildungen für die Beschäftigten der Selbstverwaltungen, in denen diese den beiderseits fruchtbaren Umgang mit der zivilen Sphäre lernen können[1195]. Ein entsprechendes Angebot für die zivilen Organisationen, auf deren Seite ja auch Defizite zu verzeichnen sind, fehlt allerdings bisher.

c) Aufgabenerledigung durch Private

Das Mißtrauen der Kommunen gegenüber der nicht öffentlich-rechtlichen Sphäre beschränkt sich nicht nur auf die sogenannte zivile Sphäre, sondern auch auf die Privatwirtschaft, wenn diese sich anschickt, bislang kommunal erledigte Aufgaben an sich zu ziehen. Zahlreiche Gemeinden in Ungarn zögern nach wie vor, bislang eigene Aufgaben von Privaten erledigen zu lassen. Daß dies gemäß § 81 Abs. 1 Satz 1 KommG rechtlich zulässig ist, wurde bereits unter Punkt C. I. 3. b) ee) (2) dargelegt. An rechtlichen Hindernissen scheitert die Beauftragung Privater und der Einkauf bestimmter Leistungen durch die Kommunen auf dem Markt mithin nicht. Trotzdem werden nur recht selten Unternehmen mit der Erbringung von Leistungen beauftragt, die die Kommune ihren Bürgern gegenüber erbringen muß oder will, selbst wenn die private Leistungserbringung für den Kommunalhaushalt kostengünstiger ist.

Dabei ist der finanzielle Druck, der auf den Kommunen lastet, groß. Angesichts dessen überrascht die geringe Bereitschaft, den Weg der Aufgabenprivatisierung zu gehen, um Geld zu sparen. Erklären läßt sich diese Zu-

---

[1195] Einzelheiten bei *Magyar/Szívós,* MK 1997/161 ff.; *Zám,* MK 1997/421 ff.; *Zsohárné Horváth,* MK 2000/254 f.

rückhaltung nur durch ein Mißtrauen gegenüber der privaten Sphäre, vielleicht auch durch den Unwillen, Aufgaben und damit lokale Macht abzugeben. Der letztgenannte Faktor hat auch in den ersten Jahren des neuen Systems die Abgabe von Aufgaben an andere Verwaltungsträger, etwa das Komitat, verhindert. Hier sind, wie bereits geschildert, Veränderungen im Gange, die die Verantwortlichen in den Kommunen immer häufiger einer Abgabe von Aufgaben zustimmen lassen. Diese Abgabe bleibt aber regelmäßig innerhalb der öffentlichen Verwaltung: Ein Verwaltungsträger, meist die Kommune, gibt eine Aufgabe an einen anderen Verwaltungsträger, meist das Komitat, bisweilen auch ein Zweckverband oder eine andere Kommune, ab. Während die Angst vor einem Machtverlust im Zuge der Aufgabenabgabe durch den Druck der Finanzmisere überwunden werden kann, bleibt doch das Unbehagen an einer privaten Aufgabenerledigung. Der Fall der Großstadt Pécs, die die Außenstände aus der Wohnungsprivatisierung – immerhin 870 Millionen Forint – nicht selbst einzog, sondern einer Bank zur Einziehung übergab, bleibt ein Einzelfall[1196].

Ob diesem Unbehagen mit rechtlichen Mitteln beizukommen ist, ist allerdings zweifelhaft. Zu denken wäre hier an eine Änderung des Kommunalgesetzes, daß beispielsweise nicht hoheitliche Aufgaben nur noch subsidiär von den Gemeinden selbst und primär durch von den Gemeinden beauftragte private Anbieter erledigt werden sollten. Der bisweilen recht neoliberal geprägte Überenthusiasmus bei der Privatisierung kommunaler Aufgabenerledigung in Westeuropa in den 1990er Jahren hat jedoch gezeigt, daß ein rechtlich festgeschriebener Grundsatz der Subsidiarität öffentlich-rechtlicher Aufgabenerfüllung in manchen Fällen zumindest unzweckmäßig ist. Insofern sollte es bei dem bisherigen freien Ermessen der Gemeinde bleiben. Letztendlich hat sich die Abgeordnetenkörperschaft vor ihrer Wählerschaft politisch für die von ihr gewählte Methode der Aufgabenerledigung einschließlich der dadurch entstehenden Kosten zu verantworten, so daß ein gemeindliches Ermessen ohne allzu enge rechtliche Vorgaben eine demokratisch legitimierte und kontrollierte Willensbildung an dem dafür systemgerechten Ort bewirkt.

Auch wenn die Erledigung bestimmter gemeindlicher Aufgaben durch Private nicht zum Grundsatz gemacht werden sollte, so ist sie in manchen Fällen sicherlich wünschenswert – und sei es nur aus Kostengründen. Eine entsprechend informierte Öffentlichkeit kann auf Dauer ihre örtlichen Volksvertreter dazu zwingen, kostengünstigere Alternativen der Aufgabenerledigung in Betracht zu ziehen, jedoch ist dies ein Prozeß, der überhaupt erst noch in Gang kommen muß. Bislang gehen in Ungarn auch von der

---

[1196] Népszabadság, 12.8.1999, S. 5: Eladott helyhatósági kinnlevőség [Verkaufte kommunale Außenstände]. Grundsätzlicher zu dieser Frage *Davey*, MK 2000/520.

Wirtschaft selbst noch zu wenig Impulse aus, um zu einem Bewußtseinswandel zu führen: Angesichts der gängigen Praxis der kommunalen Selbstverwaltungen ist bei den Unternehmen noch keine Erwartungshaltung und
kein Gefühl dafür entstanden, daß die Wahrnehmung bestimmter Aufgaben
den Selbstverwaltungen über die Informierung und Mobilisierung der Öffentlichkeit streitig gemacht werden könnte.

9. Die Europafähigkeit der ungarischen Selbstverwaltungen

In Ungarn wird viel über die Europafähigkeit des Selbstverwaltungssystems geschrieben und gestritten. Hierbei treten unterschiedliche Probleme
auf. Zum einen ist die Fähigkeit der Selbstverwaltungen, europäisches
Recht zu erkennen und umzusetzen, fraglich. Des weiteren ist zu untersuchen, ob die ungarischen Selbstverwaltungen in das System der Vertretungen kommunaler und regionaler Selbstverwaltungen in den europäischen Institutionen passen. Schließlich bedeutet Europafähigkeit nicht zuletzt, daß
die Selbstverwaltungseinheiten berechtigt und in der Lage sind, Gelder aus
europäischen Töpfen zu beantragen. Dieser für Ungarn besonders wichtige
Aspekt der Europafähigkeit ist insbesondere in bezug auf die mittlere
Ebene problematisch, weil die Komitate nicht ohne weiteres als Regionen
im europarechtlichen Sinne akzeptiert werden und sich daher auch nicht
ohne weiteres für die reichlichen Fördermittel für Regionen qualifizieren.

a) Die Umsetzung von Europarecht durch die Selbstverwaltungen

Auch wenn noch kein bestimmtes Datum feststeht, so ist doch klar, daß
Ungarn in absehbarer Zeit Mitglied der Europäischen Union sein wird.
Damit wird auch das gesamte Gemeinschaftsrecht für und in Ungarn gelten.
Die ersten Anstrengungen, die eigene Rechtsordnung europarechtskompatibel zu gestalten, gehen bereits auf die wirtschaftsrechtliche Reformgesetzgebung der 1980er Jahre zurück, als Ungarn als erstes sozialistisches Land
bei seiner Gesetzgebung den damaligen *acquis communautaire,* die gemein-
schaftsrechtlichen Standards, die kraft supranationalen Rechts in und für die
Mitglieder gelten, beachtete und innerstaatlich umzusetzen versuchte.

Dieser *acquis* hat sich seitdem rasant weiterentwickelt und umfaßt mittlerweile auch Rechtsnormen, die für die Selbstverwaltungssysteme in den
Mitgliedstaaten relevant sind[1197]. Dies betrifft vor allem Regelungsbereiche

---

[1197] Einen aktuellen Überblick über den Einfluß des Europarechts auf die kommunale Verwaltungspraxis geben *Ehlers,* DÖV 2001/412 ff.; *Stern,* Klaus in Nierhaus, S. 28 ff.; *Schmahl,* DÖV 1999/852 ff.; *Schmidt-Aßmann* in Schmidt-Aßmann,
Bes. VwR, S. 12 f.; *Spannowsky,* DVBl. 1991/1120 ff.

wie das Vergaberecht, die Wirtschaftsförderung durch Beihilfen, die eigene
Wirtschaftätigkeit und das Umweltrecht; europarechtliche Tendenzen im
allgemeinen Verwaltungsrecht wie die Vorschriften über die Aktenöffent-
lichkeit in bestimmten Bereichen wie etwa der Umwelt üben ebenfalls
einen starken Einfluß auf die Praxis aus.

Die Fähigkeit, europäische Rechtsnormen zu erkennen, europarechtskon-
form auszulegen und anzuwenden, ist Teil des allgemeinen Modernitätspro-
blems der Verwaltung. Insofern kann im Grundsatz auf das unter Punkt C.
II. 8. Gesagte verwiesen werden. Im Vergleich zur Erkenntnis und system-
konformen Anwendung des innerstaatlichen Rechts bietet die Erkenntnis
und systemkonforme Anwendung des Europarechts nur noch einen quantita-
tiven, aber keinen qualititativen Unterschied. Insbesondere sind die Quellen
schwieriger zugänglich und die Denkschemata des Europarechts – die sich
ja von den herkömmlichen Denkschemata der einzelnen innerstaatlichen
Rechtsordnungen so unterscheiden wie verschiedene nationale Rechtsordnungen untereinander – neu zu erlernen[1198]. Da alle diese Arbeiten auch in
bezug auf die nationale Rechtsordnung zu leisten sind, braucht im Rahmen
der Europafähigkeit der Selbstverwaltung auf diese Probleme nicht mehr
näher eingegangen zu werden.

In diesem Zusammenhang ist erwähnenswert, daß am 24.3.2000 ein von
der Europäischen Rechtsakademie und der Fachzeitschrift A Jegyző [Der
Notär] initiiertes Fortbildungsprogramm begann, das die Notäre im Rahmen
von Konferenzen und ähnlichen Veranstaltungen mit den 80.000 Seiten des
acquis communautaire bekanntmachen soll[1199]. Als Leiter und häufig einziger juristisch gebildeter Mitarbeiter des kommunalen Verwaltungsapparates
nehmen die Notäre eine Schlüsselstellung bei der Rechtsanwendung durch
die Städte und Gemeinden sowie – wenn auch in schwächerem Maße – der
Komitate ein. Zu dieser Rechtsanwendung gehören, wie bereits betont, in
zunehmendem Maße europakonform ausgestaltete Rechtsakte innerstaatli-
cher ungarischer Normgeber, und spätestens zum Zeitpunkt des EU-Beitritts
wird Ungarn verpflichtet sein, durch seine Verwaltung einschließlich der
kommunalen und regionalen Selbstverwaltungsebene das gesamte einschlägige Gemeinschaftsrecht anzuwenden. Dies wird nur möglich sein, wenn
das Verwaltungspersonal möglichst früh auf die bevorstehenden Aufgaben
vorbereitet wird, zumal sich die Verwaltungen in den Transformationsstaa-
ten Ostmitteleuropas schon mit ·Wandlungen des innerstaatlichen Rechts in
ungemein hoher Quantität und Qualität auseinandersetzen müssen. Letztendlich bilden aber die Kenntnisse in europäischem Recht zur Zeit für die

---

[1198] Die sich für die ungarischen Selbstverwaltungen ergebenden Probleme legt
Soósné Gáspár, MK 2000/102 ff., dar.

[1199] Népszabadság, 25.3.2000, S. 5: EU-felkészítés a jegyzőknek [EU-Vorberei-
tung für die Notäre].

Notäre und anderen Kommunalverwaltungsbeamten nur ein Randgebiet, das hinter den dringenderen Problemen der Aneignung des geltenden ungarischen Rechts und moderner Verwaltungsmethoden zurückstehen muß.

Zu erwähnen ist schließlich noch, daß sich nach dem Beitritt in bezug auf die Satzungen ein weiteres Erfordernis ergibt: Sie dürfen höherrangigem Recht nicht widersprechen. Hierzu gehört dann auch das europäische Recht, das in Ungarn unmittelbar anzuwenden ist. Dazu gehören die Verordnungen und Entscheidungen im Einzelfall, aber auch die nicht rechtzeitig umgesetzten Richtlinien, die detailliert genug für eine unmittelbare Anwendung sind. Dies müssen die Abgeordnetenkörperschaften berücksichtigen[1200].

Schließlich sei noch auf das kommunale Wahlrecht von niedergelassenen EU-Ausländern hingewiesen. Ihnen ist gemäß Art. 19 Abs. 1 EGV das aktive und passive Wahlrecht gleich Inländern zuzugestehen. In Kapitel C. I. 3. b) cc) (1) wurde dargelegt, daß das Gesetz zur Zeit niedergelasseneen Ausländern lediglich das aktive Wahlrecht zusteht, daß aber auch das passive Ausländerwahlrecht in den Kommunen nicht gegen die Verfassung verstößt. An diesem Punkt ist also lediglich die Änderung einfachen Gesetzesrechts nötig, um die Rechtsordnung bei einem Beitritt europarechtskompatibel zu gestalten.

b) Europäische Vertretungsinstitutionen

Ein genuines Problem der Europafähigkeit ist das bereits angesprochene Einpassen der Selbstverwaltungseinheiten in europarechtliche Vertretungs- und Förderstrukturen. Während die kommunale Ebene hierbei eher am Rande steht, konzentrieren sich die europäischen Bemühungen weitgehend auf die Ebene der Regionen. Für Ungarn bedeutet das, daß vor allem die Komitate Partner europäischer Institutionen sein werden, sofern am bestehenden System keine radikalen Veränderungen vorgenommen werden.

Vergleichsweise unproblematisch ist noch die Vertretung im Ausschuß der Regionen (Art. 263-265 EGV). Hierbei handelt es sich um ein beratendes Gremium, in das die regionalen und lokalen Gebietskörperschaften der Mitgliedstaaten Vertreter entsenden (Art. 263 Abs. 1 EGV)[1201]. Die Anzahl

---

[1200] Näher dazu Regierungsbeschluß 1058/2001. (VI.21.) Korm. über die Aufgaben der örtlichen Selbstverwaltungen im Zusammenhang mit dem Beitritt zur Europäischen Union, M. K. 2001/4932; *Soósné Gáspár*, MK 2000/98 ff., 102 ff. Für Deutschland wird dieses Problem erörtert von *Huber*, BayVBl. 1998/584 ff.

[1201] Umfassend hierzu *Neunreither* am Beispiel der deutschen Länder, französischen Regionen und spanischen Autonomen Gemeinschaften. Der Vertrag von Nizza vom 26.2.2001 hat zu keinen hier interessierenden Änderungen am Ausschuß der Regionen geführt.

der Vertreter pro Mitgliedstaat richtet sich nicht nach der Anzahl entsprechender Körperschaften in dem Land, sondern wird vom Vertrag festgelegt und entspricht der relativen Größe des Mitgliedstaates. Die Spitzenverbände der Komitate können ebenso wie die der kommunalen Selbstverwaltungen Persönlichkeiten benennen und sich bei der Regierung dafür einsetzen, diese Persönlichkeiten zur Ernennung durch den Rat vorzuschlagen. Diese Frage wird sich erst mit der Mitgliedschaft Ungarns in der EU stellen, weil erst dann ungarische Regionen Aufnahme in die EU-internen Vertretungsgremien finden werden.

Auch in den einschlägigen Organen des Europarates, insbesondere in dem 1994 ins Leben gerufenen Kongreß der örtlichen und regionalen Selbstverwaltungen, bereitet die Mitgliedschaft der Kommunen keine rechtlichen Schwierigkeiten. Die sieben Regionen sind jedoch zu schwach ausgeprägt, um für eine Mitgliedschaft in Frage zu kommen, und auch bei der Mitgliedschaft der Komitate gibt es Probleme, weil diese der Definition von Selbstverwaltung nicht ganz entsprechen sollen[1202].

c) Europäische Fördermittel

Weniger einfach stellt sich die Lage im Hinblick auf die Komitate als Empfänger europäischer Unterstützungsleistungen dar. Art. 158–162 EGV sehen unterschiedliche Fördermechanismen für zurückgebliebene Regionen und Gebiete vor, und auf dem Berliner Gipfel vom 24./25.3.1999 fielen die entscheidenden Beschlüsse für die Regionalpolitik der Jahre 2000 bis 2006. Der größte Teil der bereitgestellten Gelder findet sich im Strukturfonds, der drei Zielen dient. Ziel 1, das fast 70% der Gelder des Strukturfonds erhält, sieht Mittel für Projekte in Regionen mit einem Entwicklungsrückstand vor, wobei dieser mit einem Bruttoinlandsprodukt von weniger als 75% des EU-Durchschnitts definiert wird. Projekte können in einer Höhe bis zu drei Vierteln des Volumens bezuschußt werden. Ziel 2 hat die Umstrukturierung von altindustriellen Regionen, ländlichen Räumen und Küstengebieten zur

---

[1202] Dieser Kongreß schlug Mitte 1999 dem Europarat vor, Ungarn vom voll stimmberechtigten Mitglied zum beobachtenden Mitglied zurückzustufen, weil Ungarn keine Mittelinstanz habe, die der Definition einer regionalen Selbstverwaltung im Sinne des Entwurfs einer Europäischen Charta der Regionalen Selbstverwaltungen entspricht. Bemängelt wurde vor allem, daß die Definition des Chartaentwurfs auch eigene Einnahmequellen als Merkmal nenne, das ungarische Komitat und die ungarische Region aber über derartige Einnahmequellen nicht verfügen. Ein weiteres Problem ist, daß die zukunftsträchtigeren Regionen keine Volksvertretung haben und daher keine Selbstverwaltungen, sondern lediglich Verwaltungseinteilungen sind: Népszabadság, 19.5.1999: Régiórendszer: szigor és stratégia? [Regionensystem: Strenge und Strategie?], 5.8.1999, S. 1, 3: Az ET több jogot kíván a régióknak és a megyéknek [Der ER will mehr Rechte für die Regionen und die Komitate]. S. auch *Locatelli,* MK 2000/513 ff.

Aufgabe; hier können Projekte bis zur Hälfte aus EU-Mitteln gefördert werden. Ziel 3 schließlich dient zur Förderung von Projekten auf dem Gebiet der Bildung und des Arbeitsmarktes und stellt bis zu 50% des Projektvolumens zur Verfügung. Neben dem Strukturfonds existiert ein wesentlich schwächer ausgestatteter Kohäsionsfonds, der in Mitgliedstaaten, deren Bruttoinlandsprodukt pro Einwohner unter 90% des EU-Durchschnitts liegt, Projekte vor allem der Verkehrsinfrastruktur und des Umweltschutzes unterstützt. Zusätzlich zu diesen allgemeinen Fonds, die für Ungarn erst ab dem Beitritt wirklich relevant werden, hat die Europäische Union in Berlin auch spezielle Fonds für die Erweiterung beschlossen, die ab 2002 Finanzmittel in beträchtlicher Höhe verteilen. Etwa ein Fünftel der Gelder entfallen auf die Landwirtschaft; der Rest wird unter die Bereiche Strukturpolitik, interne Politikbereiche und Verwaltung verteilt, wobei für die Strukturpolitik alleine über die Hälfte der Gesamtmittel vorbehalten sind. Schließlich werden auch die bereits vorhandenen Förderprogramme der Europäischen Union zugunsten der Staaten Ostmitteleuropas umstrukturiert: Mit Hilfe des PHARE-Programms sollen verstärkt die Verwaltungsstrukturen und -kapazitäten der Beitrittskandidaten gestärkt werden, und ein dem Kohäsionsfonds ähnlicher Finanzrahmen namens ISPA fördert Verkehrs- und Umweltprojekte, vor allem solche, die regionale Einheiten zu verstärkter Zusammenarbeit bewegen[1203].

Ob die ungarischen Komitate wirklich in der Lage sind, von diesen Finanzmitteln zu profitieren, ist zweifelhaft. Es ist schon fraglich, ob sie überhaupt Regionen im Sinne der europäischen Förderinstrumente sind. Die schwach ausgebildeten Kompetenzen und Zuständigkeiten der Komitate reduzieren die Anzahl von Gebieten, auf denen sie Projekte initiieren und durchführen können, welche dann möglicherweise aus EU-Mitteln gefördert werden. Allerdings führt der bereits angesprochene Rückfluß von Kompetenzen von der kommunalen Ebene zu den Komitatsselbstverwaltungen zu einem faktischen Zuwachs an Projektmöglichkeiten, der sich noch verstärken kann, wenn die Kommunen merken, daß sie durch Kompetenzübertragungen an das Komitat Zugang zu europäischen Fördermitteln gewinnen können. Schließlich steht vor dem Zugang zu Finanzmitteln der Union überaus komplizierte und aufwendige Antragsverfahren, die von der Verwaltung des Antragstellers zu bewältigen sind. Das letztgenannte Problem kann allerdings vergleichsweise einfach durch verwaltungsinterne Spezialisierung und durch das Sammeln von Erfahrungen in der Praxis gelöst werden. Hier kann auch helfen, daß mittlerweile die ersten ungarischen Regionen Verbindungsbüros in Brüssel eröffnen, um besseren Kontakt mit den europäischen Institutionen halten zu können. Bezeichnenderweise sind es

---

[1203] Einzelheiten zu der Neuordnung der EU-Regionalpolitik im Hinblick auf die Beitrittskandidaten bei *Göllner,* S. 111 ff.; *Zloch,* OE 2000/371 ff.

die Regionen und nicht die Komitate, die sich in Brüssel repräsentieren lassen, was wohl nicht zuletzt mit den Kosten eines Büros am Hauptsitz der EU zusammenhängt.

Die beiden anderen angesprochenen Gesichtspunkte – die Eigenschaft der Komitate als Regionen im Sinne europäischer Fördervorschriften und der Aufgabenzuschnitt der Komitate – müßten bei einer Reform der Komitatsebene berücksichtigt werden. In Polen ist die Stärkung der Wojewodschaften ja nicht zuletzt aus dem Grund erfolgt, um ihre Strukturen europatauglich zu machen[1204]. In Ungarn hingegen ist die Position ambivalent[1205]. Die Regierung hält zum einen grundsätzlich an den Komitaten fest und sieht in ihnen den Kern einer überörtlichen Selbstverwaltungsebene, gleichzeitig stärkt sie aber auch die mehrere Komitate umfassenden Regionen, je nach Sachgebiet. Zudem paßt sie die Zuständigkeitsbereiche der staatlichen Verwaltungsbehörden teils dem Gebietszuschnitt der Komitate, teils dem der größeren Regionen an. Wie oben in Kapitel C. II. 2. gesehen, spielen europarechtliche Erwägungen bei den Diskussionen um Gegenwart und Zukunft der mittleren Ebene kaum eine Rolle. Derartige Gesichtspunkte werden allerdings auf Dauer stärker berücksichtigt werden müssen, wenn nicht die regionalen Selbstverwaltungen in Ungarn von europäischen Fördermitteln rechtlich oder faktisch ausgeschlossen werden sollen. Es ist aber zu vergegenwärtigen, daß die Mitgliedstaaten einen weiten Ermessensspielraum haben, wie sie ihren internen Verwaltungsaufbau strukturieren. Wichtig ist für den europarechtlichen Regionenbegriff vor allem, daß die Einheiten echte Selbstverwaltungen mit einer demokratisch legitimierten Volksvertretung sind, ein Minimum an eigenständigen Kompetenzen besitzen und eine gewisse Mindestgröße (gedacht ist an Einheiten mit 1,5–2 Mio. Einwohnern) nicht unterschreiten[1206].

Mittlerweile stellen nicht nur die Komitate, sondern auch die bereits angesprochenen Regionen Förderanträge in Brüssel. Am 11.11.1999 wurden der Region Nördliches Tiefland beträchtliche Mittel aus dem PHARE-Programm bewilligt. Allerdings stehen hinter den Regionen noch sichtbar die Komitate, wie Ende 1998, Anfang 1999 deutlich wurde, als sich die Komitate der Region Südliches Tiefland nicht auf ein gemeinsames Projektprogramm einigen konnten, obwohl von europäischer Seite der Region entsprechende PHARE-Mittel angeboten worden waren. Ob eine Bewilligung nach den Maßstäben des PHARE-Programms bedeutet, daß auch nach den Maßstäben der für Mitglieder reservierten Struktur- und anderer Fonds eine positive Entscheidung möglich wäre, ist allerdings unsicher. Trotzdem be-

---

[1204] *Albiński,* OE 2000/390 ff.; *Sengoku,* Manabu in Ieda, S. 69 ff.; *Locatelli,* MK 2000/516; *Zloch,* OE 2000/374 ff.

[1205] Hierauf weist besonders *Forgácsné Orosz,* MK 2000/409 f., hin.

[1206] *Locatelli,* MK 2000/516.

deuten derartige Entscheidungen ebenso eine Aufwertung der Regionen wie der Vorschlag der ungarischen Regierung, drei Regionen – und nicht etwa bestimmte Komitate – als von besonderer Priorität im Sinne der PHARE-Vergabegrundsätze zu behandeln[1207].

Zur Zeit jedenfalls stehen die Komitate trotz allem schon wegen ihres Selbstverwaltungscharakters noch im Vordergrund, selbst wenn die Regionen sich besser in die europäischen Finanzierungsstrukturen einpassen würden. Immerhin ist die Rolle der Regionen in der Änderung des Raumentwicklungsgesetzes[1208] gestärkt worden. Wie die Präambel des Änderungsgesetzes betont, geschieht dies in der Absicht, das Institutionensystem der Raumentwicklung auf den EU-Beitritt vorzubereiten. Eine weitere Stärkung der Europafähigkeit soll die ebenfalls durch dieses Änderungsgesetz bewirkte Teilnahme des für die Koordinierung der PHARE-Programme zuständigen Ministers an den Sitzungen des Landesweiten Raumentwicklungsrates mit sich bringen.

Im Hinblick auf die Fördermittel für Kommunen stellen sich die genannten Fragen nicht. Ihre Identität ist klar, und ungarische Gemeinden und Städte sind eindeutig kommunale Selbstverwaltungen. Hier ergeben sich nur praktische Probleme, die vor allem mit der Kleinheit vieler Selbstverwaltungen zusammenhängen. In solchen Verwaltungen ist eine Spezialisierung einzelner Bediensteter auf die Stellung von Förderanträgen kaum möglich, so daß kein wirklicher Erfahrungsschatz gesammelt werden kann. Zudem übersteigen viele Projekte, die mit europäischen Geldern bezuschußt werden könnten, die Organisations- und im Hinblick auf den Eigenanteil auch die Finanzkraft von Klein- und Kleinstgemeinden. Dem können die betroffenen Gemeinden durch eine verstärkte Nutzung der Kooperationsformen, die ihnen das ungarische Recht zur Verfügung stellt, entgegentreten. Möglicherweise bieten europäische Fördergelder einen zusätzlichen Anreiz für Kommunalverwaltungen, von ihrer Selbstgenügsamkeit Abschied zu nehmen.

Im Zusammenhang mit den europäischen Fördermitteln ist noch auf die Regierungsverordnung 255/2000.[1209] hinzuweisen, die die Planung, Abwicklung und Kontrolle der Subventionen der EU in finanztechnischer Hinsicht regelt. Mit dieser Regierungsverordnung kommt Ungarn der immer

---

[1207] Népszabadság, 2.12.1999, S. 1: Százmilliárdos észak-alföldi régió? [Hundert Milliarden starke Region Nördliches Tiefland?]. Bei den Regionen, die die Regierung als prioritär vorgeschlagen hat, handelt es sich um Nordungarn, das Nördliche Tiefland und das Südliche Tiefland, d.h. um die zurückgebliebene Osthälfte.

[1208] Gesetz 1996:XXI (s.o. Fn. 706), Änderungsgesetz 1999:XCII (s.o. Fn. 716).

[1209] Regierungsverordnung 255/2000. (XII.25.) Korm. über die Ordnung der finanziellen Planung, Abwicklung und Kontrolle der Verwendung der Mittel aus Unterstützungen der Europäischen Union vor dem Beitritt, M. K. 9172 ff.

wieder geäußerten Kritik der EU entgegen, europäische Gelder würden nicht effizient verwendet. Die Verordnung bezieht sich auf die Zahlungen, die Ungarn aus verschiedenen EU-Töpfen zur Vorbereitung seiner Beitrittsfähigkeit erhält, und regelt die Rolle der zentralstaatlichen Instanzen bei der Weitergabe der Gelder an die eigentlichen Empfänger im Land. Die Rolle der Empfänger, wozu auch die Selbstverwaltungen gehören, wird von der Verordnung nicht weiter geregelt. Immerhin bewirkt die Regelung eine größere Transparenz bei der Verwendung von EU-Mitteln und ihre Behandlung durch die zentralstaatliche Ebene, was nicht nur im Sinne der EU ist, sondern auch den Interessen der Selbstverwaltungen an einer korrekten Verteilung ohne begleitende politische Einflußnahme entgegenkommt.

D. Fazit: Die Selbstverwaltung im Einheitsstaat

I. Tradition und Rationalität

Aus den vorgehenden Darstellungen ist deutlich geworden, daß es im Einheitsstaat Ungarn immer materielle Selbstverwaltung gegeben hat, wenn man von historischen Ausnahmesituationen wie der türkischen Besatzung, der Herrschaft der Pfeilkreuzler oder dem Stalinismus einmal absieht. Die territorialen Anknüpfungspunkte für die Autonomie waren dabei über die Jahrhunderte hinweg konstant: zum einen die Stadt/Gemeinde, zum anderen das Komitat. Konstant blieb auch die Tatsache, daß beide Selbstverwaltungsebenen nicht in einem hierarchischen Verhältnis zueinander standen, sondern unabhängig voneinander und nicht aufeinander reduzierbar Bestand hatten. Die Ausgestaltung der Autonomie hingegen unterlag starken Veränderungen und richtete sich nach den sozialen und ökonomischen Bedingungen des gesellschaftlichen Gesamtsystems.

Diese waren zunächst, nachdem Ungarn mit dem Christentum die lateinisch-abendländische Kultur einschließlich ihrer Vorstellungen von Staat und Recht übernommen hatte, durchaus auf der Höhe der Zeit. Die ständische Selbstverwaltung in den Städten entsprach dem Entwicklungsstand städtischer Freiheit in Westeuropa, so wie Ungarn und seine ostmitteleuropäischen Nachbarn in ihrer gesamten sozialen und wirtschaftlichen Entwicklung mit Westeuropa noch mithalten konnten. Dies änderte sich im ausgehenden Mittelalter und der frühen Neuzeit, als Ostmitteleuropa – und damit auch Ungarn – in dem sogenannten zweiten Feudalismus erstarrte und die Modernisierungsprozesse Westeuropas nur noch teilweise und mit erheblicher Verspätung rezipierte und auch auf wirtschaftlichem Gebiet den Anschluß an die Entwicklung im Westen verlor. In dieser Situation der Stagnation war auch auf dem Gebiet der Selbstverwaltungen keine in die Moderne weisende Entwicklung festzustellen.

Gänzlich zurück blieb das ungarische Staats- und Rechtssystem im Absolutismus. Indem die Stände es schafften, ihre alten Freiheiten und Vorrechte zu konservieren, verhinderten sie die Schaffung eines modernen absolutistischen Staates mit Gewaltmonopol, der umfassenden Befassungs- und Regelungsbefugnis vor allen anderen gesellschaftlichen Einrichtungen und seinen anderen, zukunftsweisenden Elementen. Gleichzeitig wurde in Ungarn versäumt, die in dem System der ständischen Selbstverwaltung fraglos vorhandenen demokratischen Ansätze – etwa nach englischem Vorbild – zu einer modernen politischen Form weiterzuentwickeln. Erst in der Kombination mit nationalstaatlichen Befreiungsideen gelang es 1848/49, die mittelalterlichen, auf Privilegien beruhenden Autonomieformen abzuschaffen und einer liberalen, bürgerlichen Auffassung von Staat und Selbstverwaltung zum Durchbruch zu verhelfen.

Mit der verstärkten Industrialisierung wuchs der Anspruch auf Demokratisierung, und in den bekannten territorialen Einheiten der Städte/Gemeinden und der Komitate wurden nach deutschem und österreichischem Vorbild moderne Selbstverwaltungen geschaffen, wenn auch gewisse ständisch-feudale Reste mitgeschleppt wurden. Da es aber an der sozialen Basis einer derartigen Selbstverwaltung, nämlich einem selbstbewußten Bürgertum mit ausgeprägtem partizipatorischem Anspruch, im wesentlichen fehlte, blieb die gesetzliche Regelung in der Praxis weit vom hehren Leitbild entfernt, und die Städte und Gemeinden ebenso wie die Komitate wurden in einem allmählichen Prozeß immer stärker in die Staatsverwaltung eingebunden.

Die Verbesserung der Infrastruktur im Rahmen der Industrialisierung und die Reduzierung Ungarns zu einem Kleinstaat nach dem Ersten Weltkrieg führte dazu, daß die Ebene der Komitate als Selbstverwaltungsebene immer mehr in eine Legitimitätskrise geriet. Die Frage wurde erhoben, ob es zwischen der als originär empfundenen örtlichen Selbstverwaltung und dem Staat noch eine intermediäre Selbstverwaltungsebene geben müsse. In der Praxis ist diese Frage mit ja beantwortet worden: Abgesehen von einigen eher marginalen territorialen Änderungen wurde die Komitatsebene beibehalten, und zwar sowohl im kommunistischen Rätesystem als auch in der postkommunistischen modernen Selbstverwaltung. Auch die Bemühungen um größere und den Bedürfnissen der Praxis besser entsprechende, regionale Einheiten knüpfen an die Komitatseinteilung an und führen sie fort.

Hierin liegt eine der Lektionen, die die Betrachtung der Selbstverwaltung im Einheitsstaat Ungarn liefert. Eine tief in den Traditionen wurzelnde Ebene von Autonomie hat weiterhin Bestand, obwohl das Bedürfnis nach einer solchen Ebene nach allgemeiner Ansicht weggefallen zu sein scheint. Traditionen sind hier stärker als Rationalität, und sie sind auch stärker als momentane Emotionen, wie das Überleben des stark diskreditierten Komitats unmittelbar nach dem Ende des Kommunismus zeigt. Allerdings ist es nicht ausgeschlossen, daß sich auf Dauer komitatsübergreifende Regionen bilden, die der heutigen sozioökonomischen Gliederung des Landes mehr entsprechen. Ein derartiger Prozeß wird sich nur aufgrund eines organischen Hinüberwachsens durchsetzen können, nicht aber durch willkürliche administrative Setzung; erfolgreich wird ein solcher Prozeß nur sein, wenn die entsprechenden administrativen Maßnahmen den natürlichen Entwicklungen folgen. Die Schaffung von Großräumen durch Zusammenfassung der darin liegenden Komitate, die etwa seit Mitte der 1990er Jahre betrieben wird, ist ein möglicher Weg, wie eine den heutigen Bedürfnissen entsprechende Verwaltungsgliederung ohne radikalen Bruch mit den Traditionen auf organische Weise geschaffen werden kann. Trotz vieler Bemühungen und mancher vielversprechender zukunftsweisender Gedanken und Ansätze wird aber noch ein langer Weg zurückzulegen sein, und es ist völlig offen, ob sich das Komitat nicht doch wird behaupten können.

Einen ähnlichen Befund erlaubt auch der Blick nach Kroatien, wo sich die mittlere Ebene der Županien an den Komitaten aus österreichisch-ungarischer Zeit orientiert, wenn auch mit stärkeren Brüchen als in Ungarn, sowohl was die historische Kontinuität[1210] als auch die territoriale Identität angeht. Trotz aller Brüche schlagen die heutigen Županien aber eine Brücke zu der Tradition kroatischer Verwaltungseinteilung und überörtlicher Selbstverwaltung. Das Gegenteil findet sich in einem anderen ehemals ungarischen Territorium, nämlich der Slowakei: Zu tschechoslowakischen Zeiten wurden hier die ererbten Komitate abgeschafft und durch eine nicht nur für die slowakische Hälfte, sondern im gesamten Staat geltende Bezirksverfassung ersetzt; die Bezirke waren rein staatliche Einheiten ohne Selbstverwaltungscharakter. Die zum Ende des Kommunismus bestehenden acht Bezirke in der Slowakischen Republik wurden auch nach deren Unabhängigkeit zunächst beibehalten, und eine Rückkehr zu den alten Einheiten wurde auch nicht im Ansatz diskutiert – möglicherweise weil die Bezirke den sozioökonomischen Großräumen zumindest grob entsprechen, besser jedenfalls als die alten Komitate. Ein weiterer Grund liegt darin, daß die ungarische Zeit in der Slowakei anders als in Kroatien keine Identifikationsgrundlage für den neuen Staat liefert, so daß ein Wiederanknüpfen an damalige Traditionen in der Slowakei keine Identität oder Legitimität vermitteln kann. Die Regierung unter *Vladimír Mečiar* beabsichtigte allerdings 1997/8, die Bezirksgrenzen neu zu ziehen: Es sollte statt der bisherigen acht nur noch fünf Bezirke geben, die zwar keine zusammenhängenden Wirtschaftsräume und auch sonst keine natürlichen Gebietseinheiten mehr darstellen, dafür aber so geschnitten sind, daß die ungarische Minderheit im Süden des Landes in keinem Bezirk mehr die Mehrheit stellt. Mit der Abwahl der prononciert antiungarischen Regierung *Mečiar* im Oktober 1998 wurden diese verwaltungstechnisch unsinnigen und nur vor minderheitenpolitischen Absichten verständlichen Pläne von der neuen Regierung sofort fallengelassen. Trotzdem zeigen diese Pläne, daß ein System von mittleren Einheiten ohne gewachsene Selbstverwaltungsstrukturen anfällig

---

[1210] Zu Zeiten des Kommunismus gab es in den Republiken Jugoslawiens zunächst Bezirke, und nach deren Abschaffung schuf Kroatien eine Art Gemeindeverbände als mittlere Ebene: *Mayer,* Franz/*Kristan,* Ivan/*Schweißguth,* Edmund in Grothusen, Jugoslawien, S. 99; *Ishida,* Shinichi in Ieda, S. 272 ff., 279 ff.

für Manipulationen seitens der Zentralregierung ist und Destabilisierungen, die vom Zentrum ausgehen, nicht abfedern kann.

II. Stabilität im Wandel

Insgesamt ist das Selbstverwaltungswesen in Ungarn erstaunlich stabil. Wenn man bedenkt, welche Erschütterungen Staat, Gesellschaft und Wirtschaft beim Wandel von einem autoritären Einparteienstaat mit Planwirtschaft und Staatsideologie hin zu einer pluralistischen Mehrparteiendemokratie, Rechtsstaatlichkeit und Marktwirtschaft aushalten mußten, ist es verwunderlich, daß an der Basis des öffentlichen Verwaltungsapparates nicht mehr in Bewegung geraten ist. Dies ist eine weitere Lehre aus der Betrachtung des ungarischen Selbstverwaltungssystems: Traditionelle Formen können den Selbstverwaltungen eine erstaunliche Stabilität verleihen, die es erlaubt, auch nach Jahrzehnten anderen Inhalts wieder auf verschüttet geglaubte Traditionen auch inhaltlicher Art – Selbstverwaltung statt staatlich gesteuerter Räteverwaltung – zurückzugreifen und diese recht kurzfristig wieder lebensfähig zu machen, und das sogar angesichts der Tatsache, daß es um die Tradition der Selbstverwaltung in den Jahrzehnten vor der kommunistischen Herrschaft auch nicht allzu gut bestellt war.

Anknüpfungspunkt für die Bemühungen um die eigene Tradition bildet mehr ein Wunschbild, wie die Selbstverwaltung zu österreichisch-ungarischen Zeiten und in der Zwischenkriegszeit idealerweise gewesen wäre (und wie sich dieser Wunsch in der Gesetzgebung nach dem Ausgleich widergespiegelt hat), und nicht so sehr der wirkliche Zustand der Selbstverwaltung, der hinter dem Wunschbild und dem gesetzlichen Leitbild zurückblieb. Dieser in die eigenen Traditionen hineinprojizierte Idealzustand war jedenfalls während und nach der Wende ein konsensfähiger Orientierungspunkt, der eine rasche Umgestaltung der örtlichen und überörtlichen Verwaltung in Richtung Selbstverwaltung erlaubte.

Der fast reibungslose Übergang von einer Räteverwaltung zu einer modernen Kommunalverwaltung war nicht selbstverständlich. Die wiedergeschaffene kommunale Selbstverwaltung sah sich einem hohen Erwartungsdruck ausgesetzt, und daß sich die Gesellschaft und die lokalen politischen Akteure viel davon versprachen, führte zu einer starken Emotionalisierung dieser Frage, die in gewissen Irrationalitäten mündete. Geholfen hat beim Übergang sicherlich ein vergleichsweise stabiles normatives Umfeld. Die gesetzgeberischen Grundlagen des Kommunalrechts wurden in dem relativ kurzen Zeitraum von 1989 bis 1991 gelegt und danach nur noch in den Feinheiten korrigiert, in den Grundzügen aber so belassen. Polen dagegen hat ein Jahrzehnt gebraucht, um die gesamten Grundlagen des angestrebten neuen Systems gesetzlich zu verankern.

Die einzige größere Instabilität kommt aus der Sphäre der Selbstverwaltungen selbst: Indem die Gemeinden und Städte die kommunistische Gebietsreform rückgängig machten und zur traditionellen Zersplitterung der kommunalen Einheiten zurückkehrten, beraubten sie sich durch zu kleine Größen selbst ihrer faktischen Handlungsfähigkeit. Dies ist ein Hauptbeispiel, aber bei weitem nicht das einzige Beispiel für die bereits angesprochenen Irrationalitäten, die die kommunale Selbstverwaltung belasten. Gegenprozesse gegen die Atomisierung kommen nur langsam in Gang und scheitern häufig an lokaler Pfründenwirtschaft, Kirchturmpolitik und Eifersüchteleien. Dies kann nicht auf eine übertriebene Parteienstaatlichkeit zurückgeführt werden, die in Deutschland häufig Ursache für derartige Erscheinungen ist. In Ungarn dominieren in den Vertretungskörperschaften der Dörfer und kleinen Städte unabhängige Kandidaten, und selbst parteigebundene Kommunalabgeordnete oder Bürgermeister sind vor Ort regelmäßig stärker lokalen als parteiinternen Einflüssen ausgesetzt. Lediglich in den größeren Städten und in den Komitaten haben die Parteien bereits in größerem Maße Fuß gefaßt. In den kleineren Selbstverwaltungen hingegen ist die Kurzsichtigkeit der Kirchturmpolitik ein originäres Phänomen, das in den Strukturen der kommunalen Verwaltung und einer besonderen Auffassung von Wiedergutmachung für die Kommunen liegt.

Hier stellt sich die Frage, wie weit der Staat eingreifen kann und wie weit er eingreifen sollte, um diesem Phänomen Einhalt zu gebieten. Eine kommunale Gebietsreform von oben herab ist auch in den kommenden Jahren politisch nicht durchsetzbar, weil sie zu sehr an die Methoden des kommunistischen Regimes erinnern und alleine deshalb zu starken Widerstand hervorrufen würde. Da die Peitsche nicht in Frage kommt, bleibt dem Staat als Mittel der Beeinflussung nur das Zuckerbrot. Die Präzisierung möglicher Rechtsformen der kommunalen Zusammenarbeit und die finanzielle Privilegierung sind die Maßnahmen, die der Staat anwendet. Die Erfolge sind jedoch bescheiden, und erstaunlicherweise ist in vielen Kommunen die Bereitschaft zur Abgabe von Kompetenzen „nach oben" an die Komitate größer als zur Bewältigung dieser Aufgaben in horizontaler Kooperation mit den Nachbargemeinden. Ein Grund hierfür mag das Gefühl sein, daß die vollständige Abgabe von Aufgaben an einen anderen Verwaltungsträger in den Kommunen nicht als „Selbstentmachtung", sondern als Entlastung empfunden wird, indem der ohnehin stark belasteten Kommunalverwaltung Arbeit und Ausgaben erspart bleiben. Bei einer Zusammenarbeit mit anderen Gemeinden hingegen würden die Arbeit und die Ausgaben bleiben, wenn auch verteilt auf mehr Schultern.

In der Tendenz positiver fällt die Bilanz bei der Zusammenarbeit von kommunaler Selbstverwaltung und örtlicher Minderheitenselbstverwaltung aus. Hier haben die Kommunen eine erstaunliche Flexibilität erwiesen und ein neues, zuvor weder in Ungarn noch im Ausland erprobtes Autonomiesystem in ihre Selbstverwaltung integriert. Hierbei hat geholfen, daß die nationalen und ethnischen Minderheiten in Ungarn – mit Einschränkungen bei den Zigeunern – integriert sind und darum von der Öffentlichkeit auch dann nicht als Bedrohung verstanden werden, wenn sie politischen Einfluß und sogar politische Sonderrechte eingeräumt bekommen. Auch sind die außenpolitischen Erwägungen, daß weitgehende Minderheitenrechte im Inland der Lage der Magyaren im Ausland förderlich sein können, auf der örtlichen Ebene und bei den Menschen so präsent, daß sie bis in die kommunale Praxis durchschlagen. Der gute politische Wille hat wesentlich dazu beigetragen, das neuartige, reichlich komplizierte Modell der Minderheitenselbstverwaltungen in kürzester Zeit zu implementieren und recht erfolgreich zu betreiben und so den Verunsicherungen und Unsicherheiten aller beteiligten Akteure – seitens der kommunalen Selbstverwaltung, der Minderheitenselbstverwaltung, der hauptamtlichen Kommunalverwaltung und auch der Kommunalaufsicht – zu begegnen. Die daraus zu ziehende Lehre ist, daß die kommunalen Selbstverwaltungen erstaunlich belastbar und flexibel sind, wenn an sie eine Aufgabe herangetragen wird, die von den Menschen und Politikern vor Ort als wichtig und den Aufwand wert empfunden wird.

Wie gesehen, blockiert in vielen Punkten wie Gebietsreform, Stärkung der Kommunalaufsicht und ähnliches der Hinweis auf die autoritäre Vergangenheit nicht nur sinnvolle Lösungen, sondern schon eine sachbezogene Diskussion, indem Tabus errichtet werden. Das Beispiel der Minderheitenselbstverwaltungen hingegen zeigt, was bei einer unbefangenen und unvorbelasteten Herangehensweise alles möglich ist. Daraus folgt, daß die Selbstblockade durch den Blick auf die Vergangenheit abgebaut werden muß. Das heißt nicht, daß aus der Vergangenheit keine Beachtung geschenkt werden darf, sondern lediglich, daß man sich nicht zum Gefangenen der Vergangenheit machen soll. Die unkritische Glorifizierung des Selbstverwaltungsgedankens als Kontrast gegen die Vergangenheit des demokratischen Zentralismus jedenfalls ist nicht zweckmäßig, weil sie eine nüchterne Auseinandersetzung mit den realen Zuständen verhindert. Diese Lehre kann man auch für Deutschland fruchtbar machen, wo an der Schwelle zum 21. Jahrhundert der Hinweis auf Fehlentwicklungen in der Weimarer Zeit immer weniger ein Argument für oder gegen bestimmte Maßnahmen sein kann, aber auch der Verweis auf die DDR-Vergangenheit nicht zu Tabus, Denk- und Diskussionsverboten führen sollte. Diesen Lernprozeß, aus der Vergangenheit zu lernen und vor allem auch aus den leidvollen Erfahrungen mit autoritären bzw. totalitären Regimen Rezepte zur Verhinderung einer Wiederholung zu schöpfen, ohne dadurch im Ton und in der Sache rationale Auseinandersetzungen zu verhindern, müssen Ungarn und Deutsche gleichermaßen durchmachen.

III. Der Bestand von Selbstverwaltung im Einheitsstaat

Die vorgehenden Überlegungen zeigen, daß die Selbstverwaltung in Ungarn nicht zuletzt durch ihre tiefe Verankerung in der politischen Kultur und Tradition starke Erschütterungen und eine jahrzehntelange Aushöhlung unter dem Kommunismus überleben konnte. Die der Selbstverwaltung zugrundeliegenden Werte konnten nach dem Ende des Kommunismus problemlos reaktiviert und in die Wirklichkeit umgesetzt werden. Zwar gefährdet die Fixierung auf die Mißstände der jüngeren Vergangenheit eine rationale Verwirklichung dieser Werte in manchen Punkten, und eine gewisse kritische Distanz zur Vergangenheit wie zur Gegenwart wäre hilfreich. In den zentralen Punkten hat sich das System jedoch als ausreichend wandelbar erwiesen, um den Anforderungen der Transformation gerecht zu werden und auch neue Herausforderungen zu bewältigen. Das Problem der Modernisierung hingegen kann von den Selbstverwaltungen nur in dem Rahmen bewältigt werden, den das Gesamtsystem von Staat, öffentlicher Verwaltung und gesellschaftlicher Modernität ihnen setzt. Insbesondere der Staat und seine Verwaltung ist hierbei der zentrale Bezugspunkt für die Selbstverwaltungen in ihrem Versuch, sich auf die Probleme des 21. Jahrhundert vorzubereiten. In diesem Verhältnis von Staat und Selbstverwaltungen lauern einige Gefahren, die auf Dauer zu einem Verlust an echter Selbstverwaltungskompetenz führen können.

1. Die Vermischung von Staats- und Selbstverwaltung

Ein immer wichtiger werdendes Phänomen des ungarischen Selbstverwaltungssystems ist die zunehmende Verflechtung von Staat einerseits und Selbstverwaltungssphäre andererseits. Nach dem Systemwechsel wollte man beide Bereiche klar und sauber trennen, was vor allem als Schutz für die Selbstverwaltungen vor staatlicher Beeinflussung gedacht war. Dieses Prinzip ließ sich aber nicht lange durchhalten, und schon ein Jahr nach der Etablierung der neuen Selbstverwaltungen begann der staatliche Normgeber in immer größerem Umfang, auf die administrative Infrastruktur der örtlichen Verwaltungen für seine eigenen Verwaltungsaufgaben zurückzugreifen. Nicht nur bei den Zuständigkeiten, auch bei den rechtlichen Normierungen findet eine immer stärkere Durchmischung von staatlichen und kommunalen Aktivitäten statt. Gerade im besonderen Verwaltungsrecht regelt der Gesetzgeber häufig nur die Grundsätze, während das Verfahren und ähnliches durch exekutive staatliche Rechtsätze erfaßt wird. Den erstinstanzlich zuständigen Selbstverwaltungen bleibt dann immer noch ein gewisser Bereich, in dem eine eigenverantwortliche Normsetzung durch Satzung möglich und notwendig ist.

Eine saubere Trennung von Staat und Selbstverwaltung kann es in einem modernen Sozialstaat mit seinen vielfältigen Aufgaben zur Daseinsvorsorge und zur Versorgung ohnehin nicht geben. Zu vielfältig sind die Berührungspunkte, die sich für die unterschiedlichen Verwaltungen aus diesen Aufgaben ergeben. Zudem lassen auch Erwägungen im Zusammenhang mit der sparsamen Nutzung öffentlicher Ressourcen eine Trennung wenig praktikabel erscheinen. Sinnvoller ist es daher, die Verschränkung von staatlicher und autonomer Verwaltung als notwendig zu akzeptieren und ein System zu schaffen, das die diesem System immanente Gefahr der Vereinnahmung der autonomen durch die staatliche Verwaltung bannt. Die Formulierung eines Grundsatzes, der dann in der Praxis angesichts der unabweislichen Bedürfnisse der öffentlichen Verwaltung mehr und mehr aufgeweicht werden muß, verhindert nur die Implementierung systemadäquater Sicherungsmechanismen und führt so zu einer Gefährdung der Selbständigkeit der Selbstverwaltungen. Letztendlich ist die lupenreine Scheidung von Aufgabenkreisen kein Mittel, die Selbstverwaltungen vor dem Zugriff der Zentrale zu bewahren – eine weitere Lektion des ungarischen Selbstverwaltungssystems, die sich auf deutsche Verhältnisse nicht nur im Verhältnis Kommune-Staat, sondern auch im Verhältnis Länder-Bund anwenden läßt.

Eine überaus starke Verschränkung von Staat und Selbstverwaltungen findet sich nicht nur bei den Aufgaben, sondern mehr noch bei den Finanzen. Überhaupt ist das Finanzierungssystem einer der größten Mängel in der ungarischen kommunalen und regionalen Selbstverwaltung. Obwohl das Kommunalrecht auch eigene Einnahmen der Städte, Gemeinden und Komitate vorsieht, so sieht die Realität anders aus: Fast alle Selbstverwaltungen hängen existentiell von den Überweisungen des Staates ab. Dies kann die mildere Form der Normativzuweisung annehmen, wo den Selbstverwaltungen aufgrund bestimmter objektiver Kriterien (wie etwa der Einwohnerzahl, bei Schulen der Schülerzahl etc.) bestimmte Gelder (wie etwa Kopfquoten für Einwohner oder Schüler) zugewiesen werden; in diesem System braucht lediglich der Betrag der auf jeden Kopf entfallenden Quote jährlich im Haushaltsgesetz neu festgelegt zu werden. Diese vergleichsweise verläßliche Art der Finanzierung stellt die finanzielle Grundversorgung der Selbstverwaltungen sicher. Hier kann der Staat relativ wenig Einfluß ausüben, weil er die Höhe der Quote für alle Selbstverwaltungen gleich festlegt und somit keine Selbstverwaltung durch erhöhte oder reduzierte Zahlungen für bestimmte Politiken belohnen oder bestrafen kann: Wenn eine Selbstverwaltung eine bestimmte Anzahl von Einwohnern oder Schülern hat, so steht ihr unabhängig von ihrer Politik das Produkt aus Einwohner- oder Schülerzahl und Quotensumme als jährlicher Zuschuß zu. Heikler sind die Projektfinanzierungen, die der Regierung oder dem vergebenden Ministerium einen großen Ermessensspielraum über das ob und das wie der Zahlung lassen. Insbesondere unter Ministerpräsident *Orbán* ist offenbar geworden, daß die Zentralregierung auf diese Weise Parteipolitik betreiben und das finanzierungsrechtliche Instrumentarium für ihre Zwecke mißbrauchen kann.

Der Königsweg, die Abhängigkeit der Kommunen und Komitate vom zentralen Haushalt zu verringern, wäre die Stärkung der eigenen Finanzkraft. Dem sind jedoch gerade in den ärmeren und zurückgebliebeneren Gebieten enge Grenzen gesetzt, da die örtliche Wirtschaftskraft für weitere Abgaben an die kommunalen oder Komitatshaushalte nicht ausreicht. Wenn wie in Ungarn keine wesentlichen bislang ungenutzten Einnahmenpotentiale für die Selbstverwaltungen zur Verfügung stehen, dann bleibt nur der Weg der Umverteilung vom Staat hin zu den Selbstverwaltungen. Dies kann auf unterschiedliche Arten geschehen, die der Zentralregierung mehr oder weniger Einfluß einräumen. Längerfristige Finanzplanungen und -festlegungen durch Parlament und Regierung, die Einführung eines Finanzausgleichs und die Beteiligung von paritätisch besetzten Gremien an Vergabeentscheidungen in der Projektfinanzierung können den unmittelbaren Einfluß der Zentrale auf die Verwendung der Gelder, die von ihr an die Selbstverwaltungen fließen, verringern. Dazu fehlt jedoch in Ungarn der Wille vor allem in der Zentrale, so daß es bei dem herkömmlichen Modell der vertikalen Finanzbeziehungen zwischen jeder einzelnen Selbstverwaltung auf der einen und dem übermächtigen Staat auf der anderen Seite verbleibt. Auch dies ist eine Lehre der ungarischen Entwicklung: Selbst die edelsten Ziele verlieren an Attraktivität, wenn die Kosten betrachtet werden. Zudem fällt es der Zentralregierung schwer, der Versuchung einer Einflußnahme über den Geldhahn zu widerstehen, wenn keine institutionellen Garantien sie an dieser Einflußnahme hindern.

2. Die Expansion des Staates

Eine Gefahr für den Bestand einer echten Selbstverwaltung ist die Expansion der staatlichen Sphäre. Diese macht sich in der wachsenden Regelungsdichte staatlich gesetzter Normen bemerkbar[1211]. In zunehmendem Maße wird jeder Sachverhalt wenn nicht durch Gesetz, dann durch Regierungs- oder Ministerialverordnung oder Vorschriften, die durch zentrale Verwaltungsorgane mit landesweiter Zuständigkeit erlassen wurden, erfaßt. Damit verbleibt für die Selbstverwaltung immer weniger Spielraum, eigenverantwortlich zu regeln bzw. im Einzelfall zu verwalten, da alle die genannten Normenarten den Satzungen der Selbstverwaltungen vorgehen. Dieses Phänomen ist kein ungarisches Spezifikum, sondern allen Industriestaaten in mehr oder weniger großem Umfang gemein[1212]. In Ungarn

---

[1211] Umfassend hierzu *Kiss*, S. 45 ff.

kommt erschwerend hinzu, daß die Verfassungsgarantie der Selbstverwaltung nicht so verstanden wird, daß bestimmte örtliche Angelegenheiten der Regelung durch den Zentralstaat entzogen sind. Damit besteht kein Bereich, in denen die Selbstverwaltungssphäre vor staatlicher Normsetzung geschützt wäre.

Ein gutes Beispiel hierfür ist das erwähnte Gesetz über Aufsicht über den öffentlichen Raum, aber auch das Kommunalsteuergesetz, das den Selbstverwaltungen die möglichen Arten und Hebesätze von Kommunalsteuern vorgibt und den Selbstverwaltungen nur noch die Entscheidung über das „ob" sowie über den konkreten Hebesatz innerhalb der gesetzlich vorgegebenen Margen bleibt. Die hohe Regelungsdichte des Kommunalsteuergesetzes wurde auch schon vor dem Verfassungsgericht mit dem Argument angegriffen, sie sei eine staatliche Überregulierung der Materie[1213]. Das Verfassungsgericht diskutiert dieses Argument allerdings nur im Hinblick auf die Rechtssicherheit des Bürgers, die es – zu Recht – durch präzise Regelungen nicht gefährdet sieht; die – naheliegende – Gefährung des Kerns der subjektiv-rechtlich gewährleisteten Selbstverwaltungsgarantie, nämlich die örtlichen Angelegenheiten eigenständig zu regeln [§§ 42 Satz 2, 43 Abs. 1 Satz 1, 44/A Abs. 1 Buchst. a) Verf.], erwähnt das Verfassungsgericht noch nicht einmal, was symptomatisch für das mangelnde Problembewußtsein in diesem Punkt in Ungarn ist.

Eine vergleichbare Tendenz, den Staat im exekutivischen Bereich auszudehnen und den Selbstverwaltungen Verwaltungskompetenzen durch Errichtung staatlicher Behörden zu entziehen, ist hingegen kaum festzustellen – möglicherweise wegen der hohen Kosten, die für den Staat damit verbunden sind. Im exekutivischen Bereich herrscht vielmehr die bereits beschriebene Tendenz, durch Aufgabenverschränkungen die Selbstverwaltungen immer mehr in die Erfüllung von Staatsaufgaben als untere Verwaltungsebene mit hineinzuziehen. In der Verwaltung drängt der Staat die Selbstverwaltungen – anders als in der Normsetzung – nicht zurück, sondern er saugt sie auf, indem er sich ihrer in immer größerem Maße bedient.

[1212] Aus diesem Grund zählt das spanische Kommunalgesetz, die Ley reguladora 7/1985 de las Bases del Régimen Local vom 2.4.1985, BOE vom 3.4.1985, einige Materien auf, in denen der Gesetzgeber nur so weit Regelungen treffen darf, daß den Gemeinden noch eigenständiger Spielraum verbleibt: *Ibán,* S. 101 f.
Auf die entsprechende Kritik, die in Ungarn bereits im Spätkommunismus an genau diesem Phänomen geäußert wurde, wurde bereits unter Verweis auf *Kiss,* DVBl. 1989/918 ff., in Fn. 460 hingewiesen.

[1213] Verfassungsgerichtsentscheidung 34/2000. (X.20.) AB, M. K. 2000/6554 ff.

3. Der Abbau von Selbstverwaltung

Unmittelbar nach dem Ende des Kommunismus wurde in zahlreichen Bereichen die Staatsverwaltung zurückgenommen und den Akteuren in unterschiedlichem Maße Selbstverwaltung eingeräumt. Der Rückzug des Staates aus zahlreichen Gebieten führe dazu, daß sich die wirtschaftliche und die zivilgesellschaftliche Sphäre in zunehmendem Maße selbst organisieren und ihre Interessen selbst artikulieren und wahrnehmen konnten und können. In diesen Prozeß gehört auch die Entstaatlichung der Gewerkschaften und die Entlassung der Religionsgesellschaften aus der staatlichen Kuratel.

Auch in manchen Bereichen, die weiterhin der öffentlichen Verwaltung unterliegen sollten, wurde den Verwaltungsträgern eine gewisse Autonomie eingeräumt. Hierzu gehören neben den örtlichen, regionalen und Minderheitenselbstverwaltungen (§§ 42 ff., 68 Abs. 4 Verf.) die Hochschulen (§ 70/G Verf.) und der öffentlich-rechtliche Rundfunk (§ 61 Verf.). Ohne verfassungsrechtliche Verankerung wurde den Sozialversicherungen, der gewerblichen Wirtschaft und zahlreichen Berufsständen Selbstverwaltung eingeräumt. Die Justiz folgte im Rahmen der unter Punkt C. II. 2. b) bereit kurz angesprochenen Justizreform von 1997 mit der Schaffung eines Landesjustizrates nach italienischem Vorbild (§ 50 Abs. 4 Verf.).

Unter den bereits mehrfach erwähnten Zentralisierungsbestrebungen der Regierung *Orbán* seit 1998 sind einige der Selbstverwaltungsbereiche unter Druck geraten, weil sie den Machtambitionen der Zentrale entgegenstanden. Am geringsten ist dieser Druck auf die Justiz. Ihre Selbstverwaltung durch den Landesjustizrat funktioniert unangefochten[1214], und auch sonst werden kaum Klagen über etwaige Versuche der Einflußnahme der Regierung auf die Justiz laut. Ähnliches gilt für die Hochschulen: Sie sind zwar regelmäßig zahlreichen bildungspolitischen Experimenten ausgesetzt, die die Finanzierung ebenso betreffen wie auch die Formen der Lehre[1215], aber eine Einflußnahme der Regierung auf die Inhalte der Tätigkeit der Hochschulen ist – über eine recht intensive und dichte Regulierung vieler Fragen hinaus – nicht festzustellen.

Die Selbstverwaltung der gewerblichen Wirtschaft wurde 1999 nicht unerheblich durch die Abschaffung des Kammerzwangs in den Industrie- und Handelskammern geschwächt, denn die fehlende Mitgliedschaft vor allem der mittelständischen Unternehmen dürfte auf Dauer zu einer Legitimitäts-

---

[1214] Näher dazu *Küpper*, OER 1998/259 ff.

[1215] Hierzu gehört die Einführung des amerikanischen *credit point*-Systems Ende 2000 durch die Regierungsverordnung 200/2000. (XI.29.) Korm. über die Einführung des Punktsystems (Kreditsystems) im Hochschulwesen und über die einheitliche Registrierung der Kreditsysteme der Institutionen, M. K. 2000/7260 ff.

krise der Kammern im Hinblick auf die Wahrnehmung öffentlicher Aufgaben und Zwangsbefugnisse führen[1216]. Zur Zeit ist eine solche Schwächung allerdings noch nicht zu erkennen, und die Abschaffung des Kammerzwangs erfolgte wohl weniger zum Zweck der Steigerung des Regierungseinflusses, sondern vielmehr auf den Wunsch mancher Unternehmen, die Kammerbeiträge sparen wollen, sowie aus einem neoliberalen Verständnis von Wirtschaft heraus. In anderen Bereichen sind die Versuche der Einflußnahme der Regierung jedoch deutlicher. Dies betrifft – wie gezeigt – die örtlichen und regionalen Selbstverwaltungen vor allem über den Hebel der Projektfinanzierung; die Minderheitenselbstverwaltungen allerdings sind wesentlich weniger der Gängelung seitens der Regierung ausgesetzt. Am deutlichsten waren die Machtambitionen der Regierungen jedoch bei den Sozialversicherungen und beim öffentlich-rechtlichen Rundfunk.

Im Bereich der Selbstverwaltung der Sozialversicherungen haben diese Ambitionen dazu geführt, daß die Regierung 1998 die Selbstverwaltungseinrichtungen in den Sozialversicherungen aus „Rationalisierungsgründen" auflöste und sie in staatliche Verwaltung zurückführte[1217]. Der öffentlich-rechtliche Rundfunk, der nicht nur unter der Regierung *Orbán* Gegenstand politischer Begehrlichkeiten seitens Regierung und Opposition war, sondern seit dem Systemwechsel in unterschiedlich starkem Maße dem Zugriff insbesondere der jeweiligen Regierungsparteien ausgesetzt war, wurde durch unterschiedliche Maßnahmen einem stärkeren Regierungseinfluß unterstellt. Zunächst einmal verhinderte die Parlamentsmehrheit der Regierungskoalition, daß die Oppositionsparteien ihre Sitze in den parteiparitätisch besetzten Gremien der Rundfunkaufsicht besetzen können; die parteipolitischen Vertreter werden immer vom gesamten Parlament in die Gremien entsandt, was der Mehrheit die Blockade zu Lasten der Opposition sehr erleichterte. Da das Rundfunkgesetz[1218] eine Vielzahl teils gesellschaftsparitätisch, teils parteiparitätisch besetzter Gremien zur Aufsicht über den privaten, vor allem aber über den öffentlich-rechtlichen Rundfunk vorsieht und dabei den wirklichen Einfluß bei den parteipolitisch besetzten Gremien ansiedelt, be-

---

[1216] Gesetz 1999:CXXI über die Wirtschaftskammern, M. K. 1999/8076 ff. Näher dazu *Küpper,* WiRO 2000/276 ff.

[1217] Im wesentlichen durch das Gesetz 1998:XXXIX über die staatliche Aufsicht über die Finanzfonds der Sozialversicherung und der Organe der Sozialversicherung, M. K. 1998/4902 ff. Die Begründung des Regierungsentwurfs der Gesetzesvorlage spricht von „Gesichtspunkten der Zweckmäßigkeit", weil der Betrieb der Sozialversicherung in Form der Selbstverwaltung „die bei ihrer Schaffung in sie gesetzten Hoffnungen nicht erfüllt" habe.

[1218] Gesetz 1996:I über das Radio- und Fernsehwesen, M. K. 1996/97 ff., in deutscher Übersetzung von *Herbert Küpper* abgedruckt in *Brunner,* VSO, Länderteil Ungarn, Dokument 2.5.4.b. (Rundfunkgesetz). Näher *Küpper* in Hofmann/Küpper, S. 451 ff.

deutet bereits diese Blockadepolitik eine wesentliche Steigerung des Regierungseinflusses auf den Betrieb des öffentlich-rechtlichen Rundfunks, der sich mittlerweile auch an der Personalpolitik der Sender und an den Inhalten der Sendungen festmachen läßt. Eine Änderung von § 52 Abs. 1-2 RundfG im Jahr 2000[1219] entzog dem für das Fernmeldewesen zuständigen Minister seine Beteiligungsrechte bei der Ausarbeitung neuer Rundfunkfrequenzen und siedelte diese Rechte bei dem Minister, der das Ministerpräsidialamt leitet, an. Damit hat das Zentrum der Macht der Regierung *Orbán* unmittelbaren Einfluß auf den technischen Engpaß beim Zugang privater Rundfunkanbieter zum Markt: die Knappheit der Frequenzen. Dies räumt ihr zwar anders als beim öffentlich-rechtlichen Rundfunk keinen Einfluß auf den Inhalt der Sendungen ein, aber immerhin einen Einfluß auf eine mögliche Erweiterung des Marktes und damit auf den Marktzugang Privater – das entscheidende Kriterium beim außenplural organisierten privaten Rundfunksektor.

Der Befund, daß Justiz, Hochschulen und Minderheitenselbstverwaltungen nicht, örtliche und regionale Selbstverwaltungen schon stärker und Sozialversicherungen und öffentlich-rechtlicher Rundfunk sehr stark dem Zugriff einer nach Macht strebenden Regierung ausgesetzt sind, ist interpretationsbedürftig und interpretationsfähig. Die Unabhängigkeit der Justiz ist wohl ein so hohes Gut, daß sie auch von der Regierung geachtet wird; zudem dürfte die Justiz kein geeignetes Medium für Ausübung von Macht darstellen. Aus dem letztgenannten Grund ist auch anzunehmen, daß Hochschulen und Minderheitenselbstverwaltungen von Regierungseinfluß weitgehend freibleiben. Sie sind einfach nicht wichtig genug bzw. nicht das geeignete Forum, der Regierung Aufbau und Ausübung von Macht zu gestatten.

Die örtlichen und regionalen Selbstverwaltungen, die Sozialversicherungen und der öffentlich-rechtliche Rundfunk haben schon größere Bedeutung. Über den öffentlich-rechtlichen Rundfunk kann man die öffentliche Meinung effektiv beeinflussen, und die Sozialversicherungen sind über die Gewährung von Leistungen ein wichtiges Mittel, den Alltag der Bevölkerung mitzugestalten und ihre Lebensqualität zu beeinflussen. Die Kommunen und die Komitate sind als allgemeine Exekutivbehörden ebenfalls ein wichtiger Teil öffentlicher Macht. Das erklärt die Versuche des Regierungszugriffs, aber noch nicht die Tatsache, daß die Regierung die Selbstverwaltung der Sozialversicherungen kurzerhand abschaffte und auch auf den öffentlich-rechtlichen Rundfunk entscheidende Macht gewinnen konnte, den Einfluß auf die Kommunen und Komitate aber nur über indirekte Kanäle auszuüben versucht.

[1219] § 2 Gesetz 2000:LXXXIX über die Gesetzesänderungen, die im Zusammenhang mit der Änderung der Aufgaben und Befugnisse einzelner Minister notwendig sind, M. K. 2000/3831 ff.

Ein Grund ist sicherlich die verfassungsrechtliche Verankerung der Autonomie von Kommunen und Komitaten (wie auch des öffentlich-rechtlichen Rundfunks), nicht aber der Sozialversicherungen. Somit konnte die letztgenannte Selbstverwaltung durch einfache Gesetzesänderung beseitigt werden. Weiterhin ist die Selbstverwaltung der örtlichen und regionalen Gebietskörperschaften in der Bevölkerung viel stärker verankert, so daß bei ihrer Beschneidung oder gar Abschaffung – anders als bei den erst nach der Wende eingeführten selbstverwalteten Sozialversicherungen – größerer politischer Widerstand zu erwarten wäre. Und dennoch zeigt das Beispiel der Sozialversicherungen, daß in einem hoch zentralisierten Kleinstaat wie Ungarn der Einfluß der Zentrale immer unmittelbar spürbar ist und eine Autonomie gefährden kann, wenn die Zentrale diese für „unzweckmäßig" hält. Dies gilt um so mehr, wenn der Zentralstaat von einer machtbewußten Regierung geleitet wird oder die Selbstverwaltung als Hindernis bei der Verwirklichung von Zielen, die die Zentrale als wünschenswert erachtet, betrachtet wird.

Die Tatsache, daß bei der örtlichen und regionalen Selbstverwaltung die „Aushöhlung der Selbstverwaltung von innen", die die Regierung beim öffentlich-rechtlichen Rundfunk praktizierte, nicht funktioniert hat, dürfte zwei Gründe haben: Zum einen macht es die große Zahl der Selbstverwaltungen schwierig, alle oder auch nur die wichtigsten zu „unterwandern", während es beim Rundfunk nur drei öffentlich-rechtliche Sender gibt, was eine Inbesitznahme sehr erleichtert. Zum anderen werden die entscheidenden Gremien in den Kommunen und Komitaten vom Volk gewählt, so daß es der Regierung und der sie stützenden Parlamentsmehrheit nicht möglich ist, den Einzug ihr nicht genehmer Vertreter in die Vertretungskörperschaften zu verhindern. Derartige strukturelle Sicherungen fehlen beim öffentlich-rechtlichen Rundfunk, was zeigt, wie wichtig diese im kommunalen Bereich für selbstverständlich, fast schon für banal gehaltenen Sicherungen für den Fortbestand einer echten Selbstverwaltung sind.

Dieselben Tendenzen sind auch in Deutschland spürbar. Hier treten sie aber nicht so deutlich zutage, weil zum einen die politischen Akteure ihre Machtambitionen nicht so deutlich zeigen (und dies wegen der fortgeschritteneren Parteienstaatlichkeit mit ihren gut ausgebauten Kanälen nicht nötig haben) und weil zum anderen die staatliche Ebene durch den Föderalismus und auch durch den überstaatlichen Akteur Europäische Union in mehrere Ebenen aufgeteilt ist. In Ungarn hingegen steht der einzelnen Kommune der Einheitsstaat gegenüber, der nicht durch die im Föderalismus üblichen Konkurrenzen zwischen Bund und Ländern und zwischen den Ländern gemäßigt wird und jedenfalls zur Zeit auch noch keinen supranationalen Bindungen und Einschränkungen seitens der EU unterliegt. Daher ist Ungarn ein gutes Studienobjekt, um Prozesse, die sich auch in Deutschland abspielen, in ‚Reinkultur' untersuchen und analysieren zu können.

Bislang hat die politische Kultur in Ungarn, in Verbindung mit einem geeigneten rechtlichen Rahmenwerk, die Selbstverwaltung der Kommunen und Komitate geschützt. Ob dies auch ein geeignetes Bollwerk gegen die schleichende Entwertung der Selbstverwaltung durch finanzielle (und im Rahmen der umfassenden Modernisierung des gesamten öffentlichen Sektors auch organisatorische) Abhängigkeiten von der Zentrale, durch eine zunehmende staatliche Normdichte zu Lasten eigener Regelungsbereiche der Selbstverwaltungen und durch eine nicht durch entsprechende Garantien abgesicherte zunehmende Verschränkung von Staats- und Selbstverwaltung, die zu einer Vereinnahmung der letzteren durch die erstere führen kann, darstellt, ist angesichts der wenig greifbaren Natur dieser Prozesse zumindest zweifelhaft. Helfen würde sicherlich, daß die politischen Eliten vor Ort verantwortungsvollen Gebrauch von der ihnen eingeräumten Autonomie machen, was – wie dargestellt – nicht immer der Fall ist.

Literaturverzeichnis

1956 – Az Egyesült Nemzetek Szervezete különbizottságának jelentése [1956 – Der Bericht des Sonderausschusses der Vereinten Nationen], Budapest 1989; zitiert: 1956, ENSZ-jelentés.

A Tanácsakadémia Tankönyve: A Magyar Államjog Alapjai [Lehrbuch der Räteakademie: Die Grundlagen des Ungarischen Staatsrechts], Budapest 1953; zitiert: A Tanácsakadémia (mit Bearbeiter).

Achterberg, Norbert: Allgemeines Verwaltungsrecht. Ein Lehrbuch, 2. Aufl. Heidelberg 1986.

Ádám, Antal: A közjogi bíráskodás fejlődési irányai [Die Entwicklungsrichtungen der Verwaltungsgerichtsbarkeit], BSz 12/1995, S. 45 ff.

— Die Entwicklungstendenzen der Verfassung und die Verfassungsentwicklung in Ungarn, JÖR 1985/567 ff.

— Tendances du développement de l'ordre constitutionnel de Hongrie [Entwicklungstendenzen der Verfassungsordnung Ungarns], Pécs 1990; zitiert: Ádám, Tendances.

Adamovich, Ludwig: Handbuch des österreichischen Verfassungsrechts, 6. Aufl. Wien 1971.

Agg, Zoltán: Hány járás – hány tartomány – hány megye? (A területi kérdés Magyarország határain belül és a megyerendszer) [Wie viele Kreise – wie viele Provinzen – wie viele Komitate? (Die Gebietsfrage innerhalb der Grenzen Ungarns und das Komitatssystem)], MK 1990/953 ff.

Agg, Zoltán/*Pálné Kovács,* Ilona (Hrsg.): A rendszerváltás és a megyék [Der Systemwechsel und die Komitate], Veszprém 1994; zitiert: Agg/Pálné Kovács (mit Bearbeiter).

Ajtay, Ágnes u.a. (Verfasserausschuß): Történelmi Világatlasz [Geschichts-Weltatlas], Budapest 1991; zitiert: Ajtay, Világatlasz.

Alapítvány a Magyarországi Önkormányzatokért [Stiftung für die Selbstverwaltungen in Ungarn] (Hrsg.): Helyi társadalom, gazdaság, politika. Tanulmányok az önkormányzatokról [Örtliche Gesellschaft, Wirtschaft, Politik. Studien über die Selbstverwaltungen], Pécs 1992; zitiert: Alapítvány a Magyarországi Önkormányzatokért (mit Bearbeiter).

Albiński, Piotr: Deutschland, die Europäische Union und der Beitritt Polens, OE 2000/382 ff.

Altmann, Franz-Lothar/*Hösch,* Edgar (Hrsg.): Reformen und Reformer in Osteuropa, Regensburg 1994; zitiert: Altmann/Hösch (mit Bearbeiter).

Anschütz, Gerhard: Die Verfassung des Deutschen Reiches, 14. Aufl. Berlin 1932.

Antalffy, György: Le système étatique et juridique de la République Populaire Hongroise [Das Staats- und Rechtsprechungssystem der Ungarischen Volksrepublik], JÖR 1968/481 ff.

— Sur l'amendement de la Constitution de la République Populaire Hongroise [Über die Änderung der Verfassung der Volksrepublik Ungarn], JÖR 1975/ 287 ff.

Anweiler, Oskar: Die Räte in der ungarischen Revolution 1956, OE 1958/393 ff.

Apponyi, Albert: Die verfassungsrechtliche Entwicklung Ungarns. Drei Vorträge, gehalten Anfang April 1927 an den Universitäten von Leyden und Amsterdam und in Haag, Budapest 1927.

Araczki, János: A hosszú távú településhálózat-fejlesztési koncepció [Die langfristige Konzeption der Entwicklung des Siedlungsnetzes], ÁI 1986/817 ff.

Arato, Andrew: Elections, Coalitions and Constitutionalism in Hungary [Wahlen, Koalitionen und Verfassungsleben in Ungarn], EECR Volume 3 Number 3, 4 (Summer/Fall 1994) [EECR Bd. 3 Nummer 3, 4 (Sommer/Herbst 1994)] S. 26 ff.

Árvai, Tibor: Települési önkormányzatok együttműködése, társulásos kapcsolatai, különös tekintettel a kistérségekre [Die Zusammenarbeit und Vereinigungsverhältnisse von kommunalen Selbstverwaltungen, unter besonderer Berücksichtigung der Kleinräume], MK 2000/421 ff.

Auerbach, Inge: Stände in Ostmitteleuropa. Alternativen zum monarchischen Prinzip in der frühen Neuzeit: Litauen und Böhmen, München 1997.

Autorenkollektiv: Einführung in die marxistisch-leninistische Staats- und Rechtslehre, 2. Aufl. Berlin (Ost) 1986; zitiert: Autorenkollektiv, Staats- und Rechtslehre.

— Marxistisch-leninistische Staats- und Rechtstheorie, 3. Aufl. Berlin (Ost) 1980; zitiert: Autorenkollektiv, Staats- und Rechtstheorie (mit Bearbeiter).

— Staatsrecht der DDR, 2. Aufl. Berlin (Ost) 1984; zitiert: Autorenkollektiv, Staatsrecht (mit Bearbeiter).

Az Ideiglenes Nemzetgyűlés és az Ideiglenes Kormány megalakulása. 1944. december 21-22. [Die Bildung der Provisorischen Nationalversammlung und der Provisorischen Regierung. 21.–22. Dezember 1944], herausgegeben vom Kossuth Verlag ohne verantwortlichen Herausgeber, Budapest 1984; zitiert: Az Ideiglenes Nemzetgyűlés.

Baar, Kenneth: Települési közszolgáltatások vállalkozásba adása: átláthatóság, beszerzés és ármegállapítási kérdések [Vergabe von örtlichen öffentlichen Dienstleistungen an Unternehmen: Transparenz, Ausschreibung und Fragen der Preisfestsetzung], MK 1999/274 ff.

Babucs, Béláné: A közigazgatási szakemberképzés múltja, jelene, jövője és ennek megvalósulása a Főpolgármesteri Hivatalban [Die Ausbildung von Verwaltungsfachleuten in der Vergangenheit, Gegenwart und Zukunft und ihre Verwirklichung im Oberbürgermeisteramt], MK 1998/544 ff.

Badura, Peter: Wirtschaftliche Betätigung der Gemeinde zur Erledigung von Angelegenheiten der örtlichen Gemeinschaft im Rahmen der Gesetze, DÖV 1998/ 818 ff.

Bahlcke, Joachim/*Bömelburg,* Hans-Jürgen/*Kersken,* Norbert (Hrsg.): Ständefreiheit in Ostmitteleuropa. Übernationale Gemeinschaften in der politischen Kultur vom 16.–18. Jahrhundert, Leipzig 1996.

Bałaban, Andrzej: Theorie moderner sozialistischer Verfassungen, JÖR 1988/13 ff.

Balassa, Balázs: A helyi adóztatás ellenőrzési tapasztalatai [Die Erfahrungen der Kontrolle der örtlichen Besteuerung], MK 1996/113 ff.

Balázs, István: A területi államigazgatási szervek átfogó reformjáról [Über eine umfassende Reform der regionalen Organe der Staatsverwaltung], MK 1995/673 ff.

Balázs, Judit: Reformpolitik in Ungarn, Politische Studien 1990/334 ff.

Balogh, Artúr: Nemzet és állam a reformkorban [Nation und Staat in der Reformära], Kolozsvár 1946.

Balogh, Zsolt: Az önkormányzati jogok védelme és az önkormányzati működés kontrollmechanizmusának jogi eszközei [Der Schutz der Rechte der Selbstverwaltungen und die rechtlichen Instrumente des Kontrollmechanismus über die Arbeit der Selbstverwaltungen], ÁI 1989/597 ff.

Banaszak, Bogusław: Die Reform der territorialen Selbstverwaltung in Polen, WGO-MfOR 1999/333 ff.

Bánszegi, Győző: Az önkormányzatok pénzügyi ellenőrzéséről [Über die Finanzkontrolle der Selbstverwaltungen], MK 1995/233 ff.

Barabašev, Georgij Vasilevič/*Šeremet,* Konstantin Filippovič: Советское Строительство [Der Aufbau der Räte], 2. Aufl. Moskau 1981.

Bartl, Peter: Albanien. Vom Mittelalter bis zur Gegenwart, Regensburg 1995.

Bartlett, Robert: Die Geburt Europas aus dem Geist der Gewalt. Eroberung, Kolonisierung und kultureller Wandel von 950 bis 1350, München 1996.

Bartók, László: Önkormányzatiság és törvényesség [Selbstverwaltung und Gesetzmäßigkeit], MK 1997/693 ff.

Bartole, Sergio: Riforme Constituzionali nell'Europa Centro-Orientale. Da Satelliti Communisti a Democrazie Sovrane [Verfassungsreformen in Ostmitteleuropa. Von kommunistischen Satelliten zu souveränen Demokratien], Bologna 1993.

Beér, János: Szocialista államépítés [Sozialistischer Staatsaufbau], Budapest 1968.

Beér, János/*Kovács,* István/*Szamel,* Lajos: Magyar államjog [Ungarisches Staatsrecht], 4. Aufl. Budapest 1972; zitiert: Beér/Kovács/Szamel (mit Bearbeiter).

Bekényi, József/*Németh,* Jenő: A köztársasági megbízotti hivatalok 1993. évi tevékenysége [Die Tätigkeit der Ämter der Republiksbeauftragten im Jahr 1993], MK 1994/222 ff.

Beluszky, Pál: A várossá nyilvánítás szerepe a területfejlesztésben [Die Rolle der Stadterhebung in der Raumentwicklung], ÁI 1983/912 ff.

Bendig, Sabine: Gewährt die Verfassung des Landes Brandenburg den Sorben einen Grundrechtsschutz vor Umsiedlungen?, NJ 1998/169 ff.

Benz, Wolfgang/*Graml,* Hermann (Hrsg.): Europa nach dem Zweiten Weltkrieg, 1945–1982, Fischer Weltgeschichte Bd. 35, Frankfurt/Main 1983; zitiert: Benz/ Graml (mit Bearbeiter).

Bércsei, Ferenc: A közigazgatás belső szabályozottsága a minőségbiztosítás tükrében [Die innere Normierung der Verwaltung im Spiegel der Qualitätssicherung], MK 2000/341 ff.

— Néhány újabb gondolat az államigazgatási eljárási törvény felülvizsgálata kapcsán [Einige neuere Gedanken im Zusammenhang mit der Überprüfung des Verwaltungsverfahrensgesetzes], MK 1999/113 ff.

Bércsei, Ferenc/*Solymosi,* Veronika: A társulási megállapodások felülvizsgálatának tapasztalatai Baranya megyében [Die Erfahrungen der Überprüfung der Vereinigungsvereinbarungen im Komitat Baranya], MK 1999/576 ff.

Berglund, Sten/*Dellenbrant,* Jan Åke: The New Democracies in Eastern Europe. Party Systems and Political Cleavages [Die Neuen Demokratien in Osteuropa. Parteisysteme und politisches Spektrum], 2. Aufl. Aldershot, Hants 1994; zitiert: Berglund/Dellenbrant (mit Bearbeiter).

Bertényi, Iván: Városi polgárok az országbíró ítélőszéke előtt a 14. században [Städtische Bürger vor dem Gerichtshof des Landesrichters im 14. Jahrhundert], in: Csizmadia, Andor (Hrsg.): Jogtörténeti tanulmányok III [Rechtsgeschichtliche Studien III], Budapest 1974.

von Beyme, Klaus: Sozialer Wandel und politische Krise in Rußland, OE 1998/ 543 ff.

Bibó, István: A munkástanácsok és a többpártrendszer. 1957 eleje [Die Arbeiterräte und das Mehrparteiensystem. Anfang 1957], in: Válogatott tanulmányok 1935– 1979 [Ausgewählte Studien 1935–1979], Budapest 1990; zitiert: Bibó, Munkástanácsok.

— A politikai és alkotmányjogi kibontakozás útja. Fogalmazvány, 1956. október 30–31. [Der Weg der politischen und verfassungsrechtlichen Entfaltung. Konzept, 30.–31. Oktober 1956], in: Válogatott tanulmányok 1935–1979 [Ausgewählte Studien 1935–1979], Budapest 1990; zitiert: Bibó, Kibontakozás.

— Nyilatkozat Magyarország állami, társadalmi és gazdasági rendjének alapelveiről és a politikai kibontakozás útjáról. 1956. december hó 8. [Erklärung über die Grundprinzipien der staatlichen, gesellschaftlichen und wirtschaftlichen Ordnung Ungarns und über den Weg der politischen Entfaltung. 8. Dezember 1956], in: Válogatott tanulmányok 1935–1979 [Ausgewählte Studien 1935–1979], Budapest 1990; zitiert: Bibó, Nyilatkozat.

Bihari, Mihály (Hrsg.): A többpártrendszer kialakulása Magyarországon 1985–1991 [Die Entstehung des Mehrparteiensystems in Ungarn 1985–1991], Budapest 1992; zitiert: Bihari, Többpártrendszer.

Bihari, Ottó: Alkotmányok és alkotmányozás a Magyar Tanácsköztársaságban [Verfassungen und Verfassunggebung in der Ungarischen Räterepublik], ÁI 1979/193 ff.

— Államjog [Staatsrecht], Budapest 1974; zitiert: Bihari, Államjog.

— Államjog (Alkotmányjog) [Staatsrecht (Verfassungsrecht)], Budapest 1984; zitiert: Bihari, Alkotmányjog.

— Az államhatalmi és államigazgatási szervek hatáskörének problémái [Die Probleme der Befugnisse der Organe der Staatsmacht und der Staatsverwaltung], Budapest 1959; zitiert: Bihari, Az államhatalmi...

— Az önkormányzat egyes kérdései tanácsainknál [Einzelne Fragen der Selbstverwaltung bei unseren Räten], ÁI 1973/97 ff.

— Das neue ungarische Wahlgesetz, JOR 1968/I S. 169 ff.

Bilecz, Endre: Magyarország kisrégiónak és nagyrégiónak elemzése [Analyse der Kleinregionen und Großregionen Ungarns], Budapest 1998.

Bilinsky, Andreas: Die Reform der Stadtverwaltung in der UdSSR, JOR 1971/II S. 57 ff.

Biscaretti di Ruffia, Paolo: L'amministrazione locale in Europa, Volume Quinto, Repùbblica Populare Socialista d'Albania [Die örtlichen Verwaltungen in Europa, Fünfter Band, Sozialistische Volksrepublik Albanien], Mailand 1985.

Blair, Philip: Die Gestaltung der kommunalen Selbstverwaltung in den europäischen Staaten, DÖV 1988/1002 ff.

Błażejcyk, Marian/*Jurcewicz,* Alina/*Kozłowska,* Barbara/*Stróżczyk,* Kazimierz: Samorząd mieszkańców wsi w systemie samorządu terytorialnego [Die Selbstverwaltung von Dorfbewohnern im System der territorialen Selbstverwaltung], PiP 8/1990, S. 28 ff.

Bleicken, Jochen: Verfassungs- und Sozialgeschichte des Römischen Kaiserreiches, Bd. 1, Paderborn 1978.

Bodáné Pálok, Judit/*Cseresnyés,* János/*Vánkosné Timár,* Éva: A kisebbségek jogai Magyarországon [Die Rechte der Minderheiten in Ungarn], Budapest 1994.

Bohmann, Alfred: Menschen und Grenzen. Band 2: Bevölkerung und Nationalitäten in Südosteuropa, Köln 1969.

Bolla, I./*Horváth,* P.: A középkori faluközösség, mint a feudális bíráskodás és adóztatás eszköze [Die mittelalterliche Dorfgemeinde als Mittel der feudalen Rechtsprechung und Besteuerung], in: Csizmadia, Andor (Hrsg.): Tanulmányok a falusi közösségekről [Studien über die Dorfgemeinden], Pécs 1977.

Bónis, György: Der Übergang von der ständischen Repräsentation zur Volksvertretung in Ungarn, in: Bosl, Karl (Hrsg.): Der moderne Parlamentarismus und seine Grundlagen in der ständischen Repräsentation, Berlin 1977, S. 265 ff.

Borá, Gyula: Industrie und Dorf. Beziehungen zwischen der Industrialisierung und der Entwicklung der Dörfer in Ungarn, OE 1983/485 ff.

Borbíró, István: Tanácsi önkormányzat – szervezeti jog – szakigazgatás [Räteselbstverwaltung – Organisationsrecht – Fachverwaltung], ÁI 1986/567 ff.

Borić, Tomislav: Eigentum und Privatisierung in Kroatien und Ungarn. Wandel des Eigentumsrechtssystems und Entwicklung der Privatisierungsgesetzgebung, Wien, Berlin 1996.

Borić, Tomislav/*Posch,* Willibald (Hrsg.): Privatisierung in Ungarn, Kroatien und Slowenien im Rechtsvergleich, Wien, New York 1993; zitiert: Borić/Posch (mit Bearbeiter).

Brachmann, Hansjürgen (Hrsg.): Burg – Burgstadt – Stadt. Zur Genese mittelalterlicher nichtagrarischer Zentren in Ostmitteleuropa, Berlin 1995.

Bracker, Reimer/*Dehn,* Klaus-Dieter: Gemeindeordnung für Schleswig-Holstein mit neuer Durchführungsverordnung. Kommentar, Wiesbaden 1998.

Bräutigam, Hans-Otto: Die wirtschaftliche Zusammenarbeit der Ostblockstaaten im Rat für gegenseitige Wirtschaftshilfe, ZaöRV 1961/667 ff.

von Brünneck, Alexander: Die Staatszielbestimmung über die Rechte der Sorben in der Brandenburgischen Verfassung, NJ 1999/169 ff.

Brunner, Georg: Das Parteistatut der KPdSU 1903–1961, Köln 1965; zitiert: Brunner, Parteistatut.

— Die Machtkonzentration nach der ungarischen Verfassung, ROW 1962/26 ff.

— Die neue Verfassungsgerichtsbarkeit in Osteuropa, ZaöRV 1993/819 ff.

— Die Verfassungsentwicklung in Ungarn seit der Verfassungsrevision von 1972, JÖR 1981/279 ff.

— Entwurf einer Verfassungstypologie sozialistischer Staaten, ROW 1978/49 ff.

— Kontrollfunktion und Kontrollorgane in der UdSSR und in Mitteldeutschland, OER 1967/108 ff.

— (Hrsg.): Minderheitenschutz im östlichen Europa, 5 Bde, Köln 2001
Bd. 3: Polen, Tschechien, Slowakei, Ungarn
Bd. 4: Rumänien, Moldawien, Bulgarien, Albanien; zitiert: Brunner, Minderheitenschutz (mit Bearbeiter).

— Neuere Tendenzen in der verfassungsrechtlichen Entwicklung osteuropäischer Staaten, JÖR 1974/209 ff.

— (Hrsg.): Politische und ökonomische Transformation in Osteuropa, 3. Aufl. Berlin 2000; zitiert: Brunner, Politische Transformation (mit Bearbeiter).

— (Hrsg.): Politischer Pluralismus und Verfassungsstaat in Deutschland und Ungarn, München 1992; zitiert: Brunner, Politischer Pluralismus (mit Bearbeiter).

— Privatisierung in Osteuropa – eine typologische Skizze, OER 1998/1 ff.

— Rechtshistorisches Vorwort [zum Sonderheft 1000 Jahre Ungarn], OER 2000/210 ff.

— Rechtsprechung und Richterrecht in Ungarn, OER 1980/1 ff.

— Rechtsreformen in Ungarn, OER 1968/109 ff.

— Reform der örtlichen Verwaltung in Ungarn, DVBl. 1984/465 ff.

— Über Sinn und Unsinn von Verfassungs- und Herrschaftsmodellen in der Osteuropaforschung, in: Brunner, Georg/Schweisfurth, Theodor/Uschakow, Alexander/Westen, Klaus (Hrsg.): Sowjetsystem und Ostrecht, Festschrift für Boris

Meissner zum 70. Geburtstag, Berlin 1985, S. 33 ff.; zitiert: Brunner, Verfassungsmodelle.

— (Hrsg.): Verfassungs- und Verwaltungsrecht der Staaten Osteuropas VSO, Loseblattsammlung, Berlin ab 1995; zitiert: Brunner, VSO.

— Verwaltungsrechtspflege in Ungarn, in: Frenzke, Dietrich/Uschakow, Alexander (Hrsg.): Macht und Recht im kommunistischen Herrschaftssystem, Köln 1965, S. 19 ff.; zitiert: Brunner, Verwaltungsrechtspflege.

— Zweieinhalb Jahre ungarische Verfassungsgerichtsbarkeit, Der Staat 1993/287 ff.

Brunner, Georg/*Halmai,* Gábor: Die juristische Bewältigung des kommunistischen Unrechts in Ungarn, in: Brunner, Georg (Hrsg.): Juristische Bewältigung des kommunistischen Unrechts in Osteuropa und Deutschland, Berlin 1995, S. 9 ff.; zitiert: Brunner/Halmai.

Brunner, Georg/*Lemberg,* Hans (Hrsg.):Volksgruppen in Ostmittel- und Südosteuropa, Baden Baden 1994; zitiert: Brunner/Lemberg (mit Bearbeiter).

Brunner, Georg/*Meissner,* Boris (Hrsg.): Verfassungen der kommunistischen Staaten, Paderborn München Wien Zürich 1979; zitiert: Brunner/Meissner (mit Bearbeiter).

Brunner, Georg/*Pfaff,* Dieter (Hrsg.): Wandlungen in der Eigentumsverfassung der sozialistischen Länder Südosteuropas, München 1990; zitiert: Brunner/Pfaff (mit Bearbeiter).

Brunner, Georg/*Schmid,* Karin/*Westen,* Klaus (Hrsg.): Wirtschaftsrecht der osteuropäischen Staaten WOS, Loseblattsammlung, Baden-Baden ab 1990; zitiert: Brunner/Schmid/Westen, WOS.

Brunner, Georg/*Sólyom,* László: Verfassungsgerichtsbarkeit in Ungarn. Analysen und Entscheidungssammlung 1990–1993, Baden-Baden 1995; zitiert: Brunner/Sólyom (mit Bearbeiter).

Brunner, Georg/*Tontsch,* Günther H.: Der Minderheitenschutz in Ungarn und in Rumänien, Bonn 1995; zitiert: Brunner/Tontsch (mit Bearbeiter).

Brunner, Georg u. a. (Hrsg.): Menschenrechte in den Staaten des Warschauer Paktes. Bericht der unabhängigen Wissenschaftlerkommission, Drucksache 11/1344 des Deutschen Bundestages 1987; zitiert: Brunner, Menschenrechte (mit Bearbeiter).

Bundesinstitut für ostwissenschaftliche und internationale Studien (Hrsg.): Der Osten Europas im Prozeß der Differenzierung. Fortschritte und Mißerfolge der Transformation, München, Wien 1997; zitiert: Bundesinstitut (mit Bearbeiter).

Burget, Krisztina: Hajdú-Bihar megye kisebbségi önkormányzatai szervezeti és működési szabályzatai felülviszgálatának tapasztalatairól [Über die Erfahrungen mit der Überprüfung der Grundsatzungen der Minderheitenselbstverwaltungen im Komitat Hajdú-Bihar], MK 2000/345 ff.

Bury, J. P. T. (Hrsg.): The New Cambridge Modern History, Volume X: The Zenith of European Power; 1830–70 [Die Neue Cambridger Moderne Geschichte, Band X: Der Zenit der Europäischen Macht; 1830–70], Cambridge 1960; zitiert: Bury (mit Bearbeiter).

Bütow, Hellmuth G. (Hrsg.): Länderbericht Sowjetunion; Schriftenreihe der Bundeszentrale für politische Bildung, Bd. 230, Bonn 1986; zitiert: Bütow (mit Bearbeiter).

Byrne, Tony: Local government in Britain, 6. Aufl. London 1994.

Castagné, Jadwiga: La règle de la double subordination dans la République Populaire de Pologne [Das Prinzip der doppelten Unterstellung in der Volksrepublik Polen], RdDP 1961/59 ff.

Čchikvadze, V. M.: Вопросы социалистического права в трудах В. И. Ленина [Fragen des sozialistischen Rechts in den Arbeiten von V. I. Lenin], Moskau 1960.

Çela, Aranit (Hrsg.): E drejta kushtetuese e RPS të Shqipërisë, Pjesa e dytë [Das Verfassungsrecht der Sozialistischen Volksrepublik Albanien, Zweiter Teil], Tirana 1981; zitiert: Çela (mit Bearbeiter).

Ciepiela, Marcin: Formy komunalnej działalności gospodarczej [Formen kommunaler Wirtschaftstätigkeit], PUG 6/2001, S. 18 ff.

Cismarescu, Michael: Das Rechtsverhältnis von Partei und Staat in Rumänien, OER 1980/162 ff.

Csáki, László: Az új tanácsok összetétele [Die Zusammensetzung der neuen Räte], ÁI 1973/874 ff.

Csalótzky, György: A helyi állami irányítás átszervezéséről [Über die Umorganisierung der örtlichen Leitung durch den Staat], MJ 1983/1057 ff.

Csefkó, Ferenc: A megyei jogú város és a megyei önkormányzat közötti kapcsolatok [Die Beziehungen zwischen der Stadt mit Komitatsrechten und der Komitatsselbstverwaltung], MK 1992/689 ff.

— A települések differenciált hatásköri rendje kialakításának elvi alapjai [Die Grundprinzipien der Ausgestaltung einer differenzierten Kompetenzordnung der Kommunen], MK 2000/66 ff.

— A településrészi önkormányzat létrehozása; a részönkormányzat kapcsolatai [Die Schaffung einer Gemeindeteilselbstverwaltung; die Beziehungen der Gemeindeteilselbstverwaltung], MK 1996/230 ff.

Csefkó, Ferenc/*Pálné Kovács,* Ilona: Az önkormányzatok érdekszövetségeiről [Über die Interessenverbände der Selbstverwaltungen], MK 1991/87 ff.

Cseh, Tamás: Az önkormányzati hatósági eljárás sajátos vonásai és problémái [Eigene Züge und Probleme des Verwaltungsverfahrens der Selbstverwaltungen], MK 1997/366 ff.

von Csekey, Stephan: Die Entwicklung des öffentlichen Rechts in Ungarn seit 1926, JÖR 1931/199 ff.

— Die verfassungsrechtlichen Reformen in Ungarn, ZfOER 1938/39, S. 489 ff.

— Die Verwaltungsreform in Ungarn, ZaöRV 1930/31, S. 268 ff.

— Ungarns Staatsrecht nach dem Weltkrieg, JÖR 1926/409 ff.

Csiba, Tibor: ...önkormányzat... (bevezetés és befejezés nélkül) [...Selbstverwaltung... (ohne Einführung und Ende)] ÁI 1989/330 ff.

Csihák, György: A magyar parlamentarizmus ezer éve [Tausend Jahre ungarischer Parlamentarismus], Budapest 1992.

Csillik, Péter/*Elekes,* Zsuzsa: Helyi önkormányzatok a paternalista szocializmus időszakában [Örtliche Selbstverwaltungen in der Zeit des paternalistischen Sozialismus], MK 1990/839 ff.

Csizmadia, Andor: A magyar közigazgatás fejlődése a XVIII. századtól a tanácsrendszer létrejöttéig [Die Entwicklung der ungarischen öffentlichen Verwaltung vom 18. Jahrhundert bis zur Entstehung des Rätesystems], Budapest 1976; zitiert: Csizmadia, Fejlődés.

— A regionális és a városi igazgatás fejlődése Magyarországon [Die Entwicklung der regionalen und städtischen Verwaltung in Ungarn], ÁI 1978/1 ff.

— Az egyházi mezővárosok jogi helyzete és küzdelmük a felszabadulásért a XVIII. században [Die Rechtslage der kirchlichen Landstädte und ihr Kampf um die Befreiung im 18. Jahrhundert], Budapest 1962; zitiert: Csizmadia.

— Budapesti közélet a felszabadulás után [Das öffentliche Leben in Budapest nach der Befreiung], ÁI 1982/51 ff.

— Die Aufsicht des ungarischen Innenministeriums über die örtlichen Selbstverwaltungen zwischen den zwei Weltkriegen, in: Csizmadia, Andor/Pauli, Leslaw (Hrsg.): Studien aus der neueren europäischen Verwaltungsgeschichte, Pécs 1978, S. 15 ff.; zitiert: Csizmadia/Pauli.

— (Hrsg.): Entwicklungsfragen der Verwaltung in Mitteleuropa. Aus Materialien der internationalen Konferenz über Verwaltungsgeschichte in Pécs-Siklós (18.–20. Mai 1972), Pécs 1972; zitiert: Csizmadia, Entwicklungsfragen (mit Bearbeiter).

— Közigazgatási reformtervezetek a felszabadulás után [Pläne einer Verwaltungsreform nach der Befreiung], ÁI 1975/519 ff.

— Városi törvényhozás a dualizmus korában és az 1918. évi városi törvénytervezet [Städtegesetzgebung im Zeitalter des Dualismus und der Entwurf eines Städtegesetzes von 1918], ÁI 1982/988 ff.

Csizmadia, Andor/*Kovács,* Kálmán (Hrsg.): Die Entwicklung des Zivilrechts in Mitteleuropa (1848–1944), Budapest 1970; zitiert: Csizmadia/Kovács (mit Bearbeiter).

Csizmadia, Andor/*Kovács,* Kálmán/*Asztalos,* László: Magyar állam- és jogtörténet [Ungarische Staats- und Rechtsgeschichte], 2. Aufl. Budapest 1981; zitiert: Csizmadia/Kovács/Asztalos (mit Bearbeiter).

Czarnow, Sławomir: Współpraca zagraniczna województw [Grenzüberschreitende Zusammenarbeit der Wojewodschaften], PiP 11/2000, S. 54 ff.

Dabinović, Ant. St.: Hrvatsko državno pravo u davnini [Kroatisches Staatsrecht im Altertum], Zagreb 1937.

Dallos, Ferenc: Az első tanácstörvény és a tanácsok megalakulása [Das erste Rätegesetz und die Bildung der Räte], ÁI 1975/481 ff.

Davey, Kenneth: A magyar reformok európai szemszögből [Die ungarischen Reformen aus dem europäischen Blickwinkel], MK 2000/517 ff.

David, René/*Grasmann,* Günther (Hrsg.): Einführung in die großen Rechtssysteme der Gegenwart, 2. Aufl. München 1988; zitiert: David/Grasmann (mit Bearbeiter).

Depenbrock, Johannes: Die Stellung der Kommunen in der Versorgungswirtschaft, München, Berlin 1961.

Deutelmoser, Anna: Die Rechtsstellung der Bezirke in den Stadtstaaten Berlin und Hamburg, Berlin 2001.

Dezső, Márta: A szocialista választási rendszerek jellemzői és a magyar választási rendszer 1983. évi reformja [Die Charakteristika sozialistischer Wahlsysteme und die Reform des ungarischen Wahlsystems von 1983], ÁJ 1984/466 ff.

Diedrich, Jürgen: Neue Steuerung für eine Bezirksregierung, NWVBl. 1999/325 ff.

Doralt, Peter: Das neue ungarische Aktienrecht, Arbeitspapier Nr. 54 des Forschungsinstituts für Mittel- und Osteuropäisches Wirtschaftsrecht Wien, Wien 1998.

Đorđević, Miroslav: Istorija države i prava [Geschichte des Staats und des Rechts], 2. Aufl. Niš 1977.

Druwe, Ulrich: Osteuropa im Wandel. Szenarien einer ungewissen Zukunft, Basel 1992.

Dubecz, György: A jegyzők helye és szerepe az önkormányzati rendszerben [Der Platz und die Rolle des Notärs im Selbstverwaltungssystem], MK 1999/136 ff.

Ducellier, Alain: Byzanz: das Reich und die Stadt, Frankfurt/Main, New York 1990.

Duchac, Josef: Ungarn nach den Parlaments- und Kommunalwahlen, KAS-AI 11/1998, S. 63 ff.

Dudás, Gábor: A bírói jogértelmezés lehetőségei a magyar közigazgatási bíráskodásban [Die Möglichkeiten richterlicher Rechtsauslegung in der ungarischen Verwaltungsrechtsprechung], MK 1997/599 ff.

Egyed, Stefan: Das staatsrechtliche Provisorium Ungarns, Ostrecht 1926/47 ff.

Ehlers, Dirk: Das neue Kommunalwirtschaftsrecht in Nordrhein-Westfalen, NWVBl. 2000/1 ff.

— Kommunalaufsicht und europäisches Gemeinschaftsrecht, DÖV 2001/412 ff.

Eichwede, Wolfgang: Stalinismus und Modernisierung, OE 1992/1029 ff.

Einsle, Hans: Die Ungarnschlacht im Jahre 955 auf dem Lechfeld, Ursachen und Wirkungen, Augsburg 1979.

Eisenhardt, Ulrich: Deutsche Rechtsgeschichte, 3. Aufl. München 1999.

Elcock, Howard/*Keating,* Michael (Hrsg.): Remaking the Union. Devolution and British Politics in the 1990s [Die Neugestaltung der Union. Britische Politik in den 1990er Jahren], London 1998; zitiert: Elcock/Keating (mit Bearbeiter).

d'Elvert, Christian: Zur Oesterreichischen Verwaltungsgeschichte mit besonderer Rücksicht auf die böhmischen Länder, Brünn 1880.

Elvert, Jürgen/*Salewski,* Michael (Hrsg.): Der Umbruch in Osteuropa, Stuttgart 1993; zitiert: Elvert/Salewski (mit Bearbeiter).

Engel, Evamaria/*Lambrecht,* Karen/*Nogossek,* Hanna (Hrsg.): Metropolen im Wandel. Zentralität in Ostmitteleuropa an der Wende vom Mittelalter zur Neuzeit, Berlin 1995.

Engel, Pál: Magyarok Európában I, Beilleszkedés Európába, a kezdetektől 1440-ig [Ungarn in Europa I, Einfügung in Europa, von den Anfängen bis 1440], Budapest 1990.

Engelken, Klaas: Demokratische Legitimation bei Plebisziten auf staatlicher und kommunaler Ebene, DÖV 2000/881 ff.

Ereky, István: Közigazgatás és önkormányzat [Öffentliche Verwaltung und Selbstverwaltung], Budapest 1939, zitiert nach Lőrincz, Lajos (Hrsg.): A magyar közigazgatás-tudomány klasszikusai 1874–1947 [Die Klassiker der ungarischen Verwaltungswissenschaft 1874–1947], Budapest 1988, S. 244 ff.

Erichsen, Hans-Uwe (Hrsg.): Allgemeines Verwaltungsrecht, 11. Aufl. Berlin 1998; zitiert: Erichsen, Allg. VwR (mit Bearbeiter).

— Kommunalrecht des Landes Nordrhein-Westfalen, 2. Aufl. Siegburg 1997; zitiert: Erichsen, Kommunalrecht.

Fábiánné Kiss, Erzsébet: A kormányzat szervezeti változásai 1848-ban [Die organisatorischen Veränderungen der Regierung 1848], JK 1998/227 ff.

Fehér, Lajos: Az urbanizáció és a városi cím [Die Verstädterung und der Stadttitel], ÁI 1973/481 ff.

Fenske, Hans/*Mertens,* Dieter/*Reinhard,* Wolfgang/*Rosen,* Klaus: Geschichte der politischen Ideen. Von der Antike bis zur Gegenwart, Frankfurt/Main 1996.

Ferenczné Földvári, Katalin (Hrsg.): Privatizációs Kézikönyv. Az Állami Vagyonügynökség tevékenységéről [Privatisierungshandbuch. Über die Tätigkeit der Staatlichen Vermögensagentur], Budapest 1993.

Finch, George A.: The Peace Conference of Paris, 1919 [Die Pariser Friedenskonferenz, 1919], AJIL 1919/159 ff.

Fincke, Martin: Die Kontrolle der sowjetischen Verwaltung – Ursprünge, Entwicklung, Gegenwart, JOR 1965/II, S. 165 ff.

Foerster, German: Kommunalverfassungsrecht Schleswig-Holstein. Kommentar, 3. Aufl. Köln 1986.

Fonyó, Gyula: A tanácstörvény módosításáról [Über die Änderung des Rätegesetzes], ÁI 1984/769 ff., 865 ff.

Forgácsné Orosz, Valéria: A Regionális Önkormányzatok Chartájának tervezete és a régiók nemzetközi együttműködése. A magyar regionalizáció jellemző vonásai és kibontakozásának lehetőségei [Der Entwurf einer Charta der Regionalen Selbstverwaltungen und die internationale Zusammenarbeit von Regionen. Die typischen Züge der ungarischen Regionalisierung und die Möglichkeiten ihrer Entfaltung], MK 2000/404 ff.

— A regionalizáció és a Regionális Önkormányzatok Európai Chartája tervezetének vitája [Die Regionalisierung und die Debatte um den Entwurf einer Europäischen Charta der Regionalen Selbstverwaltungen], MK 1999/186 ff.

Forsthoff, Ernst: Die öffentliche Körperschaft im Bundesstaat. Eine Untersuchung über die Bedeutung der institutionellen Garantie in den Artikeln 127 und 137 der Weimarer Verfassung, Tübingen 1931.

Frenzke, Dietrich: Die Völkerrechtslehre in der Ungarischen Volksrepublik. Die völkerrechtlichen Grundlagen der ungarischen Außenpolitik, Berlin 1979; zitiert: Frenzke, Völkerrechtslehre.

Fricz, Tamás: Rendszerváltásban Magyarorzságon (1990–1995) [Im Systemwechsel in Ungarn (1990–1995)], Budapest 1996.

Funk, Bernd-Christian: Einführung in das österreichische Verfassungs- und Verwaltungsrecht, 4. Aufl. Graz 1985.

Fürcht, Pál: A helyi önkormányzati rendszer fejlesztésének egyes kérdései [Einige Fragen der Entwicklung des Selbstverwaltungssystems], MK 1994/715 ff.

— A körjegyzőségek működésének főbb tapasztalatai [Die Haupterfahrungen mit der Arbeit der Kreisnotäre], MK 1992/724 ff.

— A tanács és a végrehajtó bizottság kapcsolatáról [Über das Verhältnis von Rat und Vollzugsausschuß], ÁI 1974/1125 ff.

— A tanácstörvény érvényesülése, fejlesztésének lehetőségei [Die Durchsetzung des Rätegesetzes und die Möglichkeiten seiner Entwicklung], ÁI 1983/878 ff.

— Az önkormányzati társulási törvényről [Über das Selbstverwaltungszusammenschlußgesetz], MK 1998/151 ff.

— Városkörnyéki kapcsolatok [Stadt-Umland-Beziehungen], ÁI 1983/385 ff.

Fürst, Dietrich/*Hesse,* Joachim Jens/*Richter,* Hartmut: Stadt und Staat. Verdichtungsräume im Prozeß der föderalstaatlichen Problemverarbeitung, Baden-Baden 1984.

Furtak, Robert: Die politischen Systeme der sozialistischen Staaten, München 1979.

Galette, Alfons: Der „Demokratische Zentralismus" als Strukturprinzip der Verwaltung im kommunistisch beherrschten Teil Deutschlands, JOR 1960/I S. 41 ff.

Gallent, Kurt: Gemeinde und Verfassung. Eine Analyse des kommunalen Organisationsrechts, Graz 1978.

García Alvarez, Manuel B.: Las constitutiones de los países socialistas [Die Verfassungen der sozialistischen Länder], León 1980.

Gargas, Sigismond: Le Problème du Fédéralisme en Autriche-Hongrie [Das Föderalismusproblem in Österreich-Ungarn], RdDP 1927/5 ff.

Gáspár, István: Elgondolások a fővárosi igazgatás továbbfejlesztésére [Ideen zur Weiterentwicklung der hauptstädtischen Verwaltung], ÁI 1989/896 ff.

Gátos, György: A közigazgatási bíráskodás útjai [Die Wege der Verwaltungsrechtsprechung], MJ 1996/157 ff.

Gebert, Stanisław: Reforma rad narodowych i administracji terenowej [Die Reform der Nationalräte und der Gebietsverwaltung], Warschau 1974; zitiert: Gebert, Reforma.

— Władze i administracja terenowa po reformie [Regionale Behörden und Verwaltung nach der Reform], Warschau 1976; zitiert: Gebert, Władze.

Geilke, Georg: Die Sowjetisierung von Staat und Recht in den europäischen Volksdemokratien, WGO-MfOR 1963/10 ff.

Gélard, Patrice: La réforme constitutionnelle soviétique du 1er décembre 1988 [Die sowjetische Verfassungsreform vom 1. Dezember 1988], RdDP 1989/299 ff.

Gergely, Jenő/*Kardos*, József/*Rottler*, Ferenc: Az egyházak Magyarországon Szent Istvántól napjainkig [Die Kirchen in Ungarn vom Heiligen Stephan bis in unsere Tage], Budapest 1997.

Gern, Alfons: Deutsches Kommunalrecht, 2. Aufl. Baden-Baden 1997; zitiert: Gern, Dt. KommR.

— Sächsisches Kommunalrecht, München 1994; zitiert: Gern, Sächs. KommR.

Ginsburgs, George: Moscow's legal gambit in the Hungarian Revolution: Notes on a curious incident of the October events [Moskaus rechtlicher Eröffnungszug in der ungarischen Revolution: Notizen zu einem merkwürdigen Zwischenfall in den Oktoberereignissen], OER 1965/182 ff.

Gobert, Arne: Europäische Rechtsangleichung in Ungarn. Eine Untersuchung ausgewählter Bereiche des ungarischen Wirtschaftsrechts im Lichte der Assoziationsvorgaben der Europäischen Union, Berlin 1997.

Göllner, Ralf Thomas: Die Europapolitik Ungarns von 1990 bis 1994. Westintegration, mitteleuropäische regionale Kooperation und Minderheitenfrage, München 2001.

Gönnewein, Otto: Gemeinderecht, Tübingen 1963.

Gönczi, Katalin: Die deutsch-ungarischen Rechtsverbindungen von der Frühen Neuzeit bis in die Gegenwart: Wissenstransfer, Kodifikationen und *liaisonmen*, OER 2000/214 ff.

— Ungarisches Stadtrecht aus europäischer Sicht. Die Stadtrechtsentwicklung im mittelalterlichen Ungarn am Beispiel Ofen, Frankfurt/Main 1997.

Gosztony, Peter: Das Ende der Habsburgmonarchie in Ungarn 1918, Politische Studien 1968/694 ff.

Gottas, Friedrich: Ungarn im Zeitalter des Hochliberalismus; Studien zur Tisza-Ära (1875–1890), Wien 1976.

Greiffenhagen, Martin: Der Totalitarismusbegriff in der Regimenlehre, PVS 1968/372 ff.

Grimm, Dieter (Hrsg.): Staatsaufgaben, Baden-Baden 1994; zitiert: Grimm (mit Bearbeiter).

Grothusen, Klaus-Detlev (Hrsg.): Südosteuropa-Handbuch Band I: Jugoslawien, Göttingen 1975; zitiert: Grothusen, Jugoslawien (mit Bearbeiter).

— (Hrsg.): Südosteuropa-Handbuch Band V: Ungarn, Göttingen 1987; zitiert: Grothusen, Ungarn (mit Bearbeiter).

— (Hrsg): Südosteuropa-Handbuch Band VII: Albanien, Göttingen 1993; zitiert: Grothusen, Albanien (mit Bearbeiter).

Günther, Béla: A megyei önkormányzatok szerepe a területi igazgatásban [Die Rolle der Komitatsselbstverwaltungen in der Territorialverwaltung], MK 1991/ 1112 ff.

Häberle, Peter: Präambeln im Text und Kontext von Verfassungen, in: Demokratie in Anfechtung und Bewährung, Festschrift für Johannes Broermann, Berlin 1982, S. 211 ff.; zitiert: Häberle, Präambeln.

— Verfassungslehre als Kulturwissenschaft, 2. Aufl. Berlin 1998; zitiert: Häberle, Verfassungslehre.

Hahn, Hans Henning/*Kunze,* Peter: Nationale Minderheiten und staatliche Minderheitenpolitik in Deutschland im 19. Jahrhundert, Berlin 1999; zitiert: Hahn/ Kunze (mit Bearbeiter).

Hajdu, Lajos: II. József és a magyar közigazgatás [Joseph II. und die ungarische Verwaltung], ÁI 1980/1006 ff.

Halász, Pál: Állam és jogrend a szocialista forradalomban [Staat und Rechtsordnung in der sozialistischen Revolution], Budapest 1962.

Halmai, Gábor: Einleitung zur ungarischen Verfassungsrevision, JÖR 1990/253 ff.

— Von der gelebten Verfassung bis zur Verfassungsstaatlichkeit in Ungarn, OER 1990/1 ff.

Hanák, Péter (Hrsg.): Die Geschichte Ungarns. Von den Anfängen bis zur Gegenwart, Essen 1988; zitiert: Hanák, Geschichte.

— Ungarn in der Donaumonarchie; Probleme der bürgerlichen Umgestaltung eines Vielvölkerstaates. Schriftenreihe des Österreichischen Ost- und Südosteuropa-Instituts Band X, Wien, München, Budapest 1984; zitiert: Hanák, Donaumonarchie.

Hanga, Vladimir (Hrsg.): Istoria dreptului românesc [Geschichte des rumänischen Rechtes], Vol. 1, Bukarest 1980; zitiert: Hanga (mit Bearbeiter).

Harmathy, Attila (Hrsg.): Introduction to Hungarian Law, Den Haag 1998; zitiert: Harmathy (mit Bearbeiter).

Hartmann, Jürgen: Überlegungen zum Vergleich sozialistischer Länder in Osteuropa: Die Bedeutung der informellen Vergleichsdimension, PVS 1982/304 ff.

Hatschikjan, Magarditsch/*Troebst,* Stefan (Hrsg.): Südosteuropa. Ein Handbuch. Gesellschaft, Politik, Wirtschaft, Kultur, München 1999; zitiert: Hatschikjan/Troebst (mit Bearbeiter).

Hauszmann, János: Ungarn am Beginn einer neuen Politik? OEA 1994/712 f.

Havlan, Petr: Vlastnictví státu v letech 1948–1989 [Das Staatseigentum in den Jahren 1948–1989], Právník 1998/345 ff.

Hegyi, Gyula: 1956: a közvetlen demokrácia álma [1956: der Traum von der direkten Demokratie], in: Hegyi, Gyula: A baloldaliság öröme [Die Freude am Linkssein], Budapest 1993; zitiert: Hegyi, 1956.

— Vissza a Futrinka utcába? (Kádár: egy ember és egy rendszer) [Zurück in die Futrinka-Straße? (Kádár: ein Mensch und ein System)], in: Hegyi, Gyula: A baloldaliság öröme [Die Freude am Linkssein], Budapest 1993; zitiert: Hegyi, Vissza.

Heimlich, Jörn: Die allgemeine Leistungsklage zur Durchsetzung eines Bürgerbegehrens, DÖV 1999/1029 ff.

Heinemann-Grüder, Andreas: Putins Reform der föderalen Strukturen. Vom Nachtwächterstaat zum Etatismus, OE 2000/979 ff.

Held, F. W.: Die Zukunft der Kommunalwirtschaft im Wettbewerb mit der privaten Wirtschaft – Änderungen des Gemeindewirtschaftsrechts in Nordrhein-Westfalen, NWVBl. 2000/201 ff.

Helfert, Jos. Alex.: Revision des ungarischen Ausgleichs. Aus geschichtlich-staatsrechtlichen Gesichtspunkten, Wien 1876.

Hellbling, Ernst C.: Österreichische Verfassungs- und Verwaltungsgeschichte, Wien 1956.

Heller, Friedrich: Die „Ordnungen über die Aufgaben und die Arbeitsweise der örtlichen Volksvertretungen" in der SBZ, ROW 1961/221 ff.

Hellmann, Manfred: Zur Geschichte des Städtewesens in Osteuropa. Bemerkungen zu: Herbert Ludat, Vorstufen und Entstehung des Städtewesens in Osteuropa, JGO 1956/18 ff.

Hendler, Reinhard: Gebührenstaat statt Steuerstaat? DÖV 1999/749 ff.

Henry, Paul: Le Problème des Nationalités [Das Problem der Nationalitäten], Paris 1937.

Herzog, Roman: Staaten der Frühzeit. Ursprünge und Herrschaftsformen, München 1988.

Heuer, Klaus: Überlegungen zum sozialistischen Rechtsstaat DDR, NJ 1988/478 ff.

Heyen, Erk Volkmar (Hrsg.): Die öffentliche Verwaltung im totalitären System/ L'administration publique en système totalitaire, Jahrbuch für Europäische Verwaltungsgeschichte Bd. 10, Baden-Baden 1998; zitiert: Heyen (mit Bearbeiter).

Hill, Hermann: Die politisch-demokratische Funktion der kommunalen Selbstverwaltung nach der Reform, Baden-Baden 1987.

Hiller, Kinga: Neue Verfassung für Ungarn?, ROW 1998/74 ff.

Hinsley, F. H. (Hrsg.): The New Cambridge Modern History, Volume XI: Material Progress and World-Wide Problems; 1870–1898 [Die Neue Cambridger Moderne Geschichte, Band XI: Materieller Fortschritt und Weltweite Probleme; 1870–1898], Cambridge 1970; zitiert: Hinsley (mit Bearbeiter).

Hoensch, Jörg K.: Geschichte Ungarns 1867–1983, Stuttgart, Berlin, Köln, Mainz 1984.

Hoffmann, Helmut: Die Entwicklung des Internet-Rechts, NJW Heft 14/2001, Beilage, S. 5 ff.

Hoffmann, Markus/*Kromberg,* Christian/*Roth,* Verena/*Wiegand,* Bodo (Hrsg.): Kommunale Selbstverwaltung im Spiegel von Verfassungsrecht und Verwaltungsrecht, Stuttgart 1996; zitiert: Hoffmann/Kromberg/Roth/Wiegand (mit Bearbeiter).

Hoffmann-Riem, Wolfgang/*Koch,* Hans-Joachim: Hamburgisches Staats- und Verwaltungsrecht, Frankfurt/Main 1988.

Hoffmeister, Frank: Besonderheiten des Berliner Verwaltungsrechts, NJ 1999/393 ff.

Hofmann, Mahulena/*Küpper,* Herbert (Hrsg.): Kontinuität und Neubeginn. Staat und Recht in Europa zu Beginn des 21. Jahrhunderts. Festschrift für Georg Brunner aus Anlaß seines 65. Geburtstags, Baden-Baden 2001; zitiert: Hofmann/Küpper (mit Bearbeiter).

Hofmann, Rainer: Minderheitenschutz in Europa. Völker- und staatsrechtliche Lage im Überblick, Berlin 1995.

Holló, András: Az államjogtól a jogállamig. A közjog „forradalma" [Vom Staatsrecht zum Rechtsstaat. Die öffentlich-rechtliche „Revolution"], Budapest 1993.

Holló, András/*Balogh,* Zsolt: Az értelmezett alkotmány [Kommentar zur Verfassung], Budapest 1995; zitiert: Holló/Balogh (mit Bearbeiter).

Horváth, M. Tamás: Az önkormányzatok közötti együttműködés keretei és problémái [Rahmen und Probleme der Zusammenarbeit zwischen Selbstverwaltungen], MK 1995/570 ff.

— Pártok a helyi képviseleti rendszerben [Parteien im örtlichen Volksvertretungssystem], MK 1990/242 ff.

Horváth, Pál (Hrsg.): Általános Jogtörténet [Allgemeine Rechtsgeschichte], Budapest 1991; zitiert: Horváth, Jogtörténet (mit Bearbeiter).

Hrabik Samal, Mary: Die Autoritätskrise in der osteuropäischen Politik, OE 1982/545 ff.

Hrženjak, Juraj: Lokalna samouprava i uprava u Republici Hrvatskoj [Örtliche Selbstverwaltung und Verwaltung in der Republik Kroatien], Zagreb 1993.

Huber, Ernst Rudolf: Deutsche Verfassungsgeschichte seit 1789
Band I: Reform und Restauration 1789 bis 1830, Stuttgart 1957
Band II: Der Kampf um Einheit und Freiheit 1830 bis 1850, 3. Aufl. Stuttgart, Berlin, Köln, Mainz 1988
Band III: Bismarck und das Reich, 3. Aufl. Stuttgart, Berlin, Köln, Mainz 1988
Band IV: Die Weimarer Reichsverfassung, Stuttgart, Berlin, Köln, Mainz 1981.

Huber, Stephan: Kommunale Satzungen und ihre verwaltungsgerichtliche Überprüfung unter dem Einfluß von EG-Richtlinien, BayVBl. 1998/584 ff.

Hysi, Gramos (Hrsg.): E drejta kushtetuese e RPS të Shqipërisë [Verfassungsrecht der Sozialistischen Volksrepublik Albanien], Tirana 1989; zitiert: Hysi (mit Bearbeiter).

Ibán, Iván C.: Introducción al Derecho Español [Einführung in das spanische Recht], 2. Aufl. Baden-Baden 2000.

Ieda, Osamu (Hrsg.): The Emerging Local Governments in Eastern Europe and Russia. Historical and Post-Communist Developments [Die entstehenden Kommunalverwaltungen in Osteuropa und in Rußland. Historische und postkommunistische Entwicklungen], Hiroshima 2000; zitiert: Ieda (mit Bearbeiter).

Institut für Ostrecht München (Hrsg.): Das Eigentum im Ostblock, Studien des Instituts für Ostrecht München Bd. 5, Berlin 1958.

Ipsen, Hans Peter: Hamburgisches Staats- und Verwaltungsrecht, Hamburg 1955; zitiert: Ipsen, Staats- und Verwaltungsrecht.

— Hamburgs Verfassung und Verwaltung. Von Weimar bis Bonn, Hamburg 1956; zitiert: Ipsen, Hamburgs Verfassung.

Isensee, Josef/*Kirchhof,* Paul: Handbuch des Staatsrechts der Bundesrepublik Deutschland, 8 Bde, Heidelberg 1987–1995; zitiert: Isensee/Kirchhof (mit Bearbeiter).

Ivancsics, Imre: A hatáskörmegosztás elméleti és gyakorlati problémái [Die theoretischen und praktischen Probleme der Kompetenzteilung], MK 1994/169 ff.

Izik-Hedri, Gabriella: Ungarn im Wandel, OE 1990/453 ff.

Jánosi, Monika: Törvényalkotás Magyarországon a korai Árpád-korban [Gesetzgebung in Ungarn zur Zeit der frühen Árpáden], Szeged 1996.

Józsa, Zoltán: Regionalizmus és önkormányzatok [Regionalismus und Selbstverwaltungen], MK 2000/207 ff.

Jutasy, György: Az Alkotmányjogi Tanács tevékenységének néhány elvi problémája [Einige grundsätzliche Probleme der Tätigkeit des Verfassungsrechtlichen Rates], ÁI 1985/520 ff.

Kahl, Wolfgang: Das Grundrechtsverständnis der postsozialistischen Verfassungen Osteuropas. Eine Studie am Beispiel von Polen, Ungarn, Tschechien, Slowakei und Rußland, Berlin 1994.

Kállay, István: A városi fráng [Der städtische Burgfriede], JK 1994/319.

Kaltenbach, Jenő: A magyar önkormányzati felügyelet [Die ungarische Aufsicht über die Selbstverwaltungen], MK 1990/401 ff.

— Az önkormányzati felügyelet [Die Kommunalaufsicht], Szeged 1991; zitiert: Kaltenbach, Felügyelet.

— Beszámoló a Nemzeti és Etnikai Kisebbségi Jogok Országgyűlési Biztosának Tevékenységéről, 1995. július 1.–1996. december 31. [Bericht über die Tätigkeit des Parlamentarischen Beauftragten für die Rechte der nationalen und ethnischen Minderheiten, 1. Juli 1995–31. Dezember 1996], Budapest 1997; zitiert: Kaltenbach, Beszámoló 1995/96.

— Beszámoló a Nemzeti és Etnikai Kisebbségi Jogok Országgyűlési Biztosának Tevékenységéről, 1997. január 1.–december 31. [Bericht über die Tätigkeit des Parlamentarischen Beauftragten für die Rechte der nationalen und ethnischen

Minderheiten, 1. Januar–31. Dezember 1997, Budapest 1998; zitiert: Kaltenbach, Beszámoló 1997.

— Die Entwicklung der kommunalen Selbstverwaltung in Ungarn, JOR 1990/I S. 77 ff.

Kantel, Willi: Kommunale Verfassung und Verwaltung in der Bundesrepublik Deutschland, 3. Aufl. Göttingen 1977.

Kanzlei des Ministerpräsidenten der Republik Polen/Regierungsbeauftragter für die systematische Reform des Staates (Hrsg.): Effectiveness, Openness, Subsidiarity: A New Poland for New Challenges [Effektivität, Offenheit, Subsidiarität: Ein neues Polen für neue Herausforderungen], 3. Aufl. Warschau 1998; zitiert: Kanzlei des MP: Effectiveness.

Kara, Pál: Javaslat az önkormányzati és az államigazgatási feladat- és hatáskörök felülvizsgálatára [Vorschlag zu einer Überprüfung der Aufgaben und Befugnisse von Selbstverwaltung und Staatsverwaltung], MK 1999/2 ff.

— Néhány gondolat a regionalizmusról [Einige Gedanken über den Regionalismus], MK 2000/529 ff.

Karadi, Béla: A falugyűlés néhány időszerű kérdése [Einige aktuelle Fragen der Dorfversammlung], ÁI 1975/251 ff.

Kardos, József: A Szentkorona-tan története 1919–1944 [Die Geschichte der Lehre von der Heiligen Krone 1919–1944], 2. Aufl. Budapest 1987.

Kenntner, Markus: Zehn Jahre nach „Rastede" – Zur dogmatischen Konzeption der kommunalen Selbstverwaltung im Grundgesetz, DÖV 1998/701 ff.

Kerékgyártó, T. István: Kisebbségi önkormányzatiság és a kulturális autonómia [Minderheitenselbstverwaltung und die Kulturautonomie], MK 1999/720 ff.

Kilényi, Géza: A képviseleti és a közvetlen demokrácia viszonya a magyar államszervezetben [Das Verhältnis von repräsentativer und unmittelbarer Demokratie in der ungarischen Staatsorganisation], MK 1999/673 ff.

— Az alkotmányozás és a „kétharmados" törvények [Die Verfassunggebung und die „Zweidrittel"-Gesetzgebung, JK 1994/201 ff.

Király, Katalin: A TÁKISZ-ok, mint középszintű, közigazgatási intézmények finanszírozási kérdésköre [Die Finanzierungsproblematik der TÁKISZ-e als Verwaltungsinstitutionen der mittleren Ebene], MK 1998/528 ff., 655 ff.

Kiss, Daisy: A kétharmados törvényhozás [Die Zweidrittelgesetzgebung], MJ 1992/279 ff.

Kiss, György: Budapest 100 éves közigazgatásának fontosabb szakaszai [Die wichtigeren Abschnitte der hundertjährigen Budapester Verwaltung], ÁI 1973/303 ff.

Kiss, László: Einige aktuelle Fragen der Rechtssetzung und des Rechtsquellensystems in der Ungarischen Volksrepublik, DVBl. 1989/918 ff.

— Einige Fragen der Rechtsstaatlichkeit und Gesetzgebung in Ungarn, OER 1990/12 ff.

— Jogállam – Jogalkotás – Önkormányzatok (Örökségünk – mai szemmel) [Rechtsstaat – Rechtssetzung – Selbstverwaltungen (Unser Erbe – aus heutiger Sicht)], Pécs 1998.

Klein, Eckart (Hrsg.): The Duty to Protect and to Ensure Human Rights. Colloquium Potsdam, 1–3 July 1999 [Die Pflicht, Menschenrechte zu schützen und zu garantieren. Kolloquium Potsdam, 1.–3. Juli 1999], Berlin 2000; zitiert: Klein (mit Bearbeiter).

Klocke, Helmut: Zur ungarischen Volkszählung von 1970, OE 1972/737 ff.

Kmety, Károly: A Magyar Közigazgatási Jog Kézikönyve [Handbuch des Ungarischen Verwaltungsrechts], Budapest 1897.

Knack, Hans Joachim (Hrsg.): Verwaltungsverfahrensgesetz (VwVfG). Kommentar, 6. Aufl. Köln, Berlin, München 1998; zitiert: Knack (mit Bearbeiter).

Kneif, Tibor: Die Entwicklung des Verfassungsrechts in Ungarn seit 1945, JÖR 1959/365 ff.

Knemeyer, Franz-Ludwig: Die Europäische Charta der kommunalen Selbstverwaltung, DÖV 1988/997 ff.

— 10 Jahre kommunale Selbstverwaltung in den „neuen Ländern". Von der DDR-Kommunalverfassung zu eigenständigen Länderselbstverwaltungsgesetzen, DÖV 2000/496 ff.

Koch, Hans: A-Stalinismus und Neo-Stalinismus in den europäischen Volksdemokratien, OE 1957/859 ff.

Kocsis, Károly/*Kocsis-Hodosi,* Eszter: Ethnic Geography of the Hungarian Minorities in the Carpathian Basin [Ethnische Geographie der ungarischen Minderheiten im Karpatenbecken], Budapest 1998.

Koenen, Krisztina: Die „schleichende Reform". Reformbedingte ideologische Probleme der Ungarischen Sozialistischen Arbeiterpartei, OE 1988/857 ff.

Koljušin, Evgenij Ivanovič: Местные органы народного представительства социалистических стран [Die örtlichen Organe der Volksvertretung der sozialistischen Staaten], Moskau 1984.

Kőmíves, István: A budapesti agglomeráció néhány aktuális problémája [Einige aktuelle Probleme der Agglomeration Budapest], ÁI 1974/13 ff.

Konrád, György/*Szelényi,* Iván: Az értelmiség útja az osztályhatalomhoz [Der Weg der Intelligenz zur Klassenmacht], Budapest 1989.

Kontrát, Károly: A köztisztviselői életpályáról a 2001. évi XXXVI. számú törvény tükrében [Über die Beamtenlaufbahn im Spiegel des Gesetzes 2001:XXXVI], MK 2001/385 ff.

Körösényi, András: Government and Politics in Hungary [Regierung und Politik in Ungarn], Budapest 1999.

Kortmann, C. A. J. M./*Bovend'eert,* P. P. T.: Inleiding constitutioneel recht [Einführung Verfassungsrecht], 2. Aufl. Deventer 1995.

Kosáry, Domokos: Magyarok Europában III, Újjáépítés és polgárosodás 1711–1867 [Ungarn in Europa III, Wiederaufbau und Verbürgerlichung 1711–1867], Budapest 1990.

Kovács, Árpád: Néhány gondolat a helyi önkormányzatok pénzügyi-gazdasági ellenőrzéséről [Einige Gedanken über die finanzielle und wirtschaftliche Kontrolle der Selbstverwaltungen], MK 1999/97 ff.

Kovács, István: A magyar alkotmány fejlődése [Die Entwicklung der ungarischen Verfassung], ÁJ 1960/343 ff.

— Negyedszázad a népi demokratikus alkotmányfejlődés útján (1949–1974) [Ein Vierteljahrhundert auf dem Weg der volksdemokratischen Verfassungsentwicklung (1949–1974)], ÁJ 1974/3 ff.

Kovács, Kálmán: A népi demokratikus állam alapjainak lerakása [Die Schaffung der Grundlagen des volksdemokratischen Staates], ÁI 1985/1 ff.

Kovács-Bertrand, Anikó: Der ungarische Revisionismus nach dem Ersten Weltkrieg. Der publizistische Kampf gegen den Friedensvertrag von Trianon 1918–1931, München 1997.

Kralinski, Thomas: Die russische Kommunalverwaltung im Wandel: Im Osten was Neues?, OEW 1999/51 ff.

Kranz, Jerzy/*Küpper,* Herbert (Hrsg.): Law and Practice of Central European Countries in the Field of National Minorities Protection After 1989 [Recht und Praxis der mitteleuropäischen Länder auf dem Gebiet des Minderheitenschutzes nach 1989], Warschau 1998; zitiert: Kranz/Küpper (mit Bearbeiter).

Krasnov, M. A.: Местное самоуправление: государственное или общественное? [Örtliche Selbstverwaltung: staatlich oder gesellschaftlich?] SGiP 1990/10, S. 81 ff.

Kriele, Martin: Einführung in die Staatslehre, 5. Aufl. Opladen 1994.

Krivý, Vladimír: Slovensko a jeho regiony [Die Slowakei und ihre Regionen], Bratislava 1996.

Kröning, Volker/*Pottschmidt,* Günter/*Preuß,* Ulrich K./*Rinken,* Alfred (Hrsg.): Handbuch der Bremischen Verfassung, Baden-Baden 1991.

Kühling, Jürgen: Verfassungs- und kommunalrechtliche Probleme grenzüberschreitender Wirtschaftsbetätigung der Gemeinden, NJW 2001/177 ff.

Kukorelli, István (Hrsg.): Alkotmánytan [Verfassungslehre], Budapest 1992; zitiert: Kukorelli, Alkotmánytan (mit Bearbeiter).

— Az 1994/98-as országgyűlési ciklus – a kétharmados parlament [Die Legislaturperiode 1994/98 – das Zweidrittelparlament], MK 1999/353 ff.

Kukorelli, István: Így választottunk. Adalékok a választási reform és az 1985. évi általános választások történetéhez [So haben wir gewählt. Beiträge zur Geschichte der Wahlreform und der Parlamentswahlen 1985], Budapest 1988; zitiert: Kukorelli, Így választottunk.

Kukorelli, István/*Schmidt,* Péter (Hrsg.): Az alkotmányosság alapjai [Die Grundlagen der Konstitutionalität], Budapest 1989; zitiert: Kukorelli/Schmidt (mit Bearbeiter).

Küpper, Herbert: Das Denkmalgesetz aus Anlaß der Staatsgründung, OER 2000/ 278 ff.

— Das neue Minderheitenrecht in Ungarn, München 1998.

— Das neue Recht der auswärtigen Beziehungen in Albanien, ZaöRV 1999/141 ff.

— Das verfassungsgerichtliche Verbot eines Referendums über die Direktwahl des ungarischen Staatspräsidenten, OER 1999/422 ff.

— Das zweite Abtreibungsurteil des ungarischen Verfassungsgerichts, OER 1999/ 155 ff.

— Die Aufhebung des Kammerzwangs in Ungarn: weniger oder mehr Freiheit? WiRO 2000/276 ff.

— Die Grundrechte des Kindes in der ungarischen Verfassungsrechtsprechung, ROW 1996/274 ff.

— Die Justizreform in Ungarn, OER 1998/253 ff.

— „Personenkult" in der ungarischen Gesetzgebung?, OE 1997/684 ff.

— Staats- oder Selbstverwaltung: Die Frage der mittleren Ebene in Ungarn, Der Landkreis 1996/86 ff.

— Völkerrecht, Verfassung und Außenpolitik in Ungarn, ZaöRV 1998/239 ff.

— Zivilrechtsprechung in Ungarn: Die Metro-Urteile und die ungarische Vertragsrechtsdogmatik, WiRO 1999/366 ff.

Kuss, Klaus-Jürgen: Gerichtliche Verwaltungskontrolle in Osteuropa, Baden-Baden 1990.

— Rechtsstaatliche Wurzeln in Osteuropa, JÖR 1985/589 ff.

Kux, Ernst: Von Stalin zu Chruschtschew, Politische Studien 1958/13 ff., 88 ff., 161 ff., 312 ff., 398 ff.

Kwasny, Kurt: Pragmatismus weicht der Ideologie. Zum XI. Parteikongreß der ungarischen Kommunisten, OE 1975/865 ff.

— Über Ungarn ist der Rote Stern erloschen. Nach Ausrufung der Republik beginnt der schwierigste Teil der Umgestaltung, OE 1990/240 ff.

— Ungarn – „Wer nicht gegen uns ...", OE 1983/211 ff.

— Ungarns Kommunisten wagen mehr Demokratie, OE 1971/842 ff.

Lábady, Tamás: Über die Richtungen der Weiterentwicklung der ungarischen Verfassungsgerichtsbarkeit, WGO-MfOR 1991/367 ff.

Lackó, Miklós: Ostmitteleuropäischer Faschismus, Vierteljahreshefte für Zeitgeschichte 1973/39 ff.

Lammich, Siegfried: „Sozialistischer Parlamentarismus", JÖR 1977/385 ff.

Lázár, István: Kis magyar történelem [Kleine Geschichte Ungarns], Budapest 1989.

Lehner, Oskar: Österreichische Verfassungs- und Verwaltungsgeschichte mit Grundzügen der Wirtschafts- und Sozialgeschichte, Linz 1992.

Leipold, Helmut: Wirtschafts- und Gesellschaftssysteme im Vergleich, 5. Aufl. Stuttgart 1988.

Lelkes, György (Hrsg.): Magyar helységnév-azonosító szótár [Ungarisches Identifikationslexikon der Ortsnamen], Budapest 1992.

Lendvai, Paul: Das eigenwillige Ungarn. Von Kádár zu Grósz, 2. Aufl. Zürich Osnabrück 1988; zitiert: Lendvai, Ungarn.

— Das einsame Albanien. Reportage aus dem Land der Skipetaren, Osnabrück 1985; zitiert: Lendvai, Albanien.

Leoński, Zbigniew: Samorząd terytorialny w RP [Territoriale Selbstverwaltung in der Republik Polen], 2. Aufl. Warschau 1999.

Lesage, Michel: De la légalité socialiste à l'État de droit [Von der sozialistischen Gesetzlichkeit zum Rechtsstaat], RdDP 1989/271 ff.

Leuschner, Joachim/*Boockmann,* Hartmut: Studienbuch Geschichte, Darstellung und Quellen, Heft 4: Europa im Hoch- und Spätmittelalter, Stuttgart 1982.

Liebs, Detlef: Römisches Recht, 2. Aufl. Göttingen 1982.

Linder, Wolf: Schweizerische Demokratie. Institutionen, Prozesse, Perspektiven, Bern 1999.

Locatelli, Rinaldo: A helyi önkormányzatok 10 éve Magyarországon [10 Jahre örtliche Selbstverwaltung in Ungarn], MK 2000/513 ff.

Loeber, Dietrich A.: „Sozialistische Gesetzlichkeit" im Zeichen des XX. Parteikongresses der KPdSU, OER 1955/56, S. 243 ff.

Lombardini, Veronika: Auf Erfolgskurs mit Hindernissen – Halbzeit für die slowakische Regierung, KAS-AI 12/2000, S. 48 ff.

Lőrincz, Lajos: Az európai népi demokratikus országok államigazgatási-területi beosztásának fejlődése [Die Entwicklung der Territorialgliederung der Staatsverwaltung der europäischen volksdemokratischen Länder], ÁJ 1961/223 ff.

Lux, Christina: Das neue kommunale Wirtschaftsrecht in Nordrhein-Westfalen, NWVBl. 2000/7 ff.

Macartney, C. Aylmer: Geschichte Ungarns, Stuttgart Berlin Köln Mainz 1971.

Maćków, Jerzy: Der Totalitarismus-Ansatz und der Zusammenbruch des Sowjetsozialismus, OE 1994/320 ff.

Magyar, Levente/*Szívós,* Jánosné: Az önkormányzatok és a harmadik szektor együttműködési lehetőségei egy kisvárosban [Die Möglichkeiten der Zusammenarbeit zwischen den Selbstverwaltungen und dem dritten Sektor in einer Kleinstadt], MK 1997/161 ff.

Magyar Közigazgatási Kamara [Ungarische Verwaltungskammer] (Hrsg.): A közigazgatás és ellenőrzése [Die öffentliche Verwaltung und ihre Kontrolle], Budapest 1995; zitiert: Magyar Közigazgatási Kamara (mit Bearbeiter).

Magyary, Zoltán: A közigazgatás és a közönség [Die öffentliche Verwaltung und die Öffentlichkeit], Budapest 1937, zitiert nach Lőrincz, Lajos (Hrsg.): A magyar közigazgatás-tudomány klasszikusai 1874–1947 [Die Klassiker der ungarischen Verwaltungswissenschaft 1874–1947], Budapest 1988, S. 288 ff.

— A mai közigazgatás lényege és feladatköre [Wesen und Aufgabenkreis der heutigen Verwaltung], Budapest 1942, zitiert nach Lőrincz, Lajos (Hrsg.): A magyar közigazgatás-tudomány klasszikusai 1874–1947 [Die Klassiker der ungarischen Verwaltungswissenschaft 1874–1947], Budapest 1988, S. 326 ff.; zitiert: Magyary, A mai közigazgatás.

Majoros, Ferenc: Das neue ungarische Wahlrecht, OER 1985/231 ff.

— Ungarns neue Verfassungsordnung: Die Genese einer neuen demokratischen Republik nach westlichen Maßstäben, OER 1990/85 ff., 161 ff.

— Wahlrechtsreform in Ungarn, Berichte des Bundesinstituts für ostwissenschaftliche und internationale Studien 57–1984, Köln 1984; zitiert: Majoros, Wahlrechtsreform.

— Zur Entwicklung der Verfassungsgerichtsbarkeit in Ungarn, OER 1993/106 ff.

Makai, Sándor: Az önkormányzati választási törvények módosításához [Zur Änderung der Kommunalwahlgesetze], MK 2000/54 ff.

Mampel, Siegfried: Die Funktion des Staatsrates der SBZ nach dem Prinzip des demokratischen Zentralismus, ROW 1961/129 ff.

Mang, Johann/*Maunz,* Theodor/*Mayer,* Franz/*Obermayer,* Klaus: Staats- und Verwaltungsrecht in Bayern. 4. Aufl. München 1975; zitiert: Mang/Maunz/Mayer/ Obermayer (mit Bearbeiter).

Manssen, Gerit/*Banaszak,* Bogusław (Hrsg.): Wandel der Eigentumsordnung in Mittel- und Osteuropa, Berlin 1998; zitiert: Manssen/Banaszak (mit Bearbeiter).

Marczali, Heinrich: Ungarisches Verfassungsrecht, Tübingen 1911.

Markója, Imre: A szocialista törvényesség helyreállítása és érvényesülése hazánkban [Die Wiederherstellung und Verwirklichung der sozialistischen Gesetzlichkeit in unserem Vaterland], MJ 1982/193 ff.

Márkus, Desider: Ungarisches Verwaltungsrecht, Tübingen 1912.

Márkus, György G.: Politische Konfliktlinien und Legitimation in Osteuropa. Der Fall Ungarn, OE 1993/1167 ff.

Marquardt, Joachim: Römische Staatsverwaltung, 1. Bd., 3. Aufl. Darmstadt 1957.

Maunz, Theodor/*Dürig,* Günter (Hrsg.): Grundgesetz. Kommentar, Loseblattsammlung, München, Stand Februar 1999; zitiert: Maunz/Dürig (mit Bearbeiter).

Maurach, Reinhart: Handbuch der Sowjetverfassung, München 1955; zitiert: Maurach.

— Staat und Recht in der UdSSR seit 1918, Politische Studien 1958/239 ff.

Maurer, Hartmut: Allgemeines Verwaltungsrecht, 10. Aufl. München 1995.

Meder, Walter: Theoretische Probleme des Sowjetkommunismus, JÖR 1972/107 ff.

de Meij, J. M.: Inleiding tot het staatsrecht en het bestuursrecht [Einführung in das Staatsrecht und das Verwaltungsrecht], 6. Aufl. Groningen 1996.

Meissner, Boris: Auf dem Wege zur Wiedervereinigung Deutschlands und zur Normalisierung der deutsch-russischen Beziehungen. Ausgewählte Beiträge, Berlin 2000; zitiert: Meisser, Wiedervereinigung.

— Die Veränderungen der zentralen Partei- und Staatsorgane in der UdSSR und der Wandel des Regierungssystems von Lenin bis Gorbačëv, ROW 1988/325 ff.

— Die Verfassungsentwicklung der Sowjetunion seit dem Tode Stalins, JÖR 1973/101 ff.

— Rußland unter Chruschtschow, München 1960; zitiert: Meissner, Rußland.

Meissner, Otto: Das Staatsrecht des Reichs und seiner Länder, 2. Aufl. Berlin 1923; zitiert: Meissner, Staatsrecht.

Mezey, Barna: Magyar Alkotmánytörténet [Ungarische Verfassungsgeschichte], 2. Aufl. Budapest 1996; zitiert: Mezey, Alkotmánytörténet.

— Magyar Jogtörténet [Ungarische Rechtsgeschichte], Budapest 1997; zitiert: Mezey, Jogtörténet.

Mezőfy, László: Die Überprüfung von Verwaltungsakten durch die ordentlichen Gerichte in Ungarn, JOR 1960/II S. 165 ff.

Miller, Manfred: Die Funktionalreform in den neuen Bundesländern, LKV 1998/216 ff.

Mischler, E./*Ulbrich*, J. (Hrsg.): Österreichisches Staatswörterbuch, 4 Bde, 2. Aufl. Wien 1968; zitiert: Mischler/Ulbrich (mit Bearbeiter).

Mocsáry, Lajos: Az állami közigazgatás [Die staatliche Verwaltung], Budapest 1890, zitiert nach Lőrincz, Lajos (Hrsg.): A magyar közigazgatás-tudomány klasszikusai 1874–1947 [Die Klassiker der ungarischen Verwaltungswissenschaft 1874–1947], Budapest 1988, S. 24 ff.

Mommsen, Wolfgang J.: Das Zeitalter des Imperialismus, Fischer Weltgeschichte Bd. 28, Frankfurt/Main 1969.

Morgenstierne, Bredo: Les Unions Suédo-Norvégienne et d'Autriche-Hongrie [Die schwedisch-norwegische Union und die von Österreich-Ungarn], RdDP 1905/528 ff.

MTA Regionális Kutatások Központja/Magyar Közigazgatási Intézet [Zentrum für Regionalforschungen der Ungarischen Akademie der Wissenschaften/Ungarisches Institut für Öffentliche Verwaltung] (Hrsg): Tér és közigazgatás [Raum und öffentliche Verwaltung], Budapest 1994; zitiert: MTA/MKI (mit Bearbeiter).

Mückl, Stefan: Kommunale Selbstverwaltung und aufgabengerechte Finanzausstattung. Das Konnexitätsprinzip in der Rechtsprechung der Landesverfassungsgerichte, DÖV 1999/841 ff.

Mulert, Oskar: Reichsaufbau und Selbstverwaltung. Vortrag, gehalten am 25. September 1928 auf der Jahresversammlung des Deutschen Städtetages zu Breslau, Berlin 1929.

Müller-Terpitz, Ralf: Die wirtschaftliche Betätigung von Kommunen im Bereich der Telekommunikation, NWVBl. 1999/292 ff.

Mumford, Lewis: Die Stadt. Geschichte und Ausblick. Band 1, 3. Aufl. München 1984.

Nadrai, Norbert: Önkormányzati testületek legitimációs kérdései [Legitimitätsfragen von Körperschaften in der Selbstverwaltung], MK 2000/382 ff.

Nagy, Ernő: Magyarország Közjoga (Államjog) [Das öffentliche Recht Ungarns (Staatsrecht)], 6. Aufl. Budapest 1907; zitiert: Nagy, Ernő.

Nagy, Ferencz: A magyar városi jog [Das ungarische Stadtrecht], Budapest 1912; zitiert: Nagy.

Nagy von Eöttevény, Olivier: Die öffentlich-rechtliche Gesetzgebung Ungarns im Jahre 1913, JÖR 1914/421 ff.

— Über das staatsrechtliche Verhältnis Kroatiens zu Ungarn, JÖR 1909/396 ff.

Nagy, Miklós/*Póti,* László: Demokrácia és reform Európa keleti felében (Előszó) [Demokratie und Reform in der östlichen Hälfte Europas (Vorwort)], Külpolitika 1990 Bd. 2 S. 3 ff.

Nagyné Szegvári, Katalin: A honfoglaló magyarokat befogadó Európa jogi kultúrája [Die Rechtskultur des die landnehmenden Ungarn aufnehmenden Europa], JK 1997/2 ff.

— Az 1848-as magyar forradalom és az európai jogi kultúra [Die ungarische Revolution von 1848 und die europäische Rechtskultur], JK 1998/221 ff.

Németh, Jenő: A térségi (városkörnyéki) együttműködés és igazgatás fejlesztésének indokai, lehetőségei [Motive und Möglichkeiten der Entwicklung der Zusammenarbeit und Verwaltung von Kleinregionen (Stadt-Umland-Gebieten)], MK 1999/18 ff.

— Az önkormányzati rendeletalkotás [Der Erlaß von Selbstverwaltungssatzungen], MK 1991/158 ff.

Némethy von Ujfalu, Karl: Die ungarische parlamentarische Reform, JÖR 1910/135 ff.

Neunreither, Esther Bettina: Die Interessenvertretung der Regionen bei der Europäischen Union, Frankfurt/Main 2001.

Nierhaus, Michael (Hrsg.): Kommunale Selbstverwaltung. Europäische und nationale Aspekte, Berlin 1996; zitiert: Nierhaus (mit Bearbeiter).

Nolte, Georg: Die rechtliche Stellung der Minderheiten in Ungarn, in: Frowein, Jochen/Hofmann, Rainer/Oeter, Stefan (Hrsg.): Das Minderheitenrecht europäischer Staaten, 2 Bde Berlin u.a. 1993, Bd. 1, S. 501 ff.

Nushi, Gogo: Fjala e mbajtur në Kongresin III të partisë së Punës së Shqipërisë [Rede auf dem III. Kongreß der Partei der Arbeit Albaniens], Tirana 1956.

Oebbecke, Janbernd: Kommunalaufsicht – nur Rechtsaufsicht oder mehr?, DÖV 2001/406 ff.

Opałek, Kazimierz/*Zakrzewski,* Witold: Z zagadnień praworządności socjalistycznej [Über die Probleme der sozialistischen Gesetzlichkeit], Warschau 1958.

Orosz, Éva: Önkormányzati törvényt vagy új tanácstörvényt? [Selbstverwaltungsgesetz oder neues Rätegesetz?], ÁI 1988/521 ff.

Országgyűlés [Parlament]: Protokolle der Sitzungen des ungarischen Parlamentes; zitiert: OGy mit Datum der Rede und Namen des Redenden.

Otting, Olaf: Die Aktualisierung öffentlich-rechtlicher Schranken kommunalwirtschaftlicher Betätigung durch das Wettbewerbsrecht, DÖV 1999/549 ff.

Pagenkopf, Hans: Kommunalrecht, Bd. 1: Verfassungsrecht, 2. Aufl. Köln u.a. 1975.

Pajor-Bytomski, Magdalena: Arbeitsrecht in Ungarn, München 1998; zitiert: Pajor-Bytomski, Arbeitsrecht.

— Die Gestaltung von Gesellschaftsverträgen nach ungarischem Recht, Berlin 1997; zitiert: Pajor-Bytomski, Gesellschaftsverträge.

— Gesellschaftsrecht in Ungarn, München 1994; zitiert: Pajor-Bytomski, Gesellschaftsrecht.

Palásti, Sándor: A kisebbségi önkormányzatokról [Über die Minderheitenselbstverwaltungen], JK 1999/61 ff.

Pálné Kovács, Ilona: Reform és önkormányzat [Reform und Selbstverwaltung] ÁI 1988/943 ff.

Papp, Imre: Kétharmaddal vagy anélkül [Mit zwei Dritteln oder ohne], Fundamentum 3/1999, S. 116 ff.

Papp, Lajos: A helyi tanácsok állami irányításának és igazgatási tevékenységének továbbfejlesztése [Die Weiterentwicklung der staatlichen Leitung und der Verwaltungstätigkeit der örtlichen Räte], ÁI 1983/1062 ff.

— A tanácsválasztások után [Nach den Rätewahlen], ÁI 1973/385 ff.

Papp, Zsuzsanna: Társulások Hajdú-Bihar megyében [Vereinigungen im Komitat Hajdú-Bihar], MK 2000/674 ff.

Pappermann, Ernst: Das Namensrecht der kommunalen Gebietskörperschaften, DÖV 1980/353 ff.

Patyi, András: Egyes önkormányzati alapjogok viszonylagossága [Die Verhältnismäßigkeit einiger Grundrechte der Selbstverwaltungen], MK 1998/522 ff.

— Vállalhat-e a jegyző kötelezettséget? Megjegyzések egy alkotmánybírósági döntésről [Kann der Notär Verpflichtungen eingehen? Anmerkungen zu einer Verfassungsgerichtsentscheidung], JK 1999/341 ff.

Pauer, Jan: Vom Gebrauch des Rechts. Die Tschechische Republik auf dem Weg zum Rechtsstaat, in: Forschungsstelle Osteuropa an der Universität Bremen (Hrsg.): Recht und Kultur in Ostmitteleuropa, Bremen 1999, S. 296 ff.

Paulovics, Anita: Törvényesség az államigazgatási eljárásban [Gesetzlichkeit im Verwaltungsverfahren], MJ 2000/617 ff.

Peristeri, Pilo: Fjala e mbajtur në Kongresin III të Partisë së Punës së Shqipërisë [Rede auf dem III. Kongreß der Partei der Arbeit Albaniens], Tirana 1956.

Petev, Valentin: Sozialistisches Zivilrecht, Berlin 1975.

Petrétei, József: Törvények minősített többséggel [Gesetze mit qualifizierter Mehrheit], Fundamentum 3/1999, S. 109 ff.

Petsche, Alexander: Privatisierung in Ungarn. Entwicklung, Stand und Perspektiven, ROW 1996/69 ff.

— Privatisierung in Ungarn (1990–1995). Rechtliche Grundlagen und wirtschaftliche Ergebnisse, FOWI-Arbeitspapier Nr. 32, Wien 1995; zitiert: Petsche, FOWI-Arbeitspapier Nr. 32.

Petzina, Dietmar: Veränderte Staatlichkeit und kommunale Handlungsspielräume – historische Erfahrungen in Deutschland im Bereich der Finanzpolitik, in: Grimm, Dieter (Hrsg.): Staatsaufgaben, Baden-Baden 1994, S. 233 ff.

Pfeil, Edit: A területi tervezés intézményei és az önkormányzati szféra viszonyrendszerének vizsgálatához [Zur Untersuchung des Verhältnissystems der Institutionen der Raumplanung und der Selbstverwaltungssphäre], MK 1999/560 ff.

— Gondolatok a településközi kapcsolatok ösztönözhetőségéről [Gedanken über die Möglichkeiten, die Beziehungen zwischen den Siedlungen anzuspornen], MK 1994/117 ff.

— Önállóság és egymásrautaltság a Baranya megyei kistelepülések szemszögéből [Selbständigkeit und gegenseitige Abhängigkeit aus dem Blickwinkel der Kleinsiedlungen des Komitats Baranya], MK 1991/750 ff.

Pfeil, Edit/*Faragó,* László: Önkormányzati társulások a területi tervezésben [Zusammenarbeit der Selbstverwaltungen in der Raumplanung], MK 1991/1003 ff.

Pfennig, Gero/*Neumann,* Manfred J. (Hrsg.): Verfassung von Berlin. Kommentar, 2. Aufl. Berlin 1987.

Pielow, Johann-Christian: Gemeindewirtschaft im Gegenwind? Zu den rechtlichen Grenzen kommunaler Wettbewerbsteilnahme am Beispiel der Telekommunikation, NWVBl. 1999/369 ff.

Planitz, Hans: Die deutsche Stadt im Mittelalter. Von der Römerzeit bis zu den Zunftkämpfen, Wiesbaden 1996.

Plattner, Dankwart: Privatisierung in der Systemtransformation. Eine ökonomische Untersuchung am Beispiel der Privatisierungspolitik in Tschechien, der Slowakei, Ungarn, Polen und Rumänien, Berlin 1996.

Pleticha, Heinrich (Hrsg.): Deutsche Geschichte in 12 Bänden, Band 8: Aufklärung und Ende des Deutschen Reiches, Gütersloh 1983.

Polgár, Imre: Les institutions hongroises actuelles du droit public [Die gegenwärtigen ungarischen Einrichtungen des öffentlichen Rechtes], RdDP 1926/118 ff.

Polt, Péter: Egy új közösségi jogintézmény: az európai ombudsman [Ein neues gemeinschaftsrechtliches Institut: der europäische Ombudsmann], MJ 1998/641 ff.

Polt, Péter/*Kaltenbach,* Jenő: Die Menschen- und Minderheitenrechte in Ungarn im Jahre 2000, OER 2000/242 ff.

Pradetto, August (Hrsg.): Die Rekonstruktion Mitteleuropas, Opladen 1994; zitiert: Pradetto (mit Bearbeiter).

Prell, Wolfgang: Das Namensrecht der Gemeinden, Marburg 1989.

Prisca, Nistor: Drept Constituţional [Verfassungsrecht], Bukarest 1977.

Pünkösti, Árpád: Rákosi; A hatalomért, 1945–48 [Rákosi; Um die Macht, 1945–48], Budapest 1992.

von Puttkammer, Joachim: Zur Logik repressiver Gewalt in kommunistischen Regimen. Die Tschechoslowakei und Ungarn im Vergleich, OE 2000/672 ff.

Püttner, Günter (Hrsg.): Handbuch der kommunalen Wissenschaft und Praxis, 6 Bde, 2. Aufl. Berlin, Heidelberg 1981–1986; zitiert: Püttner, HdkWP (mit Bearbeiter).

Rácz, Attila: Korabeli alkotmányozás és az 1848. évi magyar közjogi törvényhozás [Zeitgenössische Verfassunggebung und die ungarische öffentlich-rechtliche Gesetzgebung des Jahres 1848], ÁJ 1991/174 ff.

Rácz, Georg: Die neue Rechtsentwicklung in Ungarn, Budapest, Leipzig, Mailand o. J.; zitiert: Rácz.

Rácz, György: Az igazi Werbőczy [Der echte Werbőczy], MJ 1992/254 ff.

Rácz, Lajos: Adalékok Ausztria és Magyarország közjogi kapcsolatának alakulásához [Beiträge zur Herausbildung des staatsrechtlichen Verhältnisses von Österreich und Ungarn], ÁJ 1996–97/7 ff.

— A főhatalom és az államszervezet alakulása az erdélyi fejedelemségben [Die Entstehung der Souveränität und der Staatsorganisation im Fürstentum Siebenbürgen], ÁJ 1982/41 ff.

— Egyház-Állam-Közigazgatás, avagy a magyar állami, katonai és egyházi igazgatás módosulásai a XIII. század első felében [Kirche-Staat-Verwaltung, oder die Veränderungen der ungarischen Staats-, Militär- und Kirchenverwaltung in der ersten Hälfte des 13. Jahrhunderts], ÁJ 1991/184 ff.

Raft, Miklós: A tanácsok jellege [Das Wesen der Räte], ÁI 1979/264 ff.

Rátai, Balázs: Az önkormányzati rendeletalkotás törvényességének biztosítása [Die Sicherstellung der Gesetzmäßigkeit der von Selbstverwaltungen erlassenen Satzungen], MK 1999/656 ff.

Reich, Norbert/*Reichel,* Hans-Christian: Einführung in das sozialistische Recht. Grundlagen, Grundprobleme, System, Quellen, Rechtsbildung, Rechtsverwirklichung, München 1975.

Remington, Thomas F. (Hrsg.): Parliaments in transition. The new legislative politics in the former USSR and Eastern Europe [Parlamente im Übergang. Die neuen Gesetzgebungspolitiken in der früheren UdSSR und in Osteuropa], San Francisco 1994; zitiert: Remington (mit Bearbeiter).

Rentsch, Nikolaus B.: Das System der Räte, Frankfurt/Main München 1976.

Ribling, Ferenc: Az önkormányzati gazdálkodás ellenőrzése, az Állami Számvevőszék feladatai [Die Kontrolle der Wirtschaftsführung der Selbstverwaltungen, die Aufgaben des Staatlichen Rechnungshofes], MK 1991/76 ff.

Rigby, T. H.: The CPSU from Stalin to Černenko: Membership and Leadership [Die KPdSU von Stalin bis Černenko: Mitglieder und Führer], in: Brunner, Georg/ Schweisfurth, Theodor/Uschakow, Alexander/Westen, Klaus (Hrsg.): Sowjetsystem und Ostrecht, Festschrift für Boris Meissner zum 70. Geburtstag, Berlin 1985, S. 143 ff.

Roggemann, Herwig: Die Verfassungen Mittel- und Osteuropas. Einführung und Verfassungstexte mit Übersichten und Schaubildern, Berlin 1999; zitiert: Roggemann, Die Verfassungen.

— (Hrsg.): Eigentum in Osteuropa. Rechtspraxis in Ost-, Ostmittel- und Südosteuropa mit Einführungen und Rechtstexten, Berlin 1996; zitiert: Roggemann (mit Bearbeiter).

Romaniecki, Leon: Das Verhältnis von Partei und Staat im zentralistischen System der Sowjetunion, OER 1977/157 ff.

Ronellenfitsch, Michael: Staat und Markt: Rechtliche Grenzen einer Privatisierung kommunaler Aufgaben, DÖV 1999/705 ff.

Ronnås, Per: Städtewachstum und Raumentwicklung in Rumänien, OE 1988/ 1008 ff.

Rosenmanns, Stephan: Staatsrecht des Königreichs Hungarn, Wien 1792.

Roussillon, Henry: Le problème du contrôle de la constitutionnalité des lois dans les pays socialistes [Das Problem der Kontrolle der Verfassungsmäßigkeit von Gesetzen in den sozialistischen Ländern], RdDP 1977/55 ff.

Ruttkay, Éva: Határok, határmentiség, regionális politika [Grenzen, Grenznähe, Regionalpolitik], Comitatus 12/1995, S. 23 ff.

Rynkowski, Michał/*Soja,* Marcin: Die zivilrechtlichen Aspekte der neuen polnischen Verfassung vom 2. April 1997, ROW 1998/235 ff.

Salzwedel, Jürgen: Staatsaufsicht in der Verwaltung, VVDStRL Bd. 22, 1965/206 ff.

Samu, Mihály: A jogalkotás jogpolitikájának szükségessége és a jogállamiság [Die Notwendigkeit einer Rechtspolitik der Rechtsetzung und die Rechtsstaatlichkeit], MJ 1999/479 ff.

— (Hrsg.): Állam- és Jogelmélet [Staats- und Rechtstheorie], Budapest 1970; zitiert: Samu (mit Bearbeiter).

— Szocialista államunk fejlesztésének mai tendenciái [Die heutigen Entwicklungstendenzen unseres sozialistischen Staates], ÁI 1986/142 ff.

Sárközy, Tamás: Das ungarische Wirtschaftsrecht an der Schwelle zum 21. Jahrhundert, OER 2000/255 ff.

— Die Grundzüge des neuen ungarischen Privatisierungsgesetzes, OER 1996/1 ff.

— Die Theorie des gesellschaftlichen Eigentumsrechts im Verlauf der sozialistischen Wirtschaftsreform, Budapest 1980; zitiert: Sárközy, Die Theorie.

— The Right of Privatization in Hungary 1989–1993, Budapest 1994; zitiert: Sárközy, Right of Privatization.

Sauberzweig, Dieter/*Laitenberger,* Walter (Hrsg.): Stadt der Zukunft – Zukunft der Stadt, Baden-Baden 1998; zitiert: Sauberzweig/Laitenberger (mit Bearbeiter).

Scharndorff, Werner: Der XXII. Parteitag der KPdSU, Politische Studien 1962/5 ff.

Schiller, Felix: Das erste ungarische Gesetzbuch und das deutsche Recht, in: Festschrift für Brunner, Weimar 1910.

Schmahl, Stefanie: Europäisierung der kommunalen Selbstverwaltung, DÖV 1999/ 852 ff.

Schmidt, Lajos: Marketing alapelvek és módszerek az önkormányzati vállalkozásban és vagyonhasznosításban [Marketingprinzipien und -methoden in den Unternehmungen und der Vermögensnutzung der Selbstverwaltungen], MK 1994/184 ff.

Schmidt, Péter: Decentralizáció és demokratikus centralizmus [Dezentralisation und demokratischer Zentralismus], ÁJ 1959/75 ff.

Schmidt-Aßmann, Eberhard (Hrsg.): Besonderes Verwaltungsrecht, 11. Aufl. Berlin 1999; zitiert: Schmidt-Aßmann, Bes. VwR (mit Bearbeiter).

Schmitt Glaeser, Eberhard: Partizipation an Verwaltungsentscheidungen, VVDStRL Bd. 31, 1973/179 ff.

Schnapp, Friedrich: Die Garantie der örtlichen Selbstverwaltung in der polnischen Verfassung, DÖV 2001/723 ff.

Schneider, Eberhard: Putins Rezentralisierungsinitiativen, BIOst Aktuelle Analysen Nr. 29/2000, Köln 2000.

Scholz, Rupert: Das Wesen und die Entwicklung der gemeindlichen öffentlichen Einrichtungen; Zugleich ein Beitrag zur Lehre von der Garantie der kommunalen Selbstverwaltung (Art. 28 Abs. 2 GG), Berlin 1967.

Schroeder, Friedrich-Christian: Wandlungen der sowjetischen Staatstheorie, München 1979.

Schroeder, Friedrich-Christian/*Meissner,* Boris (Hrsg.): Verfassungs- und Verwaltungsreformen in den sozialistischen Staaten, Berlin 1978; zitiert: Schroeder/ Meissner (mit Bearbeiter).

Schroeder, Friedrich-Christian/*Meissner,* Boris/*Westen,* Klaus (Hrsg.): Kontinuität und Wandel in der kommunistischen Staatstheorie, Berlin 1985; zitiert: Schroeder/Meissner/Westen (mit Bearbeiter).

Schultz, Lothar: Der XXII. Parteitag der KPdSU und die sowjetische Staatstheorie, ROW 1962/177 ff.

— Die jüngsten Entwicklungstendenzen im Rätesystem der Sowjetunion und der europäischen Volksdemokratien, ROW 1970/190 ff.

— Die radikalen Reformen in der Sowjetunion und ihr Einfluß auf den Ostblock, ROW 1989/154 ff.

— Die Verfassungsentwicklung Polens seit 1944, JÖR 1954/367 ff.

Schweisfurth, Theodor: Perestroika durch Staatsrecht. Die erste Etappe der Reform des politischen Systems der sowjetischen Gesellschaft durch die Verfassungsrevision vom 1. Dezember 1988, ZaöRV 1989/711 ff.

Schweissguth, Edmund: Das Verfassungsrecht der ungarischen Räterepublik von 1919, JOR 1960/I S. 199 ff.

Schweitzer, Gábor: Közigazgatás – igazságszolgáltatás – jogállamiság, avagy a közigazgatási bíráskodás kezdetei Magyarországon [Verwaltung – Rechtsprechung – Rechtsstaatlichkeit, oder die Anfänge der Verwaltungsgerichtsbarkeit in Ungarn], ÁJ 1996–7/21 ff.

Seewann, Gerhard: Die nationalen Minderheiten in Ungarn, Südosteuropa 1992/ 293 ff.

Segert, Dieter/*Stöss,* Richard/*Niedermayer,* Oskar (Hrsg.): Parteiensysteme in postkommunistischen Gesellschaften Osteuropas, Opladen 1997; zitiert: Segert/Stöss/ Niedermayer (mit Bearbeiter).

Silagi, Denis: Ungarn – Hefte zur Ostkunde Band 5, Hannover 1964.

Sipos, Katalin: Regionális szint a közigazgatásban [Eine regionale Ebene in der öffentlichen Verwaltung], MK 1992/492 ff.

Šiškin, Sergej I.: Selbstverwaltung in Rußland, JOR 1992/II S. 293 ff.

Slapnicka, Helmut: Die Rezeption des Sowjetrechts in den europäischen Volksdemokratien, OER 1974/94 ff.

Sodan, Helge: Vorrang der Privatheit als Prinzip der Wirtschaftsverfassung, DÖV 2000/361 ff.

Solymosi, Veronika: A településrészi szabályozás gyakorlati érvényesítése [Die Umsetzung der Regelung der Gemeindeteilverwaltung in der Praxis], MK 2000/ 735 ff.

Sólyom, László/*Brunner,* Georg: Constitutional Judiciary in a New Democracy. The Hungarian Constitutional Court [Verfassungsrechtsprechung in einer neuen Demokratie. Das ungarische Verfassungsgericht], Ann Arbor (USA) 2000; zitiert: Sólyom/Brunner (mit Bearbeiter).

Soósné Gáspár, Gabriella: Helyi jogharmonizáció [Örtliche Rechtsangleichung], MK 2000/98 ff.

Spannowsky, Willy: Der Einfluß europäischer Rechtsentwicklungen auf den kommunalen Handlungsrahmen, DVBl. 1991/1120 ff.

Spengler, Frank/*Müller,* Anneke: Kreistags- und Senatswahlen in Tschechien, KAS-AI 1/2001, S. 50 ff.

Spitta, Theodor: Kommentar zur bremischen Verfassung vom 1947, Bremen 1960.

Spuller, Gábor: Das Verfassungsgericht der Republik Ungarn. Zuständigkeiten, Organisation, Verfahren, Stellung, Frankfurt/Main 1998.

Statisztikai Évkönyv [Statistisches Jahrbuch], Budapest; zitiert jeweils mit dem Jahr, auf das sich das Statistische Jahrbuch bezieht.

Steinbach, Gustav: Staatsrechtliche Wandlungen in Ungarn, JÖR 1908/317 ff.

Stelkens, Paul/*Bonk,* Heinz Joachim/*Sachs,* Michael: Verwaltungsverfahrensgesetz. Kommentar, 5. Aufl. München 1998; zitiert: Stelkens/Bonk/Sachs (mit Bearbeiter).

Stern, Klaus: Das Staatsrecht der Bundesrepublik Deutschland, 5 Bde, München 1977-2000, Bd. 1 in 2. Aufl., München 1984; zitiert: Stern, Staatsrecht.

Stober, Rolf: Kommunalrecht in der Bundesrepublik Deutschland, 3. Aufl. Stuttgart, Berlin, Köln 1996.

Stoppel, Wolfgang: Die Rechtsquellen und juristischen Publikationsorgane in Albanien, JOR 1985/II S. 409 ff.

Strittmatter, Max: Rechtliche Grenzen privatwirtschaftlicher Betätigung der Kommunen im Wettbewerb, VuM 1997/221 ff.

Strogovič, Michail Solomonovič: Основные вопросы советской социалистической законности [Grundfragen der sowjetischen sozialistischen Gesetzlichkeit], Moskau 1966.

Ströhm, Carl Gustaf: Der Freiheitskampf Ungarns, OE 1957/1 ff.

Stüer, Bernhard/*Landgraf*, Beate: Gebietsreform in den neuen Bundesländern – Bilanz und Ausblick, LKV 1998/209 ff.

Szabó, Imre: A szovjet jog szerepe a magyar népi demokratikus jog kialakulásában és fejlődésében [Die Rolle des sowjetischen Rechtes bei der Ausbildung und der Entwicklung des ungarischen volksdemokratischen Rechts], ÁJ 1967/490 ff.

Szabó, Lajos: A középszint az önkormányzati törvény módosításának tükrében [Die mittlere Ebene im Spiegel der Änderung des Selbstverwaltungsgesetzes], MK 1994/721 ff.

— A területi kormányhivatalok új feladatai [Die neuen Aufgaben der regionalen Regierungsämter], MK 1997/586 ff.

— Az önkormányzatok társulásai [Die Vereinigungen zwischen Selbstverwaltungen], MK 1994/146 ff.

— Megjegyzések a közigazgatási középszint megítéléséhez [Bemerkungen zur Einschätzung der mittleren Ebene der öffentlichen Verwaltung], MK 1992/625 ff.

— Megyei önkormányzás, területi igazgatás [Komitatsselbstverwaltung, Territorialverwaltung], MK 1993/683 ff.

Szakály, Ferenc: Magyarok Európában II, Virágkor és hanyatlás 1440–1711 [Ungarn in Europa II, Blütezeit und Niedergang 1440–1711], Budapest 1990.

Szaló, Péter: A területfejlesztés intézményrendszerének kiépítése és jövőbeli feladatai [Der Ausbau und die zukünftigen Aufgaben des Institutionensystems der Raumentwicklung], MK 1999/8 ff.

Szamel, Katalin: Közigazgatás az állampolgárért, vagy állampolgár a közigazgatásért [Die Verwaltung für den Bürger, oder der Bürger für die Verwaltung], Budapest 1988; zitiert: Szamel, Közigazgatás.

— Közigazgatás és állampolgári részvétel [Öffentliche Verwaltung und Teilnahme des Bürgers], ÁJ 1985/688 ff.

Szamel, Lajos: Das System der ungarischen Staatsverwaltung, JOR 1964/II S. 117 ff.

— Der Verwaltungsrechtsschutz bei Verwaltungsakten in Ungarn, JOR 1965/I S. 61 ff.

— Die Weiterentwicklung der Staatsverwaltung in der Volksrepublik Ungarn, JOR 1972/I S. 223 ff.

Szawlowski, Richard: Die Staatskontrolle im alten Rußland und in der UdSSR, OER 1963/81 ff.

Száz, Zoltán: Die gegenwärtige politische Lage in Ungarn, OE 1964/438 ff.

Szegvári, Péter: Elképzelések a főváros törvényi szabályozásáról [Vorstellungen über die gesetzliche Regelung der Hauptstadt], ÁI 1989/865 ff.

Szelestey, György: A Magyar Tanácsköztársaság államigazgatásának helyi szervezete [Die örtliche Organisation der Staatsverwaltung der Ungarischen Räterepublik], in: Szotáczki, Mihály (Hrsg.): A Magyar Tanácsköztársaság államáról és jogáról (1919–1969) [Über den Staat und das Recht der Ungarischen Räterepublik (1919–1969)], Pécs 1971, S. 74 ff.

Szerkesztőbizottság [Autorenkollektiv]: A Magyar Népköztársaság Államigazgatási Térképe, 1988. január 1. [Landkarte der Staatsverwaltung der Ungarischen Volksrepublik, 1. Januar 1988], Budapest 1988; zitiert: Szerkesztőbizottság, Államigazgatási Térkép.

Szewc, Andrzej: O prawie samorządu terytorialnego (uwagi krytyczne) [Über das Recht der territorialen Selbstverwaltung (kritische Anmerkungen)], PiP 8/2000, S. 17 ff.

Szikinger, István: Búcsú a kétharmadtól [Abschied vom Zweidrittel], Fundamentum 3/1999, S. 125 ff.

Szmodis, Jenő: A polgármesternek a polgármesteri hivatallal kapcsolatos jogairól [Über die Rechte des Bürgermeisters in bezug auf das Bürgermeisteramt], MK 1995/730 ff., 1996/58 ff.

Szőcs, Sebestyén: A városi kérdés az 1832–36. évi országgyűlésen [Die Frage der Städte in dem Parlament von 1832–36], Budapest 1996.

Szöllős, László: Önkormányzati hatósági ügyekkel kapcsolatos jogorvoslat, különös tekintettel a bizottsági döntésekre [Rechtsschutz im Zusammenhang mit hoheitlichen Selbstverwaltungsangelegenheiten, unter besonderer Berücksichtigung der Ausschußentscheidungen], MK 1999/649 ff.

Szotáczki, Mihály: Forradalom és jog a Magyar Tanácsköztársaságban [Revolution und Recht in der Ungarischen Räterepublik], in: Szotáczki, Mihály (Hrsg.): A Magyar Tanácsköztársaság államáról és jogáról (1919–1969) [Über den Staat und das Recht der Ungarischen Räterepublik (1919–1969)], Pécs 1979, S. 5 ff.

Takács, Albert: A közigazgatási reformok szükségessége és lehetősége [Notwendigkeit und Möglichkeit von Verwaltungsreformen], ÁJ 1987/87 S. 174 ff.

Tarifa, Fatos: Albania's post-communist transiton: can democracy thrive? [Albaniens postkommunistischer Übergang: kann die Demokratie gedeihen?], Balkan Forum, Skopje, 1993 (Dezember) Bd. 1 Nr. 5 S. 123 ff.

Tatai, Zoltán: A szocialista községpolitika [Die sozialistische Gemeindepolitik], ÁI 1984/412 ff.

Tercsák, Tamás/*Schwahofer,* Gerlinde: Die Gesellschaft mit beschränkter Haftung im ungarischen Recht, Arbeitspapier Nr. 44 des Forschungsinstituts für Mittel- und Osteuropäisches Wirtschaftsrecht Wien, Wien 1996.

Tettinger, Peter: Rechtsschutz gegen kommunale Wettbewerbsteilnahme, NJW 1998/3473 ff.

Thedieck, Franz: Dezentralisierung und kommunale Selbstverwaltung in der Entwicklungszusammenarbeit. Bilanz und Perspektiven aus der Sicht der Wissenschaft. Vier Fragen und ein Denkanstoß, KAS-AI 10/2000, S. 63 ff.

Thieme, Werner: Selbstverwaltungsgarantie und Gemeindegröße, DVBl. 1966/ 325 ff.

Timmermann, Heinz: Demokratischer Zentralismus heute, OE 1985/169 ff.

von Timon, Ákos: Die Entwicklung und Bedeutung des öffentlich-rechtlichen Begriffs der Heiligen Krone in der ungarischen Verfassung, in: Festschrift für Heinrich Brunner, Weimar 1910, S. 309 ff.; zitiert: v. Timon, Heilige Krone.

— Ungarische Verfassungs- und Rechtsgeschichte; Mit Bezug auf die Rechtsentwicklung der westlichen Staaten, 2. Aufl. Berlin 1909.

Tofan, Dana Apostol: Consideraţii în legătură cu legea privind dezvoltarea regională în România [Gedanken im Zusammenhang mit dem Gesetz über die Regionalentwicklung in Rumänien], Dreptul 5/1999, S. 3 ff.

Tönnes, Bernhard: Sonderfall Albanien. Enver Hoxhas „eigener Weg" und die historischen Ursprünge seiner Ideologie, München 1980.

Tontsch, Günther H.: Die „gemischten Partei- und Staatsorgane" in Rumänien, OER 1982/63 ff.

— Partei und Staat in Rumänien, Köln 1985; zitiert: Tontsch, Partei und Staat.

Török, Lajos: Az állami ellenőrzés szocialista rendszere [Das sozialistische System der staatlichen Kontrolle], Budapest 1971.

Universität zu Belgrad (Hrsg.): Istorija država i prava jugoslovenskih naroda [Die Geschichte des Staats und des Rechts der jugoslawischen Völker], Belgrad 1972; zitiert: Universität zu Belgrad (mit Bearbeiter).

Uschakow, Alexander: Rückkehr zur Selbstverwaltung. Die Überwindung des „demokratischen Zentralismus", Marburg 1999.

Válka, J.: Dějiny Moravy [Geschichte Mährens], Teil 1: Středověková Morava [Mittelalterliches Mähren], Brünn 1991.

Várfalvy, István: A TÁKISZ-ok tevékenysége [Die Tätigkeit der TÁKISZ-e], MK 1992/341 ff.

Varga, Péter: A tanácsok pártirányítása [Die Leitung der Räte durch die Partei], ÁI 1974/193 ff.

Vargai, Antal: A falugyűlések néhány tapasztalata [Einige Erfahrungen der Dorfversammlung], ÁI 1973/1093 ff.

Vass, Géza: A középszintű önkormányzás [Die Selbstverwaltung der mittleren Ebene], MK 1993/537 ff.

Verebélyi, Imre: A helyi önkormányzati rendszer fejlődésének főbb irányai [Die Hauptrichtungen der Entwicklung des örtlichen Selbstverwaltungssystems], MK 1985/65 ff.

— A helyi önkormányzatok alapvonalai [Die Grundzüge der örtlichen Selbstverwaltung], MK 1991/769 ff.

— A tanácsi önkormányzat [Die Räteselbstverwaltung], Budapest 1987.

— Kis vagy nagyméretű önkormányzat [Selbstverwaltung im kleinen oder großen Maßstab], MK 1993/193 ff.

— Önkormányzati rendszerváltás és modernizáció [Systemwandel in der Selbstverwaltung und Modernisierung], MK 2000/521 ff., 577 ff.

Vincellér, Béla: Szálasi hat hónapja. 1944. október–1945. május [Die sechs Monate von Szálasi. Oktober 1944–Mai 1945], Budapest 1996.

Völgyes, Iván: Ungarn: Steht eine Krise bevor?, OE 1987/329 ff.

Vörös, Imre: A tulajdonhoz való jog és az önkormányzatok [Das Recht auf Eigentum und die Selbstverwaltungen], Budapest 1994.

Vyšinskij, Andrej Ja.: Государственное устройство СССР [Der Staatsaufbau der UdSSR], Moskau 1936.

Waechter, Kay: Kommunalrecht. Ein Lehrbuch, 3. Aufl. Köln, Berlin, Bonn, München 1997.

Walter, Tibor: A dekoncentrált államigazgatási szervek megyei kormányhivatali koordinációja és ellenőrzése [Die Koordinierung und Kontrolle der dekonzentrierten staatlichen Verwaltungsorgane durch die Komitatsverwaltungsämter], JK 2000/310 ff.

— A területi közigazgatás és a közigazgatási hivatalok regionalizációjának kérdései [Fragen der Regionalisierung der Gebietsverwaltung und der Verwaltungsämter], MK 2001/433 ff.

— Das Verhältnis zwischen Staat und Kirche in Ungarn – Staatskirchenrechtliche Aspekte, OER 1999/238 ff.

Wass von Czege, Andreas: Ungarns Wirtschaftsreformen unter den geänderten Rahmenbedingungen, in: Althammer, Werner (Hrsg.): Südosteuropa in der Ära Gorbatschow, München 1987, S. 65 ff.

Wassermann, Rudolf (Hrsg.): Reihe Alternativkommentare, Kommentar zum Grundgesetz für die Bundesrepublik Deutschland, Band 1 Art. 1–37, 2. Aufl. Neuwied 1989; zitiert: Wassermann, Alternativkommentar (mit Bearbeiter).

Weber, Anja: Wahlsysteme und freie Wahlen in Osteuropa, JOR 1990/II S. 331 ff.

Weidenfeld, Werner (Hrsg.): Demokratie und Marktwirtschaft in Osteuropa, 2. Aufl. Gütersloh 1995; zitiert: Weidenfeld (mit Bearbeiter).

Weis, István: Bevezetés a közigazgatás alaptanaiba [Einführung in die Grundlehren der öffentlichen Verwaltung], Budapest 1936, zitiert nach Lőrincz, Lajos (Hrsg.): A magyar közigazgatás-tudomány klasszikusai 1874–1947 [Die Klassiker der ungarischen Verwaltungswissenschaft 1874–1947], Budapest 1988, S. 116 ff.

Weiß, Bernd: Die völkerrechtliche Pflicht zur aufgabenadäquaten Finanzausstattung der Kommunen, DÖV 2000/905 ff.

Wesel, Uwe: Geschichte des Rechts: Von den Frühformen bis zum Vertrag von Maastricht, München 1997.

Wilkiewicz, Zbigniew: Polen wird dezentralisiert, OEA 1999/364 ff.

Winkelmann, Helmut: Das Recht der öffentlichen Namen und Bezeichnungen, insbesondere der Gemeinden, Straßen und Schulen, Stuttgart, Berlin, Köln, Mainz 1985.

Wollmann, Hellmut/*Wiesenthal,* Helmut/*Bönker,* Frank (Hrsg.): Transformation sozialistischer Gesellschaften: Am Ende des Anfangs, Opladen 1995; zitiert: Wollmann/Wiesenthal/Bönker (mit Bearbeiter).

Zacharias, Diana: Die Entwicklung der kommunalen Aufgaben seit 1975, DÖV 2000/56 ff.

Zakrzewski, Witold: Das Gesetz über das System der Nationalräte und der territorialen Selbstverwaltung, OER 1984/187 ff.

— Ustawa o systemie rad narodowych i samorządu terytorialnego [Das Gesetz über das System der Nationalräte und der territorialen Selbstverwaltung], PiP 1/1984, S. 3 ff.

Zám, Mária: Civilbarát önkormányzatok [Der Zivilsphäre freundlich gesonnene Selbstverwaltungen], MK 1997/421 ff.

Zawadzki, Sylwester: Warunki realizacji ustawy o systemie rad narodowych i samorządu terytorialnego [Die Bedingungen für die Umsetzung des Gesetzes über das System der Nationalräte und der territorialen Selbstverwaltung], PiP 4/1984, S. 5 ff.

Zellner, Wolfgang/*Dunay,* Pál: Ungarns Außenpolitik 1990–1997. Zwischen Westintegration, Nachbarschafts- und Minderheitenpolitik, Baden-Baden 1998.

Zippelius, Reinhold: Allgemeine Staatslehre. Politikwissenschaft, 13. Aufl. München 1999.

Zlatopol'skij, D. L.: Государственный строй Венгерской Народной Республики [Das Staatssystem der Ungarischen Volksrepublik], Moskau 1951.

Zlinszky, János: A magyar jog kezdetei [Die Anfänge des ungarischen Rechts], JK 1996/269 ff.

Zloch, Stephanie: Polens neue Regionen auf dem Weg in die Europäische Union. Die Beitrittsvorbereitungen auf dem Gebiet der Regional- und Strukturpolitik, OE 2000/367 ff.

Zsohárné Horváth, Zsuzsanna: „Egyedül nem megy!". A civil szervezetek és az önkormányzatok kapcsolata [„Alleine geht es nicht!". Das Verhältnis von Zivilorganisationen und Selbstverwaltungen], MK 2000/254 f.

Zsuffa, István: A közigazgatási bíráskodás Magyarországon [Die Verwaltungsgerichtsbarkeit in Ungarn], MK 1996/385 ff.

Städtenamen

Im Text erscheinen sämtliche Städte, die zum alten Königreich Ungarn gehörten, mit ihrem ungarischen Namen. Die nachfolgende Liste gibt die deutschsprachige Bezeichnung an, soweit eine solche existiert. Befinden sich die Städte oder ein Teil derselben heute nicht mehr auf ungarischem Territorium, folgt in Klammern der Name in der Sprache des Landes, zu dem sie heute gehören. Wenn keine deutsche Form des Ortsnamens existiert, so wird dies mit „–" gekennzeichnet.

Die Übersetzung der Ortsnamen aus dem Ungarischen ins Deutsche und die anderen Sprachen folgt weitgehend dem Lexikon von *Lelkes*.

Arad: – (rumän.: Arad)

Ászár: –

Baja: Frankenstadt

Bakonygyirót: –

Bakonypéterd: –

Bakonyszentlászló: –

Bártfa: Bartfeld (slowak.: Bardejov)

Békéscsaba: –

Belovár: Belowar (kroat: Bjelovar)

Berettyóújfalu: –

Bicske: Witschke

Brassó: Kronstadt (rumän.: Braşov)

Buccari: – (kroat.: Bakar)

Buda: Ofen

Budaörs: Wudersch

Budapest: –

Csikvánd: –

Debrecen: Debreczin

Dunafalva: –

Dunakeszi: –

Dunaújváros: Donauneustadt

Eger: Erlau

Egerszólát: –

Eperjes: Eperies, Preschau (slowak.: Prešov)

Érd: –

Esztergom: Gran

Fehérvár: s. Székesfehérvár

Fenyőfő: –

Fiume: Fiume, St. Veit am Pflaum (kroat.: Rijeka)

Gyarmat: –

Győr: Raab

Hatvan: –

Hódmezővásárhely: –

Kács: –

Kaposvár: –

Károlyváros: Karlstadt (kroat.: Karlovac)

Kassa: Kaschau (slowak.: Košice)

Kazincbarcika: –

Kecskemét: –

Kisbér: –

Kolozsvár: Klausenburg (rumän.: Cluj-Napoca)

Komárom: Komorn (slowak.: Komárno)

Komló: –

Körmend: –

Kőszeg: Güns

Lágymányos: Leutmannosch (*Stadtviertel von Budapest*)

Lázi: –

Leninváros: Leninstadt

Marosvásárhely: Neumarkt (rumän.: Tîrgu Mureş/Târgu Mureş)

Martfű: –

Miskolc: –

Nagykanizsa: Großkanischa

Nagykovácsi: Kowatsch

Nagyszeben: Hermannstadt (rumän.: Sibiu)

Nagyszombat: Tyrnau (slowak.: Trnava)

Nagyvárad: Großwardein (rumän.: Oradea)

Nyíregyháza: –

Óbarok: –

Óbuda: Altofen

Ózd: –

Pancsova: Pantschowa, Banstadt (serb.: Pančevo/Панчево)

Pécs: Fünfkirchen

Pest: –

Pozsega: Poschegg (kroat.: Slavonska Požega)

Pozsony: Preßburg (slowak.: Bratislava)

Remeteszőlős: Einsiedlerberg

Románd: –

Ruszt: Rust (heute Österreich)

Salgótarján: –

Segesvár: Schäßburg (rumän.: Sighişoara)

Selmec- és Bélabánya: Schemnitz und Dilln (slowak.: Banksá Štiavnica und Banská Belá)

Sikátor: –

Sopron: Ödenburg

Soroksár: –

Szabadka: Subotitza, Maria-Theresiopel (serb.: Subotica/Суботица)

Szatmárnémeti: Sathmar (rumän.: Satu Mare)

Százhalombatta: –

Szeben: s. Nagyszeben

Szeged: Szegedin

Székesfehérvár: Stuhlweißenburg

Szekszárd: Sexard

Szentborbás : –

Szentgotthárd: St. Gotthard

Szerecseny: –

Szolnok: –

Szombathely: Steinamanger

Sztálinváros: Stalinstadt

Tatabánya: –

Temesvár: Temeschburg (rumän.: Timişoara)

Tiszaderzs: –

Tiszaug: –

Tiszaújváros: –

Tokaj: –

Újvidék: Neusatz (serb.: Novi Sad/Нови Сад)

Várad: s. Nagyvárad

Várpalota: –

Vasvár: Eisenburg

Versec: Werschetz (serb.: Vršac/Вршац)

Veszprém: Weißbrunn

Veszprémvarsány: –

Zágráb: Agram (kroat.: Zagreb)

Zalaegerszeg: Egersee

Zombor: Sombor, Schomburg (serb.: Sombor/Сомбор)

Nachweis ungarischer Rechtsakte

Jahr	Art	Nummer	Gegenstand	Fundstelle M. K.	Nachweis (Fn./Seite)

1. Ungarische Akte

Jahr	Art	Nummer	Gegenstand	Fundstelle M. K.	Nachweis (Fn./Seite)
1458	GA	1458:III	jährlicher Parlamentszyklus	–	Fn. 116
1471	GA	1471:I	jährlicher Parlamentszyklus	–	Fn. 116
1715	GA	1715:XVIII	Ungarische Hofkammer	–	Fn. 61
1723	GA	1723:XCVII	Statthalterrat	–	Fn. 151
1723	GA	1723:XCVIII	Statthalterrat	–	Fn. 151
1723	GA	1723:CI	Statthalterrat	–	Fn. 151
1723	GA	1723:CII	Statthalterrat	–	Fn. 151
1751	GA	1751:XXVII	Erhebung zur königlichen Stadt	–	Fn. 69
1790	GA	1790:XXX	Erhebung zur königlichen Stadt	–	Fn. 69
1827	GA	1827:XIII	Rückführung der Küstengebiete	–	Fn. 197
1827	GA	1827:XIV	Rückführung der Küstengebiete	–	Fn. 197
1836	GA	1836:IX	Gemeindeverwaltung	–	Fn. 80
1848	GA	1848:V	Parlamentswahlrecht	–	Fn. 83
1848	GA	1848:VII	Vereinigung mit Siebenbürgen	–	Fn. 162
1848	GA	1848:XVI	vorläufige Komitatsverwaltung	–	Fn. 161
1848	GA	1848:XXIII	freie königliche Städte	–	Fn. 87
1848	GA	1848:XXIV	Gemeindewahlen	–	Fn. 87
1848	GA	1848:XXVII	Sonderstatus für Fiume	–	Fn. 198
1867	GA	1867:XII	Ausgleich mit Österreich	–	Fn. 169
1868	GA	1868:XXX	Ausgleich mit Kroatien	–	Fn. 192
1868	GA	1868:XLIII	Sonderstatus von Siebenbürgen	–	Fn. 294
1868	GA	1868:XLIV	Nationalitätenrechte	–	Fn. 203
1869	GA	1869:IV	Verstaatlichung der Gerichte	–	Fn. 175
1870	GA	1870:XLII	Recht der Munipizien	–	S. 66
1870	RegB	1741/1870.	Sonderstatus für Fiume	–	Fn. 199

A PR: Anordnung des Präsidenten der Republik; Ges.: Gesetz; GA: Gesetzesartikel; GOParl: Geschäftsordnung des Parlaments; MR B: Beschluß des Ministerrates; ParlB: Parlamentsbeschluß; PR B: Beschluß des Präsidialrates; RAVfg: Verfügung des Räteamtes des Ministerrates; RegB: Regierungsbeschluß; RegVo: Regierungsverordnung; RLParl: Richtlinie des Parlaments; Verf.: Verfassung; VG: Volksgesetz; Vo: Verordnung (VoAM: Verordnung des Arbeitsministers; VoFM: Verordnung des Finanzministers; VoFIM: gemeinsame Verordnung des Finanzministers und des Innenministers; VoIM: Verordnung des Innenministers; VoMB: Verordnung des Ministers für Bildung und Unterricht; VoMI: Verordnung des Ministers für Industrie; VoMK: Verordnung des Ministers für das Nationale Kulturerbe; VoML: Verordnung des Ministers für Landwirtschaft und Provinzentwicklung; VoMR: Verordnung des Ministerrats; VoMU: Verordnung des Ministers für Umweltschutz und Raumentwicklung; VoMV: Verordnung des Ministers für Volkswohlfahrt); Vo RR: Verordnung des Revolutionären Regierenden Rates; VoGes: Verordnung mit Gesetzeskraft.

1871	GA	1871:XVIII	Recht der Gemeinden	–	S. 69
1872	GA	1872:XXXVI	Verwaltung in Budapest	–	S. 73
1872	VoIM	1589/1872.	Sonderstatus von Fiume	–	Fn. 199
1873	GA	1873:XI	Erhebung zum Munizip	–	Fn. 177
1875	GA	1875:XXXV	städtische Munizipien	–	Fn. 189
1876	GA	1876:VI	Verwaltungsausschuß	–	Fn. 206
1876	GA	1876:XII	Verwaltung der Siebenbürger Sachsen	–	Fn. 298
1876	GA	1876:XV	Steuerwesen	–	Fn. 213
1876	GA	1876:XX	Einziehung von Munizipalrechten	–	Fn. 217
1876	GA	1876:XXXIII	Siebenbürger Munizipalgebietsreform	–	Fn. 298
1881	GA	1881:III	Polizei	–	Fn. 213
1881	GA	1881:XXI	Polizei in Budapest	–	Fn. 213
1886	GA	1886:XXI	Reform der Munizipien	–	S. 78
1886	GA	1886:XXII	Reform der Gemeinden	–	S. 78
1891	GA	1891:XXXIII	Komitatsverwaltung	–	Fn. 299
1893	GA	1893:XXXIII	Bezirksvorstände in Budapest	–	Fn. 196
1896	GA	1896:XXVI	Einrichtung des Verwaltungsgerichts	–	Fn. 222
1901	GA	1901:IX	Sonderstatus von Fiume	–	Fn. 199
1902	GA	1902:III	Rechnungsprüfung der Komitate	–	Fn. 259
1907	GA	1907:LI	Verleihung von Munizipalrechten	–	Fn. 221
1907	GA	1907:LVIII	Aufhebung GA 1891:XXXIII	–	Fn. 299
1907	GA	1907:LX	Verwaltungsgerichtsbarkeit	–	Fn. 222
1912	GA	1912:LVIII	Kommunalfinanzierung	–	Fn. 231
1918	VG	1918:I	Wahlrecht	–	S. 83
1919	VG	1919:XVI	Volksräte	–	S. 84
1919	VG	1919:XVII	Volksräte	–	S. 84
1919	Vo RR	Nr. 26	vorläufige Verf. der Räterepublik	–	S. 84
1919	Verf.	23.6.1919	Verf. der Räterepublik	–	S. 84
1920	GA	1920:I	Wiederherstellung der Staatsform	–	Fn. 248
1920	GA	1920:IX	Munizipalausschuß in Budapest	–	Fn. 266
1923	GA	1923:XXXV	Komitatsgebietsreform	–	Fn. 313
1924	GA	1924:IV	Staatshaushalt	–	Fn. 261
1924	GA	1924:XXVI	Munizipalausschuß in Budapest	–	Fn. 266
1927	GA	1927:V	Steuern und kommunale Haushalte	–	Fn. 261
1929	GA	1929:XXX	Verwaltungsverfahrensgesetz	–	Fn. 252
1930	GA	1930:XVIII	Verwaltung Budapests	–	Fn. 267
1933	GA	1933:XVI	Änderung GA 1929:XXX	–	S. 88
1934	GA	1934:XII	Änderung GA 1930:XVIII	–	Fn. 269
1937	GA	1937:III	Änderung GA 1930:XVIII	–	Fn. 269
1942	GA	1942:XXII	Beamtenrecht	–	Fn. 263
1944	RegVo	3180/1944.	Einstellung der Selbstverwaltung	–	S. 88
1945	RegVo	14/1945.	Örtliche Verwaltung	–	S. 91
1945	RegVo	1030/1945.	Änderung RegVo 14/1945.	–	S. 92
1945	RegVo	7460/1945.	Verwaltung von Budapest	–	S. 92
1947	GA	1947:XIII	Erhebung zur Stadt mit Munizipalrecht	–	Fn. 285
1949	Ges.	1949:XX	Verfassung	–	Fn. 290
1949	Ges.	1949:XXVI	Großbudapest	–	S. 114
1949	VoMR	4349/1949.	Gebietsreform	–	S. 115
1949	VoIM	106.990/1949.	Gebietsreform	–	S. 115
1950	Ges.	1950:I	Erstes Rätegesetz	–	Fn. 328
1950	VoGes	1950/31.	Rätewahlrecht	–	S. 113
1950	VoMR	144/1950.	Kreis- und Kommunalgebietsreform	–	S. 115

518   Nachweis ungarischer Rechtsakte

1951	VoGes	1951/23.	Änderung der VoGes 1950/31.	–	S. 113
1952	Ges.	1952:III	Zivilprozeßordnung	–	Fn. 770
1954	Ges.	1954:VIII	Änderung Verf.	–	Fn. 389
1954	Ges.	1954:IX	Rätewahlgesetz	–	Fn. 389
1954	Ges.	1954:X	Zweites Rätegesetz	–	Fn. 389
1954	PR B	1954/12.	Erhebung zur Stadt mit Komitatsrecht	–	S. 115
1957	Ges.	1957:IV	Verwaltungsverfahrensgesetz	–	Fn. 419
1957	Ges.	1957:VII	Volkskontrolle	–	Fn. 413
1957	VoGes	1957/13.	Arbeitermilizen	–	Fn. 944
1959	Ges.	1959:IV	Zivilgesetzbuch	–	Fn. 593
1963	RegB	1022/1963.	Regionalplanung	–	Fn. 442
1966	Ges.	1966:III	Wahlrecht	1966/643 ff.	Fn. 424
1967	RegB	1023/1967.	vertikale Unterstellung	1967/401 ff.	Fn. 416
1970	Ges.	1970:III	Änderung Ges. 1966:III	1970/846 ff.	Fn. 447
1971	Ges.	1971:I	Drittes Rätegesetz	1971/177 ff.	Fn. 447
1971	RegB	1007/1971.	Entwicklung des Siedlungsnetzes	1971/272 ff.	Fn. 442
1971	RegB	1025/1971.	Ausbildung des Rätepersonals	1971/575 f.	Fn. 687
1972	Ges.	1972:I	Änderung Verf.	1972/257 ff.	Fn. 447
1972	Ges.	1972:V	Staatsanwaltschaft	1972/524 ff.	Fn. 774
1974	VoMR	7/1974.	Gebrauch des Staatswappens	1974/181 f.	Fn. 1075
1975	Ges.	1975:I	Änderung Verf.	1975/334	Fn. 464
1978	VoMR	49/1978.	Arbeitermilizen	1978/763 ff.	Fn. 944
1981	Ges.	1981:I	Änderung Ges. 1957:IV	1981/419 ff.	Fn. 421
1981	VoMR	63/1981.	Verwaltungsrechtsschutz	1981/1183 f.	Fn. 421
1982	RAVfg	1/1982.	Ausbildung des Rätepersonals	1982/431 ff.	Fn. 687
1983	Ges.	1983:III	Wahlrecht	1983/1135 ff.	Fn. 491
1983	VoGes	1983/26.	Änderung Ges. 1971:I	1983/1177 ff.	Fn. 498
1984	Ges.	1984:I	Verfassungsrechtsrat	1984/339 ff.	Fn. 504
1984	VoGes	1984/22.	Unternehmensreform	1984/779 ff.	Fn. 511
1985	VoMI	11/1985.	öffentliche Beleuchtung	1985/1099	Fn. 701
1987	Ges.	1987:IX	Normsetzung	1987/1624 ff.	Fn. 631
1988	Ges.	1988:I	Straßenverkehr	1988/373 ff.	Fn. 1034
1989	Ges.	1989:XVII	Volksabstimmung, Volksinitiative	1989/706 ff.	Fn. 778
1989	Ges.	1989:XXX	Abschaffung der Arbeitermiliz	1989/1217 f.	Fn. 943
1989	Ges.	1989:XXXI	Änderung Verf.	1989/1219 ff.	Fn. 528
1989	Ges.	1989:XXXII	Verfassungsgerichtsgesetz	1989/1283 ff.	Fn. 652
1989	Ges.	1989:XXXVIII	Rechnungshof	1989/1363 ff.	Fn. 660
1989	VoMR	48/1989.	Trinkwasser und Kanalisation	1989/611	Fn. 700
1989	VoMR	71/1989.	amtliche geographische Namen	1989/796 f.	Fn. 734
1990	Ges.	1990:VII	Staatliche Vermögensagentur	1990/263 ff.	Fn. 829
1990	Ges.	1990:XVI	Änderung Verf.	1990/412 ff.	Fn. 784
1990	Ges.	1990:XXX	Ministerien	1990/1118 f.	Fn. 713
1990	Ges.	1990:XXXVI	Verlängerung des Rätemandats	1990/1190	Fn. 538
1990	Ges.	1990:XL	Änderung Verf.	1990/1261 ff.	Fn. 534
1990	Ges.	1990:LXIII	Änderung Verf.	1990/1589 ff.	Fn. 590
1990	Ges.	1990:LXIV	Kommunalwahlgesetz	1990/1592 ff.	Fn. 590
1990	Ges.	1990:LXV	Kommunalgesetz	1990/1637 ff.	Fn. 590
1990	Ges.	1990:LXVII	Bürgermeistergesetz	1990/1790 ff.	Fn. 678
1990	Ges.	1990:LXVIII	Änderung Ges. 1990:XXX	1990/1813 ff.	Fn. 713
1990	Ges.	1990:LXIX	Änderung Ges. 1990:LXVII	1990/1845	Fn. 678
1990	Ges.	1990:LXXXIII	Überleitungsgesetz	1990/2305 ff.	Fn. 852
1990	Ges.	1990:LXXXVII	Preise	1990/2383 ff.	Fn. 832

1990	Ges.	1990:XC	Republiksbeauftragte	1990/2426 ff.	Fn. 890
1990	Ges.	1990:XCI	Steuerverfahren	1990/2449 ff.	Fn. 904
1990	Ges.	1990:XCIII	Gebühren	1990/2569 ff.	Fn. 905
1990	Ges.	1990:C	Kommunalsteuern	1990/2778 ff.	Fn. 902
1990	Ges.	1990:CIV	Jahreshaushalt 1991	1991/1 ff.	Fn. 830
1990	VoMR	97/1990.	Abk. über sowjet. Truppenabzug	1990/1190 ff.	Fn. 946
1990	RegVo	39/1990.	Zuständigkeiten des Innenministers	1990/1816 ff.	Fn. 644
1990	RegVo	63/1990.	Vermögensübergabeausschüsse	1990/2070 f.	Fn. 822
1990	RegVo	66/1990.	Status von Notären	1990/2098	Fn. 681
1990	RegVo	84/1990.	Republiksbeauftragte	1990/2234	Fn. 761
1990	RegVo	100/1990.	Änderung RegVo 66/1990.	1990/2356	Fn. 681
1990	A PR	176/1990.	Beendigung einer Zusammenlegung	1990/1733	Fn. 736
1990	A PR	321/1990.	Ernennung der Republiksbeauftragten	1990/2772 f.	Fn. 894
1990	ParlB	66/1990.	Regionen der Republiksbeauftragten	1990/1664 f.	Fn. 587
1990	ParlB	67/1990.	Name und Gebiet der Komitate	1990/1665	Fn. 637
1990	ParlB	82/1990.	Städte mit Komitatsrecht	1990/2414 f.	Fn. 639
1990	MR B	1047/1990.	Verwendung des Parteivermögens	1990/502 ff.	Fn. 824
1991	Ges.	1991:XIX	staatliche Ergänzungszuweisungen	1991/1228 ff.	Fn. 911
1991	Ges.	1991:XX	Aufgaben der Selbstverwaltungen	1991/1263 ff.	Fn. 698
1991	Ges.	1991:XXI	Zweckunterstützungen 1991	1991/1295 ff.	Fn. 920
1991	Ges.	1991:XXIV	Hauptstadt	1991/1405 ff.	Fn. 952
1991	Ges.	1991:XXVI	Verwaltungsgerichtsbarkeit	1991/1447 ff.	Fn. 771
1991	Ges.	1991:XXXII	Restitution Kirchengrundstücke	1991/1772	Fn. 950
1991	Ges.	1991:XXXIII	Vermögensübergabe	1991/1829 ff.	Fn. 932
1991	Ges.	1991:LIV	staatliche Ergänzungszuweisungen	1991/2464 ff.	Fn. 911
1991	Ges.	1991:LVI	Änderung Gerichtsverfassungsgesetz	1991/2505 f.	Fn. 771
1991	Ges.	1991:LXXV	Expo '96	1991/2834 ff.	Fn. 924
1991	Ges.	1991:LXXVI	Änderung Ges. 1990:LXXXIII	1991/2882	Fn. 855
1991	RegVo	19/1991.	TÁKISZ	1991/378 f.	Fn. 899
1991	RegVo	73/1991.	Unterstützungen 1992	1991/3275	Fn. 921
1991	RegVo	113/1991.	Aufgaben im Unterrichtswesen	1991/2005 f.	Fn. 731
1991	VoFM	13/1991.	Abrechnung örtlicher Steuern	1991/991 ff.	Fn. 908
1991	VoFM	14/1991.	Abrechnung von Gebühren	1991/994 ff.	Fn. 910
1991	A PR	25/1991.	Namensänderung einer Gemeinde	1991/351	Fn. 736
1991	RLParl	1/1991.	titulierte und Zweckunterstützungen	1991/3276 ff.	Fn. 921
1991	ParlB	62/1991.	Umgliederung von Gemeinden	1991/3128	Fn. 638
1991	GOParl	–	Geschäftsordnung Parlament	1991/908 ff.	Fn. 539
1991	RegB	1030/1991.	Grundstücke der Arbeitermiliz	1991/1359 ff.	Fn. 945
1991	RegB	1032/1991.	Grundstücke des sowjet. Militärs	1991/1394 ff.	Fn. 949
1991	RegB	1052/1991.	Nutzung eines Parteigebäudes	1991/2544	Fn. 942
1991	RegB	1058/1991.	Grundstücke des sowjet. Militärs	1991/2718	Fn. 949
1992	Ges.	1992:XXI	Änderung Ges. 1991:LIV	1992/1374 ff.	Fn. 911
1992	Ges.	1992:XXIII	Beamte	1992/1645 ff.	Fn. 682
1992	Ges.	1992:XXIV	titulierte und Zweckunterstützungen	1992/1725 ff.	Fn. 920
1992	Ges.	1992:XXVI	ergänzende Zweckunterstützungen	1992/1973 ff.	Fn. 920
1992	Ges.	1992:XXIX	Verwendung Ergänzungszuweisungen	1992/1889 ff.	Fn. 912
1992	Ges.	1992:XXXIII	Angestellte im öffentlichen Dienst	1992/1949 ff.	Fn. 848
1992	Ges.	1992:XXXVIII	Staatshaushaltsgesetz	1992/2101 ff.	Fn. 826
1992	Ges.	1992:LXXX	Jahreshaushalt 1993	1992/4729 ff.	Fn. 913
1992	Ges.	1992:LXXXII	Expo '96	1992/4945 f.	Fn. 924
1992	Ges.	1992:LXXXIII	abgesonderte staatliche Finanzfonds	1992/4947 ff.	Fn. 928
1992	Ges.	1992:LXXXIX	Zweck- und titulierte Unterstützungen	1992/5003 ff.	Fn. 920

1992	RegVo	10/1992.	kommunale Zuständigkeiten	1992/97 f.	Fn. 879
1992	RegVo	17/1992.	Aufgaben Republiksbeauftragte	1992/158 f.	Fn. 896
1992	RegVo	18/1992. -26/1992.	Aufgaben Republiksbeauftragte	1992/159 ff.	Fn. 880
1992	RegVo	77/1992.	Aufgaben Republiksbeauftragte	1992/1583 ff.	Fn. 898
1992	RegVo	81/1992.	Grundstücke des sowjet. Militärs	1992/1774 f.	Fn. 947
1992	VoIM	5/1992.	Feuerwehrbezirke	1992/1505 ff.	Fn. 877
1992	VoMV	6/1992.	öffentliche Gesundheitsfürsorge	1992/1173 ff.	Fn. 696
1992	ParlB	24/1992.	Bau einer Donaubrücke	1992/1907 f.	Fn. 926
1992	ParlB	42/1992.	Förderprogramm für Trinkwasser	1992/2346 f.	Fn. 700
1992	ParlB	66/1992.	Auflösung Vertretungskörperschaft	1992/3399	Fn. 780
1992	RegB	1026/1992.	Verwaltungsmodernisierung	1992/1716 ff.	Fn. 1186
1992	RegB	1037/1992.	Regionalrat Plattensee	1992/2490	Fn. 868
1992	RegB	1042/1992.	Verwendung Ergänzungszuweisungen	1992/2718 ff.	Fn. 912
1993	Ges.	1993:LIX	Ombudsleute	1993/4433 ff.	Fn. 658
1993	Ges.	1993:LXXVII	Minderheitenrecht	1993/5273 ff.	Fn. 559
1993	Ges.	1993:LXXVIII	Wohnungsmietrecht	1993/5489 ff.	Fn. 934
1993	Ges.	1993:LXXIX	Schulwesen	1993/5689 ff.	Fn. 728
1993	Ges.	1993:LXXX	Hochschulwesen	1993/5730 ff.	Fn. 729
1993	Ges.	1993:LXXXVII	titulierte und Zweckunterstützungen	1993/8825 ff.	Fn. 922
1993	Ges.	1993:XCV	Eisenbahnen	1993/10361 ff.	Fn. 725
1993	RegVo	46/1993.	Verfahren bei Unterstützungen	1993/1593 ff.	Fn. 920
1993	RegVo	59/1993.	Unterstützung aus Ergänzungsrahmen	1993/2427 ff.	Fn. 920
1993	RegVo	122/1993.	Verwendung Ergänzungszuweisungen	1993/7345 ff.	Fn. 914
1993	RegVo	146/1993.	Ausführung Datenschutzgesetz	1993/9526 ff.	Fn. 1096
1993	RegVo	169/1993.	Raumentwicklungsfonds	1993/10805 ff.	Fn. 929
1993	ParlB	15/1993.	Rahmenabk. Grenzüberschr. Zusarb.	1993/1966	Fn. 887
1993	ParlB	16/1993.	Europ. Charta der Selbstverwaltung	1993/1966 f.	Fn. 1053
1993	ParlB	36/1993.	Trinkwasserversorgung	1993/3761 ff.	Fn. 699
1993	ParlB	84/1993.	Regionalförderung	1993/10356 ff.	Fn. 710
1993	RegB	1010/1993.	Regionalrat Plattensee	1993/788	Fn. 868
1993	RegB	1052/1993.	Restitution Kirchengrundstücke	1993/4798 ff.	Fn. 951
1994	Ges.	1994:XXVI	titulierte und Zweckunterstützungen	1994/1283 ff.	Fn. 922
1994	Ges.	1994:XXXIV	Polizei	1994/1422 ff.	Fn. 883
1994	Ges.	1994:XLIII	Territorialaufbau Budapest	1994/1538 ff.	Fn. 594
1994	Ges.	1994:LVII	Änderung Ges. 1990:LXVII	1994/2742	Fn. 1002
1994	Ges.	1994:LXI	Änderung Verf.	1994/3063 f.	Fn. 595
1994	Ges.	1994:LXII	Änderung Ges. 1990:LXIV	1994/3064 ff.	Fn. 991
1994	Ges.	1994:LXIII	Änderung Ges. 1990:LXV	1994/3086 ff.	Fn. 739
1994	Ges.	1994:LXIV	Bürgermeisteramt, kommunale Diäten	1994/3100 ff.	Fn. 991
1994	Ges.	1994:LXVII	Änderung Ges. 1992:LXXXIX	1994/3767 ff.	Fn. 1021
1994	Ges.	1994:LXX	Absage Expo '96	1994/3928 ff.	Fn. 923
1994	Ges.	1994:XCI	Änderung Ges. XCI	1994/4370 ff.	Fn. 907
1994	RegVo	112/1994.	Regierungsbeauftr. Modernisierung	1994/2805 f.	Fn. 990
1994	RegVo	147/1994.	Zuständigkeiten des Innenministers	1994/3863 ff.	Fn. 644
1994	RegVo	161/1994.	Komitatsverwaltungsämter	1994/3982 ff.	Fn. 1016
1994	RegVo	175/1994.	Änderung RegVo 46/1993.	1994/4127 ff.	Fn. 1022
1994	A PR	156/1994.	Ausschreibung Kommunalwahlen	1994/3129	Fn. 1018
1994	ParlB	35/1994.	Wahl des Ministerpräsidenten	1994/2734	Fn. 987
1994	ParlB	–	Geschäftsordnung Parlament	1994/3023 ff.	Fn. 539
1994	RegB	1077/1994.	Ernennung Regierungsbeauftragter	1994/2808	Fn. 990
1995	Ges.	1995:XL	öffentliche Beschaffungen	1995/1887 ff.	Fn. 1057

1995	Ges.	1995:XLII	Anschluß- und Benutzungszwang	1995/1910 f.	Fn. 1048
1995	Ges.	1995:LVII	Wasserwirtschaft	1995/2833 ff.	Fn. 698
1995	Ges.	1995:LXVI	Archive	1995/3018 ff.	Fn. 702
1995	Ges.	1995:LXXXIII	nationale Symbole	1995/5234 ff.	Fn. 1074
1995	Ges.	1995:XCVIII	Änderung Ges. 1990:C, 1991:LXXXII	1995/6006 ff.	Fn. 1031
1995	Ges.	1995:CIII	Änderung Ges. 1992:LXXXIX	1995/6115 ff.	Fn. 1023
1995	Ges.	1995:CV	Änderung Ges. 1992:XXXVIII	1995/6258 ff.	Fn. 1056
1995	Ges.	1995:CXXI	Jahreshaushalt 1996	1995/7026 ff.	Fn. 930
1995	RegVo	9/1995.	Beamtenausbildung	1995/295 ff.	Fn. 687
1995	RegVo	24/1995.	Änderung RegVo 113/1991.	1995/800	Fn. 731
1995	RegVo	38/1995.	Trinkwasserversorgung	1995/1329 ff.	Fn. 698
1995	RegVo	54/1995.	Abwasserinvestitionen	1995/1712 ff.	Fn. 700
1995	RegVo	115/1995.	Änderung RegVo 169/1993.	1995/4660 ff.	Fn. 929
1995	RegVo	156/1995.	Wirtschaftsführung von Behörden	1995/6618 ff.	Fn. 676
1995	ParlB	84/1995.	Wahl der Ombudsleute	1995/3098	Fn. 806
1995	ParlB	117/1995.	Umgliederung von Gemeinden	1995/6483	Fn. 638
1995	RegB	1092/1995.	Unterstützung von Gemeinden	1995/4748 f.	Fn. 1039
1995	RegB	1105/1995.	Reform der Staatsverwaltung	1995/5575 ff.	Fn. 1059
1995	RegB	1127/1995.	Änderung RegB 1092/1995.	1995/6179 f.	Fn. 1039
1995	RegB	1137/1995.	Unterstützung von Gemeinden	1995/7019 f.	Fn. 1039
1996	Ges.	1996:I	Rundfunk	1996/97 ff.	Fn. 1218
1996	Ges.	1996:XXI	Raumordnung	1996/1436 ff.	Fn. 706
1996	Ges.	1996:XXV	Schuldenordnungsverfahren	1996/1475 ff.	Fn. 1035
1996	Ges.	1996:XXXI	Feuerwehr	1996/2034 ff.	Fn. 876
1996	Ges.	1996:LXXII	Änderung Ges. 1990:LXV	1996/5194	Fn. 1061
1996	Ges.	1996:CXXIV	Jahreshaushalt 1997	1996/6970 ff.	Fn. 1028
1996	RegVo	95/1996.	Ausführung Ges. 1996:XXV	1996/3391 ff.	Fn. 1038
1996	RegVo	115/1996.	kommunale Feuerwehren	1996/3954 ff.	Fn. 877
1996	RegVo	191/1996.	Änderung RegVo 161/1994.	1996/6304 ff.	Fn. 1016
1996	VoAM	7/1996.	öffentliche Arbeitsprogramme	1996/6096 ff.	Fn. 1073
1996	VoIM	23/1996.	Alarmplan kommunale Feuerwehren	1996/4948 ff.	Fn. 877
1996	A PR	58/1996.	Stadternennungen	1996/2869	Fn. 737
1996	ParlB	119/1996.	Verfassunggebung	1996/6590 ff.	Fn. 1046
1996	RegB	1012/1996.	abgesonderte Depotkonten	1996/765	Fn. 1039
1996	RegB	1027/1996.	Reform der Staatsverwaltung	1996/1399 ff.	Fn. 1060
1996	RegB	1094/1996.	Reform der Staatsverwaltung	1996/4560 f.	Fn. 1061
1996	RegB	1117/1996.	Unterstützung von Gemeinden	1996/6056	Fn. 1039
1996	RegB	1125/1996.	Vermögensübergabe	1996/6474 f.	Fn. 938
1996	RegB	2032/1996.	Nationaltheater	–	Fn. 1171
1997	Ges.	1997:XV	Europ. Charta der Selbstverwaltung	1997/1835 ff.	Fn. 1053
1997	Ges.	1997:XXIV	Rahmenabk. Grenzüberschr. Zusarb.	1997/2337 ff.	Fn. 887
1997	Ges.	1997:LIX	Änderung Verf.	1997/4585 ff.	Fn. 649
1997	Ges.	1997:LXVI	Gerichtsverfassung	1997/4785 ff.	Fn. 1088
1997	Ges.	1997:LXIX	Gerichtstafeln	1997/4871	Fn. 1129
1997	Ges.	1997:LXXVIII	Baugesetz	1997/4918 ff.	Fn. 707
1997	Ges.	1997:XCVIII	Änderung Verf.	1997/6446	Fn. 648
1997	Ges.	1997:C	Wahlverfahren	1997/6660 ff.	Fn. 805
1997	Ges.	1997:CIX	Änderung Ges. 1990:XCIII, 1990:C	1997/7026 ff.	Fn. 1032
1997	Ges.	1997:CXVIII	Änderung Ges. 1994:XLIII	1997/7279 ff.	Fn. 594
1997	Ges.	1997:CXXXI	Änderung Ges. 1992:LXXXIX	1997/8123 ff.	Fn. 1024
1997	Ges.	1997:CXXXIV	Änderung Ges. 1990:LXV	1997/8348	Fn. 812
1997	Ges.	1997:CXXXV	kommunale Zusammenarbeit	1997/8349 ff.	Fn. 1043

1997	Ges.	1997:CXLVI	Jahreshaushalt 1998	1997/8660 ff.	Fn. 1030
1997	Ges.	1997:CLIX	bewaffnete Sicherheitswache	1997/9595 ff.	Fn. 628
1997	RegVo	89/1997.	Regionen Budapest/Plattensee	1997/3265	Fn. 718
1997	RegVo	117/1997.	öffentliche Arbeiten	1997/4517 f.	Fn. 1073
1997	RegVo	232/1997.	einheitliche Fernmeldebehörde	1997/8308 ff.	Fn. 1132
1997	RegVo	253/1997.	Ausführung Baugesetz	1997/8931 ff.	Fn. 708
1997	VoIM	4/1997.	Unterstützung Kreisnotariate	1997/714	Fn. 1029
1997	A PR	85/1997.	Stadternennungen	1997/3611	Fn. 737
1997	ParlB	30/1997.	Raumentwicklungszuschüsse	1997/2129 ff.	Fn. 1062
1997	RegB	1004/1997.	Planung Hauptstadtregion	1997/477	Fn. 712
1997	RegB	1047/1997.	Sanierung Budaer Burgviertel	1997/2789 f.	Fn. 1170
1997	RegB	1059/1997.	Entwicklungsräte Budapest/Plattensee	1997/3326 f.	Fn. 718
1998	Ges.	1998:III	Volksabstimmung, Volksinitiative	1998/938 ff.	Fn. 782
1998	Ges.	1998:XXIX	Änderung Ges. 1990:LXIV, 1997:C	1998/2414 f.	Fn. 1066
1998	Ges.	1998:XXXVI	Ministerien	1998/4833 f.	Fn. 713
1998	Ges.	1998:XXXIX	Aufsicht über die Sozialversicherung	1998/4902 ff.	Fn. 1217
1998	Ges.	1998:XC	Jahreshaushalt 1999	1998/8086 ff.	Fn. 1030
1998	RegVo	9/1998.	titulierte und Zweckunterstützungen	1998/231 ff.	Fn. 1027
1998	RegVo	128/1998.	Regierungsbildung	1998/4906 f.	Fn. 1078
1998	RegVo	183/1998.	Zuständigkeiten Ministerpräsidialamt	1998/6504 ff.	Fn. 645
1998	RegVo	199/1998.	Weiterbildung von Beamten	1998/6891 ff.	Fn. 1188
1998	RegVo	217/1998.	Staatshaushalt	1998/8288 ff.	Fn. 676
1998	VoIM	38/1998.	Aktenbehandlung	1998/5485 ff.	Fn. 702
1998	VoMB	29/1998.	Direktion für Kulturerbe	1998/4307 f.	Fn. 1126
1998	VoMU	9/1998.	Oberarchitekten	1998/2486 ff.	Fn. 722
1998	VoMU	18/1998.	Raumordnungspläne	1998/4544 ff.	Fn. 708
1998	A PR	107/1998.	Ausschreibung der Kommunalwahlen	1998/5285	Fn. 1081
1998	ParlB	35/1998.	Landesweite Raumplanung	1998/1733 ff.	Fn. 711
1998	ParlB	42/1998.	Wahl des Ministerpräsidenten	1998/4865	Fn. 1077
1998	ParlB	87/1998.	Umgliederung von Gemeinden	1998/8016	Fn. 638
1998	RegB	1013/1998.	Krankenhaussanierung Miskolc	1998/610	Fn. 927
1998	RegB	1016/1998.	Sanierung des Budaer Burgbasars	1998/685	Fn. 1170
1998	RegB	1115/1998.	Tausendjahrfeier Ungarn	1998/5625 f.	Fn. 886
1998	RegB	1126/1998.	Übergabe der Gaswerke	1998/5738	Fn. 939
1998	RegB	1127/1998.	Regierungsbeauftragter Millenium	1998/5803	Fn. 886
1998	RegB	1133/1998.	Regierungsbeauftr. Modernisierung	1998/5846	Fn. 990
1998	RegB	1141/1998.	Nationaltheater	1998/6476 f.	Fn. 1171
1998	RegB	1152/1998.	Ungarisches Millenium	1998/6827	Fn. 885
1998	RegB	1158/1998.	Übergabe der Gaswerke	1998/7341	Fn. 939
1999	Ges.	1999:XXXII	Baubeschränkungen Plattensee	1999/1761 f.	Fn. 718
1999	Ges.	1999:XLI	Raumordnungsverfahren	1999/2499 ff.	Fn. 1085
1999	Ges.	1999:XLIII	Friedhöfe	1999/2506 ff.	Fn. 1050
1999	Ges.	1999:LXIII	öffentlicher Raum	1999/3453 ff.	Fn. 1100
1999	Ges.	1999:LXVII	Änderung von Ges. 1999:XXXII	1999/3526 f.	Fn. 718
1999	Ges.	1999:LXVIII	Änderung von Ges. 1993:LXXIX	1999/3527 ff.	Fn. 730
1999	Ges.	1999:LXXIV	Katastrophenschutz	1999/3956 ff.	Fn. 627
1999	Ges.	1999:XCII	Änderung von Ges. 1996:XXI	1999/6116 ff.	Fn. 716
1999	Ges.	1999:CX	Landesweite Gerichtstafel	1999/7698 ff.	Fn. 1131
1999	Ges.	1999:CXXI	Wirtschaftskammern	1999/8076 ff.	Fn. 1216
1999	Ges.	1999:CXXV	Jahreshaushalt 2000	1999/8109 ff.	Fn. 1030
1999	RegVo	16/1999.	private Dienste der Polizei	1999/534 f.	Fn. 884
1999	RegVo	49/1999.	öffentliche Arbeitsprogramme	1999/1739 ff.	Fn. 1073

1999	RegVo	68/1999.	Abk. mit Ukraine: Zusammenarbeit	1999/2842 f.	Fn. 619
1999	RegVo	155/1999.	Änderung RegVo 191/1996.	1999/6190	Fn. 1093
1999	RegVo	175/1999.	Zuständigkeiten in der Bauverwaltung	1999/7062 ff.	Fn. 1088
1999	RegVo	187/1999.	Änderung RegVo 9/1995.	1999/7582 ff.	Fn. 687
1999	RegVo	213/1999.	Änderung von RegVo-en	1999/8435 ff.	Fn. 1094
1999	RegVo	214/1999.	TÁKISZ	1999/8437 f.	Fn. 1095
1999	RegVo	224/1999.	Zweckunterstützungen für Abwasser	1999/9254 ff.	Fn. 1126
1999	VoFM	33/1999.	Änderung VoFM 13/1991.	1999/8005 ff.	Fn. 908
1999	VoIM	55/1999.	Zuständigkeit der Polizeipräsidenten	1999/9022	Fn. 1088
1999	VoMK	18/1999.	Änderung VoMB 29/1998.	1999/7432 f.	Fn. 1126
1999	VoML	40/1999.	Planungsräte in der Raumordnung	1999/2513 ff.	Fn. 709
1999	A PR	110/1999.	Stadternennungen	1999/3465	Fn. 737
1999	A PR	184/1999.	Erklärung zur Gemeinde	1999/5727	Fn. 1086
1999	ParlB	50/1999.	Umgliederung von Gemeinden	1999/3007	Fn. 638
1999	ParlB	51/1999.	Umgliederung von Gemeinden	1999/3007	Fn. 638
1999	RegB	1052/1999.	Verwaltungsentwicklung	1999/2875 ff.	Fn. 1187
1999	RegB	1079/1999.	Nationaltheater	1999/4869 f.	Fn. 1171
1999	RegB	1127/1999.	Sanierung Budaer Burg und Burgbasar	1999/7651 f.	Fn. 1170
1999	RegB	1141/1999.	Nationaltheater	1999/8686	Fn. 1171
2000	Ges.	2000:XXXVIII	Änderung Ges. 1995:LXXXIII	2000/2959 f.	Fn. 1076
2000	Ges.	2000:XLII	Wasserverkehr	2000/3110 ff.	Fn. 721
2000	Ges.	2000:XLIII	Abfallwirtschaft	2000/3126 ff.	Fn. 693
2000	Ges.	2000:XLIV	Änderung Ges. 1994:LXIV	2000/3145 ff.	Fn. 1091
2000	Ges.	2000:LXXXVI	titulierte Unterstützungen	2000/3803 ff.	Fn. 1167
2000	Ges.	2000:LXXXIX	ministerielle Zuständigkeiten	2000/3831 ff.	Fn. 1219
2000	Ges.	2000:XCVI	kommunale Abgeordnete	2000/3972 ff.	Fn. 1092
2000	Ges.	2000:CV	Änderung Ges. 1990:C	2000/6398	Fn. 906
2000	Ges.	2000:CXII	Raumordnung der Region Plattensee	2000/6756 ff.	Fn. 718
2000	Ges.	2000:CXXXIII	Jahreshaushalt 2001/2002	2000/8374 ff.	Fn. 1030
2000	RegVo	31/2000.	Änderung RegVo 9/1998.	2000/1046 ff.	Fn. 1027
2000	RegVo	61/2000.	staatl. Zuschüsse	2000/2254 f.	Fn. 723
2000	RegVo	124/2000.	Änderung RegVo 61/2000.	2000/4634	Fn. 723
2000	RegVo	132/2000.	Beflaggung öffentlicher Gebäude	2000/4694 f.	Fn. 1076
2000	RegVo	153/2000.	Änderung RegVo 217/1998.	2000/5702	Fn. 1042
2000	RegVo	200/2000.	credit point-System an Hochschulen	2000/7260 ff.	Fn. 1215
2000	RegVo	255/2000.	EU-Subventionen	2000/9172	Fn. 1209
2000	RegVo	259/2000.	TÁKISZ-TÁH	2000/9304 f.	Fn. 1095
2000	VoML	53/2000.	Planungsbeamte	2000/5262 ff.	Fn. 722
2000	A PR	97/2000.	Erklärung zur Gemeinde	2000/4997	Fn. 1086
2000	A PR	121/2000.	Erklärung zur Gemeinde	2000/5349	Fn. 1086
2000	ParlB	57/2000.	Tag der Örtlichen Selbstverwaltungen	2000/3360	Fn. 1084
2000	RegB	1026/2000.	Elisabeth-Platz	2000/1514	Fn. 1172
2000	RegB	1084/2000.	Änderung RegB 1125/1996.	2000/6462	Fn. 938
2001	Ges.	2001:XXXVI	Laufbahnsystem	2001/4150 ff.	Fn. 1193
2001	Ges.	2001:LVI	Gaswerke	2001/5546 ff.	Fn. 939
2001	Ges.	2001:LXIII	Heldengedenken	2001/5646	Fn. 742
2001	VoFIM	3/2001.	kommunaler Anteil an Steuern 2001/02	2001/556 f.	Fn. 1097
2001	ParlB	24/2001.	staatliche Raumentwicklungspolitik	2001/3143 ff.	Fn. 1025
2001	ParlB	47/2001.	Umgliederung von Gemeinden	2001/4332	Fn. 638
2001	ParlB	48/2001.	Wahl der Ombudsleute	2001/4917 f.	Fn. 806
2001	RegB	1057/2001.	Verwaltungsentwicklung 2001/02	2001/4925 ff.	Fn. 1146
2001	RegB	1058/2001.	Kommunen und EU-Beitritt	2001/4932	Fn. 1200

2. Akte der Nebenländer

a) Kroatien-Slawonien-Dalmatien

1867	GA	1867:I	Ausgleich mit Ungarn	–	Fn. 192
1870	GA	1870:XVI	Recht der Gemeinden	–	Fn. 204
1870	GA	1870:XVII	Recht der Komitate	–	Fn. 300
1874	Ges.	5.8.1874	Ernennung zur freien königlichen Stadt	–	Fn. 205
1881	Ges.	28.1.1881	Recht der Städte	–	Fn. 204
1886	Ges.	5.2.1886	Reform der Komitate und Kreise	–	Fn. 204
1886	Ges.	5.2.1886	Verwaltungsausschüsse der Komitate	–	Fn. 300
1894	Ges.	5.6.1894	Hinterbliebenenversorgung	–	Fn. 303
1895	Ges.	21.6.1895	Recht der Städte	–	Fn. 204

b) Siebenbürgen

1848	GA	1848:I	Vereinigung mit Ungarn	–	Fn. 162

Sachwortregister

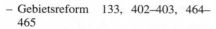